李彬文集

中国新闻社会史
（插图版）
第二版

李彬 著

清华大学出版社
北京

版权所有，侵权必究。举报：010-62782989，beiqinquan@tup.tsinghua.edu.cn。

图书在版编目（CIP）数据

中国新闻社会史：插图本 / 李彬著 . —2 版 . —北京：清华大学出版社，2023.11
（李彬文集）
ISBN 978-7-302-64774-4

Ⅰ. ①中⋯　Ⅱ. ①李⋯　Ⅲ. ①新闻事业史—中国　Ⅳ. ① G219.29

中国国家版本馆 CIP 数据核字（2023）第 204746 号

责任编辑：纪海虹
封面设计：刘　派
责任校对：王荣静
责任印制：杨　艳

出版发行：清华大学出版社
　　　　　网　　址：https://www.tup.com.cn，https://www.wqxuetang.com
　　　　　地　　址：北京清华大学学研大厦 A 座　邮　编：100084
　　　　　社 总 机：010-83470000　　　　　　　邮　购：010-62786544
　　　　　投稿与读者服务：010-62776969，c-service@tup.tsinghua.edu.cn
　　　　　质量反馈：010-62772015，zhiliang@tup.tsinghua.edu.cn
印 装 者：涿州汇美亿浓印刷有限公司
经　　销：全国新华书店
开　　本：170mm×240mm　　印　张：140.75　插页：10　字　数：2165 千字
版　　次：2023 年 12 月第 1 版　　印　次：2023 年 12 月第 1 次印刷
定　　价：700.00 元（全五册）

产品编号：099950-01

文集自序

四十年来家国，八千里路云和月——两句古诗名句，道尽了这套文集的"因缘"。

作为"七七级"大学生，2022年是我毕业四十年，耕耘新闻教育新闻学近四十年。承蒙清华大学出版社及编辑纪海虹的美意与中国人民大学出版社及编辑翟江虹的支持，五部拙著得以汇编成为文集，按照第一版出版时间，有《传播学引论》（1993）、《唐代文明与新闻传播》（1999）、《传播符号论》（2002）、《全球新闻传播史》（2005）、《中国新闻社会史》（2007）。由于读者勖勉，书稿一版再版，一印再印。其中，修订四版的《传播学引论》获得教育部人文社科优秀成果三等奖；第二版《唐代文明与新闻传播》获得北京市人文社科优秀成果二等奖，并入选中华学术外译项目，2021年由麦克米伦公司发行英文版；第三版《中国新闻社会史》是清华大学、北京市和国家精品课"中国新闻传播史"配套教材，并获评清华大学优秀教材一等奖与北京市高等教育精品教材；第一版《全球新闻传播史》获评国家精品教材。版次有别，初心依旧。2003年《传播学引论》增补版后记中有句感言：不变的仍是书生本色，坚守的还是人间正道。这也是四十年来家国的况味。

犹记四十年前，我的本科毕业论文题为《八千里路云和月》。如果说四十年来家国是志业，那么八千里路云月则如人生：从天山脚下的少年，到淮河岸边的知青，从边陲干警到高校教师，读博人大，落脚清华。自愧阅历单薄，常叹百无一用，不由神往驾长车的风云气象。也因此，格外向往"我民族独立之精神，自由之思想"（陈寅恪）。

检讨半生新闻阅历，无非读书、教书、写书，并追求真知，追求真理。文集文字早晚风飘云散，但薪火相传的学术情怀终将与长天大地同在。

目　录

开场白 ·· 1

第一讲　远古回声　青灯残卷话新闻 ································· 9

漫谈历史与新闻 ··· 12

　　先秦 ·· 14

　　汉魏 ·· 18

　　隋唐 ·· 22

邸报话题 ·· 29

古代报纸的两条脉络 ··· 38

从"叫魂"到"马嘎尔尼使团" ·· 46

第二讲　西风东渐　新闻传播发新枝（1815—1895） ······ 53

外报：近代报刊的先导 ··· 57

　　鸦片战争前 ·· 57

　　鸦片战争后 ·· 63

　　《点石斋画报》 ·· 66

"自强"与国人自办报刊 ·· 74

王韬及其《循环日报》（1874） ·· 76

第三讲　天崩地坼　清末民初涌高潮（1895—1919） ······ 81

戊戌变法：第一次办报高潮 ·· 87

睁眼看世界的"三部曲" …… 88
《时务报》与"时务文体" …… 92
从《清议报》到《新民丛报》 …… 98
维新派新闻思想 …… 104

辛亥革命:第二次办报高潮 …… 110
小册子与"苏报案" …… 111
邹容:"革命军中马前卒" …… 116
《民报》与《新民丛报》 …… 121
于右任及其"竖三民" …… 125
革命报刊与武昌首义 …… 129

五四运动:第三次办报高潮 …… 134
历史扫描 …… 134
新闻专业化 …… 144
新闻教育和研究 …… 148
职业记者 …… 155

第四讲 风雨苍黄(上) 无可奈何花落去(1919—1949) …… 167

"党国"报业 …… 170
"党国"事业与"党国"报业 …… 170
"一报一社一台" …… 176
新闻统制 …… 187
抗战英烈、报界豪杰 …… 189
雾锁山城 …… 192
"大后方"的新闻教育 …… 201
覆亡前夕 …… 202
从《长河》看媒体 …… 205

第五讲　风雨苍黄（中）　说项依刘我大难（1919—1949）… 209

民间报业 … 210
- 都市生活与商人报刊 … 210
- 新闻商人成舍我 … 214
- 国闻通讯社与早期《大公报》 … 220
- 新记《大公报》 … 222
- 张季鸾 … 224
- 胡政之 … 229
- 是是非非《大公报》 … 232
- 《观察》与"中间路线" … 240
- 《新民报》与《文汇报》 … 244
- 自由主义与文人报刊 … 251

第六讲　风雨苍黄（下）　独立自由求解放（1919—1949）… 259

革命报业 … 260
- 大革命年代 … 260
- "一社一报" … 264
- 延河水，宝塔山 … 270
- 延安整风与《解放日报》改版 … 273
- 人民广播事业 … 287
- 记者节 … 290
- "新华社最好的记者" … 293
- 范长江与邹韬奋 … 303
- 外国记者与中国革命 … 310
- 影像中的中国革命 … 332
- 革命·战争·新闻 … 340

第七讲　红日初升（上）　民族国家谱新章（1949—2009）··· **351**

新中国剪影 ································· 352
- 抗美援朝 ································ 354
- "三面红旗" ····························· 358
- "十年文革"与"文革十年" ············ 367
- 改革开放 ································ 375

百年历史百年情 ····························· 381
- 数千年未有之变局 ······················ 381
- 民族国家建国之路 ······················ 389
- 现代媒介及其生成 ······················ 406
- 新中国的光荣与梦想 ··················· 413
- 高家村故事 ····························· 419

第八讲　红日初升（中）　新闻社会奏交响（1949—2022）··· **427**

第九讲　红日初升（下）　改革岁月话沧桑（1978—2012）··· **509**
- 《小平您好》和《我要上学》 ·········· 510
- 80年代新启蒙 ·························· 513
- 80年代的新闻界 ······················· 518
- 《河殇》及其反思 ······················ 531
- 90年代市场化 ·························· 535
- 新自由主义与新左派 ··················· 540
- 小荷才露新媒体 ························ 546
- 从都市报到假新闻 ······················ 550
- "马新观"与"美新观" ··············· 559

余 论 · 567

反思挨骂："有理寸步难行" · 567

一个国家、一个民族不能没有灵魂 · 570

人文学术：理论与历史 · 573

新闻传播：治国理政，定国安邦 · 577

夫唯大雅，卓尔不群 · 579

第一版后记 · 580

第二版后记 · 583

第三版后记 · 584

"文集版"附识 · 585

| 开场白

本书是一部中国新闻传播史的课堂讲录，主要讲述中国新闻传播的历史演进，特别是勾勒鸦片战争以来新闻事业的历史轨迹，同时透视其间纷繁复杂的社会背景与历史动因。之所以说"特别是"，是因为中国的新闻传播事业实际上是随着现代社会的新陈代谢而生成演进的，基本属于鸦片战争以后的历史运动。通过这些讲述和勾勒，不仅希望揭示中国新闻事业的发展历程及其规律，更力求探讨新闻传播与社会变迁的有机关系。因此，我们的讲述更关注新闻传播与社会变迁的大关节、大问题，而对具体的、微观的事项则删繁就简，希望撇开如山似海的"断烂朝报"，尽可能提纲挈领地展现宏观而有机的历史图景及其大势所趋。我们的目的是让学生把握中国新闻传播的发展脉络与社会关联，从而在形成专业认同的基础上，确立中国新闻人的历史使命感、社会责任感和职业荣誉感。

中国新闻传播史学科一方面蔚为大观，成果丰硕，另一方面又存在亟待开拓的研究领域。这方面尤其值得关注的，或许还不在于具体的研究内容，如材料的发掘、体例的突破、观点的创新、表述的生动等，而首先在于一个事关全局的问题。如果说以往的研究多属于"历史科学"，那么这个问题则涉及"历史哲学"。黑格尔在《历史哲学》里讲了三种观察历史的方法，即原始的历史、反省的历史和哲学的历史。若按这种标准衡量，传统的新闻史研究基本上还处于第一个层面，即原始的历史或"纪念碑式的历史"（尼采）。《剑桥近代史》丛书第一版主编阿克顿勋爵曾经悲叹，这种传统大有迫使一位历史学家变成百科全书编纂者之势，即西哲所谓 knowing more and more about less and less。

当然，这种局面的形成与发展趋向自有其必然性与合理性。事实上，只有经过原始的历史，才能展开反省的历史，进而抵达哲学的历史。正是由于近百年来几代中国新闻传播史学者的孜孜探求，由于他们在历史科学上所做的筚路蓝缕以启山林的建树与贡献，后人才可能在历史哲学的层面展开反思，进而激发新的学科增长点和学术创新点。否则，

97岁方汉奇挑灯审读博士生论文

如果对基本史实都雾里看花，对主要脉络更不甚明了，那么还侈谈什么历史哲学呢？就此而言，后人不能不对以戈公振先生、方汉奇先生、张隆栋先生、李瞻先生等为代表的新闻史传统充满敬意，同时对前辈学人表示"同情之理解"。

对传统新闻传播史的反思，离不开史学领域的总体变迁及其背景。大略来说，20世纪以来史学研究的一系列新的动向和新的发展总称为"新史学"，尤其是第二次世界大战结束之际犹如一道隔开"旧史学"和"新史学"的鸿沟。旧史学在史学理论和方法论上基本延续19世纪实证主义传统，特别是德国"兰克学派"的学术风格与研究精神。关于这种史学及其缺憾，原英国历史学会主席杰弗里·巴勒克拉夫（G. Barraclough）1970年代在为联合国教科文组织撰写的"社会科学和人文科学研究主要趋势"系列丛书之"历史学卷"里指出：

> 大量的历史著作——也许占全部成果的百分之九十左右——就其研究方法而言，完全是因袭常规的，虽然增加了大量知识，却没有（也无意图）指出新的方向，提出新的方法。

新史学虽然风貌各异，取舍万殊，但在一系列内在理路上又颇多共通之处，概括起来可以归结为三个命题，即"一切历史都是当代史""一切历史都是思想史"和"一切历史都是文学史"。所谓一切历史都是当代史的命题出自意大利历史学家、哲学家克罗齐，可以概括为这么三层意思：复现历史都表现为现时的思想活动；研究历史都由现时的兴趣所引发；把握历史都按现时的水平去衡量。这三者都展示出历史与现时的统一性，而正是这种统一性使过去的历史获得突出的当代性，用克罗齐的话来说，当代性才是"全部历史的本质特征"。与克罗齐同时的英国哲学家柯林武德，步克罗齐后尘提出同样著名的命题——"一切历史都是思想史"。而这个命题的意义在于将以往杂乱无章、支离破碎的史学改造成为真正能提出明确的问题并给出明确答案的史学，"用一个流行的比喻说法，即：思想是灵魂，抽掉了思想，历史或史学就将只剩下一具没有灵魂的躯壳"（何兆武）。至于"一切历史都是文学史"，则同20世纪以来的所谓"语言学转向"有关。简言之，历史并非尘封的档案和枯死的尸骨，而是经由今人构思、讲述及编撰的文本,而作为文本的历史同文学等文本并无本质差别,归根结底都是借助语言而形成的某种叙事或建构。所以,在古希腊罗马神话中,司历史的女神克利俄(Clio)不仅属于九位艺术女神之一,而且名列缪斯之首,以至于英国史学家屈维廉(G.M.Trevelyen)为批评实证主义史学而发表文章就以《克利俄:一位缪斯》为题。名著《八月炮火》的作者、美国首任艺术文学院的女院长芭芭拉·塔奇曼说过,"写作艺术同历史艺术一样使我感兴趣……从长远角度来讲,最好的作家就是最好的历史学家"。

新史学的三个命题互相关联,一气呵成,分别着眼于史学的当代性、思想性和叙事性,即所谓文、史、哲。它们的共同特征一言以蔽之,就是将史学从以往的客体本位转向现在的主体本位,将历史从某种编年史的"木乃伊"变成洋溢着青春、生命与活力的"有机体",犹如司马迁的"究天人之际,通古今之变,成一家之言"的活生生图景。李大钊在《史学要论》一文里对此做了生动的阐述,他说:"(历史)是人类生活的行程,是人类生活的联续,是人类生活的变迁,是人类生活的传演,是有生命的东西,是活的东西,是进步的东西,是发展的东西,是周流变动的东西;他不是些陈编,不是些故纸,不是僵石,不是枯骨,不是死的东西,不是印成呆板的东西。"

任何学科都包含三个不同的层面,即知识、理论和思想,新闻传播史学科也不例外。知识构成各门学科的基础,理论可谓系统化和条理化的知识,而思想则是从理论中提炼的精华。比如,经济学的知识多如牛毛,而形成一套类似剩余价值理论的已屈指可数,至于达到马克思那种思接千古、视通万里、酣畅淋漓、博大精深的思想境界者更是凤毛麟角。本书的讲述不满足于知识的积累,不满足于史料的搜集和事实的罗列,如某年某月某日某人办了某份报纸,或某年某月某日有几家电台、几个频道、几家网站等,而力图向更加深广的领域拓展,特别是理论的透视和思想的升华,否则也难免成为死的历史或"物的历史",而难以成为活的历史或"人的历史"。亨利·贝尔(Henri Berr)说得好,史料的搜集并不比集邮或搜集贝壳有更大的科学价值。半生从事新闻工作的E.H.卡尔在《历史是什么》的著名演讲里,也以通俗笔墨写道:

事实的确不像鱼贩子案板上的鱼。事实就像在浩瀚的，有时也是深不可测的海洋中游泳的鱼；历史学家钓到什么样的事实，部分取决于运气，但主要还是取决于历史学家喜欢在海岸的什么位置钓鱼，取决于他喜欢用什么样的钓鱼用具钓鱼——当然，这两个因素是由历史学家想捕捉什么样的鱼来决定的。

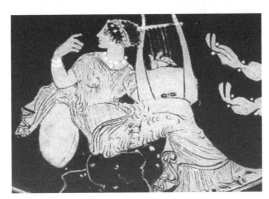

缪斯

新史学之前，我们以为只要充分掌握史料，就可以放心谈论新闻传播史了。殊不知，"历史学家如果没有哲学的头脑、理论思辨和分析的能力，他对文献再熟悉，搜集的材料再多，搞出来的也只是资料汇编，而不是真正的历史"（刘昶《人心中的历史》）。另外，传统研究无不视考证为基本功，甚至以为只要精细地考证史料就能形成严谨扎实的研究了。如傅斯年所谓"史学就是史料学"。对史学研究而言，考证固然是不可或缺的基础，然而仅仅依赖考证还远远不够。在新史学看来，考证癖归根结底源于对精英的重视和对常人的漠视。因为，作为传统史学的工具，考证只适用于对历史上少数精英及其行止的研究，"一旦要研究成千上万的普通人，研究影响这普通人生活历史的各种各样因素，考证方法就用不上了。一方面，是缺乏足够的和系统的历史记载以资考证，传统的历史根本就忽视普通人和这众多的因素；另一方面，即便过去的历史记载中留下了足够的材料，我们又如何能够对其一一加以考证呢？"（刘昶）打个比喻，考证虽然不可或缺，但只是为史学提供必不可少的建筑材料，而新史学的抱负则属于建筑师的意匠经营。如果没有这种意匠经营，那么即便有再多再美的砖瓦石料、再精再细的建筑定律，也依然无法孕育辉煌的故宫、壮美的金字塔、宏伟的罗马斗兽场等。

其实，新史学并不否认史料的价值，也并不拒绝严谨的考据。它批评的只是就史料谈史料，为考据而考据。事实上，没有任何一位严肃的史家著述能够脱离史料，能够摆脱考据，包括新史学。不仅如此，新史学对史料的重视远远超越以往的范畴。在新史学看来，史家常用的文献资料和考古发现固然属于史料，除此之外，史料的范围还应包括广泛的人类活动遗痕，用英国学者约翰·阿诺德（John H.Anold）的生动说法：

> 事实上，史料可以是任何为我们留下过去痕迹的东西。它可以是记录土地交易的一张契约，提供证人辩词的一个法庭判例，为不知名的听众所做的一次布道，关于书籍、股票、价格、货物、人口、家畜或信仰的一张清单，被遗忘的面孔的一张绘画或照片，书信、回忆录、自传或者涂鸦之作，展现其权力和财富的富人的建筑（或者呈现出另一面的穷人的住所），故事、诗歌、歌曲、谚语、下流笑话，感到厌倦的抄写员或灵巧的评注者写在页边的晦涩评论。资料可以是上千种东西……它是过去留下的遗痕。（《历史之源》）

总之，我们的讲述希望以兼容文、史、哲的新史学"复活"历史而不仅仅是"复现"历史，或者说以兼容"考据、义理和辞章"的中国传统史学综合把握新闻传播史生生不息的鲜活图景，从而体现历史唯物主义的立场、观点和方法。

就中国新闻史的研究而言，日益面临着一种"战略性调整"。具体说来，涉及三点。一是研究领域的调整，重点由旧中国转向新中国。旧中国渐行渐远，新中国日新月异，不仅时间与旧中国相埒，如旧中国报业百科全书的《申报》有77年，而新中国不仅跨过70年，而且与当下业界、学界的关系更为密切。二是学科定位的调整，重心从历史学转向新闻学，新闻史学属于新闻学的分支，而不是历史学的分支。历史学指向过去，新闻学指向当下，历史学侧重凝固的事实，新闻学关注生成的实践。三是理论与方法的战略性调整。承认新闻史学属于新闻学而非历史学，那么，学科理论与方法也就面临战略性调整，除了延续史家青睐的文史传统，势必更多地侧重于政治学、社会学、思想史、国际关系等学科。多少了解中国的现状、世界的发展和学科的未来，对此就不难理解。

本书一共九讲。第一讲对古代的总体情况进行粗线条的扫描，从先秦而两汉，从唐宋而明清，然后进入本书的主体部分，即鸦片战争以来的新闻演进。第二讲是对19世纪新闻传播的纵览，涉及鸦片战争前后的基本情况与主要发展。第三讲进入清末民初，这个时期社会变革异常剧烈、新陈代谢明显加速，新闻事业也如星火燎原，蓬勃发展，即所谓"三次办报高潮"——戊戌变法、辛亥革命和五四运动。第四讲到第六讲主要谈民国年间情况，大致从五四运动到新中国诞生。如果说三次办报高潮是时间序列上的嬗替，那么，民国时期则在空间序列上形成三个同时并置而互相制约的板块，即革命报业、"党国"报业和民间报业。第七讲到第九讲是新中国的风雨历程及其新闻传播的沧桑轨迹，其中包括三部分内容，其一是新中国的社会变迁及其背景；其二是新闻传播领域的里程碑篇章，从"开国大典"到新时代；其三是"新时期"的发展。最后是全书的"余论"。如果说前面九讲是"画龙"，那么余论就是"点睛"，点睛之笔既来自对历史的感悟、体察和会心，更源于对人生的理想、热情和信念，即清华大学历史系名教授何兆武先生说的："一切历史和人们对历史的体验（历史学）都要由历史学家的人文价值和理想加以统一。"

第一讲

远古回声　青灯残卷话新闻

这一讲涉及中国古代新闻传播，准备讲三个话题，一是历史与新闻，二是邸报问题，三是中国古代报纸的两条发展线索。需要说明的是，中国古代的新闻传播，内容丰富，包罗广泛，作为一个文化灿烂、历史悠久的文明古国，这方面同样有许多值得探讨的话题。比如，中国的四大发明有两项即印刷术和造纸术，都对人类新闻传播活动产生无可估量的影响。1921年12月4日，美国第一家正规的新闻教育机构即密苏里大学新闻学院院长威廉博士（Dr.Walte William），由胡适陪同并担任口译，为北京大学师生作了一场新闻学的演讲，开篇就谈道："中国是最先发明印刷术的国家。世界上若没有印刷术，新闻学决不能产出。所以，我现在中国谈新闻事业，好比似小儿女向他的母亲报告他的经验一般，是件很有趣的事情。"（《北京大学日刊》1921年12月6日）再如，中国的文字不仅独树一帜，而且连绵不断，在人类传播史上同样具有突出意义。借用英国史学家巴勒克拉夫主编《泰晤士世界历史地图集》的说法：

> 公元前3000年左右的文字发明，是文明发展中的根本性的重大事件。它使人们能够把行政文献保存下来，把消息传递到遥远的地方，也就使中央政府能够把大量的人口组织起来。它还提供了记载知识并使之世代相传的手段。

中国古人的聪明智慧同样体现于传播领域，形成一系列富于洞见的传播思想。举例来说，武王《机铭》里有一句"口戕口"。按照钱锺书先生的解释，前一个"口"字指口舌之口，代表言语；后一个口字指人口之口，表示人丁。凡以口舌拨弄是非，造谣污蔑，强词夺理，恶语伤人，从而害人甚至害己，都属于"口戕口"。我国古人对此早就深有体会，所谓"溺于渊，犹可援也；溺于人，不可救也"（武王《盥盘铭》）、"陷水可脱，陷文不活"（武王《笔书》）等，无不令人悚然而惊。钱先生曾为此慨叹道："文网语阱深密乃尔。"（《管锥编》）赵一凡先生对这八个字推崇备至，认为其简明透彻足抵西人连篇累牍的话语理论。而诸如此类的论述在先秦典籍以及汇集古人奇思妙语的《古诗源》里，比比皆是，琳琅满目。

至于中国古人的传播行为，就更是丰富多样，举不胜举。比如，常见的驿传系统在古代社会一直发挥重要的传播功能，仅从历代诗人的笔下就可窥见一斑：

> 折花逢驿使，寄与陇头人。江南无所有，聊赠一枝春。——陆凯《赠范晔》
>
> 玉管朝朝弄，清歌日日新。折花当驿路，寄与陇头人。——《全唐诗·杂曲歌辞》
>
> 长安回望绣成堆，山顶千门次第开。一骑红尘妃子笑，无人知是荔枝来。——杜牧《过华清宫》

再如，周幽王烽火戏诸侯的故事里提到的"烽火"，同样是古代常用的一种传播方式，而且也在诗人笔下屡屡出现：

> 烽火照西京，心中自不平。牙璋辞凤阙，铁骑绕龙城。——杨炯《从军行》
>
> 白日登山望烽火，黄昏饮马傍交河。——李颀《古从军行》
>
> 烽火城西百尺楼，黄昏独坐海风秋。——王昌龄《从军行》

与烽火的传播功能类似的还有"羽书"，就是"鸡毛信"。书信上插有羽毛表明军情紧迫，十万火急，必须飞速传递。如唐代诗人经常写到的：

> 青槐夹两道，白马如流星。闻有羽书急，单于寇井陉。——王昌龄《少年行》
>
> 十里一走马，五里一扬鞭。都护军书至，匈奴围酒泉。——王维《陇西行》
>
> 校尉羽书飞瀚海，单于猎火照狼山。——高适《燕歌行》

中国社会科学院新闻研究所原所长孙旭培教授曾主编一部《华夏传播论：中国传统文化中的传播》，第一次集中探讨了中国古代新闻传播领域的一系列问题，包括传播手段、传播思想、传播制度、传播艺术等。总之，这方面的内容同样博大精深，而这里讲的只是非常粗略的概要，而且和新闻传播直接相关的内容，至于其他许多事项，如书信、烽火、驿站、边关文书等都不得不省略了。

下面先谈第一个话题——历史与新闻。

漫谈历史与新闻

历史与新闻有着密切的亲缘关系，人们不是爱说"今天的新闻就是明天的历史"吗？历史也好，新闻也罢，归根结底都在同事实打交道，它们的本体都是事实或真事，而不是虚构的"假语村言"，不同于小说、童话、戏剧等虚构作品。换言之，历史和新闻都必须是事实，是实际发生的事情，这是从本体方面来说的情形。另外，从主体方面讲，历史和新闻都涉及叙事，也就是说历史和新闻都得通过人的叙述才能呈现出来，才能为人所知。不管是历史学家还是新闻记者都不得不叙说，不得不讲一套有头有尾、起承转合的故事。英国史学家屈维廉说过："就历史的不变的本质来说，它乃是'一个故事'……历史的艺术始终是叙述的艺术，这是最基本的原则。"而这个原则也同样适用于新闻记者。当然，新闻的叙事不同于历史的叙事，比如史家往往通过各种历史文献或档案资料等讲述故事，而记者常常得到事情发生的现场，通过实地采访才能讲述故事。

古今中外，有许多出色的新闻记者同时也是优秀的历史学家的。比如，被誉为西方历史之父的希罗多德，写过一部西方的"史记"——《希罗多德历史》，里面的各种故事同司马迁的《史记》一样精彩纷呈，妙趣横生。希罗多德是历史学家，同时也可以说是一位走在路上的记者，他像司马迁一样，云游四方，行走天下，搜集大量史料和资料，然后完成这部经典的历史故事或新闻报道——《希罗多德历史》。再如，美国名记者威廉·夏伊勒同时也是一位历史学家，他写的《第三帝国的兴亡》是有关第二次世界大战的名著，一部既有权威又有意思的经典。此书译者董乐山是著名的翻译家和文化人，他重译的斯诺《西行漫记》以及《光荣与梦想》《巴黎烧了吗？》等，既是妙趣横生的史学佳作，又是同出记者手笔的新闻名篇，几乎成为新闻人的必读书。比如，《光荣与梦想》以大量有声有色的新闻故事和历史细节，生动有趣地展现了二战前后大约半个世纪的美国社会和历史进程，栩栩如生，引人入胜。该书1978年由商务印书馆"内部发行"以来，一直流传不衰，作者威廉·曼彻斯特就是美国一代名记者、历史学家，曾供职于《巴尔的摩太阳报》。至于两位记者合写的《巴黎烧了吗?》则记述二战胜利前夕保卫巴黎的一段历史故事,犹如惊险小说一般惊心动魄,扣人心弦,而且最令人钦佩的是,全书"事事有根据,人人有下落,句句有出处"(董乐山),每个细节都有事实依据,都由调查、采访获得,令人叹服。作者拉莱·科林斯为美国《新闻周刊》记者,多米尼克·拉皮埃尔为《巴黎竞赛画报》记者,而这两份杂志也属外国新闻刊物的翘楚。另

董乐山漫画像

外,由董乐山审校的《美国新闻史》也是一部新闻学名著,自1980年代介绍到中国以来深受学界青睐,成为著译俱佳的学术经典。

总而言之,历史和新闻总是形同一体,难舍难分。如果说新闻是一支先遣队,那么历史就是大部队;如果说新闻好比冰山的一角,那么历史则恰似冰山的主体;如果说新闻是闪耀一片的颗颗星辰,那么历史就是星汉灿烂的无垠夜空。对此,许多名家都有精彩论断,比如:

> 新闻者,史之流裔耳。——蔡元培
> 报是现在的史,史是过去的报。——李大钊
> 历史是昨天的新闻,新闻是明天的历史。——徐铸成
> 新闻是历史的初稿,历史是新闻的定稿。——董桥
> ……

1923年,李大钊还在《顺天时报》第七千期纪念号发表文章,专门论述新闻与历史的关系:

> 报纸上所记的事,虽然是片片段段,一鳞一爪的东西,而究其性质,实与记录的历史原无二致。故新闻记者的职分,亦与历史研究者极相近似。今日新闻记者所整理、所记述的材料,即为他日历史研究者所当搜集的一种重要史料。

既然新闻是历史的初稿,那么为了对历史负责,新闻报道就必须真实,而绝不可弄虚作假。我国新闻理论的泰斗甘惜分先生甚至主张,大学新闻专业应该放在史学门类,而不应该像现在这样放在文学门类,学生应该授史学学位而不是文学学位。因为,新闻的品格即实事求是更接近史学,而文学虽然可使学生在文字功底上得到良好训练,但有时又不免于想象、虚浮或花哨之弊。当然,正如史学中难免有一些所谓"秽史",新闻里也不可能完全杜绝伪新闻、假报道,这又需要另当别论了。

中国古代史学浩如烟海,枝繁叶盛,"一部二十四史,不知从何说起"。除了正史,还有野史,而在所有史学著述中都存在着历史与新闻边界模糊的现象,即许多事情很难截然分清何为历史,何为新闻。同时,古代史家的许多品质、操守与技能,也同样适用于现代记者,这也是本讲重点讲述历史与新闻的缘由,说到底这些东西对今天的新闻记者同样具有参考意义。

先秦

下面,就让我们看一些历史上有名有趣的历史记载或新闻报道,从中具体感悟和领略历史和新闻的关联,同时也了解古代史家撰写历史或新闻的笔法,以期获得启发与借鉴。

首先看看《春秋》,也就是我国第一部编年史。我们知道,"孔子作春秋而乱臣贼子惧"。为什么呢?因为孔子的这部历史不仅仅是对事实的记录,如某年某月某日发生某事,同时字里行间还隐含着一种价值判断和道德褒贬,这就是所谓"春秋笔法"或"价值判断"。事实上,古往今来无论是历史记载还是新闻报道,从来不可能达到所谓纯粹客观、公正、中立。一方面,固然需要确立事实的神圣性,强调记述的准确性,不能编造,不能作假;另一方面,不能不指出,记载或讲述任何事情都不可避免地带有个人的视角、立场和感情,包括新闻报道。曾任英国《曼彻斯特卫报》主编的斯科特(C.P.Scott)说过:"事实是神圣的,解释是自由的。"而如何使两者得到恰当的平衡和有机的融合,我们可从"春秋笔法"得到有益的借鉴。

《春秋》既是一部历史,也是一组新闻大事记。它的许多记载往往都是短短一句话,而其中却包括了新闻的五大要素,即时间、地点、人物、事件、原因等。同时,谁好谁坏,何为正义,何为非正义,什么是应该的,什么是不应该的等,也都隐含在字里行间。比如,下面这段著名的历史记载不就像一则精练的短讯吗:

《春秋左氏传》

十年(鲁庄公十年,即公元前684年),春,王正月,公败齐师于长勺。(《春秋》)

这里有时间(十年,春,王正月),有地点(长勺),有人物(公与齐师),有事件(长勺之战)。而且,其中的褒贬之意就隐含在一个"败"字上,即鲁国战胜了入侵的齐国。关于这条新闻,《春秋左氏传》里又做了详细的"深度报道"。我们知道,《春秋》有三"传",即"公羊传""谷梁传"和"左传",其中"左传"最为出色。所谓"传"(zhuàn),就是为了"传"(chuán)播而对原典所做的详细解说。下面就是《左传》对《春秋》所记长勺之战的详细记载,也可以说是对这一新闻的后续报道、深度报道:

十年春,齐师伐我。公将战。曹刿请见。其乡人曰:"肉食者谋之,又何间焉?"刿曰:"肉食者鄙,未能远谋。"乃入见……

公与之乘。战于长勺。公将鼓之。刿曰:"未可。"齐人三鼓。刿曰:"可矣!"齐师败绩。公将驰之。刿曰:"未可。"下视其辙,登轼而望之,曰:"可矣!"遂逐齐师。

既克,公问其故。对曰:"夫战,勇气也。一鼓作气,再而衰,三而竭。彼竭我盈,故克之。夫大国,难测也,惧有伏焉。吾视其辙乱,望其旗靡,故逐之。"

这样的历史记载或新闻报道，在《左传》里俯拾即是，而且不论是讲述事实，还是描写场景，不论是刻画人物，还是记录对话，往往寥寥数笔，即能形神毕显，栩栩如生。比如，僖公三十三年的殽之战，晋国俘虏了秦国的三帅，可惜晋襄公听了夫人文嬴的话，把他们都释放了，于是晋国元帅先轸大为不满：

> 先轸朝，问秦囚。公曰："夫人请之，吾舍之矣。"先轸怒曰："武夫力而拘诸原，夫人暂而免诸国。隳军实而长寇仇，亡无日矣。"不顾而唾。（《左传》）

在先秦典籍里，类似这样生动翔实的记载或报道举不胜举，除了上面谈到的《春秋》及其三传，在《国语》《战国策》《吕氏春秋》以及诸子百家里，也常常可以见到类似的记载或报道。比如：

> 邹忌修八尺有余，形貌昳丽。朝服衣冠，窥镜，谓其妻曰："我孰与城北徐公美？"其妻曰："君美甚，徐公何能及君也！"城北徐公，齐国之美丽者也。忌不自信，而复问其妾曰："吾孰与徐公美？"妾曰："徐公何能及君也！"旦日客从外来，与坐谈，问之客曰："吾与徐公孰美？"客曰："徐公不若君之美也！"
>
> 明日，徐公来，孰视之，自以为不如；窥镜而自视，又弗如远甚。暮，寝而思之，曰："吾妻之美我者，私我也；妾之美我者，畏我也；客之美我者，欲有求于我也。"（《战国策》）

> 晏子使楚。以晏子短，楚人为小门于大门之侧而延晏子。晏子不入，曰："使狗国者，从狗门入。今臣使楚，不当从此门入。"傧者更道，从大门入，见楚王。（《晏子春秋》）

> 凡闻言必熟论，其于人必验之以理。……宋之丁氏，家无井而出溉汲，常一人居外。及其家穿井，告人曰："吾穿井得一人。"有闻而传之者曰："丁氏穿井得一人。"国人道之，闻之于宋君。宋君令人问之于丁氏，丁氏对曰："得一人之使，非得一人于井中也。"求能之若此，不

若无闻也。(《吕氏春秋·察传》)

《战国策》里邹忌与徐公比美的故事，人们耳熟能详，其中所包含的传播道理更是耐人寻味——兼听未必都明，还需分析不同声音的不同动机。《吕氏春秋》的这则故事同样涉及如何"听话"或解读信息的问题。故事说的是，宋国也就是现在河南商丘一带有户人家，为了吃水不得不用一个专人去打水。后来家里打了一口井，于是告诉邻里："我家打井得一人。"结果，大家以讹传讹，就传成"打井时发现一个人"。最后，传到国君那里。国君就叫人问他，听说你家打井，挖出一个人，有这回事吗？他说，哪儿是从井里挖出一个人，而是打井后省下一个人手。信息在传播过程中往往走样，从这个故事中也可以得到一点启发。流言止于君子，对此不能不慎。

《国语》是中国最早的一部国别史，也称《春秋外传》，杂七杂八地记录了西周及春秋时期的人物、事迹和言论，过去认为出自左丘明之手。司马迁说："左丘失明，厥有《国语》。"近代学者研究证实，春秋时有称为"瞽矇"的目盲史官，专门记诵、讲述历史或新闻，左丘明就是略早于孔子的一位著名瞽矇。瞽矇讲述的历史或新闻记录下来，整理成文，称为《语》，按照国别有《周语》《鲁语》等，总称《国语》。下面这则《召公谏厉王弭谤》的记载或报道，说的是周朝大臣召穆公规劝周厉王疏导舆论的故事：

> 厉王虐，国人谤王。召公告曰："民不堪命矣！"王怒，得卫巫，使监谤者，以告，则杀之。国人莫敢言，道路以目。……召公曰："是障之也。防民之口，甚于防川。川壅而溃，伤人必多，民亦如之。是故为川者决之使导，为民者宣之使言。"(《国语》)

这个故事里包含着一个朴素而深刻的哲理——对人民的言论、意见、情绪应该疏导而不应该堵塞，疏导的成果是政通人和，堵塞的结局是民怨郁结，最后导致崩溃，就像洪水决堤一样。所以，对于人民的言论，应该尽量疏导，而非简单地一禁了之。

汉魏

讲了先秦，接下来再看看两汉。两汉时期的史传或报道首推《史记》，这里只举一个大家熟悉的例子，《刺客列传》里讲述荆轲的一段感人场景：

> 太子及宾客知其事者，皆白衣冠以送之。至易水之上……高渐离击筑，荆轲和而歌，为变徵之声，士皆垂泪涕泣。又前而为歌曰："风萧萧兮易水寒，壮士一去兮不复还！"复为羽声慷慨，士皆瞋目，发尽上指冠。于是荆轲就车而去，终已不顾。（《史记·刺客列传》）

司马迁

唐代诗人骆宾王曾赋诗赞叹："此地别燕丹，壮士发冲冠！昔时人已没，今日水犹寒！"《史记》里的这段感人故事，原出《战国策·燕策》：

> 太子及宾客知其事者，皆白衣冠以送之。至易水上，既祖，取道。高渐离击筑，荆轲和而歌，为变徵之声，士皆垂泪涕泣。又前而为歌曰："风萧萧兮易水寒，壮士一去兮不复还！"复为慷慨羽声，士皆瞋目，发尽上指冠。于是荆轲遂就车而去，终已不顾。（《战国策》）

这段故事可以看作《史记》的"报道"，另外，《史记》的"评论"同样精彩。史记的"报道"主要在于"纪传"——史记是第一部纪传体史书，而史记的评论当属"太史公曰"。史记的每篇传记或报道后面，都有一段"太史公曰"，其实就是司马迁这位杰出的古代记者对某事某人的评论。这里看一段有名的评论文字，谈的是飞将军李广：

> 太史公曰：《传》曰"其身正，不令而行；其身不正，虽令不从"。其李将军之谓也？余睹李将军悛悛若鄙人，口不能道辞。及死之日，

天下知与不知，皆为尽哀。彼其忠实心诚信于士大夫也？谚曰"桃李不言，下自成蹊"。此言虽小，可以谕大也。(《史记·李将军列传》)

李广一生，南征北战，威名远扬，最后不忍受辱，自刎而死。司马迁对这位英雄寄予无限同情，字里行间，每每流露着崇仰、感佩与伤痛之情，读来让人感慨万端。这段评论虽然文字不多，但概括了李广一生的为人处世，同时又揭示了一个寻常而深刻的道理，那就是自己做得正、行得端，不用发号施令，人们自会努力效命，否则，即使下死令，人家也不会听从。这段评论文字可谓言简意赅，字字珠玑，足当评论之典范。

下面，该进入魏晋时代了。魏晋南北朝之后，历史撰写出现一种新东西，即与官方正史相对的所谓野史。如果说正史像大报，如《人民日报》《中国青年报》《纽约时报》等，那么野史就相当于小报，如《南方都市报》《新京报》《太阳报》等。前者称为 élite，属大弦嘈嘈的交响乐，后者称为 popular，属小弦切切的流行曲。我们固需重视正史或大报大刊，但也不可轻略野史或小报小刊，北京大学茅海建教授甚至认为："治史者不应该忽视合乎'情理'的私家记载；而且许多似无来由的消息，很有可能比官方文件更可靠、更真实。"

野史中最常见的当属魏晋南北朝出现的笔记小说，比如《世说新语》。这里说的小说同现在长篇小说、短篇小说不是一个概念，它里面记载的都是真人真事，可能有一些夸张、变形，犹如现在一些小报报道、八卦新闻，但都是真人真事，只是在传播过程中羼杂了一些渲染与合理想象，这也是此类文本的共同特点。关于小说，《汉书·艺文志》有段著名论述：

小说家者流，盖出于稗官。街谈巷语，道听途说者之所造也。孔子曰："虽小道，必有可观者焉，致远恐泥，是以君子弗为也。"然也弗灭也。闾里小知者之所及，亦使缀而不忘。如或一言可采，此亦刍荛狂夫之议也。

笔记是中国"文史不分"传统的产物，至于笔记的真伪杂糅，可以说是笔记的先天特征。归纳起来，其因有三：一是个人的所见所闻毕竟有限，道听途说辗转流传的事情难免走样；二是即便亲见亲闻也不能确保真实无误，大量实证研究早已证实"百闻不如一见"之类的经验并不可靠；三是作者的主观好恶常常会自觉不自觉地导致信息传播的失真。傅斯年与陈寅恪都曾谈道，正史难免失之讳饰，而私史又容易流于诬妄。周勋初先生据此将笔记小说定性在文史之间："说它是文吧，记的都是史实，说它是史吧，却又有文的特点，如夸张、渲染，甚至想象、虚构等。"换成新闻学的术语，也就是说它介于新闻报道与文学作品之间吧。

笔记小说在新闻传播史上的意义同样不容忽略。仅就笔记小说中记录的大量栩栩如生活灵活现的世态民情、社会时尚、历史琐闻、人物事迹而言，仅就它多属于时人记时事、耳目所接皆为一手资料而论，其新闻传播作用已足可称道。当我们翻开宋人集纳的笔记大观《太平广记》时，不是比读新旧《唐书》更真切更实在地进入当时的历史氛围么？我们不是明显感到，正史仅为历史，而笔记却更像一篇篇生动的新闻作品么？无怪乎司马光主持编撰《资治通鉴》时，要"遍阅旧史、旁采小说"，甚至说"实录、正史未必皆可据，杂史、小说未必皆无凭"。无怪乎王鸣盛在比较欧阳修"喜采小说"的《新五代史》与薛居正"多本实录"的《旧五代史》后也说："采小说者未必皆非，依实录者未必皆是。"总之，杂史、传记、小说、故事乃至传奇等笔记之作，尽管未必全都客观真实，但无疑是对当时历史的生动写照，对当时社会的鲜活反映，对当时心态的真切流露。

魏晋时期的《世说新语》就是典型。它既是百读不厌的文化经典，又是生动再现社会情态的新闻佳作。当年，钢琴家傅聪留学海外，傅雷先生在家书中屡屡提醒他应该多读《世说新语》，甚至要求作为床头必备书，临睡前翻阅几段，从中获得教益、熏陶和启发。《世说新语》也是所谓魏晋风流的集中体现，这种精神境界被誉为中国美学的一座高峰。当时天下混乱，世道昏暗，小说《三国演义》就有不少触目惊心的描绘，但人们的精神却在这个时期达到一种清明幽远的境界。特别值得一提的是，《世说新语》的文字精练、隽永、耐人寻味，寥寥几笔就把一个人、一件事传神地勾画出来，让人过目不忘，使人回味无穷。作为中华文明的珍贵遗产，无论从思想内容上汲取精华，还是从文字表达上感悟妙谛，《世说新语》都是一部优秀的作品，值得今天的作者和记者认真研读。下面就是其中的一些有名的历史故事或新闻报道，比如邓艾口吃、淝水之战等：

邓艾口吃,语称"艾艾"。晋文王戏之曰:"卿云'艾艾',定是几艾?"对曰:"'凤兮凤兮',故是一凤。"(《世说新语·言语》)

谢公与人围棋,俄而谢玄淮上信至,看书竟,默然无言,徐向局。客问淮上利害,答曰:"小儿辈大破贼。"意色举止,不异于常。(《世说新语·雅量》)

魏武将见匈奴使,自以形陋,不足雄远国,使崔季珪代,帝自捉刀立床头。既毕,令间谍问曰:"魏王何如?"匈奴使答曰:"魏王雅望非常;然床头捉刀者,此乃英雄也。"魏武闻之,追杀此使。(《世说新语·容止》)

潘岳妙有姿容,好神情。少时挟弹出洛阳道,妇人遇者,莫不连手共萦之。左太冲绝丑,亦复效岳游遨,于是群妪齐共乱唾之,委顿而返。(《世说新语·容止》)

……

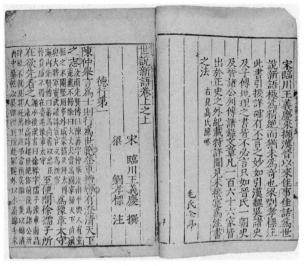

《世说新语》

拿谢公一段记载来说，它既报道了淝水之战的消息，又勾勒了名相谢安从容不迫的大将风度与大家风范。淝水之战是历史上以少胜多的著名战役，号称百万的前秦大军由苻坚统领，浩浩荡荡，杀奔东南，志在一鼓作气荡平东晋，一统天下，而当时东晋只有几万人马，形势岌岌可危。然而，由于宰相谢安具有杰出的政治军事才能，排兵布阵，指挥若定，终于以弱胜强，大获全胜。前秦败兵丧魂落魄奔逃途中，竟将山上的草木都当作追兵，从而留下一句成语"八公山上，草木皆兵"。《世说新语》这段记载说的是，战云密布双方厮杀之际，谢安却在与人对弈，前敌指挥谢玄的捷报送达时，他也无动于衷，看完后默默无语，气定神闲地继续下棋。直到别人问他前方战况如何，他才淡淡地说了一句：这小子已经大败敌军。谢玄是他的侄子，故称"小儿辈"。

隋唐

魏晋时代的笔记小说，到唐宋时期进入繁荣，明清时代更达到高峰。唐代的笔记小说承续魏晋遗韵而大畅其风，至中唐以后更是蔚为大观。唐人笔记小说的数量，仅据书志目录和《太平广记》诸书著录记载，约有270种（其中极少数属于隋、五代时期作品），保存至今者尚有165种左右，其中作为专集形式传至今日者有40余种，余者多属残本、辑佚本以及敦煌残卷。这些文人撰述，内容广博，丰富多彩，天上人间，古往今来，"无所不有，无所不异，使读者忽而颐解，忽而发冲，忽而目眩神骇"（明代李云鹄称《酉阳杂俎》语）。将它们展开就是一幅有声有色的社会风情画，一部林林总总的新闻大百科。

唐宋以后笔记小说的兴盛，自然有其社会历史背景。从唐代开始，史学正式分为官修与私撰两途。官修的史书为正史，即《隋书·经籍志》说的"世有著述，皆拟班（固）、（司）马（迁），以为正史"；私撰的则属杂史，即《新唐书·艺文志》说的"传记、小说，外暨方言、地理、职官、氏族"。杂史通称笔记小说，或者简称笔记。笔记，用季羡林先生的话讲，"是中国特有的一种著述体裁。'笔记'，就是随笔记录。……一个读书人有所感，有所见，读书有点心得，皆随笔记下"，就是笔记。笔记兴于唐代中叶，一方面,与唐代建立国史馆、禁止个人私撰正史,从而迫使文人对时事与历史的兴趣另寻出路这一境况有关;另一方面,也可以说同唐代中叶后的社会转型相涉。结合唐宋之际中国社会从古典向近世过渡的趋势,那么唐宋笔记的勃然兴起就不是偶然现象了。事实上,我们不妨将它与唐代中后期萌发的新闻事业,视为同一历史脉动,既显示人们对外界事态的关心与好奇,又表明整个社会对信息传播的热心与看重。唐初孙处玄所深憾的"恨天下无书以广新闻"的状况,至此已随笔记之作的兴起而改观。

前面欣赏了魏晋时代的笔记小说,这里再来看看唐代以后的情形。先看《隋唐嘉话》里的一则故事或报道——英文的故事与报道是同一个词语story,讲的魏征犯颜直谏而唐太宗从谏如流的事情:

郑公(魏征)之薨,太宗自制其碑文并自书。后为人所(离)间,诏令仆之。及征高丽不如意,悔为是行,乃叹曰:"若魏征在,不使我有此举也。"既渡辽水,令驰驿祀以少牢,复立碑。

这则故事的作者或报道的记者刘悚,是唐代著名史学理论家刘知几的次子,与其父一样都是知名于时的史官。他的《隋唐嘉话》仿《世说新语》体裁,大致按时序记述从隋代到唐天宝年间一些闻人的言行故事,而有关唐太宗一人的条目就占全书的二分之一。由于作者身为史官,加之又常受刘知几的耳提面命,因而《隋唐嘉话》无论记人还是叙事,都堪称实录,一向被视为研究唐前期历史的重要文献。

下面是《大唐新语》里的一段记载,说的是朝廷大员谄媚武后面首张氏兄弟的丑事:

(御史大夫杨再思)见(张)易之弟(张)昌宗以貌美被(武后)宠,因谀之曰:"人言六郎似莲花。再思以为不然,只是莲花似六郎耳。"……天下名士视再思为粪土也。(《大唐新语》)

再看一段《朝野佥载》里的武后故事,它反映了这位铁腕女皇人性化的一面:

则天时,调猫儿与鹦鹉同器食,命御史大夫彭先觉监,遍示百

官及天下考使。传看未遍,猫儿饥,遂咬杀鹦鹉以餐之,则天甚愧。(《朝野佥载》)

故事是说,武则天训练猫儿和鹦鹉一同进食,让两个天敌、一对冤家待在一个笼子里,同甘共苦,相安无事。为了炫耀自己的训练成果,她利用大会朝臣之机让百官欣赏她的杰作,同时让御史大夫监督。没想到,还没有等传看完毕,猫儿饿了,上去一口就把鹦鹉吃掉了,于是武后坐在上面觉得颇没面子,一个"愧"字集中刻画了那种羞赧、难为情的情状。《资治通鉴》里引用了这个故事,并把"则天甚愧"改为"武后甚惭",更觉形象、生动。

下面一段故事或新闻出自《唐国史补》,讲的是韩愈的一段历险趣闻:

韩愈好奇,与客登华山绝峰,度不可返,乃作遗书,发狂恸哭,华阴令百计取之乃下。(《唐国史补》)

韩愈登华山,由于山路险峻,上去了下不来,于是写下遗书,发狂痛哭,后来华阴县县令想方设法才把他弄下山。当我们读着正史里对韩愈的"正面报道",所谓"文起八代之衰""匹夫而为百世师,一言而为天下法"的时候,看看这些"小报消息""八卦新闻"不亦乐乎。

晚唐笔记小说引人关注的一项发展,是出现了明确以"新闻"为题的撰述。尽管当时新闻的意思与今天不尽相同,但毕竟昭示了一种不容忽略的历史脉动,同时也更明确地彰显了笔记写作与新闻传播的内在关联。从文献资料上看,迄今所知的此种笔记有两部,一是《锦里新闻》,一是《南楚新闻》。《锦里新闻》的作者为段成式,推测其内容当与锦江所在的蜀中有关,宋人勾延庆的《锦里耆旧传》即述前蜀与后蜀之事,而成都武侯祠附近现有一条出名的文化街也叫"锦里"。《南楚新闻》的作者尉迟枢是五代南唐人,《新唐书·艺文志》著录其《南楚新闻》三卷,收入小说家类。原本今已不存,逸文30余则散见于《太平广记》等书,内容以唐代朝野逸闻奇事为主,有关晚唐者尤多。以下两条所记捉梢郭使君与看马李仆射的故事,常被后世戏剧小说取作创作题材:

江陵有郭七郎者，其家资产甚殷，乃楚域富民之首。……是时唐季，朝政多邪，生乃输钱百万于鬻爵者门，以白丁易得横州刺史，遂决还乡。时渚宫新罹王仙芝寇盗，里闾人物，与昔日殊。生归旧居……方知弟妹遇兵乱已亡，独母与二三奴婢，处于数间茅屋之下，囊橐荡空，旦夕以纫针为业。生之行李间，犹有一二千缗，缘兹复得苏息，乃佣舟与母赴秩（赴任），过长江，入湘江，次永州北……夜半忽大风雨，波翻岸崩，树卧枕舟，舟不胜而沉，生与一舴公，拽母登岸，仅以获免……母氏以惊得疾，数日而殒……既丁忧，遂寓居永郡，孤且贫，又无亲识，日夕厄于冻馁。生少小素涉于江湖，颇熟风水间事，遂与往来舟船执梢，以求衣食，永州市人，呼为捉梢郭使君（使君即刺史——引者）。(《太平广记》卷499)

韩愈

京华有李光者……以谄佞事田令孜（唐末权倾一时的大宦官），令孜嬖焉，为左军使，一旦奏授朔方节度使。敕下翌日，无疾而死。光有子曰德权，年二十余，令孜遂署副职。会僖皇幸蜀，乃从令孜扈驾，止成都。……数年之间，（李德权）聚贿千万，官至金紫光禄大夫、检校右仆射（大约等于虚衔宰相——引者）。后（陈）敬瑄（田令孜之兄）败，（李德权）为官所捕，乃脱身遁于复州（治湖北沔阳），衣衫百结，丐食道涂。……寻获为牧守围，人有识者，皆目之为看马李仆射。(《太平广记》卷499)

大约从这个时期开始，史学理论也日趋兴盛，这些史学理论有不少同样适用于新闻传播，甚至不妨称为新闻理论。比如，唐代史学家刘知几写过一部杰出的史学理论著作《史通》，其中谈到优秀史学家得有才华，有学问，有见识，即所谓"才、学、识"。没有才华，自然成不了优秀的历史学家。不过，仅有才华远远不够，还得有学问。所谓学问，就是了解掌握的资料，历史学家和新闻记者一样不能凭空捏造，而得讲究有根有据。除了才华和学问，还得有更重要的东西——见识。见识就相当于画龙点睛的那个点睛之笔。如果没有见识，没有思想，那么不管罗列多少史料，啰啰唆唆讲述多少故事，结果都难免没有神采，没有灵魂，没有生命。相反，有了点睛之笔，那么，整条龙就活了，这就是思想或见识的魅力。《史记》为什么如此神采飞扬？按鲁迅先生的说法，"史家之绝唱，无韵之离骚"，关键也在于《史记》包含着一系列见识或闪光的思想。当然，《史记》以叙事见长，故事都很生动，但其中的见识同样非同一般，比如《李将军列传》的"太史公曰"为这篇著名的人物报道赋予了何等动人的思想魅力。总之，在刘知几看来，优秀的史家得具有才、学、识三种禀赋。

　　这是他在回答同僚的问题时谈的观点。当时同僚问他："古往今来，知名的文人那么多，车载斗量，不可胜计，可为什么史学家那么少呢？"刘知几解释说：要成为一位优秀史家，必须同时具有才华、学问、见识三种素质，而同时具有这三种素质的人不多，所以优秀史家就不多。有的人可能有才华，但不肯踏踏实实做学问，搞调查，研究问题，而没有学问自然成不了优秀的史家。另外，有的人非常勤奋，踏实，刻苦，一辈子皓首穷经，掌握很多资料，甚至不少鸡零狗碎的东西都了如指掌，可惜就是缺乏点睛之笔即见识与思想，结果同样还是成不了优秀史家。

　　后来，清代大儒章学诚在他的名著《文史通义》中，又补充了一个"史德"，从而形成"才、学、识、德"四要素。他认为，一位优秀史家，不仅需要具备才、学、识，更需要具备史德，否则，照样成不了优秀史家。

《史通》

历史上缺德的史家代为不绝，所以才有所谓秽史，才有颠倒黑白、无中生有的记载与报道。同样，这四点即"才、学、识、德"，对新闻人来讲也非常必要，缺一不可。

除了才、学、识，《史通》的许多论述和观点也都同样适用于新闻传播。比如"直笔"之论，即秉笔直书。按照一代史学家范文澜先生的解释：

> 《史通》论修史，以直笔为中心思想。不仅有《直书篇》《曲笔篇》，从正反两面，详加论述，其他各篇中，也贯穿着直笔的论点。什么是直笔？《史通·杂说篇下》有一个扼要的解说："夫所谓直笔者，不掩恶，不虚美，书之有益于褒贬，不书无损于劝诫。"……怎样才能做到直笔？综括《史通》所述，约有四端：不畏强暴（史德），分清邪正是非（史识），鉴别史料真伪（史学），不为浮词妄饰（史才）。

当然，秉笔直书并非"有闻必录"。在他看来，一事当前，先得明辨是非，区分善恶，然后才是记功司过，激浊扬清。倘若不分善恶，不辨是非，而一味直书，则将君子小人混为一谈，"人既不知善之为美，则亦不知恶之为恶"。因此，所谓直书，"但举其宏纲，存其大体而已，非谓丝毫必录，琐细无遗者也"。

再如，他对史家文笔的要求，也与当代新闻记者相通。其中，一是注重叙事，就是所谓"讲故事"，二是强调简要："夫国史之美者，以叙事为工；而叙事之工者，以简要为主。"《汉书·张仓传》里有一句"年老，口中无齿"，他认为应删改为"老，无齿"。无论叙事之工，还是简要之美，都在于主张以一种朴素自然的文笔撰述历史或报道新闻，尽力摒弃华而不实的浮言虚词。因为，唯有朴素自然才能接近真实，而浮言难免损真，虚词势必妨实。按照西方报道的要求，新闻作品里甚至不容许出现副词、形容词等，而提倡多用叙述性的动词。

以上简略介绍了一些古代的历史故事，同时也可以说是古代的新闻报道。正像联合国教科文组织那份当代世界传播现状的著名报告中写到的：

> 在整个历史进程中，人类一直在设法改进其对于周围事物的消息情报的接受能力和吸收能力，同时又设法提高自己本身传播消息情

报的速度、清晰度，并使方法多样化。这种努力之所以必要，首先是为了创造条件对在他面前可能潜伏的种种危险心中有数，然后也为了能和大家一起看到共同对付这些危险的可能性。(《多种声音，一个世界》)

这种情形也体现于我国古代的新闻传播活动。其中有两点尤其值得今人借鉴，一是如史直书、无所忌惮的精神，一是活灵活现、栩栩如生的文笔。如史直书是古代优秀史家所具有的共同禀赋，也是今天新闻记者应该继承发扬的优良品德。一是一、二是二，倡导实事求是，反对弄虚作假，这些道理对历史和新闻都是相通的。另外，那种传神的文笔，即如何用简练的语句真切地、生动地展现事物的本领，也是今天记者的学习样板。

邸 报 话 题

下面谈本讲的第二个话题——邸报。邸报是中国古代报纸的统称，古代小说中，时常能看到邸报的字眼。比如"三言二拍"、《红楼梦》等，都有关于邸报的记述。《红楼梦》讲到林黛玉的家教贾雨村，本是官员，由于贪污被免职。有一天，他出去游玩，邂逅一个京城来的朋友，两人一起喝酒聊天，席间说到朝廷准备重新起用一批犯过错误的干部。贾雨村一听自然兴奋，饭没吃完就赶回宿舍，找出邸报核对。

说到邸报，先得明确两个概念：新闻事业和新闻传播。新闻传播是大概念，新闻传播的历史同人类历史一样悠久古老，可以说从人类形成社会以来就有新闻传播。而新闻事业是小概念，是近代才产生的事物，在西方大概两三百年，在中国有一百多年。那么，什么是新闻事业呢？简言之，新闻事业是一种组织化、规模化、专业化的新闻传播。组织化是指新闻事业总是围绕媒介组织而展开的，总有一个社会组织，一个专门的行业来从事这项社会化活动。与之相比，古代的新闻传播活动则处于"无组织、无纪律"的散漫状况，街谈巷议，道听途说。直到近代，随着社会分工的不断发展，随着生产力水平的逐步提高，特别是随着资本主义工业文明的兴起，才开始出现一种专门从事新闻传播的组织、机构，简称为媒介、媒体或传媒。这就是所谓组织化，即新闻事业是由一个专门的组织、专门的机构所从事的新闻传播活动。与此相关，专业化是指近代新闻事业已经形成一个专门的行业，跟律师、医生、建筑师、会计师一样，由受过训练的专业人士承担，并且有自己的一套职业操守，职业理念，职业规则，职业手段等。最后，古代的新闻传播活动都是零零碎碎、零打碎敲的，而现代新闻事业则是具有相当规模的社会活动，所谓大众传播、大众传播媒介等也都表明这一点。如今，随着网络的繁盛，新闻事业似乎有回归古代新闻传播的趋势，有人也想当然地以为新媒体时代就是人人发布新闻的时代，其实这只是某种一厢情愿的错觉。从理论上讲，通过网络新媒体，似乎每个人都可以成为"记者"，都可以发布"新闻"，组织化、规模化、专业化的新闻事业将被消解。实际上，这些人充其量只是"记录者"，他们自己发布的所谓"新闻"也只是姑妄言之的"传闻",不足为凭——除非经过专门核实。而在一个全球一村、信息爆炸的时代,谁又有兴趣、有能力对海量的信息逐一核实呢?更重要的问题还在于,新闻事业并不仅仅只是传播一条条新闻与信息,同时更是在为纷繁复杂的现代社会建构一整套应付日常生活的现实图景和价值体系,而这就更不是任何个人所能做到的。

总之,新闻事业和新闻传播是不同的概念,新闻事业是一种组织化、规模化、专业化的社会活动,是社会发展到一定阶段,生产力发展到一定水平后才形成的。

新闻事业的最初形态总是报刊,报刊是新闻事业最早的表现形态。换言之,最早的新闻事业就是报刊,而邸报就是中国最古老的报刊。需要说明的是,邸报只是统称,而不是某份报刊的具体名称,所有中国古代报刊合在一起称为邸报。既然新闻事业的初始形态是报刊,那么解决邸报的起源问题也就等于解决中国新闻事业的起源问题。所以,探讨中国古代的新闻传播活动,往往都把邸报起源作为一个重要问题。目前,关于邸报的起源,有三种代表性观点,可以概括为汉代说、宋代说和唐代说。汉代说以戈公振先生为代表,宋代说以朱传誉先生为代表,唐代说以方汉奇先生为代表。

先看戈公振先生的汉代说。戈公振是中国新闻史学的开山鼻祖,也是一位著名报人。他英年早逝,留下一部《中国报学史》,这是他一生心血凝聚而成的一部中国新闻学经典,也是中国新闻史的开山力作。在这本书里,作者提出邸报源于汉代的说法,但又不是特别确定,只是一种猜测,依据仅仅在于《西汉会要》里的一段记载。《西汉会要》是一部记述西汉典章制度的史书。书里有一段话,提到当时各个郡国在京师所设的办事处——邸。我们知道,秦汉以降,郡县制成为中国古代的常态。在汉朝的政治体制中,最高一级自然是中央政府,下面有地方一级的郡国和直接"亲民"的县官。这些郡国就像现在的省市自治区,都在京城设有办事处,当时叫做邸。按照《西汉会要》的记载,邸的日常工作是"通奏报,待朝宿"。通奏报,是把地方上的情况报告中央政府;待朝宿,是出席或列席朝廷的"中央会议",把有关精神传达到郡国。一句话,就是"下情上达,上情下达"。戈公振先生根据《西汉会要》的这段记载,推断汉代应该出现邸报。因为,既然有邸，邸的主要工作又是"下情上达，上情下达"，那么自然就有邸报，所以邸报起源于汉代。这个推断，现在已被推翻。许多研究者从不同方面提出论据，证明汉代还不可能出现邸报。其中一条重要的根据是，汉代的中央政府绝不允许任何人以任何名义随意传播朝廷的消息，当然更不允许所谓邸报的存在。

再来看看宋代说。宋代说是朱传誉先生提出的。朱传誉是台湾的新闻史学者，1967年出版了一部《宋代新闻史》。这本学术著作立论严谨，史料翔实，考辨精细，对整个宋代新闻传播活动进行了系统研究，同时也对宋代的邸报，包括它的内容、形式、发布机构、编辑程序等进行了详尽考察，令人信服地说明宋代已经出现邸报。

宋代已有邸报并不等于邸报起源于宋代，它的起源年代是不是还可以往上追溯呢？这就有了方汉奇先生的唐代说，即邸报起源于唐代。1983年，方汉奇先生发表了一篇一石激起千层浪的文章，详细论述了唐代进奏院及其传发的"进奏院状报"，得出邸报源于唐代的结论。这篇文章的标题挺长，叫《从不列颠图书馆藏唐归义军"进奏院状"看中国古代的报纸》，简单说是从进奏院状看中国古代报纸。这个进奏院状不是别的，而是唐代归义军的进奏院状，唐代归义军的进奏院状又不是指所有的，而仅指英国不列颠图书馆收藏的一份实物。这篇文章引发很大反响，因为它的立论是以实物为依据。另外，如果这个结论得到认可，那么也无异于说，这是世界现存最早的一份报纸。

下面，就来看看唐代的"进奏院状报"。唐代是中国历史上一段辉煌灿烂的鼎盛岁月，一个流光溢彩的黄金时代。范文澜先生曾用"博大清新、辉煌灿烂"概括唐代文明。美国学者F.卡特（T.F.Carter）在其名著《中国印刷术的发明及其西传》（*The Invention of Printing in China and Its Spread Westward*）一书里，也以诗一般的语言写道：唐代"是一个新生与青春的时期，是一个抒情诗和宗教信仰的世纪"。《天涯》杂志主编李少君甚至认为，中国自古是一个注重"诗教"的国家，犹如其他文明注重"宗教"。西方文明的源头有一部宗教的《圣经》，而华夏文明的滥觞是弹琴鸣弦的《诗经》。中国古人聚会往往以诗为中心，像《兰亭集序》中记述的"流觞曲水"、《红楼梦》里屡屡描写的诗会等。如果说西方人的超越意识求助于宗教，那么中国人的精神家园则寄托于诗歌，包括文人的雅歌和百姓的民歌。中国人实际上是以诗歌求得精神的超越和心灵的慰藉。所以，几千年来，不仅中国文化的精神基因蕴含于诗歌之中，而且日常伦理和家长里短也无不渗透诗教的意味。《古诗源》等辑录的大量歌谣谚语，包括帝尧时代的"日出而作，日入而息。凿井而饮，耕田而食。帝力于我何有哉"，以及"小子读书不用心，不知书中有黄金"等民间教诲，无不体现着这种诗教的特征。乃至历史的大时代往往都由诗歌开启，如五四时期胡适的《尝试集》、"四五运动"的天安门诗抄、改革开放的"朦胧诗"等。更不用说"伟大的中国革命"，也以毛泽东的诗篇在世人心中留下刻骨铭心的烙印：红军不怕远征难，不到长城非好汉，百万雄师过大江，天翻地覆慨而慷。因此，李少君主张，重建中国的核心价值，就需要一个"借诗还魂"的过程："要变成一个创造性的时代，必须首先有一个精神的大解放、思想的大解放……诗歌是最有想象力、最有创造性的东西，它不是理性可以产生的，它是真正的精神解放和想象力的催化剂。"显而易见，这种诗魂及其主导的文明，在唐代达到登峰造极的境界。被闻一多先生誉为"诗中的诗，顶峰上的顶峰"的《春江花月夜》，就是一个鲜明的象征或标志：

> 江天一色无纤尘，皎皎空中孤月轮。
> 江畔何人初见月？江月何年初照人？
> 人生代代无穷已，江月年年只相似。
> 不知江月待何人，但见长江送流水。

至于"九天阊阖开宫阙，万国衣冠拜冕旒"的吐纳开放，"将军三箭定天山，战士长歌入汉关"的气宇轩昂，"白日放歌须纵酒，青春作伴好还乡"的清新明朗，"沉舟侧畔千帆过，病树前头万木春"的万千气象，更是集古典世界之大成，同时也开近世历史之先声。于是，了解唐代文明，特别是所谓"盛唐气象"，也就了解中国文化及其精髓，包括新闻传播的一系列精神特征和内在气质。

当然，唐代并非载欣载奔，一路高歌，而是大起大落，悲欢离合。众所周知，"安史之乱"是唐代由盛转衰的突出标志。此前，大唐盛世，一派

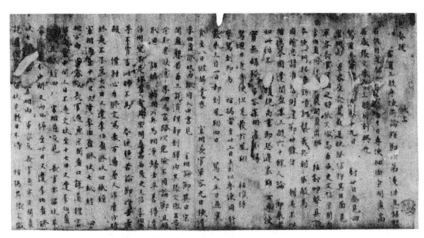

现藏伦敦不列颠图书馆的敦煌进奏院状

歌舞升平；此后，国势颓败，处处苦不堪言。唐代中后期，中央被宦官把持，地方由军阀割据，更是兵连祸接，民不聊生。"安史之乱"爆发后半个世纪，全国出现 40 多个节度使。这些节度使都是手握兵权的枭雄，他们大都在京师设立类似汉代邸的办事机构。这种机构开始叫上都留后院，公元 777 年改名进奏院。主持进奏院日常工作的人是进奏官，一般也泛称邸吏。由于这个机构类似汉朝的邸，故名邸吏。由此可见，唐代的进奏院同汉代的邸一脉相承，显示着特定历史延续性。

至于进奏院状报其实就是进奏官或邸吏给各自长官打的"小报告"。进奏官是由各地藩镇任命的，只对节度使负责，而不对朝廷负责。他的工作包含向其节度使通风报信，比如中央朝廷或各地藩镇有什么动向。这种机构和职能与其说像各地的"驻京办事处"，不如说更像各国的驻华使馆。比如美国前任驻华大使李洁明（James R.Lilley），生于中国，长在中国。他的父亲原为美孚石油公司的销售员，在中国好多地方待过，抗战全面爆发后才离开中国。所以，李洁明到现在还保留着日本占领时期的"良民证"。新中国成立后，他加入中情局，专门负责对我国大陆实施颠覆活动。当时他策划了一系列刺探情报、组织暴动等活动，比如有一次在东北空投美蒋特务，结果降落的地点和计划的区域相差几百公里。到老布什任总统时期，李洁明出任美国驻华大使，因为他和老布什曾是耶鲁同学，而且老布什曾经当过中情局局长，也是他的老上司。在华期间，他的主要工作就类似于唐代的进奏官或邸吏，刺探中国政府的动向，了解中国各地的活动，然后报告自己的老板。

唐代的进奏官在打探消息、通风报信方面，应该说做得相当不错，时人称"能传万里之音，不坠九霄之命"。这些进奏官或邸吏发给藩镇的书面报告，就称为"进奏院状报"或"邸报"。这里的"状"，是古代的上行文书之一。各国官场都有一套繁文缛节的讲究，在礼数繁多、传统深远的中国古代社会，官场礼数就更不可马虎。比如，公文分为上行文书和下行文书。所谓下行文书，是上级对下级的，最典型的就是皇帝的圣旨。上行文书则是下级对上级的，最常见的就是各种奏疏。上行文书和下行文书都有不同的讲究，包括格式、语句、口气等。而"状"就是古代的上行文书之一，这种意思还保留在现代口语中，比如老百姓说的"告状"。

方汉奇先生经过对进奏院和进奏院状的详尽考证认为，唐代已有邸报，进奏院状报就是最早的邸报。他的重要根据是现存伦敦不列颠图书馆的一份"进奏院状报"实物，编号为 S·1165。这份状报是唐代的归义军进奏院于公元 887 年发出的。说到敦煌文物，还有一段令人痛心的历史。陈寅恪先生说："敦煌乃我国学术伤心史。"由于众多无价之宝敦煌文物被列强的文化强盗以极其低廉的价钱盗运国外，以至于人们说"敦煌在中国，敦煌学在国外"。在敦煌文物的流失过程中，斯坦因是个主角。这个人说起来比较复杂，一方面他是著名学者、考古学家、文物学家，特别在中亚考古方面有不少重大发现。他本是匈牙利人，后来加入英国籍，受封爵士，在国际学术界享有声望。另一方面，他又是一个文物贩子、一个帝国主义文化强盗。1900 年，在莫高窟千佛洞，王道士无意间发现一个封闭千年的洞穴，其中藏有价值连城的文物，如书籍、经卷、绘画等。而斯坦因恰在此时来到莫高窟，看到这些宝贝，欣喜若狂，于是连蒙带骗将这些敦煌文物的绝大部分运往伦敦。

在斯坦因盗取的文物中，就有这份编号为 S·1165 的归义军进奏院状报。归义军属唐代诸多节度使之一，驻守沙洲，即现在的敦煌。正因如此，归义军的这份进奏院状报才得以和其他敦煌文物一起封存于莫高窟里，保存至今。另外，敦煌气候干燥，因此这份状报以及其他敦煌文物才能历经千年，而没有腐烂。这份归义军进奏院状报，长约 1 米，宽约 30 厘米，用毛笔抄写，共60行，2000余字。内容只有一项，就是报告归义军节度使派出的人员向朝廷求取旌节的活动情况。旌节是一种体现权力的标志，类似于古罗马执政官出行时的权杖——本源意义上的"法西斯"，也有点像现在各级组织的公章。为了说明这份进奏院状报的内容，需要稍微谈一谈当时的历史背景。

常说大唐盛世是我国古代最鼎盛、最辉煌的时期之一，内政外交都一直令后人心驰神往。然而，就在这样的社会背景下，依然存在严重的国家安全问题，一个主要威胁就来自青藏高原的吐蕃。安史之乱爆发后，一时纲纪大乱，中央政府自顾不暇。这种情况下，吐蕃趁机而下，占据河西，包括现在的敦煌、兰州等地。从此，西域与中原的联系中断。后来，敦煌民众在张义潮带领下揭竿而起，驱逐吐蕃，收复失地，并向中央政府报捷输诚。那时朝廷正焦头烂额，听到这个喜讯自然欢欣，于是顺势封了一个"归义军"头衔。军不是指军队，而是指藩镇节度使。在人民网编辑江映烛看来，收复河湟失地、打通河西走廊、得地四千余里，使得"六郡山河，宛然而归"的赫赫功绩，放在盛唐时期，张议潮早已拿到河西节度使旌节，成为名正言顺统御河西的封疆大吏。然而，经历了安史之乱，朝廷最怕的就是藩镇割据。于是，朝廷一方面嘉奖张议潮和归义军，另一方面却采取一系列防范措施，包括不想授予张议潮河西节度使旌节，只给归义军节度使的头衔：

> 河西地区本就形势复杂，党项、吐蕃、吐谷浑、嗢末、葛逻禄、黠戛斯各族之间矛盾不断，自古以来便是多民族林立的复杂局面……有了朝廷的正经册封，才能使得藩镇在法理层面更有合法性。（江映烛《终究还是错付了：归义军领袖张议潮甘愿入朝做朝廷人质》）

为此，归义军三番五次派人，前往朝廷，求取旌节。

方汉奇先生发现的这份进奏院状报，就是归义军的进奏院发回的密报，汇报的内容就是求取旌节的进程和近况。

在对这份进奏院状报进行仔细考证与辨析后，方汉奇先生认为，进奏院状报应该算中国最早的邸报，敦煌文物里的这份归义军进奏院状报是目前所见的中国最早的一份报纸。这无疑是一个重大结论，自然在学术界引发热烈反响，它实际上确立了中国新闻事业的起源或源头，也等于确定了世界最早的报纸诞生的年代。如此说来，中国早在唐代就已经出现了报纸，时间在公元七八百年间，距离现在1000多年。所以，这是一个意义重大的结论。

与此同时，不同的看法也由此而来。有人认为，进奏院状报并不是报纸，而只是公文。持这种观点的代表人物是唐史学者张国刚先生，当时在南开大学执教，现为清华大学历史系教授。他还举出一份同属归义军进奏院状报的实物，即现藏巴黎国立图书馆、编号为P·3547的敦煌文书。这里的P代表法国著名东方学家、考古学家伯希和，它的发报时间在876年，也就是说前述归义军进奏院状报早11年。那么，我们到底该怎么看待这个分歧呢？进奏院状报算不算报纸呢？

首先，强调两个方面的问题：一方面涉及报业本身，比如编辑、发行、记者等，这是一个媒介系统；另一方面涉及报业生存的历史环境，这是一个社会系统。报纸是否能够生存、发展，不仅取决于自身的一系列因素，而且更重要的还取决于一系列社会历史背景。所以，本书一开始就提到：我们的重点在于新闻社会史，而不是单纯的新闻传播史。

按照这种思路进行审视，就不难发现一些承前启后的新闻传播史线索。比如，西方报业的发展历程大致遵循这样一条脉络：从新闻信（news-letter）到新闻书（news-book），最后到新闻纸（news-paper）即报纸。也就是说，西方报业的最早形态是新闻信，时间大致在文艺复兴时期。新闻信兴起后一百多年，才有新闻书，又称小册子（pamphlet）。欧洲最早的一批小册子出现在17世纪初，其内容与形式都同宋代的邸报相差无几。新闻书盛行一百多年，才出现所谓的新闻纸即报纸，如英国的第一份新闻纸是1665年创刊的《牛津公报》。这是西方报业发展的线索，可称为西方报业的"三部曲"或"三级跳"。与此相比，我国报业也经历一个相似的发展过程。它的萌芽形态同样是新闻信，而不可能是报纸，具体来说就是唐代的进奏院状报。宋代以后，新闻信逐渐演化为新闻书或小册子，即所谓邸报。到19世纪中后期，随着传统社会向现代社会的转型，我国报业才开始出现新闻纸即报纸。不过，与西方报业的"三部曲"或"三级跳"有所不同，中国报业的这个过程经历了一千多年的演变。

总之，唐代说可以成立，但需适当修正。结合唐代新闻传播方面的其他历史事实，可以得出一个基本结论：中国新闻事业或报业源于唐代中后期，最初的形态不是也不可能是报纸而是新闻信，这种新闻信就是"进奏院状报"，而归义军进奏院状报是中国现存最早的一封新闻信。

古代报纸的两条脉络

最后，再简单说说中国古代报纸的两条发展线索或脉络，一条是官方的邸报，一条是民间的小报。邸报这条线索源于唐代的进奏院状报，到宋代才有正式邸报，而且这个名称也在当时固定下来，通行起来。"邸报"一词在宋代各种诗文中屡见不鲜，包括苏轼、王安石等人的文集。宋代邸报和唐代进奏院状报既有联系，又有区别。联系在于宋代邸报的发行机构，是从唐代的进奏院延续下来的。宋代立国之初，也有许多地方的进奏院设在京师，后被中央政府统一起来，成为朝廷的一个部门——都进奏院。也因此，唐代的进奏官由地方节度使任命，而宋代的进奏官则由中央政府管理。至于二者的区别则在于，唐代的所谓邸报实际上是新闻信，而宋代的邸报已是新闻书。

到了明代又出现塘报。"塘"是当时的一级基层组织，类似驿站，每隔十里二十里设一个塘，主要传递军事方面的信息——塘报。"塘报是一种自下而上，由地方向中央逐级汇报军情的文报，是有关军事信息的重要传播工具。"（《中国新闻事业通史》）所以，当明末农民大起义爆发后，义军每到一地，首先做的事情之一就是烧驿站、杀塘卒，打掉这些朝廷的耳目喉舌，正如现代政变首先抢占电台、电视台、通讯社等。不仅如此，各地农民武装还通过自己的方式发送信息、命令，如旗牌、布告等。据说当时朝廷派一名兵部尚书去围剿张献忠。他一上任就发布一道命令：谁若抓住张献忠，就赏多少多少万两银子。然而，第二天早上当他起床时，发现自己的床沿、墙壁、厨房到处贴着农民武装的告示，说如果谁能抓住该尚书大人，则赏银子一钱。这位钦差看了后，吓得魂飞魄散。想想看，防备森严的国防部长宅邸竟然贴满这么多"恐吓信"，那么取他的脑袋还不是囊中探物。自此，他就精神失常，郁郁寡欢，最后无疾而终。

进入清代，中国古代的新闻传播就算达到高峰，无论官方的邸报还是民间的小报，无不呈现前所未有的繁盛局面。到清代中后期，古代新闻传播格局遭遇西方现代媒介的不断冲击，在社会巨变的大背景下逐渐走向没落，近现代新闻事业由此应运而生。

清代的邸报系统更加完善，日趋发达。新闻学博士史媛媛在其学位论文里对此做了深入考察，她指出："邸报是清代对提塘所办官报的通称。这种封建官报从来没有得到官方的定名。它在形式上又始终是没有封面、没有报头的书册状。这样就导致了清代对这种官报的称呼很多：邸报、邸抄、邸钞、京报、京抄、京钞、阁钞、朝报、抄报等等。"前面提过，当时一些文学作品里也屡见邸报的身影，如《红楼梦》第一百零一回写道：

> 至次日五更，贾琏就起来要往总理内廷都检点太监裘世安家打听事务。因太早了，见桌上有昨日送来的抄报，便拿起来闲看。第一件是云南节度使王忠一本，新获了一起私带神枪火药出边事，共有十八名人犯。头一名鲍音，口称系太师镇国公贾化家人。第二件苏州刺使李孝一本，参劾纵放家奴，倚势凌辱军民，以致因奸不遂杀死节妇一家人命三口事。凶犯姓时名福，自称系世袭三等职衔贾范家人。贾琏看见这两件，心中早又不自在起来，待要看第三件，又恐迟了不能见裘世安的面，因此急急地穿了衣服，也等不得吃东西，恰好平儿端上茶来，吃了两口，便出来骑马走了。

清代的邸报系统还出现一些新的名堂，如宫门抄、辕门抄等。宫门抄由中央政府发布，辕门抄则是地方政府发布。"辕门抄是一种以报道地方官场消息为主的古代地方报纸，出版于各省省会和一些重要府城。因其内容是以抄录各省巡抚衙门公报信息而得名。最初是地方提塘所办，后来逐渐由当地熟悉官场情况的抄报人来编印发行……他们出版辕门抄是为了牟利。辕门抄也开始在社会上公开出售、发行，因而具有了商业性质，属于地方私营报纸。"（史媛媛）即使19世纪中后期现代"新报"出现后，辕门抄依然发挥新闻传播功用，许多近代报刊还设有"辕门抄"专栏。清末吴趼人的小说《二十年目睹之怪现状》写道：

> 我便辞了出来。正走出大门，迎头遇见了伯父。伯父道："你到上海作甚么？"我道："代继之买东西。那天看了辕门抄，知道伯父到苏州，赶着到公馆里去送行，谁知伯父已动身了。"

关于清代邸报及其突出作用，一些外国人也根据道听途说的传闻有所记载。比如，法国启蒙运动时期，不少哲人基于对中国世俗社会的理解和向往，为了打破欧洲等级森严的贵族体制，着力宣扬中华文明的平民传统和民本精神。18世纪，有位法国学者还对中国邸报做了详细描绘：

> 帝国的官方公报是进行教育的另一种方式。这个公报刊载历史上的教训，介绍各种各样的例证，以此激励人们尊崇美德，热爱民主，厌恶陋习；它向人民通报各种法令，各种正义行为和政府需要加以警戒的事项。在那里可以看到被解职官吏的名单，并附有他们遭此羞辱的原因：一种是过于严厉，一种是太多宽容，再一种是玩忽职守，还有一种是疏于判断。这个公报对于准予支付的款项和必须紧缩的费用等等，也加以报道。它详尽叙述朝廷的判断，各省发生的诸种灾害，以及当地官吏按照皇帝的饬令所采取的各种赈济措施。统治者的经常性和非经常性经费支出的摘要、高级官员们就统治者的所作所为而给予的规劝、皇帝对其臣属所作的表彰或谴责等，统统包括在公报里面。简而言之：公报忠实、具体和详细地报道了帝国内的一切事务。它每天在北京刊印，发行到帝国内的所有省份；尽管它尚未将该帝国以外所发生的事情包括在内，但已经构成一本70页的小册子。（苏尔热《杂录与奇谈》）

上述邸报的发展情况，是中国古代报纸的一条主要线索。下面再看看另一条线索——民间小报。小报出现在北宋年间，南宋时已经十分活跃。宋朝是个繁华似锦的朝代，中国古典文明在宋代达到一个高峰。当代法国汉学巨擘谢和耐，在《蒙元入侵前夜中国的日常生活》一书里对此做了栩栩如生的翔实论述。例如南宋临安城内的行业已经多得令人瞠目：珠宝业、刀剪业、金银业、裱褙业、骨董业，蟹行、青果行、糖蜜行、姜行、双线行（鞋行）、香水行（澡堂），等等。这里仅以时人的见闻为例，就已经足以说明问题。南宋的孟元老在流寓临安即杭州时，写下一部追思汴梁风物的名著《东京梦华录》，对当时人们的衣食住行、吃喝玩乐做了细致入微的描绘，令人眼花缭乱，叹为观止：

> 仆从先人宦游南北，崇宁癸未（宋徽宗年号，公元1103年）到京师（开封），卜居于州西金梁桥西夹道之南。渐次长立，正当辇毂之下，

《清明上河图》(局部)

太平日久,人物繁阜,垂髫之童,但习鼓舞,班白之老,不识干戈,时节相次,各有观赏。灯宵月夕,雪际花时,乞巧登高,教池游苑。举目则青楼画阁,绣户珠帘,雕车竞驻于天街,宝马争驰于御路,金翠耀目,罗绮飘香。新声巧笑于柳陌花衢,按管调弦于茶坊酒肆。八荒争凑,万国咸通。集四海之珍奇,皆归市易,会寰区之异味,悉在庖厨。花光满路,何限春游,箫鼓喧空,几家夜宴。伎巧则惊人耳目,侈奢则长人精神。瞻天表则元夕教池,拜郊孟亭。频观公主下降,皇子纳妃。修造则创见明堂,冶铸则立成鼎鼐。观妓籍则府曹衙罢,内省宴回;看变化则举子唱名,武人换授。仆数十年烂赏迭游,莫知餍足。

看到此情此景,自然会想到张择端的名画《清明上河图》和宋代词人柳永赞美杭州繁华的《望海潮·东南形胜》:

东南形胜,三吴都会,钱塘自古繁华。烟柳画桥,风帘翠幕,参差十万人家。云树绕堤沙,怒涛卷霜雪,天堑无涯。市列珠玑,户盈罗绮,竞豪奢。

重湖叠巘清嘉,有三秋桂子,十里荷花。羌管弄晴,菱歌泛夜,嬉嬉钓叟莲娃。千骑拥高牙,乘醉听箫鼓,吟赏烟霞。异日图将好景,归去凤池夸。

据说,金主完颜亮听到这首词后,不由产生"投鞭渡江"之心。这些诗文从不同方面,描绘了宋代的繁盛,歌咏了宋代的文明。在这样一个锦绣时代，人们的社会交往异常密切，特别是汴梁、临安等市民，对各种信息的渴求更是空前迫切，而信息的传播也自然空前活跃。就是在这样的时代背景下，诞生了中国古代最早的民间报纸——小报。下面是时人记录的一段有关小报的文字：

> 小报者，出于进奏院，盖邸吏辈为之也。比年事之有疑似，中外未知，邸吏必竞以小纸书之，飞报远近，谓之小报。如日今日某人被召，某人罢去，某人迁除，往往以虚为实，以无为有。朝士闻之，则曰："已有小报矣！"州郡都间得之，则曰："小报已到矣！"他日验之，其说或然或不然。使其然耶，则事涉不密；其不然耶，则何以取信？此于害治，虽若甚微，其实不可不察。臣愚欲望陛下深诏有司，严立罪赏，痛行禁止，使朝廷命令播之天下，天下可得而闻不可得而测；可得而信不可得而诈。则国体尊而民听一，臣不胜至，愿取进止。
> （周麟之《海陵集》卷三）

意思是说小报从进奏院发展而来，由邸吏即都进奏院的工作人员私下经营，主要记录近日朝野未知之事，如今天皇帝召见某人、罢免某人、迁除某人等，而士大夫、地方官看后往往信以为真，直到事后验证才确认真伪。所以，周麟之主张禁止小报的发行，以防妖言惑众。下面是《宋会要辑稿》中的一段文字，内容同前面的类似，但更为详细：

> 比来，有司防禁不严，遂有命令未行，差除未定，即时誊播，谓之小报。始自都下，传之四方。甚至凿空撰造，以无为有，流布远近，疑误群听。且常程小事，传之不实，犹未害也；倘事干国体，或涉边防，妄有流传，为害非细。乞申明有司严行约束，应妄传小报，许人告首，根究得实，断罪追赏，务在必行。又言：朝报逐日自有门下后省定本，经由宰执始可执行。近年有所谓小报者，或者朝报未报之事，或是官员陈乞未曾施行之事，先传于外，固已不可。至有撰造命令，妄传事端，朝廷之差除，台谏百官之章奏，以无为有，传播于外。访闻有一使臣及阁门院子，专以探报此等事为生。或得之于省院之漏泄，或得之于街市之剽闻，又或意见之撰造，日书一纸，以出局之后，省

部寺监知杂司及进奏官悉借传授,坐获不赀之利。以先得者为功,一以传十,十以传百,以至遍达于州郡监司。人情喜新而好奇,皆以小报为先,而以朝报为常,真伪亦不复辨也。

大意是说当时的有关部门查禁不严,中央的文件还未颁行之时,官员的任命还未确定之际,就已被誊写下来,远近传播,从当时的京都传布四方,其中有些信息是凭空捏造,无中生有,结果混淆视听,误导舆论。另外,一般小事若被误传,问题还不大,倘若误传内政外交等军国大事,则其危害就无法估量。接下来谈到小报漏泄,是因为一些人通过这种方式发家致富,所谓"坐获不赀之利",就是用这种方式获取不义之财。文中最后说的"以先得者为功,一以传十,十以传百,以至遍达于州郡监司。人情喜新而好奇,皆以小报为先,而以朝报为常,真伪亦不复辨也",放在今天看也有现实意义。人们一般都喜欢新奇、刺激的东西,而小报通常就迎合和满足人们的这种心理,结果使正式颁布的大报说法或权威说法反而不被相信,从而使真假莫辨。

小报的出现与风行同当时社会风尚不无关系。比起尚武的、古典的汉唐之世,宋元时期更具有世俗的、近世的色彩。"秦时明月汉时关"的唐诗与"杨柳岸晓风残月"的宋词,不仅仅体现着美学趣味的差异,更属于世态民心的嬗变。法国汉学家谢和耐对这种社会心理及其变迁做过分析:

> 收集奇闻轶事的爱好早在唐代就十分风行,而到了宋代就更加明显。印刷术使得这类著作流传甚广,它们是由一系列的简短故事组成,这些故事均极尽荒唐怪诞之能事,却个个都有其亲眼目击的证人。人名、地名、日期等等,均被准确地提供。(《蒙元入侵前夜的中国日常生活》)

小报到明清时代已经非常发达,成为民间获取新闻信息的重要途径之一。下面是明代流传下来的《天变邸抄》,报道的是明代天启年间北京发生的一件惊天动地的新闻——"天启大爆炸":

> 天启丙寅五月初六日巳时(1626年5月30日9时至11时),天色皎洁,忽有声如吼,从东北方渐至,京城西南角灰气涌起,屋宇动

荡，须臾，大震一声，天崩地塌，昏黑如夜，万室平沉，东自顺城门大街，北至刑部街，长三四里，周围十三里，尽为放斋粉，屋数万间，人二万余。王恭厂一带，糜烂尤甚，僵尸层叠，秽气熏天，瓦砾盈空而下，无从辨别街道门户。震声南至河西务，东至通州，北至密云、昌平，告变相同，城中屋宇无不震裂，举国狂奔，象房倾圮，象俱逸出。遥望云气，有如乱丝者，有如五色者，有如灵芝黑色者，冲天而起，经时方散。(《明季北略·丙寅五月初六纪异》)

当时，明熹宗正在乾清宫用早膳，突然感到地动殿摇，"乾清宫御座、御案俱翻倒"，熹宗不顾九五之尊，起身冲出乾清宫直奔交泰殿，"内侍俱不及随，只一近侍掖之而行"，途中"建极殿槛鸳瓦飞堕"，正中近侍头部，脑浆迸裂而亡。这场近400年前的巨大"灾变"及其成因，至今依然困扰着史学家和科学家，一直众说纷纭。有人认为是地震引起的，有人说是火药库失事，也有人视为陨石坠落，等等。无论如何，此次"天崩地裂"的灾变通过当时的民间小报而得到记载与传播，成为明代流传下来的有名新闻。

与官方的邸报一样，民间的小报到清代达到高峰。清代小报通称"京报"，19世纪文学作品《儿女英雄传》记述道：

当朝圣人爱民如子，一见河水冲决，民田受害，龙颜大怒，便照折一道旨意，将安学海"革职拿问，带罪赔修"。这个旨意由内阁抄了出来，几天儿工夫就上了京报，那报房里便挨门送看起来。

同治以后，由于京报开始采用黄色的连史纸做封面，又被称为"黄皮京报"。就内容而言，"清代民间报房所出《京报》几乎一成不变地由三部分组成：宫门抄、上谕和折奏"（史媛媛）。与邸报不同的是，京报公开销售，读者不限。

关于中国古代报纸，戈公振先生在中国新闻史奠基之作《中国报学史》里，有一段要言不烦的总论：

自报纸历史上言之，《邸报》之产生，为政治上之一种需要。汉唐当藩镇制度盛行时，其驻在京师之属官，皆有《邸报》之发行；其记载甚简单，无非皇帝诏令、诸臣奏议与官吏升降而已。清初改称《京报》，其性质与前代无异。狭义言之，《邸报》与《京报》不过辑录成文，无评论，无访稿，似不足称为报纸。然当时消息公开传布，惟此类物，则谓其已具报纸之雏形，亦固无可非议也。《邸报》与《京报》之发行，初为朝廷默认之事业，有手写者，有木刻者，有活版印刷者。清末下诏预备立宪，方正式发行政治官报，为朝廷宣布法令之机关。而当时各省所发行之南北洋官报等，且于谕折外，有评论，有新闻，俨然与民报相颉颃。

《京报》

从"叫魂"到"马嘎尔尼使团"

本书的重点不在古代而在现代，特别是20世纪以来的新闻进程。但是，对现代历史包括新闻史的一系列理解，又无不受制于对中国历史及古代社会的认识。随着当代学术思潮的深刻变迁，特别是20世纪90年代以来国内外一系列社会变局，一种新的思想解放春风扑面而来，日益强劲，有人称其为"第二次思想解放"。这个提法，最早见于崔之元1994年发表于香港《二十一世纪》杂志的文章《制度创新与第二次思想解放》。当时，他还任教于美国麻省理工学院，现为清华大学教授。如果说改革开放初的第一次思想解放是自上而下展开的，那么方兴未艾的第二次思想解放则是自下而上推动的。第一次思想解放的关键，是将人们的思想从形形色色"左"的禁锢里解放出来；而第二次思想解放的核心，则在于破除林林总总"右"的精神束缚，包括对中国历史和古代社会的偏颇认识。

以明清历史为例，以往提起来颇多负面印象，就像《万历十五年》以及大量等而次之的作品所展示的，更不用说殖民买办文人口口声声的"处处不如人"（胡适）。对此，晚近的一系列历史学、考古学、社会学、政治学研究别开生面，令人耳目一新，也与"两个结合""中国式现代化"等新时代新思想遥相呼应。比如，李怀印的《现代中国的形成（1600—1946）》（2022）。再如，美国的"厄湾学派"（UC Irvine School）又称"加州学派"（California School）通过缜密翔实的研究，也破解了许多此类历史"神话"，给人以更加深刻、全面、真切的历史画面：李中清、王丰的《人类的四分之一：马尔萨斯的神话与中国的现实》、王国斌的《转变的中国——历史变迁与欧洲经验的局限》、贡德·弗兰克的《白银资本：重视经济全球化中的东方》、彭慕兰的《大分流：欧洲、中国及现代世界经济的发展》等。清华大学历史学教授李伯重及其研究，也与厄湾学派关系密切。

除此之外，法国汉学家魏丕信的研究，也可归入这个学派。他的代表作《十八世纪中国的官僚制度与荒政》（中文译本出自李伯重教授），同样破除了所谓传统中国"落后""愚昧""专制"等偏见。魏丕信1991年以47岁当选法兰西学院院士。法兰西学院相当于中国科学院加中国社会科学院。这里的院士只有50人,包括自然科学、人文科学、社会科学等各个领域的权威,可见地位之高,名望之重。魏丕信是50个院士中惟一的汉学家,接替之前的另一位汉学家谢和耐——《中国社会史》《蒙元入侵前夜的中国日常生活》等书作者。魏丕信的《十八世纪中国的官僚制度与荒政》用大量原始资料,如官方档案、地方志、当事人笔记等,书写了中国官僚制度在"救荒"问题上的表现,用翔实的历史事实告诉人们,当时中国官僚制度如何高效有效,面对诸如饥荒灾变等问题如何妥善应对,使伤亡和损失减到最少等。即使

汉学著作

风雨飘摇之际,在辛亥革命爆发前的那个冬天,清朝政府还卓有成效地遏止了一场数百年未遇的特大鼠疫,黄加佳的深度报道《1910—1911:东北大鼠疫》称赞道:"无论在当时还是现在,这都是一个奇迹。"(《北京日报》2008年11月18日)

这里,不妨重新审视两段乾隆朝历史:一是"叫魂事件",一是"马嘎尔尼使团"以及所谓"闭关自守"。

关于"叫魂事件",尼克松访华后到访中国的首批汉学家孔飞力写了一部学术畅销书《叫魂》,把乾隆以及清朝官员描绘得专横颠顶,不堪入目。由于叙事生动,绘声绘色,问世以来,洛阳纸贵,新闻传播学界更是奉为经典。2023年,青年学者茹巍在《中国社会科学》撰文《1768年叫魂案再审视》,通过细致深入的梳理和分析,发现孔飞力所言乾隆借叫魂案以整肃官僚的立论不成立,叫魂案的处理整体也是成功的。他说,不是乾隆制造了叫魂案,而是孔飞力心中的预设理论制造了想当然的"叫魂":

> 与孔飞力笔下那个"全社会歇斯底里"的江南不同的是,在彭慕兰、弗兰克的笔下,则一个可以媲美甚至超越同期英格兰的江南。

如果说孔飞力是在中国中心观支配下，力图一以贯之地发现"中国悲剧性近代的前夜"的基因的话，而彭慕兰等人则是在试图摆脱欧洲中心观的多元化理念支配下，努力在横向比较上，作出一种欧洲有、中国也必有的发现，如此呈现出的当然是彼此旗鼓相当的特点。（《中国社会科学》2023年第6期）

再看"马嘎尔尼使团"以及所谓"闭关自守"。对此，钟伟民教授的博士论文从四个方面做了阐发，提出了一种实事求是的通达观点。钟伟民教授是李伯重教授的高足，这篇"名师高徒"的博士论文，在结论部分就此谈到四点看法：

第一，历朝历代很少执行绝对的"闭关自守"，清朝也只有40年的海禁（1644—1684年）。

第二，闭关自守不可简单地归纳为"保守"，更谈不上"反动"，实际上，历史上各国都不同程度地实行闭关自守的垄断政策，这不是中国特有的现象，世界各国历史都不乏闭关自守的记录。这种"闭关自守"与现代市场经济、全球一体化等不可同日而语，人们不能拿现代的局面套过去的现实。

第三，直到鸦片战争后很长一段时间，中国人几乎在所有的日用必需品方面都可以自给自足。不仅如此，中国的很多物品，如丝绸、茶叶、瓷器等还远销世界各国。

清朝乾隆时期，英国派了一个外交使团，史称"马嘎尔尼使团"，因为带队的叫"马嘎尔尼"。马嘎尔尼使团不远万里来到中国，想同中国建立贸易关系，结果不了了之。为什么呢？流行的说法认为，乾隆皇帝要求他们觐见时下跪，而马嘎尔尼不肯屈膝。为此，双方反复磋商，最后依然无法打破僵局，只好不欢而散。这种事情在今人眼里，自然属于典型的夜郎自大，所谓"闭关锁国""闭关自守"等。最突出的莫过于乾隆答复英国女王的御书，其中说道："天朝物产丰盈，无所不有"，根本不在乎同你们开展贸易。其实，乾隆说得也不错。当时，中国正逢康乾盛世，丰衣足食，跟你打不打交道确实无关紧要，"原不藉外夷货物以通有无"。不过，深究起来这段历史并非那么简单，既无关下跪，也无关贸易，用北京大学中文系教授韩毓海的说法：

所谓康熙的孙子乾隆皇帝虚荣无知,因英国人不肯下跪就不愿意与英国通商的说法,不过是某些心怀恶意的历史故事大王无聊的编造,完全不符合当时的历史事实。

真正的历史事实是这样的:1793年的马嘎尔尼使团在被盛情招待后,提出的竟然是如下与"贸易"毫不相干的要求:一、请于舟山附近划一不设防之岛,归英国商人使用,以便英国商人休息、存放一切货物,且永久居住。二、请于广州附近得一同样之权利,且听任英国人自由来往,不得加以禁止——而这其实也就是割地。乾隆理所当然地回绝了这两要求,也正是根据这两无礼要求,乾隆才判定了英国人的野蛮和无知。

乾隆并非只会读书写字的太平皇帝,他是在炮火连天的战场上锻炼出来的鹰派军人。在严峻的边疆挑战中,乾隆经历了无数艰难险阻才将中国历史推向鼎盛。西藏、新疆问题他从来没犯过糊涂,中国西南、西北边疆的安定是他数次亲征,率领自己的子弟兵浴血奋战保下来的。崽卖爷田不心疼,我们今天批判历史上的专制主义,但并不意味着要反过来为帝国主义的侵略辩护,更不意味着全面割断历史,好像中国历史5000年,除了"专制"二字以外什么也没有,清朝更是除了辫子别无长物。说白了,我们今天的版图就是大清挣下来的;乾隆一生非但没有丢过一寸中国领土,而是保卫和扩大了中国版图。

近代中国的研究中,一个说来可笑,却从来就没有被解释过的问

两广总督接见马嘎尔尼

题是：是否只有中国向英国开放才算开放？是否只有海洋贸易才是贸易，而陆地上的贸易数额再大，它也不是贸易？……当年坚决不同意与英国进行海洋贸易的，不仅仅是大清一家、乾隆一人，而是包括世界上几乎所有伟大国家及其英明君主——在欧洲有荷兰，在荷兰之后有美国、法国，特别是19世纪后期以来提出一整套反自由贸易的政治、经济、文化政策的德国。……难道他们坚决不跟英国做生意就是英明正确，偏偏大清不跟英国做生意就成了罄竹难书的罪恶？难道反对英国就等于反对贸易？拒绝英国就等于拒绝文明、拒绝现代化？这种滑天下之稽的说法，我想大概只能产生于20世纪后期中国极其荒谬的后殖民语境中，非常值得我们反思。(《西北旺》)

第四，中国历史上常遭北方游牧民族的入侵，对外来势力本能地保持警惕。学过中国历史的都知道，包括清朝本身也是打进来的。所以，中国人对外来势力心存戒备也无可厚非。

由此，仲伟民教授得出结论：对清政府一味指责没有意义，应从历史主义出发，抱"同情之理解"，认识所谓"闭关自守"及其他问题。只有如此，只有对一切历史都如是看待，才可能突破已然僵化教条的种种思想束缚，达到清华大学国学导师陈寅恪所说的"我民族独立之思想，自由之精神"(《柳如是别传》)。这其实也是人们耳熟能详的"实事求是"。

最后，我们再看一段涉及清末邸报的文字，以加深对中国古代新闻传播的感性了解。这段文字出自唐浩明的历史长篇小说《张之洞》，讲的是京城清流党愤激于俄国侵占伊犁的事情：

进了客厅刚坐下，张佩纶便说："香涛兄，你看了今天的邸抄吗？"

"没有。"张之洞摇摇头说，"我有几天没看邸抄了。今天的邸抄上有什么大事吗？"

"哎呀，大得不得了！"张佩纶边说边从袖口里取出一份邸抄来，甩在桌子上，说，"崇厚那家伙把伊犁附近一大片土地都送给俄国了！"

"有这等事？"张之洞拿起邸抄。"我看看！"

陈宝琛走到张之洞的身边，指着邸抄左上角说："就在这里，就在这里！"

张之洞的眼睛移到左上角，一道粗黑的文字赫然跳进眼帘：崇厚在里瓦几亚签署还付伊犁条约。

"条约有十八条之多，不必全看了，我给你指几条主要的。"张佩纶迈着大步，从桌子对面急忙走过来，情绪激烈地指点着邸抄上的文章，大声念着，"伊犁归还中国。其南境特克斯河、西境霍尔果斯河以西地区划归俄国。"

"岂有此理，岂有此理！"张之洞气愤地说，拿邸抄的手因生病乏力和心情激动而发起抖来。

"岂有此理的事情还多着哩！"张佩纶指着一条念道："俄国在嘉峪关、科布多、乌里雅苏台、哈密、乌鲁木齐、吐鲁番、古城增设领事馆。"

"为何要给俄国开放这多领事馆？"张之洞望着站在一旁的陈宝琛责问。那情形，好像陈宝琛就是崇厚似的。

陈宝琛板着脸孔没有作声。

张佩纶继续念："俄国可在蒙古、新疆免税贸易，增辟中俄陆路通商新线两条。西北路由嘉峪关经汉中、西安至汉口，北路由科布多经归化、张家口、通州至天津，开放沿松花江至吉林伯都纳之水路。"

"这是引狼入室！"张之洞气得将手中的邸抄扔在桌上。

"还有一条厉害的！"张佩纶不看报纸，背道，"赔偿俄国兵费和恤款五百万卢布，折合银二百八十万两。"

"啪！"

张之洞一巴掌打在大理石桌面上，刷地起身，吼道："崇厚该杀！"……

由于舆情汹汹，清政府拒绝承认崇厚在里海之滨的里瓦几亚订立的这份丧权辱国条约，并将其革职查办。同时，晚清杰出外交家、曾国藩长子曾纪泽奉命赴俄重开谈判，以"待凭口舌巩河山"的气概终使《里瓦几亚条约》废止，实现了"障川流而挽既逝之波，探虎口而索已投之食"。

拓展阅读

1. 江映烛:《终究还是借付了:归义军领袖张议潮甘愿入朝做朝廷人质》,《国家人文历史》公众号,2023-07-18。
2. 尹韵公:《中国明代新闻传播史》,重庆出版社。
3. 史媛媛:《清代前中期新闻传播史》,福建人民出版社。
4. [美]卡特:《中国印刷术的发明及其西传》,商务印书馆。
5. [德]弗兰克:《白银资本:重视经济全球化中的东方》,中央编译出版社。

第二讲

西风东渐　新闻传播发新枝
（1815—1895）

这一讲讨论 19 世纪新闻史，勾画其中的主线，把握主要的脉络，以此回望 19 世纪风雨如磐的岁月，同时前瞻 20 世纪跌宕起伏的年代。

按照"加州学派"（California School）的观点，1800 年以前的世界实际上处于多元状态，并没有一个经济或文明中心，西方也并没有任何明显的优势。杉原薰（Sugihara Kaoru）的一段描述，对此做了有趣的概括：如果世界历史结束于 1820 年，那么，人们将会看到一部东亚发展的经济奇迹，人口数量迅速增长，生活水平稳步提高，中国的江南更是物阜民丰，繁荣昌盛；而在简短的最后一章可能提上一笔——遥远的大西洋沿岸有群人似乎享有更快的人均增长率，仅此而已。耶鲁大学教授保罗·肯尼迪（Paol Kennedy），在 20 世纪 80 年代问世的《大国的兴衰》一书里估算道：1750 年的中国工业产值是法国的 8 倍多，英国的 17 倍多，到 1830 年还是法国的 5 倍多，英国的 3 倍，直到第二次鸦片战争，英国的工业产值才刚刚赶上中国。20 世纪末，经济史学家麦迪森（Angus Maddison）运用实际购买力的计算方法，估算了过去两千年世界主要经济体的 GDP，结果发现 1700 年中国的 GDP 差不多相当于整个欧洲的总和，而且从 1700 年到 1820 年，中国经济的年均增长速度是欧洲的 4 倍。总之，鸦片战争前，中国在世界六大经济区里不仅经济规模最大，而且增长速度最快。所以，在他们看来，通常被我们当作天翻地覆的 1840 年其实并不重要，用彭慕兰 2000 年《大分流：欧洲、中国及现代世界经济的发展》一书的讲法：

彭慕兰

鸦片战争不再是来自海外的中国现代性的起点，也不再是一个内生的现代性遭受挫折的关键时刻。它现在只成为许多重要时刻中的一个，在这些时刻，政府没有能力妥善处理外部环境造成的压力与一个不断变革的经济、社会、生态、政治环境之间的复杂关系。把这种时刻列一个目录，里面还会包括一系列推动性要素与衰减性要素的组合，例如引进新大陆的粮食作物、越来越多的移民进入西南与苗族起义；

商人赞助者、不再能找到政府部门工作的学者与文化/知识变革之间的不断变化的关系；江南—东北沿海贸易的发展、黄河治理费用的上涨与漕粮/大运河体系的衰微；中亚的平定与清代军界的变化；还有本书中举出的许多内陆区域人口增长和手工业发展与长江中下游和三角洲地区间以稻米和木材交换布匹的远距离贸易的缩减的实例等等。

事实上，19世纪中叶以后，随着欧洲工业化的进展，一个占支配地位的西欧才具有实际意义，世界面貌才开始发生一系列变化。以科技而言，涉及传播活动的有19世纪中叶的电报——带来人类传播史上的又一次变革；19世纪下半叶的电话；随后的无线电应用、开发及普及，最终又将导致广播电视的诞生……

与此同时，19世纪最引人注目的世界性现象当属英国的崛起，所谓19世纪是英国的世纪，20世纪是美国的世纪云云。意大利历史学家阿瑞奇，把近代数百年的世界格局划分为三次霸权的兴替：第一次是荷兰，约在16、17世纪，中国台湾曾在荷兰国力达到巅峰之际一度被占领；第二次是19世纪的英国；第三次就是20世纪的美国。以英国崛起为标志的19世纪也凸显了世界近代史的动向，按照学者祝东力的分析：

> 世界近代史的总体走向是从西方到东方，这个走向在地理上有两条路线。一条是"革命"的路线：从英国革命（17世纪）到法国革命和欧洲革命（18—19世纪），再到俄国革命和中国革命（20世纪），自下而上的、暴力的社会革命一波接着一波，巨浪般由西向东传递。另一方面，相反相成，从西方到东方还伸展着一条"资本"的路线：环地中海（文艺复兴时期）、北大西洋（16—19世纪）和亚太地区（20世纪末至今），依次成为近代世界经济和贸易的热点或中心。第一条"革命"的路线主要走陆路，它在解放了相关社会和国家的政治潜力之后，也曾经形成新的异化。第二条"资本"的路线主要走海路，它直接导致了对美洲的种族灭绝、对非洲的大规模奴役，但同时也积累了财富并传播了技术和文明。位于"远东"的中国，作为最后一个被纳入近代世界体系的东方大国，恰好是这两大政治、经贸路线的交汇点。（《战略高度》序）

这两条路线的相互交织，使近代中国一方面步步陷入"半殖民地半封建"的境地，另一方面掀起一波未平一波又起的革命浪潮，直至新中国成立而达到高潮。这一肇始于近代的新动向既属于社会形态的巨大转型，同时也带来新闻传播形态的空前变革。前述古代新闻传播形态，包括邸报，同下面讲的现代报刊体系已经不可同日而语。现在看来，生成于19世纪的中国现代报刊不仅触发了一整套翻天覆地的媒介变迁，而且也应和着一系列开天辟地的社会变革。

这一讲从1815年第一份近代报刊《察世俗每月统记传》创刊，讲到1895年甲午战败、签署《马关条约》，时间跨度约一个世纪。这个世纪为近代报业或新闻事业的发端时期或新旧交替时期，此前基本属于新闻传播的古代范畴，此后不久的戊戌变法则推动近代报业的第一次高潮。本讲准备讨论三个话题：一是外报即外国人在华创办的报刊，它是19世纪中国新闻事业的先导，直接影响中国近代新闻事业的发生发展；二是中国人自己在自强运动中独立兴办的报刊；三是这个时期中国新闻界的代表——报人王韬，及其创办的一份里程碑报纸——《循环日报》。

外报：近代报刊的先导

中国新闻史上讲的"外报"，一般特指19世纪来华洋人所办的近代报刊，其中大多出自教会和传教士。1895年，英国传教士李提摩太在天津《直报》上发表《中国各报馆始末》一文，提供了一组统计数字：1815年至1894年，除《京报》外，全国先后出版的近代报刊一共76种，包括香港6种，上海32种，北京和天津各1种等。其中，教会主办的占60%，尤以《万国公报》《字林西报》《申报》等最为著名。

整个19世纪，外报特别是教会所办报刊确实主导着中国近代报业，原因也不难理解。传教士来华传教在中国历史上、特别是近代史上是不容忽视的现象。明清以来，西方传教士的活动连绵不绝，比如早期的利玛窦、汤若望等。那个时期传教士基本上属于文化使者。以利玛窦为例，"1584年，利玛窦在肇庆刻印了在中国出版的第一幅世界地图——《山海舆地全图》。到北京后，他又向皇帝呈献了更为完备的《万国舆图》。从此中国人才知道地球上有五大洲三大洋；汉文中才有亚细亚、欧罗巴、亚墨（美）利加、地中海、大西洋等词语，一直沿用到今天"（钟叔河《走向世界：近代知识分子考察西方的历史》）。

利玛窦与徐光启

随着形势变化，中国政府对传教活动的政策不同时期也有所不同，总体来说，时松时紧。19世纪初，又进入一个控制趋紧的时期，对传教活动一般都严加禁止。

鸦片战争前

19世纪的外报可以鸦片战争为界分为前后两个时期。鸦片战争前，清廷控制得很严，外报寥若晨星，屈指可数；鸦片战争后，禁令逐渐松弛，外国人办报活动日趋活跃。

中国近代最早的一份外报，是1815年创刊的《察世俗每月统记传》——号称第一份中文近代报刊，由英国传教士马礼逊、米怜等创办。马礼逊是英国伦敦布道会的传教士，来中国后学会汉语，还翻译了第一部中文《圣经》，编纂了最早的英汉字典。如今，提到英汉或汉英词典已是司空见惯，不以为奇。而中西交流之初，两种文化背景的人相遇之际，第一位的事情就是语言交流。正如改革开放初期，英国广播公司的《跟我学》（*Follow me*）和美国之音的《英语九百句》（*English Nine Hundred*）等教学节目风行一时，19世纪的各种英语工具书也应运而生。

马礼逊

马礼逊传教同时也开展了一些文化教育事业，成为中西交流史上的重要人物。说到传教，一般是指基督教。"基督教是个大帽子，它下面的教派多如牛毛，截至21世纪，全世界总计有四百多个。这些教派虽然都信奉上帝和耶稣基督，但具体理论分歧却数不胜数，相互之间矛盾深厚，对杀起来，出手比杀异教徒还毒辣。因为异教徒说到底属于'可以教育好的对象'，是有可能皈依的潜在信徒；而不同教派的成员，却是根本无法说服的。"（冯晓虎）大致说来基督教有三大宗：新教、天主教和东正教。马礼逊属于新教，利玛窦、汤若望等属于天主教，东正教则为斯拉夫人所信奉，如俄罗斯人。马礼逊受新教教会委派来中国传教时，清朝对传教活动的控制还很严，甚至不准传教士学习汉语。于是，他不得不先到澳门，偷偷摸摸学汉语，老师是位中国士绅，后来被人发现，吓得逃跑了。马礼逊刚到中国的公开身份还不是传教士，而是东印度公司的职员。后来，伦敦教会又派来一位年轻传教士米怜，协助工作。米怜经过一番考察发现，毗邻中国较好的传教地区是马六甲。这里既不受中国直接控制，又离中国不远，同中国文化圈关系密切，而且由于华人众多，受中国文化影响较大。于是，他俩就以马六甲为立足点，其间，除了布道、翻译书籍等，他们自然想到一种更好的传教方式——办报，这就是《察世俗每月统记传》出版的背景。

在创办这份报刊的过程中，他们还发展了一位中国教徒梁发。梁发，广东人，中国第一位新教教徒，后来又成为中国第一位新教传教士。虽然他是个小人物，但在近代中西文化交流史上也占据一席位置。他写过一本半文半白的传教小册子《劝世良言》，没想到这本小册子竟深刻影响了一个人，更没想到此人还掀起一场翻江倒海的暴动，他就是洪秀全。洪秀全当年在广东落第时，看到梁发的这本《劝世良言》，于是"走火入魔"，创立拜上帝教，进而发起轰轰烈烈的太平天国运动。从这个意义上讲，梁发以及米怜、马礼逊都可以说是洪秀全的精神导师。

作为第一份中文近代刊物，《察世俗每月统记传》（*China Monthly Magazine*）的版式跟当时的邸报相差无几，看上去就像一份小册子。封面上方是嘉庆年号，中间竖排是醒目的"察世俗每月统记传"，刊名右边有一句《论语》中的名言——"子曰：多闻，择其善者而从之"，左边是出版者——"博爱者纂"。这种版式成为此后许多同类报刊的通用模式。下面是其中的几段文字，由此可一窥其内容与宗旨：

《察世俗每月统记传》

> 从前有两个好朋友，一名张，一名远，他们两个人同行路间，相论古今。
>
> 远曰：我已听人说，尊驾曾经受了耶稣之道理，而信从之。我看世人论说此事，多有不同，且我自己不甚明白，今有两端，欲求尊驾解之。
>
> 张曰：岂敢，相公智深才盛，如何倒求于愚弟乎？但既是相公自所愿，则弟应当尽心遵命，请相公说那两端？（《张远两友相论》）

此类传教报刊的风格大抵如此,内容以传教为主,文字半文半白、半通不通。再看看1819年某期上刊发的两首打油诗:

> 上帝降灾非偶然,
> 都因世人慢神天。
> 但愿众生遵神诫,
> 灾害必定离汝前。
> ——其四
> 世人蒙昧似癫狂,
> 不拜真神拜假偶像。
> 邪淫嫉妒相谋杀,
> 损人利己常说谎。
>
> ——其一

该刊问世不久,米怜即因病早逝,《察世俗每月统记传》也难以为继,不了了之。

鸦片战争前,还有一份同类报刊——《东西洋考每月统记传》。"察世俗"题为"博爱者纂","东西洋考"题为"爱汉者纂"。该刊是1833年在广州创刊的。因此,"察世俗"被视为中国近代第一份中文报刊,而"东西洋考"则成为中国本土出版的第一份中文近代报刊。不过,它的宗旨、内容、风格等同"察世俗"没有差别,除了传教内容,同样介绍了一些西方天文、地理、科学技术等知识,鸦片战争后魏源写作《海国图志》也参考了这些文章。这份报刊的创办人是普鲁士传教士郭士立,又译郭实腊。此人对其"本职工作"并不专心致志,而更惦着世俗功名利禄。比如,"至少在中国沿海……侦察10次以上,向东印度公司和英国政府以及在澳门、广州的英美走

《东西洋考每月统记传》

私鸦片的大商人报告侦察结果，接受大鸦片商的巨款"（顾长声）。"西方传教士郭实腊自鸦片战争前10年就来到中国，从事间谍活动达10次之多，但郭实腊从未被中方擒获。侦伺军情时，一旦被发现，他就散发宗教传单，说是来传教的。"（张建伟）他还在澳门开设一所西塾，我国"留学第一人"容闳早年就曾在此受业，具体负责这所西塾管理工作的是郭太太玛丽·旺丝塔：

> 容闳在自传中说，"时才七龄，当时情形，深印脑中"。这家私塾原是女学，男塾不过附设。容闳年纪小，郭夫人"乃命居女院中，不与男童杂处"，这本是好意，但容闳当年并不领情。每当看到男生可户外运动，他却只能与女生"禁锢于三层楼上，惟以露台为游戏场"，心中就有"逃出樊笼，还我自由"之念。终于有一天"雇定盖篷小船，乘间脱逃"。他当然跑不掉，被郭夫人抓回来，桌上罚站，头戴尖顶纸帽，胸前挂一个牌子，上面写着"逃徒"二字。郭夫人把各种水果分给学生，就在容闳面前剥食。容闳心中羞耻，嘴上垂涎，长大后犹念念不忘，"这个郭夫人，真会恶作剧！"（张建伟《间谍郭实腊》）

这里的桌上罚站画面，颇似电影《简·爱》的同样情景。

鸦片战争中，郭士立充任英军陆军司令部参谋，后来还成为英国领事的中文秘书，跟马礼逊次子马儒翰相识。马儒翰又名秧马礼逊，即小马礼逊，所谓"秧"就是英文的 young（年轻的）。他生在澳门，继承乃父的传教事业。当年梁发回乡传教，被逮入狱，还是他多方打点，才把梁发捞出来。鸦片战争时期，马儒翰当了英国情报员，出谋划策。《南京条约》也是他起草的，两国外交人员只是在他起草的文件上改动一下有关数据而已。所以，对中国近代史上第一个丧权辱国的条约而言，他也堪称始作俑者。与此同时，郭士立则将马儒翰起草的英文版本翻译成中文版本。由此说来，这些小人物在历史巨变中的作用不可小觑。据留美学者刘禾考证：

> 在十八世纪初，"夷"字曾有各种英译，如 stranger（陌生人）、foreigner（外国人）等，在英国东印度公司的早期档案里，以上几种译

法我都见过……可是到了一八三〇年代，这个译法忽然失效，普鲁士传教士郭实腊（Charles Gützlaff，也叫郭士立）等人开始力主将"夷"字译为 barbarian（野蛮人），这当然不是没有缘由的。值得注意的是，当时中英两国政府都没有自己的职业翻译，两国之间的来往公文和照会，一律经由郭实腊等历届传教士居中翻译（这些人的官方身份是"正翻译官"，后来改称"汉文正史"）。两次鸦片战争期间中英之间所有的公文往来，都必须经过这些"汉文正史"的办公室，才到达对方手中。这些档案让我震惊。因为在这种情形下，英国政府的决策，依靠的是郭实腊们译成英文的中方文件，而晚清政府依据的英国政府文件也只能是郭实腊们的中译文，因此，两国政府实际上都没有也不可能看到这些公文的本来面目。外交史上的这一奇特事实，对鸦片战争的影响非同小可。……当英国国会在一八三〇年代后期开始辩论要不要发动对华战争的关键时刻，"夷"字被死死地等同于"野蛮人"，自然为英国主战派提供了有力的口实，使他们借机大做文章，例如，在一篇不长的提交给两院讨论的文字材料里，"barbarian"（野蛮人）这个词竟出现了二十一次之多。此类煽动，不能不使英国上下哗然，因为"野蛮人"的说法大大冒犯了刚刚暴发的英国资产阶级的面子（这对说只有中国人才讲"面子"真是莫大的讽刺），一时间，必须惩罚傲慢自大的大清国的呼声便成为主导舆论，这对英国政府发动鸦片战争并谋求战争合法性起到了至关重要的作用。（《欧洲路灯光影以外的世界——再谈西方学术新近的重大变革》）

可见，传教士的身份绝不单纯。除了传教，他们还干过不少别的"工作"，诸如搜集情报、刺探消息、充当间谍、参与外交等。所以，在近代史研究的革命范式里，对传教士的评价就是帝国主义的特务、间谍、文化殖民的先驱等。而在现代化范式里，他们又摇身变为文化交流的使者、现代文明的先驱等。

"东西洋考"有一篇知名的《新闻纸略论》，谈及现代新闻事业的缘起：

在西方各国有最奇之事，乃系新闻纸篇也。此样书纸乃先三百年初，出于义大里亚国（即意大利——引者）。因每张的价是小铜钱一文，小钱一文西方语说加西打（即所谓 Gazette——引者），故以新闻纸名为加西打，即因此意也。后各国照样成此篇纸，致今到处都有之甚多也。

鸦片战争后

鸦片战争后，国门开始一点点打开，形势开始一点点变化。随着中国社会逐步半殖民地化，外报不仅获得合法地位，而且日渐兴盛。从19世纪50年代起，越来越多的传教士开始致力文字布道工作，教会报刊的数量也不断增加。1890年，基督教会派人调查中国报刊出版情况，在先后刊行的73种报刊中，"十之六系教会报"（李提摩太《中国各报馆始末》）。这个时期，香港和上海成为现代报刊的两大基地。

香港的现代中文报刊《遐迩贯珍》创办于1853年。"遐迩"指远近，"贯珍"指各式各样精华的汇集。该报由马礼逊教育会主办，编辑有麦都思、理雅各等，都是有名的新教传教士。麦都思曾和米怜一起编辑"察世俗"，米怜去世，"察世俗"停办，他又在此基础上创办一份《特选撮要每月统记传》，从内容到风格完全照搬"察世俗"。理雅各先任传教士，回国后成为英国第一位汉学家。与《遐迩贯珍》非常相似的是上海的《六合丛谈》（1857），它们创办时间相近，编辑风格相似，而且同由传教士所办。

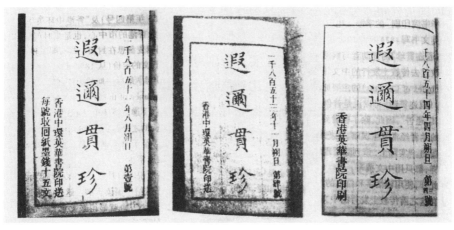

《遐迩贯珍》

总之，鸦片战争后，外报在中国获得合法地位，越来越兴盛、越来越普遍，而香港和上海成为近代报刊的两大刊行地。

外报中的英文报刊尤为突出，因为外报的主要读者还是在华的传教士、商人、军人、外交官等，像上海的《字林西报》(1864)、香港的《德臣报》(1845)等均为有名的英文报刊。什么叫《德臣报》？因为他的主持人 Dixson 被译为"德臣"。这是当时的一个习惯，就是用主编、主持人的名字来称呼报纸。比如，香港的《孖剌报》(1857)，就因为主笔是英国商人 Murrow，而 Murrow 在粤语里译作"孖剌"。这个 Murrow 或孖剌还是个人口贩子，专门贩卖苦力，他办报的目的只在挣钱，当然卖人也是挣钱。

跟《孖剌报》相关的还有其中文版《香港船头货价纸》，一份颇有影响的现代中文报纸，也可以说是第一份中文现代报纸。它创办于1857年，比其母报《孖剌报》的创刊只晚一个月。当时，很多英文报纸都同时出一份中文子报，《香港船头货价纸》就是《孖剌报》的子报。从内容上讲，这份报纸商业色彩很浓，重视广告、读者、订阅等，不同于传教士那些政治化、宣教性、赠阅式的报纸。商业化报纸更注重商业利润、市场运作等，版式也由过去的书册型改为单页型，看上去更接近今天的报纸。

对这份中文现代报纸，新闻史专家卓南生教授做过专精研究，其成果集中于《中国近代报业发展史》。卓南生教授是新加坡人，在日本东京大学主修新闻学。他的一项副业是报纸评论员，尤其关注东亚地区的国际政治和中日关系。《中国近代报业发展史》一书是他在硕士论文的基础上，经过多年的苦心经营写成的博士论文，史料丰富，严谨扎实。特别令人钦佩的是，为写这本书，他几乎把世界各大图书馆里与早期中国近代报业有关的东西翻阅一遍。傅斯年有句治史名言，"上穷碧落下黄泉，动手动脚找东西"，在他看来，史学就是史料学。而卓南生教授确实在史料方面下了大功夫，他搜集的一些原始资料都附在此书的后面。这本书的副标

《香港船头货价纸》

题是"1815—1874"：1815年是中国近代报业的开端，"察世俗"创办的年代；1874年是本讲最后一节王韬《循环日报》创办的时间。这部书后附有《香港船头货价纸》的所有影印件。从这些影印件也可以看到，这份报纸同现在报纸已经非常接近，头版重要位置几乎都是新闻，如下面几篇《香港船头货价纸》的新闻，时间、地点、人物、事件等新闻要素具备：

> 兹接到上海新闻纸云，现在，湖北武昌府与汉口镇复被长毛攻破。又闻钦差调宁波亚柏督卒水勇前往攻击南京云云。
>
> 兹接到省城二月二十七日信云，省内官宪现议设洋行二十一家与外国人交易。
>
> 闻说湖南长毛贼由桂阳入粤，于二月二十一日攻破韶府乐昌县，现在韶关各铺搬迁货物，长毛逼近韶关，但未闻胜败如何。若韶关一失，则西南佛山危矣。

这些新闻的来源值得留意。第一则新闻的来源是"上海新闻纸"，即这则消息是从上海的报纸上获得的，"新闻纸"即报纸。第二则新闻的来源是省城的来信，即这则消息是从来信中获得的。最后这则新闻则属于道听途说，所谓"闻说"，就是事出有因，查无实据，此类现象在近代早期的报刊上屡见不鲜。

在诸多传教士的报刊中，最有影响的还是林乐知的《万国公报》，特别是19世纪下半叶，其影响更是遍及朝廷官员、士大夫、乡绅等，戊戌变法期间，发行量一度激增。它的创办人是美国传教士林乐知，1860年代来到中国，自费创办《中国教会新报》，1874年改名《万国公报》。林乐知的想法同其他传教士一样，希望通过新闻、出版、文化、教育等手段，推行西方文明及其价值观。林乐知曾鼓吹"用治理印度的办法来治理中国"，他还发文论述"印度隶英十二益说"，即印度隶属英国的十二大好处，他认为这些治理印度的办法也可以一一移到中国。

除《万国公报》，19世纪下半叶问世的《申报》更是一份有名的外报。《申报》堪称旧中国的一部社会百科全书。不过，19世纪下半叶的《申报》小荷才露尖尖角，只是上海滩的第二份中文报纸。当时，上海有三家中文报纸，被称为"申""新""沪"，"申"是《申报》，"新"是《新闻报》，

"沪"是《字林沪报》。进入20世纪,特别是二三十年代,《申报》才成为上海乃至全国最有声望的报纸之一,也是旧中国最有影响的民间报纸。著名报人徐铸成在回忆录《报海旧闻》中,曾写下这样一段文字:

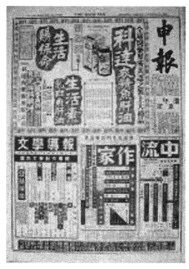

《申报》

> 别的地方我不清楚,在我幼年的江南穷乡僻壤,都是把《申报》和报纸当作同义语的。比如,新媳妇要回娘家,会让她的男人:"这些东西不好带,拿张申报纸来包包。"窗子破了,或者墙壁漏了气,老公公也支使小孙儿:"拿张申报纸来糊糊。"

《申报》创刊于1872年,老板是英国商人美查(Major),自号"尊闻阁主人"。"尊闻阁"的意思不难理解,"闻"是新闻,"尊闻"就是尊崇新闻。美查是个商人,办报主要是为了赚钱,他把报纸的日常事务都交给中国人,如沪上名流蒋芷湘。蒋芷湘后来考取进士,他的工作又由钱昕伯接替,而钱昕伯就是王韬的女婿。当时,《申报》的社会新闻颇有影响,如世人津津乐道的报道"杨乃武与小白菜"。杨乃武是个举人,他的邻居有家卖豆腐的,其妻外号小白菜,这家丈夫怀疑妻子跟杨举人有染,婆婆又从中挑唆。某天,丈夫突然暴病死亡,婆婆就怀疑小白菜下毒,告到官府,屈打成招,说他们勾搭成奸毒死丈夫云云,判处死刑,等待执行。这个事情炒得沸沸扬扬,《申报》连续报道约3年。由于《申报》等报道引起强烈反响,朝廷下令彻底调查,还把丈夫尸体运到北京检验,结果证明不是被毒死的,而是生病死的,杨乃武与小白菜才得到昭雪。

《点石斋画报》

1884年,《申报》出版了第一份近代画报——《点石斋画报》,主编是著名画家吴友如,郑振铎称之为"新闻画家"。《点石斋画报》是《申报》

的一份子报或副刊，但影响却比《申报》大，因为许多人不识字，却能看懂画。鲁迅先生曾经谈及《点石斋画报》：

> 这画报的势力，当时是很大的，流行各省，算是要知道"时务"——这名称在那时就如现在之所谓"新学"——的人们的耳目。《《上海文艺之一瞥》

时人称颂《点石斋画报》："纵使花丛不识字，亦持一纸说新闻。"《点石斋画报》以时事新闻为主，图文并茂。与此相应，晚清出现一股画报热，到"五四"时期共刊行了一百余种。北京大学陈平原教授认为："《点石斋画报》对于时事与新知的表述，有发掘，也有遗漏；有实录，也有歪曲；有真知，更有偏见。"这个概括是恰当的。

按照陈平原教授的划分，《点石斋画报》的内容涵盖四大主题，即中外纪闻、官场现形、格致汇编和海上繁华。中外纪闻属于时事报道，官场现形属于"二十年目睹之怪现状"，格致汇编属于新潮科技，海上繁华属于摩登时尚。下面就从这四个主题里分别选一个样本，既关照19世纪的新闻文本，又透视19世纪的社会情态。

先来看中外纪闻，这里选的报道是《仆犬同殉》。这期报道说的是甲午海战的一幕壮烈情景。在有名的大东沟海战中，致远号舰长邓世昌面临弹尽炮绝的局面，毅然指挥战舰冲向日舰吉野号，不幸被鱼雷击中，船沉人没。光绪皇帝听说邓世昌壮烈殉国的噩耗，题笔写下两句诗："今日漫挥天下泪，有公足壮海军威。"电影《甲午风云》最后一幕令人难忘：伴随《十面埋伏》的激越音乐，致远舰全体将士视死如归，驾驶战舰劈波斩浪一路冲向吉野，日寇官兵魂飞魄散，纷纷跳海，最后一声爆炸，波涛涌起，一切归于沉寂。看了电影，观众都会以为邓世昌当时就已牺牲，实际上战舰沉没后，他和水兵一起落水，并未阵亡。那么，

《点石斋画报》

他又是怎么殉国的呢，看看《点石斋画报》的这篇报道《仆犬同殉》就知道了：

> 管带北洋致远兵轮邓壮节公，粤海人。去岁中日大东沟之战，督率该船首先陷敌，轰沉日人巨舰一艘，并击沉鱼雷船两艘。嗣以他船不肯冒死从事，日兵船又环集而攻，公遂连发数炮，赴海而死。事闻九重，赐谥"壮节"，追赠太子少保衔，知其事者，罔不肃然起敬。当公之殉难也，有义仆刘相忠随之赴水，携浮水木梃援公，欲令之起，公力拒勿纳，骂敌而死。同时有所豢义犬尾随水内，旋亦沉毙。一人忠义，同类感孚，虽奴仆之贱、犬马之顽，亦知殉节。是则世之受国厚恩而临敌畏葸不愿效死者，诚此仆、此犬之不若矣。

读到这则报道，不能不让人肃然起敬！当时，他的仆人刘相忠与他一同落水，并想拿木板援救他，而"公力拒勿纳，骂敌而死"。与此同时，他的爱犬落水后也试图衔着他的辫子，把他拽出水面，结果被邓世昌按到水里一起殉难。

再来看看官场现形的一则消息，题为《疯官可笑》。画面上有个院子，门前坐着一个官员模样的人，周围一群人在围观。这是怎么回事呢？说来

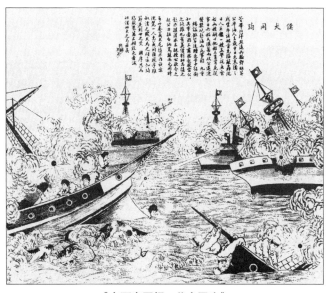

《点石斋画报·仆犬同殉》

确实可笑，同时也让人心酸：

> 王某不知何许人，捐有候选通判，侨寓京师宣武门外铁厂内。在部投供有年，选期尚杳，欲加捐海防新班，又以阮囊羞涩，有愿难偿。王自是朝思暮想，陡患疯狂。一日，忽衣冠济楚，始作谒见上宪仪注，自言自语，欢笑异常；继设公案作审判状，并高唱京腔，声音洪亮。观者如堵，莫不嗤之以鼻。后经家人再三劝慰，觅医调治，不知尚能痊愈否。或曰此殆由念切功名所致也，然观其举动，或者平日别有违心之事，致召此疾，亦未可知。顾吾见今之南面者矣，姑勿论其出身微贱，令人鄙夷不屑道，迹其高坐堂皇，任意判断，是非倒置，鞭扑横施，非特贻笑中外，而自有识者观之，真与疯官无异。且其欺压良懦，阿附权势，不顾公论，罔恤人情，官之似疯非疯，反不如疯官之似官非官也。噫嘻。

晚清官场可以公开卖官鬻爵，称为"捐官"。这个王某就是通过这种方式，捐了一个"候选通判"，然后侨寓京师，听候任命。捐了官位并不等于就有官职，要想得到"实授"，还得上下打点，疏通关节。可是，这个时候他已是"阮囊羞涩，有愿难偿"，拿不出银子走门子，托关系了。最后，王某"朝

《点石斋画报·疯官可笑》

思暮想",官迷心窍,有一天突然精神失常了。于是,穿上正式的官服,像去拜见上司,"自言自语,欢笑异常"。接着,又是摆出公案,又是喝令断案,俨然像在办公,"声音洪亮。观者如堵,莫不嗤之以鼻。后经家人再三劝慰,觅医调治,不知尚能痊愈否"。故事到此已经结束。不过,最有意思的还是后面的评论:在旁观者看来,贪官污吏跟这个疯官也差不多,而且,"其欺压良懦,阿附权势,不顾公论,罔恤人情,官之似疯非疯,反不如疯官之似官非官也"。也就是说,那些没疯的真正官员,反而不如这个似官非官的疯官,因为他虽然像个官,但又不是真正的官,虽然疯疯傻傻,但又没有造成什么危害,而那些真正的官员说疯又不疯,危害才大呢。

下面再来看一篇格致汇编方面的报道。所谓格致在19世纪就是指现代科技,包括电线、电灯、洋房、铁路等。这篇题为《铁人善走》的报道画着一个洋人,头上还冒着烟,这是怎么回事呢:

> 尝考五行中,惟水火有形无质,余皆可以制成人形。昔孔子见金人三缄其口;秦始皇铸金人十二;越王慕范蠡,用金铸其像,金之可

《点石斋画报·铁人善走》

以制人也久矣。自作俑者出，或用木偶以从葬，或造傀儡以登场，至今日而土偶、木偶，比比皆是。其他铜人藉以示医，石人用以表墓，习俗相沿，初无足异。惟近时美国有银铸之美女，见者啧啧称奇，惜乎犹未能行动也。日者，美国有博士名佐芝模者，独出新法，用铁铸一人形，高六英尺，口衔吕宋烟一枝。腹中藏有机器炉鼎，以火燃之，其人即自能行走，迅捷异常，计一点钟能走五英里之远；头上戴有一帽，即为烟囱，其水汽则由口中出，宛若人之吸烟也者。故当时见者皆疑为生人，初不料其为块然之顽铁也。呜呼！技至此，可谓神矣。

原来这是以讹传讹的报道，把外国的火车头当成一个头上冒烟、行走如飞的铁人了。报道说，美国有个博士独出心裁，做了一个铁人，高六英尺，口衔吕宋烟，肚子里藏着一个炉子，用火点燃后，就能行走，迅捷异常，一个小时走五英里，约合八公里，比一般人的行走速度至少快一倍。铁人头上戴的帽子是烟囱，水汽由口中吐出，宛若吸烟者也。开始人们见了还以为是个活人，后来才知道其实是一块"顽铁"。于是，作者或记者不由感叹道："呜呼！技至此，可谓神矣。"哎呀，技术达到这种程度，真是神乎其神啊！

最后一篇属于海上繁华，题为《虚题实做》。画面上有一辆时髦的洋车，上面坐着一位小姐，车旁有个男士，像在跟着车一起跑似的，衣袖仿佛被挂在车子的什么地方：

> 本埠马车每届夏令好行夜市，往往夜半而往，天明始归。在泥城外愚园一带，或进园啜茗，或并不下车，竟在车上熄灯停于树阴之下。而轻薄逐事之徒奔走于车轮马足间，冀得一亲芗泽者，时有徘徊不忍去之意。前礼拜夜，有洋行伙某甲，衣服翩翩、口含香烟，立在某校书车畔。正在注目凝神之际，忽马夫加鞭疾驶，某退避不及，衣袖为车轮轧住，行未数武，人即倒地，一袖斜挂车上，随拖而行。其人情急呼救，马车始停轮，某则经人救起，尚无大伤。观者哗然曰："沪言所谓'吊膀子'者，原不过寓言耳，今彼乃见诸实事，可谓'虚题实做'矣！"

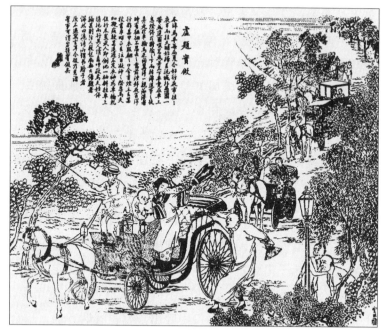

《点石斋画报·虚题实做》

原来这里说的是一段"吊膀子"的八卦新闻，它从一个侧面反映了上海开埠以来的都市风情。

关于《点石斋画报》，包天笑有一段回忆文字。包天笑是著名报人、作家、翻译家，后来在香港病逝。他说："我在十二三岁的时候，上海出有一种石印的《点石斋画报》，我最喜欢看了……每逢出版，寄到苏州来时，我宁可省下了点心钱，必须去购买一册。……虽然那些画师也没有什么博识，可是在画上也可以得着一点常识。因为上海那个地方是开风气之先的，外国的什么新发明，新事物，都是先传到上海。譬如像轮船、火车，内地人当时都没有见过的，有它一编在手，可以领略了。"

末了再对19世纪的外报作一小结。应该怎么看待外报？外报在中国社会进程中究竟发挥怎样的作用？对此应该怎样评价？对此，方汉奇先生的看法比较客观、公允、全面：

首先，外报属于殖民文化，是帝国主义列强的一支方面军。南非大主教图图的一则逸事，也有助于理解这一点。图图是一位反对种族歧视的社会贤达，曾获得1984年的诺贝尔和平奖。他不仅主持正义，为民请命，而且才智过人，言语幽默。有一次，在纽约举行的集合上，他讲了一段小故事，生动揭示了西方传教士的本质：

> 传教士刚到非洲时，他们手里有《圣经》，我们手里有土地。传教士说："让我们祈祷吧。"于是我们闭目祈祷。等我们张开眼睛时，发现一切倒了个个儿：我们手里有了《圣经》，他们手里有了土地。

19世纪中国外报的殖民属性与此相似。这一点在历次中外冲突中，表现得尤为明显，如中英战争、中法战争、中日战争等。中外一旦交战，外报的立场都非常鲜明，几乎无一例外地充当列强马前卒，摇唇鼓舌，舞文弄墨，从而形成对中国极为不利的舆论氛围。如左宗棠统领清军收复新疆顺利推进时，上海的英国报纸甚至捏造挫败的新闻。后来中国人自办报刊的一个重要动机，也是意识到这种"软实力"的作用。

其次，外报客观上也促进了中西文化的交流。比如，《察世俗每月统记传》虽然绝大部分篇幅都在传教，但也介绍了一些西洋的现代科技，像天文学、地理学、声光化电等新知识。再如，《万国公报》也用相当篇幅介绍西方新思想、新思潮，这些都在客观上起到文化交流、文明互鉴的作用。有部《传教士中文报刊史》（2011），从一个侧面详尽介绍了这方面的情况，有助于全面把握传教士及其报刊活动。不过，此书只讲其一不讲其二，只看到传教士及其报刊的有益一面，而忽略或无视其"为非作歹""助纣为虐"的主要面貌及其本质。

最后，外报推动了近代中文报业的发展。中文的近代报刊，无论是办报理念还是具体操作，如编辑、采访、评论、发行等，都与外报有着密切关系。中国近代早期报人也都直接间接地参与一些外报的编辑工作，比如下面讲到的王韬。所以，外报对中国近代报业的产生与发展也起了"第一推动"作用。

"自强"与国人自办报刊

国人自办报刊来自"自强"意识,这是中国报业不同于西方报业的一大特征。西方近代报业的发展首先是源于商业贸易以及殖民扩张的需求,而中国近代报业的缘起则是基于"救亡"与"自强"的背景。鸦片战争时,林则徐就意识到报刊的重要性,派人专门收集澳门的外报、研究外国的动态。这种意识已经有别于传统的"邸报"心态。

1859年,洪仁玕在给洪秀全建言献策的《资政新篇》中,这种现代意识就更为明显。洪仁玕是洪秀全的堂弟,去过香港,见过世面,了解外面的世界。所以,他在太平天国覆亡之前来到南京,向洪秀全上了这么一份"新政"奏折。在这篇著名的《资政新篇》中,洪仁玕提出一系列现代化设想,涉及政治、经济、文化等领域,也包括新闻传播。比如,他提出设立新闻馆即报馆,设置新闻官,"准卖新闻篇"即准许人们办报,从而有利于信息的交流与沟通等。对洪仁玕的这些建议,洪秀全有的赞同,有的认为暂不可行,他在一则批示里写道:"此策现不可行,恐招妖魔乘机反间,俟杀绝残妖后行,未迟也。"

《资政新篇》

到了19世纪末，现代意识非常明确的郑观应，又在《盛世危言》里进一步阐发了类似的新闻思想。郑观应是一位洋行买办，属于近代早期的先知先觉者。他曾在报刊上写过一组文章，甲午战争时集成一册，这就是轰动朝野、振聋发聩的《盛世危言》。书一问世，洛阳纸贵，光绪皇帝也批示让官员阅读。《盛世危言》中有篇文章，题为《日报》，论述报纸及其社会功能，有"通民隐，达民情"等一系列利国利民之效：

夫报馆之设，其益甚多。约而举之，厥有数事：各省水旱灾区远隔，不免置之膜视，无动于中。自报纸风传，而灾民流离困苦情形宛然心目。于是施衣捐赈，源源挹注，得保孑遗，此有功于救荒也。作奸犯科者，明正典刑，报纸中历历详述，见之者胆落气沮，不敢恣意横行，而反侧渐平，闾阎安枕，此有功于除暴也。士君子读书立品，尤贵通达时务，卓为有用之才。自有日报，足不逾户庭而周知天下之事。一旦假我斧柯，不致毫无把握，此有功于学业也。其余有益于国计、民情、边防、商务者，更仆数之未易终也。而奈何掩聪塞明，箝口结舌，会使敌国怀觊觎之志，外人操笔削之权，泰然自安，庞然自大，施施然甘受他人之陵侮也？

谢缵泰《时局图》（1903）

上述均为19世纪国人在"救亡"和"自强"背景下，对新闻事业的初步认识。其间，最有成就、最值得一提的当属王韬及其《循环日报》。

王韬及其《循环日报》（1874）

按照美国汉学家柯文的说法，"《循环日报》是第一份完全由中国人管理而取得成功的报纸"。王韬的这份报纸虽然不是最早的国人自办报纸（最早是艾小梅的《昭文新报》，比《循环日报》早一年创办于汉口），但却最能体现国人自办报纸的时代气质和追求。林语堂把王韬称为"中国记者之父"，可见其地位之高和贡献之大。在中国新闻史上，王韬以政论著称，他的政论文章后来编为《弢园文录外编》，成为其代表作。这些文章都是他在香港写的，而《循环日报》也是在香港发行的。

王韬，1828年生于苏州。他17岁中秀才，少年得志。可后来接二连三科场失利，不得不回家教书，成为私塾先生。1847年，王韬的父亲到上海设馆，翌年他去省亲，结识新教传教士麦都思。麦都思与马礼逊同属伦敦新教布道会，曾任《察世俗每月统记传》编辑，后来又办《特选撮要每月统记传》，1843年到上海，创建墨海书馆，出版宗教、科技等书籍。1849年，即新中国成立前100年，麦都思正式邀请王韬参加书馆编校工作，同时王韬成为新教教徒。此后10余年，他接触了不少西方

王韬

思想，与人一起编译出版了一批新学书籍，"在中国近代科学启蒙史上，开创了好几个第一：《西国天学源流》为中国人打开了近代西方天文学研究的窗口；《重学浅说》仅14页，却是近代中国第一本介绍西方力学的教科书；《光学图说》，图文并茂，是中国第一本系统展示光学理论的汉语科普；《格致西学提纲》系统地向国人介绍了西方近代各门自然科学"（张建伟）。

1862年，一个偶然的机会改变了他的命运。当年，太平天国覆亡之前，他回苏州探亲。探亲就探亲吧，不知怎么心血来潮，给当地太平军写了一个折子，出谋划策，建议人家不该打上海，应该打安庆云云。上折子时，

他用的是化名"黄畹",结果太平军失利后,这个折子落到清廷手中。特工经过一番侦察,认定这个"黄畹"就是王韬,于是下令通缉,同治皇帝还批示:"唯逆党黄畹,为贼策划,欲与洋人通好,着曾国藩等迅速擒拿,勿与漏网。"于是,他不得不化装从上海逃往香港,开始长达22年的流亡生涯。按《大清律例》二二五章规定:

> 一切官员及军民人等,如有私自出洋、经商,或移往外洋海岛者,应照交通反叛律,处斩立决。府县官员,通同舞弊或知情不举者,皆斩立决;仅属失察,免死,革职永不叙用。

王韬原名"王瀚",逃亡后改名"王韬"。"韬"者,"韬光养晦"。后来又自号"天南遯叟",也就是逃到南方的老头儿。有道是因祸得福,流亡海外虽使他永远失去"治国平天下"的士大夫前程,但由此也成就了他"睁眼看世界"的名望,与郭嵩焘、曾纪泽、容闳等一同成为第一批"自东徂西"的现代化先驱。当时中国既面临"自西徂东"的局面,又存在"自东徂西"的潮流。1957年在《湖南日报》被划为"右派分子"的钟叔河,改革开放后主持编辑了一套《走向世界丛书》,从他浏览的1911年之前的300多种国人亲历西方的载记里,选出100种,汇集出版,"等于近代中国从闭关自守到对外开放这个历史过程的一百个断面和侧面"(钟叔河),其中包括王韬的《漫游随录》。他还为每种书写了叙论,评价其人其文,后来在这些叙论基础上完成《走向世界——近代中国知识分子考察西方的历史》一书,并由钱钟书作序。丛书的英文译名,由著名翻译家杨宪益定为 *From East to West*。

王韬初到香港时先在英华书院打工,英华书院是马礼逊一脉传教士留下的机构。其间,他还帮助英国传教士、英华书院院长理雅各翻译"四书五经",这个译本至今仍被视为中国典籍的标准版本。1867年,理雅各回国,邀请王韬同行,由此开始他两年多的旅欧生活。就在这个时候,他写下了《漫游随录》。比如,《漫游随录·伦敦小憩》记载他在牛津大学的演讲:"一堂听者,无不鼓掌蹈足,同声称赞,墙壁为震。"一次,伦敦画室请他摄影留念,"悬之阁中",他在上面题诗道:"尚戴头颅思报国,犹余肝胆肯输人?"

1884年，在李鸿章默许下，他结束流亡生活，回到上海，并在李鸿章的支持和资助下，接掌上海格致书院，同时和《申报》保持密切联系，《申报》第二任主编钱昕伯就是他的女婿。甲午战争期间，王韬还替孙中山修改过《上李傅相书》，也就是给李鸿章建言献策。晚年，王韬日渐颓唐，生活堕落，跟郑观应差不多，吸毒狎妓等传统文人的坏毛病全出来了，"好色的憧憬，老而弥笃，这也可见他生活的畸形了"（陈振国《"长毛状元"王韬》）。据说，他的正妻专门派一个忠实的仆人跟着他，每次逛窑子，时间晚了，仆人都会轻声提醒："老爷，咱们该回家了。"

在香港流亡期间的1874年，王韬创办了近代早期最有名的一份国人自办报刊《循环日报》。《循环日报》以政论著称，每天一篇政论，多为王韬手笔。这些政论的基本思想，就是提倡洋务，鼓吹变法，对英国制度尤为欣赏，主张中国走"君主立宪"的道路，即保留君主政体，同时实行议会民主制度。在他看来，办洋务、行变法应从四个方面入手："一曰取士，二曰练兵，三曰学校，四曰律例。"这些提倡洋务、鼓吹变革的政论文章，后来多被辑录于《弢园文录外编》和《弢园尺牍》。什么叫"外编"呢？"外编"是相对于"内编"而言的，王韬自称著有《弢园文录内编》，"多言性理学术"，但不幸于1861年溺于水中，一字无存。他将谈洋务、论变革的时论收入所谓"外编"，也折射着文人士大夫的典型心态。因为，19世纪最早开始办报、从事新闻工作的国人，并不像后来的新闻人那么风光，而往往被士人视为不入流。当时的正途还属科举，所谓入朝为官，封妻荫子，只有名落孙山者，才会为生计所迫去办报纸，做新闻，当记者。因此，早期中文报纸的酸腐之气甚浓，风花雪月，之乎者也，犹如"三家村"的塾

《循环日报》

师会。王韬尽管编出这本政论文集,但觉得拿不到台面上,只能归入所谓"外编",即雕虫小技。没想到,历史给他开了一个玩笑,他在意的"内编"无人过问,反倒是这些"外编"成就了他的名山事业。《弢园文录外编》总共187篇,每篇约千字。这种文体也等于开近代中国报章评论之先河,直到现在,报纸上的评论文章一般还是这个篇幅。其中有一篇论述报刊的文章,题为《论日报渐行于中土》,梳理"察世俗"以来约半个世纪的近代报刊发展历程,阐发了新闻对国家富强的意义,可谓中国最早的一篇新闻论文。

王韬办报与国人自强办报的传统一脉相承,他创办《循环日报》时提出一个主张,"强中以攮外,诹远以师长"。"攮外"自然是对付列强;"诹"是咨询、商讨的意思,"远"指西洋各国,也就是"师夷长技以制夷"的意思。另外,他的评论文章冲破古文藩篱,开启一种新的文风,体现了近代新闻文体的变革动向。

以上勾勒的是一幅19世纪中国报业的写意图。这个世纪中,外报成为中国近代报业的先导,同时,在外报的刺激和影响下,国人自办报刊也开始萌芽,其中王韬和他的《循环日报》最有影响。总体来说,19世纪的中国近代报业尚处于发育阶段,虽说星星之火,最后可以燎原,但比起20世纪以来如火如荼的新闻传播景观毕竟不可同日而语。美国普林斯顿大学社会学教授罗兹曼(Gilbert Rozman),在其主编的《中国的现代化》一书里对此也做出类似的概括:

> 只是到了19世纪后期,一种模仿西方国家的现代报业才开始发展起来,但在几十年里一直局限在条约口岸。到1880年代,当由外国人管理的现代邮政部门也出现时,电报系统才开始发展起来。铁路修筑直到世纪之交都无重大进展。最终对政府产生如此巨大影响的国家通讯设施的改善,到20世纪初叶之前,始终没有普遍铺开。清初那一套用于民族融合的前现代手段,原来是相当可观的,但到19世纪末年,这一套已经差不多被历史所淘汰,成了老掉牙的陈年旧货——这就是我们在观察整个19世纪的中国(传播)时所了解到的情况。

拓展阅读

1. 陈旭麓:《近代中国社会的新陈代谢》,生活·读书·新知三联书店。
2. [美]徐中约:《中国近代史:1600—2000,中国的奋斗》(第6版),世界图书出版公司。
3. 陈平原、夏晓虹编:《图像晚清》,百花文艺出版社。
4. 刘禾:《帝国的话语政治:从近代中西冲突看现代世界秩序的形成》,生活·读书·新知三联书店。
5. [美]柯文:《在传统与现代性之间——王韬与晚清革命》,江苏人民出版社。

第三讲

天崩地坼　清末民初涌高潮
（1895—1919）

上一讲简要谈了19世纪的报业情况，时间跨度从1815年第一张中文近代报刊问世到1895年甲午战争结束。其间，中国新闻史是外报的一统天下，其中尤以传教士的报刊为主。外报在19世纪中国社会进程中，在中国近代新闻事业发展中，可谓有利有弊而弊大于利。比如，历次中外交锋、战端开启的时候，外报几乎无一例外地站在列强一边，形成对中国非常不利的舆论环境、舆论压力。这里只举一个简单的事例，就知道当时外报呼风唤雨、折冲樽俎的声势了。《北华捷报》是1850年在上海创办的一份外报，从19世纪到20世纪一直威严赫赫。它还有一份子报更有影响，即《字林西报》。《字林西报》直到新中国成立初，才由于其反共反华的立场被勒令停刊。1900年，正当义和团运动如火如荼时，慈禧太后一度举棋不定——对团民是抚是剿、对洋人是和是战，可最后还是断然宣战。按说慈禧是个老辣的政治家，考虑问题应该更多从现实利害和需要出发，虽然有时难免受情绪左右，但在这等重大问题上不会如此意气用事。事实上，在她犹豫不决之际，给她刺激最大，最终导致她毅然对十一国宣战的竟同《字林西报》的一篇社论有关，因为这篇社论正好戳到她的要害："太后帮如不自动毁灭，就应被赶出北京，我们希望能使光绪皇帝复位。"这正是慈禧最担心的一点。她在戊戌年软禁皇帝，重新垂帘听政，这在以往的宫廷政治中虽然屡见不鲜，但在洋人势力已经坐大，而维新变法又是大势所趋之际，如此行事的合法性就难免遭到质疑和诟病。所以，她最怕拿这个问题说事儿，而这篇社论偏偏戳到这个痛处——光绪复位、慈禧下野。由此说来，她看了这篇文章后打定主意向列国宣战，就不是什么不可理喻的事情了。其实，这件事情完全是个误会，因为列强钩心斗角，不可能形成对华政策的"统一战线"，更难达成逼慈禧退位而使光绪复位的共识，相反还巴不得中国保持混

《北华捷报》

乱无力状态，从而最大限度地有利于己。总之，太后最后之所以采取今天看来鲁莽草率之举，毅然决然向一众列强同时宣战，某种程度上是因为这篇《字林西报》的社论，由此可见19世纪外报对中国政局影响之一斑。

这一讲进入清末民初，这个时期的新闻事业及其发展，可以概括为三次国人办报高潮：第一次是维新变法，第二次是辛亥革命，第三次是五四运动。这三次办报高潮可谓一浪高过一浪，一方面，报业的规模和影响越来越显著；另一方面，由于内忧外患日益严峻而对社会变革的态度与认识越来越激越。下面先简要回顾一下这段历史。

从晚清到"五四"，是中国近代一段既混乱又活跃的时期，王纲解纽，大厦将倾，苍天已死，黄天未立。旧的体制面临崩溃，新的体制尚未确立。这种大转型、大动荡在历史上经常发生，新旧王朝交替都有这么一段或长或短的混乱与血腥时期。以近代为例，1640年代的英国清教革命从爆发到1688年光荣革命确立君主立宪政体，差不多经历了半个世纪的血腥、屠杀和动荡，其间还处死一位国王。1879年的法国大革命同样经过差不多半个世纪的起伏，到19世纪中叶才过渡到新体制，其间同样将一位国王送上断头台。美国也差不多，独立战争之后民族矛盾和阶级冲突此起彼伏，连绵不断，如19世纪初的第二次独立战争、19世纪中叶的南北战争等。中国近代史从鸦片战争到新中国成立，也经过一个大动荡、大混乱的时期。各路列强、军阀、政客等你方唱罢我登场，真是内忧外患，国将不国。诸如下面的情形既是人们耳熟能详的，也是三次办报高潮兴起的社会历史背景。

1895年，中日签署《马关条约》，消息传来，朝野震惊，仁人志士，悲痛欲绝。当时一些有血性的仁人志士甚至选择自尽，以示不屈，留下一幕幕气壮山河的末世悲歌，由此引发"公车上书"，即康有为率领一批在京赶考的举人上书朝廷，要求变法。"公车"是古代各地送举人上京赶考的车子，故用"公车"代指举人。此前不久，孙中山领导的兴中会成立，革命的火种就此播下。1898年戊戌变法失败，"戊戌六君子"血染菜市口。翌年，义和团运动爆发，接着八国联军入侵，1901年签订中国近代最大的丧权辱国条约——《辛丑条约》。从此朝廷彻底投向列强，申言"量中华之物力，结友国之欢心""宁赠洋人，不予家奴"等。1905年，日俄战争在中国东北打响，日军在旅顺屠城，也成南京大屠杀之凶兆。同年，实施千年的

《辛丑条约》签订现场

科举制度废除，直接涉及全国几十万读书人的身家性命，"新学"由此兴起而逐渐取代旧学。与此同时，中国同盟会在日本成立，为6年后的辛亥革命埋下伏笔。辛亥革命虽然推翻清王朝，但社会状况并未根本改变，1915年"二十一条"出台，随后袁世凯称帝，北洋时代更是天下混乱，有枪就是草头王。在国际国内形势的激荡下，1919年发生了"五四运动"，不久中国共产党作为一支独立的政治力量登上历史舞台。从《马关条约》到"五四运动"，这20余年的风雨沧桑，怎一个激奋悲怆了得。

除了国家政治动荡鼎革，社会生活也发生一系列变化，不妨列举一二：

1901年，慈禧太后颁布诏谕，劝谕妇女放足。6年后即1907年，《纽约时报》发表文章《清廷颁诏禁止妇女缠足》："受西方文明的影响，为使清国妇女有更大的自由，清帝近日颁布诏令禁止妇女缠足，但是清国妇女已习惯了这种陋习，清帝制定法律禁止缠足恐会陷入无尽的麻烦之中。设想美国国会立法禁止妇女缠胸或束腹，那些崇尚时髦的妇女即会停止吗？尤其在目前最新流行时尚就是妇女好细腰的情况下，其结果可想而知。但是清帝自有他的办法，他随之又颁布另一项法令，即一切清国官吏如妻女缠足者即不得在政府任职……"

1906年，中国的铁路——京汉铁路开始通车。想当初，1876年怡和洋行等未经许可修建的15公里铁路——从吴淞到上海开始运行时，曾遭到当地士绅和百姓的强烈抵制，后来朝廷不得不花一笔银子把这段铁路买下，然后一拆了之。

1907年，中国第一家动物园——京师万牲园对外开放。当时规定：每周一、三、五对男性开放，二、四、六对女性开放，禁止男女同游。

1910年，第一届全国运动会在南京召开，共有140名运动员参加比赛，上海队获得第一。

1911年，全国各类新式学校的就学人数约16万。

1920年，教育部下令废弃文言文，改用白话文，同时使用新式标点符号。

……

以上简要勾勒了从甲午战争到五四运动时期的社会历史状况，下面再粗略扫描一下这个时期的报业发展进程：

1895年，《中外纪闻》在北京创刊，成为维新派的第一张报纸。

1900年，《中国日报》在香港创刊，成为革命派的第一张日报。

1902年，《大公报》在天津创刊，成为一张声名远播的现代大报。《大公报》分为不同的发展时期，现在一般提到《大公报》都是指民国年间的新记《大公报》。《大公报》创刊时是一份"君主立宪派"报纸，创办人英敛之曾参加戊戌变法，失败后逃到云南，在法国驻华机构任职，同时皈依天主教。后来，在法国人的支持下，他创办了这份报纸。为什么叫《大公报》呢？他解释道："忘己之为大，无私之谓公。"英敛之的后嗣英若诚是位表演艺术家，主演过许多有名的影片、话剧，如在电视剧《围城》里饰演的三闾大学校长。英若诚毕业于清华大学外语系，上学时就喜欢戏剧表演。20世纪80年代曾和夫人一起合译英文小说《春月》，作者是时任驻华大使洛德的夫人包柏漪，写的是20世纪中国一个大家族的兴衰故事，文笔优美，译笔漂亮。而英若诚的儿子就是今人更熟悉的演员英达。

1903年，小册子《革命军》出版，销量达到创纪录的110万，对革命派思想的传播起了首屈一指的作用。由此作导火

《大公报》创刊号

索，引发近代著名的"苏报案"。

1905年，革命派的《民报》在东京创刊，成为中国同盟会的机关报。《民报》的创刊词由孙中山撰写，第一次提出"三民主义"的主张。同盟会成立的当天，孙中山、章太炎等同盟会要人举杯庆祝之际，突然房顶一块木板掉下来（日本的房子多为木质结构）。面对这个小小"意外"，孙中山开玩笑说："这预示着大清国要垮了。"

1908年，清廷颁布《大清报律》，成为中国历史上的第一部新闻法。

1912年，史量才以12万巨款购买《申报》。之前，《申报》由外国人创办并由外资控制。至此，才由这位中国企业家将其收回，并成为中国的第一民间大报。

1915年，《青年杂志》在上海创刊，后以《新青年》著称。

……

总之，清末民初的中国社会与新闻传播均发生一系列巨变。对此，陈旭麓先生在遗著《近代中国社会的新陈代谢》里，曾引述一位署名"兰陵忧患生"写于1909年的一组《京华百二竹枝词》，颇有意味，比如：

> 报纸于今最有功，能教民智渐开通。眼前报馆如林立，不见"中央"有"大同"（当时的报刊名称）。

> 韩家潭里好排场，谁说高楼让外洋？请向报端看广告，北京初创打球房。

戊戌变法：第一次办报高潮

戊戌变法世人皆知，其意义如梁启超在《康有为传》所言："虽时日极短，现效极少，而实 20 世纪新中国史开宗明义第一章也。"这就是说，20 世纪的中国历史是从戊戌变法开始的。关于这次变法有很多叙述，人们都比较熟悉。这里想强调一点，就是政治激进主义与政治浪漫主义问题。有个故事耐人寻味。戊戌变法开始后，有一天，光绪皇帝召见康有为与保守派大员荣禄，两人在朝房不期而遇。荣禄说："法是应该变的，但是一二百年的老法，怎能在短期内变掉呢？"康有为回答："杀几个一品大员，法就可以变了。"

不独康有为，当时不少人都把事情想得这么简单，以为杀几个朝廷大员，通过皇帝颁布几项诏令，一切问题都可以解决了。这种情绪弥漫甚广，影响殊深，到辛亥革命时期变本加厉。1904 年，16 岁的柳亚子在《中国革命家第一人陈涉》里说："夫革命二字，实世界上最爽快、最雄壮、最激烈、最名誉之一名词也。"戊戌变法失败以后，维新派流亡海外，希望罗致名流，其间曾邀请蔡元培，结果遭到拒绝。对此，蔡元培的北大学生罗家伦有所不解，有一次当面请教蔡元培，蔡元培从容说了一段话，令罗家伦多年后仍觉言犹在耳：

> 我认为中国这样大，积弊这样深，不在根本上从培养人才着手，他们要想靠下几道上谕，来从事改革，把这全部腐败的局面转变过来，是不可能的。我并且觉得，他们的态度也未免太轻率。听说有几位年轻气盛的新贵们在办公室里彼此通条子时，不写西太后，而称"老淫妇"，这种态度，我认为不足以当大事，还是回家乡去办学堂吧。

从这个细节上，蔡元培就看出维新派没有成大事的气局。罗家伦与傅斯年、张国焘等人一样，是"五四"时期的学生领袖之一，"五四运动"一词据说是他首创的。当时，他一面参与学生活动，一面又加入段祺瑞的政治俱乐部。他曾打算娶蔡元培的千金，结果蔡元培回信说，儿女大事，自己决定，我不当家。

汽车与马车同行

睁眼看世界的"三部曲"

按照现代化的思路，中国人睁眼看世界、看西方过程，分为三个步骤或三个阶段：第一是所谓器物阶段，即首先看到那些实实在在的东西，比如坚船利炮、铁路火车（"铁人善走"）、电灯电话等。西洋在这方面显然领先，而中国的落后正在于这方面不如人，即科学技术、物质产品等方面不如人。于是，自然首先酝酿这方面的变革，洋务运动就是从器物层面推进的。可惜，洋务运动在1894年的甲午战争中彻底破灭了，洋务运动的典范北洋海军居然一战而全军覆没。于是，举国悲愤之际也开始思考问题出在哪里。按说器物方面的现代化已经开展有年，而且也颇有成就，至少海军实力丝毫不比日本差，为什么还一败涂地呢？以往败在器物发达的西洋人手里似乎还有情可原，而这次是败于东洋人，又该如何解释呢？

这些困惑与疑问，促使人们从表面的器物转向深层的制度，发现我们的制度也存在问题，如甲午战争就像李鸿章一人之事，国人很少关心。而日本从明治维新后，社会政治制度发生一系列变革，从而凝聚万众一心的国力。于是，国人开始意识到制度问题的重要性，引发戊戌变法等一系列制度方面的变革。这些变革绝非康梁等人的事情，而是具有深广的社会历史背景,如当时很多朝野人士也都认识到需在制度方面做出改进。这是国人睁眼看世界的第二个步骤或第二个阶段,从器物层面进到制度层面。这种制度变革到辛亥革命达到高潮,延续千年的皇权体制灭亡,宪政体制诞生。然而,现代化问题并没有一劳永逸得到解决,亡国灭种的现实危险反而更加突出、更加严峻。袁世凯称帝、丧权辱国的"二十一条"、军阀割据等,都使局面越来越混乱,形势越来越糟糕。于是,这又促使人们进一步思考问题的症结所在,从而发现西洋强盛除了表面的器物和内在的制度,还有一个看不见、摸不着的思想。换句话说,先进与发达归根结底取决于一整套思想文化传统。由此国人的认识又进入一个新的层面,意识到思想启蒙、文化变革的首屈一指重要性,于是就有五四运动的"打倒孔家店",就有对"德先生""赛先生"的呼唤等。这是按照西方式现代化的思路,对近代国人睁眼看世界的历史所作的解读。

这一"三段论"叙事,说到底源于西方中心论与历史唯心论的想象,虽然看似逻辑贯通,而深究起来存在两方面的历史误读。一方面,把西方现代化进程简单归结为科技、制度与文化,而回避了根本性、实质性问题,包括海盗抢劫、贩卖黑奴、殖民掠夺、屠杀印第安人等,就像马克思《资本论》所揭示的原始积累——血淋淋的、从头到脚都滴着肮脏的血。换言之,西方现代化进程固然离不开科技、制度与文化等因素,但核心始终离不开赤裸裸的暴力(包括后冷战时代伏尸百万、流血千里的战争),如文一《科学革命的密码——枪炮、战争与西方崛起之谜》对此所作的阐述。另一方面,"三段论"叙事也回避了近代中国一步步深陷半殖民地半封建的历史及其本质,更看不到帝国主义与中华民族、封建主义与人民大众这两大矛盾及其演化。换言之,不根本解决两大基本矛盾,任何科技、制度与文化的变革都难以奏效而流于表面,正如近代各路救亡图存之举——科技救国、实业救国、教育救国等——无不落败,包括民国"黄金十年"最后毁于日寇兵燹。

遵循"三段论"逻辑和思路,戊戌变法就成为从器物层面到制度层面的第一次尝试。当年,梁启超曾经批评李鸿章的洋务运动,说他们是"知有兵事而不知有民政,知有外交而不知有内治,知有朝廷而不知有国民,知有洋务而不知有国务。以为吾中国之政教风俗无一不优于他国,所不及者惟枪耳，炮耳，船耳，机器耳。吾但学此，而洋务之能事毕矣"。无论如何甲午一役使人们意识到仅有器物远远不够，还需从制度层面做文章，从而导致戊戌变法的发生，并推动中国近代第一次办报高潮。

第一次办报高潮是一个三位一体的进程，即组织学会、创办学校和发行学刊。维新派往往将三者结合起来，以推动变法运动。可见，戊戌变法时期的报刊不是单纯的新闻媒体，不是为办报而办报，为新闻而新闻，而是同维新派的社会政治目标相联系的重要工具或武器。据梁启超统计，从甲午战争到辛亥革命，有章可考的社团有160余家，这些社团不仅办学校以培养人才，同时还办学刊以宣传主张，扩大影响。比如，湖南的南学会、时务学堂和湘学会等。在维新变法时期以及整个近代历史上，湖南都是风生水起的地方。祖籍湖南的何兆武先生说道：

> 湖南原是比较落后的内陆地区，一直到清朝中叶，经济、文化都不甚发达，文化上也相对落后，可是清朝中叶以后，湖南的地位忽然重要起来，而且人才辈出，包括从陶澍、曾国藩、左宗棠到黄兴、宋教仁，再到毛泽东、彭德怀、刘少奇。当时我没有能解释，几十年以后，历史所有个很熟的朋友，也是湖南人，他给出一个说法，可能是正确的。他说，太平天国以前，中国主要的南北交通线是走江西，下赣江、九江，从南京走大运河到北京，可是后来的太平天国战争使得

长沙岳麓书院

这条路断绝了，陆路就得走湖南，所以湖南的经济跟着交通的发展繁荣起来。另外还有一个原因，打太平天国的主力是湘军，而主要战场在江南一带，那是中国经济、文化最发达的地区。湘军一去，不但掠得大量的财富，还把大量的图书、文物弄到湖南，于是湖南一下就有了发展的条件，很多湖南人变成政治上的重要人物，湖南的政治地位和以前不同了，文化也上去了。(《上学记》(修订版))

戊戌变法时期，湖南风云际会，一时人才辈出。驻日公使黄遵宪及谭嗣同、唐才常等一批新派人士，在湖南形成一个维新中心。时务学堂的总教习(相当于教务长)为梁启超，校长是民国年间政坛要人熊希龄。熊希龄与沈从文都是湘西凤凰人，两人的故居现在都是凤凰城的景点。熊希龄在民国年间当过国务总理，后来娶了一个洋派的女学生，他的故居还陈设着他们的情书、照片等。以这些新派人士为依托的《湘学新报》，是维新时期一张著名的报纸。除了湖南，维新变法时期还有几个地区也很活跃，包括澳门、上海、天津等。天津有严复的《国闻报》，湖南有谭嗣同、梁启超的《湘学新报》，澳门有《知新报》等。当然，最重要的活动中心还是在北京。新派报纸的编辑既是这些学会的骨干，同时也是这些学堂的教师。学会为他们提供活动平台，学堂为他们培养人才，学刊即报刊为他们制造舆论，从而形成三位一体的互动态势。

那么，为什么说戊戌变法时期是国人自办报刊的一次高潮呢？这里有组数据：从1815年第一张近代中文报刊问世到甲午战争爆发，中国出版的报刊总计70余种，平均一年不到1种，其间外报约占2/3。而从1895《马关条约》签订到1898年戊戌变法流产，3年里新办报刊总计120种，平均一年40种，而国人自办的报刊约占五分之四。仅此一端，即知大概。

显然，第一次办报高潮的主体是维新派，尤其是康梁。康有为是维新派的精神领袖和思想导师，他在"公车上书"里也谈到报馆和新闻的意义："清议时存，等于乡校。见闻日辟，可通时务……

康有为

足以开拓心思，启发聪明……。"在他看来："报馆愈多者其民愈智，其国愈富且强。"康有为是个比较复杂的人物，人们批评他自以为是、好大喜功等，戊戌变法失败同他的为人处世也不无关系。当初，李鸿章曾经申请加入强学会，结果竟被拒绝。后来，正因李鸿章的插手，《中外纪闻》才遭到查禁。

《中外纪闻》是康梁的第一份报纸，1895年由康有为出资创办。开始叫《万国公报》，因为林乐知办的《万国公报》很有影响，他们也想打这个旗号。后应李提摩太要求，《万国公报》改为《中外纪闻》。办报之际，他们又在北京成立强学会，朝廷命官陈炽任会长，康有为、梁启超、袁世凯、林乐知、李提摩太等均为会员。强学会成立后，《中外纪闻》成为其机关报。该报的目的在于宣传维新变法的政治主张，免费赠阅，一时引起汹汹物议，最后被朝廷查封。《中外纪闻》停刊后，梁启超的行李、书籍都被没收，一度穷困潦倒，流落北京寺庙。

后来，康有为南下南京、上海，同两江总督张之洞讨论变法及办报事宜，并在上海创办了《强学报》，只出版三期又被查禁。这时，康梁才创办了维新变法时期最有名望的《时务报》。

《时务报》与"时务文体"

说到《时务报》，自然得提梁启超，因为他与《时务报》真是一而二、二而一的关系。梁启超是中国近代第一位新闻大师，一生不仅创办了20余种报刊，产生巨大的社会反响，而且在新闻思想、新闻文体、新闻理论等方面均有一系列"开天辟地"的贡献。在其新闻生涯中，《时务报》既是处女作，也是代表作。

《时务报》由黄遵宪操办，由梁启超任主编。说是主编，其实就他一个"光杆司令"，每期两万多字均由他一人撰写、编辑，而且一应编务也由他承担。据他说，上海的夏天异常闷热，他钻到阁楼里编报纸、写文章，夜以继日，汗流浃背。《时务报》在维新变法时期影响最大，创刊号上就发表了一篇集康梁思想之大成的《变法通议》。由于思想新锐，文辞活泼，《时务报》一纸风行，"自通都大邑，下至僻壤穷陬，无不知有新会

《时务报》

梁氏者"(胡思静《戊戌履霜录》),所谓"举国趋之,如饮狂泉"(梁启超)。当时,许多新派督抚大员,像湖广总督张之洞、湖南巡抚陈宝箴、两江总督刘坤一都指示下属公款订阅。这里有包天笑的一段回忆,也可略见一斑:

> 《时务报》在上海出版了,这好像是开了一个大炮,惊醒了许多人的迷梦。……尤其像我们那样的青年,最喜欢读梁启超那样通畅的文章……不但是梁启超的文章写得好,还好像是他说的话,就是我们蕴藏在心中欲说的一般……一班青年学子,对于《时务报》上一言一词,都奉为圭臬。除了有几位老先生,对于新学不敢盲从,说他们用夏变夷,但究为少数,其余的青年人,全不免都喜新厌故了。

《时务报》创刊号上,还发表了梁启超《论报馆有益于国事》一文,属于中国新闻学的经典篇什,其中涉及新闻、办报的一些重要思想,如"去塞求通":

> 觇国之强弱,则于其通塞而已。血脉不通则病;学术不通则陋;道路不通,故秦越之视肥瘠,漠不相关;言语不通,故闽粤之与中原,邈若异域。惟国亦然。上下不通,故无宣德达情之效,而舞文之吏,因缘为奸;内外不通,故无知己知彼之能,而守旧之儒,乃鼓其舌。

中国受侮数十年，坐此焉耳。

在创办《时务报》以及其后在日本流亡期间创办《清议报》《新民丛报》时，梁启超开创了一种独特的报刊文体，史称"时务文体"，又称"报章文体""新文体"等。这种文体是以《时务报》上梁启超的文章为代表的一种报刊论说文体，它不同于以往主流的旧文体——文言文，特别是清代的桐城派古文、八股文等，新文体的"新"也是相对于这种古奥的旧文体而言的。当然，文体从来不是一个单纯的文字表达问题，文体的变革往往也同思想的变革、社会的变革密切相关，如唐代韩愈、柳宗元等发起的

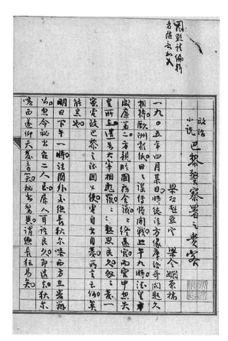

梁启超手迹

"古文运动"。延安整风运动中，反对党八股、倡导"新鲜活泼的、为中国老百姓所喜闻乐见的"文体，也同马克思主义中国化的目标密切关联。不妨设身处地想一下，如果清末的文体不发生变革，如果继续沿用桐城派古文，并以这种佶屈聱牙的文字宣讲新思想——维新派的思想、革命派的思想、五四运动的民主科学思想等，那么，该是何等形格势禁，格格不入。1906年《共产党宣言》被节译为中文出版时，篇末那段著名文字——"无产者在这个革命中失去的只是锁链。他们获得的将是整个世界。全世界无产者，联合起来"，就曾被译为："于是世界为平民的，而乐恺之声乃将达于渊泉。噫来，各地之平民，其安可以不奋也。"晚清有一位开明的封疆大吏徐继畲，在论述西洋史地的名著《瀛寰志略》里曾这样描绘华盛顿：

> 有华盛顿者（一作兀兴滕，又作瓦乘敦），米利坚别部人。生于雍正九年，十岁丧父，母教成之。少有大志，兼资文武，雄烈过人。……（独立战争）血战八年，屡蹶屡奋，（华盛）顿志气不衰，而英师老矣。……

> 按：华盛顿，异人也。起事勇于（陈）胜、（吴）广，割据雄于曹（操）、刘（备），既已提三尺剑，开疆万里，乃不僭位号、不传子孙，而创为推举之法，几于天下为公，骎骎乎三代之遗意。其治国崇让善俗，不尚武功，亦迥与诸国异。余尝见其画像，气貌雄毅绝伦。呜呼，可不谓人杰矣哉！

如此描述今天看来觉得好玩，甚至好笑。按说这里的基本事实没有问题，问题出在文字表达和文体风格方面，从而让人觉得这个华盛顿有点"怪异"。所以，汪晖指出：

> 如果说词语在很大程度上制造了事物，那么改变政治从本质上也是改变词语的过程，从而政治变革和社会变革不得不从反对词语的斗争开始。在近代中国思想史中，那些最大规模地和最有效地传播和使用新语词的作者和刊物，也可以说就是对近代中国思想产生最大影响的作者和刊物。新的概念及其相关关系正是在重新构筑"现代中国"的表象时建立起来的，而这一表象的建立依赖于新的概念及其分类法，例如公/群、国民/种族、个人/社会、阶级/国家、自然/社会、自由/专制、统治/人民、改良/革命，以及社会关系中的各种等级构造。（《现代中国思想的兴起》下卷）

晚清时节，随着新事物、新思想、新变革的层出不穷，新文体已呼之欲出。只不过梁启超既富有激情，又颇有创造力，本身也是语言大师，所以，"天降大任"于其身。也就是说，没有梁启超，文体的变革也是势在必行。事实上，19世纪中后期以来，文体已在不断地、渐渐地发生变化，这种变化的一个里程碑就是五四时期的白话文。过去常说，胡适在白话文上如何如何，实际上他也同样是在这样一个大的时代潮流推动下发挥作用的。没有这个时代潮流与社会背景，纵有天大的本事也没办法把延续千年的文言文变成白话文。有两句古诗说得好：时来天地皆运力，运去英雄不自由，强调的就是这种所谓"时运"。时运来了，那么天地万物都在帮你使劲；而时运去了，纵是天大的英雄，也同样无可奈何，回天无力。所以，李书磊在《再造语言》一文里，一方面肯定胡适对白话文的贡献，另一方面指出他是一员福将，赶上了好时候。而梁启超所处的文体变革时代，也可以说是"时来天地皆运力"。

梁启超在《清代学术概论》一书里，总结了时务文体的三个特征。一是"纵笔所至，略不检束"，也就是洋洋洒洒，无拘无束，纵横驰骋，放言高论。二是"务为平易畅达，时杂以俚语、韵语及外国语法"，也就是尽量做到通俗易懂，时常夹杂一些俚语、韵语和外国语法，以显参差错落，变化多端。三是"笔锋常带感情"，这一点尤为突出。梁启超是个很有激情的人，又身处内忧外患、神州陆沉、列强瓜分的年代，面对丧权辱国的岌岌危局，他的笔锋更是饱蘸感情，昂扬激愤。不妨说，这也是当时的时代情绪。个人有情绪，时代也有情绪，19世纪末20世纪初，中国的读书人、士大夫、知识分子、先知先觉者大都带有同样一种情绪，一种锥心刺血、慷慨激昂的情绪。说起国破家亡，无不悲愤交加，恨不赴汤蹈火！下面是梁启超代表作《少年中国说》中的一段话，颇能体现时务文体的三点特征以及当时的时代情绪：

> 老年人如夕照，少年人如朝阳；老年人如瘠牛，少年人如乳虎；老年人如僧，少年人如侠；老年人如字典，少年人如戏文；老年人如鸦片烟，少年人如泼兰地酒；老年人如别行星之陨石，少年人如大洋海之珊瑚岛；老年人如埃及沙漠之金字塔，少年人如西伯利亚之铁路；老年人如秋后之柳，少年人如春前之草；老年人如死海之潴为泽，少年人如长江之初发源。

> 少年智则国智，少年富则国富，少年强则国强，少年独立则国独立，少年自由则国自由，少年进步则国进步，少年胜于欧洲，则国胜于欧洲，少年雄于地球，则国雄于地球。

> 红日初升，其道大光；河出伏流，一泻汪洋；潜龙腾渊，鳞爪飞扬；乳虎啸谷，百兽震惶；鹰隼试翼，风尘吸张；奇花初胎，矞矞皇皇；干将发硎，有作其芒；天戴其苍，地履其黄；纵有千古，横有八荒；前途似海，来日方长。美哉！我少年中国，与天不老！壮哉！我中国少年，与国无疆！

这是一篇大气磅礴的名篇，从中也可以感悟当时人们对新中国的一种想象。少年中国即新中国，对应的是老年中国——那种老朽的、衰败的、行将灭亡的东西。1919年，在北京大学教授李大钊的指导下，王光祈、李劼人等七位川籍学子激于天下兴亡匹夫有责的热忱，为了将"被剥削的国家，改变成为一个青春年少、独立富强的国家"，发起成立了"少年中国学会"，创办了《少年中国》会刊。这个五四时期的著名社团在北京设立总会，同时在南京、成都、巴黎设有分会，成员分布于国内许多城市，以及欧美、日本、南洋等处。在五四时期的众多社团里，少年中国学会的会员最多、分布最广、历时最长、影响最大。后来，少年中国学会分化，形成左中右三派：左派以李大钊、毛泽东、邓中夏、恽代英、张闻天为代表，成为马克思主义者，发起成立中国共产党；右派以曾琦、左舜生为代表，信仰国家主义，发起成立中国青年党，依附于国民党政权，部分成员抗战时期投靠日寇，1948年解放战争胜利前夕，中共发布的以蒋介石为首的43名战犯名单中就包括曾琦，名列倒数第二；中立一派超然于政党，主要从事文化活动，如会长王光祈后来赴欧留学，留下一部《中国音乐史》，朱自清是清华大学教授，宗白华是北京大学教授，李劼人成为乡土文学作家，有三部曲《死水微澜》传世，田汉成为剧作家，并谱写了今天《中华人民共和国国歌》的歌词。在少年中国学会的120多位成员里，最知名的还属毛泽东。毛泽东一生参加过三个社团，即少年中国学会、新民学会和北京大学新闻学研究会，其中少年中国学会和新民学会的名称均源于梁启超的报刊文章。

　　从《少年中国说》里也能明显看到时务文体的风格，纵笔所至无所检束、笔锋饱带感情、夹杂各种语言成分等。正如吴其昌在《梁启超》里所写到的："雷鸣潮吼，恣睢淋漓，叱咤风云，震骇心魂，时或哀感曼鸣，长歌代哭，湘兰汉月，血沸神销，以饱带情感之笔，写流利畅达之文，洋洋万言，雅俗共赏，读时则摄魂忘疲，读竟或怒发冲冠，或热泪湿纸。此非阿谀，惟有梁启超之文如此耳！"

　　有关时务文体以及梁启超的《时务报》，后来许多人像毛泽东、郭沫若、鲁迅等谈起来无不印象深刻。清华学子梁实秋在怀念梁启超时也写道：

> 我记得清清楚楚，在一个风和日丽的下午，高等科楼上大教堂里坐满了听众，随后走进来一位短小精悍秃头顶宽下巴的人物，穿著肥大的长袍，步履稳健，风神潇洒，左右顾盼，光芒四射，这就是梁任公先生。
>
> ……
>
> 先生的讲演，到紧张处，便成为表演。他真是手之舞足之蹈，有时掩面，有时顿足，有时狂笑，有时叹息。听他讲到他最喜爱的《桃花扇》，讲到"高皇帝，在九天，不管……"那一段，他悲从中来，竟痛哭流涕而不能自已。他掏出手巾拭泪，听讲的人不知有几多也泪下沾巾了！又听他讲杜氏讲到"剑外忽传收蓟北，初闻涕泪满衣裳"，先生又真是于涕泗交流之中张口大笑了。

这是1920年代初，清华大学的前身清华学校请梁任公即梁启超作的演讲，题目是《中国韵文里头所表现的情感》。当时身为学生的梁实秋聆听了这次演讲，并将场景与感受活灵活现地写入这篇《记梁任公先生的一次演讲》。由此也可见梁启超是个诗人气质浓厚的人。当他处在清末风雨如晦、风云激荡的年代，在鼓吹新思想、新变革之际，自然就形成这样一种"时务文体"或"新文体"——实际上就是中国早期的报章文体。现在我们写新闻报道的文体与话语，也是由此延伸的。比如，中国的新闻报道常有抒情成分，甚至不乏浓墨重彩的渲染，诸如金秋十月，天空湛蓝，红旗飘扬等，而不像西方报道，一上来就是某日某时某地，扔了几颗炸弹，死了多少人，某某组织声称对此负责云云。而这种报道风格，也可在"时务文体"的"笔锋常带感情"中寻根溯源。

从《清议报》到《新民丛报》

戊戌变法失败后，死的死，逃的逃，死的是六君子，逃的是康梁等。下面是严复所办《国闻报》上的一则消息，报道了谭嗣同从容就义的事情，如今早已成为家喻户晓的故事：

> 初六、七日中国朝局既变，即有某国驻京公使署中人，前往康氏

弟子谭嗣同处,以外国使馆可以设法保护之说讽之。谭嗣同曰:"丈夫不作事则已,作事则磊磊落落,一死亦何足惜。且外国变法未有不流血者,中国以变法流血者,请自谭嗣同始。"(《国闻报》1898年9月27日)

康梁流亡海外后,1898年在日本的横滨又创办了一份报纸《清议报》。它是维新派或改良派在海外的第一个机关报,声称"主持清议,开发民智"。他们此时认识到社会改革与现代化,不是一蹴而就的问题,更不像以前所想象的那样,杀几个一品大员、颁发几条皇帝诏书就万事大吉,而需要首先从基础工作做起,包括开发民智,即对民众进行启蒙和教育。

这份报纸在业务方面也颇多改进,而这种改进过程同清末民初报业的变化脉络也吻合。这些变化及其结局是经过清末民初的三次办报高潮而一步步确立的。其中

《清议报》

包括一系列内容,大到办报理念,小到具体操作,如新闻采访、版面编排、评论配发等。《清议报》在新闻业务方面的贡献,包括记者、党报、机关报等提法。现在记者名称广为人知,而最初并不叫记者,乱七八糟什么名目都有,最常见的是"访员",带着某种轻视、蔑视的味道。前面讲到,早期从事新闻工作的人、做记者的人,多是一些不入流的末路文人,被主流社会所鄙视。陶菊隐是民国年间的名记者,他在回忆录《记者生活三十年》里写到,当年生活无着时,想去办报当记者,家里人劝他:什么不能干,怎么去干那种没出息、没材料的事情。

1901年,梁启超在《清议报》创刊一百期的时候,发表了一篇文章《本馆第一百册祝辞并论报馆之责任及本馆之经历》。这是一篇新闻学、报学的经典文献,就像他之前写的《论报馆有益于国事》。其中,第一次提到"党报"的概念,他说:"有一人之报,有一党之报,有一国之报,有世界之

报。以一人或一公司之利益为目的者，一人之报也；以一党之利益为目的者，一党之报也；以国家之利益为目的者，一国之报也；以全世界人类之利益为目的者，世界之报也。"需要说明的是，这里的"党报"内涵同现在所说的"党报"不是一个概念，后者实际上是指中国共产党领导下的"主流媒体"，而中国共产党的唯一宗旨是中南海新华门影壁上的五个大字——为人民服务。在这篇文章里，他还特别谈到"耳目喉舌"：报纸是什么，是社会的耳目喉舌，一个人有耳目喉舌，一个社会也有耳目喉舌。人没有耳目喉舌，没有耳朵，没有眼睛，没有喉咙，结果就是看也看不到，听也听不见，说也说不出。国家同样如此，没有自己的耳目喉舌，也如同残疾人——看不到、听不见、说不出，而报纸就相当于国家的耳目喉舌。

　　也是在这篇文章里，梁启超提到衡量报刊优劣的四条标准，而这些标准现在依然适用，特别是对负责任的大报来说。第一条标准是"宗旨定而高"：宗旨高对大报来说是不言而喻的，大报不同于八卦小报的地方正在于此，同时这个宗旨还应该一以贯之，不是三十年河东，三十年河西，变过来又变过去的。比如，《人民日报》是中共中央的机关报，也是党和人民的喉舌，七十多年如一日，这个宗旨始终如一。第二条标准是"思想新而正"：思想应该是新的，同时还得是正的，因为新的东西，不一定都是正的。第三条标准是"材料富而当"：衡量一份报纸的优劣，还得看信息是否丰富，仅仅丰富还不够，更需要有所取舍，因为大千世界人间万象不可能一一纳入报道范围，媒体不得不进行筛选，以使传播的信息既恰当又确实。第四条标准是"报事速而确"：新闻要讲时效，时效是新闻的生命，用新闻界的行话说就是抓活鱼，越是活鱼越新鲜，放一放就变味儿了，放成臭鱼烂虾就不是新闻了。所以，新闻讲时效，但讲时效的同时还得强调准确，像小报记者为抢新闻而不顾事实肯定也不行。时效和准确犹如一对矛盾，有时为了时效，准确方面难免会出问题，同样，有时为了准确又可能影响时效。梁启超在一百多年前，就已意识到新闻传播中这些带有普遍性的矛盾关系。这是《清议报》发行一百期的时候，梁启超发表的一篇著名文章。谁知道，文章发表后的第二天，一场大火就把报馆烧个精光。所以，这篇文章等于《清议报》的一篇墓志铭了。

　　1902年，改良派在梁启超主持下，又在日本横滨创办了一份更有名的报纸《新民丛报》，强调"新民为今日中国第一急务"。在《新民丛报》创刊号上，梁启超写道：本报的刊名取《大学》新民之义。《大学》开篇讲"大学之道，在明明德，在新民，在止于至善"，取新民之义，就是说要使国家强盛，首先在于启迪民众，培育新民。在他看来，中国之所以不振，就是由于国民缺乏"公德"，这个公德不是一般所说的公共道德，而是指对国家、对整个社会的担承。如果缺乏这种担承，那么势必只顾小家，不顾国家，大国寡民，一盘散沙。中国之所以不振，近代以来之所以一再丧权辱国，一败涂地，就是由于国民缺乏这种公德

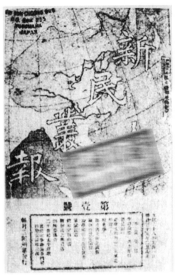

《新民丛报》

意识。所以，《新民丛报》"专以此病而药治之，务采合中西道德以为德育之方针"，即尽量把中西方的好东西拿来，作为开发民智的养料，"广罗政学理论以为智育之本"。总之，《新民丛报》的宗旨就在于培育中国人的国家公民意识或民族国家意识。《新民丛报》将在第二次办报高潮部分再谈，因为《新民丛报》同当时革命派的报纸《民报》之间发生一场持续数年、波及海内外的大辩论，主要围绕革命还是改良而展开。

在《新民丛报》第17期上，梁启超又发表了一篇论述报业的经典文章《敬告我同业诸君》，提出报馆的两大天职——"监督政府"和"向导国民"，也就是今天所说的舆论监督、舆论导向等意思。另外，梁启超在《新民丛报》上还提到一个思想，也值得关注：

> 本报为吾国前途起见，一以国民公利公益为目的，持论务极公平，不偏于一党派；不为灌夫骂坐之语，以败坏中国者，咎非专在一人也；不为危险激烈之言，以导中国进步当以渐也。

这个时候，梁启超已经意识到，中国的问题并不在一人，"咎非专在一人也"，比如西太后。改革和进步事业应该渐进式推进，而不能操之过急。对此，将在下面辛亥革命部分再做详细论述，因为将这种思想同革命党的

激进主张放在一起会理解得更透彻。

最后，重点看看《新民丛报》上梁启超的另一篇大作、力作和名作《新民说》。这是梁启超的代表作之一，创刊号上先刊登其中的前三节，后来陆续刊出，直到1906年才连载完毕，一共二十节。其中第一节是《绪论》，第二节是《论新民为今日中国第一急务》，第三节是《释新民之义》。他在第二节中谈道：16世纪以来，欧洲所以发达，都是由于民族主义所磅礴冲击造成的。那么，民族主义是什么呢？是各地同种族、同语言、同宗教、同习俗的人相视而为同胞，务求独立自治，组织一个完备的政府、完备的国家，以谋公益而抵御其他民族侵犯，这就是所谓民族主义。民族主义发达到极致，到19世纪末，进而演变为民族帝国主义。所谓民族帝国主义，就是其国民的实力充于内而不得不溢于外，内在的能量与欲望越来越强而不得不向外释放，于是汲汲焉以求扩张，如之前的英国和后发的德国、日本、意大利、美国等，都是由于内在力量的逐渐膨胀，达到一定程度后走上对外扩张之路的。（如此认识，已近乎列宁的名著《帝国主义论》）

接着，他又对比了过去的帝国和今天的帝国、过去的民族和今天民族主义意义上的民族。他说，所谓民族帝国主义和古代的帝国主义完全不同。不论是古希腊的亚历山大，还是中世纪的查理曼大帝，不论是东方的成吉思汗，还是西方的拿破仑，这些帝国之君虽然都"抱雄图，务远略，欲蹂躏大地，吞并弱国"，但那都是由于他们一己之雄心，是基于这些英雄或枭雄的个人意志。至于现在的民族帝国主义，则是由于整个民族的"涨力"，是由于其实力充于内而溢于外，这个时候已经不是个人的事情，而是整个民族、整个国家在受扩张之力的驱使。另外，当年亚历山大等只是追求个人权威；而现在的民族主义则是为时势所趋，即是说不得不然。所以，以往的帝国之侵略不过是一时而已，"所谓暴风骤雨，不终朝而息矣"。而现在的民族帝国主义之进取，则是志在长远，"日扩而日大，日入而日深"，一步一步地深入，一步一步地渗透，就像现在的跨国公司，一点一点把触须伸展到全球的每个角落，而且安营扎寨，再无去意。

面对这种局面，中国该怎么办呢？既然这个时候面临民族帝国主义的扩张，中国作为如此衰败、列强争相吞噬的一块肥肉，又处在民族帝国主义的漩涡中心，该怎么办呢？梁启超说，如果外患只是像拿破仑、亚历山大那样，仅仅属于个人为了一己的功名而来，那么我们也可以凭一己的勇气进行抗衡。但是，如果人家是以民族不得已之势而来，那我们就非将整个民族联合起来不行。这就是所谓民族国家、民族主义的用意，即把一盘散沙的文化国家整合成为众志成城的民族国家，不这样的话中国就无法抵御民族帝国主义的侵凌，也无法阻止列强的瓜分。与此相似，如果外患只是一时之气焰，像狂风暴雨似的来得猛、去得快，那么我们也可以鼓一时之血勇与之抗衡。而现在问题在于，人家是以长远经略为目标，渐行渐入，日大日深，根本不是一时半会儿的事情，那么，中国就不得不考虑"百年宏毅之远猷"，即一种长远的战略蓝图。所以，最后他的结论就是，今天我们如果想抵挡列强的民族帝国主义，那么只有奉行民族主义，只有将整个国家纳入民族国家的建国之路，而在中国推行民族主义，就必须先从新民做起。这便是《新民说》的主旨。

梁启超的挚友、同为维新派名士的黄遵宪，在给"饮冰室主人"即梁启超的一封信中，曾经比较了梁启超所办的几份报刊：

> 《清议报》胜《时务报》远矣，今之《新民丛报》又胜《清议报》百倍矣。惊心动魄，一字千金。人人笔下所无，却为人人意中所有，虽铁石人亦应感动。从古至今文字之力之大，无过于此者矣。

名记者邹韬奋，提到《新民丛报》对自己的影响时说道："一时看入了迷，这也是鼓励我要做新闻记者的一个要素。"毛泽东在延安同斯诺的谈话中也讲到，1909年，他的表兄送他两本书，包括《新民丛报》："这两本书我读了又读，直到可以背出来。"五四时期毛泽东在长沙创办"新民学会"，打的也是"新民"的旗号。《新民晚报》的前身《新民报》同样来自这种"新民"意识。蒋梦麟先生在自传《西潮·新潮》里的一段回忆文字，可以作为观赏《新民丛报》的一幅速写或草图：

> 梁启超在东京出版的《新民丛报》是份综合性的刊物，内容从短篇小说到形而上学，无所不包。其中有基本科学常识、有历史、有政治论著，有自传、有文学作品。梁启超简洁的文笔深入浅出，能使人

了解任何新颖或困难的问题。当时正需要介绍西方观念到中国，梁启超深入浅出的才能尤其显得重要。梁启超文笔简明、有力、流畅，学生们读来裨益匪浅，我就是千千万万受其影响的学生之一。我认为这位伟大的学者，在介绍现代知识给年轻一代的工作上，其贡献较同时代的任何人为大，比同时代的任何人都做得多，他的《新民丛报》是当时每一位渴求新知识的青年的智慧源泉。

蒋梦麟曾任北京大学校长，《西潮·新潮》完成于抗战时期，对晚清和民国的社会生活做了真切而生动的描绘，内容广泛，细致入微，知人论世，耐人寻味。

维新派新闻思想

前面谈了维新派的办报活动及其历史背景，下面再对维新派的新闻思想做个简要回顾。

维新派新闻人里最早也最有成就的当属王韬，即《循环日报》的主编，他提出"强中以攘外，诹远以师长"，颇能代表"自强"潮流下的报刊理想。与王韬类似的郑观应是《盛世危言》的作者，提出"通民隐，达民情"的主张。毛泽东同斯诺彻夜交谈时说道，早年常常深夜偷看新潮书刊，为了避免父亲干涉，就把房子的窗户遮住："就这样，我读了一本叫《盛世危言》的书，这本书我非常喜欢，这本书的作者是老牌改良主义者郑观应，他认为中国之所以弱，就在于缺乏西洋的机械。"《盛世危言》中有篇文章，名为《日报》，谈到日报及新闻的功能等。

总体来说，"通"是维新报人的共通点，思想的交集点。所谓"通"，是指言论和思想的通畅，包括新闻和报道的通畅，特别是社会政治方面的信息通畅。维新派不管有什么差异和分歧，但在推进社会肌体或信息系统的"通畅"方面则是一致的，他们都殊途同归地倡导新闻和报刊的这个"通"字。如严复的"通上下之情""通中外之故"。严复既是《天演论》的译者，也是天津《国闻报》的创办者。再如，谭嗣同认为，"通"有四义，包括中外通、上下通、男女通、人我通等。他还提出"民口""民

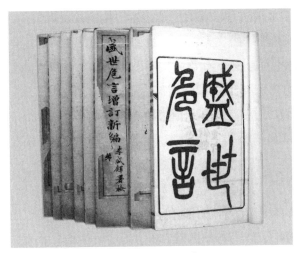

郑观应《盛世危言》

史"的新闻思想，就是说媒体应该成为老百姓的喉舌，记述老百姓的历史。

维新派官员、强学会会长陈炽，也提出一个有名观点："国之利器，不可假人。"在他看来，新闻、报纸、大众媒体等是一个国家的利器，是国家民族的命脉所系，必须掌握在自己手中，而不能由洋人把持操控，即所谓"不可假人"。陈炽的主张显然是针对19世纪外报一统天下的局面，在那样的背景下，中国的"耳目喉舌"受制于人，关键时刻往往发不出自己的声音。"国之利器，不可假人"的思想，今天依然具有警醒意义，特别是在所谓全球化时代，在外资控制的媒体虎视眈眈，环伺中国，无孔不入的背景下，重温前人的这一思想显得尤为必要。戊戌变法失败后，陈炽被朝廷革职，永不叙用。为此，他心情郁闷，纵酒狂歌，八国联军兵燹后不到一年就去世了。

在维新报人里，梁启超的新闻思想可谓总其大成。戈公振曾这样评价梁启超："我国报馆的崛起，一切思潮的发达，皆由先生启其端。"(《新闻学撮要》) 这个评价恰如其分。梁启超一生创办了许多重要报刊，如戊戌变法时北京的《中外纪闻》、上海的《时务报》、澳门的《知新报》，后来在日本横滨又主编《清议报》《新民丛报》等，深刻影响了国人的思想，也极大推动了中国近代报业的进程。同时，他还发表了一系列论述新闻的文章，如《时务报》创刊号上的《论报馆有益于国事》。《时务报》的创刊号只登载两篇文章，一篇是《变法通议》，一篇就是《论报馆有益于国事》。再如，他为《清议报》100期写的《本馆第一百册祝辞并论报馆之责任及本馆之经历》，为《新民丛报》写的《敬告我同业诸君》等，都提出独树一帜、高屋建瓴的新闻思想，至今仍然富有生命力。

先看看《论报馆有益于国事》。这篇文章的核心思想是"去塞求通"，即打破传统体制对信息的垄断、控制与封闭，以求社会信息及其系统畅通无阻。去塞求通的途径很多，条条大道通罗马，但如今最有效的方式当属报业或新闻事业：

梁启超《论报馆有益于国事》

> 去塞求通，厥道非一，而报馆其导端也。无耳目，无喉舌，是曰废疾。今夫万国并立，犹比邻也，齐州以内，犹同室也。比邻之事，而吾不知，甚乃同室所为，不相闻问，则有耳目而无耳目；上有所措置，不能喻之民，下有所苦患，不能告之君，则有喉舌而无喉舌。其有助耳目、喉舌之用，而起天下之废疾者，则报馆之为也。

我们今天依然主张的"耳目喉舌论"，一方面，固然来自马克思主义新闻理论与"伟大的中国革命"（费正清），如马克思在驳斥对《新莱茵报》的控告时就说过："报刊按其使命来说，是社会的捍卫者，是针对当权者的孜孜不倦的揭露者，是无处不在的耳目，是热情维护自己自由的人民精神的千呼万应的喉舌。"另一方面，"耳目喉舌论"来自梁启超等新闻思想与报刊实践，这个思想是在这种意义上讲的：一个人有耳目，有喉舌，才能看得清，听得明，才能发出自己的声音；同样，一个国家也得有自己的耳目喉舌，而新闻事业就是一个国家的耳目喉舌。《清议报》100期的专论《本馆第一百册祝辞并论报馆之责任及本馆之经历》，又进一步强调新闻传播的耳目喉舌功能：

> 西谚云：报馆者，国家之耳目也，喉舌也，人群之镜也，文坛之王也，将来之灯也，现在之粮也。伟哉，报馆之势力！重哉，报馆之责任！

就在同一篇文章中，梁启超还提出衡量报刊优劣的四条标准，即宗旨定而高、思想新而正、材料富而当、报事速而确。这四条标准现在依然适用，不仅适用于报馆，同样也适用于广播电视与网络媒体。另外，梁启超还有一些新闻思想，如文体改革、报业的两大职能即监督政府和向导国民等也很重要，同样具有现实意义。新闻传播都是有导向性的，而不是所谓"有闻必录"。但在一个世纪前，"有闻必录"很时兴，现在一些人可能还以为新闻就是有什么就报什么，而梁启超提出向导国民的思想则有助于澄清这种糊涂意识。

梁启超不仅是新闻学大家，同时也可以说是传播学大家，特别是在舆论传播方面卓有建树。如前所述，梁启超是新闻高手，也是舆论大家，他办的许多报纸都是在鼓动舆论、制造舆论、影响舆论。他的许多文章在戊戌变法期间，可谓震古烁今，激荡起多少人心中的思想波澜，用他自己的话说，"举国趋之，如饮狂泉"，虽然夸张，但也形象。同时，他在舆论引导、舆论传播方面，还提出了一系列理论主张，比如"舆论之敌""舆论之母"和"舆论之仆"。所谓"舆论之敌"，是说作为一个先进思想的引导者，首先得敢作敢为，敢于作正统舆论的对手，敢于质疑流俗思想。比如，大家都认为女人小脚美，而我敢于同大家作对，偏偏说天足好，这不就是舆论之敌嘛。当然，你不能光是批评众人、光与众人作对，你还得提出一套积极的、有建设性东西，一种新的思想，使之形成一种新的舆论，这就叫"舆论之母"。比如，毛泽东提出的农村包围城市、新中国成立后提出的"十大关系"等，在当时都是引领潮流的新思想、新主张，因此成为舆论之母。当这种新的思想逐渐被人所接受，形成一种普遍的认识时，你就该做"舆论之仆"了。什么叫舆论之仆呢？就是说你仿佛跟大家一样，成为这种新思想的追随者即仆人，而并不居功自傲，并不声称这个新思想是自己提出的,这个新舆论是自己推动的,自己多么多么了不起,而是功成身退,大家信奉,我也信奉,我和大家一起"随大流"。这就是他说的"舆论之敌""舆论之母"和"舆论之仆"的意思。

他还说,"非大勇不能为敌""非大智不能为母""非大仁不能为仆"。同旧的思想或舆论作对需要有相当的勇气——"大勇"。至于提出一种新的思想,形成一种新的舆论,让大家能够心悦诚服地信奉、遵循,又需要相当的智慧——"大智"。比如,苏区时期,党内教条主义盛行,言必称马列、言必称苏联,而毛泽东提出中国革命应该走自己的道路,将马列主义基本原理同中国革命的具体实践相结合,农村包围城市,武装夺取政权。当时提出这些思想既需要勇气,更需要智慧。最后,"非大仁不能为仆"同样说得好,只有怀抱大境界、大情怀的人,才能不居功、不自傲,功成拂袖去,深藏身与名。

同舆论引导相关,梁启超还提出一些具体的操作思路和手段,如"变骇为习"。什么叫变骇为习呢?按照他的想法,提出一种新思想,引导一种新舆论,一开始人们往往不容易接受,那么,怎么办才能打破旧思想,形成新舆论呢?他认为,可以采用矫枉过正的"变骇为习"方法,即一开始不妨先提出一个过分的、极端的主张,让人觉得惊世骇俗,难以接受,这个时候再退回一步,退到真正想要的观点和立场。由于事先已有极端的、过分的东西作陪衬,此时大家反倒觉得不太极端、不太过分的东西似乎并不难接受,这就叫变骇为习。举例来说,康有为、梁启超提倡改良、主张君主立宪,结果满朝文武极力反对,怎么办呢?那么,先不说改良,而直接说革命,说造反,说现在非革命不行,非用暴力把大清王朝推翻不行,否则中国就没救了。对此,当政者自然觉得很恐怖、很可怕,然后再退回来,提出看似温和的改良主张,朝野就容易接受了。

为了说明这套想法,他还讲了一个故事,一个古代笔记小说里常见的故事。月黑杀人夜,风高放火天。某晚,有人投宿郊外,下榻一家小店,灯火明灭之际,看到对门有个女人在梳妆台前梳头。梳头当然没什么,问题是她把头卸下来,放在梳妆台上梳,这个人见了,吓得魂飞魄散,撒腿就跑。跑出一段,看到一家小酒店,有几个人坐在那里谈笑风生,他才松了口气,说这下子好了,刚才可把我吓坏了。于是,他如此这般地说了说刚才的恐怖情景，没想到这几个人一听，齐声说道："这有什么稀奇的呢，我们这里的人都会这一套啊。"说完大家一齐把头拿下来，此时他反倒不害怕了，因为他已经"变骇为习"了。当然，"变骇为习"的主张不符合实事求是的原则，按照实事求是的原则，应该一就是一，二就是二，而不能一惊一乍地忽悠人。

最后，再谈谈梁启超的新闻业务观。这个方面，他的主要贡献在于区分新闻与评论。在他看来，新闻与评论是两种不同的报刊体裁，新闻应该"博、速、确、直、正"，而评论应该"公、要、周、适"。早期近代报刊犹如"江山一笼统，井上黑窟窿"，整个混在一块，分不清眉目。当时，报刊的版面也好，内容也罢，没有什么区别和界限，新闻、评论、广告等都混在一堆。甚至报纸和刊物的界限也不明确，19世纪的所谓报刊，如变法时期的报刊往往就是杂志，跟现在的杂志一样，但它又承当着报纸的功能。总之，那时候许多东西的界限并不明确，后来才逐渐专业化，一点点细分开来，如报纸和杂志的区分，版面形式和报道内容的区分，新闻与评论的区分等。这些区分都是随着新闻事业的发展，随着专业化的进程一步步实现的。比如，五四时期，先出现专业记者和新闻通讯社，二三十年代又更加专业化，更加细化。而梁启超最早区分了新闻与评论，并且论述了各自的特征与差异，显示了他在新闻业务方面的天分和创见。

1958年武汉会议期间，在东湖边的凉棚下，毛泽东曾同田家英和吴冷西闲聊了一段近代报刊的情况，其中对梁启超有褒有贬：

> 毛主席说，梁启超一生有点像虎头蛇尾。他最辉煌的时期是办《时务报》和《清议报》的几年。那时他同康有为力主维新变法。他写的《变法通议》在《时务报》上连载，立论锋利，条理分明，感情奔放，痛快淋漓。加上他的文章一反骈体、桐城、八股之弊，清新平易，传诵一时。他是当时最有号召力的政论家。
>
> 毛主席又说到梁启超写政论往往态度不严肃。他讲究文章的气势，但过于铺陈排比；他好纵论中外古今，但往往似是而非，给人以轻率、粗浅之感。他自己也承认有时是信口开河。（吴冷西《忆毛主席》）

辛亥革命：第二次办报高潮

据不完全统计，辛亥革命爆发前的十年间，即1901年到1911年，全国有将近1100多种报刊问世，也就是说平均一年有100多种，与戊戌变法期间一年40余种相比又不可同日而语了。另外，戊戌变法时期的报刊主要集中在北京、上海、天津、长沙、香港、澳门等地，而辛亥革命时期的报刊几乎遍及每个省市。同时报纸的类

《西藏白话报》

型也多种多样，如白话报、农民报、妇女报、儿童报等。更重要的，这个时期的报刊在社会生活中的地位、作用和影响越来越突出。所以，这个时期被称为第二次办报高潮。

第二次办报高潮的主流是革命派，特别是孙中山领导的革命派报刊更是独占鳌头，恰似第一次办报高潮的主流是维新派一样。革命派的第一份报刊，是1901年兴中会的机关报《中国日报》。《中国日报》由陈少白在香港创办。当时，孙中山由于组织、发动广州起义而被港英当局驱逐，同时禁止入境，于是就派陈少白这位革命派的宣传家去主持这份报纸，当时陈少白入境香港时，用的还是他的日本名字服部次郎。被陈少白聘为《中国日报》驻东京记者的冯自由说他："丰姿俊美，才思敏捷，诗词歌赋，琴棋书画，无所不通，有风流才子之号，惟度量褊狭，出语尖刻，人多惮之。"（《革命逸史》）

1903年，发生了新闻史上著名的"苏报案"，扩大了革命派的影响。1905年，同盟会在东京成立，同盟会机关报《民报》同时创刊。孙中山为《民报》题写发刊词，第一次系统阐发"三民主义"，即民族主义、民权主义和民生主义，也是第一次系统提出民族国家的立国思想。不久，《民报》和康梁的《新民丛报》展开一场旷日持久、波及广泛、影响深远的报刊论战，也是革命与改良的论战。与此同时，于右任等革命报人相继创办一批

声名远播的革命派报刊，大声疾呼，奔走呼号，进一步推动革命进程，最后促使辛亥革命的发生。

小册子与"苏报案"

革命准备时期、舆论酝酿时期一个突出现象，就是小册子风行。这种现象在中外革命运动中都很普遍，如英国革命、法国革命、美国革命时期也是小册子满天飞。这个时期，除了报刊，小册子同样成为一支影响广泛的舆论力量。美国独立战争时期，小册子作者潘恩的《常识》，就成为美洲殖民地走向独立的第一声呐喊，不仅唤醒殖民地的独立意识，而且极大地鼓舞了革命派的战斗意志。辛亥革命时期，也有一批革命党人利用小册子大造舆论，推波助澜，如陈天华、邹容等。陈天华的小册子《警世钟》《猛回头》《狮子吼》等，通俗易懂，饱含激情，产生振聋发聩的宣传、鼓动、启蒙作用，其中的爱国思想尤其令人感奋。1906年，宋教仁在日记里记载道："倒卧于席上，仰天歌陈星台《猛回头》曲，一时百感交集，歌已，不觉凄然泪下，几失声。"

陈天华，湖南新化人。"日惟从事著述，专以鼓吹民族主义为务。所著咸用白话文或通俗文，务使舆夫走卒皆能读之了解。故其文字小册散播于长江沿岸各省，最为盛行，较之章太炎《驳康有为政见书》及邹容《革命军》，有过之无不及。年三十一，尚未娶，或劝之娶，辄泫然曰：'匈奴未灭，何以家为！'每读中西史志，于兴亡盛衰之感，则涕泗横流，其爱国之忧，发于天性如此。"（冯自由《革命逸史》）1903年，29岁的陈天华作为官费留学生前往日本，同年秋天，看到祖国"主权失矣，利权去矣"，于是撰写《警世钟》。年底，他回到长沙，与黄兴组织革命团体华兴会，策划武装起义，失败后逃往日本。1905年，又与孙中山一起发起成立同盟会。同年，日本文部省应清政府要求，颁布《取缔清国留学生规则》，8000多名留日学生罢课抗议。天华有感

陈天华

于此，决心以死警醒国人。12月7日夜，他写下3000多字的绝命词，第二天早上在东京大森海湾投海殉国，时年31岁。周恩来总理青年时写的一首诗，也隐含陈天华这一壮举："大江歌罢掉头东，邃密群科济世穷。面壁十年图破壁，难酬蹈海亦英雄。"

现在就来看看他的小册子《警世钟》，开头便起势不凡：

> 长梦千年何日醒，
> 睡乡谁遣警钟鸣？
> 腥风血雨难为我，
> 好个江山忍送人！
> 万丈风潮大逼人，
> 腥膻满地血如糜；
> 一腔无限同舟痛，
> 献与同胞侧耳听。

这种半文半白、夹叙夹议、朗朗上口、通俗易懂的风格，能够收到良好的传播效果，也显示文体由文渐白的发展进程。接下来的文字，同样充满跳荡激越之情：

> 嗳呀！嗳呀！来了！来了！甚么来了？洋人来了！洋人来了！不好了！不好了！大家都不好了！……从今以后，都是那洋人畜圈里的牛羊，锅子里的鱼肉，由他要杀就杀，要煮就煮，不能走动半分。唉！这是我们大家的死日到了！
>
> 苦呀！苦呀！苦呀！我们同胞辛苦所积的银钱产业，一齐要被洋人夺去；我们同胞恩爱的妻儿老小，活活要被洋人拆散，……枪林炮雨，是我们同胞的送终场；黑牢暗狱，是我们同胞的安身所。大好江山，变做了犬羊的世界；……唉！好不伤心呀！
> ……
>
> 洋兵不来便罢，洋兵若来，奉劝各人把胆子放大，全不要怕他。读书的放了笔，耕田的放了犁耙，做生意的放了职事，做手艺的放了器具，齐把刀子磨快，子药上足，同饮一杯血酒，呼的呼，喊的喊，

万众直前,杀那洋鬼子,杀投降那洋鬼子的二毛子。满人若是帮助洋人杀我们,便先把满人杀尽;那些贼官若是帮助洋人杀我们,便先把贼官杀尽。"手执钢刀九十九,杀尽仇人方罢手!"我所最亲爱的同胞……杀!杀!杀!杀我累世的国仇,杀我新来的大敌,杀我媚外的汉奸!

最后,他以民族主义的情怀与言辞大声疾呼:

醒来!醒来!快快醒来!快快醒来!不要睡得像死人一般。同胞!同胞!虽然我知道我所最亲最爱的同胞,不过从前深处黑暗,没有闻过这等道理。一经闻过,这爱国的心,一定要发达了,这救国的事,一定就要担任了。前死后继,百折不回,我汉种一定能够建立个极完全的国家,横绝五大洲。我敢为同胞祝曰:汉种万岁!中国万岁!

辛亥革命时期,这样的小册子颇为盛行,《警世钟》就是一个典范。

正当陈天华抒写《警世钟》的时候,国内发生了新闻史和近代史上著名的"苏报案"。所谓"苏报案",就是由《苏报》报道引发的一桩对簿公堂的新闻案件,此案缘起也同宣传革命的小册子有关。"苏报案"发生于1903年,核心人物有章太炎、邹容、陈范、章士钊等。《苏报》原是上海一份地摊小报或称"黄色小报",后来盘给陈范,才逐渐变成一张有影响的报纸,并成为宣传革命思想的一个阵地。陈范曾经做过县令,由于处理"教案"不力被革职。此后,有感于国破家亡,思想渐趋激进。盘下《苏报》后,同上海的进步团体、革命团体联系日益密切,包括蔡元培等创办的爱国学社。《苏报》经常发表爱国学社师生的文章,后来陈范又聘请章士钊作主笔。章士钊也是近代闻人,几朝元老。解放大军过江前,他同张治中、邵力子等代表国民党来北平谈判,谈判破灭后,又一起留下,参加开国大典。"苏报案"之前,章士钊还是爱国学社的学生,才22岁,因为闹学潮而从南京带着一帮学生到上海,参加爱国学社。陈范发现他是个人才,就聘请他做《苏报》主笔。章士钊上任后,从版面到内容做了一系列大刀阔斧的改革,鲜明地竖起反清、反康梁的旗帜。在他主持的《苏报》上,大力推荐邹容的小册子《革命军》，章士钊还发表文章《读〈革命军〉》，其中写道："虽顽懦之夫，目睹其事，耳闻其语，则罔不面赤耳热、心跳肺张，作拔剑砍地奋身入海之状。呜呼！此诚今日国民教育之第一教科书。"同时，又刊发章太炎《康有为与觉罗君之关系》一文，驳斥"只可行立宪，不可行革命"的主张，而且文中公开称光绪皇帝为"载湉小丑，不辨菽麦"等。这一系列言论当时无不振聋发聩、骇人听闻，自然引起强烈反响，也为《苏报》赢得声誉。这些情况无疑遭到清廷忌恨，1903年7月1日，清廷会同租界当局，终于查封《苏报》，同时逮捕章太炎、邹容等。捕快去抓人的时候，问谁是章太炎，章太炎说我就是，慷慨赴难，大义凛然。

当时奉旨查办此案的是江苏一员候补道俞明震。俞明震被鲁迅先生称为"新党"，鲁迅当年在江南陆师学堂附设矿路学堂读书时，他是陆师学堂的总办。鲁迅在《朝花夕拾·琐记》一文中回忆说："总办是一个新党，他坐在马车上的时候大抵看着《时务报》，考汉文也自己出题目，和教员出的很不同。有一次是《华盛顿论》，汉文教员反而惴惴地来问我们道：'华盛顿是什么东西呀？……'"俞明震在陆师总办任内，两次带领陆师学生赴日求学，其中包括鲁迅和自己的儿子俞大纯。他有个妹夫叫陈三立，陈三立的父亲是戊戌变法中的湖南开明巡抚陈宝箴，而他的哲嗣就是清华四大国学导师之一的陈寅恪。从这些背景上也可料想俞明震的态度，他在查办这件

《苏报》

事情上，据说有意回护革命党人。其中，章士钊是他当年的学生，他避重就轻，把这个主犯放过，而只抓一些从犯，如章太炎、邹容等。

《苏报》老板陈范事发后逃遁，带着两个小妾到了日本，后来穷困潦倒，两个小妾也跟人跑了。不过，他对得失看得很淡，"亡命十年，困踬以终，不闻有何怨言"（章士钊）。即使辛亥革命胜利后，这位"苏报案"的后台主谋也没有以此"邀功"。当时，革命告成，许多志士多以"手造共和"自居，而陈范则如柳亚子所言："时南都兴建，昔之亡人逋客，方济济庆弹冠，而先生布袍幅巾，萧然物外，绝口不道前事。"蔡元培等念及陈范功绩，多次要求政府发还清廷没收的财产，并对他有所抚恤。陈范只是淡淡地说："谢诸君，勿以我为念，养老之资现犹勉能笔耕砚耨，聊免饥寒……吾辈正谊明道，非以计功利，岂容贪天之功为己为。"

"苏报案"发生前清政府非常恼火，发生后又不胜难堪。因为，这个案件是在上海租界审理的，是由租界当局审判的。在审判席上，章太炎、邹容慷慨陈词，据理辩驳。比如，章太炎说，所谓"载湉小丑"的"小丑"，字面意思是小儿嘛，不是什么骂人的话。"不辨菽麦"也没说错嘛，皇帝整天待在重重深宫，确实分不清什么是豆子，什么是麦子。这场审判引起社会各界关注，每次开庭的时候，都有不少人围观旁听，章太炎在一首诗里就写道："风吹枷锁满城香，街市争看员外郎。"所以，这是一件很令清政府丢脸的事情。朝廷曾想引渡他们，为此也开出优厚条件，如把上海、南京等地的铁路权卖给列强，结果列强基于各自的考虑最终没有同意。另外，当时北京正好也发生一起惨痛的报案——"沈荩案"。沈荩是个记者，由于抢先报道了一则消息，被清廷逮捕系狱，活活打死。这个事情影响恶劣，章太炎、邹容等未被引渡也与此有关。经过几个月的审判，租界当局最终判决章太炎监禁三年，邹容监禁两年，罚做苦工。他们在狱中吃了不少苦头，邹容出狱前一个月死于狱中，章太炎曾绝食七日以示抗议。关于"苏报案"的意义，新闻史家胡道静先生做过这样的概括：

> 苏报案在历史上的意义很大的。其正面的影响，就是革命派不过牺牲了一个报馆，毕竟予清政府以极锋利的舆论攻击，使它全盛时代辣手段焚书坑儒的威严全消失了。其侧面的影响，是清廷虽以

雷霆万钧之力,欲提办章、邹诸人,卒以事出租界,外人为维护其既得之行政权的缘故,卒未使它达到野心的目的;以后的上海言论界、出版界多少集中于公共租界,这件事情有莫大的关系。(《上海的日报》)

时贤喜欢侈谈民国时期的"言论自由""公共空间"等,似乎北洋军阀、南京政府多么开明、多么民主,而往往忽略租界这个国中之国的特殊背景。胡道静先生民国年间就有堪称经典的新闻史著述,新中国成立后主要从事中国科学技术史研究,同李约瑟互相钦慕,代表作有《梦溪笔谈校注》,2003年辞世。

邹容:"革命军中马前卒"

如上所述,"苏报案"的主角有老板陈范、主笔章士钊等。但是,现在一般着墨较多的不是他们而是章太炎和邹容,特别是邹容俨然成为"苏报案"的第一号人物了。

邹容,重庆人,小册子《革命军》作者,自称"革命军中马前卒",有部讲述他的电影就叫《革命军中马前卒》。《革命军》问世于1903年,署名"革命军中马前卒",由章太炎作序,分为七章,约两万字,重点是"绪论""革命之原因""革命独立之大义"等章。邹容以西方启蒙时期的"天赋人权""自由民主"等思想为据,鼓吹革命,反对专制。他的同乡、也是革命先

小册子《革命军》

驱和元老、并任中国人民大学首任校长的吴玉章,曾经赋诗赞誉邹容及其《革命军》:"少年壮志扫胡尘,叱咤风云《革命军》。号角一声惊睡梦,英雄四起挽沉沦。"辛亥革命后,孙中山以大总统名义追赠邹容为"大将军"。

第三讲　天崩地坼　清末民初涌高潮（1895—1919）

这里，需对"革命"和"中国革命"问题重新审视。按照马克思的经典理论，特别是《共产党宣言》的思想，"革命"和"中国革命"的兴起可以概括为三个关键词——阶级、私有制和暴力革命。换言之，迄今为止的一切社会历史都是阶级斗争的历史，而资本主义时代无非将这种斗争简化为无产阶级与资产阶级两大阶级的对立；为了彻底终结这种人剥削人、人压迫人的历史，实现每个人的自由而全面的发展，就得根除其赖以

马克思

为继的基石即私有制；而达到这一目的的途径就是革命。用《共产党宣言》中的名句说："代替那存在着阶级和阶级对立的资产阶级旧社会的，将是这样一个联合体，在那里，每个人的自由发展是一切人的自由发展的条件。"于是，不难理解，随着阶级的话题（而非阶级及阶级斗争本身）的淡出和私有制话题的凸显，革命也就成为貌似过时的古董。不仅大众文化、消费文化、流行文化弥漫着"解构革命"的话语，而且不少"大人先生"也竟相加入这一大合唱，炮制一系列"告别革命"的时新话语和中国版的"古拉格群岛""笑忘录""日瓦戈医生"等。不仅如此，还深文周纳地钩稽了两种性质的革命，一种是英国革命和美国革命的传统，一种是法国革命、俄国革命和中国革命的传统。据说前者是文明的而后者是野蛮的，于是光大前者而抛弃后者云云。这里固然有一定的、并非毫无道理的社会历史缘由，用哈佛大学燕京学社研究员黄万盛的分析：

> 这种对"革命"的厌恶并非完全不能理解，在经过了以革命的名义进行的那么多与革命的许诺截然相反的惨痛历程之后，急于摆脱革命的魔咒，告别革命的图腾，是能够接受的心情。

然而，不管怎么说，"革命"和"中国革命"的历史正当性正义性不容抹杀，一如千百万仁人志士抛头颅、洒热血的英雄壮举不容亵渎——"墨写的谎说，决掩盖不住血写的事实"（鲁迅）。鸦片战争以来的历次革命运动首先都不是基于文字话语，尽管文字话语的作用和影响丝毫不能忽略。实

际上，革命的发生发展归根结底乃在于严酷的生存环境，在于生死攸关的社会现实，如亡国灭种，如民不聊生。众所周知，中国老百姓一向逆来顺受，忍辱负重，如有一线生机，断不愿铤而走险，拿身家性命干革命。所以，用美国记者杰克·贝尔登在记录中国革命的新闻名著《中国震撼世界》一书里的说法，"革命是逼出来的"，也就是北京大学中文系教授李零"我为革命说几句话"时所指出的：

> 中国革命，不管是谁，不管他们的意识形态如何，所有人的愿望有共同指向，一是摆脱列强瓜分，二是结束四分五裂。先解决挨打，再解决挨饿，其他问题慢慢来。（《读书》2008年第9期）

黄万盛在《革命不是一种原罪》一书里也以哲人的思维，对革命问题作了通达的论述：

> 我反对那种以革命为目的的"革命狂热"，同时，我主张保留作为手段的革命。试想一下，如果人民受到暴政的压迫，逐级上告，逐级驳回，法律、舆论、政府沆瀣一气集体腐化，人民不选择革命就只有死路一条，假如这种革命都要反对的话，那就真是置人民的死活于不顾，这样的知识分子到底是权贵的喉舌，还是人民的代言？有个例子也许能帮助我们更好地理解这个问题。哈佛的罗尔斯是自由主义的重要学者，一次，他在课堂上讲关于"无知之幕"的理论，那是他的公正理论的逻辑起点，突然，一个学生举手提问：老师，你讲得很好，我都能接受，可是，这套理论如果碰到了希特勒，怎么办？罗尔斯怔住了，他说，让我想一想，这是个重要的问题。他在课堂上沉思，整个教室了无声息静静地等着，十分钟以后，罗尔斯抬起眼来，严肃而平和地给出了一个答复：我们只有杀了他，才能讨论建设公正的问题。不仅罗尔斯如此，早在孔子、孟子的言论中都有相似的此类言论，其中有很多不得已的心情。因此，我坚持保留作为手段的革命是必要的，它是一个社会反抗暴政的最后的选择，同时也是一个社会更新变化的可能的途径。

事实上，英国革命和美国革命同历史上的任何革命一样，一点也不"文明"，英国革命在西方历史上第一次用血淋淋的屠刀砍下一个国王的头颇，而美国革命如果依据当今"反革命"的逻辑恰恰像"恐怖分子""无法无天"的暴烈行为。若说区别的话，那么以法国革命为先驱的历史潮流，第一次将人民的旗帜高高扬起，用雨果的话说，法国革命"替人民加了冠冕""是自从基督出世以来人类向前走得最得力的一步"。正是由于法国革命，"人民成为政治权力惟一的源泉，这是民主政治的实质（民主政治的实质不是金钱主导、媒体煽动的选举票决而是人民当家作主——引者），也是法国革命最重要的贡献，并且，请记住，这是法国革命的贡献，而不是英国的贡献"（黄万盛）。另外，法国革命不仅将"自由、平等、博爱"第一次大笔书写在人类的史册上，而且这里的"自由"（liberté）含有"解放"之义，不同于英美功利主义的、个人本位的、私产神圣不可侵犯等意义的"自由"（freedom）——这种自由倒是类似英国左翼作家乔治·奥威尔的小说《1984》那句真理部口号"战争即和平、自由即奴役、无知即力量"。总之，在法国革命看来，自由、解放、人民始终是革命的鹄的，"摆脱奴役才有自由，自由是解放的结果"（李零）。

这样看待"革命"，才能理解拿破仑大军何以纵横欧洲，所向披靡，美洲殖民地民兵何以将训练有素装备精良的英国正规军打得望风觳觫，俯首称降，理解美国羽翼下的蒋家王朝及其八百万军队何以在小米加步枪的人民军队面前灰飞烟灭，也才能理解近代以来中国历次革命运动的历史意义和丰功伟绩，特别是人民英雄纪念碑上四面镶嵌的八幅汉白玉大型浮雕集中展现的不朽画面——虎门销烟、金田起义、武昌起义、五四运动、五卅运动、南昌起义、抗日战争、渡江战役，从而深切领会人民领袖毛泽东为人民英雄纪念碑题写的磅礴悼文：

> 三年以来，在人民解放战争和人民革命中牺牲的人民英雄们永垂不朽！
> 三十年以来，在人民解放战争和人民革命中牺牲的人民英雄们永垂不朽！
> 由此上溯到一千八百四十年，从那时起，为了反对内外敌人，争取民族独立和人民自由幸福，在历次斗争中牺牲的人民英雄们永垂不朽！

下面就来看看《革命军》的主要内容：

> 扫除数千年种种之专制政体，脱去数千年种种之奴隶性质，诛绝五百万有奇被毛戴角之满洲种，洗尽二百六十年残惨虐酷之大耻辱，使中国大陆成干净土，黄帝子孙皆华盛顿，则有起死回生，还命返魄，出十八层地狱，升三十三天堂，郁郁勃勃，莽莽苍苍，至尊极高，独一无二，伟大绝伦之一目的，曰革命。巍巍哉，革命也！皇皇哉，革命也！
>
> 吾于是沿万里长城，登昆仑，游扬子江上下，溯黄河，竖独立之旗，撞自由之钟，呼天吁地，破颡裂喉，以鸣于我同胞前曰：呜呼！我中国今日欲脱满洲人之羁缚，不可不革命；我中国欲独立，不可不革命；我中国欲与世界列强并雄，不可不革命；我中国欲长存于二十世纪新世界上，不可不革命；我中国欲为地球上名国、地球上主人翁，不可不革命。革命哉！革命哉！……
>
> 革命者，天演之公例也；革命者，世界之公理也；革命者，争存争亡过渡时代之要义也；革命者，顺乎天而应乎人者也；革命者，去腐败而存良善者也；革命者，由野蛮而进文明者也；革命者，除奴隶而为主人者也。……
>
> 掷尔头颅，暴尔肝脑，与尔之世仇满洲人，与尔之公敌爱新觉罗氏，相驰骋于枪林弹雨中；然后再扫荡干涉尔主权之外来恶魔，尔国历史之污点可洗，尔祖国之名誉飞扬，尔之独立旗已高标于云霄，尔之自由钟已哄哄于禹域，尔之独立厅已雄镇于中央，尔之纪念碑已高耸于高冈，尔之自由神已左手指天，右手指地，为尔而出现。嗟夫！天青地白，霹雳一声，惊数千年之睡狮而起舞，是在革命，是在独立。
>
> 中华共和国万岁！
>
> 中华共和国四万万同胞的自由万岁！

这是《革命军》中有名的文字与段落，猛一听确实慷慨激昂，热血沸腾，就像当时还是16岁少年的柳亚子在《中国革命家第一人陈涉》里说的，"夫革命二字，实世界上最爽快、最雄壮、最激烈、最名誉之一名词也"。然而，细究起来，《革命军》里又没有多少严谨的论述、理性的分析，要么是不容置疑的断言,如"我中国今日欲脱满洲人之羁缚,不可不革命;我中国欲独立,不可不革命;我中国欲与世界列强并雄,不可不革命;我中国欲长存于二十世纪新世界上,不可不革命;我中国欲为地球上名国、地球上主人翁,不可不革命";要么是热烈的、表态式的标语和口号,如"巍巍哉,革命也!皇皇哉,革命也!""革命哉!革命哉!""中华共和国四万万同胞的自由万岁!"等。

清末维新派人士、《新民丛报》记者蒋智由,在《冷的文章与热的文章》一文中说道:所谓冷的文章,"其虑也周,其条理也密,读之使人疑,使人断,使人智慧";所谓热的文章,"其刺激也强,其兴奋也易,读之使人哀,使人怒,使人勇敢"。显然,《革命军》以及革命派报刊上的文字都可称为"热的文章","读之使人哀,使人怒,使人勇敢"。晚清以来,这种激越的社会情绪及其热度可谓一浪高过一浪,不断形成名副其实的、翻天覆地的"热潮"。《民权报》主编戴季陶的名言,俨然成为一种象征:"主笔不入狱,不是好主笔;报馆不封闭,不是好报馆。"耐人寻味的是,这位出身报人的戴季陶与同为报人出身的陈布雷一样,后来都成为"蒋家王朝"的笔杆子、脑瓜子,而且都在解放前夕绝望自裁。

我们今天回顾百年风云,一方面,充分肯定邹容及其《革命军》的历史地位,高度评价在长夜难明赤县天、百年魔怪舞翩跹的时代,《革命军》这样的呐喊和呼号对惊醒世人无疑作用显著。如果没有这样一批热血之士与雷霆之声,那么中国的命运将不堪设想,会不会像当时许多人所担忧的那样沦为第二个印度都很难说。另一方面,某种极端化、情绪化、表态化的话语,以及非此即彼、不容异端的姿态,有可能对中国的文化生态和社会心理产生消极影响。比如,直到现在有些文化名流说起自己的祖先与文明,不是常以唯我独尊的口气,动辄冠以"专制""暴虐""残忍"等大字眼吗?就像1980年代的电视政论片《河殇》,不是同《革命军》一脉的话语风格如出一辙吗?

《民报》与《新民丛报》

正是在这样一种激越的思想氛围和社会情绪下,在非此即彼、非对即错、非革命即反动、非民主即专制、非现代即保守等话语定式下,革命派的机关报《民报》和改良派的《新民丛报》,围绕革命还是改良展开近代第一场报刊大论战。按照陈旭麓先生在其《近代中国社会的新陈代谢》一书里的概括:

1905年至1907年以《民报》和《新民丛报》各为一方的两派大论战已远远超出了单篇文章和个别人物的范围,在《民报》和《新民丛报》之外,革命派和改良派的其他报刊也是唇枪舌剑,互不相让;就是局外旁观的报刊对双方的论旨也不能不曲折地、隐晦地表示自己的意见。这固然体现论战的规模,同时也表明此时的革命派和改良派已由原来的互不干预走向了全面对峙,此前的革新与守旧两种思想的冲突一变而为在革新的道路上革命与改良的冲突。

陈旭麓《近代中国社会的新陈代谢》

这场大论战所涉问题至广,其论旨由建立一个什么样的国家为核心,波及到与此相关联的各种理论和实践。要乎言之,论战主要围绕三个基本问题展开:一、要不要推翻满清政府;二、要不要建立共和政体;三、要不要实现社会革命。在这三个问题上,革命既是那时的趋势,自然也就代表了正确的方向。但是,在很多实际问题上改良派的议论又具有历史的合理性,并不是全部真理都掌握在革命派手中。

如今看来,两派其实都是爱国派,都希望中国摆脱列强的欺侮,实现独立富强,只不过所开的救国药方不尽相同。革命派相当于西医,改良派相当于中医。他们面对的是同一个病人,一个身患重病,甚至病入膏肓的病人,而他们的治疗措施大相径庭。从改良派的治疗措施看,中医养人,循序渐进,全面调理,欲从根本上消除病根,同时不对身体带来副作用。其弊在于不知道最后究竟能不能治愈,特别是面对疑难病症,万一治不好,又耽误有效治疗期,岂不更糟。与之相对,西医的好处显而易见,无论吃药打针,还是开刀动手术,三下五除二,往往手到病除。同时风险很明显。一方面,即使治愈了,也容易留下后遗症,如动手术还会伤及身体元气,若把身体哪个部位卸下一块,那更残缺不全了。另一方面,更糟的还在于如果是动手术切除肿瘤,那么一旦打开身体,发现癌细胞已经扩散,也就彻底没救,只好等死了。这就是改良派的汤药和革命派的手术之别。

众所周知,最后历史选择了西医的手术,而放弃了中医的汤药。《民报》和《新民丛报》的报刊论战,最后结果也是革命派的《民报》大获全胜,而改良派的《新民丛报》一蹶不振。起先,《新民丛报》及其康梁的改良思想还颇有市场,特别是对留学生、海外华侨影响广泛。自从孙中山创办《民报》,聚拢一批革命的宣传家,同《新民丛报》展开激烈论战,情况便开始发生变化。《民报》有一批生龙活虎的小将,如胡汉民、宋教仁、廖仲恺、汪精卫等,后来章太炎出狱后,也被革命党人隆重迎到东京,而章太炎的学问和文笔非同凡响。可怜《新民丛报》基本是梁启超一人孤军奋战,一人对付一群如狼似虎的小将,结局也就不言而喻。革命报人有句丑诋梁启超的对联,连清廷大吏张之洞看了都击节称赏:"娇妻侍宴,群仙同日咏霓裳;稚子候门,共作天涯沦落客。"

尤其是,改良思想当时显得保守落伍,不如革命主张畅快淋漓,斩钉截铁。可以想象,身处国难当头、危机四伏之际,面临清政府彻底沦为列强仆从之时,那套君主立宪、渐进改良的方略确实不合时宜,显然不切实际。即使如此,梁启超的思想并非因此就毫无价值,他对革命后果的担忧亦非毫无道理,辛亥革命后的变局和矛盾也部分验证了他的忧惧。下面就让我们看看梁启超在《新民说》中,对激进与保守、革命与改良的一段论述:

> 世界上万事之现象,不外两大主义:一曰保守,一曰进取。人之运用此两主义者,或偏取甲,或偏取乙;或两者并起而相冲突,或两者并存而相调和。偏取其一,未有能立者也。有冲突则必有调和,冲突者,调和之先驱也。善调和者,斯为伟大国民;盎格鲁撒逊人种是也。譬之跬步,以一足立,以一足行。譬之拾物,以一手握,以一手取。故吾所谓新民者,必非如心醉西风者流,蔑弃数千年之道德、学

术、风俗，以求伍于他人。亦非如墨守故纸者流，谓仅抱此数千年之道德、学术、风俗，遂足以立于大地也。

一般来说，古今中外各个民族、各个国家的文化大师大抵都偏于保守，由于洞悉人情世故而不免瞻前顾后，特别是涉及社会、政治、文化传统等变改更是"不敢轻易下猛药"。宋代司马光如此，近代梁启超亦然。作为一代文化大师，梁启超也戴着一顶保守的帽子。对此，近代史学者蒋廷黻先生曾作过公允的评述：

> 当时在日本与同盟会的《民报》抗争者是君主立宪派的梁启超所主持的《新民丛报》。梁启超是康有为的门徒，爱国而博学。他反对打倒满清，反对共和政体，他要维持清室而行君主立宪，所以他在《新民丛报》里再三发表文章攻击中山先生的民族主义和民权主义。他说中国人民程度不够，不能行共和制，如行共和必引起多年的内乱和军阀的割据。他常引中国历史为证，中国每换一次朝代必有长期的内乱。……民国以来的事实似乎证明了梁启超的学说是对的。（蒋廷黻《中国近代史大纲》）

蒋廷黻是老清华的历史系教授、系主任，后来出任国民政府的驻苏大使，到台湾后又曾任驻联合国的"大使"。他的论断和梁启超的忧虑，今天看来应该说不无道理。不能因为革命派胜利了就一好百好，何况当年"无论主张革命还是改良，保存帝制或否，双方都是在以西方政治为蓝本，区别只是学美国还是学英国，手段是暴力革命还是和平渐进，而目标都是建立西方的代议制政体"。（张鸣）

关于梁启超及其《新民丛报》，胡适在1923年一封信里谈道："二十五年来，只有三个杂志可代表三个时代，可以说是创造了三个新时代：一是《时务报》；一是《新民丛报》；一是《新青年》。"继胡适之后出任北京大学校长的蒋梦麟先生曾回忆说："我记得梁氏逝世的消息传到南京以后，蔡子民先生（蔡元培）和我两人曾在中央政治会议提请国民政府明令表扬其功业。适值胡展堂（胡汉民）先生为主席，一见提案，面孔涨得通红，便开口大骂。于是我们自动把提案取消了事。"（《西潮·新潮》）

于右任及其"竖三民"

除了境外出版的《民报》《中国日报》等,辛亥革命时期在国内同样涌出一批影响广泛的革命派报刊,其中最有代表性和影响力的当属于右任创办的《神州日报》《民立报》等。于右任是20世纪杰出的爱国民主人士,也是出色的诗人、书法家。抗战时期重庆的《新华日报》就是请他题写的报名。他的诗作高古沉雄,气宇轩昂,温家宝总理在一次记者招待会上还吟诵了他的名篇《望大陆歌》(1962):

于右任

> 葬我于高山之上兮,望我故乡;
> 故乡不可见兮,永不能忘。
> 葬我于高山之上兮,望我大陆;
> 大陆不可见兮,只有痛哭。
> 天苍苍,野茫茫;
> 山之上,国有殇!

于右任去世后,葬于台湾最高峰——玉山,民众自发捐款,在山顶塑了一座他的铜像,面向祖国大陆。山高3997米,铜像3米,正好4000米。1995年,在李登辉纵容下,一小撮"台独"分子偷偷将铜像头部锯掉,扔在五十米外的坑洼里。

于右任是陕西人,言行举止颇似长篇小说《白鹿原》里的关中大儒朱先生。像朱先生一样,他早年也曾中过举人。不过,朱先生是一派仙风道骨,而于右任却是一位热血青年。八国联军入侵北京,慈禧逃到西安,他还给巡抚上书出主意,让人家"手刃"慈禧。1904年,他在自己的《半哭半笑楼诗草》里写道:"爱自由如发妻,换太平以颈血。"爱自由就像自己的发妻一样,既表明他对自由的追求,又预示他对发妻的挚爱。解放前夕,他被蒋介石带到台湾,结发妻子滞留大陆,他一直保留夫人纳的鞋子,终身牵挂,至死方休。他的女婿是民革中央主席屈武,有一年周总理派屈武去给老太太祝寿,这个信息转道香港,间接传给于右任,老人家感动不已。

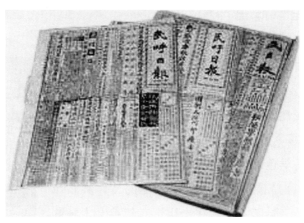

"竖三民"

于右任去世后，人们清理遗物，发现他真是两袖清风，家徒四壁，除了用过的纸笔、日记本、妻子做的鞋子外，别无长物。这位年轻时发誓"爱自由如发妻"的于右任，令人景仰，令人感动！然而当年，他却由于"爱自由如发妻，换太平以颈血"的诗集遭到清廷通缉，被迫逃往上海，后来又去日本留学。

在上海期间，于右任创办了《神州日报》，成为革命派的一份著名大报，不久即遭查封。这份报纸上曾经刊发漫画，四个不同身份的人在看《神州日报》，边上写着四句话，形象地概括了一百年前报业的功能：志士看报竟与毛瑟枪一样；官场看报竟与眼中钉一样；寻常人看报竟与古书一样；外人看报竟与百斯笃一样。什么是百斯笃？1910年至1911年，东北地区爆发了一场数百年未遇的大鼠疫，前后持续半年，席卷半个中国，吞噬6万多条生命，疫情如东三省总督锡良所说"如水泻地，似火燎原"。当时的各种报纸，在记录这场大瘟疫时，都称其为"百斯笃"，这是鼠疫的日语音译。这场罕见的大瘟疫，被一支小小的中国防疫队在四个月之内就扑灭了，"无论在当时还是现在，这都是一个奇迹"（黄加佳）。主持这次防疫行动并创造这个奇迹的，是一位在英国剑桥大学获得博士学位的华人伍连德。他在这次防疫中，为世界医学界提供了一种新理论——肺鼠疫。以往的鼠疫是通过老鼠传播，而肺鼠疫是通过飞沫传播。所以，防止鼠疫的方法是消灭老鼠，而防止肺鼠疫的方法是实行隔离。然而，当时这个理论并不被权威医学所认可，结果一些西方医生在与肺鼠疫病人接触时，不采取任何防护措施，连口罩都不戴，直到一位法国鼠疫专家遇难，人们才重视伍连德博士的理论。事后，万国鼠疫研究会在中国东北举行，与会专家肯定了伍连德"肺鼠疫"之说。

继《神州日报》，于右任又连续创办了新闻史上有名的"竖三民"，即《民呼日报》（1909）、《民吁日报》（1909）和《民立报》（1910）。所谓"竖三民"是与"横三民"相对而言的。"竖三民"的刊名都以"民"打头，创办时间前后衔接，报刊风格彼此相同，基本上也是同一套人马与班底。由于"竖三民"致力于宣传革命，于是相继被查封：《民呼日报》被封后又创办《民吁日报》，《民吁日报》被封后又创办《民立报》。关于《民吁日报》的"吁"字有不同说法，一说代表"于"右任的"口"；一说《民吁日报》被查封的时候，清朝官员威胁于右任说：你再胡说八道，就把你的两个眼睛挖掉。"呼"字去掉两个眼睛即两点，不就是"吁"嘛。

《民立报》在"竖三民"中最为突出，它是同盟会中部总会的机关报。当时，革命派报纸不仅是舆论喉舌，同时也是革命的组织机关。比如，报馆还制造炸药，组织武装暴动等。于右任是被孙中山任命的长江流域"大都督"，整个中部的革命活动都听他指挥，《民立报》就是中部革命党人的机关报。起初，孙中山曾在南方多次组织暴动，如广州起义，最后均以失败告终。后来，他考虑向中部发展，将革命引向长江流域，特别是以武汉为中心的两湖地区，这些动向也跟于右任的报刊活动有关。革命成功后，孙中山为《民立报》题词："戮力同志"（Unity）。于右任为《民立报》写的发刊词是一篇新闻史的名作：

> 秋高马肥，记者当整顿全神以为国民效驰驱。使吾国民之义声驰于列国，使吾国民之愁声达于政府；使吾国民之亲爱声相接相近于散漫之同胞，而团体日固；使吾国民之叹息声日消日灭于恐慌之市面，而实业日昌。并修吾先圣先贤、闻人巨子自立之学说，以提倡吾国民自立之精神；搜吾军事实业、辟地殖民、英雄豪杰独立之历史，以培植吾国民独立之思想。重以世界之智识，世界之事业，世界之学理，以辅助吾国民进立于世界之眼光。此则记者之所深赖，而愿为同胞尽力驰驱于无已者也。虽然，未已也。

这段文字慷慨激越，豪气充溢，具有一种内在的感召力，怨不得人称于右任是"先生一支笔，胜过十万毛瑟枪"。1911年5月24日，他又在一篇题为《炸弹》的报刊评论里，以"骚心"的笔名写道：

> 今年之中国，炸弹之中国也。东一炸弹，西一炸弹，轰轰烈烈，防不胜防。
>
> 革党之炸弹，使官场防不胜防；官场之炸弹，使国民防不胜防。
>
> 革党之炸弹，人人知之，推其用意，不过仅炸官场而已。官场之炸弹，则救国其名，而炸弹其实，稍稍不慎，则炸中国而有余。
>
> 前四国借款也，后四国借款也，日本借款也，英国借款也，一而再，再而三，东轰西击，为炸弹制造家者，则盛宣怀也。呜呼，中国！

这篇评论篇幅简短，用语精辟，见解独到，实属评论之上品。至于笔名"骚心"似同屈原的《离骚》有关，取感时忧国之意。当时，参与《民立报》工作的，多为革命派的精英骨干。比如宋教仁，革命成功后组建国民党，想走议会道路，后被袁世凯派人刺杀。再如陈其美，也是同盟会的一员大将，革命成功后不久也被北洋政府刺杀。他跟蒋介石还是拜把子兄弟，在上海青洪帮很有势力，蒋介石的两位肱股之臣就是陈其美的侄子，即陈果夫和陈立夫。其他如章士钊、张季鸾、邵力子、叶楚伧等，均为一时之选。邵力子是民国时期的著名报人，早年参加共产党，后又入国民党，任国民党中宣部部长、陕西省政府主席等职，看《西行漫记》，一开篇斯诺就写自己先到西安，拜见邵力子主席的情况。由于有这么多大将参与《民立报》的编辑工作，所以在辛亥革命时期，这份报纸颇受瞩目，印刷机昼夜不停，日销2万多份，成为发行量最大的日报。毛泽东和斯诺也曾谈过：

> 在长沙，我第一次看到报纸——《民立报》，那是一份民族革命的报纸，刊载着一个名叫黄兴的湖南人领导的广州反清起义和七十二烈士殉难的消息。我深受这篇报道的感动，发现《民立报》充满了激动人心的材料。这份报纸是于右任主编的，他后来成为国民党的一个有名的领导人。(《西行漫记》)

革命报刊与武昌首义

如同任何重大的历史事变一样,辛亥革命发生的原因也是错综交织。比如,直接原因有四川的保路运动,由于这场声势浩大的运动,武昌清军奉令西进,前往镇压,于是造成这一地区兵力空虚,从而武昌首义一举成功。而在导致革命爆发的诸多原因中,报刊的作用也很突出。比如,辛亥革命爆发的导火索,就是武汉一份报纸所刊发的两篇著名社论。

这份报纸是革命派的《大江报》,它在武汉的新军中,特别是在广大中下层士兵中很有影响。它的创办人也是这个时期的一位重要报人,湖北蕲春人詹大悲。辛亥革命是1911年10月10日爆发的,而当年的7月25日,詹大悲的蕲春同乡、同盟会会员黄侃来到《大江报》,詹大悲和何海鸣为他设宴洗尘。酒酣耳热、情绪激昂之际,黄侃以"奇谈"为笔名写下《大乱者救中国之妙药也》。詹大悲拍案叫绝:"此真乃英雄所见略同,数日前(何)海鸣撰文《亡中国者和平也》,今季刚(黄侃的字)作《大乱者救中国之妙药也》,无独有偶,诚为振聋发聩之作。"当即签字,送去发稿。文章发表后,清政府立即查封《大江报》,同时逮捕詹大悲与何海鸣,这就是新闻史上的"大江报案",也是继"苏报案"之后的又一著名报案。那么,黄侃的文章说了什么呢?下面就是这篇新闻史上的奇文《大乱者救中国之妙药也》:

> 中国情势,事事皆现死机,处处皆成死境,膏肓之疾,已不可为。然犹上下醉梦,不知死期之将至。长日如年,昏沉虚度。软痈一朵,人人病夫。此时非有极大之震动,极烈之变革,唤醒四万万人之沉梦,亡国奴之官衔,行见人人欢戴而不自知耳。和平改革既为事理所必无,次之则无规则之大乱,予人民以深创巨痛,使至于绝地,而顿易其亡国之观念,是亦无可奈何之希望。故大乱者,实今日救中国之妙药也。呜呼!爱国之志士乎!救国之健儿乎!和平已无可望矣!国危如是,男儿死耳!好自为之,毋令黄祖呼佞而已。

这篇文章的作者黄侃,后以国学大师著称。他是章太炎的弟子,擅长音韵、训诂,兼通文学,历任北京大学、东南大学、金陵大学等校教授。

在南京中央大学执教时，有"三不来"教授之称，即"刮风不来，下雨不来，下雪不来"。他与章太炎、刘师培，还被时人称为"三疯子"。他在日本留学时，有天晚上起来解手，惹着楼下的章太炎，章太炎脾气火暴，当即破口大骂。黄侃也是牛性子，不甘示弱，于是对骂起来，骂着骂着发现对手原来是仰慕已久的章太炎，于是折节下拜，可谓不骂不相识。他曾说过，50岁前不著书，不出书。于是，50岁生日那天，章太炎送他一副对联："韦编三绝今知命，黄绢初成好著书"。意思说你已经到知天命的时候，可以著书立说了。而黄侃一看，不由一愣，因为对联里隐含着"绝命书"3个字。结果就在这一年，黄侃因为饮酒过度而溘然去世。下面是冯友兰先生追忆黄侃的一段趣闻：

> 他在北京，住在吴承仕（简斋）的一所房子中，他俩本来都是章太炎的学生，是很好的朋友，后来不知怎么闹翻了，吴承仕叫他搬家，黄侃在搬家的时候，爬到房梁上写了一行大字："天下第一凶宅。"又比如说，他在堂上讲书，讲到一个要紧的地方，就说，这里有个秘密，专靠北大这几百块钱的薪水，我还不能讲，你们要我讲，得另外请我吃饭。又比方说，黄侃有个学生，在"同和居"请客，他听见黄侃在隔壁一个房间说话（原来黄侃也在请客）就赶紧过去问好，不料黄侃对他批评起来，这个学生所请的客已经到齐了，黄侃还不让这个学生走，这个学生心生一计，就把饭馆的人叫来交代说，今天黄先生在这里请客，无论花多少钱都上在我的账上，黄侃一听，就对那个学生说，好了，你走吧。（《三松堂自序》）

由这样一位个性鲜明的大师出手，《大乱者救中国之妙药也》果然不同凡响，对倾向革命的武昌新兵更是形成强烈的心理冲击，在时局飘摇之际犹如一声炸响的惊雷，产生惊天地、泣鬼神的社会效应。

以上是武昌起义前的情况。起义爆发后，革命派报刊同样发挥了武力不可替代的作用，特别在宣传革命主张、鼓吹革命舆论、影响革命志士方面尤为突出。对此，冯玉祥在自传《我的生活》里，也记述了一些情景：

> 自从武昌起义的消息传来，滦州秋操中途停止，留在新民府的

我们一班倾向革命的同志们，人人兴奋得坐立不安。……这时我家里弄来一架油印机，从早到晚印刷传单，每天将《大汉报》等刊物上所刊载的民军胜利的消息，各省响应的文电，还有许多鼓吹革命的小文章，都摘录出来，用油印印好，每次三四百份，到晚上派人偷偷地到各营去散发，或是由邮局寄到本地各机关去，常常忙得通夜不睡。

辛亥革命期间，还有一些外国报人、外国记者、外电报道等，也对革命的发生与发展形成"推波助澜"之势。武昌首义前，在华派有常驻记者的外国媒体有路透社、《泰晤士报》《纽约先驱报》等。路透社早在1870年就在上海设立远东分社，这一年，当时欧洲的三大通讯社，即英国的路透社、法国的哈瓦斯社和德国的沃尔夫社坐在一起，像列强一样瓜分了世界新闻市场。其中远东地区包括中国，属于路透社的势力范围。于是，路透社就派出记者H. W. Collins在上海建立其分社。另外，伦敦《泰晤士报》的记者莫里森（G. E. Morrison，又译莫理循），也是这个时期的一位活跃人物。义和团运动期间，他正好被困使馆，于是发出许多独家报道，由此一举扬名。莫理循生于澳大利亚，毕业于英国爱丁堡大学，获医学博士学位。1894年首次来华，溯长江而上，经中国西南到缅甸，为时半年，完成《一个澳大利亚人在中国》。这部中国游记记述了当时西南地区的风土人情、社会习俗、政治局势等，1895年在英国出版后，引起西方社会广泛关注，为此他被《泰晤士报》聘为记者，渐以"中国的莫理循""北京的莫理循"而闻名。1912年，辛亥革命后，他又被袁世凯聘为民国政府总统顾问，直至1920年去世。作为《泰晤士报》的一位名记者，莫理循在中国近代史上留下不少踪迹。他的寓所位于王府井大街，而这条"中华第一街"在英文里就被称为"莫理循大街"。

莫理循

当时，《纽约先驱报》的远东记者米勒

（T.F.Millard），毕业于密苏里大学新闻学院。辛亥革命前夕，以孙中山筹集的经费创办《大陆报》（*The China Press*），1917年又创办《密勒氏评论报》（*The China Weekly Review*）。这份英文报纸是旧中国的一张著名大报。《大陆报》和《密勒氏评论报》均为周刊，按照新闻学者张咏和李金铨的研究，米勒创办这两份报纸的目的在于"为美国的声音开辟空间，夺取英国新闻业在华的垄断地位"。为此，米勒一边得到西奥多·罗斯福总统的支持，一边受到英国《字林西报》的围堵。此时，《纽约先驱报》还有一位驻华记者端纳，也是赫赫有名。同莫理循一样，端纳原是澳大利亚人。武昌首义发生时，端纳曾督促革命军攻打南京，并到前线进行现场报道。后来端纳出任孙中山、蒋介石的顾问，西安事变发生后，又和宋美龄等一起飞赴西安，促使西安事变和平解决，被称为"中国的端纳"。下面是端纳在辛亥革命期间写的一篇报道：

> 南京城外，1911年12月1日——今天早晨，一场生死斗争在一座城市和一座山的中间进行。炮弹在紫金山顶到平原远处一带呼啸，弹片在高处和远处飞散，子弹没有打中目标，中国的起义军士兵伤亡极少。
>
> 处在低处的清军士兵正作绝望的挣扎，革命军的大炮集中轰击刷有白色的炮台和较小目标的巨大城墙，而守卫者则向整座山射击，没有射击任何人的确定目标。人民仍顽强地坚守。（张功臣《外国记者与近代中国》）

最后，再简单说说革命派的新闻思想。不言而喻，革命派的办报目的十分明确——制造舆论，宣传革命，唤醒民众等，也就是使报刊成为革命的一支方面军。可以说，辛亥革命的成功同样是靠两杆子——笔杆子和枪杆子。武昌起义仅有枪杆子是远远不够的，还得有自己的笔杆子。明确这一点，就可以理解当时的许多新闻思想。按照时下新闻教科书的流行语，报刊的职能是服务社会，提供信息，娱乐大众等，而当时的报刊则是革命的一大利器。所以，革命派报人无不主张为革命而办报："推翻专制政体，鼓吹民族主义，大声疾呼，惊醒睡魔。"革命派报人、英年早逝的郑贯公甚至将报刊活动作为革命的首要武器："不必匕首，不必流血，笔枪可矣，流墨可矣。咄，此何物？咄，此何事？曰报纸也。"郑贯公在香港创办过有影响的革命派报纸，如《有所谓报》。什么叫有所谓呢？有所谓相对的自然是无所谓，他认为现在中国的事情、革命的问题不是无所谓而是有所谓，所以叫《有所谓报》。可惜革命胜利前，他不幸染上鼠疫，20岁出头就去世了。革命派报人还主张报刊的党派性，大力倡导机关报，鼓吹报刊反映舆论，影响舆论，制造舆论等，这些都是革命报人的突出意识。

随着武昌起义的一声枪响，特别是随着中华民国的成立，中国近代新闻史上第二次办报高潮也就落下帷幕。如果说第一次办报高潮以失败而告终，那么第二次办报高潮则以胜利而收场。只是这个胜利多少有点苦涩的味道，因为革命后的情况在某种程度上应验了梁启超等人的预言，至少在北洋政府时期，军阀混战给中国带来无穷的深创剧痛。看看名记者陶菊隐先生的名作《北洋军阀统治时期史话》，就知道何谓"长夜难明赤县天，百年魔怪舞翩跹"（毛泽东）。

五四运动：第三次办报高潮

如果说鸦片战争是近代历史的缘起，那么五四运动就是现代历史的发端。且不说这种划分是否简单，但至少表明这一里程碑事件的重要意义。

历史扫描

关于五四运动，毛泽东有段经典论述，他在延安发表的一篇纪念五四运动20周年的演讲中谈道：

> 二十年前的五四运动，表现中国反帝反封建的资产阶级民主革命已经发展到了一个新阶段。五四运动的成为文化革新运动，不过是中国反帝反封建的资产阶级民主革命的一种表现形式。由于那个时期新的社会力量的生长和发展，使中国反帝反封建的资产阶级民主革命出现一个壮大了的阵营，这就是中国的工人阶级、学生群众和新兴的民族资产阶级所组成的阵营。而在"五四"时期，英勇地出现于运动先头的则有数十万的学生。这是五四运动比较辛亥革命进了一步的地方。（《毛泽东选集》第二卷，《五四运动》）

显然，毛泽东的论述属于"革命化范式"，即中国近现代历史及其动因取决于两大基本矛盾——帝国主义列强与中华民族的矛盾、人民大众和

五四运动浮雕

封建势力的矛盾。按照这一历史叙述与理论认识,近代百年历次革命无不基于两大矛盾的激化,从而导致一波又一波的"反帝反封建"运动,而"五四"就是这一运动在思想文化领域的突出表现。与此同时,毛泽东也谈到五四运动的局限,包括人们现在论述"五四"经常提到的问题。延安整风时期,毛泽东进一步谈道:

> 五四运动本身也是有缺点的。那时的许多领导人物,还没有马克思主义的批判精神,他们使用的方法,一般地还是资产阶级的方法,即形式主义的方法。他们反对旧八股、旧教条,主张科学和民主,是很对的。但是他们对于现状,对于历史,对于外国事物,没有历史唯物主义的批判精神,所谓坏就是绝对的坏,一切皆坏;所谓好就是绝对的好,一切皆好。(《反对党八股》)

对此,我们今天越来越感受深切。比如,"五四"时期大力鼓吹新文化之际,又决绝地反对旧文化,不分青红皂白地一概斥之为糟粕,所谓"选学妖孽""桐城谬种",弃之如敝屣,甚至号召废除汉字,改拉丁化,从而使中国传统文化发生相当程度的断裂,也使全球化时代的不少中国人失去安身立命的精神家园和信仰依托,沦为不伦不类的"伪西方人"。

对五四运动的叙述和解释,除了革命化范式,还有现代化范式。现代化范式是从西方中心论角度审视五四运动,将其归结为现代化三个阶段的最后一波。按照这种范式,第一个阶段的现代化目标在于"器物"层面。此时首先意识到,我们在"器物"或物质文明方面落后于西方,结果一次一次地丧权辱国、割地赔款,其中最明显的自然是声光化电、船坚炮利等。为此,中国必须在器物方面奋起直追,励精图治,于是促进洋务运动,如开矿山、建工厂、学习科学技术等。可惜,洋务运动经过甲午一战而彻底破产,经营多年的器物现代化,最后不敌小小的日本,这就促使人们进一步思考,从而引发第二波的变革。到这个阶段,人们发现中国的落后不仅在于器物,而且也在于更深层次的社会制度,如果没有现代化的制度,那么再好的技术和器物也同样无济于事。比如,中国在甲午战争中的军事力量,特别是北洋水师的实力并不弱于日本,甚至是一支令日本谈虎色变的劲旅,但结果一败涂地。因此,中国不仅需要器物的现代化,同时需要或更需要制度的现代化，于是导致戊戌变法。变法其实就是上层建筑的变革，着眼于政治制度、法律制度等。不过，戊戌变法还属于渐进改良，意在以旧容新，旧瓶装新酒。具体来说，戊戌变法以及类似的政治改革，最终是希望在中国施行君主立宪制度，既保留君主体制，又推进西式宪政民主。但是，这种渐进式改良很快就被辛亥革命等激进运动所取代。辛亥革命和戊戌变法一样，也属于上层建筑方面的变革，不同的是以新替旧，用全新的国体政体取代王朝皇权，是翻天覆地的革命。辛亥革命后，君主制的清廷成为共和制的民国，同时旧的问题还没有解决，新的问题又出现了。而且，新的问题同样糟糕、更为严峻，如袁世凯登基、张勋复辟、北洋军阀混战等。1917年，胡适从美国留学回来，在横滨看到张勋复辟的消息，大为感慨地说，看来根本的问题不是一个制度问题，而是人的素质和文化观念问题。于是，他决心回国后20年不谈政治，而致力于用文艺重新塑造国民的思想和灵魂。总之，民国初年一系列始料未及的情况和局面又促使人们进一步思考，由此发现中国近代积贫积弱、屡屡失利的病根，既不在器物方面，也不在制度方面，而在思想意识方面。与之相应，西方的强大也不仅仅在于船坚炮利与制度先进，而更在于一整套影响人们行为的思想文化传统。由此一来，就形成意识形态和思想文化方面的变革冲动，其代表就是五四运动。换言之，五四运动是一场大规模的思想文化变革，而"科学""民主"就是这场文化运动的关键词。

胡适手书

这种三段式的解读如果不深究的话，就会被当作一套刻板的程序，仿佛第一阶段在进行科学技术的改进，第二阶段在进行法律制度的变革，第三阶段在进行思想文化的启蒙。事实上，情况远非如此简单，三者也不是此起彼伏、承前启后而往往是同时并举、相互交织，中国社会科学院外国文学研究所所长程巍说得好：

如今的教科书强调"五四"新文化运动把中国带进了"现代",而清末洋务运动和新政运动只引入了技术和制度,没引入文化,所以全"失败"了。但失败者也有遗产。新文化运动本身就利用了清末民初诸多技术和制度方面的成果。即便不提"五四"新文化大多已译介于晚清,单就技术和制度而言,何尝不也是文化?它们对国民的时空观念和科学观念的影响决不逊于一本《新青年》;此外,如果1917年之后始有人提倡民主,那1912年何以建成民主共和国?

清末以来政府在财政极度匮乏的情形下引进的各种技术和制度(铁路、轮船、航空、电报、印刷机、邮政系统、房屋编号、国语统一、国民教育体系、强迫教育等),为日后一个统一的现代国家的形成铺垫了技术、制度和社会诸方面的基础,不能为了把1917年神话为"中国现代史的开端"而将其一笔抹煞。长城非一日建成。(《清末电报网和国家统一》)

这个三段式的源头,来自一部60余年前的海外著作《五四运动——现代中国的思想革命》,作者周策纵抗战期间毕业于中央政治大学(类似国民党的中央党校),解放前夕赴美留学,获得博士学位,1960年哈佛大学出版社付梓的这部著作,就是在其博士论文基础上完成的。在此书序言里,周策纵阐述了中国近代史的这个三段论。其时,适逢美国学界深陷"冷战学术"之际,所谓"现代化理论"以及"现代化范式"均属冷战学术范畴,旨在消解马克思主义以及国际共产主义运动,包括二战后亚非拉汹涌澎湃的反帝反殖浪潮。把中国近代沧桑巨变归结为器物、制度与文化的三部曲,实际上也是这种"(西方)现代化"的投影,其中也遮蔽了"中国革命与中国共产党"的历史大势。

不管什么范式,人们都承认,"五四"时期以及后来一段时间,是中国近代历史上一个思想文化空前活跃的时代。一方面,传统的文化秩序全面崩溃;另一方面,现代的文化意识迅速蔓延,属于新旧思想文化交替的分水岭。由于"礼崩乐坏",各种外来文化和思潮纷纷涌入,大大刺激了思想文化界,因而社会思潮非常活跃,正如北京大学中文系原主任温儒敏教授所言:"当时军阀混战,社会动荡,各派政治力量没有很多精力和能力

周策纵《五四运动》

顾及文化管理，客观上也为思想自由提供了空间。"这种情况在中国历史上屡见不鲜，如春秋战国时期，同样的"天下混战"，同样的思想活跃，百家争鸣。再如魏晋南北朝时期，社会的混乱黑暗如同北洋军阀时期，"白骨露于野，千里无鸡鸣"（曹操）、"出门无所见，白骨蔽平原"（王粲）等，而思想文化却在这个时期达到又一高峰——"魏晋风流"。五四时期距晚清不远，很多新潮文人虽然颇受西潮影响，但传统文化的底气还在，既熟悉礼乐春秋，又接触时尚新学，可以说富有古典气质和世界眼光。

为了叙述方便，先简单回顾一下五四时期的大事记。

1912年，袁世凯以"民国大总统"身份开始当政。这段历史在海外学者唐德刚的《袁氏当国》一书里做了有趣而精彩的记述。比如，民国成立，举行仪式，本来应该是国会代表站在台上，向袁世凯宣布任命，然后袁世凯接受任命。但后来袁世凯非得站在北面的台上，面向台下的国会代表，由他们从下面递交任命书。结果弄得不像国会授权，倒像大臣"呈奏"。这个细节说明，民国初年换汤不换药，换了皇帝，并没有换掉皇权、皇位等。翌年，袁世凯即对报界进行"整肃"，查封了很多报馆，制裁了不少报人，草木萧索，一片凋零，史称"癸丑报灾"——因为1913年为农历癸丑年。据统计，1911年至1916年，有71家报纸被封，有24名记者被杀。不过，这样一来，报业的重心不得不由政治转向商业，从而客观上导致报刊的商业化转型。

1915年，袁世凯准备登基，日本提出顺昌逆亡的"二十一条"。同年，《青年杂志》创刊，没想到这份其名不扬的杂志，后来以《新青年》而成为五四新文化运动的旗帜。也就在同一年，教育部在册的各类学校达到12万所，学生约400万。这就意味着五四时期，走在运动前面的学生已是数量可观。

1916年，蔡元培出任北京大学校长。这件起初看似孤立的事情，后来证明具有深远的影响。北京大学在五四运动中举足轻重，而早年的北大却是藏污纳垢，乌烟瘴气，不是八旗子弟公子哥，就是军阀政客老学究，上大学要么是为了谋取一官半职，要么是吃喝玩乐混日子。蔡元培执掌北京大学后，风气为之一变。他提出，大学是研究高深学问的殿堂，不是升官发财的地方，同时倡导一种兼容并包的校风，从而使北京大学开始迈向现代大学之路，并在五四运动中发挥排头兵作用。

1917年，《新青年》发表胡适的《文学改良刍议》和陈独秀的《文学革命论》，推动新文化运动的发生和发展，新文化首先是从文体、文字方面拉开帷幕的。同年，十月革命爆发，用毛泽东的话说："十月革命一声炮响，给我们送来了马克思列宁主义。"虽然马克思主义之前已在中国传播，但直到十月革命的震撼性影响，才使中国人真正接触马克思主义，开始了解马克思主义。

1918年，《新青年》全部文章改用白话文发表，不久之后，教育部命令中小学课本改用白话文书写，从此正式废除文言。这是一个"震古烁今"的举动，标志着中国文人沿用数千年的文言文正式退出历史舞台。同年，毛泽东创办新民学会，学会名称出自梁启超的《新民丛报》。

1919年，"五四事件"发生。"五四事件"和"五四运动"有所不同，五四运动是一个历史过程，包含多方面的社会政治内容，而五四事件是"五四"这一天，北京的大学生集会游行、火烧赵家楼等举动。同年，长沙学联创办《湘江评论》，毛泽东任主编。

1920年，北京大学成立马克思学说研究会，李大钊、邓中夏等中国共产党的先驱开始研究马克思主义。同年《共产党人》月刊在上海创刊，这是共产党早期一份重要的理论刊物。

1921年，上海的法国巡捕房强行封闭《新青年》。同年，中国共产党成立。

……

以上都是人所熟知的情况，大致构成五四时期的一幅历史场景。总体来说，这一时期，政治上，旧的王朝体制已经崩溃，新的民族国家体制举步维艰。经济上，传统的小农经济面临现代工商业的冲击，翻翻记者斯诺的经典报道《红星照耀中国》（《西行漫记》），就大略知道中国社

陈独秀故里的雕塑

会的经济凋敝、民不聊生等状况了。比如，陕北原是风调雨顺的地方，但在列强、军阀、外国工商业的冲击下，传统的农耕经济已经无法维系，土地兼并，大量改种罂粟即毒品，长篇小说《白鹿原》中也写到类似情形。

文化领域，新文化运动波涌浪翻，一浪高过一浪。同时，社会生活领域也在发生潜移默化的变革，包括男人剪辫、女人放足等。章衣萍《枕上随笔》（1929）的一段记述，颇能反映当时社会生活与人们心理的变化：

> 中国青年思想，以五四运动前后变动得最厉害。那时的青年，大家嚷着反对家庭，反对宗教，反对旧道德，旧习惯，打破一切的旧制度。我在南京暑期学校读书，曾看见一个青年，把自己的名字取消了，唤做"他你我"。后来到北京，在北大第一院门口碰见一个朋友偕了一个剪发女青年，我问她："你贵姓？"她瞪着眼看了我一会，嚷着说："我是没有姓的！"还有写信否认自己的父亲的，说"从某月某日起，我不认你是父亲了，大家都是朋友，是平等的"。

蒋梦麟先生在其名著《西潮·新潮》里同样写道：

> 我在民国六年即一九一七年离美返国……离开九年，上海已经变了。许多街道比以前宽阔，也比以前平坦。租界范围之外也已经铺筑了许多新路。百货公司、高等旅馆、屋顶花园、游乐场、跳舞场比以前多了好多倍。上海已经追上了纽约的风气了……年轻女孩子已剪了短头发，而且穿起了齐膝盖的短裙，哦！对不起，我说错了，我的意思是指她们穿了仅到膝盖的旗袍，当时流行的式样就是如此……到处可以看到穿着高跟鞋的青年妇女。当你听到人行道上高跟皮鞋的急骤的笃笃声时，你就知道年轻一代与她们的母亲已经大不相同了。过去的羞怯之态已不复存在。也许是穿着新式鞋子的结果，她们的身体发育也比以前健美了。以前女人是缠足的。天足运动是中国改革运动的一部分，开始于日俄战争前后，但是在辛亥革命成功以前进展始终很慢。我想高跟鞋可能是促使天足运动迅速成功的原因，因为女人们看到别人穿起高跟鞋婀娜多姿，自然就不愿意再把她们的女儿的足硬挤到绣花鞋里了。

"五四"时期的报刊活动，主要体现在思想文化的启蒙方面。如果说第一次办报高潮的主流是维新派及其变法图强的思想，第二次办报高潮的主流是革命派及其建立民国的意图，那么第三次办报高潮的主流就成为"科学""民主"的文化启蒙了。在这场文化变革中，《新青年》杂志被视为旗帜，而杂志编辑部的思想家、启蒙家则是五四运动的旗手。按照时任北京大学教授梁漱溟的评论："胡适是从美国回来的，是当时北大最出风头的人物。……但据我当时的交往，感到作为新文化运动之灵魂的新人生、新思想，在他身上并不完备，真正对于旧社会、旧道德的勇敢进攻，并引发开展，进而引导先进青年大刀阔斧前进的，应首推陈独秀、李大钊、周树人（鲁迅——引者）诸君。"

在发刊词《敬告青年》中，陈独秀写下一组排句，将新文化与旧文化加以对举：

自主的而非奴隶的；

进步的而非保守的；

进取的而非退隐的；

世界的而非锁国的；

实利的而非虚文的；

科学的而非想象的。

他还在《文学革命论》一文中呼吁："推倒雕琢的阿谀的贵族文学，建设平易的抒情的国民文学；推倒陈腐的铺张的古典文学，建设新鲜的立诚的写实文学；推倒迂晦的艰涩的山林文学，建设明了的通俗的社会文学。"这些呼吁与努力都在于解放思想，冲决牢笼，打破鲁迅说的"铁屋子"，同时也让文化从过去贵族的尊贵庙堂走下来，面向普罗大众或平民百姓，这也是现代社会与现代文明的大势所趋。比如，西洋音乐史上，17、18世纪的音乐主要是宫廷的小步舞曲，精致典雅；而到19世纪工业革命后，华尔兹风靡天下，成为大众共享的娱乐。

陈独秀不仅提出思想主张，同时也积极践行，包括上街游行、散发传单等。他说："我们青年要立志，出了研究室就入监狱，出了监狱就入研究室，这才是人生最高尚优美的生活。"毛泽东在延安时对陈独秀的下列评价，也可以说是对整个新文化运动、文化启蒙运动以及《新青年》的总结：

> 关于陈独秀这个人，我们今天是可以讲一讲，他是有过功劳的。他是五四运动时期总司令，整个运动实际上是他领导的。他与周围的一群人，如李大钊同志等，是起了大作用的。我们那个时候学习做白话文，听他说文章要加标点符号，这是一大发明，又听他说世界上有马克思主义。我们是他们那一代人的学生。五四运动，替中国共产党准备了干部。那时候有《新青年》杂志，是陈独秀主编的。被这个杂志和五四运动警醒起来的人，后头有一部分进了共产党。这些人受陈独秀和他周围一群人的影响很大，可以说是由他集合起来，这才成立了党。……关于陈独秀，将来修党史的时候，还是要讲到他。（毛泽东《"七大"工作方针》）

毋庸讳言，五四运动也存在历史的遗憾与不足。对此，周策纵在《五四运动：现代中国的思想革命》一书里的论述不无道理，其中提到的三点尤其值得深思：

其一：

改革者们在对中国旧传统进行批判时，很少有人对之作过公平的或怀有同情心的考察。他们认为几千年的社会停滞不前，给进步和改革之途留下无数障碍，为了清除这些障碍，对于整个传统过火的攻击和对其价值的低估是难免的。这使得儒家学说和民族遗产中的许多精华遭到忽视或避而不提。从长远观点来看，改革者们的批判在一些方面是肤浅的、缺乏分辨的和过于简单化的。但这在当时整个民族充满惰性的状况下也许是必要的。

其二：

另一方面，"五四"时期新知识分子对于从外国输入的新思想又过于轻信。虽然他们也声言要进行批判的研究，但在实践中却做得很不够。他们往往大谈空泛的"主义"，而对其内容却没有作认真细致的考察。结果，尽管有一些要防止不清晰的思想的告诫，但他们对于西方思想仍是常常含混不清地要么大力提倡，要么全盘否定。这或许是任何一个群众性思想转变过程初期的一种自然现象。

其三：

这个时期的中国改革者另一缺陷也许是过于自信地认为，凡是他们以为正确的和好的东西都可以在一个短时期内在中国实现。他们在处理许多困难和复杂的问题时表现出的特点是缺乏耐心和持久性。一个涉及国家众多方面的状况的如此广大的文化和社会变革，需要长期和耐心的工作。企图在几年时间里取得西方国家经过几百年的努力而仍没有完全实现的事情当然是一种幻想。然而，"五四"时期的中国青年人中很少有人意识到这一点。不过，这种缺乏耐心并非运动中的改革者所独有，那些后来批评和反对他们的人也有这些特点。

这些问题在 20 世纪 80 年代的"新启蒙"热潮中几乎重演，让人不得不感叹黑格尔的名言：我们从历史中吸取的唯一教训，就是从不吸取教训。

新闻专业化

"五四"前后，报业又迎来一次大发展，即所谓第三次办报高潮。这里有一组数据，足以说明这种情形。周策纵估计："'五四'时期，即1917—1921年，全国新出的报刊有1000种以上。"即年均200种。蒋梦麟在1919年提供了类似的数据："自五四以后，大约有350种周报出版，都是学生和同情学生的人士主编的。"胡适1922年断言：1919年至少创办了400种白话文期刊。这些估算虽然不尽相同，但都表明这个时期的报刊数量比起第一次高潮中的年均40种和第二次高潮时的年均100种均有大幅度增加。当然，数量只是表象，更重要的还在于五四报刊的社会功能愈发凸显，而"新闻专业化"的萌发又是新闻事业最明显的进展。正如周策纵总结的：

> 中国的出版和新闻舆论界在"五四事件"后也有了较大进步。如果把"五四"前后出版的报纸和杂志作一比较就会发现，"五四"以后的报纸杂志在技术和内容上都有很大提高。这类出版物数量的迅速增长在中国历史上是空前的，所拥有的读者大众比以前大为增加，政府和公众对之也比以前任何时候都更为重视。

进而言之，报业进展不仅在于数量的激增和影响的扩大，更重要、更广泛的意义还在于潜在的传播生态发生巨变，并与政治生活和社会生活形成广泛而密切的关联。这种情形恰似"五四"之后中国人的观念形态，开始由各种现代的主义取代"孔孟之道"一样。关于现代传播生态及其意义，美国学者吉尔伯特·罗兹曼主编的《中国的现代化》提供了一个典型案例：

> 应用现代通讯设施的一个显例，见之于袁世凯作为中国政府首脑在最后几个月所引起的那场风波中。在1915年的后半年，袁世

凯精心策划了所谓拥护他称帝的把戏，其办法就是在各省充分利用宣传媒介，故意泄露出一连串的密电，以考验各省临时议会所反映的"公众舆论"，实际上是借此制造出一种民众支持的假象。袁世凯在其早年生涯中，曾表现出暗中操纵朝廷的技巧；现在他使用了新的通讯方法，特别是把私人电报内容公诸报端，试图以此把共和制改变为立宪君主国。边远省份贵州和云南的政治领导人同样也使用了新的通讯工具，打破了袁氏的帝王梦。当时由于全国报界天天发表各地通电，形成率先讨袁的蔡锷将军一股冲击力量，云贵领导人才能在1916年最初几个月里动员起广泛的反帝制情绪。各省以新的"代议"政治机构的名义发表的独立通电，雪花般飞来，给人造成一种内战迫在眉睫的印象。全中国的注意力都集中到时局的发展，以袁世凯为首的中央领导在政治上本来就隐患丛生，现在广大民众又可能起来介入，袁就更处于四面楚歌之中，遂被他算计错了的政治势力所击败。

由此说来，袁世凯的政治生涯也是终结于新的传播生态。总之，"五四"时期，新闻传播事业已成为现代社会不可或缺的有机构成，并进入一种现代化的发展阶段。

从新闻角度看，"五四"时期报业的突出进展可以归结为"专业化"或"专业意识"的萌发与扩散，而专业精神、专业意识或"专业化"的形成，都标志着新闻事业走向成熟。那么，什么是专业精神、专业意识或专业化呢？借用一种学术化表达来说：

> 新闻工作是门职业（occupation），其内容就是新闻信息的采集、整理、加工和扩散。说它是专业（profession）是指从事新闻工作必需的专业技能、行为规范和评判标准，而这些又必须通过专门的训练而获取，并为新闻从业者所共享。（《成名的想象》）

也就是说，新闻工作成为一门社会职业。新闻专业化的兴起，欧美等国大约在19世纪中叶前后，中国大约在"五四"前后。当然，中国的专业化进程不可能等同于西方，而有其自身的历史背景和社会动因。

"五四"时期新闻专业化还只是萌芽，但也体现了后来一系列进展的前兆。总体来看，这时期新闻专业化体现在四个方面：新闻业务、报刊经营、新闻教育和职业记者。

新闻业务方面的专业化，是"五四"时期报刊的一个突出特征。比如，版面的改进，形成新闻、评论、广告、副刊四大板块，直到现在基本如此。以往，报纸不太注意版面编排，没有把版面形式也当成一种新闻传播语言，读者看起来既吃力，又抓不住头绪。"五四"时期，人们意识到版面同属重要的新闻构成，并非无关宏旨的形式问题，从而开始有意识地在版面上做文章。比如，头版头条得到重视，利用各种方法加以突出。再如，标题制作也逐渐讲究。早期报纸不太重视标题，有些根本没有标题，往往只是笼统概括，如北京新闻就用"卢沟晓月"，杭州新闻就用"三潭印月"等。另外，独家新闻开始出现，报纸日益重视独家新闻以及海外专电。像著名报人胡政之，作为参加巴黎和会的中国记者，就用专电发回一系列新闻，对五四运动的爆发产生直接作用。其他如摄影、插图、漫画等，在报刊中的采用也越来越频繁。

"五四"时期，副刊地位非常显赫。如有名的"四大副刊"，即孙伏园主编的《晨报副刊》和《京报副刊》，邵力子主编的上海《民国日报》副刊《觉悟》，张东荪、俞颂华、郑振铎、宗白华等主编的上海《时事新报》副刊《学灯》。拿《晨报副刊》来说，"五四"前后既是传播马克思主义的主要阵地，又在鲁迅支持下成为新文化运动的一面旗帜，刊发了一批"惊心动魄"的作品，包括鲁迅的《狂人日记》《阿Q正传》以及瞿秋白的"旅俄通讯"等。《晨报副刊》最初叫《晨报附镌》，是孙伏园请鲁迅起的，结果被题写报头的书法家写成《晨报副镌》。1925年，徐志摩接替孙伏园主编《晨报副镌》，改名为《晨报副刊》，并逐渐成为"新月派"的喉舌。风月诗人徐志摩同风情作家张爱玲一起，已被时尚塑为貌似不谙世事不问政治的才子佳人，一心只想维纳斯，还有再别康桥，听听清泉等。按照文史大家、复旦大学教授朱东润先生的描绘："徐志摩中等个儿，雪白的脸庞，走起路来，先把左脚沿地面平拖半步，再把右脚拖过来，并齐了，然后再向前拖。这样的走法平时很难看到，可能是一种革新。"(《朱东润自传》) 所谓"新月派"，是以欧美留学生为主的文学及文化政治团体，1923

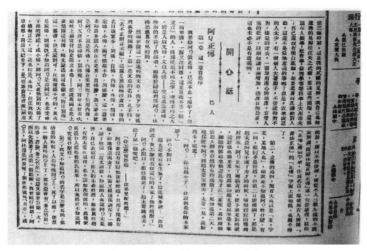

《晨报副镌》刊发《阿Q正传》

年成立于北京，主要成员包括胡适、徐志摩、陈源、梁实秋等。1927年，他们在上海开办新月书店，出版《新月》月刊，倡导或鼓吹欧化思想，《晨报副刊》关于"闲话"的争论还把矛头指向鲁迅等人。陈寅恪先生的助手、曾任清华大学中文系主任的浦江清先生，在其《清华园日记》里曾不无激愤地写道：

> 我提议办一份杂志，以打倒高等华人、建设民族独立文化为目的，名曰《逆流》。逆流者，逆欧化之潮流也。觉明、以中、宾四（钱穆）皆赞同，不知何日能发动耳。我近日对于摩登主义恶感日深。
>
> 徐志摩之为人为诗，皆可以"肉麻"二字了之，而死后北平《晨报》乃为出专刊一月，耸海内之听闻。青年男女莫不赞叹，以为伟大诗人，得未曾有，几以诗神爱神目之。呜呼！《逆流》不可以不出矣。觉明云："恐出而无销路，奈何！"（1932年1月10日）

与此同时，新闻体裁也日益丰富、渐趋完善，相继出现新闻述评、新闻通讯、新闻特写等。早期的新闻体裁主要是政论，像梁启超的《时务报》、章太炎的《民报》等均以政论为主。而"五四"时期开始出现夹叙夹议的新闻述评，将新闻事实与政论结合起来。当时，《新青年》编辑部为了加强新闻述评，还专门创办了一份《每周评论》。《新青年》侧重于思想理论方面，《每周评论》侧重于时政新闻报道。再如，毛泽东主编《湘江评论》，更是将新闻与言论有机统一的典范。这个时期，新闻体裁方面还出现异军突起、影响很大的新闻通讯，如黄远生的"北京报道"、瞿秋白的"莫斯科通讯"等。瞿秋白当时作为几家报纸聘请的特约记者，前往十月革命后的苏联采访，发回一组出色报道，成为通讯的代表作。至于"五四"时期白话文和新式标点符号的普及，对新闻业务的影响就更为明显。

"五四"时期，报刊经营方面同样颇有起色。前面提到，"癸丑报灾"客观上推动了中国商业报刊、民族报业的发展，这里不妨再举几例。1912年，史量才独资盘下《申报》，成为报刊史上的一大事件。《申报》到了史量才之后才成为一家中国人的报纸，一张有影响的大报。史量才很有经营头脑，严格说来，他既不是报人，也不是新闻人，而是杰出的企业家和商人，他就像企业家经营企业、商人经营买卖一样地经营报纸。在经营《申报》的过程中，他采用了很多手段，如扩大发行、招揽广告、更新技术设备等。

与此同时，上海另一家大报——与《申报》并驾齐驱的《新闻报》也迅猛发展。《新闻报》的老板汪汉溪一向注重新闻，这一特点倒确实符合《新闻报》的名称。他以新闻为龙头，带动报业的发展。他还采用有效手段，如自设无线电收报机，第一时间接收外国通讯社的电讯，从而使《新闻报》的消息十分灵通，颇受瞩目。

当时上海报界有所谓"四大金刚"，即席子佩、史量才、汪汉溪和狄楚青。席子佩是史量才之前的《申报》老板，是个买办，史量才从他手中盘下《申报》后发生经济纠纷，史量才赔了20多万，为此《申报》很长时间难以翻身，直到二三十年代，《申报》才偿清债务，获得发展。狄楚青是著名的《时报》老板，晚清中过举人，与康有为、梁启超过从甚密，1904年留日归来后在康梁资助下创办《时报》，聘用包天笑等人，以精辟的时评和明快的编排蜚声一时。

新闻教育和研究

新闻专业化的一项进展，是将新闻作为一门学问进行研究并传授，下面就来看看"五四"时期新闻教育和新闻研究的发轫情况。

虽然在近代新闻业上中国落后于西方,但就新闻学和新闻教育而言,中国则几乎与西方同步。美国第一所正规的新闻学院,即培养出鲍威尔、斯诺等名记者、名报人的密苏里新闻学院成立于1908年。而北京大学1918年开展新闻学教育与研究,1919年又出版第一部国人自撰的新闻学著作。美国第一部新闻学著作出版于1903年,中国第一部新闻学著作,即翻译的松本君平《新闻学》也在同年由商务印书馆出版。

在新闻教育与研究方面,北京大学领风气之先。1918年,北大开设第一门新闻学课程"新闻学大意",由徐宝璜教授主讲,作为政治系高年级的选修课;1918年建立第一个新闻学研究机构,即北京大学新闻(后改为"新闻学")研究会,校长蔡元培任会长,并拟定宗旨——"灌输新闻知识,培养新闻人才",研究会培养的人才中最有名的当属毛泽东;1919年,出版第一部新闻学著作,即徐宝璜的《新闻学》,同年发行第一份新闻学期刊,即《新闻周刊》;另外,还有中国第一位新闻学教授徐宝璜,时年23岁。

徐宝璜,字伯轩,去世时只有36岁,黄天鹏称他为"新闻教育第一位大师""新闻学界最初的开山祖"。他是江西九江人,1912年毕业于北京大学,然后考取官费留学生,赴美留学,主修经济学与新闻学。回国后任北京大学教授和北京大学新闻学研究会导师,讲授《新闻学》(初名《新闻学大意》)。后任平民大学新闻系主任。"三一八"惨案后,被军阀通缉。1930年在北京大学上课时,突然昏厥讲台,旋即英年而逝。梁启超说过"战士死于沙场,学者死于讲坛"的话,堪为定评。作为我国新闻教育和新闻学的鼻祖,徐宝璜有代表作《新闻学》传世,蔡元培题写书名并作序,其中写道:

> 北京大学于去年新设"新闻学研究会",请文科教授徐伯轩为主任。先生草《新闻学》一篇,一年以来,凡四易其稿而后定,并征序于余。

徐宝璜

> 余惟新闻者，史之流裔耳。……
>
> 伯轩先生游学于北美时，对于兹学，至有兴会，归国以来，亦颇究心于本国之新闻事业。今根据往日所得之学理，而证以近今所见之事实，参稽互证，为此《新闻学大意》一篇，在我国新闻界实为"破天荒"之作。甚愿先生与新闻学研究会诸君，更为宏深之研究，使兹会发展而成为大学专科，则其裨益于我国新闻界，宁有涯涘欤。

徐宝璜在"自序"里说道：

> 新闻学乃近世青年学问之一种，尚在发育时期。余对于斯学，虽曾稍事涉猎，然并无系统之研究。……本书所言，取材于西籍者不少，然西籍中亦无完善之书，或为历史之记述，或为一方之研究。至能令人读之而窥全豹者，尚未一见也。本书虽仍不完备，然对于新闻学之重要问题，则皆为有系统之说明；而讨论新闻纸之性质与其职务，及新闻之定义与其价值，自信所言，颇多为西方学者所未言及者。……吾国之报纸，现多徘徊歧路，即已入迷途者，亦复不少。此书发刊之意，希望能导其正当之方向而行，为新闻界开一新生面。

新闻专业化的重要特征之一，就是把新闻作为一个专业，即一个需要特定技能和素质的行当，具有一套需要遵守的行业规则、应该掌握的专业技能和应该遵循的理念原则，而这些都离不开新闻教育和新闻研究。所以，新闻学者和新闻教育家黄天鹏先生，1930年在为《新闻学》的修订本《新闻学纲要》所写的序言里专门称道徐宝璜：

> 先生一生最大的贡献，就是提倡新闻学。在一二十年以前，新闻记者在社会上（被）认为无聊的文人，新闻纸一般（被）认为遣闲的读品，先生众醉独醒，大声疾呼，以改造新闻事业为己任。于是国人始知新闻事业之价值，新

徐宝璜《新闻学》

闻记者乃高尚的职业。新闻界风气的转变，这是先生提倡的效果啊！

我曾同戈公振先生说过，盖棺定论，先生是新闻教育第一位的大师，新闻学界最初的开山祖，《新闻学》在新闻学史上应居于最高峰的位置……

有关徐宝璜及其《新闻学》的评价中，邵飘萍发表在《京报》上的一段文字可谓言简意赅："《新闻学》以前中国无专门研究新闻之书籍，有之自先生始，虽仅五六万字，以言简赅精当，则无出其右者。"这里，不妨看看《新闻学》里给新闻下的一个定义："新闻者，乃多数阅者所注意之最近事实也。"然后，作者一步步展开论述，新闻为事实——新闻为最近之事实——新闻为阅者所注意之最近事实——新闻为多数阅者所注意之最近事实等，层层推进，步步为营，一步一步地具体解释什么是新闻，意思明了，

戈公振《中国报学史》

逻辑清晰。另外，《新闻学》涉及的内容很多，过去常常把它归为新闻理论的第一部著作，其实它还涉及新闻经营、新闻报道和新闻采访等多方面的内容，实际上是我国新闻学的第一部教科书。比如，他曾论及报刊的社会功能，指出"善用为福""滥用为祸"，这些思想今天依然为业界所重视。

除了徐宝璜及其《新闻学》，"五四"时期还出现一批破天荒的新闻学著述。新闻理论方面有徐宝璜的《新闻学》、邵飘萍的《新闻学总论》，新闻业务方面有任白涛的《应用新闻学》、邵飘萍的《实际应用新闻学》，新闻史方面有姚公鹤的《上海报纸小史》、戈公振的《中国报学史》，译著方面有休曼的《实用新闻学》等。这些著述至今仍称经典，其中尤其值得一提的是戈公振的《中国报学史》（1927）。

戈公振，中国新闻史研究的开山鼻祖，也是卓有成就的报人。小时候曾把读书机会让给兄弟，然后自学成才。他从学徒做起，接着是校对、编辑，最后做到《时报》总编辑。同时，他在中国新闻史领域开疆拓土，辛

勤耕耘，最后留下一部皇皇大作——《中国报学史》。1935年抗战前夕应邹韬奋的邀请，从莫斯科回国。回国不久染病去世，死得有点蹊跷，有人甚至怀疑是国民党特务下毒。临终时，他喃喃说道："我在俄国时，许多人劝我不必回来，可国危如此，我是中国人，当然要回来参加抵御侵略者的工作。"他去世后，邹韬奋非常悲伤，写下一篇感人的悼念文字，"七君子"之一的沈钧儒看到后，忍不住赋诗应和："哀哉韬奋作，壮哉戈先生。死犹断续说，我是中国人。我是中国人，我是中国人，我是中国人，我是中国人！"可以想象诗人写到这里的激愤之情。

"五四"时期也是中国新闻教育的创始阶段。其中，最早的正规新闻教育始于圣约翰大学报学系。中国新闻史权威方汉奇先生说过：

> 中国的新闻教育，起始于1920年上海圣约翰大学设立报学系，前此两年，北京大学政治系开设新闻选修课，则是它的先声。从1920到1949年，全国共有59个新闻教育机构。(《七十年来的中国新闻教育》)

这个时期以及整个民国年间的新闻事业以及新闻教育，都越来越受美国影响，其背景自然是美国20世纪的崛起。用美国《时代》周刊创始人、生于中国的传教士之子亨利·卢斯的话说，20世纪是"美国的世纪"。根据张咏和李金铨的研究，二三十年代美国新闻势力突破英国的围堵，挺进中国：

> 合众国际社（应为合众社——引者）在中国六大城市设立分部，为的不是商业利益，而是要"扭转路透社新闻垄断的局面"。1920年代中期，美国报业公司从英国势力购走了《大美晚报》（*Shanghai Evening Post and Mercury*），迅速成为上海第二大外文报纸。1930年代初，美国的《编辑人和发行人》（*Editor and Publisher*）颇为自豪，宣称最重要的中国报纸都已经美国化了。它们采用美国印刷机，报纸转化到美式风格，标题简洁，信息量丰富，一改英式贴标签的标题（标题中没有动词，不承载确切事实）。美国训练的中国精英、美国资助的中国新闻科系毕业学生联合鼓吹美式新闻，推波助澜。董显光首先开例，先后就读密苏里新闻学院和哥伦比亚大学新闻学院，他带回美式倒金字塔

模式，引入他在天津开办的《庸报》传统，传统的中文竖排版面改成横排。中国报界迅即模仿他的做法。路透社驻北京记者孙瑞金（译音）注意到，中国报界采纳美式新闻的潮流，最好的报社都开始聘用新闻系的毕业生和留美归来的学生。美国新闻教育在中国更是所向无敌。（李金铨主编《文人论政：知识分子与报刊》）

正是在这种背景下，圣约翰大学校长卜舫济（F.L.Hawks Pott）聘请《密勒氏评论报》主笔帕特森（Donald Patterson）开办圣约翰大学报学系。而在北平，同属美国教会的燕京大学，在首任校长、解放战争时期曾任美国驻华大使的长老会传教士司徒雷登倡议下，于1924年开办了燕京大学新闻系，核心课程包括新闻理论、新闻事业史、新闻采写、社论、编校、广告等，均为英文授课。司徒雷登后来在回忆录里写道："在中国人的生活中，报纸越来越有影响力，对这个摇篮期的职业而言，灌输高水准的编辑与伦理知识是特别值得的。"从此，圣约翰大学报学系和燕京大学新闻系便成为旧中国两家颇负盛名的新闻教育重镇，特别是燕京大学新闻系更是成为司徒雷登所说的中国乃至亚洲"第一所完全的新闻系"，解放初一度号称燕大的"第一大系"，系歌《天下第一系》唱道：

> 我们是天下第一大系，天下的大系我们第一，
> 我们的笔杆就是武器，我们的武器就是笔杆，
> 用它来铲除反动势力，用它来铺平建设路基，
> 迈开大步向前冲！一二，一二，一 二一

燕大新闻系的鼎盛时期，不仅有一批业界名家在燕园开课，如报人张友渔讲授新闻评论、成舍我开设报纸编辑、记者斯诺教导新闻写作等，而且学生中走出一批卓有影响和建树的新闻人，如大公报名记者杨刚、朱启平、萧乾、蒋荫恩、唐振常等。杨刚抗战时在重庆与三位女性名记者彭子冈、浦熙修、戈扬被誉为"四大名旦"，又与彭子刚、浦熙修并称"三剑客"，新中国成立后曾任周恩来总理办公室主任和人民日报副总编辑。朱启平与萧乾都是战地记者，二战期间朱启平在太平洋战场，萧乾在欧洲战场，朱启平有报道日本投降的经典作品《落日》，萧乾有传世名篇《人生采访》。

虽然后来萧乾以作家、翻译家著称，但他早年却是科班出身的记者，曾报道台儿庄战役、滇缅公路等二战大事，并作为欧洲战场唯一的中国记者，随巴顿的第三集团军横扫法国，直捣柏林。1951 年，燕京大学改为国立燕京大学。1952 年院系调整后，国立燕京大学撤销，新闻系并入北京大学中文系，初为编辑专业，后改新闻专业，新中国一代名记者、新华社原社长郭超人即毕业于此，原中央电视台台长杨伟光入学时也在这里就读。1956 年，中国人民大学新闻系成立，北京大学新闻专业又并入人民大学，一批燕大新闻系的师资也随之转入人大，包括蒋荫恩（1910—1968）、张隆栋（1917—2009）、何梓华（1931—2018）等。张隆栋是桂系三巨头之一黄绍竑的女婿，曾创办《国际新闻界》。

无论是圣约翰大学报学系还是燕京大学新闻系，都基本沿袭了美国密苏里大学新闻学院的传统。密苏里新闻学院是美国第一家正式的新闻教育机构，甚至号称世界第一家新闻院系，其传统是注重职业理念、强调实践能力，以培养专业记者为首要目标。而在向中国推介密苏里模式上，密苏里新闻学院院长威廉（Walter Williams）最为热心。1914 年，他首次访华，向中国新闻界发表演讲，敦促效仿密苏里大学新闻学院培养新闻人才，后又四次来华，力推密苏里模式。燕京大学新闻系成立时，他任发起委员会主席。他在访华后写的一本书里指出，新闻教育是创建未来中国的关键：

> 中国记者越来越有责任感和专业精神，认识到受过教育的记者有何价值以及他们身负何种义务。这些因素有助于建立强大而开明的自由媒介。加上新闻学院的毕业生，——例如北平燕京大学新闻学院，以及其他地方的科系——发挥影响力，中国新闻业就更有理由乐观……中国正建设崭新的新闻业，这是建设新中国的强大要素。这个伟大国家的前程，主要掌握在中国受过教育的、勇敢的、情操高尚的年轻记者手里。（李金铨主编《文人论政：知识分子与报刊》）

由于他的热情推动以及他在中国的社会关系，1910 年到 1930 年先后有 40 多位密苏里大学新闻学院的毕业生来到中国，如以《红星照耀中国》（《西行漫记》）享誉世界的埃德加·斯诺，斯诺去陕北前曾任燕京大学新闻系教师。另外，留学密苏里新闻学院的中国学生回国后也不断推广母校模式，如董显光、创办南京中央政治学校新闻系的马星野等。这些人甚至形成一个中国的"密苏里帮"（Missouri mafia）。这种影响直到新中国成立才走向势微，并一度为苏联模式所取代。

职业记者

谈到新闻专业化，就不能不涉及职业记者。只有当职业记者出现，新闻专业化才能落在实处，恰似医疗专业有医生，法律专业有律师、法官等。新闻专业讲的一切理论、行规、法则、技能、伦理等，最终都得体现在记者身上。所以，职业记者的出现是新闻专业化的重要标志。

我国职业记者出现在民国初年。之前虽有一些著名报人，但严格来说，他们或是思想家，或是革命家，或是宣传家，而不是严格意义上的新闻记者或新闻人，正如陆晔和潘忠党在《成名的想象》一文里概括的：

> 从戊戌变法到五四运动，近代中国思想史的起伏跌宕，无不与报刊密切相关。晚清以降，几乎所有重要的思想家，都直接介入了报刊的编辑出版。在中国近现代史上，无论是著名的报刊还是著名的记者，其社会影响和贡献首先是传播新思想新文化的思想启蒙，其次是针砭时弊、自由议政的舆论监督，作为最基本的新闻职业的功能——报道新闻、传递信息——则在最次。中国第一代现代意义上的知识分子，也是最末一代封建士大夫（如康有为、梁启超、严复、章太炎等），和五四时代的启蒙思想家、文学家和学人（如鲁迅、胡适、陈独秀、李大钊、梁漱溟、周作人等），其精神轨迹一脉相传，就是以报刊宣传新思想、新文化，推动社会进步。

五四时期，随着现代报业的日趋成型以及新闻专业化的兴起，才开始出现专门从事新闻工作的职业记者，如黄远生、林白水、邵飘萍等。也就是从他们开始，记者才成为受人尊重的职业。从士大夫到新闻人，从舆论领袖到职业记者，是五四时期新闻发展的一大趋势。

下面先说说第一位名记者黄远生。黄远生是我国新闻通讯的先驱，"我国报纸之有通讯，实以黄远生为始"（黄流沙）。他与徐宝璜是同乡，是江西九江人。他16岁中秀才，20岁中举人，21岁成为清末最后一批进士中最年轻者。这就相当于现在16岁大学毕业，20岁研究生毕业，21岁获得博士学位。但他1904年中进士后，却不愿为官，再三请求公派留日求学，并于次年东渡扶桑。他的同乡、后来作为五大臣之一而赴欧美考察宪政的李盛铎曾对他说："西洋方面那些熟识近代史和国际情况的，大都是报馆撰述人员。你如果做个新闻记者，那一定是个名记者。"这对他触动很大，促使他立志成为新闻记者。于是，他学成归国后便为多家报刊撰稿，并担任《申报》的特约记者。袁世凯酝酿帝制时，派薛大可办沪版《亚细亚报》，逼迫黄远生撰写文章，赞成帝制，黄远生不得已，1915年9月托辞赴美，希望远离是非。不料，当年12月27日旅居旧金山时，竟被中华革命党旅美支部当作帝制派而误杀。他有《远生遗著》传世，收录了他的新闻作品，傅国涌在《追寻失去的传统》里评价道：

> 他的政论，像一把锋利的解剖刀，犀利深刻，深入浅出，京、沪各大报争相载阅；他的通讯，生动活泼，发人深省，创造了一种崭新的新闻文体；他的采访，消息灵通，才思敏捷，笔势纵横，为新闻界所称颂；他的办报思想是，要求资料确凿，判断切实，指斥时弊。在他身后搜集整理的《远生遗著》四卷包括论说、通讯、时评、杂著等共223篇，其中通讯153篇，占了三分之二。他的通讯可以是民初政治风云真实而详尽的记录，既是新闻，也是历史，对研究民初政治史、财政史、外交史都有重要的参考价值。

黄远生属于天生的名记者，时人称他"同是记者最翩翩，脱手新闻万口传"。他交游广泛，平易近人，不仅博闻强记，而且文笔矫健。其好友林志钧说，他那些文章多半是与朋友们聊天时一挥而就的。名记者曹聚仁说，即使在老北京的红灯区——八大胡同吃花酒，他也能在花笺上写出颇有远见深思的政治通讯。难怪戈公振先生称他为"报界之奇才"，梁漱溟说他"在舆论界的影响

黄远生

仅次于梁启超、章太炎诸先生"。这里有一段远生报道，寥寥几笔，逼真生动："一日大雨，洋夫妇分坐两洋车，另以一车载其所爱之狗。车覆狗头碎。洋夫妇扼车夫项乱鞭之。车夫死于鞭下。夫妇洋洋抱病狗而去。"可惜，如此才华横溢的天才记者，最后竟遭误杀。1927年，《新闻学刊》上登载一篇祭文，对他的新闻生涯及贡献做了盖棺论定的评价：

> 光宣之间，公忽奋起，我舌犹存，雄心未已。公之记事，绘水绘声，须眉毕现，影无遁形。公之批评，议论风生，笔撼山岳，风雨满城。公之文字，不胫而走，如饮醇醪，竞称可口。公之努力，彻始彻终，民国以后，学识益充。方期大声疾呼，饷我报界，暮鼓晨钟，籍作警戒。何图洪宪祸起，逼公出亡，望新大陆，万里投荒。正谓自由之邦，当堪托足，石取他山，可以攻玉。岂期警电飞来，白虹贯日，鬼物揶揄，闻之战栗。埋骨异乡，招魂未得，天道无知，可为太息。然而公虽西归，精神犹存，文字有灵，馨香千载。

黄远生在《忏悔录》里提出记者的"四能"，向被奉为记者圭臬。所谓"四能"，就是记者需要具备四种能力，即能想、能走、能听和能写：

> （一）脑筋能想（二）腿脚能奔走（三）耳能听（四）手能写。调查研究有种种素养，是谓能想。交游肆应，能深知各方面势力之所存，以时访接，是谓能奔走。闻一知十，闻此知彼，由显达隐，由旁得通，是谓能听。刻画叙述，不溢不漏，尊重彼此之人格，力求绅士之态度，是谓能写。

显然，当年的"四能"与今天的"四力"，即记者的脚力、眼力、脑力、笔力遥相呼应。

他还认为，报道"当一面求其精确，一面求其系统"。所谓系统，就是要全面看问题，不仅要在一件事上求准确，更要在整体联系上体现事物的本质。也就是现在讲的事实真实和本质真实有机统一。"黄远生这一主张初步揭示了新闻报道的内在客观规律性，同时也反映了当时报界由政论时代向新闻时代过渡的客观要求。"（乔云霞）

民国初年，与黄远生齐名的记者还有邵飘萍。1923年，教育总长汤尔

邵飘萍

和说:"中国有报纸五十二年,足当新闻外交而无愧者,仅得二人,一为黄远生,一即飘萍。"据中国共产党早期领袖后被开除党籍的罗章龙回忆,他还是中共秘密党员,介绍人为李大钊和罗章龙。对此,学术界尚有争议,但不管是不是中共党员,1949年毛泽东主席确实批准邵飘萍为革命烈士,1986年又在其家乡金华建立了纪念碑。他早年信奉"新闻救国",有名言传世:"余百无一嗜,惟对新闻事业乃有非常兴趣,愿终生以之。"他一生最辉煌的业绩,一是做记者,一是办报纸。记者方面最为人所称道的,就是"一战"期间他作为《申报》的北京特派记者发出的一系列"北京通信",实际上就是现在的新闻特稿或新闻时评。这些新闻通信名噪一时,同时也成就了他名记者的功业。五四运动那年考入无锡省立第三师范的徐铸成回忆道:

> (当时)对我最有吸引力的,看到必细细阅读的,是几家报纸的"北京特约通信"。每篇都署了名,如《申报》的飘萍通信,《新闻报》的一苇(即张季鸾)通信,和《时报》的彬彬(即徐凌霄)通信。文笔各有风格,而都能夹叙夹评,酣畅地或曲曲折折地描述出北京政局勾心斗角的内幕和一些军阀、政客们的面目。(《报海旧闻》)

邵飘萍办报方面的最大成就当属《京报》,孙伏园主编的《京报》副刊更号称"五四"时代的"四大副刊"之一,现在的《新京报》即从这一脉传统延续而来。他自书条幅"铁肩辣手"挂在《京报》报馆,而"铁肩辣手"一语取自明代杨椒山的诗句"铁肩担道义,妙手著文章"。杨椒山是位谏官,被奸臣严嵩杀害。他的故宅和祠堂即"松筠庵",离《京报》报馆不远。邵飘萍以他的名句作为报馆座右铭,显然寄托着激浊扬清的新闻志向。

"五四"前夜的"五三晚会"上,作为北京大学新闻学研究会的导师,邵飘萍发表了慷慨激昂的演说,疾呼"北大是最高学府,应该挺身而出,把各校同学发动起来救亡图存,奋起抗争"。《京报》也积极支持五四运动。时人评价说,"飘萍一支笔,胜抵十万军"。当然,正如傅国涌所说的:"他也不是没有缺点的,比如追求奢华的生活,讲究排场,客厅陈设之豪华令人吃惊,连香烟都是特制的(上有'振青'的字样),出入是小汽车,而且是赌场、青楼的常客。他出手阔绰,一掷千金,单靠办报无法应付他的支出,所以接受权贵的'馈赠'是不能避免的。"不过话说回来,如果没有这等排场和架势,在民国初年的政坛也不可能受到重视,受人待见,更不可能获得重要新闻或独家新闻。比如"府院之争"时,他曾夜访段

邵飘萍手书

府,直接采访段祺瑞,翌日便发表一篇令同行咋舌的独家报道。有一次,他还把一群高官召集在饭店,觥筹交错,酒酣耳热,然后派记者躲在幕后,悄悄记下大家的酒后真言,随即发往报社,第二天,大家见到报纸惊诧莫名。

  他不仅是新闻记者的先驱,而且也是中国新闻学的前辈。他与蔡元培、徐宝璜等一起发起成立中国最早的新闻学研究和教育团体——北京大学新闻学研究会,并在每星期日去北大教授两小时的新闻采写课。另外,他还担任多所大学新闻系教授,写下中国最早的新闻业务教材——《实际应用新闻学》。在他看来,"报纸的第一要务,在报告读者以最新而又最有兴味、最有关系之各种消息。故构成报纸之最重要原料厥惟新闻"。将新闻作为最重要的报刊原料既是他的远见卓识,也是新闻专业化的基本理念。在他看来,记者的素质"品性为第一要素",所谓"贫贱不能移,富贵不能淫,威武不能屈,泰山崩于前、麋鹿兴于左而志不乱"。

  毛泽东在北京大学图书馆工作期间,曾参加新闻学研究会活动,听过邵飘萍、徐宝璜等人的课程。他在延安同斯诺谈话中说道:"特别是邵飘萍

对我帮助很大。他是新闻学会的讲师,是一个自由主义者,一个具有热烈理想和优良品质的人。"由于这番经历,毛泽东一生都对新闻工作情有独钟。他在《新青年》上曾用笔名"二十八画生"(毛泽东三字的繁体笔画)发表文章,他主编的《湘江评论》也是五四时期一份著名刊物,创刊宣言更是脍炙人口:

> 世界什么问题最大?吃饭问题最大。什么力量最强?民众联合的力量最强。什么不要怕?天不要怕、鬼不要怕、死人不要怕、官僚不要怕、军阀不要怕、资本家不要怕。

这种无畏的气概和恢宏的气度,也同样体现在《民众的大联合》一文里:"天下者我们的天下。国家者我们的国家。社会者我们的社会。我们不说,谁说?我们不干,谁干?"1921年,他在新民学会发言时说过:"我所愿做的工作:一是教书,一是新闻记者。"除了毛泽东,北京大学新闻学研究会的会员陈公博、罗章龙、谭平山、高尚德等,后来也都成为中国共产党的早期骨干。

1926年,邵飘萍被奉系军阀杀害,成为民国年间第一位遇害的名记者。此前,他的报纸及其报道已经开罪奉系军阀。张作霖为了堵他的嘴,曾经给他汇款30万元,而他收到后立即退回,还对家人说:"张作霖出30

《京报》馆旧址

万买我,这种钱我不要,枪毙我也不要!"直奉战争爆发后,"张大帅"的部队开进北京,通缉名单上他的名字也赫然在目。为此,邵飘萍不得不躲进六国饭店,而奉系军阀用2万元钱和造币厂厂长的条件收买了他的一个朋友,将他骗出饭店,然后逮捕枪决,终年40岁。消息传出,舆论哗然,各界纷纷表示愤慨和谴责。然而,耐人寻味的是胡适等"现代评论派"却态度暧昧,不阴不阳。邵飘萍遇难的当天,徐志摩甚至以调侃的笔调给胡适写信:

> 最近的消息,是邵飘萍大主笔归天,方才有人说(蒋)梦麟也躲了。我知道大学几位大领袖早就合伙了在(东)交民巷里住家——暂时不进行他们"打倒帝国主义"的工作。何苦来,这发寒热似的做人!(《徐志摩全集》,台北传记文学出版社1980年版)

邵飘萍遇害一百天后,民国时期另一位知名报人林白水,同样死于奉系军阀的屠刀之下,后人称为"萍水相逢百日间"。当时,北洋军阀无法无天,胡作非为,有枪就是草头王,城头变幻大王旗,李大钊等人就是奉系军阀派兵直接闯入苏联大使馆抓捕的。同样耐人寻味的是,1933年蒋梦麟、章士钊等名士共同发起为李大钊举行公葬,出殡队伍有100来人,在西单路口,队伍突然停下,有人拿出一面早已准备好的中国共产党党旗盖在李大钊的棺木上。胡适本来也在送殡队伍里,见此情景,颇为不悦,临时退出。

林白水,原名林獬(1916年以后才以"白水"为笔名),字少泉,"泉"字身首异处即为"白水"。他自号白水,也有"以身殉所办之报"的意思,谁料最后居然一语成谶。"萍水相逢百日间",是1928年《自立晚报》的一个标题,凝练概括了邵飘萍和林白水的悲惨际遇。1904,慈禧太后庆贺自己70岁的寿辰,林白水写下一副对联,在蔡元培的《警钟日报》上发表,传诵一时:

林白水与林纾

今日幸西苑，明日幸颐和，何日再幸圆明园？四百兆骨髓全枯，只剩一人何有幸？

五十失琉球，六十失台湾，七十又失东三省！五万里版图弥蹙，每逢万寿必无疆！

林白水是福建人，年轻时一派名士风度，身穿蓑衣，腰系草绳，放浪形骸，落魄不羁。即使家徒四壁，依然一掷千金。有时朋友来访，他临时挥笔为文，让人送到报馆，换来现钱吃酒。他曾被同乡、在浙江做知县的林伯颖聘为私塾先生，同时受聘的还有著名翻译家林纾。两位林先生在林伯颖宅第两厢，为其子林长民、其侄林觉民等分别讲授新学和旧学。林长民的女公子林徽因与梁启超的大公子梁思成结为夫妻，传为佳话。林觉民是黄花岗七十二烈士之一，牺牲前的一篇《与妻书》柔情无限，豪气凛然。"林"是福建大姓，林则徐、林森、林祥谦、林语堂等近现代闻人，也都出自福建。

1899年，林白水在福州创办福建第一所新式学堂——福州蒙学堂，林觉民等多位黄花岗烈士都曾在此求学。1902年，他又与蔡元培、章太炎等组织中国教育会，创办爱国学社，"表面办理教育，暗中鼓吹革命"，并且常为《苏报》撰写时评。"苏报案"爆发，赴日留学，为"中国留学外国学新闻学的第一人"。回国后创办《中国白话报》，提倡白话文。他打破文言八股起承转合的诸多讲究，对新闻文体的发展作出新的探索。他的新闻作品已具备现代新闻文体如消息、通讯、特写的基本特征，以浅白文字报道社会真相：一方面是国土破碎、妻女受辱、财富遭劫、百姓被戮；另一方面则是统治者荒淫无度、醉生梦死、文恬武嬉、浑浑噩噩。

在新闻体裁上，他较早采用号外、文摘、时事问答、连续报道、综合报道、编者按、编后记等形式，他的评论更是词锋犀利，成为最早用白话文写评论的政论家之一。傅国涌在《追寻失去的传统》一书中评论道：

在语言上也有鲜明的个性特征，明白如话，通俗易懂，辛辣尖刻，冷峭凌厉，早在五四运动倡导白话文之前他就已付诸实施，两办白话报，仅这个功绩就无人能比。梁启超半文半白的报章体风靡当时的新闻界，而林白水独树一帜，大胆采用纯白话，纵笔所至，畅所欲言，文章中不时夹杂着新名词、民间口语及方言词汇，读来活泼上口，明快畅达，同时带有浓烈的感情色彩，常用反语，有时尖锐得近乎刻薄。这一特点在他晚期的政论中表现得特别充分，深受读者欢迎，也为自己带来了杀身之祸。

比如，1903年他创办《中国白话报》，创刊号上刊登了一篇《张之洞共俄国钦差说话》：

> 列位啊，可怜啊！……大祸已经进门，可怜你们还一点不晓得……所以，握着一把眼泪，写这样一张字，送把列位，好教你们列位兄弟赶紧设法自己救自己啊！……如今我们这中国，你若不去救他，再没有人去救他了！
>
> ……
>
> 张之洞看见俄人占了奉天，也着了忙，就跑到俄国钦差衙门里面去求见他，就对俄国钦差道：……俄钦差冷笑道：不行也要行了！张之洞还乱嚷道：万万不行，万万不行！那俄钦差卷着胡子，抬头看着天，拿一条纸烟只管一上一下的吃，不去睬他……

这样的文字被语言学者称赞为"纯粹的现代白话汉语"，以至于当时"诸报无不以刊白水之文为荣"。为此，他不无得意地自谓："中国数十年来，用语体的报纸来做革命的宣传，恐怕我是第一人了。"孙中山先生曾手书"博爱"二字相赠，称"少泉先生正"。北洋政府时期，政府以"宣传费"的名义，给全国100多家的报馆、通讯社等媒体暗发津贴，其中分为"超等者""最要者""次要者""普通者"四等。林白水的《社会日报》与邵飘萍《京报》均属六家"超等者"之列。据林白水女儿回忆，家中佣人最多时有10人，家庭教师有5位，有四五个院子、三四十间房子，非常阔绰和气派。

他的办报活动主要集中于《社会日报》，就像邵飘萍之于《京报》。《社会日报》开始叫《新社会报》，由胡政之和林白水共同创办于1921年，胡政之任总编辑，林白水任社长。当时报社经济上还不独立，赖以生存的不是发行与广告，而往往是某一政治集团的"津贴"，当时军阀政府及各路政客也都深知媒体的作用，想方设法控制和操纵舆论。另外，林白水与段祺瑞的安福系打过不少交道，对其黑幕了如指掌：

> 议论个人长短，或揭人隐事，"涉及权贵私德问题，形容备至，不留余地"。他常常把犀利的笔尖指向政府财政机关，利用内幕新闻敲竹杠，他打算向人要钱，就指名大骂一顿，"给钱就不骂，决不恭维"（赖光临《七十年中国报业史》）。……权贵们又怕他，又恨他。当时曾任财政次长、总长的李思浩回忆，对《新社会报》"要给以相当数目的资助"，对胡本人"每月送到三四百元，从未间断过"。（傅国涌《追寻失去的传统》）

后来《新社会报》由于揭露吴佩孚的黑幕，被警察厅勒令停刊，仅仅生存了一年多。两个月后的1922年5月1日，《社会日报》重新面世，林白水在复刊词中特意写道："蒙赦，不可不改也。自今伊始，除去新社会报之新字，如斩首级，示所以自刑也。"

1926年8月6日凌晨一点，那位带队抓捕李大钊的北京宪兵司令王琦诱捕了林白水，导火索是他的一篇社论开罪了军阀张宗昌。其实，当时主宰北京的山东督办张宗昌早就对他怀恨在心，因为他在报上屡屡讥讽这位"狗肉将军"，说他是"长腿将军"，影射他的部队遇敌即跑。说到张宗昌，民间有许多流传的笑谈，时人说他："体格是个象，脑袋是个猪，脾气是老虎。"他有"三不知将军"的诨名：一不知自己有多少兵，二不知自己有多少钱，三不知自己有多少姨太太，而且姨太太们被戏称为"八国联军"。张宗昌出身土匪，所以自称"绿林大学"毕业，有时还附庸风雅，写点粗鄙打油诗，比如：

> 大炮开兮轰它娘，威加海内兮回家乡，属英雄兮张宗昌。
>
> 远看泰山黑糊糊，上头细来下头粗。如把泰山倒过来，下头细来上头粗。

有一次，他召集记者训话："今天我请你们大家来，没有别的意思，就是你们的报上登载的消息，只许说我好，不许说我坏，如果哪个说我坏，我就军法从事。"更有甚者，他还当众宣称："骂我的砍头，夸我的赏媳妇。"

有位小报记者,就获得他奖赏的"姨太太"。在他豢养的政客中,有一个叫潘复。此人讨好张宗昌颇有一套,最拿手的有两招:一是日夜陪着张宗昌聚赌,还能让他把把顺;二是四处替张宗昌物色女人,不管是青楼妓女还是大家闺秀,潘复都能弄到手。冯玉祥在其自传里也记述了张宗昌这个心腹的一段丑事:

> 第二天,靳云鹏果然在一家饭馆请客,但他自己回避不到,找了个代表,那代表就是后来做了财政总长的潘复。到席的二十多人,就叫来二十多个妓女。那些妓女一进门粥粥地拥上潘复跟前,有的扭住他的耳朵,有的"叭哒!叭哒!"连着打他耳朵,潘复哈哈地笑着,一手抱住一个,妓女即躺在他的怀里,揪他胡须,叫他喊妈,他即喊妈,叫他喊娘,他即喊娘。我看着:"真是什么王八蛋的玩意儿!"招呼也不打,我就起身走了。

林白水遇害的直接起因就是在一篇《官僚之运气》的时评里,讽刺了这位张宗昌的智囊潘复。林白水有句名言:"新闻记者应该说人话,不说鬼话;应该说真话,不说假话。"对待潘复,他更是秉笔直言,毫不留情:

> 狗有狗运,猪有猪运,督办亦有督办运,苟运气未到,不怕你有大来头,终难如愿也。某君者(即潘复)人皆号称为某军阀之肾囊,因其终日系在某军阀之胯下,亦步亦趋,不离晷刻,有类于肾囊之累赘,终日悬于胯间也。此君热心做官,热心刮地皮,固是有口皆碑,而此次既不能得优缺总长,乃并一优缺督办亦不能得。……表面炎炎赫赫之某肾囊,由总长降格为督办,终不可得……甚矣!运气之不能不讲也。(《社会日报》1926年8月5日)

这篇文章发表后,潘复跑到张宗昌面前哭哭啼啼,早有杀林之心的张宗昌就借机处死了林白水。当时,邵飘萍刚刚遇害不久,林白水被捕的消息传出后,好多人前去求情,包括杨度、曾任袁世凯御用报人的薛大可等。结果,最后还是难逃一劫,此时距邵飘萍遇害正好100天,故后人说"萍水相逢百日间"。

林白水的一生比较复杂,他既是黄兴的战友、蔡元培的同伴,为革命和进步事业奔走呼号，有过光彩照人的经历，同时也曾追随袁世凯，又与安福系有说不清、道不明的瓜葛，走过一段曲折的道路。但是，正如其同乡、同为名记者、名报人的邓拓所说："无论如何，最后盖棺论定，毕竟还是为反抗封建军阀、官僚而遭杀害的。"(《燕山夜话》)

拓展阅读

1. 溥仪：《我的前半生》，群众出版社。
2. 蒋梦麟：《蒋梦麟自传：西潮与新潮》，团结出版社。
3. 唐德刚：《袁氏当国》，广西师范大学出版社。
4. 张功臣：《外国记者与中国革命》，新华出版社。
5. 李怀印：《现代中国的形成（1600—1949）》，广西师范大学出版社。

第四讲

风雨苍黄（上） 无可奈何花落去
（1919—1949）

第四讲到第六讲大致包括从五四运动到新中国成立这一时段，时间跨度约三十年。这个时期，中国社会经历了天翻地覆的动荡与变革，时代主题可归结为革命与解放。上一讲提到现代化的三次演进，即从器物到制度，再到文化思想，所谓一波三折而每况愈下。经济上，不是日渐富强而是日趋凋敝，特别是广大农村更是破败不堪，农业、手工业日趋崩溃和瓦解，百姓民不聊生。台湾学者郭廷以概括的晚清近况，进入民国有过之而无不及："天灾、人祸为民不聊生的两大因素，而以人祸为最。所谓人祸，一为官府的横征暴敛，二为洋货的充斥。"（《中国近代史》）政治上，不是日渐昌明而是日趋混乱，民国成立、推翻帝制，非但未见好转，列强凭陵、军阀混战反而越发国将不国。第一次世界大战后，中国本应享有战胜国的权利，名正言顺地收回德国占领的青岛，结果反被列强坐地分赃，从而导致五四运动的爆发。毛泽东说过，中国人本来想好好当西方人的学生，可是老师总是打学生，总是欺负学生。于是，五四运动后，一批仁人志士开始寻求新的道路。这里，孙中山先生算是一个代表。原先，他曾寄希望于欧美列强，指望借助它们在中国推进现代化，后来发现列强各自打着小算盘，根本不在乎中国的富强与民主，甚至还巴不得中国处于积贫积弱的状态，更有利于自己的在华利益。而这时候，反倒是列宁领导的社会主义苏联，给孙中山以道义和实际的支持，于是后来就形成联俄、联共、扶助农工的三大政策，即所谓新三民主义。孙中山先生曾说："我向英国和美国求救，他们站在河岸上嘲笑我，这时候漂来俄国这根稻草，因为要淹死了，所以抓住它。美国和英国在岸上大喊，千万不要抓住那根稻草。"可惜孙中山先生英年早逝，留下遗训："革命尚未成功，同志仍须努力。"后来，用马列主义武装起来的中国共产党，担负起民族独立和人民解放的历史使命，经过二三十年艰苦卓绝的奋斗，最后终于使中国人民站立起来。

这个时期新闻方面的发展，从特定意义上不妨比喻为一部"三国演义"。一是共产党的革命报业，二是国民党的"党国"报业，三是民间报业——包括文人报刊和商业报刊两大类型。这种划分框架跟传统新闻史不尽相同。传统的叙事框架按革命化范式建构，从而也类似于革命史的进程，如大革命时期的报业、抗日战争时期的报业、解放战争时期的报业等。本书从民族国家的立国角度，把这30年的新闻历程归结为一部"三国演义"，犹如当年魏蜀吴的三国鼎立。我们知道，三国时代的魏国位居北方，最后统一中国，这就相当于革命报业。而且，魏国当年也是被视为"乱臣贼子"，遭到自命"正统"的蜀国讨伐。共产党及其武装同样被"正统"的"党国"当作土匪、叛军屡屡围剿，而最终席卷南北，拥有天下。至于这里所比方的蜀国则相当于"党国报业"，它们仿佛位居"正统"，就像三国时代的刘备，沿袭汉家法统，拥有"合法"地位，而且一次次"北伐"、一次次围剿共产党，但最后归于灭亡。有意思的是，国民党中枢抗战时期正好也在蜀国，即川渝地区。最后，民间报业相对弱小，既受到魏蜀双方的重视，又受到双方的挤压。延安时期，有一次毛泽东同胡耀邦谈话时说道：所谓政治，就是把反对自己的人搞得少少的，把拥护自己的人搞得多多的；所谓军事，就是打得赢就打，打不赢就跑。统一战线是共产党的三大法宝之一，民间报业也属统战对象。同样有趣的是，民间报业主要集中在东南沿海地区，特别是宁沪一带，这里正是当年吴国基业所在，南京更是它的首都——建业。"五四"以降，直至新中国诞生，新闻传播的嬗变过程也可以归结为这样一部便于理解的"三国演义"。

"党国"报业

这里的所谓"党国"报业，专指国民党统治大陆期间的"官报"，或国民政府的主流媒体。国民政府成立于北伐前的广州，即 1925 年 7 月 1 日，当时还只是一个地方政权。直到 1927 年蒋介石定鼎南京，以及东北易帜，全国一统，才成为名副其实的中央政权。从 1925 年算起，到 1949 年覆亡，这个政权一共存在了 24 年，这里所讲的"党国"报业就是这 20 多年的官方报业。

"党国"报业和"党国"事业血脉相连，密切相关。那么，什么是"党国"事业呢？按照孙中山先生的擘画，大略包括三项内容或称三个阶段——军政、训政和宪政。1923 年 1 月 29 日，孙中山在《申报》50 周年纪念专刊上发表文章说："余之革命方略，规定革命进行之时期为三：第一为军政时期，第二为训政时期，第三为宪政时期。"军政是用军事手段建立政权，巩固政权，训政是培育民主政治的条件，加强现代国家政权的建设，最后过渡为实现民选的宪政。然而，孙中山先生去世后，蒋介石把持大权，打着"军政""训政"等旗号，推行独裁统治。这个时候不管军政，还是训政，抑或败走大陆前的宪政，"党国"事业往往同革命事业针锋相对，背道而驰，犹如两列上行下行的列车。

"党国"事业与"党国"报业

"党国"事业差不多以 20 世纪 30 年代中期为界分为前后两个阶段。具体来说，前一阶段从 1927 年到 1937 年抗战爆发，其间蒋介石通过合纵连横，折冲樽俎，削弱大小地方势力，形式上达到全国统一。抗战时期，中国作为大国参加世界反法西斯阵营，成为一支重要的国际力量，开罗会议的四个大国包括中国，斯大林、罗斯福、丘吉尔、蒋介石被称为"四巨头"。抗战胜利后成立联合国，由于中国人民在战争中的巨大牺牲和突出贡献，联合国大会特意让中国代表团在文件上第一个签字。当时，代表国民党签字的是民国年间的著名外交家顾维钧，他也参加过一战后的巴黎和会，代表

蒋介石、罗斯福与丘吉尔合影

共产党签字的是董必武。

后一阶段从1937年到1949年,此时政治腐败、统治黑暗、经济凋敝、民生困苦等,无不成为"党国"覆亡的加速器。以民生为例,不要说普通百姓饥寒交迫,就是许多社会精英如大学教授,也拮据、窘迫,穷愁潦倒。凤凰卫视主持人曹景行的父亲、著名的学者型记者曹聚仁当时正在上海做教授,就曾写道:

> 我在上海法学院任教授,第一天所领到的六个月薪金,总值银元十一元二角,约等于抗战前月薪的三十分之一;而国立大学教授的月薪,还不及我们的十分之一。赵敏恒兄任复旦大学教授,有一天,接到通知,有两个月月薪及津贴可领;他坐了汽车去取,所领得的薪津,恰好够付那一趟来回所用的汽油。这类事实,说起来,比笑话还更笑话些。我有一位朋友,他丢在浙江衢州的原箱金圆券是七十亿,其实合起美金来,总共不过一块钱呢!假使有人身处这样的境况,而能相信蒋政权会有前途,那才是怪事!(《采访外记 采访二记》)

杰克·贝尔登在《中国震撼世界》里,甚至记载了这样触目惊心的新闻:"厦门大学的一位生物学女教授服了毒,说她养不活她的孩子。国立广西大学的杜苏教授,因为付不起医院费用而跳楼自杀。"当时在湖南做中学教师的何兆武先生,晚年回忆说:"解放战争期间,国民党的社会已经完全崩溃,首先便是经济的崩溃,政府不停地发票子,可是票子发得越多越不值钱。我一个月工资有七八万,看上去非常不得了,一领就是一大包,不过都是一块钱一张的,那得点到什么时候?于是用绳子扎成一捆,盖个图章,这就是一万元,谁也不去一张张地数。买东西的时候对方也不数,照样把一捆钱再给别人。"(《上学记(修订版)》)由于通货膨胀,发薪水常常得拿麻袋。抗战前可以买一头牛的银子,到蒋家王朝覆

国统区百姓用一捆钱去买东西

亡前夕连一个鸡蛋都买不起。获得诺贝尔经济学奖的美国芝加哥大学教授米尔顿·弗里德曼,用统计数据说道:

> 1949年4月,即在政权易手之前,国民党统治区的商品价格比之1946年2月的价格水平上涨了5400多万倍。也就是说,每个月的平均上涨率为90%——远远超过菲利普·卡甘在从其他通货膨胀历史中分析恶性通货膨胀、今日已成为经典的恶性通货膨胀研究中所采用的每月上涨50%即为恶性通货膨胀的价格水平……恶性通货膨胀不仅帮助共产党人夺取了政权。在战争过去之后,共产党人还能消除恶性通货膨胀,毫无疑问,这也有助于共产党人巩固其政权。(《货币的祸害——货币史片段》)

还有一点,蒋介石发动内战的时候太轻敌,太自信。他觉得,自己拥有政治、经济、军事、外交等优势,又有美国支持,根本没把共产党、毛泽东放在眼里。所以,他才那么自信地宣称三个月消灭"共军"。然而,没有想到,自己大大低估了共产党及其社会基础,大大低估了毛泽东及其雄才伟略,结果仅仅三年,就彻底丢失政权,黯然退往台湾。

与此同时,"国民党官方"报业的发展也呈现着同样的态势。国民党及其政府控制的一系列媒体,包括报纸、杂志、图书、广播、电影等,其核心是所谓"一报"——《中央日报》,"一社"——中央通讯社、"一台"——中央广播电台,它们构成国民党官方的"主流媒体"。

了解国民党官方报业,不能不涉及国民党的派系。国民党一向派系林立,山头众多。以地域论,有东南江浙一带的蒋介石,山西、华北的阎锡山,西北的冯玉祥,西南的李宗仁、白崇禧,以及东北的张学良,他们号称五大新军阀。除此之外,还有一些中小军阀。比如,贵州军阀杨家烈,云南军阀龙云,四川军阀刘文辉、刘湘叔侄,青海、甘肃一带的"马家军",即马鸿逵、马步芳等。马家军骁勇而残忍,当年红军西路军就是被他们剿杀的。特别惨烈的是许多红军女兵,被马家军杀的杀,奸的奸,卖的卖。此外,西北还有新疆军阀盛世才,毛泽东的弟弟毛泽民以及陈潭秋、林基路等烈士均惨死其手。

1948年,南京一名少妇的居家生活

以国民党内部的政治分野论,又有蒋介石、胡汉民和汪精卫三大派系。胡汉民属于国民党右派,汪精卫以左派自居。至于蒋家王朝自身又有三大阵营,包括黄埔系、政学系和CC系。黄埔系是蒋介石的起家班底和嫡系人马,后来大多数成为中央军的各路将领,对蒋介石本人忠诚有加,往往以"校长""学生"相称,关系非同一般。政学系多为行政官僚和专业人士,如知识分子、外交家、金融家等,大名鼎鼎的《大公报》就是政学系的喉舌,"新记"《大公报》"三驾马车"之一的吴鼎昌就是政学系的骨干,解放战争时期被中共中央列为43名战犯之一。

国民党派系本就复杂,政学系问题更如乱麻。近代史名家金冲及之子金以林,在新加坡国立大学完成的博士论文《国民党高层的派系政治》,以1931年胡汉民被软禁到1932年蒋介石重新掌握党政军大权为题,勾连了国民党派系政治的来龙去脉,既严谨实在,又生动可读,类似《万历十五年》,尤其国民党要人争名于朝,争利于市,翻手为云,覆手为雨,毫无道义与信义,除了乌烟瘴气还是乌烟瘴气,更是入木三分。新版最后一章集中探讨了蒋介石与政学系的问题。首先,国民党的权力是分割的,就像国共和谈期间,周恩来与一位美国教授谈到的:党务操在CC系与二陈手中,财务操在宋子文、孔祥熙手中,军事操在黄埔系手中,行政操在政学系手中。其次,政学系源出民国初年李根源在北京创办的"政学会",蒋介石时期的政学系要人杨永泰就是政学会的一员。杨永泰的"三分军事,七分政治",得到蒋介石的认可,对"剿共"作用显著,故后来被蒋任命为湖北省政府主席,而他最后也是在武汉遇刺身亡,成为民国一大悬案。再次,政学系多为"学而优则仕"的文人,亦政亦学名副其实,如翁文灏、王世杰、顾维钧、清华校长周诒春、清华教授蒋廷黻和南开教授何廉(他们是留美同学,又曾是南开同事)等。金以林说得好:"政学系吸引蒋的,是其工具层面的行政才干,而非价值层面的高山流水,双方其实缺乏共事的强固基础,相互利用,而非相互认同。"最后,政学系的要人吴鼎昌及其《大公报》尤其值得关注。众所周知,蒋介石得力于江浙财阀,他同民族资本的联系主要在金融资本,而很少有工商资本。新记《大公报》的吴鼎昌,就是金融资本的代表:

> 中国的金融资本,主要是在第一次世界大战前后发展起来的。当时最著名的银行莫过于"北四行"和"南五行"。"北四行"的中坚是盐业银行和金城银行,核心人物就是两行总经理吴鼎昌和周作民。(《国民党高层的派系政治》)

总之,政学系这批教育、外交、金融的精英大约数十人,无论在朝在野,联系都非常密切。他们大多具有西学背景,具有行政能力和人脉关系,"因政见相似而同声相求,因地位相近而相互照应"(金以林)。

至于CC系则是我们重点关注的,因为"党国"报业,特别是一报、一社、一台等主流媒体,即由CC系掌管,受CC系控制。也就是说,"党国"报业掌握在CC系手里。

CC系的代表人物是"二陈",即陈果夫和陈立夫兄弟。二陈的叔叔陈其美是辛亥革命元勋之一，后来遇刺身亡。蒋介石犹如陈其美的门生，在日留学时即过从甚密，成为拜把子兄弟。陈其美遇刺后，只有蒋介石前往哭尸、收尸。作为陈其美的侄子，二陈都曾在美国留学，回国后被蒋介石网罗到自己的班底，为其管理党务。要言之，党务掌握在二陈及其CC系手上，而军队掌握在黄埔系手上，政府掌握在政学系手上，三者共同构成蒋家王朝的政权支柱。

《中央日报》

关于CC系一名的来历，向有不同说法。一种说法认为是二陈姓名的拼音，一种说法认为来自神秘的中央俱乐部（Central Club）。二陈本人一直否认这个派系。他们觉得，自己一心只为"党国"，不为某一派系。陈立夫说，他兄弟陈果夫最烦用洋文拼写自己的姓名，怎么会用CC来命名呢。他还说，军统特务无所不在，无孔不入，他们怎么从来不知道有个CC系呢。反正，一直矢口否认CC系的存在。然而，不管是否存在这个派系，"蒋家王朝陈家党"的事实则是人所周知的，国民党的党务确实是由他们操控的。由于"党国"报业主要隶属于党务系统，所以同二陈及其CC系直接有关，主要受他们的控制。比如，一度担任"党国"第一大报《中央日报》社长的胡健中，就是CC系的一员文化健将。他从《东南日报》社长接任《中央日报》社长时，曾询问名记者曹聚仁如何才能把《中央日报》办好。曹聚仁说：这事又好办，又不好办，好办的是只要蒋介石不看《中央日报》，随你怎么办，办上一年再说，这样就可以办好了。事实的确如此，"党国"第一大报的社长伴君如伴虎，镇日小媳妇似的看眼色行事。一天早晨，胡健中接到侍从室电话，说蒋委员长召见。他马上赶去，看见蒋介石正大发雷霆，原因是《中央日报》刊登了《雷雨》上演的广告。

CC系控制媒体还有一大利器，就是令人毛骨悚然的"中统"。1941年初，皖南事变发生后，中统特务头子徐恩曾利用自己南洋公学的同学关系，设宴邀请邹韬奋。席间，他软硬兼施，逼邹韬奋参加国民党，以洗刷"通共"嫌疑。邹韬奋质问他：以你的职业，看我究竟是不是共产党？徐恩曾答道：我们已经监视你几年，没有发现你是共产党的证据，不过如今不参加国民党，就会是共产党。邹韬奋说："我就是这样，看你怎么办！"

为了用三民主义的"党治文化"对抗五四谱系的"普罗文化"，包括星火燎原的马列主义新文化，1934年CC系还成立了一个"中国文化建设协会"，陈立夫为理事长，陈布雷等十几个党国要人为常务理事，八十多个理事多为CC系骨干分子。协会是CC系诸多外围团体中影响最大的，"相当一批文化教育界人士包括大学校长、教授和中小学校长、教员以及新闻出版界人士被吸纳为会员。1936年12月的统计显示，该会有会员5142人，是当时全国会员人数最多（中国佛教会除外），声威最大的文化团体"（王奇生《党员、党权与党争》）。

"一报一社一台"

《中央日报》诞生在轰轰烈烈的北伐战争中，伴随"打倒列强，打倒军阀"的入云歌声创刊于1927年的武汉，曾有出色的表现。比如，蒋介石发动"四一二"大屠杀前的3月31日，时任国民革命军总政治部副主任的郭沫若，发表了一篇有名的文章，刊登于《中央日报》，题为《试看今日之蒋介石》。文章写到，蒋介石已经成为"流氓地痞、土豪劣绅、贪官污吏、卖国军阀，所有一切反动派——反革命势力的中心力量了"，所以"凡是有革命性、有良心、忠于国家、忠于民众的人，只有一条路，就是起来反蒋！反蒋！"这篇文章风靡一时，后来蒋介石为此通缉郭沫若，郭沫若被迫流亡日本，直到抗战爆发请求回国参战时，蒋介石还耿耿于怀。

这里，介绍一位大革命年代的女记者谢冰莹及其刊发于《中央日报》的名篇《从军日记》。谢冰莹是湖南新化人，既是一代名记者，又是名作家。她曾回忆说，自己童年时就颇有反抗精神：

> 我完全像个男孩，一点也没有女孩的习气，我喜欢混在男孩子里面玩，排着队伍手拿着棍子操练时，我总要叫口令，指挥别人，于是

他们都叫我总司令。我常常梦想着将来长大了带兵，骑在高大的马上，我佩着发亮的指挥刀，带着手枪，很英勇地驰骋于沙场。

我反对裹足，反对穿耳，我那时并不懂得什么男女平等，只知道同样是人，为什么男人可以不穿耳不裹足，而这些苦刑只给我们女人受，男人有资格出外读书，为什么女人没有呢？

1926年，为了逃婚，她决定出走参军："在这个伟大的时代里，我忘记了自己是女人，从不想到个人的事，我只希望把生命贡献给革命，只要把军阀打倒了，全国民众的痛苦都可以解除，我只希望跑到战场上去流血，再也不愿为着自身的什么婚姻而流泪叹息了。"于是，她辗转来到武汉，进入中央军事政治学校第六期女生部受训。1927年，随叶挺部西征，讨伐杨森、夏斗寅，"平均每天至少要走八九十里路，晚上有时睡在一张门板上，有时睡在一堆稻草里"。西征途中，她利用行军作战间隙，席地而坐，并膝为桌，把途中的见闻与感想用火一样的热情倾注笔端，写下了成名作——《从军日记》。这些日记体文字，以热烈的情感和流畅的文笔记录了大革命时代的历史风云，也表现了新女性的思想、感情及其生活，"和男子站在一条战线上共同献身革命"。她把《从军日记》寄到武汉《中央日报》，副刊主笔孙伏园见到后异常兴奋，陆续刊发在副刊上，顿时轰动文坛。作家林语堂将其译成英文，在《中央日报》英文版上连载，随后又有法、俄、日等版本问世。法国作家罗曼·罗兰还曾致函，向她表示敬意。

后来，谢冰莹到北平女子师范大学读书，成为北方左联发起人之一。1935年，赴日本早稻田大学留学，抗战爆发前回国，并参与一系列报刊工作，领少将军衔，终于遂了少年将军梦。抗战后任《和平日报》的副刊编辑，这是国民党的一张大报，前身为军方的《扫荡报》。解放前夕，谢冰莹应聘台湾师范学院，2000年去世。

不过，北伐时期创办于武汉的《中央日报》，一直没有得到蒋家王朝的承认，"党国"

程沧波

只承认1928年在上海创办的《中央日报》，报纸编号也是从其第一号算起。从古及今，中国都讲究"正朔"，即一个政权的建立、一个朝代的更替，首先变换年号。不要小觑这个事情，其实这里包含的是名分或合法性问题，所谓名不正则言不顺。如果国人承认你的政权，那么人们就用你的年号，从而认可你的合法性。否则，那么你的政权就成为"伪"政权。按照这个逻辑，蒋介石建立政权后，便奉上海创刊的《中央日报》为"正朔"，而武汉的《中央日报》则沦为"非法"，并且随着所谓"宁汉合流"而停刊。蒋介石麾下的这份《中央日报》，于1928年创刊于上海，不久停刊，1929年又在南京复刊，国民党中宣部部长叶楚伧兼任社长。叶楚伧为国民党元老，官至中常委。他的故居在周庄，近些年修葺一新，成为一个景点。1931年，39岁的程沧波出任社长，提出"经理部要充分营业化，编辑部要充分学术化，整个事业当然要制度化效率化"，报纸面貌为之一变。程沧波是一位内行的报人，做过复旦大学新闻系的系主任，后来官拜国民党中宣部副部长。他长期办报，有丰富的从业经验。在他领导下，《中央日报》逐渐成为国民党的第一大报。抗战时期，重庆的报童怀抱许多报纸沿街叫卖，听他们的叫卖口号，就知道各自的立场。一些报童叫卖道"'中央''扫荡''新华'"，而另一些报童则喊"'新华''扫荡''中央'"。

以《中央日报》为龙头，各地也创办了一批党报，逐渐形成一个党报网络。其中，一部分归国民党中宣部直接管辖，一部分由地方党部负责管理。中央直辖的党报由国民党拨款，人员、设备及新闻来源均占优势。然而，由于国民党的倒行逆施及其笨拙宣传，这些单调呆板、千报一面的党报虽然发行广泛，但实际上没有多少读者，影响力十分有限。当然，党报无能，并非记者无能，事实上在《中央日报》历史上不无优秀记者，如赵浩生。赵浩生，河南息县人，自称原新华社社长穆青的"三同老友"：中学同学、河南同乡、新闻同行。抗战胜利后，通过张道藩的介绍，进入《中央日报》任记者，不久转赴《东南日报》。当时正值国共交战的多事之秋，所以采访报道了不少重大事件。

1947年3月，国民党胡宗南部占领延安，为了宣扬"大捷"组织了一个55人的中外记者团前往延安，进行为期三天的采访。记者团由南京国防部新闻局副局长邓汝楫率领，分乘三架运输机飞抵延安，其中除7名外国

1947年3月,国民党军队组织的记者团到达延安

记者,还有《中央日报》记者龚选舞、中央广播电台记者潘启元、《东南日报》记者赵浩生、《大公报》记者周榆瑞、《申报》记者俞振基等,蒋介石英文秘书沈昌焕以中央通讯社记者的名义随行。刚进《中央日报》的年轻记者龚选舞起初异常兴奋,对军方的宣传说辞深信不疑,后来他写道:

> 当我正全神贯注聆听、埋头奋笔直书之际,平常带领我从事采访工作的《申报》的俞振基大哥却从旁轻声告诉我:"在战地,要多用你的眼睛去看,不止尽是听人说话。""看这些眼前实物,军方说这儿曾剧战,你可在原野上看到炮坑,在建筑上目睹弹痕?"听他的话,我留心地四下观察,果然不曾看见什么剧战的痕迹。

比较而言,《大公报》资深记者周榆瑞就显得非常老道了:

> 这位敏锐的记者总是在努力透过表面现象,去挖掘真相。采访行程中有一个民众大会,由绥靖区难民急赈总部派人发放救济金,每人可领取两万元。中午左右,县府广场聚集了两千多男女老幼,先是安排共产党树的劳模张永泰、女参议员左淑秀站起来对共

产党批评了一番。接着大家排队领救济金。周榆瑞写道："我信步走到街心，眼看着每个人极忍耐地在灼热的太阳下等候，当四张崭新的五千元大钞递到他手中的时候，他擦一下头上的汗，笑了，笑得有点迷惑。"

这正是纯朴陕北农民的典型反应，有钱领自然开心，但他们不太清楚为什么国民党军队要发钱给他们。周榆瑞无法满足于这种制式的采访行程，急欲了解延安百姓真正的感受，他到街上四处采访，后来写下的《延安人的话》即使今天读来，仍然值得品味……（秦风）

周榆瑞曾以"宋乔"为笔名出版《侍卫官杂记》，披露蒋家王朝内幕，成为畅销读物。解放后到香港，一度想去台湾，遭到国民党断然拒绝，后来不得不转往英国，终老异乡。

至于赵浩生，解放前夕赴日留学，在日本结识日后成为其妻子的一位日本姑娘。这位姑娘赴美留学，他也跟着去了美国，然后在美国学习、工作，成为耶鲁大学教授。他晚年致力于中美文化交流事业，为中美两国和海峡两岸的关系做了有益工作，屡次受到党和国家领导人的接见。

赵浩生见多识广，文笔流畅，记人叙事，生动活泼，其中较有影响的，一是其演讲录《漫话美国新闻事业》，一是2001年出版的《八十年来家国——赵浩生回忆录》。《漫话美国新闻事业》是1979年，他应中国社会科学院新闻研究所所长安岗的邀请，为当时新闻所的研究生和在京新闻记者做的系列报告，轰动一时。因为改革开放初，大家对外界充满好奇，赵浩生以他在美国几十年的阅历以及新闻记者的敏感，介绍了不少新情况、新发展。1979年回国期间，他还给高层提供了一份外宣工作的原则意见，今天看来依然不无参考价值，比如：

一、中国要争取国内外的了解和信任，必须打破若干旧框框。
二、"无可奉告"的作风必须改变。
三、中国的新闻和言论都是一个立场、一个调子的作风必须改变。
四、不讲事实，把公报、口号、教条当作新闻的作风必须改变。
五、可否在党报之外开办民营新闻事业。
六、对外宣传工作最有效、最直接的办法莫过于和外国驻华记者

赵浩生

建立友好关系，而争取其友好合作的办法就是给他们新闻，予以工作上的方便。

七、尽速制定《中华人民共和国新闻出版法》。

以上各点必早为我负责当局所见所思，或已在推行计划之中。在此谨以一片爱国心加重陈述，意长纸短，甚望得机将我的观察和感受更详细地面陈领导，并望在发展祖国新闻事业的实际工作中略尽绵薄之力。

——《对发展中国新闻事业的几点建议》（1979）

他在《建议》中提出的一些具体设想，有的已经成为现实，有的依然值得借鉴：

1. 重要公报及国家领导人的讲话全文应事先发给驻华外国记者，表明在某一特定时间前不许发表，此为全世界新闻发布之通例。

2. 最高党政及民意机关应常设发言人。

3. 民意机关开会期间，非秘密而有利于宣传国家政策者，应允许记者旁听采访……

4. 成立外国记者俱乐部。

5. 设立新闻中心。

6. 出版英文报纸。

7. 英文版的《中国建设》等刊物，均应交国外编辑、印刷、发行，以刊登外国广告的收入达成自给自足。

8. 设置驻美或北美新闻处，总管新闻图书、出版（包括上述各外文刊物）、资料供应等文化交流事业……（同上）

有一次，他访问家乡一所学校，两名女孩挤到身边，问如何才能成为一名好记者，他答道："必须要具备四种素质，一是一定要有好奇心，二要具备一定的写作能力，三要有穷追不舍的精神，四要严格遵守新闻职业道德。"在他看来，"干新闻就像抽鸦片一样，一抽就上瘾，一辈子也戒不掉"。

下面来看看中央通讯社。中央通讯社于1924年，即北伐战争前夕建立于广州。宁汉分裂后，也出现两个中央通讯社：一个在武汉，一个在广州。1927年5月，蒋介石把广州的中央通讯社迁到南京。南京中央通讯社的大楼高七层，是当时南京的最高建筑。1932年，萧同兹走马上任，成为中央通讯社一把手。他一上任，就向国民党中央提出三项要求：

> 一是要使本社成为一个社会事业，必须机构独立，对外不用"中国国民党中央执行委员会宣传部"的帽子；二是自设无线电台，建立大都市通讯网；三是在不违背国法和党纪的原则下，能有处理新闻的自由。

他还提出三条办社方针，即"工作专业化""业务社会化""经营企业化"。萧同兹是"国民党"通讯社事业的元老，执掌中央通讯社长达30多年，后来台湾还设立了"萧同兹新闻奖学金"。起初，中央通讯社发往各地的电讯都由电讯局代理，不免受制于人。萧同兹接管中央社后，就着手建立自己的电台。1927年，中央社接收路透社在南京和上海的设备，建立南京总社和上海分社电台。翌年，又接收路透社在北平和天津的设备，相继建立北平、天津、汉口、西安和香港五个分社电台。从此，中央社可以通过自己的电台接收和播发新闻，既掌握了传播主权和主动权，又提高了新闻传播的效率。关于这一点，陶菊隐在他的《记者生活30年》中专门谈道：

> 一九二七年，中宣部成立"中央通讯社"（简称中央社），不论长短新闻，一律改用电报传递，分发各报采用。过去各报所登的国内新闻，都是用邮件传递的，从此就相形见绌而被淘汰。这是我到上海后不再吃香的惟一原因，却也正是中国新闻界的一次划时代大变革。这一变革加快了新闻传播的速度，不失为一大进步，但由独裁政权垄断国内新闻，结束了新闻竞争的时代，从此上海租界报纸也就更没有反对本国军阀和官僚的自由了。

前面讲《中央日报》的时候，谈到一位名记者——赵浩生。中央通讯社同样也有一些出色的记者。比如，《新民晚报》的前身、著名的"《新民报》创刊时，是由几个在国民党中央社工作的年轻记者刘正华、吴竹似和陈铭德等出于不满官方通讯社的束缚，追求新闻言论自由，而办起来的"（邓季惺等）。这里就介绍一位中央社的女记者陈香梅。

陈香梅的经历跟赵浩生有点类似，先是中央社记者，解放后辗转去美国，经过一番奋斗，站稳脚跟，开创自己的事业，晚年致力于中美两国和海峡两岸的交流，做了有益工作。陈香梅的外祖父跟廖仲恺是亲兄弟，所以她对廖承志以舅舅相称。1980年代初，她作为美国总统的特使回国，邓小平请她和廖承志夫妇吃四川火锅，席间开玩笑说："你舅舅有'气管炎'。"陈香梅不懂话里意思，就说好好的嘛，怎么有气管炎呢？邓小平说："你舅妈不让他抽烟，'妻管严'。"

陈香梅生在北京，"七七事变"后先到香港。香港沦陷，又独身前往昆明。当时她父亲在美国任职，想让她们姊妹六人都去美国读书，而只有陈香梅拒绝。她说："我不能在祖国受难时离开她，我要工作，尽我对祖国的责任。"1944年，大学毕业后，陈香梅加入中央通讯社昆明分社，成为中央通讯社的第一位女记者。她出身名门，功底深厚，英文流利，不久被派去采访陈纳德，于是一见钟情。1947年，他们在上海结婚，当时陈纳德54岁，陈香梅23岁。他们的两个女儿还是

封面照片为陈香梅和陈纳德

蒋介石起的名字，一个叫美华，一个叫美丽，含有中美合璧之意。1981年，她应邓小平的邀请访问中国，带着一个庞大的美国国会代表团。邓小平在人民大会堂宴请代表团成员，让陈香梅坐首席，议员们坐下席。邓小平解释说，美国有一百个参议员，全世界只有一个陈香梅，所以她应该坐首席。

抗战胜利60年，陈香梅回国，应云南政府的邀请前往云南，去当年飞虎队作战的地方寻访。她说，动身前有人问我："你这回去昆明，昆明是在四川吧？"当年，《密勒氏评论报》总编辑鲍威尔回国探亲，受到总统接

见。当谈到中国的时候，总统很高兴，说"我的一个姑妈也在中国"，然后大谈了一通所谓中国的情况。鲍威尔听着听着发现不对劲儿，原来总统所说的"中国"其实是印度！陈香梅认为，"美国的媒体上，关于中国的报道大多是负面的，对于本国人民及华侨华人感兴趣的有关中国经济、科技、社会等方面最新变化的报道极少，而中国自己在海外的声音又比较弱，这种状况十分不利于中美两国乃至中外之间的相互理解与合作"。

最后来看看"一台"——中央广播电台。这家民国第一台的全称是"国民党中央执行委员会广播无线电台"，1928年开始播音。起初每天上午和晚上各播出一次，每次一个小时，新闻都由中央社提供，后来革新节目，播音时间也增加到11个小时，其中新闻约占1/3。1933年在北京招考播音员，两三千报考者当中只收三名。中央广播电台同中央日报社和中央通讯社一样，曾被称为"谣言公司"。比如，"蒋介石的各色宣传机关，在十年内战时期，曾每天谎报红军死了许多许多……把这些数目字加起来，结果中国人要全部死光，包括蒋介石本人在内"。

这里再简要回顾一下中国早期无线电广播的发展情况。中国第一家广播电台，是美国人奥斯邦（E.G.Osborn）创立的"大陆报-中国无线电公司广播电台"。1922年，时任亚洲无线电公司的子公司——中国无线电公司经理的奥斯邦，携带一批无线电设备来到上海，与英文《大陆报》（*China Press*）合作，组建了这家广播电台，开播日期为1923年1月23日。播音内容包括新闻、音乐、娱乐等，新闻就由《大陆报》提供。不久，这家电台被北洋政府勒令关闭，因为触犯中国政府的有关法令和条例。按照当时规定，无线电器材属于军用品，未经许可，不得进口，不得经营。20世纪30年代初，随着中国现代化事业的进展，无线电广播也日渐普及，1931年全国电台总数有80多家，大多集中在上海。1947年，国党国所属的电台达到42座，全国有收音机约100万台。

广播是新闻媒体，也是大众传播媒体，而大众传播媒体和大众文化关系密切。所谓大众文化，是指现代化进程中兴起的都市流行文化，具有浓厚的商业和娱乐气息。旧中国的大众文化，以二三十年代的上海最为活跃。哈佛教授李欧梵有部《上海摩登》，对此做过专题研究，其中涉及当时的电影、广播、画报等媒体。作为大众文化的载体，三四十年代的广播起着

第四讲　风雨苍黄（上）　无可奈何花落去（1919—1949） | 185

民国时期的电台在录制节目

突出的作用，最具代表性的就是"流行歌曲"。当时，大上海等国际都市有一批作曲家以流行音乐闻名，他们的作品广为人知。比如，作曲家陈歌辛三四十年代在上海被誉为"歌仙"，创作了不少流行歌曲，给张爱玲等留下难忘回忆，其中《玫瑰玫瑰我爱你》成为第一首走向世界的流行歌曲，20世纪50年代初传入美国，上了流行歌曲排行榜的榜首，版税达100万美元。这位旧中国的"歌仙"有位公子，后来成为新中国音乐史上的名人，他就是与何占豪一起创作了国庆十年献礼作品小提琴协奏曲《梁山伯与祝英台》的陈钢。流行歌曲的兴起同大众传播媒体，特别是广播的兴起直接相关。没有广播，就无所谓流行。过去，民间小调均属口耳相传的个性化作品，自从出现广播这种一律化、统一化的传播载体，才开始形成万口归一的流行歌曲。比如，20世纪30年代初的《毛毛雨》，就曾通过广播风靡大江南北：

  毛毛雨下个不停
  微微风吹个不停
  微风细雨柳青青
  哎哟哟柳青青
  小亲亲不要你的金
  小亲亲不要你的银
  奴奴呀只要你的心
  哎哟哟你的心

除了"一报一社一台",国民党报业还有一系列大大小小的各类媒体,形成犬牙交错、互为掎角之势。其中,军方的《扫荡报》尤为突出。这是一张与《中央日报》并驾齐驱的大报。1931年初,蒋介石发动第一次围剿遭到挫败,为鼓舞士气,5月在南昌创办《扫荡报》,原名《扫荡三日刊》。创办人贺衷寒说:"我们就用扫荡二字;扫是扫除匪贼,荡是荡平匪巢。"与中央社元老萧同兹一样,贺衷寒早年也是一位爱国青年和革命志士,曾在武汉参加董必武创立的共产主义小组,后随张国焘率领的代表团赴苏联,出席远东劳苦人民大会。回国后,在长沙创办平民通讯社,并受聘为上海《时报》特约记者,鼓吹革命,宣传爱国。1924年,考入黄埔军校第一期,同时加入国民党。此后,逐渐得到蒋介石的器重,思想趋于右倾,最后成为黄埔系的理论家。他的有关理论,演变为国民党的"一个主义,一个政党,一个领袖"。1932年,他参与组建特务组织"复兴社",与康泽、戴笠、邓文仪等并称复兴社"四大支柱"。不过,他的主要业绩还是在军队政工领域,《扫荡报》就是其一。1932年夏天,第三次围剿失败后,蒋介石亲临南昌,自任围剿总司令。不久,《扫荡三日刊》改为《扫荡日报》。当时,中共中央提出口号:"士兵不打士兵,穷人不打穷人。"而《扫荡日报》便宣称:"士兵不打士兵,只打土匪;穷人不打穷人,只杀朱毛。"1935年,中国工农红军长征后,蒋介石撤销南昌行营,成立武汉行营,《扫荡日报》也迁到汉口,改名《扫荡报》。

在轰轰烈烈的抗日救亡运动中,《扫荡报》也有值得书写的表现,报道了一些有价值的新闻,对揭露日本帝国主义的侵略野心、鼓舞中国军民的抗战精神发挥了积极作用。与此同时,《扫荡报》同样有一些记者,无论人品还是专业都可圈可点。比如,徐铸成在《报刊旧闻》里就记录了《扫荡报》的一位无名英雄:

> 当昆明血案发生之翌晚,有一青年来编辑部,指名要见我。我出见,此青年着美式军装,说明刚搭飞机从昆明来,下机后即直至《大公报》。他说:"昨晚,昆明发生了一件骇人听闻之大惨案,军警、特务公然包围大学,开枪屠杀,死伤学生甚多。我已将当时情况写好一新闻稿,连同学生所发传单标语,一切藏在怀内。现昆明已戒严,电讯

及陆空交通控制极严,防止走漏真相。我为《扫荡报》记者,所以能不受检查,乘美机来沪。但我是有血气的中国人,义应披露真相,特写此稿,请先生过目。"(徐铸成《报海旧闻》)

新闻统制

所谓新闻统制,是指国民党对新闻报道与报刊活动的管制或控制。其中常见的手段有四种,一是颁布法令,限制甚至剥夺言论自由,这是一种常规常见的手段。二是通过邮政系统阻挠报刊发行,因为报刊发行需经邮局,邮路作梗就无法送达读者,邹韬奋的《生活》就曾一再被邮局禁止发售。三是组织记者团体,用以控制新闻事业。最后也是最恶劣的是用特务手段,迫害"离心离德"的新闻人。这方面可谓劣迹斑斑,血债累累,比如杀害《申报》老板史量才,邹韬奋也上过特务的黑名单,流亡海外。民间还流传着一则故事。一次,蒋介石对史量才说:把我搞火了,我手下有100万大兵。史量才回敬道:把我搞火了,我手下有100万读者。有道是,秀才遇上兵,有理讲不清,后来蒋介石还是用特务除掉了史量才,成为民国年间一桩轰动性的社会事件。

陶菊隐先生谈到国民党的特务有两种,一种是武特务,他们采取绑架、暗杀等手段控制军政界人士和持不同政见的民主人士,多属军统。另一种是文特务,多属中统,专管文教领域,各级各类学校及师生、学术团体、卫生机构、报刊图书等,均在其监控范围。当年,冯友兰先生去欧洲访学,初步接触唯物辩证法等新思潮,回国后应邀演讲,谈到历史唯物主义、辩证唯物主义。其实,冯友兰先生的哲学思想基本属于唯心范畴,毛泽东后来就说过,你是唯心派,我是唯物派。可就是这个唯心派哲学家由于谈了谈唯物论,有一天突然被叫到学校,说"宪兵司令部请您去一趟"。到宪兵部等了几个小时,最后被铐上手铐,带上火车,也不知拉哪儿去了。后来知道去了保定,即当时蒋介石的行营。第二天,又告诉他:"好了,没事了,南京方面何应钦部长来电说让释放你,你可以回家了。"等他回到北京,才知道家人焦急万分,清华教授已开会商量组织声援与营救,学生也准备采

杨铨与鲁迅合影（左一为杨铨）

取行动。鲁迅先生在一封信里谈道："安分守己如冯友兰，且要被捕，可以推知其他了。"冯先生在《三松堂自序》里写道："这些话极有代表性。可见特务的无法无天，到了什么地步，而南京的政治，也由此可见。真是民无宁日，人人自危。"

杨铨被害更是国民党特务统治的典型案例，与《申报》老板史量才的遇刺身亡同为民国"奇闻"。杨铨，字杏佛，江西玉山人，1911年加入同盟会，参加辛亥革命，曾任孙中山的秘书。1928年，任中央研究院的副总干事，相当于现在中国社会科学院的副院长，"院长"是蔡元培。1932年，杨铨同宋庆龄、鲁迅、蔡元培等发起组织"中国民权保障同盟"，任副会长兼总干事，就是做具体工作的，于是遭到蒋介石忌恨，终于被特务暗杀。暗杀发生前，他正带着小儿子从一家商店出来，特务对他开枪，为了保护儿子，他把儿子压在身下，身上被子弹打出许多窟窿。鲁迅先生听到噩耗，愤怒地写下一首七绝《悼杨铨》："岂有豪情似旧时，花开花落两由之。何期泪洒江南雨，又为斯民哭健儿。"

陶菊隐先生在《记者生活30年》里，谈到国民党的新闻统制，认为达到无孔不入的程度：

　　国民党检查报纸，达到无孔不入的程度：凡不利于国民党的记载，

日机轰炸后的上海南站儿童（王小亭　摄）

包括评论、新闻、图片、摄影及小品文，均被检查员删去；凡被删去之处，必须用其他文字或广告填补，不得"开天窗"，以免引起社会非难。其尤甚者，他们经常写些反共反人民的新闻，勒令各报用"本报特讯"照稿登出。当时论者认为：过去北洋军阀控制上海时期，包括袁世凯、卢永祥、孙传芳几个时代，并无检查租界报纸之例，如有认为不合之处，也只能采取停止邮寄的办法，或者通过工部局加以取缔。国民党所采取的上述手段，就比他们厉害多了。

抗战英烈、报界豪杰

抗战全面爆发后，国民党报业也随之颠沛流离，从东部向西部迁徙，从都市向乡村扩散，在现代史上形成一阵前所未有的社会性运动。由于战时物资匮乏，新闻媒体也不得不节衣缩食，惨淡经营。比如，报纸都改用土纸印刷，而且五颜六色，报童抱在怀里叫卖就像怀抱一束鲜花。由于报刊的大规模内迁，也使中央媒体的影响力第一次向内陆地区大范围渗透。于是，随着"中华民族到了最危险的时候"，新闻事业也发挥了整合民心、建构认同的作用。为此，国民党官方媒体也开始追求大众化、平民化，注重读者与公众的需求，同延安《解放日报》改版的类似目标可谓不谋而合。从更为深广的历史背景看，这也是大众传播事业发展的自然趋势，即从精英一步步向大众扩散。

八年抗战，许多"党国"报人同样作出贡献，乃至牺牲。他们或以笔为旗，热情讴歌抗日英烈，或以身许国，血洒民族独立的疆场。据蔡铭泽教授统计，抗战期间为国捐躯的"党国"报人及其家属在百人以上。他们同革命报人一起，谱写了中国新闻史上气壮山河的篇章，包括死于敌机轰炸的重庆《中央日报》记者刘少平，被俘遇害的山东《民国日报》记者张祖秋，遭到敌伪暗杀的《大美晚报》主编张似旭及副刊编辑朱惺公等。

死于国难的记者里，以朱惺公的事迹向称壮烈。他是上海孤岛时期《大美晚报》的副刊编辑。孤岛时期是指抗战爆发以后、太平洋战争爆发以前的一段时间，当时上海租界还属中立区，偷袭珍珠港后，日军才开进这个"孤岛"。孤岛时期，许多中国记者利用特殊环境坚持斗争。当时，租界情况错综复杂，既有国民党，又有共产党；既有军统，又有中统；既有汪伪，又有日寇，还有苏联、美国等各种势力，犬牙交错，波诡云谲。《大美晚报》（Shanghai Evening Post and Mercury），是美国人创办的英文报纸，1929年在上海出版，1933年增出中文版，1941年年底太平洋战争爆发后，中英文版均被迫停刊。

朱惺公是江苏丹阳人，曾在多家报纸做编辑。1938年，任《大美晚报》中文版副刊《夜光》编辑，宣扬抗日爱国思想，发表歌颂英烈、痛斥汉奸的文章，如《中华民族英雄专辑》《汉奸史话》等。为此，他不断遭到敌伪特务的恐吓，甚至还寄来子弹，而他在报纸上公开答复道："这年头，到死能挺直脊梁，是难能可贵的。杀了我一人，中国尚有四万万五千万人在！余不屈服，也不乞怜！余之所为，实为内心之所要，社会之同情，天理之所容！如天道不灭，正气犹存，则余生为庸人，死为鬼雄，死于此时此地，诚甘之如饴矣！"他还索性刊出预先自挽的对联："儒夫畏死终须死，志士求仁几得仁？"1938年8月30日，他在回家的路上，被汪伪特务堵在胡同，用枪顶着脑袋枪杀，时年39岁。

在宣扬爱国抗日方面，朱惺公编发的一首《改汪精卫诗》载诸史册，脍炙人口。辛亥革命前，汪精卫还是一位热血青年，爱国志士，由于刺杀摄政王载沣被捕入狱，在狱中写下一首广为传诵的诗篇：

> 慷慨歌燕市，
> 从容做楚囚。
> 引刀成一快，
> 不负少年头！

朱惺公编发的这首诗，就是将汪精卫的豪言壮语每句添加两字，意思顿时两样，真是极尽讽刺，令人忍俊不禁：

> 当年慷慨歌燕市，
> 曾羡从容做楚囚。
> 恨未引刀成一快，
> 终惭不负少年头！

诗下面还有朱惺公的署名杂文《绝妙好诗》，其中写道："现在是彻底剥掉汪精卫的英雄画皮，还他卖国贼的真实面貌的时候了！"

作为对比，我们再来看看当时沦陷区的汉奸文人与报人胡兰成。胡兰成早年曾在广西办《柳州日报》，后为汪精卫系的《中华日报》撰稿，1937年被聘为主笔。上海沦陷后，去香港编《南华日报》，由于写了一篇卖国社论《战难，和亦不易》，受到汪精卫妻子陈璧君的赏识，升任《中华日报》总主笔。1940年汪伪政府成立，又任伪宣传部政务次长。此人在政治大节上罪恶昭彰，"集中而突出地表现在连篇累牍发表在汉奸报上的社论中。那些社论，为日寇的'大东亚圣战'歌功颂德，为汪精卫的'和平运动'喝彩叫好，对抗日的中国军民极尽诬蔑诋毁之能事"（伊凡）；在个人品行上也是卑劣下作，以玩弄女性为乐，以游戏人生自得。这样一个民族败类和龌龊丑类，一度居然大红大紫，与其几个始乱终弃的女人之一张爱玲俨然成为才高八斗、情薄云天的旷

旧中国报刊广告

抗战时期的战地通讯员。骑马走在前面的是新闻摄影家王小亭

世怨偶,一部张爱玲传记里就写道:"风流倜傥的才子胡兰成,闯进张爱玲的感情世界里,在她那荒漠已久的沃土里,滋润出一片绿荫。"而津津描绘其经历的《今生今世》更是招摇过市,摆上大大小小的书店柜台,构成一道"二十年目睹之怪现状"。

雾锁山城

1937年,抗战全面爆发后,南京、武汉相继沦陷,国民政府一路西撤,直到定都重庆。其间,一面排兵布阵,迎击日寇,"以空间换时间",一面开展国际外交和宣传攻势,争取各方声援。为此,成立了主管宣传的国防委员会第五部,部长是后来投敌的汪逆大员陈公博——中共一大代表、北京大学新闻学研究会会员,副部长是新闻人董显光。董显光(1887—1971),新闻科班出身,先后就读于美国密苏里大学新闻学院和哥伦比亚大学新闻研究生院。1927年,他在天津创办著名的《庸报》,一改中文报纸沿用的英国模式,采用美国的经验,诸如大标题、配图片、突出本地新闻、加强文体报道等，令人耳目一新。1928年，皇姑屯事件发生后，《庸报》最先披露真相，揭露日本炸死张作霖内幕，引起强烈反响，成为仅次于《大公报》的新锐媒体。后来，他又担任上海英文《大陆报》的总经理和总编辑。由于早年在浙江奉化的中学任教时，董显光同蒋介石有师生之谊，加之从小受教于教会学校，与西方人关系融洽，所以抗战爆发后应蒋介石顾问端纳之邀出任国防委员会第五部副部长，后任国民党中宣部副部长、中央政治学校新闻学院院长，主管对外报道与国际传播。他在自传里写道："通过新闻贡献我的能力，给中国培养国际好感是我应尽的责任。"

国防委员会第五部下设国际宣传处（后隶属国民党中宣部），负责具体工作，处长是董显光的"老搭档"曾虚白。根据张威教授研究，"在1937年至1945年的8年岁月中，国宣处负责国统区的抗日对外宣传，外国记者的管理以及外电的审查，在中国当代新闻史上留下了特殊的痕迹……中国战场日益成为世界媒体关注的中心。这与国宣处的积极宣传密切相关"。1938年春，台儿庄战役结束后，国宣处立即包一架专机，满载外国记者前往采访，"随后，一篇篇战地新闻传向全球各地。整个世界都感受到了中国必胜的信心"（张威）。为了加强国际报道和对外宣传，国宣处囊括了一批专业的新闻人，如白修德、密苏里大学新闻学院教授莫瑞斯·沃陶（Maurice Votaw）等，一方面撰写有利于国民党中央的新闻稿或宣传稿，另一方面审查所有电讯稿。同时，还聘请外国记者建立了以美国为中心的海外新闻网，开辟了香港、伦敦、柏林、莫斯科、日内瓦等7个站点。于是，当爱国将士浴血奋战、英勇抗敌之际，不仅国内各家媒体大力宣传和报道，而且外国记者也不断向全世界传播中国战区的消息，揭露日本法西斯一系列灭绝人性的罪行，赢得世界舆论的同情和声援。特别是抗战初期，由于董显光、曾虚白及其国宣处的出色工作，前线将士的奋力抵抗、日军的凶狠残暴、国民党和蒋介石的国际形象等都得到有效传播。当然，这些战时报道里难免存在夸大宣扬，如所谓"昆仑关大捷"。

1939年，日军占领南宁后，国民党军队开始反攻，由于昆仑关是南宁北部的门户，双方首先在此交战。抗战史专家张宏志先生指出，当时国民党军队动员的总兵力为25万余人，另有115架飞机以及炮兵、工兵、通讯兵等部队。担任主攻的是国民党军队第一支机械化王牌军——杜聿明的第

国民党军队在台儿庄虏获的日军坦克

5军,下辖3个师——第200师(师长戴安澜)、第22师(师长邱清泉)和荣誉第1师(师长郑洞国),共计5万余人。而昆仑关的守敌只有日军一个大队,约800人,后又增援一个大队。经过40多天强攻,国民党军队才好不容易占领昆仑关的前哨阵地,而纵深阵地依然无法突破。不久,日本援军第18师团和近卫混成旅团到达,展开反击。同时,一小股日军沿昆仑关脚下的邕江进袭,抄袭国民党军队后路,国民党军队立刻后撤,"军无斗志,纷纷溃退",结束了昆仑关战斗。战后在柳州召开的军事会议上,蒋介石大为恼火,给予总指挥白崇禧和中央督战大员陈诚降薪留职处分——均由一级上将降为二级上将,同时将第5军所属的第38集团军总司令徐庭瑶上将等8个将官撤职查办。电影《大捷》(1995)、电视剧《我的团长我的团》(2009)等作品,也形象地再现了这些抗战的历史场景。国民党中央委员、曾任北京大学代校长的蒋梦麟先生在《西潮・新潮》一书里,记述了他所亲

昆仑关

历的一些抗战时期的悲惨场景，包括用绳索捆绑成群结队的壮丁，千里迢迢押赴战场，途中条件简陋，冻饿羸病倒毙于途者往往过半。无怪乎这样的军队既无士气，又无斗志，更无灵魂。

抗战时期，当局更加严格地控制舆论，新闻统制进一步强化。客观地讲，这种强力管制在战火纷飞、人心浮动的情况下理所应当，无可厚非，事实上各国无不如此。不过，国民党借口"战时管制"而排斥异己，也是有目共睹，颇遭诟病，这些问题集中体现在国宣处与"驻华外国记者俱乐部"的关系上。

当时陪都重庆云集了一批欧美名记者，如爱泼斯坦、白修德、杰克·贝尔登、欧文·拉铁摩尔等，代表美联社、合众社、塔斯社、路透社、英国广播公司、《纽约时报》《泰晤士报》《时代》周刊、《生活画报》《读者文摘》等媒体。同时，还有一些著名记者不时到访重庆，如海明威、《时代》周刊记者约翰·赫西（John Hersey）等。1941 年，蒋介石的铁杆儿支持者、《时代》周刊老板亨利·卢斯来访，更时轰动山城，机场还铺上红地毯。据统计，1942 年年初，重庆约有 23 家西方新闻机构，抗战后期，长驻重庆的外国记者有 30 多人：

> 这时期的外国记者大致可以分成两类。第一类是职业记者，例如美联社的慕沙霸（Spence Moosa）、路透社的赵敏恒（Thomas Zhao）、法新社的马可仕（Jaeques Marcus）、美国合众社的王公达（华人）、塔斯社的叶夏明（Vladmik Yakshamin）、《纽约时报》的窦奠安（Tilman Durdin）、艾金森（Brooks Atkinson）、《洛杉矶时报》的艾力根（Bob Elegant）、瑞士《苏利克日报》的鲍士哈特（Walter Booshardt）、《芝加哥时报》的毕启（Keyes Reech）、史蒂尔（A.T.Steele）、路透社的包亨利（Henry Bough）、美国《新闻周刊》的马丁（Peppy Martin）、美联社的司徒华（Janes Stewart）、《时代周刊》的白修德（Theodore White）等。
>
> 第二类是自由记者，他们是为各个通讯社或报社写作的特派记者或自由撰稿人。比如斯特朗（Anna Lewis Strong）、史沫特莱（Agnes Smedley）、苏艾士（Hona Sues）、斯诺（Edgar Snow）、英国《伦敦泰

晤士报》的福尔曼（Harrison Forman）、美国《经济周刊》的史戴恩（Gunther Stein）、美国《政治周刊》的爱泼斯坦（Esrael Epstein）、威尔士（Nym Wales）、盖因（Mark Gayn）、罗新哲（Lawrence K.Rosinger）、佩弗（Nathaniel Peffer）等。自由记者一般不在重庆长留，往往是集中一段时间采集新闻，匆匆而来，匆匆而去。比如撰写《亚洲内幕》的根舍，还有美国《纽约客》记者项美丽（Emily Hahn, 1905-1997）。项花了9个月的时间在重庆采访宋美龄，最后铸成大作《宋家三姐妹》，是风云一时的畅销书。（张威《抗战时期的国民党对外宣传及美国记者群》）

在华外国记者还可以从政治态度上分为两类，一类倾向共产党、八路军，如"密苏里帮"里的斯诺；另一类倾向国民党、蒋介石，如"密苏里帮"里的约翰·鲍威尔。他们来华的背景和动机也各不相同。除了对中国革命的声援和对中国人民的同情，有的是由于对中国的兴趣，有的是基于冒险的激情，有的是媒体或政府的委派，还有的是因为经济大萧条的压力等。比如，时任美联社记者的杰克·贝尔登回忆说：

> 1933年时我刚刚大学毕业，到处找不到工作。所以我奔向大海。我跳上一艘德国船《洪堡号》（Hamburg）。我碰到了一名妓女。她对我说在这里不好活，于是我又跳上一条船到了香港，我身上只有一毛钱。我辗转到了上海，靠赌博赚了些钱。后来我在上海和北京之间穿行，学习中文，同时在《大美晚报》工作，1937年卢沟桥事变时，我正好在北京……

当年，红色特工理查德·左尔格也以德国记者、自由撰稿人身份进入中国，而其真实身份是苏联红军总参谋部情报人员，主要任务是研究蒋介石的内外政策、军事实力，以及列强特别是德日对华战略，等等。他最出色的业绩之一，就是准确获取了日本偷袭珍珠港的情报。在华期间，他曾得到艾格尼丝·史沫特莱的帮助，两人还一度相恋。

至于《纽约时报》的哈利特·阿本德（Hallett Abend），则是渴望富有刺激和挑战的生活，而不甘平淡无奇的日子。对他而言，"西藏的日出，苏禄海的台风，戈壁沙漠里随你蜿蜒前行的驼队"，远比待在美国年复一年、日复一日地重复同样的事情有意思得多。他一生未婚，无子无嗣，所以晚年设想："若我有儿子，喜欢写作，喜欢旅行，生性还算谨慎，则我将不仅鼓励他投身新闻业，而且要鼓励他去当驻外记者。"(《民国采访战》)他从1929年任《纽约时报》的驻华首席记者，直到1940年回国，留下一部《我的中国岁月》(*My Years in China*，1926—1941)。在华期间，他

抗战期间美国记者在野外写作

广泛结交各方政要，经常出入官邸豪宅，长袖善舞，派头十足："居则百老汇大厦顶层，行则车夫驾新款轿车伺候，玩则江湾高尔夫球场，饮则英国总会、花旗总会……他在北京、上海的日子，与其说是记者，不如说是王公，寒酸的同行们，谁能与他争锋。"(杨植峰)他甚至被日本记者松本重治视为当时最杰出的美国记者："有时，我约他一起去江湾的高尔夫球场打球。一次，一局未完，他突然想起什么事情对我说：'真对不起，我忘了还有约会，今天就失敬了。'我半开玩笑似的问他：'还能有什么事比打球更重要？''实际上我忘了宋美龄要请我喝茶。请务必多多包涵。'"(《上海时代》)

不管来华外国记者有什么背景、什么动机、什么政治态度，抗战时期他们都站在中国一边，为正义而呼，为正义而歌，热情报道中国军民的抗战及其对世界反法西斯战争的贡献。著名的《密勒氏评论报》(*The China Weekly Review*)就因倾向中国人民，支持抗日战争，1941年太平洋战争爆发后即被日军查封，发行人约翰·鲍威尔(John B. Powell)也被逮捕。正因如此，抗战后期驻华的外国记者便同消极抗日、积极反共的国民党不断发生摩擦、分歧和矛盾，对日益收紧的新闻检查尤为不满，冲突逐渐加剧。1941年，皖南事变后，国宣处将斯诺作为"不受欢迎的人"递解出境。1943年，白修德又因报道河南饥荒，令蒋介石和宋美龄在国际上大丢颜面，

遭到国民党的嫉恨。为了对付新闻统制，争取报道权，1943年5月，重庆的外国记者成立了"驻华外国记者俱乐部"，公推艾金森为会长，白修德和叶夏明为副会长。他们最成功的一件事，就是迫使当局同意外国记者进入延安采访，并于1944年组成有名的"中外记者西北参观团"。"这是继《西行漫记》后，西方媒体对红色抗日根据地规模最大的一次报道……延安之行后，重庆的外国记者几乎都倒向了中共一边。"（张威）多年后，爱泼斯坦回忆说：

> 令我最难忘的是1944年夏天的延安之行。因为这是影响我一生走上革命道路的一次重要访问。我看到一个完全不同的中国，它与蒋介石的国民党中国迥然相异。这个中国充满希望，没有饥饿，没有失败主义情绪。延安使人感到未来的中国已经在今天出现。（武济良《爱泼斯坦与中国:〈义勇军进行曲〉的震撼》）

这里，且不论两大政治阵营的差异，即使延安与重庆的环境也给这些记者留下鲜明记忆。当时重庆是座简陋的、带着原始风貌的山城，用彼得·兰德的描绘，"它尚是一座布满肮脏茅草屋的中世纪一样的城市。窄小街巷里粪便污秽沿着街边的小沟，在众目睽睽下流向长江，污染着下游几百里沿江而建的大大小小的城镇"。在许多外国记者的印象里，山城还常常笼罩在厚重的浓雾里，终日阴沉沉、灰蒙蒙，冬天气候更是阴冷潮湿，而这种阴郁的自然环境又同腐败、颓废的社会气氛以及新闻封锁形成象征性的同构关系：

> 在此期间，冬日重庆阴郁的气氛和情绪，还因阴险的特务无所不在的活动而愈加浓烈，他们在城市每个角落四处骚扰。一部分是蒋介石的特务头子戴笠的手下，另外一些受CC系特务机关指挥，这是根据蒋介石的右翼政治亲信陈立夫、陈果夫兄弟俩的姓氏命名的。其他特务属于军队体系，还有各式各样的属于个人名下的特务。如一位中国朋友对蒋介石的美国顾问拉特摩尔所说："在重庆，生活是恐怖的。除非你采取一种非常合作的立场，不然的话，特务就会监视你……"（兰德《走进中国》）

与此形成鲜明对比的，是清新、健爽、生机勃勃、充满朝气和希望的塞外边城延安，甚至西北的蓝天白云、万里晴空都被视为一种象征——"解放区的天是明朗的天"。

用社会史而非政治史的视角看，重庆期间的外国记者并不都是，也并不总在忙活正事，关心时政，采写新闻。他们也常常吃喝玩乐，社交、骑马、郊游，甚至酗酒、嫖妓。按照一位驻华记者后代的说法，"酗酒、嫖妓在我父亲那些驻远东的记者们看来，是正常的恢复精神的消遣方式"（彼得·兰德）。平时，他们住在离市中心两三里的外国记者招待所，处于半禁闭、半囚禁的状态，生活未免单调，甚至乏味。按说这个有名的招待所是国宣处特意为他们提供的"世外桃源"，1939年专门筹款1万元修建，与董显光的办公地点比邻而处。显而易见，这种布局既便于国宣处联系记者，开展工作，也便于监视他们。董显光还为唯一的女记者贝蒂·格拉姆（Betty Graham）盖了一间独立房子。1941年，招待所被日机炸毁，重建的招待所不仅修葺一新，而且条件也得到改善。"驻渝记者大都居于此处。招待所尽最大的努力使外国记者过得舒适，每月饭费每人只有1美元多，而且供应牛奶、咖啡、西餐；房费每人每月仅3美元。"（张威）虽说这里每周五举行一次新闻发布会，每月还举行一次记者联欢会，但真正的新闻却难以获得，当局也每每以安全为由拒绝记者访问前线。于是，无所事事、死气沉沉之际，有些精力旺盛的驻华记者就寻欢作乐。"美联社记者佩珀·马丁便被形容为一头犀牛，他在做爱时把外国记者招待所的泥篱笆墙摇得直晃，这一举止让他大名鼎鼎"；"杰克·贝尔登（Jack Belden）是位电讯记者，他主要是酗酒，众人周知的是，他拉上在记者招待所的房间的窗帘，独酌独饮直到酩酊大醉。等他拉开窗帘，人们就知道他要外出活动了"（彼得·兰德）。贝尔登还为贝蒂·格拉姆患上相思病，穷追不舍，用白修德的话说，"跑过五个省来追她"。而她离开重庆，随八路军上了前线，抗战胜利后在山东解放区换上解放军的服装，最后随解放大军进入北平。她后来热恋英国左翼作家阿兰·温宁顿（Alan Winnington），因被抛弃而自杀。

重庆时期驻华记者，后来境遇各不相同。"贝尔登晚年最后20年住在巴黎，1998年去世时79岁。他在法国和欧洲靠开出租车生活，他酗酒、赌博，爱能够接受他的习惯的女人。20世纪70年代初，他自己花钱想办法重

邓小平 1985 年会见当年报道中国的美国记者团

返中国。当尼克松访问团的记者们抵达北京时，看到他在机场。"（彼得·兰德）1985 年，中国邀请其中一部分人重访大陆，在人民大会堂举行了有邓小平参加的会议，然后用专机送他们访问西安、延安、重庆，并乘船游览三峡。今天，我们感念他们不仅是因为这些外国记者为中国人民的抗日战争和解放事业所作的贡献，也是因为他们的"浪漫主义、冒险献身精神以及奉行的新闻专业主义至今还在影响着中国"（张威）。至于当时的国宣处可以说：

> 抗战八年中，它为宣传中国抗日精神、争取世界舆论的同情做了艰苦卓绝、富有成效的工作；它以美国为中心、在英国等国家建立了近代中国的通讯宣传机构；它凝聚了中国最早一批留学美国的新闻精英；开创了中国对外宣传报道的先河。然而，由于中国当时的经济、政治、文化、人才均处于落后状态，国际宣传并没有得到足够的支持，国宣处的经费和人力资源始终捉襟见肘，在宣传策略和方法上也漏洞百出。……由于国民党当局的腐败、新闻钳制以及共产党吸引，国宣处的许多努力都付诸东流。它在重庆建立的以美国记者为主的外国记者队伍也逐渐走向反叛，最后彼此彻底决裂……（《抗战时期的国民党对外宣传及美国记者群》）

"大后方"的新闻教育

抗战时期，戎马倥偬，新闻教育在大后方依然有所发展。1929年建系的复旦大学新闻学系，迄今已近100年，在艰苦岁月里惨淡经营，成就卓著。1942年新闻学家陈望道出任系主任，提出"好学力行"的系铭。最初讨论时，大家都倾向用"打成一片"，眼看即将表决通过时，陈望道提出"好学力行"，顿时获得一致赞同，成为至今沿用的复旦新闻座右铭。他还是《共产党宣言》的最早译者，语言学家，代表作《修辞学发凡》为现代学术经典之一，解放后任复旦大学校长。斯诺曾经执教的燕京大学新闻系，抗战爆发后内迁，1942年于成都复校，由蒋荫恩任系主任。蒋荫恩（1910—1968），1935年毕业于燕京大学新闻系，次年任上海《大公报》记者，后从事新闻教育，先后在成都、北平任燕京大学新闻系主任。1948年赴美，在密苏里大学新闻学院从事新闻研究。解放后回国，任燕京大学新闻系教授兼系主任。1952年调任北京大学总务长、中文系新闻专业教授。1958年改任中国人民大学新闻系教授兼副系主任。

同时，中央政治学校大学部新闻系1935年由马星野创办于南京，抗战后迁往湘西。马星野毕业于密苏里大学新闻学院。原名马允伟，旅美时取杜诗"星垂平野阔，月涌大江流"的"星野"二字作为笔名，以后便以此知名。他在温州第十中学读书时，朱自清是他们的国文教师，对他的作文十分赏识，除了平时在文卷上细加评点，还对他进行个别指导。1927年春，北伐军抵达南京，设立中央党校。马星野闻讯后与十数位同学前往应试，以第一名录取。学习期间，兼任《黄埔军报》编辑。1928年，国民党中央党校改名中央政治学校，马星野毕业后留校，为教务长罗家伦所重。罗家伦调任清华大学校长时，携他北上担任校长室秘书，并负责编辑《清华校刊》。此时，朱自清已在清华大学任中文系

曾朴父子主办的《真美善》杂志

系主任兼图书馆馆长。昔日师生，北国重逢，几十年后马星野在台湾著文追忆："朱先生是一块美玉，他的一句诗，一席话，都有值得长久回味的价值……他那温良恭俭让的和平神态，永远使我毕生难忘。"1930 年，他赴美留学，与斯诺成为校友，回国后在中央政治学校讲授《新闻学概论》，1935 年出任该校新闻系主任，前后 14 年。1942 年，任国民党中宣部新闻事业处处长。1945 年，任南京《中央日报》社长，1949 年去台湾，继续任社长。1964 年，任中央通讯社社长。

另外，重庆新闻学院 1943 年由国民党中宣部与哥伦比亚大学新闻学院联合创办，隶属中央政治学校，为解放前"党国"新闻教育的最高学府，由董显光兼任院长，晚清著名小说家、《孽海花》作者曾朴之子曾虚白任副院长。曾虚白，原名曾焘，圣约翰大学毕业后，赴长沙湘雅医学院、雅礼大学任教授，后任金陵女子大学中国文学系主任等职。1923 年在上海与其父曾朴创办真善美书店，1927 年任天津《庸报》特派记者，1937 年任国防委员会第五部国际宣传处处长，翌年改任国民党中宣部国际宣传处处长兼政治学校新闻学院副院长。1950 年任中央通讯社社长。1954 年任政治大学新闻研究所所长，后任政治大学新闻系主任。政治大学新闻系是台湾新闻传播教育与研究的最高学府。

覆亡前夕

从抗战胜利到解放前夕，国民党当局在短短几年里，便由胜利者变成失败者，形势变化令人惊异。起初，百姓对国民党寄予希望，然而，"望中央，盼中央，中央来了更遭殃"。抗战胜利后的接收大员简直就是"劫收大员"，民间称为"五子登科"——位子、条子、车子、房子、女子。1945 年，夏衍按照周恩来指示创办《建国日报》，上面登了两则补白，流行一时：

> 上海人最怕两种人，一种是从天上飞下来的，一种是从地下钻出来的。
>
> 要在上海找房子，必须要两种条子，一种是金条，一种是封条。

赵浩生在回忆录《八十年来家国》里讲道，抗战胜利后从陪都重庆到

解放前夕上海街头

南京有三条路可走：一是天上飞，二是水上漂，三是地上爬，也就是坐飞机、乘轮船或搭长途汽车。徐铸成《报海旧闻》记述，抗战胜利后，国民党中宣部通知：9月2日有一架专机护送重庆新闻界人士飞回南京，座位有限，每家报社只能派一人到南京参加3日举行的受降典礼。后来这个典礼被蒋介石特意推到9月9日的上午9时，因为"九"在中国传统中是个吉利数。在这趟航班上，有《中央日报》的总编辑陈训悆，《新华日报》的徐迈进，中央通讯社的总编辑曹荫稚，《世界日报》的成舍我，《新民报》的赵敏恒等。途中飞机还一度发生故障，虚惊一场。当时，飞机飞临九江、鄱阳湖上空时，机组人员忽然紧张地来机舱巡视，记者们问怎么回事。他们也不回答，只是漠然示意，让大家自己看看。于是，人们朝窗外望去，只见两个发动机，一个已经停了，只有一个在转，同机者无不暗暗着急。所幸有惊无险，最后飞机平安着陆。

1945年9月，《中央日报》总编辑陈训悆携编辑主任卜少夫飞抵南京，筹备复刊工作，复刊后第一篇社论由成舍我执笔撰写。陈训悆是陈布雷的胞弟，而陈布雷是蒋介石的心腹幕僚，早年也以办报著称。陈布雷原名陈训恩，笔名布雷、畏垒，辛亥革命年间任上海《天铎报》主笔，后任《商报》编辑主任、《时事新报》总主笔等。1927年在南昌见蒋介石，加入国民党，参与中枢机要，历任国民党宣传部副部长、蒋介石侍从二室主任等职，1948年年底由于对党国命运悲观失望服药自尽。徐铸成的回忆录有一段记述：

> （1943年）由邓友德、陈训悆兄引导，也去侍从室拜候了陈布雷先生，他也是我国新闻界的前辈，又是张季鸾先生多年至交。在二十年代，他以"畏垒"的笔名，在上海《商报》写社论；季鸾先生则在《中华新报》主笔政，署名"一苇"，都风靡中外，有"一时瑜亮"之称。布雷先生一再谬奖，谓故友季鸾曾郑重谈及，我与（王）芸生为其得意之传人。布雷先生并力劝我参加国民党，他自己愿破例当介绍人。我婉谢其意，说参加一政治组织，等于女人决定选择对象，此为终身大事。我对政治素不感兴趣，愿抱独身主义。布雷先生莞尔而笑，不以为忤。（《徐铸成回忆录》）

卜少夫也是一位著名报人，早年留学日本，学习新闻，后在多家报社供职，抗战时期先在香港做《大公报》战地记者，后到重庆，任《中央日报》采访部主任，创办新闻周刊《新闻天地》，提出一句口号——"天地间尽是新闻，新闻中别有天地"。1949年赴香港，继续主编《新闻天地》。

抗战胜利后，《扫荡报》改名《和平日报》。向以"疯子"著称的军统报人龚德柏，带陆军少将衔随先头部队进入南京，接收两家日伪印刷厂。翌年中央社迁回南京，接着中央广播电台也迁回南京。至此，"中央"新闻事业的回迁大致完成。与此同时，国民党当局开始对《申报》《新闻报》等民间大报以"附逆"为由进行整肃，推行"党化"，意图借机将这些报纸变成"党国"的喉舌。经过整肃，《申报》和《新闻报》都成为事实上的"党报"。比如，青帮头目杜月笙任《申报》董事长，CC系潘公展任社长兼总编辑，《新闻报》由萧同兹任社务管理委员会主任，赵敏恒任总编辑。赵敏恒原是清华学子，后来赴美留学，毕业于密苏里大学新闻学院和哥伦比亚大学新闻研究生院，回国时曾任美联社和路透社记者。解放后，任复旦大学新闻系教授。至于潘公展，1922年毕业于圣约翰大学，1929年任《商报》主笔，1926年与陈布雷同赴南昌面见蒋介石，从此开始效命"党国"，1934

年任中央宣传委员会图书审查委员会常务委员，成为直接镇压进步文化运动的骨干。抗战期间，任国民党中宣部副部长，曾密令搜查重庆生活书店总管理处，威胁邹韬奋。抗战后返回上海，出任《申报》社长，1949年去美国，任《华美日报》社长、总主笔。

抗战胜利后，"党国"报业急速扩张，特别是报团的涌现尤为突出，这些报团就类似于现在的报业集团等，也是想"做大做强"。为此，制定了一系列党报企业化的计划，按照公司法将媒体改造为企业，发展各自的事业，形成一个个报团或报系。比如，中央日报社有12家分社，在12个大城市同时出报，1946年又出版《中央晚报》。与此同时，中央通讯社的分社也达到40余家，工作人员2600多人。国民党系统的电台则发展到100多家，国民党中央直辖的有40多家。然而，这一切最终都归于无可奈何花落去的命运。

国民党覆亡前夕，有一段著名的广播通话，革命报业与党国报业在此直接交锋，颇有象征意味。1949年4月21日，北平新华广播电台以摧枯拉朽之势，反复播出中共中央主席毛泽东、中国人民解放军总司令朱德发布的《向全国进军的命令》。23日，在南京城外隆隆炮声中，中央广播电台一片狼奔豕突，只是反复放送唱片，每15分钟播一次呼号，这时呼号已经不是"中央广播电台"，而改为"南京广播电台"。4月24日，电台陷入群龙无首状态，少数留守人员更是惶恐不安。几天来，人们一直在收听北平新华广播电台的广播，密切注视局势的变化。这天上午，收音机里忽然传来一阵呼叫声："北平新华广播电台：请南京广播电台注意，我向你呼叫，请你回话……"这是著名播音员齐越的声音。"中央广播电台"播音组的蔡骧立即赶到，忐忑不安坐在话筒前，喘息稍定，打开话筒："我是南京广播电台，我来回话……"下面故事按下不表，且听"革命报业"一讲分解。

从《长河》看媒体

谈了"党国"报业的兴衰成败，下面再以沈从文小说《长河》为例，对其从理论上做点分析和探讨。

沈从文的短篇小说当数《边城》，长篇小说则以《长河》著称。这部小说写的是湘西三四十年代的社会生活。若从新闻传播和大众媒介的角度看，《长河》已经显示了一种新的社会动向和历史图景，这就是民族国家意识的觉醒及大众传媒建构这种意识的潜在功能。对此，北京大学中文系吴晓东教授做了专门研究和独到剖析，得出一些有趣的发现。他在一篇文章中谈道，与国家机器的有形管制不同，大众传媒无形中建构着一种统一的、"民族国家"的想象性图景，并塑造着国民对于"国家"的信仰。在《长河》的叙述

沈从文《长河》

中，频繁出现一些重要媒体，如《申报》《中央日报》等。这些媒体，"建构了不同于乡土传闻的另一种话语和舆论空间"，带给人们所谓"天下大事"，是"不同于真假莫辨的口头传闻的另一种'真实'性的新闻"。这里且不论报刊的具体内容，只要读者不断接触这些现代媒体，感知这些新闻，久而久之就会无形中形成一种家国天下的意识。比如，《长河》里出现的乡绅、商会会长、税局中人等人物与《中央日报》《申报》等媒体联系密切，从中不难看到：

> 现代大众传媒正是以其"真实性"与权威性的幻觉实现对社会舆论空间的宰控。它也正是如此介入了湘西这样看似封闭的传统社会。这种作用尤其体现在以下几个层面：一是建构湘西人对外部世界和所谓"现代"视野的最佳途径。二是塑造国民现代素质和民主法制公正等现代意识。三是辅助集权国家在具体的行政权力之外实施新闻与舆论的控制，传播国家主义的意识形态。这种对国家主义的意识形态的传播以及对国家想象的建构，尤其是大众传媒的重要的功能。（吴晓东）

在这个变化过程中，各种媒体的内容及其立场固然重要，如《新华日报》和《中央日报》格格不入，《红星报》与《扫荡报》也大相径庭。但是，从长时段的历史背景审视，不难发现它们又具有一种相似的、强大而

1937年,太原市民欢送国民党军队179旅开赴前线

隐秘的功能,这就是无形中塑造着"中华民族"的认同感。而当人们不断接触同样的媒介,关注同样的对象,讨论同样的事务,哪怕立场和观点各不相同,久而久之都会在心理上形成一种休戚与共的民族意识,就像所谓"同胞"。换言之,各种媒介的内容及其立场、方针等固然重要,但同样重要而往往忽略的是现代媒介塑造民族认同感的意义。以《长河》为例,"无论是橘园主人,还是商会会长,其对'国家'的意识和'信仰',都得益于《申报》(当然更包括《中央日报》)二十多年的潜移默化的熏陶"。(吴晓东)

如果再将视野拉开,不仅着眼于湘西一隅而是整个中国,不仅着眼于20年而是近代100多年的浸润,不仅着眼于几家有影响的大报大刊而是整个现代媒介系统的运作,那么现代媒介在建构民族国家的意义就非同小可了。而以往的研究往往忽略这种功能,大抵将媒介视为一种报道新闻、宣传主张、鼓动民众的、具体可见的"利器""武器"或"工具"。而正如法国马克思主义思想家阿尔都塞所说,媒介不仅反映现实,而且建构现实。从这个意义上说,现代媒介在塑造现代国家与国民的意识上可谓功不可没。也就是从这个意义上讲,"党国"报业对"建国"(state-building)以及现代化进程的作用也不可忽略。虽在光明黑暗两种命运两种前途上,我们与"党国"分道扬镳,但在建构民族国家及其认同的层面上,"党国"报业客观上也发挥了潜移默化的功能与影响。特别是抗战时期,大量"党国"媒介向内

地偏远地区播迁,从而在以往封闭落后的、根本不知现代媒介为何物的老少边穷地区渗透一种现代意识,形成一种家国天下的民族认同,而这种现代意识和民族认同感对解放后推行的一系列现代化事业,都是不可忽略的历史铺垫。所以,从这个意义讲,"党国"报业又有值得关注的历史价值,特别是历尽劫波兄弟在、相逢一笑泯恩仇之际,这种价值更弥足珍贵。

拓展阅读

1. 唐德刚撰述:《李宗仁回忆录》,广西师范大学出版社。
2. 魏舒歌:《战场之外:租界英文报刊与中国的国际宣传(1928—1941)》,社会科学文献出版社。
3. [美]鲍威尔:《鲍威尔对华回忆录》,上海知识出版社。
4. 李彬、涂鸣华主编:《百年中国新闻人》,福建人民出版社。
5. 王奇生:《党员、党权与党争》(修订增补本),华文出版社。

第五讲

风雨苍黄（中） 说项依刘我大难
（1919—1949）

民间报业

什么是民间报业？简言之，就是以营利为导向、为根基的报业，大致分为商人报刊与文人报刊两大类型。如果说，革命报业与"党国"报业讲究政治家办报，那么，商人报刊就属于报人办报，文人报刊则可谓书生办报。不管商人报刊还是文人报刊，民间报业大多是企业而不是事业。事业是公共性、公益性的，而企业是私利性、营利性的，没有多少商人报刊或文人报刊会说："自己只管新闻而不问盈利，只看内容而不管营销。"所以，民间报业首先旨在盈利，然后兼济天下。

虽然早在19世纪下半叶，已有现代民间报业的萌芽，如1872年在上海创办的《申报》。但是，民间报业的兴盛还是在民国年间，特别是国民政府定鼎南京的1927年到1937年抗战全面爆发的十年。其间，随着现代化进程，都市与都市文化日渐兴盛，日趋繁荣，也给民间报业提供了生存空间与广阔市场。都市社会对信息的需求、对广告的需求以及对新闻的需求，在现代工商业迅速发展的同时也随之增长。按照传播政治经济学的分析，商业媒体的营销策略分为两步，第一步是将内容卖给读者、观众或听众——受众，从而形成所谓发行量、收视率或收听率，第二步是将大批量受众卖给特定的广告商，从而赚取广告费。对媒体营利而言，第一步只是明修栈道，第二步才是暗度陈仓。换句话说，商业媒体的主要目的不在于赢得受众，而在于获得广告，当然获得广告的前提是赢得受众。

据不完全统计，1921年全国有报纸600多家，1937年为1 000余家，而1946年仅国统区就将近2 000家。不言而喻，大多数重要报刊都集中在东南一带，以及北平、天津、重庆等地。

都市生活与商人报刊

商人报刊按其品位，又可分为大报和小报。一般来说，前者更重社会功能，后者更重商业利润。大报以《申报》《新闻报》为代表，小报以《立报》《晶报》等为典型。商人报刊的兴盛，同现代化都市及都市文化息息相关。1933年12月1日,《申报》30多个版面竟有540条广告,涉及都市生活的许多内容,如求职、服饰、交通、住宿等。关于30年代现代都市的兴盛,作家茅盾在长篇小说《子夜》里作了生动描绘,开篇一段借来自乡下的吴老太爷的眼睛与感受,淋漓尽致地展现了上海繁华和魔都风情:

> 汽车发疯似的向前飞跑。吴老太爷向前看。天哪!几百个亮着灯光的窗洞像几百只怪眼睛,高耸碧霄的摩天建筑,排山倒海般地扑到吴老太爷眼前,忽地又没有了;光秃秃的平地拔立的路灯杆,无穷无尽地,一杆一杆地,向吴老太爷脸前打来,忽地又没有了;长蛇阵似的一串黑怪物,头上都有一对大眼睛放射出叫人目眩的强光,啵——啵——啵地吼着,闪电似的冲将过来,准对着吴老太爷坐的小箱子冲将过来!近了!近了!吴老太爷闭了眼睛,全身都抖了。他觉得他的头颅仿佛是在颈脖子上旋转;他眼前是红的,黄的,绿的,黑的,发光的,立方体的,圆锥形的,——混杂的一团,在那里跳,在那里转;耳朵里灌满了轰,轰,轰!轧,轧,轧!啵,啵,啵!猛烈嘈杂的声浪叫人心跳出腔子似的。
>
> ……
>
> 冲开了各色各样车辆的海,冲开了红红绿绿的耀着肉光的男人女人的海,向前进!机械的骚音,汽车的臭屁,和女人身上的香气,霓虹电管的赤光,——一切梦魇似的都市的精怪,毫无怜悯地压到吴老太爷朽弱的心灵上,直到他只有目眩,只有耳鸣,只有头晕!直到他的刺激过度的神经像要爆裂似的发痛,直到他的狂跳不歇的心脏不能再跳动!

哈佛教授李欧梵的著作《上海摩

老上海的月份牌

登》，对三四十年代的上海都市生活做了详细论述，涉及当时以上海为代表的现代都市生活的众多领域，纷繁奢华，缤纷缭乱。用他的比喻来说："解放前的上海就像是个风华绝代的少妇。"1931年，上海人口超过300万，仅次于伦敦、纽约、巴黎、柏林，号称"东方巴黎"——"三十年代的上海已和世界最先进的都市同步"（李欧梵）。当时《时代漫画》刊登一则笑话。乡巴佬A说："这么高的房子给谁住啊?!"乡巴佬B说："看你确实屁都不知，这是给黄浦江涨潮时准备的！"这一派声光化电与声色犬马的喧腾背景，便是商人报刊日益兴盛的直接动因。

民国时上海有条出名的四马路。一方面，妓院云集；另一方面，又文化荟萃，聚集了许多出版社、报社、书肆等。于是，四马路成为文人经常光顾的地方，自古青楼与书肆都是文人墨客青睐的场所。四马路上集中了上海80%的妓院，同时集中了70多家报馆，包括《申报》《新民报》《时报》等。每天黎明和午后两点左右，报贩子都会集此间，人声鼎沸，热闹非凡。四马路也是上海近代文化出版业的重镇，拥有书肆300余家，如著名的商务印书馆和中华书局就赫然矗立在四马路的路口。

都市的兴起、时尚的流行，为商人报刊特别是都市小报的发展，提供了肥沃的土壤。1934年，影星阮玲玉在蔡楚生执导的《新女性》中饰演女主角，由于这部影片抨击了一个小报记者，结果遭到都市小报如狼似虎地围攻，如同现在的网络暴力。最后，人们知道，她留下一封"人言可畏"的遗书含恨自杀，时年26岁。鲁迅先生听说后拍案而起，写下《论人言可畏》一文，怒斥小报"使无权势的阮玲玉……被额外地划上一脸的花，没法洗刷"。

在这种社会文化背景下，上海诞生了一份名重一时的画报《良友》，它集中体现了都市人的文化趣味和生活品位。画报的一名编辑马

电影明星阮玲玉

国亮，后来定居美国，年近九十高龄时出版了一部《良友忆旧：一家画报与一个时代》，记述了《良友》的许多掌故逸事。《良友》画报1926年创刊于上海，比美国的《生活》画报早整整十年。创刊号的封面是电影明星蝴蝶，以后基本上都是这种风格，不是美女，就是明星，如1927年9月的封面是交际花陆小曼，此人由于徐志摩的一本《爱眉小札》为人所知。由于《良友》画报适合都市人的口味、品位，出版以后大受欢迎，时人称为"眼睛的冰激凌"，也就是"养眼"。销量最高曾达到4万份，仅次于邹韬奋的《生活》，居沪上杂志销量第二位。当时它有一句双关广告词——"良友遍天下"。马国亮回忆："《良友》画刊是一本男女老幼皆可阅读的刊物，是一本内容健康，能摆在家庭里面面无愧色的刊物，内容更不应该有任何坏影响的广告出现。即使有人出重价，也不为所动。"

《良友》的首任主编周瘦鹃，是所谓"鸳鸯蝴蝶派"作家，他对媒体经营并不擅长，所以《良友》开办之初并不景气。直到梁得所接任主编后，才开始有所起色。梁得所当主编的时候才22岁，虽然只念了半年大学，却颇有现代意识和商业头脑，能够敏锐把握都市人的需求及其变化。他有不少点子或创意，搞了一系列吸引眼球的选题，在当时颇受关注。1932年，他亲率一个良友全国摄影旅行团，几乎跑遍中国，历时8个月，行程3万里，拍摄照片一万余张，用影像展示了24个省市的风土人情和地理风光，实现了"让读者展卷可以卧游中国"的梦想，给都市人打开一扇放眼天下、了解中国的窗口。在这位少帅的擘画和引领下，《良友》开始"从消遣无聊成为增广见识，深入浅出，宣传文化美育，启发心智，丰富常识，开拓生活视野"的一份现代画刊。吕新雨教授在《读书》杂志上撰文，嘉许《良友》是一份以"家事、国事、天下事"为宗旨的"现代启蒙主义画刊"，其中"既有英国工人罢工，也大量涉及苏联建设；有

《良友》画报

'赤匪'广州起义被杀得尸横遍野,也有蒋委员长苏区'剿匪'胜利归来;有对共产党、八路军高级将领的采访,也有对延安以及丁玲率领的西北战地服务团的关注"。1939年,《良友》还刊发一篇《去延安途中》的摄影报道,其中文字部分写道:

> 已成中国青年梦想中天国之延安,每日必有数百青年,自全国各处,分道奔来,投军入学,有骑驴者,有骑自行车者,有步行者,此等不畏艰难追求光明之青年,当属未来中国之主人翁。(《良友》第一四七期)

与中国近代报业一样,画报也诞生于19世纪末。用报人萨空了的话说,"半系受外国画报之影响,半系受传奇小说前插图之影响"。《良友》画报的创刊,又把中国的画报推向一个新阶段,李欧梵认为,"《良友》画报开创了画报业的第二阶段——用以反映'摩登'生活的都市口味"。如果说中国现代画报的第一个阶段以《申报》的副刊《点石斋画报》为代表,那么第二个阶段则以《良友》画报为典型,此时画报更多反映了现代都市生活。同时,由于特定的时代氛围,《良友》也展现了广阔的、如火如荼的社会历史画卷。

新闻商人成舍我

下面通过一位著名报人及其报刊,进一步透视商人报刊及其特质。这位报人就是被称为"报业硬汉"的成舍我。成舍我是湖南湘乡人,出身官宦之家。早年,他父亲曾被人诬陷,锒铛入狱,幸亏一位记者仗义执言,才获得平反。这件事情对他触动很大,使他认识到新闻的力量。五四时期,他是北京大学国文系的学生。一边读书,一边利用课余时间担任《益世报》主笔,后来又担任总编辑,时年20刚出头。这期间,他开始使用笔名"成舍我",意谓"当今之世,舍我其谁"。由此可见,他的自我期许,既充满自信,又不无自负。下面是他在《益世报》上的一篇评论,题为《安福与强盗》,安福是安福俱乐部,一个隶属段祺瑞的政治团体:

北京城里强盗的窟宅非常多，这几年里又发生了一个最大的窟宅，弄得兵戈扰攘、鸡犬不宁。诸君知道这个窟宅在哪里呢，就是太平湖的安福俱乐部。安福俱乐部成立以来，试问他们替人们安了什么，福了什么，他们所作所为哪一件不是鬼鬼祟祟、祸国殃民的勾当。他们眼中只有金钱，心中只有饭碗，只要自己那一窝子有金钱、有饭碗，便不问国亡也好，种灭也好，这种行动简直是强盗的行动。所以我说，他们是强盗窟宅。他们得意的时候便是我们痛苦的时候，我想他们若是到了平生最大得意的时候，那便是我们宣告死刑的时候。我现在就把他们得意的事情写出来，请大家看看……

如此大胆、跳浪、直白的文字，既表露了痛恨军阀、爱国为民的意识，又显示了刚烈倔强、直来直去的性格。这种文字也属一个时代的产物，即王纲解钮，天下大乱，礼崩乐坏，无法无天。当政的军阀固然胡作非为，在野的文人何尝不为所欲为。于是，邵飘萍、林白水为此殒命，成舍我也险遭不测。

成舍我的性格决定他不可能总是寄人篱下，为人打工。1924年，他就开始自己当老板，以200元私蓄创办了《世界晚报》。当时，报社就三个半人，成舍我是社长，后来成为军统报人的龚德柏是主编，另外还有一个经理和半个编辑——鸳鸯蝴蝶派作家张恨水，由于他是兼职，故称半人。成舍我的办报理想是："第一是要说自己想说的话；第二是要说社会大众想说的话。"他还为《世界晚报》确立四项宗旨：言论公正、不畏强暴、不受津贴、消息灵确。作为一个天才的新闻商人，他懂得吸引公众兴趣、适应公众心理，更懂得开拓市场，把握商机。为了打开销路，他采用了一系列现在依然沿用的营销策略，包括"托儿"。比如，报纸上市后，他装成普通读者，混入人群，争购自己的报纸，然后啧啧称赞，"表扬与自我表扬"。再如，民国初年，报纸批发价一般为七折，而成舍我则不惜打

成舍我

对折。1924年，直奉战争爆发，吴佩孚迷信，特调"张福来"为前敌总指挥。《世界晚报》在排版时，误将新闻标题里的"张福来"排成"张祸来"。成舍我拿到报纸后，脑袋顿时大了，赶忙逃入六国饭店避祸，报纸也不得不停刊。不料，此时冯玉祥临阵倒戈，杀回北京，赶跑吴佩孚。于是，晚报不仅复刊，销路反而猛增，人称"因祸得福"。由于《世界晚报》大受读者欢迎，成舍我又增出了《世界日报》。一般来说，都是先办日报，再办晚报，而成舍我却是先有晚报，再有日报，最后又有《世界画报》，从而形成一个"世界报"系列。清华何兆武先生在回忆录《上学记》里，还谈到北京的报纸："抗战前报纸很多，在北京影响大的有《晨报》《世界日报》《世界晚报》，后两种都是前辈报人成舍我所办。我家里订了两份报纸，每天放学回家都翻一翻，顶长知识的。"

《世界日报》曾连续几年连载张恨水的小说《金粉世家》，传诵一时。现代商业报刊，特别是都市小报的兴起，同都市人的生活习惯和文化口味关系密切。比如，报刊连载小说今天一期，明天一期，读者下班后没什么事儿，可以翻一翻，乐一乐，既打发业余时间，也满足一点精神需求，跟现在看电视连续剧一样。张恨水是江西人，为了逃婚而离家出走，来到北京，赶上五四运动。他本来想上北大，由于家贫不得不放弃，后来进入报界，成为成舍我手下的副刊主编。"他连编带写，一人包办了全部稿件。小说、散文、诗歌、历史掌故、时评等等，全部由他一个人操刀，这练就了张恨水'全能报人'的身家本领……一代小说大家就是这样炼成的。"（刘东黎）小说《金粉世家》以及其后的《春明外史》《啼笑姻缘》连载后，洛阳纸贵，一纸风行。他可算第一个由于写作而发财的人，甚至有十分钟到手几万元稿费、在北平买

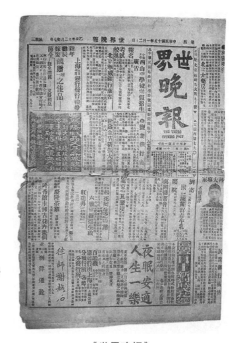

《世界晚报》

下一座王府的传言,犹如今天的电视剧写手。他一生办报四十年,写小说三千万字,散文四百万字,曾经同时在十家报纸上开辟小说连载专栏。他晚年说道:"我虽然现在天天发表文字,却只有两个目的,其一是混饭,其二是消遣。混饭是为职业写字,消遣是为兴趣写字——四十年记者生涯,以字当米一颗颗蒸了煮了吃了,甘苦自知,悲喜两忘。写字就是营生而已,如同摆摊儿之类小本生意,平淡如斯,实在如斯。"这种认识和想法同今天王朔等人将作家视为"码字工"如出一辙。

随着"世界报"系列的发展,成舍我又创办了一所小有名气、颇有特色的新闻学校——北平新闻专科学校,专门为自己的三家"世界"报刊培养人才。这所学校的培养模式,可谓"前店后厂"。过去,手工作坊的经营模式都是后面为生产空间,如生产蛋糕、饼干等,前面则做柜台或店铺,出售自家的产品,这就是所谓前店后厂。北平新闻专科学校与此相似,学校设在成舍我的报馆里,学生一边在后面的校舍学习,一边到前面的报馆实习,边学边干,边干边学。成舍我还为这所学校确立了校训——"德智兼修,手脑并用"。

1926年,林白水遇害的第二天晚上,成舍我也被张宗昌的宪兵司令逮捕,差一点死于非命。那天晚上,正好大帅又迎娶一房小妾,宪兵司令请示,怎么处置成舍我。副官说,"今天大喜的日子,别拿这种破事冲喜,等回头再说吧"。结果这一缓,算是捞回一条命。当时,邵飘萍、林白水相继遇害——"萍水相逢百日间",军阀草菅人命,路人皆知。这种情况下,成舍我被"绿林大学"毕业的张宗昌逮捕,自然凶多吉少,许多人也以为必死无疑,路透社甚至抢发电讯,"成舍我已被处决"。可是,由于张宗昌娶亲,一时没有顾上处置,利用这个时间差,成舍我的家人上下打点,四处活动,最后搬出一位政界元老孙宝琦。孙宝琦做国务总理期间,成舍我的报纸曾经支持过他,孙宝琦送钱表示感谢,被成舍我婉拒,说不是为了你个人,而是出于正义感,于是孙宝琦对成舍我高看一眼。

《金粉世家》封面

听到成舍我处境危险的事情，孙宝琦便出面向张宗昌求情，极力为成舍我担保，最后总算化险为夷。成舍我获救后还有一段戏剧化情节，当宪兵司令把成舍我递送到孙宝琦府上时，附有一张纸条："兹送上成舍我一名，请查收。"孙宝琦也回了一张纸条："兹接到成舍我一名，谢谢。"

成舍我获释后，终日缄口沉默。1927年，他离开北平南下，在南京创办了一份红极一时的小报《民生报》。其间，他提出小报大办的主张，即虽是小报，但办出大报的品位、大报的风格，包括对新闻的精选精编等。所以，《民生报》很快成为一份颇受读者喜爱的报纸。1934年，《民生报》由于得罪汪精卫被查封，起因是《民生报》揭露了汪精卫派系的贪腐行为。其间，汪精卫曾托人给他递话，只要低头认错，就可既往不咎。成舍我回敬了一句："你汪精卫不可能当一辈子的行政院院长，而我成舍我可以当一辈子的新闻记者。"颇似生造的贝多芬名言：贵族有的是，现在有，将来有，而贝多芬只有我一个。

《民生报》查封后，成舍我又在上海创办另一份著名小报《立报》，提出"立己""立人""立国"的口号，更加受到青睐。《立报》董事长是中央通讯社社长萧同兹，社长是成舍我。这份报纸创办一年，销量就突破10万份，这在当时差不多是个天文数字。到淞沪抗战爆发，《立报》又一度达到20万份。《立报》的三个副刊也很有特色，一是当时复旦大学新闻系主任谢六逸主持的《言林》，二是鸳鸯蝴蝶派作家张恨水、包天笑主持的《花果山》，三是蒙古族报人萨空了主持的《小茶馆》。1988年台湾解除报禁，成舍我又以91岁高龄创办台湾的《立报》。

《立报》和《民生报》，都是借鉴西方的小型报（tabloid）模式。所谓小型报，简单说就是一种廉价的、大众化的商业报纸，其开本相当于一般大报的一半，版面编排常用耸人听闻的标题、刺目抢眼的照片、图片，形成一种强烈的视觉冲击。比如当代媒体大亨默多克麾下的英国《太阳报》、中国的许多都

《立报》

市报等,实际上都属于这种小型报。小型报是典型的商业报刊,不论中国还是外国,小型报的出现和发展都推动了报刊的大众化进程,在文人报刊与政党报刊之外,开辟了报刊大众化之路。

成舍我的理想是:"使全国国民,对于报纸,皆能读,爱读,必读,使他们觉得读报,和吃饭一样的需要,看戏一样的有趣。"《立报》提出"以日销百万为目的",走薄利多销之路,打出广告:"只要

1949年美国水手在上海酒吧

少吸一支烟你准得起,只要略识几百字你准看得懂。"由于这种报纸面向大众,所以自然得以低廉的价钱吸引读者。成舍我是个很有经营头脑的新闻商人,在报业经营方面有不少创意。他对记者一向管理很严,每天亲自比较各家报纸版面的优劣,树立几个"假想敌",包括北京的《晨报》、天津的《大公报》等,看看人家在哪些报道上抢了先机,有什么特点等。如果发现落后于人,他即责问记者。1947年,南京特派记者报道某地发现大乌龟的新闻,次日另外几家报纸报道称不是乌龟而是玳瑁。成舍我很恼火,立即致电记者,说"人皆玳瑁,我独乌龟",员工见了莫不窃笑。

抗战胜利后,《世界日报》又在北京复刊。期间,他报道了一件影响历史的新闻,即率先披露美军强暴沈崇的事件。沈崇是北京大学学生,鸦片战争时期驻守东南沿海的大员沈葆桢的后代,而沈葆桢又是林则徐的女婿。这个事件发生后,有人打电话告诉《世界日报》,成舍我立刻派出记者进行调查,写出报道,准备刊发。当时北平行辕主任李宗仁找到成舍我,希望不要报道,免得"友邦惊诧",影响中美邦交,遭到成舍我断然拒绝。于是,《世界日报》毅然报道了美军暴行,其他报纸随之跟进,结果引发声势浩大的抗议浪潮,成为国统区民众反对美蒋的一次历史性运动。

成舍我不仅是一位出色的报人、新闻商人,而且还是卓有影响与建树的新闻教育家。从早期创办北平新闻专科学校,到抗战时期在桂林恢复新

闻专科学校，再到台湾经营世界新闻专科学校，新闻教育生涯也是延续一生，可谓桃李满天下。1956年，他在台湾创办世界新闻专科学校，由国民党通讯社元老萧同兹任董事长。学校创办之初白手起家，在一片荒芜之地建起一所新闻大学。1991年，学校改为世界新闻传播学院，1997年又改为世新大学——简称"世新"，校长曾是他的长女成嘉玲。成舍我对学生的学业非常重视，尤其看重国文功底，有时老师批改的卷子，他还要亲自审阅，被人戏称为"考老师"。据同代人回忆，他在生活上一向严苛，对人对己都以节俭著称。比如，教室不到傍晚不能亮灯，粉笔头节省使用等。据说，有一次他的司机送他回家，走到半路上把车一停，撂挑子不干了："我把自己解雇了，行不行？你给的工资太低，让人没法干，你还是自己走回家去吧。"成舍我在重庆办《世界日报》时，以艰苦抗战为由对职工采取低薪制，甚至规定职工伙食只吃糙米，做菜不放油。职工因工作劳累，营养不好，屡次要求改善伙食，他始终不许。1945年，美国总统罗斯福去世的消息传到重庆，报社职工正吃午饭，成舍我到食堂宣布："你们看，罗斯福是金元王国的总统，营养应当是很好的，可是他也死了，可见营养的关系不大。"话音未落，全体哄笑。成舍我除了事业，没有其他嗜好和乐趣。一次，他在轮船上同老外聊天。人家问他："抽烟吗？"他说："不抽。""喝酒吗？""不喝。""跳舞吗？""不跳。""玩女人吗？""不玩。""那你活着还有啥意思嘛！"他一想，对呀，好像人家说得也有道理，辛辛苦苦一辈子图个啥呢，既然其他干不来，那就学着抽抽烟吧。

　　成舍我的儿子解放初期作为爱国进步青年，响应国家号召从香港回到大陆，后任全国人民代表大会常务委员会副委员长，名叫成思危。

国闻通讯社与早期《大公报》

　　从1926年到1937年，民间通讯社异常活跃。民间通讯社由155家发展到759家。其中绝大多数都很简陋，一两个人可能就撑起一家通讯社，基本上属于"剪刀加糨糊"的工作模式，有实力有影响的也就是国闻通讯社等几家。

　　国闻通讯社1921年成立于上海，起初得到孙中山和卢永祥的资助，成为反对直系军阀联合势力的喉舌，由胡政之主持。直系段祺瑞倒台后，国闻通讯社就成为胡政之的私产。1924年，他又创办有名的《国闻周报》。我们知道，通讯社的新闻只管上天，不管落地。有了《国闻周报》，国闻通讯社的新闻就有了自己的出口，犹如现在新华社有《瞭望》周刊或《新华每日电讯》。《国闻周报》在二三十年代声望很高，沈从文处女作《边城》等就发表在这里。新记《大公报》时期，胡政之又将国闻通讯社迁到天津，成为新记《大公报》的一个附属企业，直到1936年停刊。国闻通讯社创办时，胡政之撰文谈道：

> 今之新闻记者其职能即古之史官，而尽职之难则远愈古昔……中国则以报界组织不完全之故，报道歧出，真相难明。同在一国，而南北之精神隔绝。同在一地，而甲乙所传各别。吾人欲谋新闻事业之改进，舍革新通讯机关殆无他道。同人欲立兹社，志趣在此。

说到国闻通讯社，自然就涉及著名的文人报纸《大公报》。关于《大公报》，多年来一直是是非非，其中既涉及报纸本身的专业问题，更关乎报纸背后的社会背景。它是旧中国最有影响的文人报刊，正如《申报》是最著名的商人报刊。不过，对《申报》的历史地位及其评价没有什么异议，而对《大公报》的认识则聚讼纷纭。看待同一媒体，为什么会如此大相径庭呢？简单说来，一方面固然是由于报纸本身的内容及其倾向纷繁错综，横看成岭侧成峰。另一方面，更重要的还在于《大公报》所体现、所折射的历史背景与社会思潮纷纭，莫衷一是，尤其是关乎国家命脉、民族利益、百姓生计等诸多大关节往往聚焦于此，更使不同立场、不同倾向的视角与视点每每形成彼此冲荡、互相对立之势。

关于《大公报》，大略形成两种对立的评价。左倾一派的代表观点就是有名的"小骂大帮忙"，也就是说它虽然时常批评蒋介石、抨击国民党，但实际上是为他们帮大忙。右倾一派的典型看法则认为它是"自由主义"的重镇，是中国近代自由主义的一面旗帜。在中国，自由主义本身就是

《边城》插图　（黄永玉作）

一个错综复杂的东西,下面还会专门讨论。比如,西方提到自由主义往往都是左倾的,相反,右倾总是反自由主义的。而在中国,所谓"自由知识分子"却总是右倾的,包括被誉为自由主义重镇的《大公报》。这是一种独特而怪异的现象。

《大公报》的历史,可以分为三个时期。第一个时期,从1902年创办到1925年停刊。第二个时期,就是著名的新记《大公报》时期。第三个时期,则是新中国成立以来在香港的发展时期。这家百年老报创办于天津的法国租界,时人称"天津有三宝,永利、南开、大公报"。永利是一家有名的民营化工企业,南开自然是南开中学、南开大学。《大公报》创办初期,以"敢言"著称,1916年以后沦为安福系的机关报。安福系得名于安福俱乐部,设在北京的安福胡同,属于段祺瑞的直系。《大公报》由此也就成为亲日派的喉舌,声誉日降,1925年终于停刊。之后,便有新记《大公报》问世,从而拉开《大公报》耀眼历史的序幕。现在人们说到《大公报》,一般指新记《大公报》,即1926年由新记公司接办的《大公报》,特别是1926年到1937年更是其黄金时代。

新记《大公报》

新记《大公报》,是由吴鼎昌、胡政之、张季鸾三人组成的新记公司接办的。三人均非等闲之辈,如吴鼎昌是政学系要人,当过贵州省主席,抗战胜利后还出任国民党秘书长。他们之所以凑到一起,说来也很简单,因为他们是留日同学。1926年,由于各种因缘际会,他们三人决定接办奄奄待毙的《大公报》。吴鼎昌是银行家,出资5万元,所以当社长。胡政之是精明的报人、全能的记者,富有经营头脑,所以当经理。张季鸾则是典型的文人和有名的笔杆子,所以当主编。在新记《大公报》的发刊词《本社同人之志趣》里,他们提出一个"四不主义"——"不党、不卖、不私、不盲"。所谓"不党",就是说政治上独立,不依附于任何政党。民国初年的很多报纸往往沦为不同政治集团的喉舌,如安福系的《大公报》,成为党同伐异的工具,报业也深受其害。新记《大公报》创办时,首先提出这一原则,意在保持自己的独立地位。所谓"不卖",是指经济上自主,既不受政治集团控制，也不受利益集团操纵，不能因为给钱，就登广告，发新闻，这就叫不卖或"不以言论作交易"。所谓"不私"，就是不图私利，而服务于公众利益。所谓"不盲"，用发刊词的原话来说："非自诩其明，乃自勉之词。夫随声附和，是谓盲从；一知半解，是谓盲信；感情冲动，不事详求，是谓盲动；评诋激烈，昧于事实，是谓盲争。"就是说，希望保持一种理性的、冷静的、克制的姿态，不盲从、不盲信、不盲动、不盲争。"四不主义"的提出，既是对民国初期

新记《大公报》创刊号

新闻界党同伐异黑暗堕落的否定，也可以说是新闻专业化的标志。

新记《大公报》在"三驾马车"牵引下迅速腾飞，成为民国年间的一方舆论重镇和全国大报。1926年他们接手的时候，《大公报》的发行量2千余份。到十年后的1936年，达到1万份。这个数字看上去似乎不算多，但分析一下其读者构成便知道就里了。成舍我的报纸面向城市平民和中下阶层，属于"下里巴人"；而《大公报》影响的是有影响力的人，特别是掌握思想文化话语权的知识分子，属于"阳春白雪"。换言之，读《大公报》的人虽然不如读《民生报》的人多，但多是有头有脸的社会精英。1931年《大公报》举行一万号纪念活动时，胡适撰文提到《大公报》成功的两个原因，即承担了两件最低限度的报纸职责：一是登载确实的消息，二是发表负责的评论。这两条经验，也可以说是古往今来一切主流媒体、严肃媒体的共同特征。

1941年，《大公报》获得密苏里大学新闻学院颁发的年度最佳外国报纸奖，当时亚洲地区只有日本的《朝日新闻》和印度的《印度时报》曾经获得这个奖项，《大公报》是第三家获

《大公报》所获密苏里大学新闻学院奖

此荣誉的媒体。于是，重庆新闻界欢欣雀跃，当作一件大事庆祝，犹如得到诺贝尔奖似的。其实，这个奖项无非是一所新闻学院授予的荣誉，虽然这所新闻学院有历史、有名气，出过斯诺这样的名记者，但为此兴师动众，大张旗鼓，今天看来未免有点莫名其妙。不过，《大公报》就此发表的社论《本报同人的声明》倒是值得留意：

> 中国报，有一点与各国不同。就是各国的报是作为一种大实业经营，而中国报原则上是文人论政的机关，而不是实业机关……以本报为例，假若本报尚有渺小的价值，就在于虽按着商业经营，而仍能保持文人论政的本来面目……

这里所说的"文人论政"，也是人们谈到《大公报》时最常提及的关键词。《大公报》的底色在于文人论政，而文人论政的典型莫过于《大公报》的总编辑张季鸾。1941 年，张季鸾去世，胡政之在亲手编的《季鸾文存》里写道："季鸾是一位新闻记者，中国的新闻事业尚在文人论政的阶段，季鸾就是一个文人论政的典型。"所谓文人论政，一方面，源于古代士大夫"家事、国事、天下事，事事关心"的精神传统，源于读书人"为天地立心，为生民立命，为往圣继绝学，为万世开太平"的道德期许。按照钱穆先生的说法，古代中国甚至属于"士人政权"，即国家的一切政治运行都由读书人掌控。另一方面，又直接来自近代王韬、梁启超等报人的新闻实践，像王韬的《循环日报》以及梁启超所办的一系列报刊等，都是文人论政的先声与典范。而张季鸾则进一步发扬这种"匹夫而为百世师，一言而为天下法"的传统和实践："15 年间，他纵论中国乃至世界的时事，将民间报纸引导舆论、监督舆论的功能发挥得淋漓尽致，将中国报纸的'文人论政'传统推到了一个成熟的阶段。"（傅国涌）

张季鸾

张季鸾，陕西榆林人，早年和胡政之、吴鼎昌一样留学日本。辛亥革命回国，担任《民立报》编辑，还做过孙中山秘书，孙大总统就职演说就是他参与起草的。后来，他又担任政学会的《中华新报》总编辑，与黄远生、刘少少被誉为新闻界的"民初三杰"。当时他经常揭露军阀的黑暗统治和卖国行径,为此两度入狱。1924年,《中华新报》停刊。这时候,他的一个同乡正当着大官,经此人举荐,张季鸾获得一个肥缺,任陇海路会办。可他干了不足一月就挂冠而去,说"不干这个劳什子,还是当我的穷记者"。继他之后主持《大公报》笔政的王芸生评价说:"先生之视报业,一非政治阶梯,亦非营利机关。乃为文人论政而设,而个人则以国士自许。"徐铸成也算他一手培养简拔的《大公报》名记者,后来成为《文汇报》创办人。徐铸成在《〈大公报〉三巨头》一文里,对他的才能与性格做过如下概括:

张季鸾

> 他不拘小节,不修边幅,一派懒散的"名士"气,而浑厚、自然,没有一点做作。
>
> 他对人和蔼、淳厚,谈吐很有风趣,仿佛有一股吸引力,使我感到他是循循善诱的前辈。是年年底,我调津工作,直接受他的指导。他对工作的要求很严,但对同事,从无疾言厉色。也不像胡政之那样终日一脸秋霜。
>
> 在性格上,他有两个不小的弱点,我认为,第一是喜欢恭维,主要是听恭维他文章写得好的话。……其次,是重感情。(《报海旧闻》)

1958年国庆节前夕,毛泽东在中南海丰泽园的书房,同新华社社长兼《人民日报》总编辑吴冷西谈到《大公报》,对张季鸾尤其偏爱:

> 毛主席说,吴、胡、张三人合办《大公报》时相约只办报不做官,但后来吴、胡都做官了,只有张季鸾没有官职,他却是蒋介石的"国士"。张本人年青时在日本留学,虽然许多留学生都参加党派,但他始终以超党派自居。此后,特别是在国共合作时期,他更是以第三者标榜。他在重庆经常来往于国民党和共产党之间。他同陈布雷交往甚深,

同时也常到曾家岩走走，到处打听消息，然后从中做他的文章。他办报素以客观、公正自夸，平常确也对国民党腐败加以揭露批评，但每到紧要关头，如皖南事变发生后，他就帮蒋介石骂周恩来了。王芸生后来接他的班，在国民党发动内战前后，也是这样给蒋介石帮忙的，直到国民党崩溃前夕，才转而向我们靠拢。

毛主席说，人们把《大公报》对国民党的作用叫作"小骂大帮忙"，一点也不错。但张季鸾摇着鹅毛扇，到处作座上客。这种眼观六路、耳听八方的观察形势的方法，却是当总编辑的应该学习的。

毛主席还说到，张季鸾这些人办报很有一些办法。例如《大公报》的星期论坛。原来只有报社内的人写稿，后来张季鸾约请许多名流学者写文章，很有些内容。他在延安时就经常看。《大公报》还培养了一批青年记者，范长江是大家知道的，杨刚的美国通讯也很有见地，这两位同志都在人民日报工作过。

毛主席最后说，我们报纸有自己的传统，要保持和发扬优良的传统，但别人的报纸，如解放前的《大公报》，也有他们的好经验，我们也一定要把对我们有益的东西学过来。（吴冷西《忆毛主席》）

张季鸾以新闻评论著称，他是评论方面的高手，这方面有许多逸闻趣事。比如，每晚看完大样后写评论，版面需要多少字，他就写多少字，1000字就写1000字，500字就写500字，而且经常是这边写着，那边就可以拿去排印。有时候，临时来个急稿，需要占用版面，他信笔删掉一点，还显得浑然一体，看不出删改痕迹。从《民立报》到《大公报》，30年间，张季鸾写的评论据说不下3000篇。可惜，他写文章常不署名，也不留底，所以许多文章后来都无从查考，不知道哪些是他写的，哪些是别人写的。他认为，这些文字"早晨还有人看，下午就被人拿去包花生米了"。他的评论里最让人称道的是所谓"三骂"：一骂吴佩孚，二骂汪精卫，三骂蒋介石。尤其是第三骂，更是嬉笑怒骂，痛快淋漓。1927年"四·一二"大屠杀后，蒋介石跟宋美龄结婚，《大公报》以《今日之新郎新妇》为题刊登蒋介石、宋美龄的照片，并以电讯形式转发蒋介石的《我们的今日》：

十一月三十日下午十一时二十五分上海来电

蒋介石发表一文,题为《我们的今日》,谓今日得与最敬爱之美龄结婚,为有生来最光荣、最愉快之一日。彼奔走国事以来,常于积极中忽萌退志,前辈常询何日始可安心工作,当时未答,今可圆满答复,即确信自今结婚后,革命工作必有进步,即从此始可安心尽革命责任。彼深信人生若无美满姻缘,一切皆无意味,故革命当从家庭始。末归结于今日结婚实为建筑彼二人革命事业基础。

为此,张季鸾挥笔写下这篇中国新闻史上的著名评论《蒋介石之人生观》,精彩纷呈,妙语如珠,一纸风行,誉满天下。

文章一开始,首先说离婚再娶、弃妾新婚,属于社会正常现象,而蒋介石的事情之所以遭人诟病,是因为他的地位使然。偏偏蒋介石自己又不自重,还专门发表这样的告示,说什么人生没有美满姻缘就没有意义,而结婚之后革命工作才能进步云云,可见此人多么浅陋无知。为使天下青年知道蒋介石人生观之荒谬,所以忍不住发表这篇社论。然后文章说到男女之事属于本能,动物皆然,不止人类。若说恋爱不成,人生就没有意义,岂非崇拜本能,跟动物有何差别。文明人所说的人生意义,一言以蔽之就是"利他",至于恋爱与否与人生意义没有什么关系。接下来,他举了一系列例子:太史公写《史记》,成为中国第一良史,爱迪生一生未娶,却发明电学,裨益人类等,古今大学问家、大艺术家里没有得到恋爱的人多得是,难道说他们的人生都没有意义吗?当然,人各有志,信奉恋爱万能者中外皆有,这也没什么可责怪的,蒋介石这么想也不足为奇。人们之所以不能认可、不能缄默的地方在于,蒋介石说只有美满的婚姻才能为革命好好工作。那么,何谓革命?"牺牲一己以救社

蒋介石宋美龄结婚照

会"才叫革命,"命且不惜,何论妇人"。"累累河边之骨,凄凄梦里之人",北伐以来那么多为革命捐躯的将士连女人的边儿都没沾呢,难道他们的人生都没有意义?即使退一步讲,"以肤浅的眼光论,人生本为行乐",蒋介石这么想、这么做本来也无可厚非。然而,你只管埋头做就是了,何必又在这里堂而皇之地拿革命说事呢?接下来的这段文字实在精彩:"夫云裳其衣,摩托其车,钻石其戒,珍珠其花,居则洋场华屋,行则西湖山水,良辰美景,赏心乐事,斯亦人生之大快,且为世俗所恒有。然奈何更发此种堕落文明之陋论,并国民正当之人生观而欲淆惑之?此吾人批评之所以不得已也。"至此,蒋介石不学无术的结论也就顺理成章了。

其实,按照张学良将军对比蒋介石与张作霖的精辟结论,蒋介石是有大略而无雄才,一如张作霖有雄才而无大略。1926年,蒋为《江西日报》创刊号题写一首贺诗可见一斑:

祝《江西日报》诞生
蒋中正

呀!好革命的怒潮呀!
呀!这掀天倒海的潮流,
竟已仗着自然的力,
挟着它从珠江来到长江了。
……
呀!好革命的怒潮啊!
呀!好革命的势力!

有道是,三十年河东,三十年河西。谁能想到,当年痛诋蒋介石的张季鸾,后来竟同"蒋委员长"建立了非同一般的关系。这是为什么呢?除了政治倾向等,也在于他的性格。张季鸾是个很重感情的人,你待我以国士,我报你以国恩。徐铸成指出他的两个弱点之一,就是"重感情"。张自己也说过,"我的人生观,很迂腐的。简言之可称为报恩主义,就是报亲恩,报国恩,报一切恩!"其实,这也是中国人,特别是中国士大夫的精神特质,所谓滴水之恩涌泉相报。蒋介石本人很器重张季鸾,也很看重《大公报》,一直用各种方式对《大公报》进行笼络,对张季鸾更是礼遇有加。比如，每年都请张季鸾到其庐山别墅度假，不经通报，张季鸾就可以径直见他，或者打电话。1934年，蒋介石有一次大宴群僚，数百名高官显宦、方面大员云集一堂，而唯独邀请张季鸾坐在首席，颇如"韩信拜将，一军皆惊"。于是，后来张季鸾的态度慢慢发生变化，或者说张季鸾及其《大公报》的态度慢慢发生变化，越来越靠近蒋介石。有一次，张季鸾特意交代王芸生："只要不碰蒋先生，任何人都可以骂。"西安事变发生后，局势混乱，交通不便，情况不明，信息阻断。此时，宋美龄派专人专机将张季鸾的一篇社论复印十几万份空投西安，内容自然是谴责张杨，力挺领袖。抗战时期，张季鸾更提出一个口号——"民族至上，国家至上，军事第一，胜利第一"，为蒋介石所赞许。

张季鸾曾对徐铸成说过，成熟的记者应该是一等的政治家。他又说："我们报人不可妄自菲薄，报人的修养与政治家的修养实在是一样，而报人感觉之锐敏、注意之广泛或过之。"事实上，他也正是这样一位布衣政治家。

胡政之

除了张季鸾，新记《大公报》的另一位重量级人物是胡政之。虽说吴鼎昌、胡政之、张季鸾号称新记《大公报》的"三驾马车"，但吴鼎昌只是为《大公报》提供开办资金以及一些政治方面的资源，对报纸本身的事情不大过问。在新记《大公报》，举足轻重的还是张季鸾和胡政之，前者主持笔政，后者则是新记《大公报》的当家人、铁算盘，被誉为"报业巨子"。

1916年，安福系的财阀王郅隆接手《大公报》，从此《大公报》成为安福系喉舌。王郅隆原是天津妓院的小混混，后来傍上段祺瑞一伙儿，成为其中一员。1924年，东京发生大地震，他正好在那里，旅馆震塌，他也被活埋。不过，王郅隆只是名义上的《大公报》老板，

胡政之

当时真正掌管《大公报》的是段祺瑞的左膀右臂徐树铮。胡政之就在这个时候被聘为经理与总编辑，从此与《大公报》结下一生之缘。1926年执掌新记《大公报》，直到1949年去世，前后20余年。

新记《大公报》的事业发达后，除了天津版，又相继出版上海版、汉口版、香港版、桂林版、重庆版等。1941年桂林版创刊时，胡政之在创刊辞《敬告读者》中写道："本报虽系营业性质，但不孜孜以'求利'，同人虽以新闻为业，但决不仅仅为谋生。"这段话既是他个人的办报理念，也可以说是新记《大公报》的共同旨趣。在操持《大公报》的家业上，胡政之有不少传奇传闻，其中最为人称道的还是他的知人善任。《大公报》涌现的一大批名记者、名编辑，大都同他有关，许多人也是胡政之识拔、选拔的。如《大公报》后期主管王芸生，后来成为《文汇报》总编辑的徐铸成等。再如费彝民，作为《大公报》名记者，"九一八"事变爆发后，前去沈阳采访报道，上海沦陷后又代表《大公报》看管上海资产，1948年香港版创办后出任主编，成为一位爱国民主人士，曾参与起草《香港基本法》。至于萧乾更是广为人知了，他既是一代名记者，又是著名的作家、翻译家。与萧乾类似的杨刚，解放后任《人民日报》副总编辑，分管国际新闻。还有彭子冈和徐盈这对夫妇记者，1957年曾被划为右派，他们有个儿子后来也是文化人，叫徐城北，著有《梅兰芳与21世纪》……这些《大公报》走出的名记者，都跟胡政之的知人善任有关。胡政之十分清楚，报纸也是一种商品，自然得以盈利为目的，所以不得不参与市场竞争，而竞争既是资本的竞争，更是人才的竞争。他认为，在同一个资本怎么去应用的时候，人才的竞争是第一位的。

这里有个小故事，颇能反映他的知人善任。1928年，国闻通讯社北京分社的负责人是曹谷冰，也是《大公报》的名记者，而那个时候徐铸成才20出头，还是北京师范大学的学生，课余时间在国闻通讯社打工。一次，曹谷冰奔丧，胡政之请徐铸成代理一下北京分社的工作，因为他认准徐铸成是个人才，能够挑起这副担子。谁知一上班，徐铸成发现一帮老员工集体罢工，因为不服气让一个毛头小子来领导自己。这时，胡政之打来电话，问他今天的新闻能不能照发，他说还凑合，又问接下来两天怎么样，他说也能应付。胡政之说那好，你马上在报上登一则广告，招聘记者编辑，3天办妥。徐铸成听后问了一句，先生不准备留用这些老人吗。胡政之撂下一句话，"我不吃这一套"，就把电话挂了。后来证明，徐铸成确实不负所托，干得相当出色。

1946年，国民党召开国民大会，胡政之当选为国大代表，在代表签名簿上签着他的名字"胡霖"——政之是他的字。胡政之不仅是一位报业巨子，而且是一位新闻全才，新闻行当的十八般武艺，他样样拿得起，放得下，徐铸成佩服不已地说：

> 在旧中国老一辈的新闻界人物中，据我所知，胡政之先生可称是"全才"。邵飘萍、张季鸾等长于采访、写作，而不善于经营管理，史量才工于理财，《新闻报》的汪汉溪严于管理，但都不长于写作。政之先生在《大公报》复刊的初年，经常写社评，写作技巧、水平仅次于季鸾先生。他当了总经理后，还不时亲自出马采访重要政治新闻。对各版新闻，从政治、经济、教育、体育乃至副刊的编辑，指导得都能头头是道。他还能照相（民国年间会摄影如同今日时尚人士学开飞机，属于昂贵高雅的玩意儿——引者），也能翻译电码。在经营管理方面，他每天要审查账目，稽核现金收支，考查发行、印刷情况，还要随时注意白报纸行情。总之，他对新闻工作，可以说是"文、武、昆、乱不挡"的"多面手"（《报海旧闻》）。

可见胡政之既是杰出的报业经营家，也是出色的新闻记者和评论家，《大公报》的中共地下党员李纯青说过，"胡政之不仅善于经营，而且博学能文"。他对编辑、校对方面的要求也非常严格，曾经说："错误发生在报纸上，白纸印上了黑字，斧头也砍不掉。"1943年，在一次编辑会上，胡政之谈到，中国一向有两种办报模式，一个是商业性的，一个是政治性的。"但自从我们接办《大公报》以后，为中国报界辟了一条新路径。我们的报纸与政治有联系……但同时我们仍把报纸当作营业做……我们的最高目的是要使报纸有政治意识而不参加实际政治，要当营业做而不单是大家混饭吃就算了事。"总而言之，关于胡政之的才能，恰如汤恒在胡政之传记里概括的：

胡政之出席联合国成立大会，正在签名

胡政之的性格是多方面的，同样，他的才能也是多方面的。他善于交际，在军阀圈里兜得开；除了能说日语、英语外，还能看懂意、德等国文字报纸；他采访过具有重大历史意义的巴黎和会，马厂誓师，有过很多的新闻采访实践，而且阅历很广。他除了写得一手好政论之外，每次外出总要自己动手写通讯、拍照片，还会使用电码。他还能独立编排整个版面的新闻，就是对于副刊，也并不外行。胡政之早年精力充沛，办事十分得心应手。在民初的记者中，邵飘萍、林白水是笔力潇洒，洋洋自如，但终缺少胡政之的韬略。像胡政之这样有才能的记者还不多见。(《新闻界人物》4)

是是非非《大公报》

如前所述，对《大公报》的看法一直是是非非，多有争议，其中原因错综交织，也在于它所具有的多面特征，故而"横看成岭侧成峰"。

一般来说，《大公报》的特征可以归结为三点——爱国、拥蒋、反共。《大公报》首先是爱国报纸。这也是许多文人报刊的共同特征，不管其政治倾向和政治立场如何有别，在爱国方面总是一致的，而作为文人报刊之翘楚的《大公报》更是如此。"九一八"事变后，张季鸾写了一篇社论《明耻教战》，为《大公报》确立两项基本对策，即"明耻"和"教战"。为此，他让当时还是年轻编辑的王芸生在报纸上开辟一个专栏，对1871年至1931年的中日关系进行一番总体回顾，以使国人了解中日冲突的来龙去脉。

为此，王芸生几年间奔波于北京和天津等地图书馆、档案馆，同时走访许多清朝遗民，获取大量文献资料，写出一篇篇严谨扎实的专栏文章，对中日关

王芸生

系进行了全面的、详细的历史梳理，其中很多珍贵的史料都是前所未闻的。后来，这组文章汇集成书《六十年来中国与日本》，成为一部中国近代史和中日关系史的皇皇之作。王芸生也是一位出色的报人和记者，天津人，早年当过店铺伙计，后来自学成才，一度投身革命，遭到军阀追捕，被迫跑到上海，经博古介绍加入中国共产党。由于母亲思念儿子，去信招他，于是他又回到天津，为《商报》写文章，不久任主笔。其间，他跟《大公报》总编辑张季鸾打过一场笔仗，张季鸾觉得他是个人才，不计前嫌把他挖到《大公报》。不久，张季鸾就责成他撰写了这一"不鸣则已，一鸣惊人"的大作，由此奠定王芸生在新闻界、史学界的地位，蒋介石还曾专门请他上庐山，为自己辟讲中日关系问题。张季鸾去世后，他执掌《大公报》笔政，解放前夕又成为《大公报》负责人。他自称是一位"彻头彻尾的新闻人"，有一次对北平的大学生发表演讲：

> 做新闻记者不是一件容易的事。因为新闻记者手上有个武器，容易受人恭维，也容易被人诱惑。你们尽看见有许多新闻记者很得法，若从一个角度上去看，他们是成功了，但是我希望你们不要走这条成功的捷径，希望你们每个人都努力做一个有灵魂的新闻记者。……在我的眼里，便有许多被人恭维做"无冕之王"的实际上是"无魂之鬼"。

如果说王芸生的专栏文章"六十年来中国与日本"属于"明耻",那么"教战"的事情则有军事理论家蒋百里主持的军事专栏"军事周刊"。蒋百里文武双全,早年曾在日本学习军事,与蔡锷同学,由于学业优异,获得日本天皇颁赠的军刀,被日本同学羡慕得眼红。回国后,先任保定军校校长,后又代理国民政府陆军大学校长,1938年去世。他是一个温文尔雅的儒将,娶了一位日本太太,并为之起了一个中文名字左梅,他们有个女儿蒋英与科学家钱学森结为伉俪。蒋百里既擅长"舞枪弄棒",又善于"舞文弄墨"。他办过报刊,写过文章,还与梁启超有一段传为佳话的文坛掌故。当年他从欧洲考察回来,完成一部《欧洲文艺复兴史》,大约5万言,请梁启超作序。不料,梁启超健笔如飞,洋洋洒洒一下写了5万字,与原书字数差不多。梁启超也觉得,"天下固无此序体",于是只好另作一篇短序,而将长序单独出版,反过来请蒋百里作序,这就是梁的名著《清代学术概论》。抗战全面爆发前,蒋百里说过一番富有感召力的话:"战争的目的在于屈服敌人的意志,屈服一个将军的意志使他放弃抵抗,这是可能的,屈服一个政府的意志使它改变政策也是可能的,但要屈服一个民族求生存求自由的意志,这是古今中外都不可能的。"由他主持的《大公报》"军事周刊",介绍了一系列军事知识,唤起了国民的抗战意识。总之,"明耻"与"教战"集中体现了《大公报》的爱国特征,用1936年出版的《芸生文存·自序》里的话说:"我是一个中国人,而且正是这个时代的一个中国人,国家在这个时代的悲喜,我自然也分享一份……我的报自然是我们这个国家的生活史料,我的文章也不至太对不起我的国家。"

1945年9月2日,在东京湾美国航空母舰"密苏里"号上,举行日本签字投降仪式。《大公报》名记者朱启平是当年采访这一历史性时刻的三名中国记者之一。在高手云集的记者中,朱启平撰写的《落日》被誉为"状元之作"。《落日》的字里行间流露着浓烈的爱国之情,打动了千千万万的中国人,也因此成为名标史册的经典。晚年,朱启平与老友谈及当年写作《落日》的情形时说:"在密苏里号军舰上,有各国记者参加受降仪式。我想我必须以一个中国人的立场,中国人的感情来写好这篇报道。"下面一段文字即出自这篇通讯:

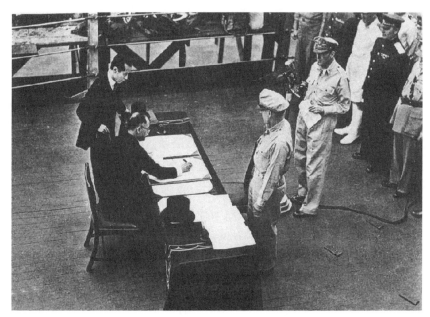

日本签署投降书

投降书脏了

按预定程序，日本代表应该随即取了他们那一份投降书（另一份由盟国保存）离场，但是他们还是站在那里。麦克阿瑟的参谋长苏赛兰将军本来是负责把那份投降书交给日方的，这时他却站在签字桌旁，板着脸和日本人说话，似乎在商量什么。大家都不知道出了什么事，记者们议论纷纷。后来看见苏赛兰在投降书上拿笔写了半晌，日本人才点头把那份投降书取去。事后得知，原来是加拿大代表在日本那份投降书上签字时签低了一格，占了法国签字的位置，法国代表顺着签错了地方，随后的各国代表跟着也都签错了，荷兰代表首先发现这错误，所以才和麦克阿瑟商量。苏赛兰后来用笔依着规定的签字地方予以更正，旁边附上自己的签字作为证明。倒霉的日本人，连份投降书也不是干干净净的。（《落日》）

朱启平1979年随中国代表团访问西欧，其间凭吊戴高乐墓，又写下一篇脍炙人口的文章——《伟大的平凡》，意境深远，文词隽永，令人感动，更令人深思。朱启平毕业于燕京大学新闻系，同系友黄华、龚澎等一样，都是"一二·九"运动的积极分子,他还是当年游行队伍里扛大旗的。

《大公报》的第二个特征——"拥蒋",就显得比较复杂。前面提到张季鸾的"三骂",最有名的是骂蒋介石,骂得痛快淋漓,而且《大公报》也对蒋介石及其政府不时进行批评——"骂"。比如,1943年,河南发生百年未遇的大旱,饿死几百万人。当时,国民党实行严密封锁,只有白修德等个别记者深入灾区进行报道。《大公报》记者张高峰也设法发回《豫灾实录》,主持笔政的王芸生为此配发了一篇著名社论《看重庆,念中原》,将中原灾民的凄惨境遇与陪都重庆的花天酒地加以对比,给人以"战士军前半死生,美人帐下犹歌舞"似的鲜明对比和强烈震撼:

> 昨天本报登载一篇《豫灾实录》,想读者都已看到了。读了那篇通讯,任何硬汉都得下泪。河南灾情之重,人民遭遇之惨,大家差不多都已知道;但毕竟重到什么程度,惨到什么情况,大家就很模糊了。谁知道那3000万同胞,大都已深陷在饥馑死亡的地狱。饿死的暴骨失肉,逃亡的扶老携幼,妻离子散,挤人丛,挨棍打,未必能够得到赈济委员会的登记证。吃杂草的毒发而死,吃干树皮的忍不住刺喉绞肠之苦。把妻儿驮运到遥远的人肉市场,未必能够换得几斗粮食。这惨绝人寰的描写,实在令人不忍卒读。而尤其令人不解的是,河南的灾情,中央早已注意,中央的查灾大员也早已公毕归来,我们也曾听到中央拨了相当数额的赈款,如此纷纭半载,而截至本报通讯员上月17日发讯时,尚未见发放赈款之事,千万灾民还在眼巴巴的盼望。这是何故?尤其令人不忍的,灾荒如此,粮课依然,县衙门捉人逼拷,饿着肚纳粮,卖了田纳粮。忆童时读杜甫所咏叹的《石壕吏》,辄为之掩卷叹息,乃不意竟依稀见之于今日的事实。
>
> 河南的灾民卖田卖人甚至饿死,还照纳国课,为什么政府就不可以征发豪商巨富的资产并限制一般富有者"满不在乎"的购买力?看重庆,念中原,实在令人感慨万千!(1943年2月2日)

社论发表后,蒋介石大怒,勒令《大公报》停刊3日。类似情况时有发生,《大公报》与蒋介石的恩恩怨怨、磕磕碰碰一直延续到全国解放。

那么,为什么又说《大公报》的特征之一是"拥蒋"呢?这就涉及有名的"小骂大帮忙"——以往对新记《大公报》的定评,即《大公报》对蒋家王朝是小事批评,大事帮忙。对此,当下时论多予否认,或认为《大公报》对国民党既有小骂也有大骂,或认为《大公报》对共产党也是有骂有帮忙,不一而足。新闻史学者俞凡在其博士论文《新记〈大公报〉再研究》里,以十年磨一剑的功夫做了系统的而非零碎的、联系的而非孤立的、演变的而非静止的辨析,得出令人服膺的科学结论:

> 在该报 24 年历史上的绝大部分时间里,《大公报》关注国民党方面的频率要远高于中共;该报对中共的负态度也远高于对国民党;中共阵营中,毛、周、朱等人物都曾被"骂",而国民党方面的蒋介石却始终幸免;《大公报》对国民党的批评,多针对具体政策,且多是出于一种"恨铁不成钢"的心态,而对中共则多次声明反对其意识形态,并一再宣称共产主义不适于中国;至少在 1933 年至 1940 年,《大公报》与蒋介石之间一直存在密切互动,双方就该报言论问题多有探讨,而中共则从未有类似待遇。
>
> 基于以上分析,笔者认为,我们似乎可以得出如下结论:
>
> 1. 就"骂"而言,《大公报》骂国民党比骂共产党更频繁,但这并非是由于该报对中共更加友善,而是由于其对中共的轻视与漠视;同时,《大公报》骂共产党人物的级别更高,用词更狠,且直指其意识形态基础。
>
> 2. 就"帮忙"而言,除了最后很短的一段时间之外,《大公报》一直在积极地向国民党当局提出建议,同时,在很长一段时间里与其最高层人物保持密切互动,甚至主动要求其对言论方针加以指导。
>
> 3. 基于前述 1、2 两点,笔者认为,所谓"小骂大帮忙",在《大公报》历史上的绝大部分时间里,确实存在。

从一些历史细节,也不难理解"小骂大帮忙"问题。张季鸾去世的时候,灵柩归陕,蒋介石下令西安军政各界 3000 多人前往迎接,还下半旗志哀。举行公祭大会时,蒋介石又千里迢迢从四川赶到西安,真是备极哀荣。据胡政之的儿子胡基回忆,1941 年张季鸾在病中给胡政之写信说,《大公报》只有跟随蒋介石才有前途。

《光明报》封面

1949年《大公报》被人民政府接收后发表的"新生宣言"也写道：大公报虽然始终穿着"民间""独立"的外衣，实际上是与蒋政权发生着血肉因缘的。1948年，被蒋介石赶到香港的民盟领导人决定创办一份机关报《光明报》，由沈志远、黄药眠、陆诒等负责筹备。第1期在当年的3月1日出版，封面是米谷的一幅漫画，画面上胡适背着一个红十字药箱，药箱上写着"自由主义"4个字，他手挽胡政之一起飞奔，而胡政之一手持《大公报》，另一手拖着无头的国民党军人尸体，旁边题着一首打油诗："真胡涂，假胡涂，为何冒死去救护？可知将军头已无，请问胡里与胡涂！"《大公报》与蒋家王朝的特殊关系由此显露无遗。

最后再看看《大公报》的第三个特点，同样也是聚讼纷纭的一个特点——"反共"。拥蒋与反共其实是同一事物的两个方面，都表明《大公报》并不像流行著述描绘的那么纯净，俨然一个自由主义的宁馨儿。这里所说的反共，既包括对共产党及其革命运动的抵触，也包括对共产主义的排斥，而这正是所谓自由文人及其报刊的共性。《大公报》反共例子举不胜举。比如，说共产党"杀人如麻""洋装张献忠""共其标榜，匪其实质""要之共产多年穷凶嗜杀，谋推翻整个社会，而自己又绝无对国际对国内之一贯认识，害国家、害民族、害自己，辗转战争，由东南而西北，以至于今日"等。1941年，张季鸾在《读周恩来先生的信》里说，共产党在1927年以后的十年间，"是负号的，不是正号的"，希望共产党"对国家永作正号的贡献"。

重庆谈判期间，毛泽东参观《大公报》，提笔留言"为人民服务"。当时，王芸生对毛泽东说道：共产党不要另起炉灶。毛泽东笑着回答说：不是我们共产党要另起炉灶，而是国民党的炉灶里不许我们开伙。1945年11月20日，《大公报》还发表了一篇有名的社论《质中共》，要求中共交出军队，"要政争不要兵争""应该在政争之路堂堂前进，而不可在兵争之场滚

毛泽东为《大公报》题词

滚盘旋""只要国家有兵，人民不得有兵""与其争城争地驱民死，何如兵器销为日月光""我们希望中共转此一念，那不但是国家民族的大幸，而延安诸公也将被全国同胞弦歌丝绣而奉为万家生佛了"。次日，《新华日报》在周恩来领导下，刊登了一篇针锋相对的社论《与〈大公报〉论国是》，对《大公报》的指责逐条进行反驳。如关于受降问题，《大公报》认为朱总司令发布的八路军、新四军向全国进军，接收失地和敌伪投降的命令不合法。《新华日报》反驳道，当时八路军、新四军都在抗战第一线，眼前就是敌伪，难道我们坐着不动，眼巴巴等着几千里之外的国民党军队吗？再如《质中共》指责共产党地区实行特殊化，建立"国中之国"。《新华日报》反驳道，共产党领导的华北、西北等解放区实行民主，而国统区却奉行独裁。社论最后一针见血地指出："这些问题都是当今国是的根本问题。我们现在无需乎借大公之名掩大私之实，借人民之名掩权贵之实"，"配合着今天国民党军敌军伪军乃至美军向解放区的大举猛烈进攻，跑到火线上来要求共产党强迫人民的军队放下武器，向反动派无条件投降……好一位妙舌生花的说客呀！但是天下一切大公无私的人们请判断吧！《大公报》在这里是大公呢？还是大私呢？"

内战爆发后，《大公报》由王芸生执笔又发表一篇有名的社论，题为《可耻的长春之战》，其中说到解放军"进攻的战术，常是用徒手的老百姓打先锋，以机枪迫炮在后面督战。徒手的先锋队成堆成群地倒了，消耗了对方的火力以后，才正式作战。请问这是什么战术？残忍到了极点，也可耻到了极点"。次日，《新华日报》发表社论《可耻的大公报社论》，以牙还牙地写道:"除了从专门造谣反共反人民的特务机关那里抄来的以外,世界上找不出这样的战术。《大公报》在反人民这一点上真正做到家了,真正残忍到极点,可耻到极点!"

俞凡的《新记〈大公报〉再研究》(2016),借助一手的档案,采用严谨的方法,通过精审的辨析,探究了《大公报》以及一系列新闻与社会问题,揭示了近代私营报刊与民国政府的复杂关系,包括"四不主义""文人论政""小骂大帮忙""新闻专业主义"等焦点问题。在他看来,《大公报》与蒋政府二十四年的"爱恨情仇"分为四个时期:

试探时期(1926—1933年)
合流时期(1933—1941年)
分歧时期(1941—1946年)
决裂时期(1946—1949年)

其间,《大公报》大体经历了从疑蒋反共到拥蒋反共再到反蒋反共三个阶段,对蒋介石的态度虽有变化,但反共却一以贯之。至于"文人论政"和"四不主义",则是虚幻的标榜——可谓"一不也不不"(王咏梅),而"新闻专业主义"对新记《大公报》而言更是一个附会的概念。

《观察》与"中间路线"

《大公报》的复杂面相,也在于它与各方政治势力和各种思想学说之间的错综关系。比如,常说的《大公报》与政学系的关系、《大公报》与自由主义的亲缘等,就有诸多说不清、道不明的瓜葛。

新记《大公报》与政学系的关系非同寻常。陶菊隐先生在其回忆录里写道:抗战全面爆发前,"素有敢言之称的天津《大公报》,通过政学系政客张群之手,蜕化为'小骂大帮忙'的半官方报纸,至此全国新闻界便无一片净土"。他甚至把《大公报》称为"政学系喉舌"。陶菊隐先生既不属于国民党,也不属于共产党,只是一介文人,他的评价应该说比较客观、公允,而他对民国史的研究更是素享盛誉。

至于《大公报》与自由主义的关系,更是一个牵连广泛的话题。胡政之曾经说过一番话,道出《大公报》的苦衷,同时也是近代中国自由知识分子的苦衷:"我们真是有苦自己知。我们的社评,不见得就是露布,我们的笔,也不能横扫千军。我们始终是一个有理说不清的秀才。"处在复杂激烈的社会政治斗争环境中,他们想追求西方式的自由、民主、宪政,而在现实中又不得不依附于各种政治势力,同他们保持或近或远的关系,处境尴尬,左右为难。解放战争时,国民党中宣部部长陶希圣在《中央日报》上"声讨"《大公报》,秉承蒋介石旨意对王芸生进行指名道姓的攻击,称其为"新华社广播的应声虫"(《王芸生之第三查》)。与此同时,共产党的《新华日报》又在《可耻的〈大公报〉社论》里质问《大公报》:

> 大公报里有好人的,但它的社论作者,原来是这样一个法西斯的有力帮凶,在平时伪装自由主义,一至紧要关头,一至法西斯要有所行动时,就出来尽力效劳,不但效劳,而且还替法西斯当开路先锋,替吃人的老虎当虎伥,替刽子手当走狗,以便从法西斯和刽子手那里,讨得一点恩惠,舐一点喝剩的血,嚼一点吃剩的骨头。

徐铸成在回忆录中讲道,他后来毅然脱离《大公报》,主要是因为胡政之接受了20万美元的官价外汇。所谓官价外汇,实际上相当于蒋介石政府白送《大公报》的"贿金"。1947年,国民党接连封闭《文汇报》等三家进步报纸,而《大公报》发表短评《请保障正当言论》(王芸生),影射这三家报纸是不正当的言论,为了保障正当言论,对不正当言论该封就封。所以,徐铸成说:"这是《大公报》历史上罕见的卑鄙评论。我看了真是又伤心,又痛心。"著名的《密勒氏评论报》也指出,"中国今天只有两张真正的民间报,一张是中间偏左的《文汇报》,一张是中间偏右的《大公报》。应彼此扶持、支援,而不应该冷眼旁观,更不应投井下石"。

《大公报》虽然有许多面相和特点,但其基本底色还是自由主义。具体说来,类似于丹尼尔·贝尔所信奉的"政治上的自由主义、经济上的社会主义、文化上的保守主义"。张季鸾在1928年的元旦社论中讲道:"对内厉行民主政治,提倡国民经济,采欧美宪政之长,而去其资本家专制之短,大兴教育以唤起民众,争回税权以发达产业;对内务求得长治久安之规模,对外则必脱离不平等条约之束缚。"(1928年元旦《岁首之辞》)这种思想倾向就是后来所谓的"中间路线"。中间路线在解放战争时期成为一股社会思潮,有一批自由知识分子借助《大公报》一类媒体,倡导中国道路既不应该是苏联的社会主义,也不应该是西方的资本主义,而是一条中间道路:"左右的长处兼收并蓄,左右的弊病都能除掉。"

这方面的代表除了《大公报》,还有储安平及其《观察》周刊。储安平是一位典型的自由知识分子,毕业于上海光华大学,后来赴英国留学,师从英国

《观察》

自由主义哲学家拉斯基。回国后,力倡英国自由主义传统,并于 1946 年创办了一份指点江山、激扬文字的《观察》周刊。这份周刊提出"四项基本原则":民主、自由、进步和理性,即自由知识分子以及文人报刊所信奉的共同理念,在其扉页上写着"独立的、客观的、超党派的"等字样。《观察》还曾出版一套"观察"丛书,包括张东荪、潘光旦、费孝通等著作,如费孝通的《乡土中国》。在这套丛书里,有一部托名红毛记者——塔塔木林的奇书,名为《红毛长谈》,其中有段关于"中间路线"的妙喻:

> 夫黄灯者,红绿极端之过渡也。其存在本来意义不大,但其作用,却在避免撞车惨祸。取消此黄灯,宁非喜欢撞车乎?用之于政治,黄灯可说即是缓冲国共之间,无党无派人士也。此种人,主张不够鲜明,尤谈不到积极行动,但于两路皆堵住庞大卡车之今日,黄灯或是以避免血肉飞溅之悲剧也。

这些良苦用心最终无不遭到挫败,回应他们的是国民党查封《观察》周刊的现实。对此,储安平深感失望,后来辗转前往解放区。解放后,他先在新闻出版总署任职,不久经胡乔木推荐出任民主党派的机关报《光明日报》总编辑,他当年创办的《观察》又以《新观察》问世和闻名。1957年,他以一篇"党天下"的发言被划成"右派"。"文革"期间曾跟老舍同

一天投水自尽，所幸被救，但是几天后神秘失踪，从此生不见人，死不见尸，成为一桩悬案。储安平及其《观察》的失败是个象征，表明中间路线的绝境。《中央日报》1947年发表国民党中宣部部长陶希圣的社论《爱护学校，爱护自己》，说得很明确："至于大公报王芸生之流，其主义为民族失败主义，其方略为国家分裂主义。主义与方略具备，现在又有行动了。他的行动就是不左也不右的，政府与共产、美国与苏联一起骂的，未必即是自由主义者。"

有意思的是，陶希圣曾是自由主义知识分子，做过北京大学教授，是政治史、经济史专家，后来成为蒋介石的幕僚。抗战爆发前，在周佛海南京的地下公寓里有个俱乐部，号称"低调俱乐部"。所谓低调是同高调相对而言的，当时的高调就是"抗战"。他们认为，中国跟日本相比实力悬殊，抗战不如妥协，于是倡导低调，如当时闲适文人中就有人这样抨击"抗战"的高调："打打打，宣战宣战，这样的中国人，呸！"而鲁迅先生针锋相对地说："这样的中国人，呸，呸！"低调俱乐部除了胡适等人，还有陶希圣和国民党外交部亚洲司司长高宗武。汪精卫投敌叛国时带出一帮贴身人马，包括高宗武和陶希圣。陶希圣毕竟是个文人，跟随汪精卫本是想求和而不是投敌，所以当日本人把所谓"大东亚共荣圈"的计划拿出来时，他才知道上当了，傻眼了。此时陶希圣就像后来说的，"一杯毒药，喝了一半我发现是毒药，不喝了"。于是，陶希圣、高宗武在杜月笙的秘密安排下，又从上海逃回香港，在香港公布汪精卫投敌卖国的秘密文件，轰动一时，史称"高陶事件"。后来，陶希圣成为国民党的中宣部部长和《中央日报》的主笔，到台湾后也官运亨通。陶希圣的一位女婿留在大陆，成为外文局的著名专家，名叫沈苏儒，是沈钧儒的堂弟。

最后，再让我们用一个小故事来看看《大公报》及其自由主义的面相。1936年，鲁迅先生去世，中国文化界痛失旗手。当时《大公报》上海版记者萧乾等人闻讯后，立即策划、组织了鲁迅逝世专版，内容丰富，图文并茂。然而，就在这个专版的左下角又刊出一篇短评，先赞扬一下鲁迅先生的功业，然后笔锋一转："他那尖酸刻薄的笔调，给中国文坛画了一个时代，同时也给青年不少的不良影响"云云。文章发排时，就有编辑提醒总编辑、短评撰稿人王芸生这些措辞不妥。王芸生听后，居然笑着说："不要紧，我

鲁迅先生打叭儿狗图（林语堂绘）

们该发表不同的观点。"结果，短评刊出，引起公愤，读者纷纷打来电话，表示抗议，不少激愤的读者甚至将当日的《大公报》撕得粉碎。这里，《大公报》王芸生等做法貌似公允，也符合自由主义的基本原则，但其中透出的政治立场和价值判断却绝非不偏不倚，而更让人联想起鲁迅先生在《论"费厄泼赖"应该缓行》里刻画的宠物：

> 折中，公允，调和，平正之状可掬，悠悠然摆出别个无不偏激，惟独自己得了"中庸之道"似的脸来。因此也就为阔人，太监，太太，小姐们所钟爱，种子绵绵不绝。它的事业，只是以伶俐的皮毛获得贵人豢养，或者中外的娘儿们上街的时候，脖子上拴了细链子跟在脚后跟。

《新民报》与《文汇报》

在民国年间的文人报刊里，《新民报》和《文汇报》均属佼佼者，地位与影响不亚于《大公报》。《新民报》的创办人是一对报人夫妇陈铭德和邓季惺。邓季惺的前夫是吴竹似，她与吴竹似的一个儿子后来成为经济学家，就是吴敬琏。《新民报》于1929年创刊，张友鸾任总编辑。张友鸾也是一位杰出报人，曾在成舍我的《世界日报》《立报》任总编辑，一向以风趣、俏皮著称，所拟标题"前方吃紧，后方紧吃"广为人知。《新民报》鼎盛时期，有所谓"三张一赵"。"三张"是张慧剑、张恨水和张友鸾，"一赵"是赵超构。《新民报》早期受四川军阀刘湘的控制，后来成为一份著名的文人报刊。抗战时期，《新民报》获得迅猛发展，一度达到"五社八版"。抗战胜利后，毛泽东前往重庆参加和平谈判，其间应民主人士柳亚子先生之请，题送一首自己写于1936年的词《沁园春·雪》。这首词最后辗转由《新民报》首次刊发，一时间在山城引起轰动。参与此事的柳亚子、王昆仑、黄苗子、吴祖光等，都是名重当世的文化人，吴祖光时任《新民报》副刊编辑。

陈铭德、邓季惺的办报方针颇能体现文人报刊的特点，即所谓"中间偏左，遇礁即避""不左倾、不右袒"。换言之，也是想走一条"中间路线"。1948年，《新民报》与《文汇报》一起被封，这对夫妇被当局诬为匪谍，不得不潜往解放区。1953年，《新民报》与上海版《新民报》《亦报》合并，组成现在的《新民晚报》，陈铭德任社长，《新民报》老人赵超构任总编辑。

赵超构在20世纪50年代提出一个有名的晚报方针："短些、短些、再短些，广些、广些、再广些，软些、软些、再软些。"他是一位出色的报刊评论家，笔名林放，早年的理想就是以邹韬奋为楷模，用言论推动社会进步。1944年，他参加中外记者西北观察团访问延安，写下轰动一时的新闻经典《延安一月》。当时，他已是《新民报》大笔杆子，才33岁。为了免

《新民报》

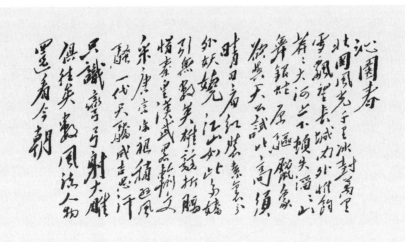

毛泽东手书《沁园春·雪》

受中共影响,国民党中宣部决定:这个记者团的中国记者,必须是重庆主要报纸的总编辑或资深记者。赵超构讲一口难懂的温州话,又得过中耳炎,听力也不好,官方一见名单不由窃喜:心想就让这个聋耋记者去吧,很可能劳而无功。不料,"一向无记笔记习惯"的赵超构,凭着心记、感悟、理解,为重庆和成都两地的《新民报》完成了13万字的《延安一月》,成为继《西行漫记》之后的又一新闻佳作。周恩来称之为中国的《西行漫记》,叙事记人,翔实生动。如观察团到达延安两周,在一次延

丁玲与母亲、儿子的合影(1931年)

安文化界座谈会上,赵超构见到丁玲——第一个到陕北的大作家。在他眼里,丁玲给人的印象是大眼、浓眉、粗糙的皮肤、矮胖的身材,声音洪亮,豪饮,健谈,烟抽得很密,大口地吸进,大口地吐出,似乎有意显示她的豪放气质。可是,当甜食上桌的时候,她捡起两块,郑重地用纸包起来,似乎有点不好意思,解释说带给自己的孩子。这些细腻传神的细节,令读者过目不忘。再如,《延安一月》里描写毛泽东:

> 身材颀长,并不奇伟。一套毛呢制服,显见已是陈旧的了。领扣是照例没有扣的,一如他的照相画像那样露着衬衣,眼睛盯着介绍人,好像在极力听取对方的姓名。
>
> 谈话时,依然是满口的湖南口音,不知道是否因为工作紧张的缘故,显露疲乏的样子,在谈话中简直未见笑颜。然而,态度儒雅,音节清楚,词令的安排恰当而有条理。我们依次听下去,从头至尾是理论的说明,却不是煽动性的演说。
>
> 这就是中国共产党的领袖毛泽东先生。
> ……
> 我们想象,边区一定是共产理论像洪水一样泛滥的世界。然而不然,马列主义是边区的基本思想,但已经不再以本来的面目出现了,

因为现在边区马列主义已经照毛氏所提的口号化妆过,那便是"马列主义民族化"。换一句话说,马克思和列宁,不再以西装革履的姿态出现,却已穿起了中国的长袍马褂或农民的粗布短袄来了。小如变工队,秧歌队,合作社,大如新民主主义,我们都可发现,是马列理论的内容和民族形式的外衣综合体。在边区,开口马克思,闭口列宁,是要被笑为落伍表现的,"打倒洋教条主义"是他们整风运动之一点,毛泽东给共产党员的教训,是在尊重农民社会的旧习惯之中播种共产党的理论和政策。

谈到《新民报》《新民晚报》,不能不说赵超构。同样,提到《文汇报》,就不能不讲徐铸成了。1926 年,徐铸成借一张他人的高中文凭考入清华,他觉得"从一个普通的师范生,跳进了美轮美奂的清华园,真像刘姥姥初进大观园一样"。可惜,不久此事败露,于是又被清华除名。当时,还是教务长的梅贻琦先生找他谈话,态度和善,循循善诱,让他感到非常温暖。离开清华,他先到河北大学,自己说"混了半年"。当时,张宗昌正任该校校长,所以徐铸成自嘲是"绿林大学"学生。后来,他又考入北京师范大学。当年,北平的大学女生找对象有句流行语,叫"北大老,师大穷,只有清华可通融",也就是说师大学生比较贫寒。于是,他在北师大不得不半工半读。1927 年,还是大学生的徐铸成,经人介绍进入国闻通讯社。前面说到国闻通讯社隶属《大公报》,他也由此进入《大公报》,成为骨干。然而,想不到抗战爆发,上海沦陷,他与萧乾等竟一起被胡政之遣散,也就是解雇。"我骤尝失业之苦,一家六口素无积蓄,赖三个月遣散费艰难度日"(《徐铸成回忆录》)。他觉得,自己是被铁面老板一脚踢出了门,1946 年他终于辞别《大公报》,这是一个主要原因。解雇之后,他参与创办上海孤岛的《文汇报》,大获成功。不到一年半,报纸便因敌伪的压力而停刊。他在《文汇报》上表现的才干,让胡政之再次认识徐铸成的价值,加之胡政之也不无悔意,所以《文汇报》停刊后,他又恳请徐铸成到香港主持香港版的《大公报》。到了香港,正赶上轰动一时的"高陶事件",徐铸成主持《大公报》全文公布了汪精卫卖国求荣的文件。这期间,蒋荫恩负责报纸的国际新闻,萧乾负责副刊,梁厚甫任英文翻译,均为一时之选。1941

年年底，珍珠港事件和太平洋战争爆发，香港沦陷，他们辗转来到桂林，徐铸成又任《大公报》桂林版总编辑，而王芸生时任重庆版总编辑。抗战胜利后，徐铸成辞别《大公报》，重新经营《文汇报》。

1938年，《文汇报》创刊，由爱国人士严宝礼主事。由于宣传抗日，遭到敌伪嫉恨，总编辑徐铸成曾两次收到"礼物"：一次是一只血淋淋的手臂，意思是"若再写社论，有如此手"。还有一次是一篮馨香扑鼻的水果，仔细检查后发现，每只水果都打了毒针。1981年，徐铸成在香港出版一本新书，书名就叫做《炸弹与水果》。还有一次，敌伪买通印刷厂一个工人，偷偷在车间里安放了炸弹，结果不小心把自己的手臂炸飞了。孤岛时期的《文汇报》每天都发表一篇社论，由于当时上海各家报纸只报新闻，而不敢发表社论，为此《文汇报》很受欢迎，"使广大读者有空谷足音之感"（马光仁《上海新闻史》）。抗战胜利后《文汇报》于1945年复刊，除徐铸成，复刊后的主要工作人员还有宦乡、柯灵、钦本立、李龙牧等。宦乡也是新闻界老人，抗战时期曾任上饶《前线日报》的总编辑，据名记者曹聚仁描绘：

> 他可说是魁梧奇伟的，身高六英尺一英寸，体重二百三十磅，站在伦敦街头，也算是个高佬。他是思路绵密、善于综合分析的人，却又是一个温文尔雅、最富感情的人。我初在上饶任《前线周刊》主编，就住在他的家里。他一面翻阅当天的新闻电讯，一面收听伦敦及华盛顿的广播，一面执笔写当天的编余漫笔。同时他那宝贝小孩子哭了闹了，他就放下笔来，抱着孩子在斗室中兜圈子，拍着鸣着，就是一个保姆。有时，就把孩子抱在怀里，一手拍孩子，一手写稿子。（《听涛室人物谭》）

解放后，宦乡在外交部门任职，改革开放时又任中国社会科学院副院长，成为国际问题专家。柯灵后以电影文学著称，当时主持《文汇报》副刊。钦本立出身记者，新中国成立后复刊《文汇报》时，徐铸成向邓拓提出要求，希望把钦本立再派回来，钦本立时为《人民日报》记者。李龙牧解放后任复旦大学新闻系教授，一直主讲中国新闻史，著有《中国新闻事业史》，属于革命化范式的代表作。

解放战争时期，国统区民众"反内战、反饥饿、反迫害"的运动风起云涌，《文汇报》站在人民一边，对国民党的倒行逆施进行揭露和批判。在下关惨案中遭到特务殴打的北京大学教授雷洁琼，40年后回忆说，"当时站在人民一边，态度最坚决者，厥为上海之《文汇报》及重庆之《新华日报》"。徐铸成写过一本小书《报人张季鸾先生传》，里边有一段评价也适用于他本人：

《文汇报》

我国近代新闻史上，出现了不少名记者，有名的新闻工作者，也有不少办报有成就的新闻事业家，但未必都能称为报人。历史是昨天的新闻，新闻是明天的历史。对人民负责，也应对历史负责，富贵不淫，威武不屈；不颠倒是非，不哗众取宠，这是我国史家传统的特色。称为报人，也该具有这样的品德和特点罢。

徐铸成晚年将其一生的办报经验归纳为"新闻烹调学"，借以说明"编写新闻的技术性、艺术性问题"。其中，他突出了三点——掂分量、立标题、巧编排。掂分量，就是"一稿在手就'掂'出它的分量，决定采用与否，如采用放在哪一版的什么地位"（李伟《徐铸成传》）。这是新闻人最重要的基本功，也就是平时常说的"政治素质""政治家办报"等。其实，所谓政治素质并不是一般误解的政治宣传，而是类似于这种"掂分量"的审时度势。新闻人没有审时度势的政治眼光、政治胸怀、政治气度，那么势必淹没于如山似海的信息之中，沦为地摊小报似的碎嘴婆子。

关于"立标题"，他曾多次谈到，标题好似眼睛，眼睛炯炯有神，就能一下吸引人的注意力。当年，解放军主动撤出延安，《文汇报》起的标题是《延安昨日易手　国军长驱直入》，以表明国民党军队未遇抵抗，进入空城，巧妙地揭穿国民党宣传的"国军大胜，收复延安"。后来，国民党召开"国

《文汇报》深受读者欢迎

大",想拉民盟参加,无人响应。而此时,上海冒出一个"中国民主党",由一小撮流氓、无聊文人组成,想以少数党的身份参加,却又遭到国民党拒绝。为此,徐铸成拟了一个标题《要者不来 来者不要》,令人会心而笑。

至于巧编排,是说新闻要讲究编辑艺术,就像厨师的烹调:"大菜小菜,热炒冷盘,甜菜酸菜,各尽调味之能事,花色丰富,搭配整齐。这才能色香味俱佳,使人闻到看到,就食指大动,垂涎三尺。"二三十年代的中国报界不太讲究版面编排,林语堂曾经挖苦说《新闻报》编得很烂,《申报》干脆没编。翻开当时的报纸,人们往往发现"不分专电、外电,也不论国内通讯与本市新闻都放在一个版面,胡子眉毛一把抓,对标题又不下工夫,这使读者无从看起"(李伟)。徐铸成对此颇有经验和心得,他的编辑艺术达到出神入化的境界。在他主持下,《文汇报》的版面生动活泼,内容丰富多彩。解放战争时期,有一天,他在废纸篓里发现一条中央社的新闻,报道戴笠死亡一周年的纪念会。他灵机一动,把它编为一则消息,配上"戴笠音容宛在"的标题,放在国民党镇压学生的新闻旁边,以示戴笠虽然已死,特务肆虐如旧。"反右运动"前,毛泽东有一次约见徐铸成,专门在门口迎候,一见面就握着他的手说:"你们《文汇报》办得实在好,琴棋书画、花鸟虫鱼,真是应有尽有,编排也十分出色。我每天下午起身后,必首先看《文汇报》,然后看《人民日报》,有空再翻翻其他报纸。"这既是政治家对新闻人的赞誉,更是行家对行家的赏识。另外,针对记者修养,他强调过三关,即文字关、政策关和常识关。他建议新闻人:

> 除了学习中央文件、领导同志讲话外,要多读文学、历史和有关现代科学知识的书。还要多读点古书,如前四史《史记》《汉书》《后汉书》《三国志》以及《晋书》《左传》《国语》《国策》等,多熟悉历史,从这些书里学习表达、推理、分析问题的方法。他以报人曹聚仁为例。曹偏爱王船山的《读通鉴论》,常读精读,他写新闻评论颇得

力于此书。徐铸成和他不谋而合。当年张季鸾也下过工夫精读此书。徐铸成爱看《儒林外史》和《聊斋志异》，后者可能看了不止一百遍。（李伟《徐铸成传》）

1957年，当年著名的左派记者徐铸成被划为"右派"，海内外舆论为之愕然。徐铸成的儿子徐复仑说过："父亲的一生，其实只做了两件事：一件是办《文汇报》和《大公报》，另一件是当右派。父亲的好友罗孚先生有诗云：'大文有力推时代，另册无端记姓名。'说的就是这两件事。"1980年，徐铸成的"右派"问题平反后，他为自己提出"三不主义"，即"不计较过去、不服老、不自量力"，并以饱满的热情和旺盛的精力投入工作，撰写和出版了19部新闻著述，如《报海旧闻》

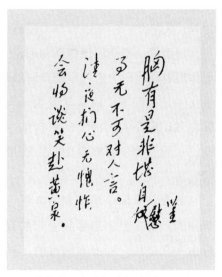

徐铸成手书绝句《自慰》（1987）

《旧闻杂忆》《报人张季鸾先生传》《徐铸成回忆录》《新闻艺术》等，总计300余万字。同时，他还参与创办了厦门大学新闻传播系，并任复旦大学、厦门大学、武汉大学等新闻系兼职教授。1983年成立的厦门大学新闻传播系，是大陆第一所冠有"传播"名号的新闻系。该系一成立，先招研究生，以培养师资，其中第一批研究生、徐铸成指导的黄星民，成为2007年成立的厦门大学新闻传播学院首任常务副院长。1987年，徐铸成在完成回忆录后赋诗一首："胸有是非堪自鉴，事无不可对人言。清夜扪心无愧怍，会将谈笑赴黄泉。"1991年，一代报人徐铸成在上海去世，享年85岁，他的一生无愧于自己的座右铭——"清清白白做人，勤勤恳恳办报"（《报海旧闻》）。

自由主义与文人报刊

文人报刊按其立场，可以分为左倾的，如《文汇报》；右倾的，如《大公报》；以及中间立场的，如《新民报》。不管何种立场，谈到文人报刊，不能不涉及自由主义话题。关于自由主义，首先需要澄清一些概念的模糊，甚至混乱。首先，常情常理的自由主义和意识形态的自由主义不是一回事。常情常理的自由主义，是说人人都想自由自在地支配自己的言论、身体、行为等，人同此心，天下皆然，没有谁天生喜欢当奴隶。而意识形态的自由主义，则是指一整套思想体系和理论主张以及相应的社会历史情境，实际上主要体现着现代历史进程中资产阶级的政治经济利益与立场。两个层面的自由主义不是一回事，而常常混为一谈，从而产生一系列思想混乱。比如，当你在意识形态的层面上反思自由主义时，有可能会在常情常理的层面遭到反诘：难道你不喜欢自由吗？这里，实际上就是忽略了此自由与彼自由的区别。

其次，中国语境下和西方语境下的自由主义又有所不同，如果不理会其间的差异，也容易导致思想的混乱。比如，有人认为，作为意识形态的自由主义是放之四海而皆准的，具有普世的价值，从而无视或忽略思想所赖以生成的社会历史土壤，无视或忽略"橘生淮南则为橘，生于淮北则为枳"的文化思想情境。正如马恩对德国所谓"真正的社会主义"的剖析：

> 德国的哲学家、半哲学家和美文学家，贪婪地抓住了这种文献，不过他们忘记了：在这种著作从法国搬到德国的时候，法国的生活条件却没有同时搬过去。在德国的条件下，法国的文献完全失去了直接实践的意义，而只具有纯粹文献的形式。它必然表现为关于真正的社会、关于实现人的本质的无谓思辨。（《共产党宣言》）

最后，理论层面的自由主义和实践层面的自由主义，更是不可同日而语。曾任世界银行首席经济学家的斯蒂格利茨，在中国人民大学演讲时告诫中国经济学界不要重蹈东欧改革的覆辙，说他们是"do what we say"——"我们怎么说，他们怎么做"，他认为中国应该是"do what we do"——"我们怎么做，你们怎么做"。其实，孔老夫子早就指出，不仅要看人们怎么说，更要看人们怎么做，"今吾於人也，听其言而观其行"。换言之，凡事不仅要看主观愿望，更要看客观行为；不仅要看理论诉求，更要看实际运行。对其他主张如此，对自由主义亦然。海外学者唐德刚批评乃师胡适及其自由主义时说得好：在理论上无一不对，而在实践上无一不错。

关于自由主义及其中国化问题，胡伟希在《理性与乌托邦——二十世纪中国的自由主义思潮》一文里做了透辟论述，这里再简单谈谈其中的基本观点。从社会实践层面看，自由主义在西方是作为中产阶级亦即资产阶级的意识形态兴起和盛行的，可谓有钱人的学说，故曰"穷人爱民主，富人爱自由"。法国自由主义思想家托克维尔就曾坦言："我并不热爱民主。……我无比崇尚的是自由，这便是真相。"以名言"绝对的权力绝对导致腐败"著称的阿克顿勋爵也曾说过，中产阶级主张自由，穷苦人渴望平等。另外，自由主义是西方社会历史长期演进的产物，与其说是近代文明的动因，不如说是近代文明的结果。一般以为，西方的现代化发展是因为信奉自由主义等理念，有自由主义才有现代化。而事实恰恰相反，正是有现代化的一整套社会运动和历史实践，才有所谓自由主义的思潮。这一思潮正是现代资本主义发展过程中，作为主体的资产阶级价值观或意识形态而兴起的。胡伟希写道：

> 西方历史表明：自由主义运动往往发生在先，而后才有自由主义思想理论的出现，自由主义的理论与其说对西方自由主义运动起着指导的作用，不如说是对其实际运动的经验总结。但在中国自由主义者眼里，西方自由主义的政治制度、经济措施、社会政策乃至道德风俗无不是思想观念的产物，故他们赋予西方自由主义学说一种它本来并不必然具有的社会实践品格。以思想言论自由为例，它本来是西方自由主义运动争取消极自由的一项重要成果；严格说来，它属于一种"个人享有的自由"，它的价值就在于它本身，而不基于其他功利的要求。可是大多数中国自由主义者却认为，思想言论自由之可贵，就在于它具有极其重要的工具价值。

也就是说，在西方，自由主义具有源远流长的历史、文化及思想根源，从而更多地体现为一种价值。而在近代中国，自由主义首先是作为一种工具，作为富国强兵、救亡图存的一种工具。当然，这种为富强而学习是中国近代知识分子普遍的心态，西方自由主义传入中国、被当作工具使用跟这种历史心态正相吻合，也不足为奇。这种把自由主义作为一种工具的情形,也同近代新型知识分子的形成有关。20世纪初,废除科举,兴办新学,到二三十年代,一批留学归来的学人构成新型知识分子。他们希望在政府部门任职,通过制造和鼓动舆论对政府和国家产生影响。这些知识分子大都分布在文教和政府部门或从事新闻出版事业,由于职业及教育上的原因,他们往往关心现实政治,但又不愿意担当社会历史责任。他们不满社会现实,但并不愿意看到现存秩序瓦解。这就是《大公报》"小骂大帮忙"的矛盾心态。由于中国自由主义知识分子绝大多数分布在高等院校、科研机构和新闻出版部门,从而显示出中西方自由主义在发生机制上的根本差异,按胡伟希的说法:

> 首先,对西方来说,广大的中产阶级构成自由主义产生的社会基础。自由主义在西方不仅仅是少数知识分子的呐喊,常常还伴随着声势浩大的社会群众运动,其原因也在这里。而近代中国,由于中产阶级力量的弱小,自由主义缺乏深厚的社会力量的支持,它不过反映了参与型知识分子要求参政与改革社会的意愿而已。其次,在西方,自由主义运动同其整个思想传统,尤其是宗教文化有着天然联系,它不只是代表中产阶级利益和愿望的工具合理性行动,而且具有价值合理性。……反之,在中国近代,自由主义是为了一种明确的目的被参与型知识分子从西方引进的一种思想观念……

这种起源与背景的差异,自然导致自由主义在东西方的不同命运。自由主义特别是英美的自由主义本来是主张渐进与改良,反对激进与革命,而在中国,自由主义却往往表现为激进、躁急、大刀阔斧、摧枯拉朽,恨不得毕其功于一役。具体来说,表现为三个方面:

> 第一,提倡"文化基因"改造工程。……认定西方文化无论在精神文明或者物质文明上,都远优于中国固有文化,因此,对于西方文化的接受,应该是"全盘性"的;而为了消除传统文化对外来文化的拒斥力,他们在对传统文化展开猛烈的攻击与批判的同时,还运用西方的观点和方法,对传统文化加以改造与消解。
>
> 第二,提出"社会工程"。……在急躁情绪的支配下,中国的自由

主义者试图一股脑儿将西方国家的政治制度、经济措施以及思想观念全副搬运到中国，但忽视了它们该如何适应于中国近现代的国情以及如何同中国的民族传统相衔接这一重大问题。

第三，折中调和主义。因为提倡社会改造，与西方自由主义者相比，中国自由主义者似乎是更注重具体细节而忽视思想原则的事务主义者。……早在二十年代，胡适就提倡"多研究些问题，少谈些'主义'"。在他看来，"空谈好听的'主义'，是极容易的事，是阿猫阿狗都能做的事，是鹦鹉和留声机器都能做的事"。

总之，在近代中国，自由主义往往表现出浓重的精英意识，"举世皆浊我独清，举世皆醉我独醒"，同西方自由主义所信奉的平等、博爱、宽容等精神每每格格不入，同广大民众及其身家性命更是形格势禁。至于走火入魔的原教旨自由主义，则表现出强烈的排他性，犹如中世纪的宗教裁判所。记者兼作家、以《百年孤独》闻名的加西亚·马尔克斯说得好："知识分子是一种古怪的动物，他总是把先入为主的理论置于现实之上并不顾一切地让现实服从他的理论。这就是这种知识分子在各个领域尤其在政治方面非常让人怀疑的原因。"这种所谓"知识分子"及其"意底牢结"（ideology）既背离本原的自由主义，又脱离中国近代的社会现实与历史境况，左支右绌，难以为继，最后只能纷纷破灭，就如胡伟希所概括的：

> 在近代中国，摆脱外来侵略压迫以及追求国家富强固然是时代面临的基本课题，而对于广大劳苦大众来说，它的内容并不深奥，相反，十分浅显，它其实就是人们的生存权利与基本温饱问题。
>
> 在这种社会上下严重离心、无法实现社会整合的情况下，中国自由主义者希图采取与当权者合作或与之宣讲"道理"的方式来改革中国的种种"弊政"，这不仅没有发生效果，而且使他们失却了广大的基本群众。自由主义在近代中国终究只能在部分知识分子中流行，却无法成为激励社会各阶层，尤其是广大劳苦大众为争取自身解放的思想旗帜。（原载高瑞泉主编《中国近代社会思潮》）

2008年年初，《光明日报》发表何晓明的文章《近代中国自由主义：不结果实的精神之花》对此也作出同样的概括和结论：

> 在近代中国流行的三大思潮中，激进主义以其昂扬的气势、痛快彻底的解决问题方式以及英雄主义的精神感召力量，比较容易赢得苦难民众的认可。保守主义则因为迎合了一般社会大众既想改变现状，又害怕打破坛坛罐罐的普遍心理，从而在历史遗产格外丰厚的中国拥有宽广的社会基础。惟独自由主义，先天不足，后天失调，既缺乏与中国传统文化的接榫机理，又生不逢时，加之自由主义知识分子一贯的精英做派和鄙视民众的贵族心理，与几万万中国民众的"悲惨经验之间几乎存在着无限的差距"，自然与大众相疏远、隔膜，他们的主张无法得到历史的青睐和社会的采纳，也就是再合逻辑不过的事情了。"胡适的价值标准和思想抱负表明，他对于他的人民的'社会愿望'或他们生活的'实际条件'几乎完全没有什么真正的认识。"美国学者对胡适的这一总括性评判，同样适用于近代中国所有的自由主义思想家。

近代中国自由主义的这种迷茫心境、尴尬处境和窘迫困境，绝妙地显示于徐志摩的诗作《我不知道风是在哪一个方向吹》：

> 我不知道风
> 是在哪一个方向吹——
> 我是在梦中，
> 在梦的悲哀里心碎！

同时，也具体地体现于《新民报》1946年的复刊词：

> 我们在政治斗争极端尖锐化的政治环境之下，精神上时时感受一种左右不讨好的威胁，但我们的态度很鲜明：主张和平、反对内战，主张民主、反对独裁，主张统一、反对分裂，我们服膺三民主义，决不信奉共产主义；我们拥护现政府，但确不满现状，认为一党专政的办法，应该赶快结束。我们相信大家只要以国家民族为重，不要向同归于尽的道路上走，则忠实执行政协各项决议，未始不是解决政治纠纷的有效办法。我们反对一面倒的外交政策，不能反苏，也不能反美，

中国应做苏美间的桥梁。我们对官僚资本、买办资本的财政经济政策深恶痛绝，希望增加生产，促进外销；紧缩通货，平抑物价；提高人民生活水平，救济贫苦失业大众。有人说：你们这样主张，必为当局所不喜，也不啻做了中共和民盟的尾巴。我们郑重说明：要做一个纯民间性的报纸……其余知我罪我，皆非所计了。

拓展阅读

1. 陶菊隐：《记者生活30年——亲历民国重大事件》，中华书局。
2. 唐德刚：《胡适口述自传》，广西师范大学出版社。
3. 李伟：《徐铸成传》，广西师范大学出版社。
4. 马国亮：《良友忆旧：一家画报与一个时代》，生活·读书·新知三联书店。
5. 俞凡：《新记〈大公报〉再研究》，中国社会科学出版社。

第六讲

风雨苍黄（下） 独立自由求解放
（1919—1949）

革命报业

革命报业及其发展始终是同独立解放的时代主题息息相关，同打倒军阀、打倒列强、推翻"三座大山"等历史进程形同一体。换句话说，它既是革命斗争的有机组成部分，又是革命斗争的一支生力军，这是把握革命报业的枢纽。毛泽东曾经赞扬《新华日报》同八路军新四军一样，是党领导的一个方面军。他还讲过"两杆子"，即枪杆子和笔杆子，打江山坐江山都离不开这两杆子。这是理解革命报业的基点，如果离开这一点，不了解这一点，只是纯粹谈新闻以及所谓专业主义，那就难免隔靴搔痒。对于这一点，毛泽东当年在《政治周报》发刊理由中讲得很明确。《政治周报》是1925年北伐前夕，国民党中央在广州创办的一份政治机关报。当时毛泽东以共产党员的身份当选国民党中央委员，代理中宣部部长，同时主办《政治周报》，《政治周报》的发刊词即由他撰写。其中开宗明义第一句讲道：为什么出版这份《政治周报》，答案是"为了革命"，而这也正是所有革命报刊的宗旨。另外，毛泽东在这篇文章中还讲到革命报业的一个重要原则，即不唱理论高调而用事实说话：

> 我们反攻敌人的方法，并不多用辩论，只是忠实地报告我们革命工作的事实。敌人说："广东共产"，我们说："请看事实"。敌人说："广东内讧"，我们说："请看事实"。敌人说："广州政府勾联俄国丧权辱国"，我们说："请看事实"。敌人说："广州政府治下水深火热民不聊生"，我们说："请看事实"。
>
> 《政治周报》的体裁，十分之九是实际事实之叙述，只有十分之一是对于反革命派宣传的辩论。（《〈政治周报〉发刊理由》）

大革命年代

早期的革命报业势单力薄，有点影响数得着的有几份机关报，包括《向导》《新青年》《热血日报》等。《向导》，中共中央的第一个政治机关报，也是一份时事周刊，1922年即共产党成立翌年创办于上海，由总书记陈独秀领导，并题写刊名，撰写发刊词。此前虽然已有《新青年》《共产党》《劳动周刊》等，特别是《新青年》后期几乎成为共产党的理论刊物，但打出政治机关报旗号的还是《向导》。《向导》的主编先后由蔡和森、瞿秋白、彭述之等担任，共产党早期领导人李大钊、赵世炎、毛泽东以及共产国际代表马林等也参与编务。蔡和森是毛泽东的同乡和同学，早年曾一起组织新民学会，后去法国勤工俭学。有意思的是，蔡和森、毛泽东，还有后来

《向导》

成为蔡和森夫人的向警予当年都发誓与传统决裂，一辈子不结婚，后来都放弃了。蔡和森是和向警予在法国勤工俭学的时候结婚的，结婚照很有意思，体现了当时进步青年的"时尚"：两人并肩坐在一起，手里捧着一本打开的《资本论》。

除了《向导》，这个时期还有一份颇有影响的革命报刊——《中国青年》，从创刊到现在一直属于共青团中央的机关刊物。《中国青年》1923年创办于上海，最高发行量达到3万份，在当时属于很高纪录。主编恽代英与萧楚女，两位杰出的革命家、宣传家，恽代英时任共青团中央宣传部部长。这份刊物办得非常出色，在青年学生中颇有影响，就像郭沫若后来所说的："在大革命前后的青年学生们，凡是稍微有些进步思想的，不知道恽代英，没有受过他的影响的人，可以说没有。"当时有青年看到萧楚女的名字及其漂亮文章，不由浮想联翩，以为作者是位楚楚动人的女郎，还有人写求爱信，萧楚女不胜其烦，不得已发表一则启事，说这个"楚女是个年近四十的男子，脸麻、背驼、多须、近视，并不是未婚的女性……"。后来，萧楚女和恽代英先后被国民党杀害，恽代英还留下一首绝笔诗：

浪迹江湖忆旧游，

故人生死各千秋。

已摈忧患寻常事，

留得豪情作楚囚。

《文汇报》老报人徐铸成先生，在回忆录中写到恽代英的一次演讲：

只见登场的是一位穿竹布长衫的青年，不过二十多岁，光光的头，戴着无边眼镜。身材不高，气度全像一个普通的学生。他发音洪亮，开口没有几句，全场就被吸引了。他从孙中山逝世谈起，讲到北京政府和帝国主义，一层层分析国内外形势，号召青年奋起救国。……他分析极清楚，语言生动，感染力很强。可以说，我生平从没有听到过这样有强烈吸引力的演说。在大约两小时的演讲过程中，的的确确屡次被经久不息的热烈掌声所打断。(《报海旧闻》)

早期革命报业值得一提的还有《热血日报》——中共中央的第一张日报。《向导》是周刊，《共产党》是月刊，而《热血日报》则是名副其实的日报。它是在五卅惨案时，为配合这场斗争而创办的，主编瞿秋白。作为革命家、文学家的瞿秋白人们耳熟能详，他以"党内才子"著称，但一般人不见得了解，他也是一名新闻人。五四运动时期，他就同郑振铎等人一起创办《新社会》旬刊，后来又被北京《晨报》和上海《时事新报》聘为特约记者，前往苏联采访报道，发回一系列漂亮的新闻通讯，成为现代文学史和新闻史的经典，如《饿乡纪程》《赤都心史》等。其间，他还译介了《国际歌》。1923年6月，他将翻译的《国际歌》词谱发表于《新青年》复刊号，从此这首"全世界无产阶级的歌"（列宁）才在中国传唱开来。其中"英特纳雄耐尔"（International）一词，就是他首创的音译。

中共中央第一张日报

成为党的领导人后,他还创办或主持了多家报刊,如中央苏区的机关报《红色中华》报。长征开始后被留在苏区,索尔兹伯里在《长征——前所未闻的故事》里记述说,当时左倾领导人有意把他留下。接下来的事情人所周知,先是被捕,接着被叛徒出卖,英勇牺牲,临刑前写下一篇有名的文章《多余的话》。据说,他被押往刑场时,唱着自己译介的《国际歌》,走到一片绿草茵茵的地方,环顾四周,从容坐下,然后对刽子手说:就是这里了,开枪吧!毛泽东读《二十四史》的一段批注中,赞扬瞿秋白:"以身殉志,不亦伟乎。"鲁迅先生为他题写一幅立轴,引以为知己:"人生得一知己足矣,斯世当以同怀视之。"刘亚洲在《瞿秋白的梦境》一文里写道:

> 数十年前读史,读到瞿秋白就义前一夜,至为感慨。蒋介石枪毙其命令已下,第二天就要行刑,于瞿秋白而言,这是最后一夜了。这一夜,他睡得特别香。他梦到了人世间最美丽的山水。青山隐隐。流水淙淙。小路蜿蜒曲折。夕阳依偎着亲吻着额头。小鸟在欢唱。百啭千声随意移。醒来后秋白脑海中浮现出许多唐人的绝句,遂用唐诗凑成一阕:
>
> 夕阳明灭乱山中(韦应物),
> 落叶寒泉听不穷(郎士元),
> 已忍伶俜十年事(杜　甫),
> 心持半偈万缘空(郎士元)。
>
> 我惊愕不已。明天就要处极刑,前一夜竟平静如此。瞿秋白文弱,可他羸瘦的身躯内竟蕴藏着这么伟大的力量。……我羡秋白,愿为秋白捧一掬泪。他的生命定格在三十六岁上,可他的灵魂必将千秋万代徘徊在中国上空。

瞿秋白的女儿瞿独伊后来也成为新闻人,作为新华社记者曾在开国大典上用俄文广播毛主席宣布的中央人民政府公报,后赴苏联筹建新华社莫斯科分社。建党百年前夕,获得中共中央授予的"七一勋章",同年去世,享年百岁。

瞿秋白主编的《热血日报》在五卅运动中,发挥了极大的宣传鼓动作用。当时,英租界散发一些所谓"诚言"的流言,帝国主义的喉舌也极尽诬蔑造谣之能事。对此,《热血日报》都予以针锋相对的批驳和有理有据的反击。

"一社一报"

瞿秋白

1927年,蒋介石发动"四一二"政变,半年间被杀害的共产党人和革命志士就达30万人,其中共产党员2万余人,包括赵世炎、向警予、萧楚女、张太雷等早期领导人。毛泽东曾写下一段著名文字:"从此以后,内战代替了团结,独裁代替了民主,黑暗的中国代替了光明的中国。但是,中国共产党和中国人民并没有被吓倒,被征服,被杀绝。他们从地下爬起来,揩干净身上的血迹,掩埋好同伴的尸首,他们又继续战斗了。"接下来的故事人所周知:从南昌起义到秋收暴动,从井冈山根据地到中央苏区,从万里长征到八年抗战,从三大战役到百万雄师过大江,革命事业历经风雨沧桑,一步步从胜利走向胜利。这一历史进程可以用两句话来概括,即农村包围城市和武装夺取政权。井冈山时期林彪给毛泽东写过一封信,提到"红旗到底还能打多久"的问题。毛泽东的回信后来取名《星星之火,可以燎原》,信的最后一段文字不仅充满着革命的豪情,而且洋溢着浪漫的诗意:

毛泽东手迹

我所说的中国革命高潮快要到来,决不是如有些人所谓"有到来之可能"

那样完全没有行动意义的、可望而不可即的一种空的东西。它是站在海岸遥望海中已经看得见桅杆尖头了的一只航船，它是立于高山之巅远看东方已见光芒四射喷薄欲出的一轮朝日，它是躁动于母腹中的快要成熟了的一个婴儿。

这是1929年写下的文字，当时有多少人能够想象20年后新中国的朝阳真如他所描绘的喷薄而出呢。

从大革命失败到新中国成立，革命报业一直分成两块，一块白区，一块红区。白区的情况起初比较糟糕，一度几乎销声匿迹，虽然教科书举出一些例子，但实际上没有什么影响。比如，办一个布尔什维克的杂志，又不能公开打这样的旗号，封面上往往弄个少女怀春、美女头像什么的。此时，革命报业的活动主要还是集中在红区，尤其是中央苏区及其主流媒体"一报一社"，"一报"是《红色中华》报，一社是"红中社"即红色中华通讯社。

1931年11月7日十月革命纪念日，中华苏维埃全国代表大会在瑞金举行，38岁的毛泽东当选为苏维埃共和国临时中央政府主席。也就在同一天，红色中华通讯社即"红中社"诞生。"红中社"主要有两项工作，一是收听外电、外报的信息，编辑《每日电讯》，送领导人参阅，今天家喻户晓的《参考消息》即由此而来；另一项工作是对外播发新闻，呼号为"中华苏维埃无线电广播"（Chinese Soviet Radio，CSR）。发报自然得有电台，说到这里还有个故事。1930年蒋介石对苏区发动第一次"围剿"，动用10万大军，任命张辉瓒为前敌总指挥。张辉瓒是蒋介石的爱将，十八师师长，他们曾一起在日本留学，上军校。张辉瓒身体壮硕，心狠手毒，大革命失败后大肆捕杀共产党人、工农群众，气焰嚣张，声称剃掉"朱毛"，消灭朱德、毛泽东。进兵时，他贪功冒进，突入苏区。红军按照毛泽东的部署，灵活机动，在运动战中寻求战机。不久，便在江西龙冈一带等到机会。龙冈地形险要，利于打伏击，两边高、中间窄，张辉瓒的主力一万余人，钻到里头，便被几万红军团团包围。那天，恰逢大雾弥漫，张辉瓒哭天不应，叫地不灵，几个小时就结束战斗。打扫战场的时候，担任主攻的林彪发现张辉瓒生不见人，死不见尸，就派部队满山搜捕，最后红军在一株小树旁发现一

"红中社"旧址

件军衣,上有"张辉瓒"的牌号,指战员们估计就在附近,后来果然发现一个山洞,从里头拽出一个体态壮硕的人。开始他还不承认是张辉瓒,而胡乱说自己是连长、伙夫什么的,最后被部下指认出来,才不得不默认。消息传出,全军振奋。毛泽东也很高兴,诗兴大发,挥笔写下一首《渔家傲·反第一次围剿》:"万木霜天红烂漫,天兵怒气冲霄汉,雾满龙冈千嶂暗,齐声唤,前头捉了张辉瓒……"就在这次战斗中,红军缴获了一部电台及其班底,这个班底的"长官"王诤最后成为共产党的高级将领,新中国成立后长期担任电信部门负责人,1955年授中将。这个电台班底不仅构成中央红军电讯方面的技术骨干,而且为"红中社"的业务发展提供了必要的技术支持。

"红中社"成立后不久,中央苏区又创办了一份报纸《红色中华》,成为中华苏维埃共和国临时中央政府的机关报,项英、杨尚昆、瞿秋白等都曾担任主编。"一社""一报"是一套班子,两块牌子,共同构成中央苏区的"主流媒体"。中央红军长征后,《红色中华》在瞿秋白领导下继续出版,迷惑敌人,直到瞿秋白被俘就义才停刊。而其间,另外一个《红色中华》编辑谢然之,在乡下养病时被俘,结果叛变投敌,后来在国民党那里做了高官,颇受蒋经国青睐。重庆谈判时,他还大摆宴席邀请中共代表,自然遭到拒绝。解放后，逃到台湾，20世纪50年代做过政治大学新闻学系的系主任，60年代又为封杀《文星》杂志同李敖等过招，晚年背叛"蒋家王朝"，投奔美国，把蒋经国气得半死。江山易改，本性难移，叛徒也是本性使然。

除了公开发行的《红色中华》，中央苏区还有一份内部出版的报纸，即中国工农红军军事委员会的机关报《红星》。这份报纸跟"红中社"同时诞生于瑞金，主编是邓小平，遵义会议后由陆定一接任。这些革命报刊除了宣传革命的使命、推动革命的事业，还有一个重要的客观效果，那就是使

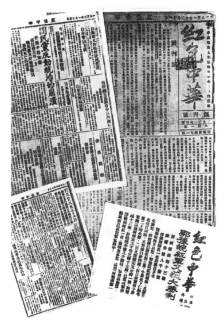

《红色中华》及其号外

近代报业第一次深入"老少边穷"，开始向基层民众广泛渗透，在进行革命动员的同时也培育着一种民族国家的国民意识。下面是《红星》的一篇报道，由此也可一窥现代媒体与日常生活的关系：

> 江西省妇女部号召省一级机关女同志以革命竞赛精神来做鞋慰劳英勇作战的红军哥哥，女同志都开了会，男同志也开了会，在每个机关门前有人晒太阳时，便有女同志在做草鞋，在灯火底下低着头弯着腰打鞋底做草鞋锈子，一针一线，总怕做得不漂亮，不坚固，还用羊毛绳做草鞋跟的。竞赛总结的日子到了，11月12日，各机关的女同志有的手上提了一批草鞋，有的挑了一担来，到了中共江西省委大家争着看，看谁做的漂亮。总结会开会了，大家报告做鞋的数量，蔡畅做了七双，危秀英做了十双，黄长娇做了五双，省委机关妇女做了108双……

蔡畅是蔡和森的妹妹，后与李富春成婚，并位列新中国的领导人。危秀英也是亲历长征的女红军，在美国记者索尔兹伯里那部脍炙人口的《长

征》一书中，还有对她的采访和叙述。

　　随着革命报业的发展，党报理论也开始形成。郑保卫教授主编的《中国共产党新闻思想史》，系统论述了中国共产党党报理论的形成与发展，也谈到早期革命报业的情况。大略说来，党报理论一方面吸取马克思、列宁等新闻思想，包括马克思与《新莱茵报》、列宁与《火星报》等经验；一方面继承梁启超、邵飘萍等中国报人的新闻传统，进而根据革命报业的实践而形成一套马列主义同中国实践与中国文化相结合的新闻理论。这个时期的党报理论受列宁的影响最大，包括列宁的建党学说、列宁的新闻思想、报刊理论等。列宁的报刊理论和他的建党思想是密不可分的。俄国共产党建党之初没有党纲，指导思想也比较混乱，不久党的领导机构又被捣毁，领导人流亡海外，国内组织陷入一盘散沙。这时有人主张制定党纲重新建党，而列宁则决定采取另一种方式——办报，办《火星报》，以此为建党创造条件。他打过一个形象的比喻——"脚手架"，盖大楼首先要搭脚手架，而报纸就相当于建党的"脚手架"。列宁有句名言，对革命报业及其报刊思想影响深远："报纸不仅是集体的宣传员和集体的鼓动员，而且是集体的组织者。"《红色中华》还把列宁的这句名言印在毛巾上，发给自己的通讯员。

　　这个时期的党报理论有两点比较重要、比较突出，一是明确报纸的性质，即阶级斗争的工具或武器。这种认识新中国成立后依然延续，直到改

1933 年中华苏维埃共和国足球队合影

革开放后才逐步改变。第二点认识是明确党报既是党的报纸，也是工农群众的报纸。换言之，党性和人民性是一致的，党报既是党的喉舌，也是人民的喉舌；既是党的报纸，也是人民的报纸。新闻史学者黄瑚教授认为，中国共产党新闻思想最重要的就是两条，一是党性原则，二是联系实际、联系群众的作风。而这些核心精神既形成于早期，又延续到今天。

革命报业与革命事业始终息息相关。苏区革命事业由于内部失误和外部"围剿"，最后遭到重大挫折，被迫实施战略转移——长征。从1921年建党到1949年新中国成立，二三十年的革命岁月可以长征为界，分为前后两截。此前起起伏伏曲曲折折基本走的是螺旋下行线，至长征而达到谷底；此后走的是螺旋上行线，至新中国成立而达到峰顶。长征不仅是彪炳史册的诗篇，而且也是气吞山河的奇迹，用《纽约时报》名记者索尔兹伯里的话说，是"一部民族的史诗"，其英勇卓绝恰似司马迁《报任安书》所描绘的情景："李陵提步卒不满五千，深践戎马之地，足历王庭，垂饵虎口，横挑强胡，仰亿万之师，与单于连战十余日，所杀过当。虏救死扶伤不给，旃裘之君长咸震怖，乃悉征左右贤王，举引弓之民，一国共攻而围之。转斗千里，矢尽道穷，救兵不至，士卒死伤如积。然李陵一呼劳军，士无不起，躬自流涕，沬血饮泣，张空拳，冒白刃，北向争死敌。"不过，李陵全军覆没，而红军长征则"是以我们胜利、敌人失败的结果而告结束"。

长征后，中国革命与中国共产党由于有了领袖毛泽东，虽然不断面临生死存亡，但大势所趋一步步从胜利走向胜利。1935年红军到达陕北，不久《红色中华》报复刊，与此同时红色中华通讯社也恢复工作，还是一个机构，两块牌子，统称"红色中华社"。1936年西安事变后，为了促使抗日民族统一战线的建立，《红色中华》报改名为《新中华报》，红色中华通讯社也相应改名为"新华通讯社"，沿袭至今。1939年，新华社和《新中华报》分家，新华社成为一个独立机构，第一任社长为向仲华。向仲华，中国共产党新闻活动家、军队领导人，原籍湖南溆浦。1930年参加中国工农红军，同年加入中国共产党。1936年春，任《红色中华》报和红色中华通讯社负责人。1940年，参与创建延安新华广播电台。1955年，授中将军衔。

延河水，宝塔山

有位常驻北京的外国记者认为，中国有两个地方非去不可：一是北京，因为她是中国的心脏；一是延安，因为她是民族精神的根底。在共产党领导的革命历程上，延安更是一座里程碑，延安精神、延安传统、延安作风等无不成为新中国的基因。关于延安的"宏大叙事"，可以如数家珍：东渡黄河、西安事变、八路军、游击战、整风运动、保卫延安……不过，除了政治史（包括中国革命史）视野的延安，还有社会史（包括日常生活史）领域的延安。前者犹如塞外的大漠风尘，铁马冰河，轰轰烈烈，气吞万里；后者恰似江南的小桥流水，杏花烟雨，点点滴滴，沁人心脾。关于这些延安时代的"私人叙事"，颇有意思的发掘和研究近年来层出不穷，一点点揭开了以往不大为人关注的活生生历史，而诸如此类的社会史内容与政治史内容相互映照，构成一幅完整的、立体的延安图景。

比如，延安新华广播电台的整点报时不是现在习惯的北京时间，而是当时的标准时间——上海时间。1944年，原燕京大学教师、英国人林迈克（Michael Lindsay）从晋察冀边区到延安，准备帮助建立广播电台，他发现当时延安甚至没有一个统一的时间观念："我们初到延安时，那里还没有标准时间。有些单位使用中国东部的华东标准时间，有些单位则使用华中时间，而延安地方政府则在他们的院子里安上一个日晷，时间是以太阳移动而决定的。这样多的不同标准时间当然会引起混乱。"特别是广播电台得有统一的标准时间，于是他致信毛泽东。"结果毛泽东先生让他的一位秘书给在延安的各机构打电话，询问使用什么样的标准时间最好。过了几天《解放日报》登出了一条新通知，规定延安就使用所处时区的时间，即中国中部标准时间。"（林迈克《八路军根据地见闻录》）

古元版画《回忆延安》

另据留学法国的文学博士陈学昭记载，1938年她寄宿的延安中央交际处招待所的三餐时间，分别是早上 8 点左右、上午 11 点左右和下午 3 点左右，这在今人看来也不免匪夷所思。当然，比起井冈山时期，延安时代的物质条件相对充裕。当年，红中社和《红色中华》报的记者编辑，与党中央首脑机关在同一食堂用餐，常在饭桌上讨论和部署新闻报道工作。而延安时代，虽然流行"有饭大家吃，有吃大家饱"，但伙食标准已按不同级别分为大灶、中灶、小灶和特灶，比如白求恩大夫就享受特灶。诗人艾青的妻子韦荧和孩子吃大灶，而他吃中灶，"中灶由小鬼每顿送到窑洞门口，吃完后再把饭碗交给他拿回去。如果你不想吃，就原封不动地拿走，家人是不能吃的"（程光炜《艾青传》）。

在政治史的宏大叙事里，仿佛延安时代，人们都一门心思干革命，不食人间烟火。其实，延安时代的文娱活动以及日常生活有声有色，多姿多彩。比如，延安早期交谊舞一度盛行，据说始作俑者就是著名的美国记者史沫特莱，而大规模流行显然与广大青年学生投奔延安有关。1937 年 1 月，根据和平解决西安事变的协议，张学良的东北军退出延安，同时中共中央随红军总部进驻延安。不久，史沫特莱以《法兰克福日报》记者身份来到这里，而前往迎接她的作家丁玲和翻译吴光伟（吴莉莉），同她一样都是热情奔放、激情四溢，特别是相貌出众、气质超群的吴光伟格外引人注目。斯诺夫人海伦·斯诺回忆道："方圆数百英里内，打口红的中国女性只有一个，她就是吴光伟……一个才貌双全的女演员"（《我在中国的岁月》）。她们仨"像旋风一样出入在各种政治、社交和群众场合"（姬乃军），喜欢跳舞的史沫特莱回忆说：

> 在延安召开的一次高级军事干部会议期间，我试着教他们一些人如何跳舞，他们勤奋好学，每事必问，不怕丢面子。朱德同我破除迷信，揭开了交际舞的场面。周恩来接着也跳了起来，不过他跳舞像一个人在演算一道数学习题似的。彭德怀喜欢作壁上观，但不肯下来跳一次舞。贺龙在青砖铺的地上随着音乐旋律一起欢跳，他是身上惟一有节奏感的舞师。在延安的妇女中间，我赢得了败坏军风的恶名，人言可畏，群情侧目，以致有一回朱德邀我再教他跳一次舞时我居然谢绝了他。他指责我怕事，说道："我同封建主义斗了半生，现在还

不想罢休!"我只好站起来以民主的名义和他跳了一次。(《中国的战歌》)

作为一种组织、动员和宣传革命的有效方式,秧歌在延安后期取代了交际舞,成为广泛流行的娱乐活动。在陕北,秧歌原有悠久历史,源于鬼神祭祀的原始歌舞,本名"阳歌",是"阳间"人世唱给"阴间"鬼神的,"祈求神灵保佑,消灾免难,岁岁太平,风调雨顺,五谷丰登"(《中国民族民间舞蹈集成(陕西卷)》)。经过革命风云的洗礼和改造,传统秧歌也开始具有明快、清朗的内容。抗战期间,"鲁艺"秧歌队特别活跃,他们改编的秧歌剧《兄妹开荒》《夫妻识字》《拥军花鼓》等都是新秧歌的代表作。像《拥军花鼓》里广为流传的唱段:

> 正月里来是新春,
> 赶上猪羊出(哇)了门。
> 猪啊羊啊送到哪里去?
> 送给咱英勇的八(呀)路军。

鲁艺秧歌队的"伞头"——类似乐团指挥,是后来著名的作曲家刘炽——电影《上甘岭》的插曲《我的祖国》《英雄儿女》的插曲《英雄赞歌》,以及《新疆好》等名曲的作者。关于红色秧歌,朱鸿召有段精辟论述:

> 秧歌,是20世纪中叶中国革命红色文化、行为艺术的时尚标志。
> 　扭秧歌,是永远令人神往的。跻身革命群众的歌舞乱阵,和着震天动地的锣鼓节拍,不断有节奏地扭动着个体身躯,气喘咻咻,浑身发热,彼此召唤,相互感染,一种意气风发、斗志昂扬亢奋的革命集体情绪就在队伍里被迅速激发起来,热血沸腾,宠辱皆忘,如痴如醉,如癫如狂。这是延安后期中国革命的歌舞,是以延安"鲁艺"为代表的革命文艺工作者,用无产阶级革命的政党意识形态,对民间传统秧歌舞的现代化开采开发,而创造出的中国现代革命红色文化。(《延安日常生活中的历史(1937—1947)》)

如前所述,包括中国革命史的政治史属于"宏大叙事",而包括日常生活史的社会史属于"私人叙事"。如果说前者是单面的、自上而下的，那么后者就是多面的、自下而上的。改革开放前，"宏大叙事"曾经一枝独秀，诸如中国近现代史研究的革命化范式和现代化范式其实均为"宏大叙事"，而以法国年鉴学派为典范的社会史则开始更多地关注"私人叙事"，更加突出多面的、自下而上的历史，从而为史学包括新闻史研究带来柳暗花明又一村的丰富内涵。不过，与此同时，也应该对"一种倾向掩盖另一种倾向"保持清醒，在采纳社会史的视野和范式，关注普通的、日常的、小桥流水人家的风俗画时，不能不看到政治史在绝大多数情景中依然是基本的、核心的叙事方式，因为社会生活的主流往往由政治所主导，即孙中山所谓政治乃众人之事。离开这个基本判断和把握，历史就难免沦为家长里短的碎嘴婆子，失去时代的命脉和灵魂。不仅如此，随着大国政治与国际格局的纵横捭阖，中国的历史还往往受制于世界的重大变局，如十月革命、世界大战、东西冷战等。毛泽东说过，中国革命是世界革命的一部分。这些因素都是在讲述社会史的故事时不能不留意的。

延安整风与《解放日报》改版

长征后革命报业及其发展，大致以1942年延安整风为界分为前后两个阶段。整风前，一方面，革命报业依托根据地获得一定发展，大大小小的革命报刊为数不少；另一方面，不同系统、不同部门、不同"山头"的报刊不免各行其是，黄旦教授称之为"不完全党报"，在理论和实践上还没有达到"与党中央保持高度一致"。延安整风后，革命报业的理论和实践才形成思想统一、步调一致的局面，为革命浪潮最终席卷全中国奠定新闻与舆论的基础。

所以，延安整风向被视为革命报业的重要里程碑。经过延安整风，革命报业的条条块块才形成一个完整有机的系统，包括新华社、《解放日报》及各根据地的报纸、分社等。其间，最重要的当属《解放日报》和新华社。《解放日报》创办于1941年，是在原《新中华报》和新华社内部刊物《今日新闻》基础上合并而为中共中央机关报，博古任社长兼新华社社长。从此，"一切党的政策，将经过《解放日报》和新华社向全国宣达"（毛泽东）。博

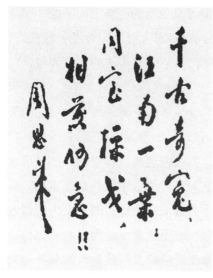

周恩来手迹

古原名秦邦宪，曾任中共中央最高领导人，长征前为所谓"三人团"首脑，另外两人是周恩来和貌似共产国际代表的李德。遵义会议后，中央实际领导权逐渐转到毛泽东手上，博古则负责理论、宣传工作，包括新闻报道，1946年从重庆飞延安时，由于飞机失事，与叶挺等一同遇难。

博古遇难后，《解放日报》社长和新华社社长由廖承志接任。廖承志也是中国共产党新闻宣传方面的一员大将。他是国民党左派领袖廖仲恺的公子，当年在红四方面军差点儿被张国焘活埋。当时，张国焘在红四方面军开展"肃反"，大开杀戒，连红四方面军总指挥徐向前的妻子都遇害，廖承志也遭到逮捕，说他父亲是国民党、母亲是国民党，所以他也是国民党。那么，当时为什么没有杀他呢？因为他会画画，红四方面军印钞票和其他宣传品需要这种人才，于是才幸免于难。1966年，在一次集会上，他对首都"红卫兵"说，"长征时是一直戴着手铐走过来的"。到达陕北后，毛泽东、周恩来听说情况后，立刻下令放人。廖承志获释后，把他的画架放到桌上，燃起一炷香，磕头拜道：老兄，多亏你，救我一命！《解放日报》的第一任总编辑杨松是位报人，曾在苏联学习，积劳成疾，英年早逝，之后由陆定一接任总编辑。

除了延安的《解放日报》，重庆的《新华日报》在革命报业中也举足轻重，被毛泽东称为革命事业的一支方面军。1938年，《新华日报》在汉口创刊，时当武汉沦陷之前，后来又随国民政府迁移重庆。《新华日报》先由长江局书记王明负责，后由周恩来主持。编辑部主任章汉夫毕业于清华大学，新中国成立后一直在外交部门担任领导工作，曾任外交部副部长。《新华日报》在国统区一直坚持9年，直到1947年内战全面爆发才撤回延安。其间，《新华日报》刊发大量宣传革命的报道、文章和评论。"皖南事变"后，周恩来为《新华日报》题写的《为江南死国难者致哀》流传甚广：

> 千古奇冤，江南一叶；同室操戈，相煎何急！！

这首诗其实是则补白，用来填补"天窗"。那个时候，国民政府实行军事管制、新闻检查，敏感报道往往发不出去，报纸不得已便以开"天窗"的形式，表明某篇稿子因故撤下。下面再来看一篇重庆谈判时期《新华日报》的报道，写的是人们在机场欢迎毛泽东的场面：

> 机门才开，就是一片鼓掌的声音。最前列就排齐了几十位摄影记者的阵势。毛泽东！坚强地领导着中国人民为抗战、团结和民主而斗争的人，就站在大家前面了！一片……光和摄影机发动的声音，赫尔利大使陪着毛主席下机，接着是张治中将军和周恩来、王若飞同志。外国记者喊了："General Chow！"（"周将军！"）"站近一点，大使先生！"
>
> 摄影竞赛继续了二十分钟之久，赫尔利大使对毛主席说："好莱坞！"的确，这是好莱坞影片里常见的情景。

当时，许多根据地也都办有自己的报刊，如山东抗日根据地的《大众日报》。这份1939年元旦创刊的报纸，属于中共中央山东分局的机关报，新中国成立后成为山东省委机关报，迄今已有80余年历史，是时间最长的地方党报。据统计，在革命战争年代，有530位《大众日报》工作人员献出生命，有160多位乡亲为保护报社人员、物资而惨遭杀害，包括老人、孕妇和孩子。同《新华日报》《解放日报》等一样，这里还是新中国新闻人才的摇篮，从《大众日报》走出的新闻人

1939年1月1日《大众日报》创刊号

后来遍布 20 多个省区市，"他们中有名编辑、名记者，有的后来成了政治家、哲学家、教育家、文学家、外交家，有的成为新闻和文化事业的骨干。刘导生、匡亚明、陈沂、夏征农、恽逸群、陈楚、陈冰、宫达非、李后、辛冠洁、于冠西、王中……月星拱斗，云蒸霞蔚"（宋荑）。比如，匡亚明是第一任总编辑，解放后历任吉林大学和南京大学校长；夏征农参加过南昌起义，后在复旦大学从事地下工作，抗战时加入新四军，并经历了皖南事变，新中国成立后曾任中共华东局宣传部部长，改革开放后任复旦大学党委书记、上海市委书记，并长期担任《辞海》主编，晚年赋诗"半是战士半书生，一行政治一行诗"。恽逸群是著名的记者、报人、新闻教育家，先后任《新华日报》华中版总编辑、《大众日报》总编辑，上海解放时与一批大众日报人接管《申报》等媒体，任中共上海市委机关报《解放日报》副社长、社长，解放战争时期还参与创办华中新闻专科学校和华东新闻干部学校，培养了一批革命报业的新闻人才，新中国成立后一度担任华东新闻学院院长，可惜 1955 年由于牵涉"潘汉年事件"而被捕入狱，蒙冤数十年，直至 1984 年才彻底平反；王中新中国成立后成为新闻理论一代名家，两度出任复旦大学新闻系主任。抗战时兼任《大众日报》通讯员的阎吾，后来成为一代战地名记者，报道了抗日战争、解放战争、朝鲜战争等，最后担任新华社解放军总分社副社长。朝鲜战争期间，有一次去前线采访，他还接替牺牲的指挥员，率部继续作战，打退了敌军进攻。他的军事报道以栩栩如生的情景描写、活灵活现的人物对话和有声有色的故事细节见长，被《新华每日电讯》原总编辑解国记在学位论文里概括为"情景新闻"，像报道百万雄师过大江的新闻名篇《百万大军横渡长江的情景》：

> 21 日黄昏，江北某地解放军的阵地上空，突然升起有银光四射的曳光弹，顷刻，整个北岸阵地发出了震天动地的雷鸣，从解放军的炮兵阵地上，无数道火线飞向南岸，接着，整个南岸蒋军的阵地就完全陷入一片火海中，炽烈的炮火映红了江面和天空，接着，从各个港口涌出无数的大小船只，他们立即散布江面，飞快地向南驶去。

晋察冀根据地的《抗敌报》，即后来的《晋察冀日报》，同样出色而出名。《抗敌报》创办于1937年，是晋察冀军区的机关报，一代书法家舒同曾任报社主任，著名摄影家沙飞曾任副主任。1938年，中共北方局书记彭真将《抗敌报》改为晋察冀区党委机关报，时年26岁的邓拓调任编辑部主任。邓拓（1912—1966），原名邓子健，党内才子，也是著名记者和学者。

狼牙山

1935年，他在河南大学经济系读书期间，完成一部专著《中国救荒史》，至今名列学术经典。新中国成立后，中国科学院有个哲学社会科学部，聚集了一批饱学之士，相当于文科院士，只是当时不叫文科院士，而叫学部委员，新闻界的邓拓、胡乔木等都是学部委员。邓拓有才华，有水平，办报纸、写新闻都出类拔萃。战争时期，戎马倥偬，他常在行军之际，骑在马上构思文稿，一到宿营地立刻就能排版付印。20世纪50年代任《人民日报》总编辑。他的《燕山夜话》是为《北京晚报》写的一组专栏文章，知识渊博，文笔蕴藉，也成为"文革"的导火索之一。

1940年，《抗敌报》改为《晋察冀日报》，邓拓任社长。这时正值抗战最艰难的岁月，环境严酷，条件恶劣，整天行军打仗不说，还要天天出报纸。由于印刷器材等设备都用八头骡子驮着，故有"八头骡子办报"的说法。当时每到一地，他们把骡子上的东西一卸，就赶快编报、印报，然后再转移。也因如此，他们不得不把字模的数量压到最少，邓拓为此提出"三千字里做文章"。所以，《晋察冀日报》的文字通俗易懂，颇受普通读者喜欢。后来，由于日益增加的发行需求，《晋察冀日报》还在日寇占领的北京设法弄到一套先进的印刷设备。为了把这套设备运出戒备森严的城门，地下党想了一个办法，用油布把设备包裹严实，放在运送粪便的车里，使日兵望而却步，从而平安出城。抗战史上有名的"狼牙山五壮士"的故事，最早也是《晋察冀日报》报道的，当时的标题是《棋盘陀上的五个神兵》。

说到邓拓及《晋察冀日报》，顺便提提当年一位副总编辑张春桥。1949年，张春桥随军南下到上海，任新华社华东总分社社长。20世纪50年代，邓拓任《人民日报》总编辑，张春桥任上海《解放日报》总编辑；60年代，邓拓任北京市文教书记，张春桥任上海市文教书记；"文革"爆发后，邓拓首当其冲被打倒，而张春桥进入中枢，成为政治局委员、常委。"文革"后，张春桥被开除党籍，撤销职务，并被最高人民法院特别审判庭判处死缓，2005年病逝，距邓拓衔悲弃世已近40年。

《解放日报》创刊号

以上是革命报业的总体情况，下面再重点谈谈《解放日报》。《解放日报》是延安时期中共中央的机关报，它的创刊背景既有客观因素，也有主观考虑。1941年，抗日战争进入困难时期，国外爆发苏德战争、太平洋战争，国内日寇的"三光政策""铁壁合围"更给抗日根据地造成巨大压力。除了日寇的疯狂进攻，国民党还制造一系列摩擦。皖南事变后，又断了八路军、新四军的粮炊，不再拨发经费，提供服装、弹药等。面临这种困难条件，根据地开展了大生产运动，"自力更生，丰衣足食"。同时，也正是由于条件艰苦，许多报刊不得不压缩、精简，于是，集中有限物力办好一张大报自然就成为一种客观需要。主观方面，随着革命势力的壮大和革命事业的发展，中共中央也需要有一张指导全国、统领全党的大报。而当时只有《新中华报》隔三岔五出版，还是一张四开小报，影响有限。这就是《解放日报》创办的主客观背景。正是基于这些因素，1941年中共中央决定创办一张大型日报，即《解放日报》。毛泽东撰写发刊词，这篇发刊词同北伐时期他为国民党《政治周报》写的发刊词，在意思和句式上几乎如出一辙：

本报之使命为何？团结全国人民战胜日本帝国主义一语足以尽之。

这是中国共产党的总路线,也就是本报的使命。……

中国共产党的使命就是本报的使命,本报同人完全相信,由于世界人民与中国人民协力斗争的结果,世界必然要变成一个世界人民的光明世界,中国必然要变成一个中国人民独立自主的中国,日本帝国主义的一切企图,我们是能够粉碎的。团结,团结,团结,这就是我们的武器,也就是我们的口号。今当本报发刊之始,愿掬之诚,以告国人。(《延安〈解放日报〉发刊词》)

延安时代的《解放日报》不仅具有党中央机关报的性质,也兼备理论讲坛、文艺园地、生活百科、社会服务等功能。比如,记者出身的孙犁就曾在《解放日报》发表处女作《荷花淀——白洋淀纪事之一》:

月亮升起来,院子里凉爽得很,干净得很,白天破好的苇眉子潮润润的,正好编席。女人坐在小院当中,手指上缠绞着柔滑修长的苇眉子。苇眉子又薄又细,在她怀里跳跃着。

要问白洋淀有多少苇地?不知道。每年出多少苇子?不知道。只晓得,每年芦花飘飞苇叶黄的时候,全淀的芦苇收割,垛起垛来,在白洋淀周围的广场上,就成了一条苇子的长城。女人们,在场里院里编着席。编成了多少席?六月里,淀水涨满,有无数的船只,运输银白雪亮的席子出口,不久,各地的城市村庄,就全有了花纹又密、又精致的席子用了。大家争着买:

"好席子,白洋淀席!"

……(《解放日报》1945 年 5 月 15 日)

再如,当时《解放日报》的报眼上,经常刊登杂七杂八的"启事",不仅内容五花八门,而且也令今天的读者颇开眼界,就像下面两则《旧闻记者》一书摘录的启事:

昨天夜间在边参会大礼堂门口,跑失棕色母马一只,此马毛长,架有木鞍,约十岁口,如有拾得者,请送交本报总务处,当致薄酬。

解放日报社总务处启

白洋淀上的雁翎队（石少华　摄）

本月十六日，在东关至新市场一带的路上，遗失小提琴弓子一个。如有拾得者，请交南关普利商店，或东关新华书店，或北关新中国商店，当给薄酬。

秋江启

《解放日报》创办不久，延安就展开一场声势浩大的政治运动，这就是影响深远的延安整风，《解放日报》当然也参与其中，而且成为整风运动的有机组成部分，通称《解放日报》改版。这次改版是革命报业的一个标志性事件，具有名副其实的"重大而深远"的意义。郑保卫教授在论述中国共产党从1921年建立到2001年的新闻思想演进时，谈到这80年发展历程中的几个里程碑，而最重要的就是延安时期《解放日报》的改版。这次改版一方面总结以往共产党新闻实践的理论、经验、教训，形成一整套独立完整的新闻思想；另一方面，这套思想及其精神又一直延续，从战争年代到和平年代，从毛泽东时代到新时代。所以，考察和把握延安整风运动以及《解放日报》改版，是把握革命报业之理论和实践的关键环节。

延安整风旨在解决"三风"问题：反对主观主义以整顿学风，反对宗派主义以整顿党风，反对党八股以整顿文风。当时党内教条主义、本本主义盛行，如"二十八个半布尔什维克"为代表，就是从苏联回来的一批人，博古、红色教授洛甫即张闻天等，王明就更不用说了。他们满腹马克思主义理论，张口马恩，闭口列宁，一套一套滔滔不绝，特别是王明，口才好，会讲话，在延安干部会议上发表演讲很有吸引力。可惜，这些言必称希腊、言必称马列的"本本""条条"，往往脱离中国实际。为了打破这种思想桎梏，延安整风运动便把反对主观主义放在首位，在思想路线上倡导一种"实事求是"的学风。所谓实事求是，就是将基本原理和中国实践相结合，一切从实际出发而不是从本本出发，具体问题具体分析等。

作为延安整风运动的有机组成部分，《解放日报》改版从1942年4月1日开始，当日《解放日报》发表社论《致读者》，宣布改版，到1944年《解放日报》创刊一千期发表社论，宣布改版到此结束。

毛泽东认为，在中国办报、在根据地办报，应该以我为主，即以报道八路军、新四军和根据地军民的活动为主，并着力体现党的路线、方针和政策，由此动员和团结全党和全体人民，唤起工农千百万，同心干。于是，在毛泽东的提议下，中共中央决定对《解放日报》进行改版，并把此事作为延安整风运动的一部分。

那么，何谓改版，改版的具体目标又是什么呢？所谓改版，其实是对办报的思想、方针及相应的业务进行全面系统的改革，由于这种改革首先直观地体现在报纸版面上，所以称为改版。改版之前，《解放日报》遵循苏联《真理报》的模式以及城市办报的习惯，头版为国际新闻，尤以欧洲战场的新闻为重，二版为国民党正面战场的情况，到三版、四版才能见到解放区、边区的报道。《解放日报》的改版首先对版面进行调整，调整后第一版为边区，第二版为国内，第三版为国际，第四版为副刊。这就是所谓改版，即编辑方针、报道宗旨的变化首先体现为版面变化。由此形成的"改版"一词，直到今天依然沿用，连中央电视台、中央人民广播电台等栏目的调整也都称为改版，尽管它们并没有"版面"，而只有"栏目"。

除了直观的版面调整，《解放日报》改版主要还是在内容和文风方面进行脱胎换骨的改造。比如，国际新闻都重新改写，不再直接照登外电。再如，社长博古、总编辑杨松等留苏人士喜欢套用《真理报》模式，每天必发一篇社论。也就是说，不管有没有必要，反正有事儿没事儿每天都得有一通长篇大论，杨松也因此积劳成疾而早逝。陆定一接任总编辑后，一改这一陈规，没有要事，不发社论。为此，他曾与社长博古发生冲突，因为博古认为《真理报》《大公报》都是天天有社论：

> 有一天，他要陆定一写社论，并且讲了一则《大公报》的故事。他说，《大公报》的社论都是这样写出来的：张季鸾、胡政之躺在鸦片烟灯旁边，王芸生就来请示：明天社论写什么？张季鸾他们一边吞云吐雾一边说，王芸生就回去照写，写完拿给他们两人改，第二天就发表了。几乎天天如此。《大公报》的社论是今天不管明天的事，今天是报纸上的社论，明天就可以拿去擦屁股。虽然博古也知道这种社论一钱不值，但他还是要学《真理报》《大公报》，天天有社论，认为没有社论就不是报纸。陆定一觉得这种腐朽的办报方法，绝不是无产阶级的报纸应当效仿的。陆定一对博古说：党报发表社论为的是阐明党的方针政策，传达中央的声音，有需要才写，说话要有分量，天天发社论，人家就不重视你的社论了。博古不同意陆定一的意见，两人争了起来。陆定一发脾气说：鸦片烟灯旁边的社论我不写，我不做杨松，你要做杨松，我就向中央告你（博古要杨松天天写社论，写了20多篇就病倒了，不久去世）。博古见陆定一语气强硬，态度坚持，就不再说话了。后来报社编委会讨论了这个问题，编委会支持了陆定一，并作出决定，今后有必要就写社论，没有必要就不写。（陈清泉）

文风问题在《解放日报》改版前同样突出，毛泽东斥为"党八股""洋八股"，如长风盛行、长篇大论、欧式句子、佶屈聱牙等，都属于典型的党八股、洋八股。毛泽东对此一向深恶痛绝，他在延安整风期间发表了一篇有名的文章《反对党八股》，其中谈道：

> 我们反对主观主义和宗派主义，如果不连党八股也给以清算，那它们就还有一个藏身的地方，它们还可以躲起来。如果我们连党八股也打倒了，那就算对于主观主义和宗派主义最后地"将一军"，弄得这两个怪物原形毕露，"老鼠过街，人人喊打"，这两个怪物也就容易消灭了。

他还仿照八股形式，给党八股、洋八股总结了八条表现：

> 空话连篇，言之无物；装腔作势，借以吓人；无的放矢，不看对象；语言无味，像个瘪三；甲乙丙丁，开中药铺；不负责任，到处害人；流毒全党，妨害革命；传播出去，祸国殃民。

就语言文字而言，"党八股""洋八股"无非是空洞无物言不及义的陈词滥调。这种话语既表明创造力的委顿，更显示生命力的孱弱。因为，语言不仅仅是一个简单的表达问题，同时也是一个生存状态问题。极而言之，语言乃是一切人类文明的核心。按照哲学家海德格尔的说法，语言是人类栖居的家园。作为世间存在物，人类可谓语言动物，语言的贫瘠意味着生命的贫瘠，语言的苍白象征着生命的苍白，语言的僵化标志着生命的僵化。所以，"修改政治、改善生存必得从改善语言开始"（李书磊）。由此说来，党八股、洋八股并不只是属于党内，也不只是属于中国，更不只是属于历史，可以说党八股、洋八股是一种普遍的人类顽症，在我们的日常生活以及学术研究的学八股中，也随时可见其踪影，预闻诸如此类的陈词滥调："有一种什么叫什么……""且行且什么……""重中之重""弯道超车"（交规禁止弯道超车，而且弯道与直道超车有何不同）等。当然，主流话语里的党八股影响最大，危害最烈，所以毛泽东痛批"妨害革命""祸国殃民"。对此，李书磊教授针对主流话语进行的精彩解析尤其发人深思：

> 值得遗憾的是，在这种活跃的社会文化环境的映衬下，主流话语常常显出较为明显的党八股色彩，常常表现出一种自我封闭、自说自话的倾向，未能与纷至沓来、激荡不已的新思潮、新词汇形成充分的交流与碰撞，并在这种交流与碰撞中丰富、壮大自己。各级官员的公开言论常常是四平八稳、面面俱到的官样文章，大报大刊的文字也常常苍白贫乏、欠缺文气与文采，常常是空洞的漂亮话而不是真正的漂亮文章。想起来真是冤枉得很，主流话语引领出来的这种良好的文化氛围却未充分地惠及主流话语自身。新鲜、深刻、真实的话语代表了执政党的正心诚意，代表了执政党理解世界、领导国家的能力，也是它团结社会、动员人民的力量源泉。如果一个执政党因党八股之困而

减弱了其文化影响力并进而危及到自身与民族生存,那就应是它奋起从思想上与体制上反对党八股的时候了。(《再造语言》)

那么,如何清除陈词滥调,改善语言呢?按照毛泽东的看法,与党八股、洋八股相对的就是他大力倡导的"新鲜活泼的、为中国老百姓所喜闻乐见的中国作风和中国气派",而这也是他的语言风格。为此,他大声疾呼:"洋八股必须废止,空洞抽象的调头必须少唱,教条主义必须休息,而代之以新鲜活泼的、为中国老百姓所喜闻乐见的中国作风和中国气派。"为了实现这个目标,他特别谈到学习语言的三个方面,即向人民学习、向外国学习和向古人学习:

> 为什么语言要学,并且要用很大的气力去学呢?因为语言这东西,不是随便可以学好的,非下苦功不可。第一,要向人民群众学习语言。人民的语汇是很丰富的,生动活泼的,表现实际生活的。我们很多人没有学好语言,所以我们在写文章做演说时没有几句生动活泼切实有力的话,只有死板板的几条筋,像瘪三一样,瘦得难看,不像一个健康的人。第二,要从外国语言中吸收我们所需要的成分。我们不是硬搬或滥用外国语言,是要吸收外国语言中的好东西,于我们适用的东西。因为中国原有语汇不够用,现在我们的语汇中就有很多是从外国吸收来的。例如今天开的干部大会,这"干部"两个字,就是从外国学来的。我们还要多多吸收外国的新鲜东西,不但要吸收他们的进步道理,而且要吸收他们的新鲜用语。第三,我们还要学习古人语言中有生命的东西。由于我们没有努力学习语言,古人语言中的许多还有生气的东西我们就没有充分地合理地利用。当然我们坚决反对去用已经死了的语汇和典故,这是确定了的,但是好的仍然有用的东西还是应该继承。现在中党八股毒太深的人,对于民间的、外国的、古人的语言中有用的东西,不肯下苦功去学,因此,群众就不欢迎他们枯燥无味的宣传,我们也不需要这样蹩脚的不中用的宣传家。(《反对党八股》)

经过延安整风及《解放日报》改版,革命报业形成一整套完整的新闻理论或党报理论,包括实事求是、群众路线、以我为主等。具体说来有三项主要内容,其一是改版社论《致读者》里提到的党报四项品质,即"党性、群众性、战斗性和组织性":党性是讲政治上、组织上、思想上与党中央保持一致;群众性是讲全心全意为人民服务;战斗性是讲报刊要成为革命事业的一支方面军,鼓舞人民,打击敌人;组织性则源于列宁的建党学说,就是使党报成为发动群众、组织群众的工具。其二是确立"全党办报、群众办报"的工作方针,《本报创刊一千期》的社论特别谈道:"我们的经验一言以蔽之,就是全党办报四个字。"全党办报、群众办报,也是针对"同人办报"而言的。当时解放区涌来一大批革命青年、热血青年,他们套用城市的办报模式,习惯"同人办报"的路子,这对革命报业与革命事业未免格格不入。因为,革命报业是属于全党的事业、革命的事业、人民大众的事业,所以要求调动全党全体人民群众的主动性,比如广泛采用群众来信、培养通讯员等,而不能由少数专职人员关起门来办报。其三是改版期间发表了 30 多篇理论文章,系统阐述了党报理论和马列主义新闻观,其中毛泽东的《在〈解放日报〉改版座谈会上的讲话》、胡乔木的《报纸是人民的教科书》、陆定一的《我们对于新闻学的基本观点》等向称经典。毛泽东的改版讲话,开宗明义说道:共产党的路线,就是人民的路线。陆定一在《我们对于新闻学的基本观点》里,为新闻下了一个广为人知的定义:

童趣(《解放日报》1944 年)

唯物论者认为，新闻的本源乃是物质的东西，乃是事实，就是人类在与自然斗争中和在社会斗争中所发生的事实。因此，新闻的定义，就是新近发生的事实的报道。

新闻的本源是事实，新闻是事实的报道，事实是第一性的，新闻是第二性的，事实在先，新闻（报道）在后。这是唯物论者的观点。

这个定义是共产党新闻理论的核心或基点，立足于历史唯物主义、辩证唯物主义的基本原理，即存在决定意识。概言之，先有客观事实，再有人为报道，事实是第一性的，报道是第二性的。后来，范长江提出另一个类似定义，也同样赋予事实以首要意义："新闻就是广大群众欲知、应知而未知的重要的事实。"

进而言之，革命报业的理论可以概括为两个方面。一方面是新闻之外的内容，一言以蔽之就是政治家办报。所谓政治家办报既不同于追逐利润的商人办报，也有别于崇尚议论的文人办报。政治家办报的关键词当然是政治，那么何谓政治？一般来说，政治有两层含义：政治家的政治和政客的政治。政客的政治不必多说，所谓钩心斗角、以权谋私、祸国殃民等。而政治家的政治，按照孙中山先生的通俗说法则是众人之事，即关乎千家万户和国计民生之事。所以，政治家办报强调政治意识、大局意识和责任意识，突出审时度势。借用成都武侯祠的一幅名联来说：能攻心则反侧自消，自古知兵非好战；不审时即宽严皆误，后来治蜀要深思。另一方面是新闻之内的内容，一言以蔽之就是实事求是。对此，周恩来的名言凝练而精辟："只有忠实于事实，才能忠实于真理。"一句话，理解审时度势和实事求是，也就把握了革命报业的精髓。

当年，延安有场报告会，请来苏联专家阿洛夫，《解放日报》派一位年轻记者前去采访。报道写出后，社长博古看了直皱眉头，于是把记者叫来问道："你去会场没有？"他说："当然去了。"又问："你认真听了？""是的。"博古一下子严肃起来："你看你这里怎么写的，'会场上自始至终掌声不断'，既然自始至终大家都在鼓掌，那阿洛夫还怎么做报告，大家还怎么听报告？"这件事情给这位年轻记者很深触动，直到80岁提起来还耿耿于怀，他就是"人民的好记者"穆青。他同《穆青传》一书的作者、新华社记者张严平说道："五十年前响在延安的掌声，至今仍在我耳边回荡。"

人民广播事业

以延安新华广播电台为标志的人民广播事业，是革命报业的重要组成部分，既有别于国民政府的官方广播，又不同于民国年间的商业广播。1940年12月30日，新华社开办口语广播——延安新华广播电台，至此共产党完整拥有报社、通讯社与广播三位一体的新闻事业。2002年华表奖最佳故事片《声震长空》对人民广播事业的历史作了生动、具体的展现，里面的许多情节都是根据真人真事改编的。解放战争时期，由于延安陷落，延安新华广播电台改名陕北新华广播电台，1949年3月迁入北京，改名北平新华广播电台。接收北平广播电台后，著名播音员齐越同南京中央广播电台的播音员蔡骧通过电波，进行了一次有趣的对话：

齐越："北平新华广播电台，请南京广播电台注意，我向你呼叫，请你回话。"

蔡骧："我是南京广播电台，我来回话。"

齐越："你叫什么名字？是做什么的？"

蔡骧："我叫蔡骧，是做播音工作的。你贵姓？"

齐越："我姓齐，叫齐越，整齐的齐，越打越强的越。我奉本台领导的指示跟你通话，现在请你报告一下南京的情况。"

蔡骧："红军已在凌晨进入南京城。"

邓拓和丁一岚

齐越:"不对,不叫红军,叫中国人民解放军。"

蔡骧:"是,是,是中国人民解放军。"

齐越:"我要求你负责保护好电台和机器,遵守中国人民解放军的约法八章。"

蔡骧:"是,是是……"

电影《声震长空》中,就有这个场景。齐越与后来的夏青等,都是人民广播的杰出代表。他毕业于西北大学俄语系,酷爱俄罗斯文化,播音才华最早显露于大学时代朗诵普希金的《自由颂》,当时国民党特务的枪声都未能把听众驱散。他不仅是人民广播事业的先驱,而且还是新中国的第一位播音学教授。齐越曾自豪地说过:"我是中国人民的播音员、中国共产党的播音员。我传达的是中国人民战胜艰难险阻走向胜利的声音,我传达的是中国共产党的堂堂正正的真理之声。我以此引为自豪。"解放战争时期,很多新华社文稿都是由他播出的。开国大典上,他和丁一岚一同主持了现场直播。丁一岚是北京人民广播电台的第一任台长,她的另一身份是邓拓夫人,他们的婚礼在晋察冀抗日根据地举行,由后来的元帅聂荣臻主持。开国大典的广播即由齐越与丁一岚在现场播出,他们用声音记录了一个伟大的历史瞬间:

> 中华人民共和国的国旗,现在正由毛主席亲手把她升起。参加大会的三十万人都整齐肃立致敬,注视着人民祖国的庄严而美丽的五星红旗徐徐升起。各队带队指挥员行举手礼,在队列中间的干部和战士,以及执行勤务的工作人员都肃然立正。国旗已经上升到旗杆的顶尖,开始在人民首都的晴空迎风招展。她象征着中国的历史已经进入一个新的时代,我们的国旗——五星红旗将永远飘扬在人民祖国的大地上。

齐越的播音风格显示着一种时代风骨,气势磅礴,坚定豪迈,爱憎分明,准确生动,开创了人民广播的一代新风。如今,在中国传媒大学即原北京广播学院的校园里,立有他的半身塑像,底座侧面刻着他的播音三戒:一戒自我表现,二戒随心所欲,三戒千篇一律。

在人民广播的峥嵘岁月中，傅英豪是个关键人物。他是电影《声震长空》的主人公苏志豪的原型，毕业于清华大学，学的是无线电专业。他在口述回忆里说道：

> 1940年，正当中国抗日战争残酷、激烈地进行之际，党中央决定建立延安新华广播电台。为此成立了以周恩来为主任的广播委员会。1940年春，周恩来从苏联治病回国时，带回第三国际赠送的一部广播发射机，并拆成散件运抵延安。当时在延安懂无线电技术的人极少。我原来在重庆八路军办事处做无线电台机务工作。周恩来知道我在北平清华大学读过"无线电工程系"，又在武汉罗蒙墩广播电台当过技师，于是点名要我和我的妻子唐旦一起到延安参加筹建延安新华广播电台工作。
>
> 1941的4月1日，朱德总司令前来参观延安新华广播电台，他与大家一一握手表示慰问，他说："延安新华广播电台是党的喉舌，是团结人民，宣传真理，打击敌人的武器。"1942年春，云南省进步学生反映听到了延安广播，把它称作"黑夜中的一盏明灯"。还听说蒋介石下令其特务电台要干扰。这说明电台有了很大影响。
>
> 然而，到了1943年春天，意想不到的事情发生了：发射机的管子坏了，漏气了。幸好还有一只备用的，但使用不久也烧坏了。延安新华广播电台停止了播音。

这些故事在影片中也有所表现。比如，影片一开始有个烧炭场景，为什么要烧炭呢？因为，广播发射需要用电，而当时延安没有发电厂。他们便想到用汽车带动发电机，而延安又没有多少汽油，最后他们就发明了一个土办法——烧炭，借用炭里生成的化学物质驱动汽车引擎。大庆油田开发前，中国被称为贫油国，加之外国封锁，汽油非常紧缺，当时一些新闻纪录片上，还可以看到北京公共汽车身上都背着一个大包，那个包就跟新华广播电台烧炭驱动的原理差不多。由此可见，早期人民广播事业的条件有多么艰苦。据人民广播事业的先驱者之一、后任中央人民广播电台台长的杨兆麟回忆：

> 电台逢整点要报时，可是延安台没有报时器。一次吃饭时，有人

听到筷子敲在粗瓷碗上的声音挺悦耳，就灵机一动，建议用碗筷报时。于是，一到开播时间，播音员就用筷子敲饭碗，然后说："现在是上海时间19点整，延安新华广播电台开始播音。"（余京津《六十年的火与风——记广播前辈杨兆麟》）

当时中国的标准时间是"上海时间"。

记者节

除了共产党领导的革命报业，抗战前后还有一大批倾向革命与进步、具有统一战线性质的报纸。如上海的《救亡日报》就是上海市文化界救亡协会机关报，由郭沫若任社长，夏衍任总编辑。香港《华商报》是1941年皖南事变后，共产党在香港办的一份报纸，由华商出资，名义中立，实际是共产党的阵地。类似的报纸还有《光明报》——"民盟"前身即中国民主政团同盟的机关报，由萨空了任总经理。萨空了是蒙古族报人，解放后曾任新闻部门的要职。报纸的总编辑俞颂华也是一位著名记者和报人，当年同瞿秋白一起去苏联做特派记者。著名的通讯社"国闻社"——国际新闻社，是抗战爆发后创办的全国性新闻通讯社，主要机构设在桂林，范长江任社长，黄药眠任总编辑，刘尊棋、孟秋江等任副社长，接受八路军桂林办事处主任李克农的领导。黄药眠早年受共产党委派，前往莫斯科学习，回国后任共青团中央宣传部部长，后在延安新华社工作，解放后任北京师范大学教授，成为著名的文艺理论家。刘尊棋毕业于燕京大学，曾在多家新闻媒体任记者、编辑，同美国记者斯诺等多有往来，解放后任中央人民政府新闻总署国际新闻局副局长（局长乔冠华），外文出版社副社长兼总编辑，1980年代出任英文《中国日报》（China Daily）第一任总编辑，译有费正清的名著《伟大的中国革命》等。

这期间新闻界最大的统一战线组织是"青记"，即中国青年记者学会。这是按照周恩来的指示，由胡愈之、夏衍等联系上海新闻界的记者发起组建的。开始名称叫"中国青年新闻记者协会"，推举范长江、羊枣、恽逸群负责筹备，1937年11月8日成立，范长江、恽逸群、羊枣等为总干事，夏衍等为候补干事。协会刚一成立，上海就陷落了："八日夜间，我军即由苏

"青记"成立大会，发言者为郭沫若

州河南岸撤退，上海战争的大势，自此转入新的局面。上海总会成立时，即上海陷落之日。"(范长江《青年记者学会组织的必要和前途》)接着，协会转到武汉，改名为"中国青年记者学会"，因为国民党不允许称"协会"。成立大会倒是非常隆重，许多"党国"要员如邵力子、于右任等出席道贺。"青记"是共产党领导的、具有统一战线性质的组织，同时也是新中国"记协"的前身。所谓"记协"，全称为是"中华全国新闻工作者协会"，简称"中国记协"。

现在的记者节也同"青记"有直接关系，"青记"成立的日子即 11 月 8 日被定为今天的记者节。2000 年，朱镕基总理签署国务院令，正式确定每年的 11 月 8 日为记者节。说到记者节，顺便说说"九一"记者节，这是民国年间的记者节。今天的记者节来自"青记"，"九一"记者节源自何处呢？

1932 年，镇江《江声报》经理兼主笔刘煜生由于刊发了几篇反映社会问题的小说，被江苏省主席顾祝同以"宣传赤化""煽惑阶级斗争"的罪名逮捕系狱。刘煜生向监察院院长于右任上书申述，于右任派人调查，而顾祝同拒绝合作，于是两位监察委员提议弹劾顾祝同，指控他践踏人权，藐视政令，顾祝同一怒之下，下令处死刘煜生，1933 年 1 月 21 日执行枪决。"这一事件是 1926 年军阀杀害邵飘萍和林白水的野蛮行径的一次冷血重演"（许小群）。所以，一经披露，舆论哗然，各方反映强烈，宋庆龄等领导的中国民权保障大同盟严厉谴责这一暴行，记者纷纷联名抗议，痛斥顾祝同"毁法乱纪，摧残人权"，要求政府给予制裁，南京的首都记者协会也呼吁

"严惩苏省当局,以保人权"。但是,由于顾祝同是蒋介石的嫡系爱将——位列黄埔系所谓"五虎上将""八大金刚",最后事情不了了之。不过,为了平息众怒,国民党也不得不作点表面文章,于是就在9月1日颁布了一个保护新闻从业人员的训令,要求对"新闻从业人员,一体切实保护"。1934年,杭州记者公会向新闻界发出倡议,确定每年的9月1日为记者节,得到广泛响应。当年9月1日,许多地方的新闻界举行活动,北平新闻界大会还致电国民党中央,要求"实行去年9月1日命令,保障记者安全,维护言论自由"。从此,"九一"记者节便得到全国新闻界的公认,有些报纸还在记者节的日子休业庆祝。

后来,还是这个顾祝同——皖南事变的元凶,1945年又杀害了一位著名的新闻人——羊枣。羊枣,真名杨潮,著名的国际问题专家、军事评论家,1900年出生于湖北的一个大户人家。他是《大公报》名记者杨刚的兄长,一生充满传奇色彩:1919年因参加五四运动被清华大学开除;1922年毕业于上海交通大学;1935年参加"左联",同年经周扬介绍加入中国共产党。抗战爆发后,在上海、香港、桂林等地从事新闻和文化工作。1944年,被派到福建临时省会永安,在省研究院社会科学研究所工作,兼任美国新闻处东南分处高级职员。在此期间,他编辑了《国际时事研究周刊》,而其学养、才华与见识在这份刊物上得到充分体现。他写的《从莫斯科到欧洲》《从柏林到东京》等时评,透彻地分析并预见了欧洲和太平洋战场的局势,脍炙人口,广为传诵,与后来出任共和国外交部部长的新闻人乔冠华的国

《人民日报》创刊号

际时评同为一时之盛,被史沫特莱誉为"世界一流的军事评论家"。1945年7月,抗战胜利前夕,顾祝同的第三战区利用美国新闻处东南分处派人与新四军联系一事,在永安展开大搜查,抓捕包括羊枣在内的共产党员及进步文化人士29名,制造了"永安大狱"与"羊枣事件"。后来,羊枣在狱中被虐待致死,引发国内外人士对国民党当局的抗议浪潮。

"新华社最好的记者"

随着解放战争的爆发和革命大业的兴旺,革命报业也日趋完善,日益繁盛。1946年年初内战爆发前(共产党叫内战,国民党叫内乱),解放区的面积已达300万平方公里,人口约1.5亿,也就是说人口和面积都占全国的三分之一。这个时期,革命报业已具有通讯社、报社、电台等一整套辐射广泛的新闻传播网络,无论在解放区还是在国统区,无论是舆论引导还是议程设置都风头雄健、稳居上风。国民党一方面在军事上连连失利,损兵折将;另一方面又在不见硝烟与炮火的舆论战上频频败北,深陷泥沼,真是大厦将倾,大势已去,亡命有日,回天无力。

这期间,革命报业的一项重要发展当属《人民日报》的创刊。日本有位教授,专门写过一篇论文,论述1949年以来五十年间《人民日报》的元旦社论,对其内容、主题及表达风格进行比较分析,探讨其间的历史脉络和社会变迁。这也表明《人民日报》对当代中国的突出意味。《人民日报》的前身得追溯到1946年,当时晋冀鲁豫边区中央局准备在邯郸创办一份机关报,开始想叫《晋冀鲁豫日报》或《太行日报》,毛泽东听了汇报后建议用《人民日报》。在这份《人民日报》的发刊词里,有段话鲜明表达了这张当代中国第一大报的立场:"我们的口号就是毛主席昭示我们的:全心全意为人民服务,这也就是本报的方针与宗旨。"

1948年冬,张磐石在平山

第一任社长张磐石，早年留学日本，后来做过许多新闻官，包括晋察冀《人民日报》社长。进京以后，《人民日报》成为中共中央机关报，他又任副社长，后任中宣部副部长、人事部部长等职。创刊初期的《人民日报》副社长中，有一位特别值得一提的人物——安岗。首先，他是一个知名报人，解放后任《人民日报》副总编辑，改革开放后又任《经济日报》第一任总编辑。在任《经济日报》总编辑时，做过很多开创性的工作，包括策划实施了中国记者重走长征路的活动。这项活动的主角是《经济日报》记者罗开富——后任《经济日报》常务副总编辑，而幕后导演则是安岗。

　　安岗还是一位新闻教育家。1955年11月，中国人民大学新闻系正式成立，创办人就是安岗。当时，他奉中共中央之命，将燕京大学新闻系、北京大学中文系新闻专业以及部分来自解放区的新闻骨干，汇集到中国人民大学，组建了这家新中国的"第一新闻系"——如今已成为中国新闻教育和新闻学研究的翘楚与重镇。改革开

安岗

放后，在他的提议下，又创办了中国社会科学院新闻研究所，现在叫新闻与传播研究所。与此同时，他又在中国社会科学院研究生院组建新闻系，招收研究生，特别是20世纪80年代早期招收的几批研究生，大都成为中国新闻学界和业界的骨干。比如，艾丰毕业后先在人民日报社工作，任部主任，策划实施一系列有影响的报道，如《中国质量万里行》，后来调任《经济日报》总编辑。再如，曾任不同方面领导的薄熙来、王晨、李东东等，也都是毕业于这个时期的中国社会科学院研究生院新闻系。至于学界同样人才济济，像中国社会科学院新闻研究所原所长孙旭培、中国人民大学新闻学院一级教授陈力丹、清华大学新闻学院原常务副院长李希光等，均属其中佼佼者。2023年，人民大学新闻学院博士生周航屹在方汉奇先生指导下，完成了第一篇研究安岗的博士论文。

　　1948年6月15日，早期的《人民日报》和《晋察冀日报》在河北平山县的里庄合并，成为中共中央华北局机关报。平山县有人们熟知的西柏坡，

解放战争后期中共中央的大本营——新中国从这里走来。当时选这个地方作中共中央的落脚点还有个故事。刘少奇、薄一波等组成的先遣队，离开陕北前往华北时，毛泽东特别提到河北平山县，这里出了一个《白毛女》的故事，当时非常有名。《白毛女》每次上演的时候，战士们都咬牙切齿，有一次差点儿开枪把扮演恶霸的演员陈强（陈佩斯的父亲）击毙。毛泽东对此印象深刻，说你们到那儿去看看吧。后来，先遣队转来转去，选中了平山县西柏坡。此处属太行余脉，出太行、进华北的要津，进可攻，退可守。也就是在个地方，1948 年 6 月 15 日，原晋冀鲁豫解放区的《人民日报》与晋察冀解放区的《晋察冀日报》合并，改组为中共中央华北局机关报《人民日报》，而这个日子便成为现在《人民日报》的创刊日。1949 年，《人民日报》迁入北平，同年 8 月确定为中共中央机关报，毛泽东题写刊名，胡乔木、范长江先后任社长，邓拓任总编辑。

如果说解放战争时期革命报业的最大成果是《人民日报》，那么这个时期革命报业的最大主力就是新华社。1947 年，内战全面爆发，中共中央撤出延安，《解放日报》随之停刊。此后两年多时间，中共中央没有机关报，新闻报道全靠新华社，新华社一时成为报社、通讯社和广播"三位一体"的媒体。除了社长廖承志，范长江、石西民、梅益等从国统区撤回延安，均任副社长。这个时期，新华社名将云集，高手林立。国际新闻部主任吴冷西，后来任新华社社长、人民日报社总编辑、广播电影电视部部长等。口语广播部主任温济泽，新中国成立后任广播事业局局长，1957 年被

人民日报创刊地里庄（钱江　摄于 2002 年）

划为"右派",改革开放后平反,出任中国社会科学院研究生院院长,也是中国新闻教育学会的首任会长。梅益曾任中国大百科全书出版社总编辑,以翻译苏联文学名著《钢铁是怎样炼成的》而知名。作品主人公保尔·柯察金的名言,成为几代中国青年的精神火炬:

> 人最宝贵的是生命,生命每个人只有一次。人的一生应该这样度过:当回忆往事的时候,他不会因为虚度年华而悔恨,也不会因为碌碌无为而羞愧;在临死的时候,他能够说:"我的整个生命和全部精力,都已经献给了世界上最壮丽的事业——为人类的解放而斗争。"

解放战争时期,新华社曾经一分为二,大队人马由社长廖承志率领前往华北解放区,其余人员由副总编辑范长江率领,组成一支小分队,番号为"四大队"。"四大队"一直跟随中央纵队,转战陕北。"新华社最好的记者"——毛泽东,这期间写下不少新闻名篇。前面说过,毛泽东在五四期间受过最早的新闻教育,听过邵飘萍、徐宝璜等人授课,是北京大学新闻研究会的学员之一。他在主编《湘江评论》时,说自己最想干的工作:一是记者,一是教师。这也是今天称他"教员"的由来。解放战争爆发,因缘际会、天时地利给他提供了一个充分展示新闻才华的机会,从而为新华社写下不少漂亮的新闻稿。一次,他改完稿子,兴致勃勃,意犹未尽,问身边的新华社记者:"你们说,谁是新华社最好的记者啊?"大家不知所以,左顾右盼,无言以答,接着听他从容说道:"就是我毛泽东嘛。"

毛主席在解放战争时期写的新闻稿,包括消息、评论、广播稿等体裁。像消息中的《中原我军占领南阳》《我三十万大军胜利南渡长江》均为新闻名篇,评论《将革命进行到底》《评战犯求和》《丢掉幻想,准备斗争》《别了,司徒雷登》等也无不脍炙人口。据毛泽东的政治秘书胡乔木回忆:

> 毛主席在解放战争时期为新华社撰写和修改的文稿是很多的,可谓聚精会神,全力以赴,分秒必争,达到了他一生中从事报刊新闻工作的辉煌时期。包括新闻、社论、发言人谈话、广播讲话等等作品,大约有一百余篇。其中,以新华社消息、社论、评论形式收入《毛泽东选集》第四卷的作品有 17 篇;收入《毛泽东新闻工作文选》的作品

有 21 篇，改稿有 14 篇。(《胡乔木回忆毛泽东》)

下面这段评论文字，即出自毛泽东 1949 年元旦为新华社所写的新年献辞《将革命进行到底》：

1949 年 1 月 1 日《人民日报》头版

> 如果要使革命进行到底，那就是用革命的方法，坚决彻底干净全部地消灭一切反动势力，不动摇地坚持打倒帝国主义，打倒封建主义，打倒官僚资本主义，在全国范围内推翻国民党的反动统治，在全国范围内建立无产阶级领导的以工农联盟为主体的人民民主专政的共和国。这样，就可以使中华民族来一个大翻身，由半殖民地变为真正的独立国，使中国人民来一个大解放，将自己头上的封建的压迫和官僚资本（即中国的垄断资本）的压迫一起掀掉，并由此造成统一的民主的和平局面，造成由农业国变为工业国的先决条件，造成由人剥削人的社会向着社会主义社会发展的可能性。

毛泽东的新闻稿里最为人所称道的当属消息《我三十万大军胜利渡过长江》，短小精粹，气势雄壮：

> ［新华社长江前线二十二日二时电］英勇的人民解放军二十一日已有大约三十万人渡过长江。渡江战斗于二十日午夜开始，地点在芜湖、安庆之间。国民党反动派经营了三个半月的长江防线，遇着人民解放军好似摧枯拉朽，军无斗志，纷纷溃退。长江风平浪静，我军万船齐发，直取对岸，不到二十四小时，三十万人民解放军即已突破敌阵，占领南岸广大地区，现正向繁昌、铜陵、青阳、荻港、鲁港诸城进击中。人民解放军正以自己的英雄式的战斗，坚决地执行毛主席朱总司

令的命令。

这是中国新闻史上的一篇经典作品,精练生动,磅礴大气,真是大手笔。据说著名播音员齐越播了"长江风平浪静,我军万船齐发"后,竟激动得睡不着觉。从酣畅淋漓的文字里,也不难体会一种胜利的豪情:

> 钟山风雨起苍黄,
> 百万雄师过大江。
> 虎踞龙盘今胜昔,
> 天翻地覆慨而慷。
> 宜将剩勇追穷寇,
> 不可沽名学霸王。
> 天若有情天亦老,
> 人间正道是沧桑。

诗人公木即《中国人民解放军军歌》的词作者认为,这是首《七律·人民解放军占领南京》毛泽东一生最好的诗作:"他与蒋介石两党、两军斗了整整27年,最终以人民解放军攻占南京为标志,宣告了蒋家王朝的彻底覆灭,这当然是人民的胜利、正义的胜利;也当然是'虎踞龙盘今胜昔,天翻地覆慨而慷'。对此,毛泽东不能不感到由衷的喜悦,并由喜悦焕发了葱郁的诗兴,于是才有这首雄浑遒劲的新史诗,这不是任谁都能写出来的。"(高昌《公木传》)

最后,再欣赏一篇毛泽东为新华社起草的广播稿,同样脍炙人口,同样举重若轻。我们知道,淮海战役后期,国民党徐州"剿总"副总司令杜聿明率领残部从徐州突围,结果在野外被解放大军重重包围。当时,冰天雪地,缺吃少

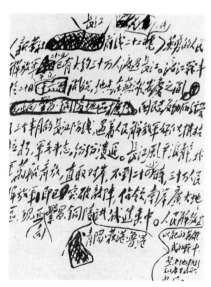

毛泽东新闻作品手稿

喝，进无生路，退无还路。就在这个时候，毛泽东发表了这篇广播稿《敦促杜聿明等投降书》。这篇稿子写得很有意思，都是大白话，一听就懂，而字里行间又透着一股泰山压顶的气势和无往不胜的自信：

> 杜聿明将军、邱清泉将军、李弥将军和邱李两兵团诸位军长师长团长：
>
> 你们现在已经到了山穷水尽的地步。黄维兵团已在十五日晚全军覆没，李延年兵团已掉头南逃，你们想和他们靠拢是没有希望了。你们想突围吗？四面八方都是解放军，怎么突得出去呢？你们这几天试着突围，有什么结果呢？你们的飞机坦克也没有用。我们的飞机坦克比你们多，这就是大炮和炸药，人们叫这些做土飞机、土坦克，难道不是比较你们的洋飞机、洋坦克要厉害十倍吗？你们的孙元良兵团已经完了，剩下你们两个兵团，也已伤俘过半。你们虽然把徐州带来的许多机关闲杂人员和青年学生，强迫编入部队，这些人怎么能打仗呢？十几天来，在我们的层层包围和重重打击之下，你们的阵地大大地缩小了。你们只有那么一点地方，横直不过十几华里，这样多人挤在一起，我们一颗炮弹，就能打死你们一堆人。你们的伤兵和随军家属，跟着你们叫苦连天。你们的兵士和很多干部，大家很不想打了。你们当副总司令的，当兵团司令的，当军长师长团长的，应当体惜你们的部下和家属的心情，爱惜他们的生命，早一点替他们找一条生路，别再叫他们作无谓的牺牲了。……立即下令全军放下武器，停止抵抗，本军可以保证你们高级将

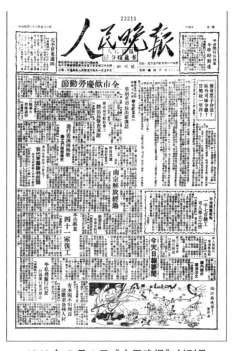

1949年5月1日《人民晚报》创刊号

领和全体官兵的生命安全。只有这样，才是你们的惟一生路。你们想一想吧！如果你们觉得这样好，就这样办。如果你们还想打一下，那就再打一下，总归你们是要被解决的。

特别是结尾几句，简直视对方如草芥，玩敌军于掌中，姿态从容，语气自信，真所谓"惟大英雄能本色，是真名士自风流"。这篇广播稿里提到的孙元良，在淮海战役中只身逃脱，去了台湾，他的一个儿子孙祥钟在台湾成为明星，艺名秦汉。

除新闻作品外，解放战争胜利前夕，毛泽东还发表了一篇新闻工作的讲话，即《对晋绥日报编辑人员的谈话》，成为新中国新闻思想的经典文献。1948年3月，毛泽东与中央纵队离开陕北，东渡黄河，前往西柏坡，途中路过晋绥地区的时候，接见了《晋绥日报》编辑人员，发表了这篇讲话。《晋绥日报》社长与主编是邓拓，解放战争时期这份报纸有篇传诵四方的报道，塑造了一位"生的伟大、死的光荣"的刘胡兰。而最早编发这则消息的甘惜分后来成为新中国新闻学的一面旗帜，当时也在现场聆听了毛主席的讲话。在《对晋绥日报编辑人员的谈话》中，毛泽东集中阐发了革命报业的性质、任务、功能、办报路线和风格等，成为70多年来新闻工作的核心遵循。比如：

> 我们必须坚持真理，而真理必须旗帜鲜明。我们共产党人从来认为隐瞒自己的观点是可耻的。我们党所办的报纸，我们党所进行的一切宣传工作，都应当是生动的，鲜明的，尖锐的，毫不吞吞吐吐。这是我们革命无产阶级应有的战斗风格。我们要教育人民认识真理，要动员人民起来为解放自己而斗争，就需要这种战斗的风格。用钝刀子割肉，是半天也割不出血来的。

说到《晋绥日报》，顺便再谈谈"客里空"。解放战争期间，《晋绥日报》在解放区新闻界掀起一场影响广泛的思想教育运动——反对"客里空"。所谓"客里空"原为苏联剧本《前线》里的一个战地记者，由于喜欢编造新闻，"合理想象"，于是他的名字就成为虚假新闻或虚浮记者的代名词，成为新闻领域弄虚作假的代名词。作为战地记者，客里空不去前线采访,而是像现在一些记者一样,待在写字楼里,上上网,打打电话,呼呼啦啦就攒出一篇新闻。比如,他听说前线总指挥的儿子阵亡,马上浮想联翩,妙笔生花写到总指挥的儿子牺牲前如何发誓、总指挥听说儿子牺牲后又如何痛哭流涕等。1947年6月15日,《晋绥日报》发表文章《不真实的新闻与"客里空"之揭露》,对报社内部的一些"客里空"问题进行了批评和自我批评,比如:

> 四月二十一日本报一版,"李宏瑞当众伏法"一讯,当我们接到后,非常吃惊。李逆为汾阳昌宁宫人,曾充日寇警察,便衣特务。于日寇投降后,混入我地方武装,杀人抢劫,强奸妇女,破坏革命,罪恶昭彰,三月二十七日,经七分区机关部队及驻地群众公审后枪决。
>
> 但我们的报纸在去年十一月二十二日与十二月二十七日四版,曾发表过对李逆表扬的通讯,第一篇题目是:"李宏瑞和他的武工队。"另一篇是:"李宏瑞又建奇功",把李逆写得好像一个人民英雄。我们立即写信给作者"谷曼"——吕梁新华分社记者,谷同志已回信,对此已有所检讨(原信另发表)。

与毛泽东的晋绥讲话同时,还有一篇同样重要的新闻文献,即刘少奇的《对华北记者团的谈话》。毛泽东的讲话是在1948年初,《对华北记者团的谈话》是在1948年秋。当时革命已经胜利在望,为了接手全国的新闻工作,中共中央在西柏坡专门召集华北人民日报社和新华社华北总社的部分记者集中学习,然后派他们随同解放大军奔赴各地,接管新闻媒体。在这次集中学习中,刘少奇应邀作了这篇《谈话》。其中,刘少奇谈到新闻记者应有的四个基本条件和修养:"要有正确的基本态度,即全心全意为人民服务;必须独立地做艰苦的工作,多想,多跑,多做调查研究;要有马列主义理论修养;熟悉党的路线和政策。"他还说:"你们的笔,是人民的笔,你们是党和人民的耳目喉舌。"这句话言简意赅,点明了共产党共和国新闻事业的定位——党和人民的耳目喉舌。

解放战争时期,革命报业涌现一批战地记者。这里介绍一位有代表性的人物华山。华山是新华社记者,他的名篇《英雄的十月》写于辽沈战役期间。我们知道,解放战争最重要的战事是三大战役。三大战役后,国民

战地记者华山

党实际上已土崩瓦解,有生力量消失殆尽。三大战役中,首屈一指的是辽沈战役,而辽沈战役最关键的一仗是锦州之战。锦州前线的国民党指挥官,也是东北"剿总"副司令范汉杰被俘后说道:这一仗真是大手笔,因为锦州就像扁担,担着两头,一头东北,一头华北,而现在这条扁担折了。所以,锦州战役结束后,毛泽东非常高兴,本来那天晚上准备开政治局会议,结果一高兴,取消会议,带着女儿去听京剧《打渔杀家》了。华山的《英雄的十月》写的就是辽沈战役,下面是其中精彩片段:

> 一个解放军战士,冲到(沈阳)市中心"剿总"司令部的院里,大声喝道:"不要动!"看守着战车的敌人齐声说:"我们早就不动了。车子、武器都在这里啦!"……
>
> 当天下午3时,2架运输机已经起飞,又被无线电话叫了回来。飞机刚刚着陆,卫立煌的卫士们立刻一拥而上,拖死猪似的,把连哭带骂的乘客们全拖下飞机。
>
> 飞机场上,卫的警卫团分布在跑道两旁,像防波堤似的,把上千的大小"官员"挡住。
>
> 卫立煌和几个嫡系高级将领一上飞机,广场上顿时像地球崩裂一样,轰起一阵绝命的狂号,全副武装的警戒线也被冲垮了。
>
> 黑压压的脑袋淹没跑道,围住飞机,冲着飞机舱口浮沉滚动着,这个说"我是少将主席兼行政委员"!那个说"我是中将参议兼高级顾问"!……向站在飞机舱口的卫立煌呼救。

这篇报道将国民党覆灭前夕狼奔豕突的情景刻画得惟妙惟肖,栩栩如生。还值得一提的是,他的短篇小说《鸡毛信》(1953),塑造了一位机智勇敢与鬼子汉奸巧妙周旋的放羊娃形象,后来拍成同名电影。1985年,华山逝世后，遵照其遗愿：骨灰撒在曾经战斗过的太行山上，与牺牲于此的战友们永远安息在一起。1942 年，在"十字岭战役"中，左权将军以及《新华日报》（华北版）主编何云等 46 位新闻记者在此壮烈牺牲。1986 年，左权县建起一座"太行新闻烈士纪念碑"。

范长江与邹韬奋

火热火红的革命年代，华山这样的名记者举不胜举，而其中最有名的当属范长江和邹韬奋。范长江以记者著称，邹韬奋以编辑见长，均为革命报业的标志性人物。如今，中国新闻界的两项大奖——范长江新闻奖和韬奋新闻奖，就是为纪念他们而设立的，前者奖励记者，后者奖励编辑，每届分别奖励十人。

范长江原名范希天，四川内江人。早年就是一位热血青年，参加爱国学生运动，1927 年参加南昌起义，时年 17 岁，隶属贺龙麾下的学生营。南昌起义失败后，颠沛流离，四处飘荡，生活无着，饥寒交迫，有一次还被国民党军队抓了壮丁，最后乘间逃脱，辗转来到南京。这时候，不免情绪低落，精神沮丧，举目四望，走投无路，"怅寥廓，问苍茫大地，谁主沉浮"。他甚至想到自杀，跳入长江，一死了之，被救之后改名长江。一次偶然机会，他在小旅店里看到报纸上一则中央政治学校招生的广告。这个学校不收学费，还管吃、管穿、管住。于是，他就去试了试，结果录取了。中央政治学校是国民党的党校，待遇高，条件好，校长蒋介石每周都去学校，与学生一起唱党歌、升党旗，背诵总理遗训：革命尚未成功，同志仍须努力。在此期间，范长江一度加入国民党。毕业前夕，范长江由于思想苦闷，毅然放弃似锦前程，不辞而别，走之前把学校发的东西都留下来，惟独穿走一双靴子，一到北京，又把靴子寄回学校，以表明从此与国民党没有任何瓜葛。

范长江到北京后，一门心思读书、学习、思考。他先在北京大学听课，研究哲学，读了大量书。后来，一次机会使他成为《大公报》特约记者，开始了平生记者生涯。1935 年，又以《大公报》特约通讯员身份，从成都出发，进行为期 10 个月的西北旅行考察，走访 50 多县市，行程 1 万里，沿途采写的通讯陆续发表在《大公报》上，引起广泛反响。后来结集出版，成为一部名著《中国的西北角》，也是范长江的代表作。这些通讯展现了西北一带政治黑暗，经济凋敝，文化落后，民不聊生的社会图景，给人留下深刻印象。比如，"三圣宫天主堂"一节记述：

> 后套中一大特色，即为天主堂，总堂在三圣宫。临河西境乌拉河至磴口之间，尽为天主堂势力。甚有"天主国"之称。此间种地农民，非入天主教不能种地。事实上（非法律上）这一带的居民尽为教徒，教堂为惟一可以指挥民众之机关，神父为最有支配民众力量的首领。一般农民只知有天主堂，而不知有政府，只知有神父，而不知有官吏。教堂于宗教之外，兼办水利、农业，以至于保安等工作，三圣宫教堂所在地，外围以深壕及高厚之城垣，集居民数百家于中，有城门，有炮楼，俨然正式之"城国"（City State）。
>
> 原来这里是阿拉善旗的土地，天主堂在七八十年前即来后套传教，势力尚小。庚子八国联军之役，教堂亦曾受相当扰乱。和约缔结之后，此间教堂亦要求赔偿，遂定由阿拉善旗赔损失五万两于教堂。当时阿拉善旗王爷是现在达王之祖父，已现交二万两，尚欠三万两，于是遂将三圣宫一带土地作抵，归入教堂手中。经其数十年之经营，遂造成今日之特殊现象。

这些新闻报道谈古论今，眼界开阔，观察细致，意趣横生。他一向奉行"读万卷书，行万里路"，尤喜史地、哲学等著作，顾祖禹的《读史方舆纪要》更是手头必备。顾祖禹是清代大儒，他的历史地理学名著《读史方舆纪要》，详细记述了中国每一地区的山川、河流、关隘、险要及其历史沿革等，也为范长江的西北报道提供了丰富的历史背景。

患甲状腺瘤的西部妇女（马汉达　摄）

从西北回来后,范长江成为《大公报》的正式记者,享誉天下,名重一时。不久,发生了震惊中外的西安事变。当时,他正在甘肃一带采访,听到消息立刻前往西安。虽然沿途都有军队把守,交通中断,道路封锁,但他还是想方设法抵达西安,接着前往陕北,发回一系列报道,引起更大轰动。这些报道汇成他的另一部代表作《塞上行》,下面是《塞上行》中写的几位中共人物:

> 和我见面的是宣传部的吴亮平先生。他小小个子,清秀的面庞,无论他吃过多少苦头,还保留着书生面目。他的外国语讲得很漂亮,苏区对外英文广播,就是他担任。他说话是清晰,明白,有系统,并有平和而坚定的见解。美国记者施诺(Snow)入陕北,就是他给毛泽东作翻译。他是一位漂亮的宣传家。
>
> 随后廖承志来了,这是廖仲恺先生的哲嗣,何香凝先生的疼爱者,他会好几种外国文字,会画,会写,会交际,而且会吃苦,这是红军中多才多艺的人物。红色中华日报现改为新中华日报的就是他主编。
>
> 朱德已有50多岁了,而面目仅如40岁人之健壮。他说他每天打篮球,说话完全四川音。"半生军阀,半生红军",他自己笑着说道。
>
> 最后到的毛泽东先生,许多人想象他不知是如何的怪杰,谁知他是书生仪表,儒雅温和,走路像诸葛亮"山人"的派头,而谈吐之持重与音调,又类三家村学究,面目没有特别"毛"的地方,只是头发稍为长一点。……他最喜欢谈战略,他在红大教战略一科,精神特别好了起来。(1937年4月21日于上海)

老报人徐铸成在回忆录里有一篇文章《滔滔万里长江》,对范长江作了这样的评价:

> 从《大公报》出身的,前后总有几百人罢,就成就而论,恐怕谁也比不上长江。在人民心目中,也以他的形象最为高大。
>
> 一九三五年下半年,他的西北旅行通信陆续在报上发表……轰动了全国。这不仅因为这样的体裁是中国新闻史上独创的,而且他是跟着红军长征刚走过的足迹,描述当时当地的实际情况,和西北高原的

风土人情，人民疾苦。他的文章又写得气势磅礴，细腻生动，使读者大大扩展了眼界，首次了解长征这个惊天动地的大事；在国民党统治的大地上，投射出一线光明。……他和斯诺，可说是中外记者首次向外部世界透露"红色中国"真相的勇士。

范长江去陕北后，思想开始发生变化。当时国民党中宣部一份电文写道："前任天津大公报记者范长江，为我国新闻界之名记者，活动力甚强。惟其思想，自民国二十五年入陕北会见朱德、毛泽东以后，已渐左倾。"1937年2月，他在延安与毛泽东竟夕长谈，用他的话说，"茅塞顿开，豁然开朗"。1938年，他最终脱离了《大公报》。对此，有不同的说法。一种说法是，《大公报》主笔张季鸾让他值夜班，而范长江是记者出身，不习惯干夜班编辑的活儿，后来就拂袖而去。不管具体原因何在，归根结底还在于范长江的世界观、新闻观同《大公报》越来越不相容。范长江脱离《大公报》后，据说周恩来还委婉地进行了批评，认为他不该意气用事，留在《大公报》更能发挥作用。

此后，范长江发起组织"青记"，抗战爆发时，又与胡愈之等一起创办有名的国际新闻社——"国闻社"。皖南事变后，在香港与邹韬奋等一起创办《华商报》，一张在历史上发生重要作用的报纸，汇集一大批进步文化人士。1939年，由周恩来介绍，范长江加入中国共产党。其间，他结识了周恩来夫人邓颖超办公室的沈谱，新中国成立后第一任最高人民法院院长沈钧儒的独女，后来两人结为伉俪。他们的次子范东升是"文革"后中国人民大学新闻系的第一届本科生，曾任汕头大学新闻学院院长，范东升的女儿，也就是范长江的孙女同样毕业于中国人民大学新闻系，名叫范小江。

抗战期间，范长江先在新四军工作，创办《新华日报》华东版。后入周恩来"梅园"班底，任新闻处处长。"梅园"班底同样集中了一批新闻人才，其中有位年轻人杨兆麟，改革开放后出任中央人民广播电台台长。他任台长期间还有两位副台长也姓杨，一个叫杨伟光——后来的首任中央电视台台长，一个叫杨正泉——后来的中央人民广播电台台长，时称"三阳开泰"。解放后，范长江曾任新华社总编辑和人民日报社社长，"文革"期间不幸去世。关于记者，他说过的一段话经常被人提及：

我想世界上很少有像新闻记者这样有更多诱惑与压迫的。一个稍微有能力的记者，在他的旁边，一方面摆着：优越的现实政治地位，社会的虚荣，金钱与物质的享受，温柔美丽的女人，这些力量诱惑他出卖贞操，放弃认识，歪曲真理。另一方面摆着：诽谤、污蔑、冷眼、贫困、软禁、杀头，要确保新闻的正确选择，这些力量强迫他颠倒是非，出卖灵魂。（《怎样学做新闻记者》）

邹韬奋原名恩润，曾入上海交通大学，与陆定一、原《文汇报》老板严宝礼等同属校友。他修的是工科，却酷爱文学、历史、哲学等，常跑图书馆，尤其欣赏梁启超的《新民丛报》、黄远生的"北京通讯"等，每篇必读，羡慕不已，希望自己将来成为这样的新闻记者。1919年，由于打工缺课多，索性由交大转入圣约翰大学，

邹韬奋在狱中

主修西洋文学，1921年毕业。1922年经黄炎培介绍，参加中华职业教育社的工作。1925年，该社创办《生活》周刊，1926年邹韬奋担任主编，封面的"生活"二字即由黄炎培题写。《生活》为韬奋提供了施展才华的舞台，而韬奋也说该刊是"能使我干得兴会淋漓，能使我全部身心陶醉在里面的事业"。《生活》每期有几篇"小言论"，署名"韬奋"，受到读者广泛关注，"韬奋"由此出名。这份刊物的销数由1926年的2千份，增至1929年的12万份，进而达到1932年的15万份，创下当时的最高纪录。后来，他又创办《大众生活》《生活日报》《生活周刊》等，形成一个"生活"系列。1932年，又创办了生活书店，倡言"好书皆备，备书皆好"，成为今天三联书店的前身之一。所谓三联书店，即由生活、读书和新知三家书店合并而成。

对待编辑工作，邹韬奋非常用心，十分投入，对待读者，邹韬奋满怀热情，尽心尽力。在他心目中，读者都像自己的朋友和亲人。他说：

编者每日一到夜里，独存斗室之中，就案旁拥着一大堆的来信，

手折目送，百感猬集，投函者以知己待编者，编者也以极诚恳的极真挚的情感待他们，简直随他们的歌泣为歌泣，随他们的喜怒为喜怒，恍然若置身于另一天地中，与无数至诚的挚友言欢，或共诉衷曲似的，辄感负托之重，期望之殷，竭我智能，尽忠代谋。(《新闻界人物·邹韬奋》)

有一次，一对新婚夫妇发生口角，给他写来一封信。邹韬奋一下回复了几千字，循循善诱，亲切开导，使小两口重归于好，为此他们还决定终生订阅《生活》周刊。

"九一八"事变后，邹韬奋及其"生活"报刊一面大力宣传抗日救亡，一面揭露国民党的畏懦避让。1933年12月，国民党中宣部以"言论反动、思想过激、毁谤党国"为名，查封《生活》周刊。这时，有位东北义士杜重远激于义愤，认为"数十万读者的精神食粮不可中断"，挺身而出，又于1934年2月创办《新生》周刊。这份周刊其实就是《生活》的"翻版"，无论是内容、版式及风格，还是人员、设备及行销都继承《生活》周刊的衣钵。所以，邹韬奋说："这好像我手上撑着的火炬被迫放下，同时即有一位好友不畏环境艰苦而抢前一步，重新把这火炬撑着，继续在黑暗中燃烧着向前迈进。"《新生》周刊的实际运作者，是韬奋一手提携的艾寒松。由于《新生》周刊和艾寒松，后来还引发一起"新生事件"。

"七七事变"前，日本时时寻衅，而中国处处避让，藏本事件就是一个典型。关于此事，徐铸成在《报海旧闻》里记述道：

> 藏本是日本使馆副领事级馆员。有一天，据说失踪了，日本大使川越茂天天向外交部催逼，要求追查，东京的军阀政府和军部，更一口咬定这是中国政府搞的阴谋，声言要对华"膺惩"，要派出陆海军来兴师问罪。当时，我天天编发所谓藏本事件的电稿，真正感到弱国的可怜，"欲加之罪，何患无辞"；他们失去一鸡一狗，就可以不问青红皂白，兴师动众来寻衅。……这出几乎演成全武行的戏，忽然峰回路转，以喜剧收场，藏本自己出现了。……张季鸾先生当天在《大公报》上写了一篇颇为幽默的短评，大意说，我们要感谢那些爱国的中山狼，如果它们不是忍饿而是把藏本一口吞掉，中国人就百口莫辩了。

就是在这种背景下，发生了"新生事件"。1935年5月4日，艾寒松化名"易水"写了一篇《闲话皇帝》，刊发于《新生》周刊，其中有一段涉及日本天皇：

> 日本的天皇，是一个生物学家，对于做皇帝，因为世袭的关系，他不得不做，一切的事，虽也奉天皇的名义而行，其实早作不得主。接见外宾的时候，用得着天皇；阅兵的时候，用得着天皇；举行什么大典礼的时候，用得着天皇；此外天皇便被人民所忘记了，日本的军部资产阶级，是日本真正的统治者。

不料这段文字，招来日本的寻衅抗议。迫于日方压力，南京政府逮捕杜重远，查封《新生》周刊。后来还宣判杜重远一年零两个月徒刑，遭到社会舆论的嘲讽和声讨。"新生事件"后，艾寒松受到书店的保护，得到资助，前往苏联，新中国成立后，曾任江西省委宣传部副部长。

由于《生活》以及《新生》，从1933年到1935年，邹韬奋几度流亡，其间写下159篇海外通讯，约50万字，汇成《萍踪寄语》和《萍踪忆语》两部书。前者边写边寄，相继发表于《生活》与《新生》。在国外流亡期间，邹韬奋既看到资本主义国家的灯红酒绿，更感受了底层民众的生活艰辛。他说，在国外采访写作时，"心目中却常常涌现着两个问题：第一是世界的大势怎样？第二是中华民族的出路怎样？中国是世界的一部分，我们要研究中华民族的出路怎样，不得不注意中国所在的这个世界的大势怎样，这两方面显然是有很密切的关系。"1935年，邹韬奋回国，同年创办《大众生活》，销量很快超过《生活》，达到20万份，创下杂志发行的新纪录。不久，由于大力宣传抗日、反对国民党独裁统治，酿成"七君子事件"。1936年，马相伯、宋庆龄、何香凝等人在上海成立全国各界救国联合会，呼吁释放政治犯，制定救国纲领，建立统一的抗日政权等。同年11月23日，南京政府以"危害民国"罪，在上海逮捕了救国会领导人沈钧儒、王造时、李公朴、沙千里、章乃器、邹韬奋、史良7人，史称"七君子事件"。在狱中，邹韬奋写下回忆录《经历》，其中说道："我在二十年前想要做个新闻记者，在今日要做的还是个新闻记者——不过意识要比二十年前明确些，要在'新闻记者'这个名词上面，加上'永远立于人民大众立场的'一个形容词。"知行合一，韬奋一生都真诚地为人民大众服务，立于人民大众的立场。

抗战全面爆发后，邹韬奋被国民党特务列入暗杀的黑名单。在广东隐居地，他对探望的友人说："连我这样的文弱书生，只谈爱国，他（指蒋介石）都一再使我流离失所，家破人散呢！我现在彻底觉悟了，我要到八路军、新四军方面去，在毛泽东、周恩来、朱德等同志领导下，参加革命斗争，争取加入中国共产党。"后来，在周恩来的安排下，他由东江游击区辗转来到苏北新四军根据地。可惜，未等施展才华，邹韬奋就因中耳癌不治去世。在遗嘱里他说道：

> 我自愧能力薄弱，贡献微小，二十余年来追随诸先进，努力于民族解放、民主政治和进步文化事业，竭尽愚钝，全力以赴，虽颠沛流离，艰苦危难，甘之如饴。此次在敌后根据地视察研究，目击人民的伟大斗争，使我更看到新中国光明的未来。我正增加百倍的勇气和信心，奋勉自励，为我伟大祖国与伟大人民继续奋斗……
>
> 我死后，希望能将遗体先行解剖，或可对医学有所贡献，然后举行火葬，骨灰尽可能带往延安。请中国共产党中央严格审查我一生奋斗历史，如其合格，请追认入党，遗嘱亦望能妥送延安……
>
> （1944年6月2日口述签字）

中共中央对邹韬奋的去世深表哀悼，追认他为中国共产党党员。毛泽东评价他说："热爱人民，真诚地为人民服务，鞠躬尽瘁，死而后已，这就是邹韬奋先生的精神，这就是他之所以感动人的地方。"

邹韬奋的长子邹家华（原名邹嘉骅），1944年参加新四军，1948年与李鹏等烈士子女一道赴苏联留学，1991年担任国务院副总理，1992年当选中共中央政治局委员。

外国记者与中国革命

"伟大的中国革命"（费正清），也吸引了一众外国记者，谱写了一批著称于世的新闻篇章：斯诺的《西行漫记》、史沫特莱的《伟大的道路》、杰克·贝尔登的《中国震撼世界》、韩丁的《翻身》、白修德的《中国的惊雷》……。一生与中国结下不解之缘的名记者爱泼斯坦,晚年在回忆录里写道:

> 在那场持续了八年之久的战争期间,先后曾有许多外国记者沿着斯诺所走过的道路,来到中国革命圣地延安所在陕甘宁边区,深入共产党领导的八路军、新四军和敌后各解放区采访。……他们中间有不少人也和斯诺一样,精心观察、研究中国,写了许多报道中国人民抗日战争情况的著作。

爱泼斯坦(1915—2005),生于华沙一个犹太人家庭,1917年随父母移居中国。他说:"从记事起,我就想当一名记者。"1931年,16岁的爱泼斯坦成为《京津泰晤士报》的记者。1933年,他与斯诺相识。1937年,作为美国合众社的记者,爱泼斯坦报道了台儿庄战役。1941年,香港沦陷,他被关进日军集中营,在那里遇见他未来的夫人,并一同逃出,颇似惊险小说。1944年,他作为"中外记者西北参观团"的6位外国记者之一前往延安。他说:"延安之行对我一生走的道

爱泼斯坦

路影响重大,让我终生难忘。"当时,他的妻子、加拿大记者邱茉莉(Elsie Fairfax-Cholmeley)也曾提出申请,要求参加采访团,还找到国民党要人、孙中山的儿子孙科求情。国民党委派的采访团团长表面答应,后以延安缺乏女性卫生设备为由推诿,而背地里无意间透露了真情:我们一百年也不会让她去。重庆的外国记者俱乐部为此提出抗议,加拿大驻华大使也向董显光大发雷霆,都无济于事。

1951年,爱泼斯坦应老朋友宋庆龄的邀请参与《中国建设》杂志的工作,1957年加入中国籍,2005年辞世,享年90岁。爱泼斯坦一生几乎都在中国度过,他热爱中国,不懈地向世界报道中国,他说:"我是在中国长大的,我的记者生涯是从中国开始的。……在以后的数十年中,中国实际上成为我写作的惟一主题。命运注定我与中国有不解之缘。"新中国成立后,

他更是满腔热忱地把中国社会的点滴变化向各国人民报告，给世界提供了一双瞭望中国建设的眼睛，正如斯诺提供了一双了解中国革命的眼睛。爱泼斯坦不仅与新中国的领导人关系密切，如毛泽东、周恩来、邓小平、宋庆龄等，据说临终前还喃喃念叨周恩来在召唤我，而且对中国社会、中国历史、中国的国情民情也了如指掌，被熟悉、喜欢他的人称为"艾培"。一次，他的忘年交范敬宜问他，你那么热爱中国，甚至像眼里揉不得沙子似的不能容忍对中国的非议，难道你真的认为中国十全十美吗？他回答说也不是。又问那么你觉得中国的问题在哪儿呢？他幽默而传神地概括了三个M：慢慢来、明天再说、马马虎虎。另据范敬宜回忆，爱泼斯坦一直保持记者的良好习惯，不管什么场合、无论大会小会始终坚持记笔记，数十年如一日。2005年，在参加了爱泼斯坦90岁生日茶话会后，范敬宜感喟不已地写下一篇《广阔背景下的理性思考——听爱泼斯坦生日答谢词有感》：

> 我本来以为，爱泼斯坦一定会豪情满怀地回顾他在中国七十多年波澜壮阔的新闻生涯，追述自己在中国人民最艰难的岁月，如何通过打字机和照相机向全世界真实地报道这个国家艰苦卓绝的斗争；在新中国成立后，又如何不辞艰危，满腔热情地大量报道这个国家五十多年来走过的光辉而曲折的道路。
>
> 我本来以为，爱泼斯坦一定会追述从毛泽东、周恩来、朱德、宋庆龄、邓小平以至江泽民、胡锦涛等中国领导人给予他的关怀和荣誉，以及和他们之间的亲密友谊。可是他一句未提这些值得人们羡慕的殊荣，只是深情地回忆起他的"领路人"埃德加·斯诺。
>
> 我本来以为，爱泼斯坦可能会提到他在"文革"中受到的冲击和磨难，特别是曾被当作"国际间谍"在秦城度过五年监狱生活的痛苦经历。但是他也一字不提。
>
> 我本来以为，爱泼斯坦一定会热情洋溢地用诗一般的语言感谢中国朋友为他在人民大会堂举行这个隆重的生日聚会。可是他依然只是平静地说："今天大家在这里所表示的对我的深情厚意，我想是出于对我们实现共同目标的一种欢乐情绪。为了实现这些目标，我只不过是尽了自己的绵薄之力。我只是触及到了国际影响的一些方面。中国产

生国际影响，根本在于她的巨大进步。但这还只是一个开始。和过去一样，前进的道路上还会有更多的阻碍和磕绊，可是进步将会继续。所以，就我个人来说，我更愿意把你们今天的热烈情绪看作是我的一个真正的新生命的开始，而不是对我过去历程的一个总结。"

这么平静，这么谦和，这么理智，只有把个人的一切成就、贡献、荣辱、喜忧都放在历史和时代的大背景——也就是他所说的"更开阔一些的背景"——之下来审视，才能拥有内心世界的如此一片纯净，没有自矜，没有自悲，没有个人的恩恩怨怨，有的只是对人类前途的乐观和信心，对整个世界的清醒认识和理性判断。

我还注意到茶话会结束前的一个细节，当朋友向他献上一幅精美苏绣画像，问他像不像时，他莞尔一笑，说："我好像见过他。"

这就是爱泼斯坦——人们心中永远的"艾培"！（《人民日报》2005年4月25日）

2008年，根据爱泼斯坦的生前遗愿，他平生珍藏的6000余册西文图书以及部分手迹、照片捐给了清华大学图书馆，为此设立了"爱泼斯坦藏书阅览室""爱泼斯坦纪念室"和"爱泼斯坦奖学金"。与此同时，成立了"清华大学伊斯雷尔·爱泼斯坦研究中心"，新闻学院院长范敬宜担任中心的名誉主任。

在众多对中国革命和中国人民寄予深切同情的外国记者中，有位美国汉学鼻祖费正清的开门弟子，中文名字叫白修德（Theodore White）。1939年，白修德毕业于哈佛大学，带着费正清的一封推荐信来到上海，由《密勒氏评论报》的主编J.B.鲍威尔介绍给国民党宣传要人董显光，开始为国民党宣传部编写国际新闻，时年23岁。不久，他被《时代》（*Time*）的创始人亨

白修德

利·卢斯（Henry Luce）及其远东版主编约翰·赫西（John Hersey）看中，聘为远东首席记者。其间，他既报道了中国军民奋勇抗敌的新闻，也揭露了国民党政府的腐败无能：

> 只有生活在重庆的人才会感受到国民党给个人生活的沉重压力。在作家、剧作家、电影制片人和所有敢于公开发表意见的人头上都高悬着新闻检查制度。报界生活在充满流言蜚语、政府声明和电讯稿的阴暗世界里。对中国的重大问题——饥荒、通货膨胀、封锁、外交关系或者有关著名人物的报道——没有一件能实事求是地进行公开讨论。
>
> 重庆的阴暗气氛腐蚀着住在那里人们的生活。在中国不只是一套，而是两套秘密警察机构，一个属于军事委员会，一个属于国民党本身（即军统与中统——引者）。到处都有他们的密探和特务。在中国，一个人可以因莫须有的罪名而被捕，投入监狱或集中营……
>
> 今天，国民党已被一个腐朽的政治集团所控制，他们是一群最坏的"坦慕尼"议厅的人物和西班牙宗教法庭角色的集合体。白修德（*Time*，1944年5月1日）

这样的文字自然引起蒋介石的嫉恨，同时也与力挺蒋介石的老板卢斯不断发生冲突，卢斯指斥他"太左，太靠近共产党"，两人的矛盾越来越激化，最后终遭卢斯解聘。1946年，他在美国出版《中国的惊雷》（*Thunder Out of China*），获得好评，这是一部报道中国革命的新闻名著，斯诺作序。曾任《纽约时报》副总编辑、20世纪80年代重走长征路并写下《长征：前所未闻的故事》的哈里森·索尔兹伯里认为，"可与斯诺的著作相媲美"。后来，随着东西方冷战加剧，白修德也同许多左翼人士一样，受到麦卡锡之流迫害，工作无着，生活拮据，直到1960年才以一部《总统的诞生》（*The Making of President*）东山再起。这是他对当年美国总统大选所做的深度报道，1964年获得美国新闻界的最高奖普利策奖。

1972年，白修德作为尼克松总统的随行记者来华，1983年又在中国进行了为期近两个月的采访活动，完成了一篇万余字的长篇报道，刊发于当年9月份的《时代》周刊。这篇故地重游的报道，是从香山上的一则小故事开始的。白修德抵达北京的第一天，就被老朋友王炳南邀请去爬香山。王炳南是外交家，曾经参与西安事变、重庆谈判等重大历史活动，"文革"后出任中国人民对外友好协会会长。当天傍晚，站在香山之巅，望着晚霞映照的山间小路，白修德不禁回想毛泽东当年由此进入北京的情景。王炳南告诉他，1949年共产党刚刚到达北京时，毛泽东与党中央就在这里度过了北京的第一夜。那天晚上，人们给毛泽东准备的是一张弹

身穿红军军装的史沫特莱（拉铁摩尔　摄）

簧床，但第二天王炳南才得知毛泽东一夜没有睡好，因为他已经睡了几十年的木板床。白修德在这篇报道里写道："谁若是要讲述1983年中国的故事，就得从1949年香山山坡上流传下来的革命故事说起。"

在报道中国革命的外国记者中，最著名的还属所谓"3S"，即三位名字以S打头的进步记者或左翼记者——埃德加·斯诺（Edgar Snow）、阿格尼丝·史沫特莱（Agnes Smedley）和安娜·路易斯·斯特朗（Anna Louise Strong）。

史沫特莱出生于美国一个矿工家庭，天生具有平民意识，自称"大地的女儿"。1928年，她以《法兰克福日报》特派记者身份首次来华，并成为宋庆龄、鲁迅、茅盾等人的密友。她最出名的成就之一，是营救被蓝衣社特务绑架的丁玲。西安事变时，史沫特莱恰好在古城西安，她的广播报道引起世界瞩目：

> 南京国民党广播电台疯狂报道蒋委员长已被枪毙，红军占领了西安，到处杀人放火，奸淫掳掠无恶不作等等谣言。西安一家日报的编辑发表中文电讯广播稿进行驳斥，我担任英语广播。发表了我访问西北政界人物、红军代表、救亡领袖的报道以及有关西北动态的文章。
>
> 我的访问报道很使南京国民党政府头痛生气。几个月后，我从美国记者那里听说美国驻南京上海的领事官员们甚至宣称他们已经作出驱逐我出境的决定，南京国民党政府的发言人接见纽约时报记者的访

问时,宣称"我的讲话与政府既定政策方针抵触,为统一战线思想方案辩护。"这个发言人对于基督教美国青年会总干事发表严重歪曲事实真相的南京报道的广播则不表态。平心而论,我讲了实话。(《中国的战歌》)

朱德与斯特朗在延安

七七事变后,由后来写出文学名著《暴风骤雨》的作家周立波担任翻译,史沫特莱深入根据地进行采访,完成了一部记述朱德革命生涯的《伟大的道路》。当朱德听说她想写自己时,惊讶地问道:"为什么呢?"她说:"因为你是一个农民。中国人十个有八个是农民。而迄今为止,还没有一个向全世界谈到自己的经历。如果你把身世都告诉了我,也就是中国农民第一次开口了。"1938年,武汉沦陷,她以英国《曼彻斯特卫报》记者身份,随新四军转战华中和华东,写下许多著名通讯,后来在美国出版的《中国的战歌》被视为二战中最好的战地报道之一。她在《中国的战歌》里写道:"我一直忘掉了我并不是一个中国人。"1949年,她在生命的最后时刻再次表达了对中国的眷恋:

> 我到过很多很多国家,但无论到哪儿,我总归是一个外国人;只有当我在中国的时候,我就不感到自己是个外国人。不知什么缘故,在那儿,我总以为自己是中国人民中间的一个,我仿佛已经生根在那块土地上了。……倘若有一天我终竟能成为中国籍的公民,将是一生中最大的荣耀!(《伟大的道路》)

1951年5月6日,史沫特莱逝世一周年之际,遵照其遗嘱,她的骨灰在北京八宝山烈士公墓安葬。她的墓前竖立着一块大理石墓碑,上面镌刻着朱德的题词"中国人民之友 美国革命作家 史沫特莱女士之墓"。至此,她不仅将一生的事业同中国人民和中国革命联在起来,而且将自己的魂灵永远寄托在中国的土地上。她在遗嘱里写道:"我的惟一信念和惟一誓愿,就是那些贫困的、被压迫的人民的解放。而中国革命的成就，已经是这一解放事业的中流砥柱。"

同史沫特莱的平民背景不同，斯特朗的气质犹如一位贵妇。她广泛介入苏联革命和中国革命，一生经历曲折，历经坎坷。她在中国享有的崇高声望，主要来自解放战争期间毛泽东与她的著名谈话——"帝国主义和一切反动派都是纸老虎"。1946年8月，毛泽东接受斯特朗采访时说道：

> 一切反动派都是纸老虎。看起来反动派的样子是可怕的，但是实际上并没有什么了不起的力量。从长远的观点看问题，真正强大的力量不是属于反动派，而是属于人民。(《和美国记者安娜·路易斯·斯特朗的谈话》)

从此，"帝国主义和一切反动派都是纸老虎"便成为鼓舞世界上所有奋起抗争的人民不畏强暴，勇敢战斗的精神原子弹。20世纪70年代，毛泽东在一次接见美国国务卿基辛格时，还曾幽默地回答学英语的收获，说自己只认识几个英语单词，如"paper tiger"（纸老虎）。

在"3S"里，最负盛名、最有影响的还属埃德加·斯诺及其《西行漫记》（即《红星照耀中国》）。我们先浏览一下斯诺的简历与作品：

1905年生于美国密苏里州堪萨斯城；

1924年入密苏里大学新闻学院学习；

1928年第一次到中国，在上海做记者；

1934年至1938年在北平燕京大学新闻系任教；

1936年访问陕北；

1937年出版《西行漫记》（*Red Star Over China*）；

1941年"皖南事变"后被迫离开中国；

1960年后三次访华；

1972年在瑞士家中辞世。

除了《西行漫记》，斯诺的主要作品还有：《为亚洲而战》（*The Battle for Asia*），1941年；

斯诺《西行漫记》

《复始之旅》(Journey to the Beginning)，1958年——这是对其记者生涯的自述；《大河彼岸》(The Other Side of the River)，1962年等。

斯诺的一生同中国革命和中国人民息息相关。他热爱中国，深切同情中国人民的命运与斗争，这是他记者生涯与新闻作品中最鲜明的色彩，也是最打动人的地方。正如他说的："如果说我确曾写过一些对中国有益的东西，那仅仅是因为我倾听了中国人民诉说他们切身的情况。这就是真理所在。我尽量如实地、坦率地把我所听到的写了出来。我相信，我同中国人交谈，就像谈家常一样，我同中国人一样都属于同一个家庭——人类大家庭。"1935年"一二·九"运动前夜，正在燕京大学新闻系执教的斯诺对夫人海伦说了一句令人难忘的话："你不可能看着你所热爱的一位淑女被强奸而袖手旁观，无动于衷。而北平，就是一位有教养的老淑女。"

当时，斯诺夫妇的寓所是进步学生时常聚会的地方。"一二·九"运动前后，当中华民族面临危难之际，清华、燕大、北大等高校涌现了一批热血青年，他们在共产党抗日救亡主张的感召下，为民族危亡而痛心疾首，为山河破碎而奔走呼号。1935年5月，燕大学生会成立，大家选举东北同学会会长、新闻系学生张兆麟为主席，经济系学生龚普生为副主席，龚普生的同班同学黄华为执行委员会主席，新闻系学生陈翰伯和龚澎为执行委员。其间，他们会同清华的蒋南翔、姚克广（姚依林）、北大的俞启威（黄敬）等同学，掀起了一场轰轰烈烈的爱国学生运动，成为抗战全面爆发前一束耀眼的时代火花。张兆麟后陪斯诺夫人前往陕北，此行成就了另一部新闻佳作《续西行漫记》(Inside Red China)。龚普生与龚澎是一对姊妹，新中国成立后一直从事外交工作。龚澎曾任重庆《新华日报》记者，在周恩来手下成为中共第一位新闻发言人，以敏捷、干练、风度优雅、气质高贵风靡山城，后与乔冠华成婚，被毛泽东称为"天生丽质双飞燕，千里姻缘革命牵"。乔冠华也是著名的新闻人、外交家，以国际时评著称，曾主持重庆《新华日报》的"国际专栏"，与出身清华的胡乔木并称"南乔"和"北乔"，"文革"后期任外交部部长，协助毛泽东和周恩来打开中美关系大门，1971年中国恢复联合国合法席位后，率领中国代表团第一次出席联合国大会，发表了激荡人心的"国家要独立，民族要解放，人民要革命"的讲话。黄华，曾用名王汝梅，"一二·九"之后去陕北，协助斯诺、史沫特莱采访红区,中国恢复联合国合法席位后,成为中国首任常驻联合国及其安全理事会代表,后任外交部部长、国务院副总理兼外交部部长、全国人民代表大会常务委员会副委员长等。1972年,斯诺病重期间,时任中国驻联合国代表的黄华到其瑞士寓所看望,斯诺还风趣地说:"我们这些'赤匪'又凑到一块了!"陈翰伯于"一二·九"运动后参加共产党,曾任新华社编委兼国际部主任、商务印书馆总经理和总编辑、文化部出版局局长,晚年任中国出版工作者协会主席、名誉主席,为新中国的出版事业付出大量心血。他曾回忆当年在斯诺夫妇的小客厅里聚会的情景:

> 我们刚刚认识斯诺,对他确实不很了解,只是感到他热情,富有正义感,深深厌恶日本帝国主义的侵略行为,对于苦难深重的中国人民,他抱有极大的同情心。在中国的洋大人,一向是看不起中国人的。他对中国人却从来没有轻视、蔑视之意。更难得的,是在当年我党、我军被国民党围困于西北一隅的时候,他完全相信中国共产党是一支真正的抗日力量。

清华学子蒋南翔则以一句名言,为"一二·九"运动打上永恒的时代烙印——"华北之大,已安放不下一张平静的书桌",新中国成立后任清华大学校长,与老清华校长梅贻琦并为清华校史上的里程碑人物,他的同学姚依林改革开放后曾任政治局常委。北大学生黄敬,本名俞启威,在青岛大学读书时入党,为新中国成立后第一任天津市委书记和市长。他的祖父俞明震曾奉命处理"苏报案"。就是这样一批热血青年当年在斯诺家时常聚会,关心国事,讨论局势,策划爱国学生运动,斯诺夫妇也与他们同悲同喜,而斯诺的西北之行则由他们牵线搭桥。"一二·九"大游行后不久,燕京大学的东北流亡学生王汝梅即黄华,带着一位高个、白皙、面孔漂亮的神秘人物来到斯诺夫妇居住的盔甲厂胡同13号,此人就是时年24岁的黄敬(俞启威)。据当时一位驻华记者的后代所述:

> 俞是共产党在中国北方的第二号人物。
> 俞是斯诺夫妇周围惟一的中国共产党人。他们从未问过他是不是党员,但他们敏感地觉得他是。他来来往往。1月,他告诉斯诺夫妇一个

重要的共产党人已经抵达天津。这个人实际上就是中共中央的成员刘少奇。斯诺对俞说，他想访问共产党地区，询问能否帮他安排这样一次旅行。……几天后，斯诺接到一封北平教授用显影水写来的转给毛泽东的信。还告诉斯诺如何到西安和红军地下人员联系。看来根据毛泽东的指示，他的访问已经得到了刘少奇的同意。（彼得·兰德《走进中国》）

作为记者，斯诺一生的代表作和成名作，就是1936年的陕北之行与翌年付梓的《西行漫记》（《红星照耀中国》）。此前，虽然他已发表了一些作品，也拥有不少热心的读者——他的前妻海伦·福斯特·斯诺就是他的"粉丝"之一，但只有到这部名著问世，才确立了他的新闻史地位。而这部杰作当初差点功亏一篑，因为他在陕北采访4个月，记的16个笔记本、拍的14个胶卷在回来的路上险些丢失：

> 在他离开保安一个星期后，他在一位东北军官陪同下，藏在一辆政府军的卡车里回到西安。当下车后，斯诺发现装有日记本、笔记本、采访记录、为红军拍摄的最早的胶卷的包，在二十里外的一个车站，与装着一些破枪的袋子一起掉下车了。斯诺后来回忆："天色已晚，司机建议说等到明天早上他再回去找。早上！有种警觉告诉我等到早上就太迟了。我坚持马上就去。最终我占了上风。黎明时，司机和军官带着包回来了。"（《走进中国》）

无论从哪方面讲，《红星照耀中国》都堪称新闻经典。正如斯诺传记的作者说的，这是一部"里程碑作品"，"对许多知识分子来说，它是他们读到的最好的关于中国报道的书"。首先，它第一次向外界全面展现了中国共产党人及其武装力量的真实面貌，撩开了过去神秘的"面纱"，让世人走近毛泽东、朱德、周恩来等中共领袖，进而理解了中国革命及其动因。换句话说，这部里程碑作品的意义首先在于它所具有的、无可比拟的文献价值和历史意义。其次，它极大地、卓有成效地影响了人们对毛泽东、共产党以及中国工农红军的印象，产生了无可估量的现实效应。美国记者、著名的中亚史学者欧文·拉铁摩尔说过："只有那些当时身在中国的人们，才能回味斯诺的《红星照耀中国》所产生的影响……在人们政治上陷入思想苦闷的情况下，斯诺的《红星照耀中国》就像火焰一样，腾空而起，划破了苍茫的暮色……原来还另外有一个中国啊！"在《红星照耀中国》的冲击下，成千上万的青年学生、知识分子、中外友人奔向红色根据地，投身火热的革命潮流，许多富有良知与正义感的人们也无不向往延安，将中国的希望寄托于红区。加拿大的白求恩大夫和印度的柯棣华大夫，也是由于《红星照耀中国》的感召，不远万里，跋山涉水来到中国，投身中国人民的解放事业。最后，无论从文学还是从新闻看，《红星照耀中国》都是一部出类拔萃的作品。斯诺在密苏里大学上学时不算用功的学生，专业方面并不出色。但他父亲是个出版家，也是个喜欢读书的知识分子，受其影响，斯诺从小就饱读诗书，对文学兴趣尤浓，喜爱马克·吐温等作家，具有良好的文学修养，对文字有敏锐的感觉和准确的把握。所以，他的叙事自然流畅，文字生动有趣，行云流水，引人入胜，翻开斯诺的作品，首先就会为他的叙事所吸引，为他的文字所打动。20世纪80年代以来，有部记述红军长征的佳作《长征——前所未闻的故事》一直畅销不衰，作者是美国名记者、《纽约时报》副总编辑哈里森·索尔兹伯里。其实，正是斯诺及其《红星照耀中国》的激励，1984年他才以70高龄重走长征路，实现了早年追随斯诺的青春理想。"斯诺是他心目中的英雄之一。在逝世前，索尔兹伯里一直把斯诺祭奠在他个人的圣贤祠里"（彼得·兰德）。

  关于这部作品的书名，起初斯诺根据朋友的建议定为"红星在中国"（*Red Star in China*）。后来，有位出版经纪人给他回信时，误将书名写成"红星照耀中国"（*Red Star Over China*），而这个无意的疏漏歪打正着，更加富有神韵，意味深长。《红星照耀中国》一问世，立刻引起广泛关注和高度赞誉。1938年，由左翼新闻人和出版家胡愈之策划，并由梅益等12人集体承译的《红星照耀中国》中文版问世。为了避开国民党的阻挠，他们特意起了一个平淡无奇的标题"西行漫记"。斯诺在燕大新闻系任教时，《燕京大学校刊》的报道把他的名字写作"思诺"，他不满意这个汉译，自己改称"施乐"，意为"乐善好施"，他认识1500个汉字，并刻了一枚隶书印章。胡愈之等出版《西行漫记》时不知道他的这个汉文名字，于是就用了"斯诺"。从此，斯诺与《西行漫记》就成为中国新闻史的一座丰碑。1939年，斯诺重访延安，将中文版《西行漫记》送给毛泽东。毛泽东在扉页上写下"三块肉喂你马吃"，斯诺一脸茫然，毛泽东笑着解释：Thank you very much!

胡愈之是左翼新文化运动的杰出活动家，也是知名的新闻人和出版家，鲁迅先生逝世后，他与蔡元培、宋庆龄等发起成立"鲁迅纪念委员会"，策划并出版了第一套《鲁迅全集》，新中国成立后任出版总署署长、《光明日报》首任总编辑等，《西行漫记》的译者之一梅益也是一位新闻人和文化人，1946年曾任中共驻南京代表团发言人，新中国成立后任中央广播事业局局长、中国大百科全书出版社总编辑等。梅益最为人知的成果，是翻译了苏联作家奥斯特洛夫斯基的名著《钢铁是怎样炼成的》。那是1938年，他在上海地下党工作时，八路军上海办事处交给他的任务。1995年，他在新版后记里写道：

> 当时较忙，白天工作，晚上编报，家庭也有困难，一直拖到一九四一年冬太平洋战争爆发，日本侵略军进入租界，党组织要我撤到解放区后，才匆忙赶译出来。一九四二年上海新知书店在极其困难的条件下出版了这本书。我是在一九四二年冬一天夜里，在洪泽湖畔半城新四军第四师司令部访问彭雪枫师长时才见到这本书的。当时他正在油灯下读它，他对我说，这是一本好书，读后很受感动。

除了这部经典的新闻作品，斯诺还用镜头记录了许多珍贵的历史画面，包括为毛泽东拍摄的那幅头戴八角帽的照片。说起这幅有名的照片还有一段故事。当时斯诺觉得作为红军统帅，毛泽东应该戴一顶军帽，可手头又没有现成的，于是就把自己头上的八角帽摘下来，戴在主席头上。如果说斯诺的报道以内容的真切感人著称，那么斯诺的照片则给人以鲜明生动的视觉印象。恐怕再没有比这样的照片，更能让人直观地了解红军、认识共产党了。斯诺从陕北回来后，曾在未名湖畔的临湖轩向燕大师生展示这些照片，并放映纪录片和幻灯片。"据《燕京新闻》报道：那天燕园沉浸在欢乐的气氛中，来宾络绎不绝。除了燕大学生外，还有清华大学的学生和上海慰劳抗日军队代表团的电影明星陈波儿（人民电影的先驱，北京电影学院的奠基人——引者）等。会上，斯诺夫人把丈夫在陕北拍摄的一百余张照片展示给与会者，大家第一次看到了毛泽东、周恩来、彭德怀等红军领袖的风采，根据地人民群众的安乐生活及红军欣欣向荣的景况。"（肖东发）。

1939年，费孝通在其成名作《江村经济》最后一章里指出："当饥饿超过枪杀的恐惧时，农民起义便发生了……如果《西行漫记》的作者是正确的话，驱使成百万农民进行英勇的长征，其主要动力不是别的而是饥饿和对土地所有者及收租人的仇恨。"欧文·拉铁摩尔说道，"《西行漫记》是一部巨著"，"斯诺起了具有重要世界历史意义的作用，因为他推动美国以及世界舆论接受共产党作为盟友参加反对国际侵略的斗争"。别的不说，《西行漫记》曾经引起美国总统罗斯福的浓厚兴趣，他甚至成为"斯诺迷"。40年代初，罗斯福在白宫三次约见斯诺，详细了解中国的情况，并在其他同情共产党而厌恶国民党的美国人士影响下，逐渐产生与延安合作的想法。可惜，由于罗斯福溘然病逝，这一切都被搁置，谁料这一搁就是三十年。而看似巧合的是，70年代为打开中美合作大门而做的第一次努力又与斯诺有关。1970年国庆节，毛泽东邀请斯诺在天安门城楼参加国庆典礼，拍下一张历史性照片，并被周恩来安排在《人民日报》显眼位置上发表，现在人们都知道这是中国向美国伸出的"橄榄枝"。以此为契机，就有了乒乓外交等一系列震惊世界的破冰之旅。

像斯诺一样同情中国革命、曾随索尔兹伯里重走长征路的美国外交官约翰·谢伟思评价斯诺："我们怀念他，怀念他那敏锐的记者眼光，他那生动清晰的笔触，他那无畏的勇气，他那深邃的洞察力和他那炽热的人类情感。"同爱泼斯坦一样终身投入中国革命的新西兰记者路易·艾黎，还写过一首纪念斯诺的诗歌：

> 后代的青年将会
> 以感激的心情
> 诵读他的经典著作
> 《红星照耀中国》，
> 它永远是他的星星，
> 代表着他对于未来
> 更健康、更干净的
> 世界的希望。

（《中国建设》1972年6月号）

当年斯诺执教的燕园，解放后成为北京大学所在地。1972 年，斯诺弥留之际深情地表示："我热爱中国，我愿死后把我的一部分留在那里，就像我活着时那样。"遵照他的遗愿，在今天未名湖畔一片芳草萋萋、绿树荫荫的漫坡上埋下他的部分骨灰。这里是他前往陕北的起点，墓地旁边的临湖轩又是他为燕大师生展示陕北之行的地方。1973 年 10 月，金风送爽，也是北京一年最好的季节，斯诺的骨灰安放仪式在此举行，周恩来总理抱病主持。如今，这里竖着一块纪念碑，上书"中国人民的美国朋友埃德加·斯诺之墓"，由曾任全国人民代表大会委员长的叶剑英元帅题写。

20 世纪上半叶，动荡多难的中国吸引了一批批外国记者，他们来来往往，花开花落，不乏风光之人，在新闻史上留下各自痕迹，斯诺执教燕大新闻系期间，就有一位美联社记者同样供职于此。但为什么斯诺取得如此成就，产生如此影响，并在风云变幻的历史尘埃落定之后依然"照耀中国"呢？下面简单分析一下个中原因。

首先，斯诺深具人道主义情怀，这种情怀既来自诸如雨果《悲惨世界》等作品，也来自他对人类命运的深切悲悯。换言之，他对中国人民的感情不仅是由于目睹的苦难，诸如饿殍遍野、民不聊生、水旱灾害、兵匪横行等，同时也是基于他对整个人类命运痛彻心扉的"同情"。他在临终遗言里写道："我希望，我的一部分骨灰安葬在哈得孙河畔，河水将由此流入大西洋，流到欧洲，流到人类所居住的一切地方，我感到自己是人类的一部分，因为我知道，几乎每个地方的善良的人都是人类的一部分。"

其次，用当代名记者郭梅尼的话说，斯诺有一双"时代的慧眼"。凭借这双眼睛，他透过纷繁复杂的社会现实，穿越扰扰攘攘的历史表象，准确而深刻地把握时代的主流和命脉。无疑，这是区别一流记者和一般记者的标志。在《西行漫记》中译本初版序里，斯诺写下一段既谦虚又实在的文字，从中也不难感受这种特异禀赋：

> 从字面上讲起来，这一本书是我写的，这是真的。可是从最实际主义的意义来讲，这些故事却是中国革命青年们所创造的，所写下的。……而且从严格的字面上的意义来讲，这本书的一大部分也不是我写的，而是毛泽东、彭德怀、周恩来、林伯渠、徐海东、徐特立、

林彪这些人——他们的斗争生活就是本书描写的对象——所口述的。此外还有毛泽东、彭德怀等人所做的长篇谈话,用春水一般清澈的言辞,解释中国革命的原因和目的。……凡是这些,断不是一个作家所能创造出来的。这些是人类历史本身的丰富而灿烂的精华。

更令人赞叹的是,在这部1930年代中期问世的新闻经典里,有一段今天看来那么富有历史洞察力和思想穿透力的预言:

> 中国社会革命运动可能遭受挫折,可能暂时退却,可能有一个时候看来好像奄奄一息,可能为了适应当前的需要和目标而在策略上作重大的修改,可能甚至有一时期隐没无闻,被迫转入地下,但它不仅一定会继续成长,而且在一起一伏之中,最后终于会获得胜利,原因很简单(正如本书所证明的一样,如果说它证明了什么的话),产生中国社会革命运动的基本条件本身包含着这个运动必胜的有力因素。而且这种胜利一旦实现,将是极其有力的,它所释放出来的分解代谢的能量将是无法抗拒的,必然会把目前奴役东方世界的帝国主义的最后野蛮暴政投入历史的深渊。

最后,不能忽略他所具有的专业才能和才华,包括好奇性格、怀疑精神,包括一丝不苟、刨根究底,当然也包括写作水平、精益求精等。他爱说"我是密苏里人",意思是不会轻信你的话。这里尤其值得一提的,是那种"以小见大"的记者本领。所谓小,是指事实与细节;所谓大,是指事实与细节所蕴涵的历史意味或政治意味。斯诺对事实一向毫不含糊,达到锱铢必较的程度。他教导燕大新闻系的学生,任何时候都必须把事实放在第一位。《西行漫记》之所以说服人、影响人、感染人,首先就在于无可置疑的事实和真实确切的细节。与此同时,他也提醒学生关心政治,操心大事,留意大局,他曾发给班上13位听课同学一人一张纸条,以无记名方式了解他们的政治倾向。他的学生黎秀石在《斯诺先生教我们怎么写作》一文里曾回忆他的教诲:记者必须立足求真,以事实为先,脑子里要先有问题,但不可先有定论;尽可能到现场去采访,不可道听途说;以报道时代重大问题为上;大量阅读背景资料,发现问题的要害所在;坚持独立思考,不偏不倚；报道要客观，主张要明朗，但客观事实与个人见解要分清。显然，这里既有对小的重视，又有对大的强调。当然，历史意味或政治意味不应该成为新闻的一种外在标签，而应该融入对事实的分析、理解和认识，融入对细节的呈现。对照斯诺，可以看到两种偏差，一种是"政治挂帅"的报道，不管是"左"的政治还是"右"的政治，这种报道实际上是拿所谓事实表达自己的主张；另一种是"不讲政治"的报道，叙事有趣，细节动人，貌似满足读者需求，实则鸡零狗碎言不及意义。而斯诺既会"讲故事"，讲得津津乐道，听得津津有味；又会"讲政治"，讲得自然而然，听得入脑入心。他的作品全是栩栩如生的细节，又全是耐人寻味的大节——这就是以小见大的功夫。曾经受业于斯诺的燕大学子、以《未带地图的旅人》著称的名记者萧乾，晚年回忆道："我之所以选择了记者这个职业，是在大学时代受了埃德加·斯诺先生的影响。"

斯诺的第一位夫人海伦·福斯特·斯诺（Helen Foster Snow），本名尼姆·韦尔斯（Nym Wales），也是一名记者，继斯诺之后又完成一部新闻名篇《续西行漫记》。说来有趣，这位踌躇满志、渴望以中国通和名记者享誉世界的女子，本来是去采访斯诺，想看看这位令她羡慕的记者究竟什么样，不料一见生情，彼此爱慕，最后结为伉俪。他们是新闻史上的一对天配良缘，可惜各有抱负，彼此独立而互不相让的性格使他们的矛盾不断加剧，1949年终于分手。当年，斯诺夫人年轻貌美，冰心认为是她见过的最漂亮的美国女人。斯诺来燕大任教时，冰心与吴文藻夫妇设家宴为斯诺夫妇接风。冰心在一篇文章里写道："斯诺夫妇很年轻而有才华，海伦尤其活泼俏丽，灵气逼人！"起初，斯诺写《西行漫记》时，想把毛泽东的采访实录穿插在各种人物与事件中。"他认为没有读者会有耐心不间断地读一个陌生的中国游击战领袖的自述，里面尽是些难懂的中国名字。他自己来叙述，效果会

年轻的斯诺夫妇

更好一些。可是，海伦坚持保留这一特殊自传内容。由毛泽东用第一人称不间断地自述，其文献的权威性，要远远重于读者一时的需要"（彼得·兰德）。事实证明，海伦的主张富有远见，后来所有关于毛泽东早年及革命生涯的文字大多出自《西行漫记》的这段自述。斯诺夫人一生写过50多部书，一半多是关于中国的。她临终前的最后一句话是："我已经一天不如一天了，可我的心回到了中国！"

海伦·斯诺的名气自然无法同斯诺相提并论，但在一个国家，她的声誉却高于斯诺，这就是中国的近邻韩国，因为她的一部《阿里郎》（*The Song of Ariran*）有"韩国的《西行漫记》"之誉。《阿里郎》出版于1941年，是她同韩国革命家金山长谈后完成的作品。金山，本名张志乐（1905—1938），早年投身朝鲜民族独立斗争，成为共产主义者，先去日本，后来中国，参与海陆丰苏维埃运动，1935年在上海组织朝鲜民族解放同盟，到延安后与海伦·斯诺相识，遂有《阿里郎》。令人痛惜的是，作为中国共产党党员的金山，1938年竟以托派和日本间谍的罪名，被处死刑。1983年，中国共产党为金山平反，韩国于2005年追授金山建国勋章爱国奖。《阿里郎》展现了韩国的抗日运动和独立斗争，由于"红色"性质，20世纪80年代之前在韩国一直属于"禁书"，后来秘密流传于大学生中间，1984年解禁后轰动一时，海伦·斯诺也为韩国民众所知。

如果说在关注中国革命与社会变革的众多外国新闻人中，"3S"是广为人知的三位名记者，那么斯诺的《西行漫记》（《红星照耀中国》）、韩丁的《翻身——中国一个村庄的革命纪实》和杰克·贝尔登的《中国震撼世界》就是三部经典。《西行漫记》出版于1937年，《中国震撼世界》出版于1949年，《翻身》出版于1967年。三部作品不仅以历史的恢宏气势和深刻洞见而闻名于世，而且以描写的生动、记述的鲜活、细节的传神、故事的感人而引人入胜。比如，《中国震撼世界》里对华北平原的一段描写生动有趣，读来历历在目：

> 要想对华北平原的地形有一个清楚的概念，只需在地上放一个大写的A字，A字的左腿代表平汉铁路，右腿代表津浦铁路，中间一横代表陇海铁路。A字的顶点是蒋介石的华北集团军的司令部所在地北

平；左边底端是他在华中的供应基地汉口；右边底端是蒋介石和国民党政府的所在地南京。

A字上端的三角形可以代表华北平原的中心地带，自从一九三八年以来，共产党就在这个地区与日本人作战……

黄河像一条泥鳅，从群山西面游出来，沿着A字中间的横杠，忽上忽下，蜿蜒穿越过中原，滋养着中华半壁江山。

再如，他对中国革命性质及其原因的分析更是鞭辟入里，令人难忘：

> 法国大革命的中心问题是实现平等和民主，近代德国革命的中心问题是实现统一，俄国革命的中心问题曾是土地革命。中国革命的任务则是同时解决这三种问题。中国必须争取民族独立，因为它仍然处于受外国支配的半殖民地地位；中国必须争取民主，因为它仍然处于专制统治之下；中国必须开展土地革命，因为它仍然被封建地权所束缚。

欧文·拉铁摩尔为《中国震撼世界》写的序里，称赞杰克·贝尔登是"一个优秀的战地记者""一位传奇式的人物"。同时，在他看来，韩丁的《翻身》与斯诺的《西行漫记》一样同属"经典著作"。《翻身》记载了1948年山西省一个名叫张庄的村落，如何在共产主义浪潮冲刷下发生巨变，那些祖祖辈辈受传统支配的农民如何在共产党领导下"翻身""解放"，用作者在《翻身》序言中的话说：

> 每一次革命都创造了一些新的词汇。中国革命创造了一整套新的词汇，其中一个重要的词就是"翻身"。它的字面意思是"躺着翻过身来"。对于中国几亿无地或少地的农民来说，这意味着站起来，打碎地主的枷锁，获得土地、牲畜、农具和房屋。但它的意义远不止于此。它还意味着破除迷信，学习科学；意味着扫除文盲，读书识字；意味着不再把妇女视为男人的财产，而建立男女平等的关系；意味着废除委派村吏，代之以选举产生的乡村政权机构。总之，它意味着进入一个新世界。这就是本书题名为《翻身》的原因。它记述了张庄农民怎样建立一个新世界的经过。

……

在写作过程中，我兼用了小说家、新闻记者、社会学家以及历史学家的笔法。最后写出来的这本书，自己觉得无论在风格上或在内容上都很像纪录影片。于是，我把这本书称为：中国一个村庄的革命纪实（*A Documentary of Revolution in a Chinese Village*）。

对这一翻天覆地的历史变迁，贝尔登的《中国震撼世界》也做了类似报道：

"翻身"是中国共产党最主要的口号。按字面意思讲，翻身是"把身子翻过来"的意思。但有时翻身被译成"站立起来"。把这个词用于政治时，它指的是推翻地主制度，推翻封建主义和独裁专制。但是翻身的含义并不局限于此。它具有明确的、自觉的目的——使中国人民得到新的道德准则。把这个词用于个人时，它的含意是：使你的思想，你的生活方式，你的良心都来个大翻个。当然，这种伦理观念的哲学是一种改造的哲学，但它的深度远远超过改造的哲学，因为它还包含再生的思想。

……

翻身的另一个侧面是人人都渴望恢复青春。当社会在政治上重新觉醒的时刻，整个民族都会产生重度自己童年的愿望。被遗忘的风俗、舞蹈、歌曲和传统，在这时又会重新出现。所以，中国人民十分喜爱复活了的秧歌舞。

《翻身》作者韩丁，本名威廉·霍华德·辛顿（William Howard Hinton）。18岁那年，他曾用刷盘子挣来的零花钱第一次来到中国，1942年，时年23岁的韩丁第一次读到斯诺的《红星照耀中国》，对中国产生浓厚兴趣。段连城在《对外传播学初探》里描述了韩丁后来在中国的经历：

1947年，他又以联合国善后救济总署的拖拉机技师身份来华，一直待到1953年，教授农业机械化和英语课程。

1948年秋，韩丁在当时设在山西长治的华北大学任教。一天，许多学生整装出发参加土改工作队，校园内外，锣鼓喧天，红旗招展。韩丁感动之余，向校长范文澜要求说："这是历史上的一个重要时刻。

古元版画《焚烧地契》

我要去看一看,要去亲身参加……"于是他以县政府土改工作检查组观察员的身份在潞城县张庄待了六个月,搜集了大量关于土改及其历史背景的材料。"张"字是由"弓"和"长"组成的,所以韩丁在他的书里把张庄叫"长弓村"(Long Bow Village)。

1953年,韩丁回国时,麦卡锡正在参议院滥施淫威,麦卡锡主义肆虐横行,美国海关总署出于"安全"原因,没收了他的所有笔记。韩丁花了5年时间和一大笔诉讼费,才取回这些资料。1966年,他依据这些资料及其回忆出版了《翻身》(中文版1980年由其女儿韩倞等翻译)。该书在美国一问世,就被许多大学用作了解中国革命和社会变革的教科书,黄仁宇、黄宗智等知名学者也鼎力推荐。黄仁宇的回忆录《黄河青山》写道:"在我任教的班级里,我建议学生除了将《翻身》视为中国现代史的教材,也可以视为20世纪人类道德处境的教材。"事实也确如韩丁所说的,"这部书里试图通过张庄这个缩影,揭示中国伟大的反帝反封建革命的本质"。

《翻身》以大量具体、生动、鲜活的细节,将读者带入波澜壮阔、生机勃勃的历史场景。比如,当年中国农村,"肮脏和污秽包围着贫苦农民,难忍的痛苦折磨着大量的病人""土改工作者们就是跟这些病入膏肓的人吃同一锅饭,睡同一铺炕,并且在一起挨着虱子和跳蚤的叮咬。然而我没有看到一个人口出怨言"。再如,"吃派饭是真正的考验"。一次,他到一个6口之家吃派饭,那间屋子简直像个垃圾堆,他家的大闺女正在炕上躺着,她害了肺结核,咳嗽,吐血,屋里弥漫着童尿的臊气、鸡屎的臭味和女孩溃烂的肺里呼出来的腐败气味。"可是我必须做出若无其事的样子吃饭,这是每一个土改工作者全都经历过的毅力考验。如果你不愿意同人民同甘共苦,你就得不到他们的信任。"他想,只要女翻译戚云能受得了,他就受得了。而他看到,戚云对周围环境似乎一点都不在意,她像吃糖糕似的一面吃着苞谷面疙瘩,一面还跟农民说着话,一会儿工夫,就了解了很多情况。韩丁写道:"我们通过吃派饭同人民建立的联系,是参加一千次群众大会也无法做到的。不久我们就同许多农民建立了深交,他们期待着我们的到来,并且争先恐后地发出邀请。"

通过他的眼睛和报道,不少西方人才认识到,解放区颁布的《土地法大纲》恰如林肯的《黑奴解放宣言》在美国南北战争期间的作用,它促使国民党士兵大批大批向解放军投诚,推动中国农民为自己的翻身解放而奋起斗争。当年,张庄会场的外面,有一条醒目标语——"共产党是人民的长工",凝练而鲜明地概括了这一历史运动的本质。总之,"中国人民用革命行动写出了一部英雄史诗。而《翻身》可以说是这部史诗中的一条详细注释"(白夜)。

1971年,韩丁又回到张庄,对农业集体化历史进行深入调查,并于1983年出版了《翻身》的续篇《深翻》。在这部著作中,韩丁把张庄从互助组到初级社、从高级社到人民公社的历史及背景,生动地展现出来。在《深翻》中文版里,他写道:

> 从字面上讲,"深翻"的意思是深深地翻土,没有别的意思。但我用这个词去象征50年代和60年代集体化过程中合作社和公社的建设者们所进行的中国乡村社会的伟大的和深刻的重建。
>
> 《深翻》描述张庄村在建立一个广泛的合作集体农业的过程中,每一个阶段的发展,个人的利益不但没有被否定,而且是整个过程中一个重要的部分。
>
> 在为支撑更大的组织而逐步扩大集体化规模的同时,农民们究竟可以得到些什么呢?规模、生产力、公积金、机械化、多种经营、专业化、改造自然、改造社会,特别是社会福利方面、妇幼保健、医疗服务、照顾老弱病人,对各个年龄层次的所有人的各种水平的教育。从长远来看,这就意味着最终消灭三大差别——工农差别、城乡差别、脑力劳动和体力劳动的差别,从短期来讲将意味着动员全部的人力物力为当地的发展而奋斗。

总之,《深翻》展示了农业合作化运动的进程及其合理性——集体化不是传统的、容易被天灾人祸打碎的泥饭碗,而是由整个国民经济予以保障的铁饭碗。按照韩丁的计划,他原来准备再写一部张庄报道,构成三部曲,而第三部《分山》"将告诉你一个小村庄集体农业解散,采用家庭承包责任制的故事"。新时代大力推进乡村振兴战略与农村新型合作化,也可以从这些历史中得到借鉴和启示。

影像中的中国革命

1938年2月,当人们唱着冼星海谱写的歌曲《保卫东方马德里——大武汉》时,荷兰导演伊文思和匈牙利摄影记者卡帕也来到武汉。此前,他们曾经将镜头对准西班牙内战:伊文思拍摄了纪录片《西班牙土地》,而卡帕也因新闻照片《共和军战士之死》一举成名。现在,他们又一同赶赴台儿庄,报道中国军民的抗战。伊文思的《四万万同胞》和卡帕为美国《生活》杂志提供的摄影报道,都成为珍贵的历史写照,也声援了浴血奋战的中国人民。

《白求恩大夫》(吴印咸 摄)

在这些影像新闻作品里,有一幅经典之作——《白求恩大夫》,表现的是白求恩大夫在八路军医护人员的配合下细心做手术的场景:

1939年10月,摄影家吴印咸曾经在战火中匆匆拍下"赤脚医生"白求恩的一张照片:白求恩身穿八路军土布军装,脚上是一双草鞋,正俯身在手术台前。夕阳的光线从照片的左前方照射过来,勾勒出他的白发、花镜、胡须、消瘦的脸颊和全神贯注的神情,让人想起了行医的耶稣。而此时,离白求恩以身殉职,只有十几天。

这张照片后来分别被中国和加拿大制作成邮票。比邮票流传更广的是毛泽东对这位医生的赞颂："一个高尚的人，一个纯粹的人，一个有道德的人，一个脱离了低级趣味的人，一个有益于人民的人。"（《天下：江山走笔》）

这幅新闻照片，是摄影家吴印咸的代表作之一。吴印咸（1900—1994），早年就读于上海美术专科学校，后奔赴延安。1938年，八路军总政治部成立电影团，包括摄影队和放映队，吴印咸任摄影队队长，主持电影团工作。抗战胜利后，电影团离开延安，前往东北，他又任东北电影制片厂厂长，参与拍摄《赵一曼》《白毛女》《钢铁战士》等影片。1955年，参加北京电影学院筹建工作，任副院长兼摄影系主任。晚年曾任中国摄影家协会名誉主席。延安时期，电影团只有几个青年人，大家热情高，干劲大，不怕苦，不怕死。有一次参加战斗，得赶40里路奔到战场，而时间只有两个多小时，他们把摄影机背在身后，骑马赶去，马背一跑一颠，机器把他们的背部都弄烂了。后来，由于延安条件艰苦，电影胶卷不足，他们就改拍照片。即使如此，也常常捉襟见肘，吴印咸回忆说：

> 每逢遇到延安大一点的活动或者场面，我们的照相机就不够用了。那时有两个人经常帮助我们，一是叶剑英总参谋长，一是滕代远参谋长。他们都有莱卡照相机，我们是他俩的老主顾，只要用就去拿，解决了当时的大问题。（《纪念〈延安电影团成立25周年〉讲话》）

电影团拍摄的纪录片《南泥湾》，也是一部著名作品，记录了保卫边区的留守部队359旅开赴南泥湾，开展大生产运动的历史场景。拍摄接近完成时，毛泽东欣然题写了"自己动手，丰衣足食"八个字，送给吴印咸。1943年，《南泥湾》在延安首映，受到称赞。本来这是一部默片，为了达到有声有色的效果，他们颇费了一番心思：

> 大家商量要在放映时配上声音，加上解说，由钱筱璋同志写解说词、念解说词，由徐肖冰、马似友两同志选配唱片上的音乐。我们从"鲁艺"借来了留声机、扩音机和喇叭，先天天在电影团练习配音，以备正式放映时准确地配上去。在延安放映《南泥湾》时，不但放映队全体人员出动，摄影队也全体出动。钱筱璋和席珍同志管扩音器、念

解说词；徐肖冰、马似友和吴宪忠同志管开留声机、换唱片，看画面想音乐；另外的同志则是有忙就帮。大家共同的目标是保证把无声片放成有声片，使观众看到的是无声，听的却是有声，并要使观众看不出、听不出任何破绽，做到很好地为人民服务。(《纪念〈延安电影团成立 25 周年〉讲话》)

这里提到的几位电影团成员，都成为影像传播领域的杰出人士。比如徐肖冰与其夫人侯波，是一对红色摄影夫妇，在中国革命史上留下不少珍贵的、人们"眼"熟能详的作品，其中侯波作为开国大典唯一登上天安门城楼的摄影记者，拍摄了著名的《开国大典》。

在革命报业里，《晋察冀画报》以鲜明鲜活的风格独树一帜，成为又一里程碑，时人甚至将"陕甘宁的广播，晋察冀的画报"相提并论。晋察冀是八路军创建的第一个敌后抗日根据地，包括当时的热河省、察哈尔省、河北省大部、山西省东北部、绥远省东部和辽宁省西部广大地区，处于华北抗战最前沿。根据地的主要领导人聂荣臻后来为十大元帅之一，彭真曾当选全国人民代表大会常务委员会委员长。前面提到邓拓及其《晋察冀日

边区哨兵（徐肖冰 摄）

《晋察冀画报》创刊号封面
（1942 年 7 月 7 日出版）

报》，讲了他们"八匹骡子办报"的故事，这里再讲讲《晋察冀画报》——中国共产党创办的第一份画报，今天《解放军画报》的前身。

1942年劳动节，晋察冀画报社成立于河北平山县，这个地方后来以西柏坡闻名，而这个日子以"五一大扫荡"和"三光政策"留在中国人的记忆里。当时，华北日军在冈村宁次指挥下，纠集三个师团、两个旅团约5万余人，在坦克飞机配合下，对抗日根据地发动了空前惨烈的围剿，《小兵张嘎》《平原游击队》《烈火金刚》等传奇故事就发生在这个时期。当年7月7日，即卢沟桥事变五周年之日，《晋察冀画报》创刊号出版，聂荣臻题词：

> 五年的抗战，晋察冀的人们究竟做了些什么？一切活生生的事实都显露在这小小的画刊里：它告诉了全国同胞，他们在敌后是如何的坚决英勇保卫着自己的祖国；同时也告诉了全世界的正义之士，他们在东方在如何的艰难困苦中抵抗着日本强盗！

创刊号的摄影作品和文字作品均由聂荣臻审定，创刊词经邓拓加工润色。第一篇重要文章是邓拓的《晋察冀舵师聂荣臻——敌后模范抗日根据地及其创造者的生平》，正文有新闻摄影、美术和文艺三大专栏，报道了百团大战等新闻。除了图文并茂，生

古元版画《割草》

动活泼，特别值得一提的是图片文字说明均有英文译文，由来自燕京大学的英国教师林迈克等修改和校对，表明它一开始就"立足根据地，面向全世界"（行龙）。当时，到晋察冀访问和工作的外国友人，大都慕名参观过画报社。1944年7月，被晋察冀边区军民救护的美军飞行员白格里欧中尉访问画报社后说道：

> 我不是大学教授，我不会写文章，也不会批评，我只觉得八路军和边区人民是在创造着战争的历史，晋察冀日报、晋察冀画报、边区

的文化工作者则在创造着文化的历史,工人们创造着工业的历史。

从创刊到1947年12月,《晋察冀画报》一共出版了13期。1943年9月的第四期为"八一纪念特辑",刊登了毛泽东的大幅画像及其"略历",最后一段写道:

> 毛泽东同志是中国共产党天才的领袖,也是全党和全国人民所敬爱的领袖,毛泽东同志所走的道路,就是引导中华民族走向彻底解放的道路。

同期的美术专栏里,还第一次刊登了木刻家古元的名作《割草》,并转载重庆《新民报》上徐悲鸿的评论,称其为"中国近代美术史上最成功作品之一"。

解放战争时期,为了适应形势的发展,并贯彻"为兵服务"的指导思想,《晋察冀画报》被出版周期较短的《晋察冀画刊》所取代。这份画刊一共出版了44期,平均每12天出版一期,前28期的刊头均有"连队读物"的字样,报道了一系列鼓舞人心的战斗英雄和战斗故事。除了《画报》和《画刊》,画报社还在1946年出版了四期《晋察冀画报丛刊》。就印数而言,《画报》每期2000份,《画刊》1万份,《丛刊》5000份。1948年5月,晋察冀画报社与人民画报社合并,前后存在整整7年。其间,出版的3份主要画报以及各种不定期的专刊、增刊等,一共144期,"创造出了解放区摄影历史上第一流的业绩"(顾棣等《中国解放区摄影史略》)。

晋察冀画报社鼎盛时期,有工作人员100多人,包括英年早逝的社长沙飞和不幸牺牲的指导员赵烈,以及新中国成立后曾任新华社副社长的摄影家石少华。沙飞(1912—1950),原名司徒传,广东人,有"中国新闻摄影之父""中国的卡帕"等美誉。早年参加北伐战争,1936年考入上海美术专科学校,同年拍摄鲁迅遗容及其葬礼等摄影作品,并以"沙飞"为笔名发表,引起轰动。抗战爆发后,

平型关

任太原"全民通讯社"摄影记者,由后来《中国人民志愿军战歌》的曲作者周巍峙介绍,赴八路军115师采访"平型关大捷",见到聂荣臻并参加八路军,成为八路军第一位专职新闻摄影记者,同时正式改名沙飞,取意"我要像一粒小小的沙子,在祖国的天空中自由飞舞"。1950年3月,因患"迫害妄想型精神分裂症",在石家庄和平医院枪杀为其治病的日本医生,被华北军区政治部军法处判处死刑,死后安葬在白求恩国际和平医院墓地。1986年,北京军区军事法院经过调查认定:当时他是在患有精神病的情况下犯事,不应负刑事责任,故撤销原华北军区政治部军法处的判决,恢复军籍,恢复党籍。今天,在河北省双凤山陵园建有沙飞塑像和沙飞纪念馆。

借用法国摄影家布列松的"决定性瞬间"理论,沙飞走上新闻摄影之路,有三个"决定性瞬间"。第一个是1932年正在汕头电台当报务员的沙飞,由于同时"爱上电影和木刻",何去何从,苦恼不已。有一天,他看到一份外国画报,被"几张好的新闻照片"所打动,当即决定"做一个前进的摄影记者"。

第二个"决定性瞬间"是抓拍鲁迅生前照片中公认最传神、并且唯一露出笑容的那幅名作。沙飞为自己的摄影生涯奠定一块基石,由此遭到政府通缉,被学校勒令退学,妻子也提出离婚。

第三个"决定性瞬间",是1937年10月采访"平型关大捷",见到聂荣臻,并在聂荣臻批准下加入八路军,如愿成为一名战地摄影记者。其后,他还与白求恩大夫结下友谊,白求恩弥留之际,将自己心爱的相机赠给沙飞。

由于沙飞的出色才华和领导,晋察冀画报社成为革命报业的一面旗帜,在推动革命事业的同时,也为中国新闻摄影开辟了新的道路。如同当时大多数热血青年一样,沙飞也对国家前途、民族命运深感痛心,对不公道的世界充满反叛意识,他在《写在展出之前》一文里写道:"这个不合理的社会,是人类最大的耻辱,而艺术的任务,就是要帮助人类去理解自己,改造社会,恢复自由。"1937年,经济学家千家驹在看了《沙飞影展专刊》后大为感叹:

"艺术"在中国本是"文人雅士"专利的东西,所谓"艺术神圣",或什么"为艺术而艺术",还不是有闲阶级的玩意儿。近年以来,"大众艺术"这一口号固然已有许多人在提倡,然而真正站在大众立场,以艺术为武器来描画大众生活与表现之矛盾的究竟有几个人呢?摄影近年在中国总算长足进展了,但我们只要随便拿一本《良友》或《美术生活》来看一看,上焉者不过摄几幅名胜风景,下焉者则登几幅名人照片或甚至什么名媛的时装表演,小姐的掷瓶剪彩,这

鲁迅照片 沙飞 摄

真是大人先生们茶余酒后典型的清闲品。可是沙飞先生的作品,却与他们形成一个明显的对照,他分明是属于另一个时代与另一类型的。这是为中国"高雅"的艺术家所不屑取材的——虽然这却正是中国大众生活之真实的一面。

1944年12月15日,重庆的《国讯》发表评论《晋察冀画报》的文章《钢铁是怎样炼成的——敌后报业散记》,作者是新中国成立后任《人民画报》总编辑的穆欣,他盛赞《晋察冀画报》的出版是"一个奇迹",并通过对比,讽刺了上海出版的、对"大腿"和"曲线"感兴趣的"最好的画报"。

曾任山西大学副校长的行龙教授,对《晋察冀画报》做了深入系统的研究,将其内容概括为三大领域——战争、革命和生活。他在《图像历史:以〈晋察冀画报〉为中心的视觉解读》一文"余论"部分写道:

《晋察冀画报》首先是一种摄影画报,它所刊登的照片是战地记者奔向前线深入生活、用照相机拍摄的真实瞬间。而且,《画报》《画刊》《丛刊》属于一个整体,四千多幅摄影作品形成了一个在时间上持续不

断、主题上相对集中的整体，可以较为完整地反映那个战火纷飞的年代根据地的历史面貌。如果说，我们可以在汗牛充栋的档案、文献、资料集，甚至包括韩丁《翻身——中国一个村庄的革命纪实》，柯鲁克《十里店——中国一个村庄的群众运动》、贝尔登《中国震撼世界》这样的纪实作品中看到一个以文字为载体的根据地史的话，那么，我们在《晋察冀画报》中也可以看到一个以图像为载体的根据地史。更进一步说，

彭德怀在抗战前线

图像以真实明快的特点刺激读者视觉感官，往往能给人留下更为深刻的印象。读者可以看到：在白雪皑皑的山地，绵延无际的身着八路军军装的一支大军正在挺进太行山的急行军途中，走在队伍最前列的那个战士正远视前方，身后骡马和大车轮子清晰可见；在战争前线的坑道里，八路军副总司令彭德怀身着戎装，双手端着望远镜正在眺望前方战场，他左腿挺立，右腿顺势蹬在对面巨大的岩石上，布鞋、绑带、全神贯注的神情——跃然图面。这样的图像不能不使读者留下深刻的印象，比文字资料印象更深。(《走向田野与社会》)

最后，不得不提一下"小方热"，一个民国年间的摄影爱好者被一步步推向神坛的所谓旷世奇才。

"小方热"的主角方大曾（1912—1937），原名方德曾，笔名小方。出身官宦家庭，1931年考入北平中法大学。毕业后供职于北平基督教青年会，1936年赴绥远采访，发表附有摄影作品的通讯，得到范长江推荐，在《大公报》兼任战地特派员。1937年"七七事变"第三天前往卢沟桥，写出报道《卢沟桥抗战记》，配以照片发表，不久失踪。这样一位普通人物，一度捧到比肩范长江、罗伯特·卡帕等。某版《中国历史》教科书也人云亦云，

侈谈什么"七七事变"报道第一人。

"小方热"的主要由头是"七七事变"报道第一人的说辞，而这一点似是而非。首先，不止一个事实表明，在他之前，天津、上海等报纸已有相关报道。其次，所谓第一人在重大事件上更是莫名其妙。比如，谁知道第一个报道长征的记者，而范长江、斯诺、索尔兹伯里均非"第一人"。同理，报道"十月革命"第一人、五四运动第一人、南昌起义第一人、"九一八事变"第一人、人类登月第一人又是谁？最后，热捧方大曾不仅有悖历史真相，而且无形中遮蔽了大批革命记者与进步记者的丰功伟业。不说前面党国报业、民间报业提到的英勇捐躯的爱国记者，如朱惺公（1900—1939），仅看1941年抗击日寇的大青山战役中，《大众日报》社就有郁永言等18位记者壮烈殉国，平均年龄20岁。至于摄影记者中，也有吴印咸、沙飞等名家大家，功绩声名无不彪炳史册。从"小方热"以及类似问题里，包括淡化《大公报》小骂大帮忙的要害而汲汲于所谓"四不主义"，倒是可以更真切地理解列宁关于唯物史观的著名论断：

> 社会生活现象极其复杂，随时都可以找到任何数量的例子或个别的材料来证实任何一个论点。如果不是从整体上、不是从联系中去掌握事实，如果事实是零碎的和随意挑出来的，那么它们就只能是一种儿戏，或者连儿戏也不如。（《统计学与社会学》）

革命·战争·新闻

革命与战争往往形同一体，如法国大革命与拿破仑战争、美国革命与独立战争、俄国革命与国内战争等。近代以来的中国革命也不例外，自始至终都离不开战火硝烟，如辛亥革命与武昌首义、国民革命与北伐战争、人民革命与解放战争等。美国政治哲学家阿伦特在《论革命》一书里写道："战争与革命决定了二十世纪的面貌。"所以，不了解战争也就不了解革命，而不了解革命自然也就不了解革命报业。

了解中国革命与革命战争有各种途径，我们不妨从十大元帅谈起，他们的故事编织起来就是一部中国革命与革命战争的生动画卷。

共和国十大元帅的第一位——朱德，被尊为"朱老总"。他对人民军队和革命战争的贡献，在十大元帅里无人可及。红军时期他就是总司令，抗战时期又是八路军总指挥，解放战争时期成为中国人民解放军总司令，所以习称"总司令"。从井冈山到延安，朱德一直与毛泽东相提并论，号称"朱毛"，所谓"朱毛不分家"，他们的画像在解放区也是并列悬挂。朱老总为人宽厚，有口皆碑。他与美国记者史沫特莱的交往和友情，更是革命报业的一段佳话。

第二位元帅是彭德怀。"彭老总"以骁勇著称，颇有猛张飞之概。长征中，他是三军团军团长，政委是后来曾任国家主席的杨尚昆。三军团与林彪的一军团是红一方面军即中央红军的两把钢刀，一路逢山开路，遇水架桥，过关斩将，锐不可当。长征胜利后，毛泽东赋诗道："山高路远坑深，大军纵横驰奔。谁敢横刀立马，唯我彭大将军。"抗战时期，彭老总担任八路军副总指挥，组织了威震敌寇的"百团大战"。解放战争中，他是西北野战军司令员和中国人民解放军副总司令，不仅保卫党中央、毛主席，而且与十倍于己的敌军周旋，以少胜多，以弱胜强，最终打败了蒋介石爱将胡宗南的精锐之师，然后一路西进，穿河西、涉流沙、越戈壁，直到将红旗插到天山之巅。抗美援朝战争中，又临危受命，出任志愿军司令员，统帅大军，"雄赳赳、气昂昂，跨过鸭绿江"，把武装到牙齿的美军打到谈判桌前，使百年来饱受帝国主义欺凌的中华民族扬眉吐气，既结束了列强在中国海岸随便架几门大炮就能为所欲为的历史，也为新生的共和国赢得宝贵的和平发展空间。

第三位元帅林彪，是人民军队一员能征善战的名将。红军时期就已战功赫赫，威名远扬。抗战时期曾任"抗大"校长、八路军三大主力之一的115师师长，平型关一战名垂史册。特别是解放战争时期，他指挥的东北野战军实力最强，歼敌最多，从白山黑水一路打到天涯海角，纵横大半个中国，为人民共和国建立了不朽功勋。国民党军队的有生力量大多葬身东野，包括最后在大西南灰飞烟灭、号称"小诸葛"的白崇禧——他的公子就是后来台湾著名作家白先勇。

第四位元帅是统帅"刘邓大军"的刘伯承，人民军队的军神。这位"独眼将军"胆大心细，用兵如神。1927年8月1日，与周恩来、贺龙一起发动"南昌起义",这一天后来就成为建军节。红军时期担任中央军委总参谋长。抗战时期出任八路军129师师长。解放战争中与邓小平一道指挥中原野战军,千里跃进大别山,拉开战略反攻大幕,并与华东野战军协同配合,取得淮海战役的胜利。随后,两大野战军又横渡长江,直下宁沪,席卷东南。占领国民党首都南京后,刘帅一度出任共产党的第一任南京市市长。新中国成立后,刘邓大军又横扫湘鄂,直捣四川,与同时由陕入川的贺龙部队聚歼国民党西南残部。也就在这个时候,江姐等一批"红岩烈士"被丧心病狂的国民党特务集体屠杀,而第一个遭到毒手的就是小说《红岩》里刘思扬的原型、毕业于清华大学的新闻人刘国鋕,此时距重庆解放仅仅几个小时。当解放军冲进渣滓洞、白公馆,流血不流泪的战士们失声痛哭:"我们来晚了!"刘国鋕创办的《挺进报》,犹如暗夜里的一线光明载入革命报业的史册。多年后,刘国鋕的五哥刘国琪从香港来到歌乐山,在烈士墓前讲起一件往事:刘国鋕牺牲前两个月,他曾专门从香港赶来营救,随身带了一张汇丰银行的空白支票给徐远举,就是电影《在烈火中永生》里那个徐鹏飞的原型:"只要放了刘国鋕,你愿意填多少就填多少。"见钱眼开的特务头子同意只要签个认错书,立即释放。但刘国鋕坚持,释放必须无条件。刘国琪跪倒在地,说你不要这样死心眼,只要命在什么都在。刘国鋕泪流满面,摇头拒绝。

第五位元帅贺龙是红军三大主力之一的红二方面军总指挥,抗战时期任八路军120师师长。这位"贺胡子"喜欢打篮球,戎马倥偬之际还时常组织比赛,所以新中国成立后,毛泽东亲自点将,贺老总成为第一任国家体委主任,为新中国的体育事业又立下首屈一指的汗马功劳,"发展体育运动,增强人民体质"成为人民共和国的标志之一。

第六位元帅陈毅,早在井冈山时期就与毛主席、朱老总一起打土豪、分田地。抗战爆发后,参与组建新四军,皖南事变后任新四军军长,接替被囚的新四军军长叶挺的职务。解放战争中,他是解放军四大主力的华东野战军司令员,与刘邓指挥的中原野战军一起发起了淮海战役、渡江战役等。除了沙场点兵,陈老总还是一位吟诗作赋的儒将,有名的《梅岭三章》第一首不无盛唐边塞诗的气韵:"断头今日意如何?创业艰难百战多。此去泉台招旧部,旌旗十万斩阎罗。"1965年9月末,为了庆祝国庆节,在人民大会堂举行了一次记者招待会，近300位中外记者将大厅挤得满满当当。当有记者问到战争问题时，时任副总理兼外交部长的陈老总、语气铿锵地答道：我们等帝国主义打进来已经等了16年，我的头发都等白了！或许我没有这种幸运能看到帝国主义打进中国，但是我的儿子会看到，他们也会坚决打下去！话音刚落，掌声四起。外国记者急忙跑出会场，抢先向全世界播发这番磅礴讲话。

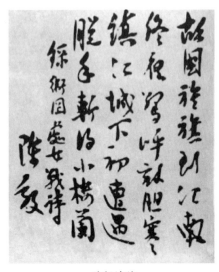

陈毅诗稿

第七位元帅是罗荣桓。在猛将如云的人民解放军里，罗帅是以"政工"闻名，也是唯一读过大学的元帅。他对加强人民军队建设以及根据地建设，都有一系列卓有成效的经验。解放战争中，他与林彪共同指挥东北野战军——并称"林罗"，更是功勋卓著，东野能够发展成为最大的一支战略力量同他密不可分。当年东北野战

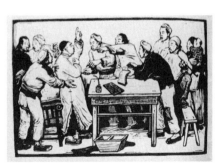

古元版画《减租会》

军开展的"诉苦运动"，对教育"解放战士"即国民党军队被俘士兵产生了极大作用。因为，面对没有什么文化的农民士兵，讲革命大道理很难奏效，被国民党军队绳捆索绑押赴战场的庄稼人哪里懂得帝国主义、买办阶级、三座大山。但是，让他们诉苦，每人都有一肚子苦水，而一旦倒出来，再互相影响，彼此激发，就汇成一股汹涌澎湃的激流，同仇敌忾、义愤填膺。于是，打倒蒋介石、解放全中国便成为发自内心的呐喊。原50军政委高星耀之子高戈里，用脚治学，行走四方，经过数年间广泛、深入、细致的调研访谈，完成一部《心路沧桑——从国民党60军到共产党50军》（国民党60军是辽沈战役的长春起义部队），生动揭示了没有灵魂的旧军队如何改造为赤胆忠心的人民军队的心路历程，包括"诉苦运动"。高戈里由此感叹，

西方任何一位学者的研究和理论，都无法与中国共产党改造旧军队的伟大实践相提并论：早在20世纪20年代后期，毛泽东领导的中国工农红军就有了建立士兵委员会等深刻理论和成功实践；20世纪40年代后期，中国共产党又于昔日的战场对手中，培养了数百万忠诚勇敢的革命战士，达到西方汗牛充栋的心理学、社会学、管理学、传播学等难以企及的高度！

第八位元帅徐向前，曾是红军三大主力之一的红四方面军总指挥，与林彪同为黄埔军校毕业。当年红一方面军几经辗转到达四川时，就是红四方面军在雪山北坡迎接"朱毛"的。当时打前站的一位红四方面军的年轻师长，改革开放后曾任共和国主席，他就是李先念。李先念出身木匠，后来说过一句颇有木匠特色的话：我是给旧社会打棺材的。红一方面军与红四方面军会师后，张国焘依仗兵强马壮一度要挟中央，甚至想用武力解决问题。当毛泽东带领中央红军"不辞而别"后，前方的红四方面军部队曾经来电，询问徐向前是否截击，徐帅答道：谁见过红军打红军的！

第九位元帅是聂荣臻。聂帅在长征途中，是林彪指挥的红一军团政委，抗战时期是林彪115师的副师长、政委，后任晋察冀军区司令员兼政委，创建了敌后第一个抗日根据地。解放战争中，聂帅是华北军区司令员和解放军副总参谋长。新中国成立后，一直负责军工系统，曾任国防科工委主任和副总理，主持著名的"两弹一星"工程。酒泉卫星发射中心，也是在聂帅的领导下建成的。酒泉基地又名中国人民解放军第二十训练实验基地，1958年由朝鲜回国的第二十兵团组建，兵团司令员孙继先是强渡大渡河的十七勇士之一，也是1955年第一批授衔的中将。酒泉卫星发射中心的"东风革命烈士陵园"有聂帅纪念碑，下面葬着他的一半骨灰，孙继先将军的墓碑就在聂帅的右侧。

第十位元帅是叶剑英。如果说罗荣桓在十大元帅里属于政委的人选，那么叶剑英就是参谋的代表。北伐战争时期，他就是号称"铁军"的叶挺独立团所属第四军参谋长，土地革命时期是中央军委总参谋长兼红一方面军参谋长，抗战时期是八路军总参谋长，解放战争时期是解放军总参谋长。改革开放时期，他又成为第三位全国人民代表大会常务委员会委员长。毛泽东曾称赞他："诸葛一生惟谨慎，吕端大事不糊涂。"

如果说十大元帅的故事组成一幅中国革命与革命战争的画卷，那么解放战争中的四大野战军及其战绩就是这幅画卷的焦点和亮点。四大野战军最初以地域命名，包括西北野战军（简称西野），司令员彭德怀；中原野战军（简称中野），司令员刘伯承；华东野战军（简称华野），司令员陈毅（后由粟裕代理）；东北野战军（简称东野），司令员林彪。后来随着解放战争的形势变化，各大主力在更广阔的空间纵横捭阖，于是，1949年初，上面的四大野战军分别改为第一野战军（简称一野）、第二野战军（简称二野）、第三野战军（简称三野）和第四野战军（简称四野）。其间，各大野战军及其下属的兵团（相当于集团军）、纵队（相当于军）等，都有新华社的相应机构，随军采访报道。

一野在彭大将军率领下，粉碎了国民党军队对延安的"重点进攻"，记者杜鹏程的小说《保卫延安》翔实记述了这段历史。这里说说延安时代的一位新闻人物吴满有。吴满有是一位普通农民，原籍陕西横山，1928年逃荒到延安，落户于枣园。抗战时期分到土地，劳动致富。1942年，陕甘宁边区开展轰轰烈烈的大生产运动，他早起晚睡，辛勤劳作，多施肥，勤锄草，深耕土地，及时播种，每亩土地平均比其他农民多收获六分之一，于是被边区政府树为先进典型。毛岸英自苏联回国后，毛泽东还把他托付给吴满有，让毛岸英跟随吴满有学习农田耕种，而毛泽东分的土地也由他代耕。当时，和吴满有齐名的还有一位工人出身的劳动模范赵占魁，边区提出的口号是农业上"提倡吴满有方向"，工业上"开展赵占魁运动"。报道赵占魁的《解放日报》记者穆青后来成为新华社社长，报道吴满有的《解放日报》记者莫艾为此受到毛泽东的三次接见。

二野即刘邓大军挺进大别山，参与淮海战役和渡江战役，随后驰骋江南，横扫千里，最后挺进天府之国。当解放军将南京总统府的青天白日旗扯下来的时候，有位美国记者向世界发出了第一篇报道蒋家王朝覆灭的消息，他叫西默·托平（Seymour Topping）。毕

《解放日报》（1943年3月2日）

古元版画《人桥》

业于密苏里大学新闻学院的托平，时任美联社驻中国记者，后来加盟《纽约时报》，直至晋升总编辑，晚年受聘哥伦比亚大学新闻学院教授，并担任普利策奖评审委员会主席，作品有《在新旧中国间穿行》《北平书信》等。他的妻子奥戴丽·朗宁·托平，也是一位名记者和中国通。而奥戴丽·朗宁·托平的父亲切斯特·朗宁又是生于中国的加拿大外交官，新中国成立前后一直与共产党友好交往，同周恩来等结下深厚友谊，1984年去世，享年90岁。他的女儿、托平夫人曾陪尼克松访华，多次采访周恩来、邓小平等领导人。她还是第一个向西方报道秦始皇兵马俑的外国记者，她拍的一些中国照片刊登于《生活》《新闻周刊》《美国国家地理》等杂志的封面。所以，周恩来曾为她的《东方欲晓》一书题词："感谢你为中国所做的一切。"

三野的战绩同样可圈可点，其中人们最常念叨的就是故事片《南征北战》、小说《红日》等描绘的孟良崮战役，此役一举全歼国民党军队五大主力之首的整编74师，击毙中将师长张灵甫，代司令员粟裕被誉为"百万军中取上将首级"。淮海战役时，粟裕统一指挥的三野与二野更是大显神威，"吃一个（黄百韬兵团），夹一个（黄维兵团），看一个（杜聿明的徐州'剿总'）"，最后硬是以60万兵力消灭了国民党军队80万精锐，创造了一个战争奇迹。所以，毛泽东说："淮海战役，粟裕立了第一功！"一代名将粟裕时任东野的代司令员兼代政委，新中国成立后任总参谋长。1955年，解放军第一次授衔时，将官仪式在下午举行，元帅仪式在晚上举行，于是名列十大将之首的粟裕就成为解放军第一位授衔的将军，而为他授衔的是周恩来总理。1950年，毛泽东和中央军委筹划解放台湾时，又授命粟裕和三野担负此任，后因朝鲜战争爆发而搁置。

解放军主力中以林彪的四野兵力最强大，入关时除了拥兵百万，还有一批"如狼似虎"的猛将。如参谋长刘亚楼——新中国成立后的首任空军司令员，名列十大将的萧劲光——新中国的首任海军司令员、谭政等。再如，"文革"期间由于林彪集团而出名的黄永胜——时任总参谋长、吴法宪——时任副总参谋长兼空军司令员、邱会作——时任副总参谋长兼总后勤部部长和李作鹏——时任副总参谋长兼海军政委。他们都是东野的名将，也是林彪的"爱将"，解放战争时曾任东野或四野的纵队首长。四野有12个纵队，由于"第五纵队"声名狼藉，所以起初四野没有5纵。四野的11纵是董存瑞所在部队，司令员贺晋年在东北时剿灭了"座山雕"匪帮，小说《林海雪原》、京剧《智取威虎山》等故事就出自这里。

四野1纵是解放军的"王牌军"，司令员李天佑早在红军时期就是师长，时年20岁。平型关一战，他是主攻部队686团团长。在东北期间，1纵参加了有名的四平之战，围歼国民党军队五大主力之一的廖耀湘兵团，并解放沈阳，战地记者华山对此做过报道。入关后，1纵在平津战役再扬军威。我们知道，平津战事基本是和平解决，除了天津一战，而主攻天津的部队就是1纵。后来，解放军统一部队番号，1纵改为38军，这个38军在抗美援朝中又赢得"万岁军"称号。当时，正值志愿军入朝参战的第二次战役，38军在军长梁兴初率领下，一路猛打猛冲，直接插入敌后，截断南下敌军退路，同时阻击北上援兵，使美军遭到重创，取得辉煌战果。战后，志愿军司令员彭德怀发电祝贺，有"志愿军万岁！38军万岁"等字眼，"万岁军"由此出名。也就在这次阻击打援之际，有一场"松骨峰战役"经过记者魏巍的报道而名闻天下，志愿军也由此称为"最可爱的人"。

除了四大野战军，解放战争中还有一支直属中央军委的华北野战军，所以有时也称五大野战军，其中同样有一批共和国元勋：徐向前、聂荣臻、罗瑞卿、萧克、杨得志、杨勇、杨成武、耿飚等。1976年10月，解决"四人帮"的当天晚上，耿飚带着华国锋主席的手令，前往接管中央人民广播电台。

在中国革命与革命战争中，笔杆子和枪杆子被称为"两杆子"。笔杆子中的新闻人，以手中的纸墨、镜头、胶片等如椽之"笔"，与新文化阵营的各路大军——鲁迅、郭沫若、聂耳、冼星海、艾青、臧克家等一道推动了沧海横流、势不可当的革命浪潮，掀起了波澜壮阔、惊天动地的时代风雷，会同人民武装枪杆子，形成排山倒海的巨大力量，最终使三座大山即帝国主义、封建主义和官僚资本主义土崩瓦解。

全国解放前夕，各地各路的革命报人、新闻记者，通过不同渠道陆续会集北平。1949年7月，中华全国新闻工作者协会筹备会成立，主任胡乔木，副主任有胡愈之、廖承志等。会议选出参加政协会议的12名正式代表和2名候补代表，前者是胡乔木、金仲华、陈克寒、邓拓、张磐石、恽逸群、杨刚、邵宗汉、徐迈进、刘尊棋、王芸生、赵超构，后者是徐铸成和储安平。徐铸成在日记里，对这段历史做了记载与富于诗意和象征的描绘：

> 九月八日　星期四
>
> 下午一时半，与（赵）超构同游北海。旋访（刘）尊棋未晤。晚与（王）芸生同往长安戏院看京剧。今日殆为最清闲之一日矣。……
>
> 九月十六日　星期五
>
> 新闻工作代表小组开会，讨论政府组织法及政协组织法两草案。同组共十四人，计胡乔木、陈克寒、邓拓、张磐石、徐迈进、恽逸群、金仲华、邵宗汉、杨刚、刘尊棋、王芸生、赵超构、储安平及我。今天由乔木任主席。从上午八时开始，直至下午四时始毕……
>
> 九月二十一日　星期三
>
> 人民政协全体大会，今天下午七时四十分在中南海怀仁堂隆重开幕……朱德任执行主席，宣布大会开幕，毛主席致开幕词，最令人感动的一段话是：我们的民族从此列入爱好和平、自由的世界大家庭的行列，以勇敢而勤劳的姿态工作着，创造自己的文明和幸福，同时也促进世界的和平与幸福。我们的民族再也不是被人侮辱的民族。我们宣布中华人民共和国的成立，我们从此站起来了！几乎每句话都博得全场掌声。……至深夜十二时许闭会。今日大会开幕时，忽雷电交加，大雨如注。散会时步出，已满天星斗矣。

拓展阅读

1. [美]特里尔:《毛泽东传》,中国人民大学出版社。
2. [美]费正清:《伟大的中国革命》,世界知识出版社。
3. [美]斯诺:《西行漫记》,生活·读书·新知三联书店。
4. 范长江:《中国的西北角》,新华出版社。
5. 钱江:《战火中诞生的人民日报》,人民日报出版社。

第七讲

红日初升（上）民族国家谱新章
（1949—2009）

这一讲进入新中国，分为三个部分：一是看待中国历史和近代社会变迁的理论和方法，特别是新中国的风云沧桑；二是通过经典的新闻传播作品，对70年来新闻与社会进行一番扫描；三是立足当代回顾过去，透视现实，展望未来。

新中国剪影

2009年10月1日，是中华人民共和国60周年的诞辰。按照古代的干支纪年法，60年正好是个轮回，也就是一个"甲子"。俗话说，三十年河东，三十年河西，而新中国历史至此恰好经过前后两个30年，前30年为建设时期或"毛泽东时代"，后30年为改革时期或"邓小平时代"。如今进入新时代。巧的是，从五四运动到新中国成立也是30年，这30年可称为革命时期。革命的历史家喻户晓——从"北大红楼"到"嘉兴南湖"、从"南昌起义"到"秋收暴动"、从"五次围剿"到"四渡赤水"、从"九一八事变"到"七七事变"、从"八年抗战"到"三年解放战争"等。2003年，一代马克思主义史学家莫里斯·迈斯纳（中文名字马思乐），在《毛泽东的中国及其后：中华人民共和国史》中文版序言里写道：

> 人们很轻易就忘记——许多人已经忘记或也许根本就不知道——今日的中国是现代史上一场伟大的社会革命的产物。1949年中华人民共和国的成立是……所有现代革命中规模最宏大、最受人民拥护，并且可能是最富有英雄气概的革命。

清华学子熊向晖之女、新华社高级记者熊蕾，回顾后30年变革时也指出新闻界的类似情形：

> 比如，把人民共和国的历史人为割断，用1978年后近30年的历史否定以前的30年，似乎前30年一无是处。就连为中华民族争得了生存权和发展权，换来了中国几代人的和平，赢得了全世界对新中国尊敬的抗美援朝战争，也在被遗忘，被否定。共和国的历史，似乎也

是从1978年以后开始的,那之前的中国只有封闭,好像是中国自己在"闭关锁国";完全不顾美国主导的巴黎统筹委员会对新中国封锁禁运的历史事实,不顾毛泽东、周恩来那一代的中国领导人为了打破这封锁禁运所做过的努力,包括保留香港作为中国对外交往的窗口。(《报,还是不报?——近30年中国媒体新闻价值观的变迁》)

北京大学文史名家李零教授谈及往事,以不少鲜活的个人记忆写道:

> 改革开放,前提是什么?是中苏交恶,中美建交。大家都说,这之前,我们一直是自我封闭,根本不对。不是自我封闭,而是被人包围。现在,大家笑朝鲜,那可真是"好了疮疤忘了伤"。从包围到解围,这个大弯儿是怎么转过来的,大家有点忘了。小孩不知道倒也罢了,大人也一般傻。
>
> 现在,大家都说,改革开放之前,我们对外面毫无了解,这不完全对。
>
> 七十年代,我们对外面还是有一点了解,不是所有人都有,也不是所有人都没有。当时的大事,几乎所有,我们这边都有反映(同样,大家难以想象的是,读古书的高潮,甚至"考古大丰收",也都是在"文革"时期,即"批林批孔"时期)。
>
> 赫鲁晓夫的秘密报告,我早就读过。波匈事件,不仅有图片,还有电影。越战,天天都有报道。"1968年风暴",大家都知道。还有,《1844年经济学—哲学手稿》,"文革"前就译出;异化讨论,也是"文革"前就介绍。
>
> 六十年代和七十年代,中国有大量的内部翻译,很多与外国同步,慢也顶多慢几拍,覆盖面极广。最近有人讲这事(沈展云《灰皮书,黄皮书》),远没说全说透。(《七十年代:我心中的碎片》)

事实上,无论是新中国前30年的建设时期,还是后30年的改革时期,都如30年革命时期一样,既有大江东去、惊涛裂岸的时代风云,又有小桥流水、悲欢离合的百姓故事;既有壮志凌云的英雄凯歌,又有痛彻心扉的人生叹息。"这段历史的丰富性并不能简单归纳为阶级斗争或计划经济的失败，它同时也包含了许多其他内容——许多人们依然珍视的东西"（汪晖《新批判精神——答〈新左翼评论〉杂志问》）其实，即使计划经济公有制，也需要广泛深入地联系历史背景与现实条件，而不能站在事后诸葛的角度想当然，唯物史观与唯心史观之别也在于此。以公有制为例，新中国成立之际，为什么实行单一公有制而放弃新民主主义的多种经济成分？按照原中共党史研究室副主任、近代史学者章百家的分析，除了工业化即现代化所需——抗美援朝更使这种需求迫在眉睫，刻不容缓，还在于当时国内外条件使然。就国内而言，民国政府留下的国民经济体制中，经过抗战以及战后进行的内战，国有成分占到约 90%。解放后，人民政府没收"官僚资本"，为了解决通货膨胀和财政赤字两大问题，不得不实行计划经济。同时，为了防止企业倒闭、工人失业，一方面国家对产品定产包销，另一方面对粮食统购统销。就国际而言，由于新中国"一边倒"的国策，在美西方严密封锁下，中国只能与苏联、东欧等开展经贸往来，而苏东国家都是计划经济公有制，一切经贸活动只与国家而不与私企打交道。可见，当年计划经济公有制与其说是意识形态的理念设计，不如说是经济基础的现实抉择，如同马克思的著名论断所言：

> 人们自己创造自己的历史，但是他们并不是随心所欲地创造，并不是在他们自己所选定的条件下创造，而是在直接碰到的、既定的、从过去继承下来的条件下创造。（《路易·波拿巴的雾月十八日》）

假如不为虚无主义"意识形态"所禁锢和遮蔽，本来不难感知其中的万千气象和深刻意味。就此而言，德国汉学家顾彬的看法不失公允："实际上，中华人民共和国从 1949 年 10 月 1 日开始就是一个现代国家，只是中国的现代概念有别于西方。"（《二十世纪中国文学史》）为了全面把握近六七十年的新闻传播及其社会背景，下面先为新中国勾勒一幅粗线条的素描和大写意的剪影。

抗美援朝

1949 年 10 月 1 日，毛泽东在天安门城楼以开国领袖的气魄宣布：中华人民共和国中央人民政府成立了——中国人民从此站起来！随后，苏联以及其他社会主义国家相继承认新生的共和国，并纷纷建立外交关系。1950年，英国又成为第一个承认新中国的西方国家。

叶浅予漫画《参加土改摘记》

新中国成立后，一方面继续肃清大陆的国民党残余势力，消灭境内的各种"反革命"武装如土匪：第一野战军挺进帕米尔，拱卫大西北；第二野战军挥师大西南，席卷云贵川，进而和平解放西藏；第三野战军部署东南，准备渡海作战，解放台湾；第四野战军一路插向天涯海角。另一方面，新政权又着手恢复饱经战乱的生产与生活秩序，在城市没收帝国主义、官僚资本主义和买办阶级的资产，确立公有制为主体的国民经济体系；在全国农村开展土地改革，实现耕者有其田。1950年到1952年的土地改革运动，是新中国成立初期影响深远的事件。经过土改，地主作为一个阶级已不复存在，约两千万地主家庭成员也分得土地，开始自食其力："从长远的观点来看，与消灭了最坏的剥削形式具有同等重要意义的，是土地改革为农村未来的经济发展和社会改造，奠定了社会和政治基础……随着传统的地方观念和家族观念的崩溃，以及层层建立的中央国家机构，乡村的地方隔绝状态也被打破，农民成了国家政治中的一部分，并逐渐纳入国家市场经济中。毫无疑问，随着国家政权延伸到村级，以及寄生的地主阶级的灭亡，其中最重要的结果是使政府能够大量调拨农业剩余产品。我们将看到，这是中国工业化的根本前提。"（莫里斯·迈斯纳）同时，旧中国遗留的诸多弊病，如腐败、毒品、黑社会、嫖娼卖淫等一扫而空，通过预防为主的医疗卫生体制又很快消灭了天花、霍乱、伤寒、麻风病、性病等，并使结核病和大多数寄生虫病得到有效控制，人民精神和社会面貌焕然一新。1950年国庆节期间，毛泽东欣然命笔，写下《浣溪沙·和柳亚子先生》，诗意地展现了新旧社会、新旧时代的迥异面貌：

长夜难明赤县天

> 百年魔怪舞翩跹
> 人民五亿不团圆
>
> 一唱雄鸡天下白
> 万方乐奏有于阗
> 诗人兴会更无前

新中国成立之际，世界已进入"冷战"时期，以苏联为首的社会主义阵营和以美国为首的资本主义阵营，剑拔弩张，虎视眈眈。由于历史和现实，新中国选择"一边倒"的路线，同苏联及社会主义阵营站在一起，《人民日报》学《真理报》、新华社学塔斯社也蔚然成风。在苏联援助下的第一个"五年计划"期间（1953—1957），国民经济得到迅猛发展，由苏联专家主持建设的156项大型基础项目使新中国初步形成一套现代工业格局，史称"工业化奠基之役"，其中近一半分布于东北，包括著名的一汽、鞍钢。同时，美国基于自己的国家利益，也曾打算"拉拢"中国。根据最新资料，当时美国总统杜鲁门有意将台湾置于美国防御范围之外，以寻求通好途径。结果，由于冷战格局、意识形态分歧以及历史恩怨等，中美对抗延续二十余年，直至1972年尼克松总统的"破冰之旅"。在此期间，两国不仅彼此隔绝，而且还发生武装冲突。1950年爆发的朝鲜战争，对中国纯属意外事件，中国也是在最初不知情、后来不得已的情况下介入的。当时，中国一面恢复生产，一面积极备战，准备解放台湾。而此时，由于南北朝鲜的紧张关系日趋加剧，南朝鲜的李承晚政府在美国支持下又步步紧逼，北朝鲜领导人金日成得到斯大林首肯后，遂对南朝鲜大举反攻，打响了南北朝鲜的统一战争。朝鲜人民军装备精良，久经沙场，战争初期势如破竹，洪水漫灌，直捣半岛南端的釜山，南朝鲜面临土崩瓦解。对此，美国作出强烈反应，通过联合国组成所谓"联合国军"，由二战时期太平洋战区最高统帅、也是占领日本的"太上皇"麦克阿瑟统帅，并宣布对台湾海峡实施封锁，派出第七舰队游弋其间。麦克阿瑟在半岛中部的仁川冒险登陆，切断人民军退路，形成包抄之势，身陷绝境的金日成向毛泽东紧急求援。

面对突如其来的变局，中国被迫延期实际上放弃已箭在弦上的解放台湾部署，紧急备战美国进兵的威胁。当时，党内形成两种意见，大多数人不赞成出兵，理由也合情合理：新中国刚刚成立，百废待兴，综合实力远不及美国等；而毛泽东力排众议，从中国的根本利益和长远利益出发，力主"抗美援朝"，打得一拳开，免得百拳来。此时，骄纵的麦克阿瑟一心只想"荡平"朝鲜，"聚歼"共军，还打算赶在当年圣诞节前结束战事，回家过年，完全无视参谋长联席会议的提醒和美国政府的担忧，更不睬中国通过外交途径转达的信息：一旦美军突破北纬38°线，中国将不会袖手旁观。于是，当麦克阿瑟兵锋逼近中国东北，彭德怀率领的"中国人民志愿军"悄然跨过鸭绿江，隐秘而迅速展开，出其不意，发起进攻。一时仿佛神兵天降，麦克阿瑟及其"联合国军"方寸大乱，纷纷溃退，美军主力第八集团军司令沃尔顿·沃克中将乘坐吉普车居然被挤下山崖，成为朝鲜战争中殒命的美军最高将领，可怜再过几天他就晋升上将了。之后，一再"抗旨"的麦克阿瑟终于被忍无可忍的杜鲁门总统罢免。

中国军队入朝参战后，先后发起五次战役，最后将战线稳定于战争爆发前的北纬38°线，直到今天朝鲜与韩国依然在此对峙。1953年，经过战场的反复较量和密室的艰难拉锯，交战各方终于在板门店达成停战协议。一个满目疮痍、贫弱不堪的中国将世界头号霸主打到谈判桌前，不能不说是古今空前的战争奇迹，而这场战争也成为美国立国180年以来第一场被迫求和的战争，时任参谋长联席会议主席布莱德雷的一段名言成为经典注脚：错误的时间、错误的地点、错误的对手、错误的战争。根据1988年出版的《中国人民志愿军抗美援朝战史》，中朝军队共歼敌109万余人（韩国的《韩国战争史》和日本的《军事史杂志》的数字是116万余人），其中美军39万余人。事实表明，这场被誉为新中国的"立国之战"不仅奠定了新生政权的根基，保障了70年来和平发展的环境，也使鸦片战争以来饱受屈辱积贫积弱的中华民族第

朝鲜战争中的美国宣传画

一次在世人面前挺起胸膛,扬眉吐气。志愿军司令员彭德怀的名言,集中表达了这种豪迈情怀:"从此,西方列强只要在东方一个海岸架起几尊大炮就可以霸占一个国家的时代一去不复返了!"

由于抗美援朝战争,新中国第一代领导人进一步明确了国家现代化的必要性和紧迫性,而现代化的首要目标是工业化。于是,"一五计划"的制订和实施、粮食的"统购统销"、城市的"社会主义改造"、农村的集体化运动等都在这个大背景下纷纷展开。作为苏联第一个五年计划的翻版,"一五计划"本质上属于重工业发展计划,国家对工业的投资只有大约10%用于生产消费品的轻工业,其余90%都用于发展重工业,包括钢铁、机器制造、能源、电力、冶金、化工等。中国研究专家、耶鲁大学教授莫里斯·迈斯纳(Maurice Meisner,1931—2012)认为,"无论以什么标准衡量,1950年代的工业化都是杰出的经济成就,但与历史上所有的经济进步一样,它是建立在社会的某一部分对另一部分的剥夺基础之上"。"一五计划"虽然取得巨大成就,为新中国的重工业以及国民经济体系提供了必不可少的基础支撑,但也开始显示了高度计划经济的弊端,暴露了诸如"农轻重"比例失调等隐患。所以,从1956年苏联领导人赫鲁晓夫在苏共二十大上发表震惊世界的报告,对斯大林及其体制进行反思和批判之时起,新中国第一代领导人也开始思索和探索适合中国的发展道路,毛泽东的《论十大关系》(1956)就是一个里程碑,特别是重工业、轻工业和农业统筹兼顾等思想。

"三面红旗"

提起毛泽东时代,常见的发展话语是"自力更生""大干快上"。之所以自力更生,是因为毛泽东时代几乎一直处于敌对势力的封锁之中,先是美国的威胁,后有苏联在中国北部陈兵百万,1969年"珍宝岛"武装冲突更使战争一触即发,1962年蒋介石也一度叫嚣"反攻大陆"。之所以大干快上,是因为形势严峻,情况危急,容不得按部就班,从容不迫。在这种时代氛围下,涌现了一批"工业学大庆""农业学大寨"的典范。至于一些左倾、急躁、超越现实和违背规律的想法或做法,比如"人有多大胆,地有多大产"等口号,自然在所难免,也同这种时代氛围有关。1958年提出"三面红旗"——"总路线""大跃进"和"人民公社",更是集中体现。

总路线是建设社会主义国家的基本纲领,1958年在中国共产党八届二中全会上通过,具体内容是"鼓足干劲,力争上游,多快好省地建设社会主义"。"大跃进"和"人民公社",是贯彻总路线的具体方略。1958年的"大跃进"事后看来有违发展规律,也导致一系列经济和社会失调,但当时却是受制于一种普遍的群体心理和时代氛围,犹如汹涌澎湃的大潮,不可遏制,从诗人贺敬之写于1958年的名作《三门峡——梳妆台》里,不难感受那种"荡气回肠"的心理与氛围:

三面红旗

> 望三门,三门开:
> "黄河之水天上来!"
>
> 挽断"白发三千丈",
> 愁杀黄河万年灾!
> 登三门,向东海:
> 问我青春何时来?!
>
> 何时来呵,何时来?……
> ——盘古生我新一代!
> 举红旗,天地开,
> 史学万卷脚下踩。
> 大笔大字写新篇,
> 社会主义——我们来!
> ……

当时上上下下在抗美援朝的凯歌中,在第一个五年计划圆满完成,新中国工农业生产一派兴旺气象的鼓舞下,一时头脑发热,不免急于求成,甚至一步跨入共产主义,一举实现强国梦想。从下面这封1959年的《党内通信》里,不难读出上下高涨的热情与毛泽东的忧虑:

> 省级、地级、县级、社级、队级、小队级的同志们:
> 我想和同志们商量几个问题,都是关于农业的。
> 第一个问题,包产问题。南方正在插秧,北方也在春耕。包产一定要落实。根本不要管上级规定的那一套指标。不管这些,只管现实可能性。例如,去年亩产实际只有三百斤的,今年能增产一百斤、二百斤,也就很好了。吹上八百斤、一千斤、一千二百斤,甚至更多,吹牛而已,实在办不到,有何益处呢?又例如,去年亩产五百斤的,今年增加二百斤、三百斤,也就算成绩很大了。再增上去,就一般说,不可能的。
> 第二个问题,密植问题。不可太稀,不可太密。许多青年干部和某些上级机关缺少经验,一个劲儿要密。有些人竟说愈密愈好。不对。老农怀疑,中年人也有怀疑的。这三种人开一个会,得出一个适当密度,那就好了。既然要包产,密植问题就得由生产队、生产小队商量决定。上面死硬的密植命令,不但无用,而且害人不浅。因此,根本不要下这种死硬的命令。省委可以规定一个密植幅度,不当作命令下达,只给下面参考。此外,上面要精心研究到底密植程度以何为好,积累经验,根据因气候不同,因地点不同,因土、肥、水、种等条件不同,因各种作物的情况不同,因田间管理水平高低不同,做出一个比较科学的密植程度的规定,几年之内达到一个实际可行的标准,那就好了。
> 第三个问题,节约粮食问题。要十分抓紧,按人定量,忙时多吃,闲时少吃,忙时吃干,闲时半干半稀,杂以番薯、青菜、萝卜、瓜豆、芋头之类。此事一定要十分抓紧。每年一定要把收割、保管、吃用三件事(收、管、吃)抓得很紧很紧,而且要抓得及时。机不可失,时不再来。一定要有储备粮,年年储一点,逐年增多。经过十年八年奋

斗，粮食问题可能解决。在十年内，一切大话、高调，切不可讲，讲就是十分危险的。须知我国是一个有六亿五千万人口的大国，吃饭是第一件大事。

第四个问题，播种面积要多的问题。少种、高产、多收的计划，是一个远景计划，是可能的，但在十年内不能全部实行，也不能大部实行。十年以内，只能看情况逐步实行。三年以内，大部不可行。三年以内，要力争多种。目前几年的方针是：广种薄收与少种多收（高额丰产田）同时实行。

第五个问题，机械化问题。农业的根本出路在于机械化，要有十年时间。四年以内小解决，七年以内中解决，十年以内大解决。今年、明年、后年、大后年这四年内，主要依靠改良农具、半机械化农具。每省每地每县都要设一个农具研究所，集中一批科学技术人员和农村有经验的铁匠木匠，搜集全省、全地、全县各种比较进步的农具，加以比较，加以试验，加以改进，试制新式农具。试制成功，在田里实验，确实有效，然后才能成批制造，加以推广。提到机械化，用机械制造化学肥料这件事，必须包括在内。逐年增加化学肥料，是一件十分重要的事。

第六个问题，讲真话问题。包产能包多少，就讲能包多少，不讲经过努力实在做不到而又勉强讲做得到的假话。收获多少，就讲多少，不可以讲不合实际情况的假话。对各项增产措施，对实行八字宪法，每项都不可讲假话。老实人，敢讲真话的人，归根到底，于人民事业有利，于自己也不吃亏。爱讲假话的人，一害人民，二害自己，总是吃亏。应当说，有许多假话是上面压出来的。上面"一吹二压三许愿"，使下面很难办。因此，干劲一定要有，假话一定不可讲。

以上六件事，请同志们研究，可以提出不同意见，以求得真理为目的。我们办农业工业的经验还很不足。一年一年积累经验，再过十年，客观必然性可能逐步被我们认识，在某种程度上，我们就有自由了。什么叫自由？自由是必然的认识。

同现在流行的一些高调比较起来，我在这里唱的是低调，意在真正调动积极性，达到增产的目的。如果事实不是我讲的那样低，而达

《人民日报》1958年8月13日头版头条

到了较高的目的,我变为保守主义者,那就谢天谢地,不胜光荣之至。

毛泽东

一九五九年四月二十九日

注释

［1］八字宪法,指毛泽东一九五八年提出的农作物增产的八项措施,即土、肥、水、种(推广良种)、密(合理密植)、保(植物保护,防治病虫害)、管(田间管理)、工(工具改革)。

人民公社的问题更为复杂。应该承认,一方面,由于社会主义新中国是前所未有、开天辟地的历史进程,难免出现不同程度超越时代的躁急现象,比如"一大二公""一平二调"等问题,以及"共产主义是天堂,人民公社是桥梁""楼上楼下,电灯电话"等憧憬。特别是原来高级社的公共财产和社员的自留地都归入公社,各家粮食也统统收集到公共食堂,大家一起吃"大锅饭"。另一方面,更应看到,延续25年的人民公社为新中国的工业化提供了重要的,乃至唯一的原始积累,通过人民公社和工农业产品"剪刀差",国家获取所需财政收入,从而在短期内建立强大的现代工业体系。此外,人民公社不仅对国家现代化工业化厥功至伟,而且在行龙教授列举的"社会福利、妇幼保健、医疗服务、照顾老弱病人、免费教育及公共设施的建设"等方面也功不可没。比如,与大跃进土法炼钢的混乱情况相比:

与此同时建立起来的声势不大的农村其他小型工业，却往往充满活力和创新。这些小型工业依靠当地的人力和原料资源，采用较原始的技术，促进了当地农业生产的发展，为农民提供了别的地方不生产的小商品，充分利用了本来有可能浪费掉的农村剩余劳动力，较好地迎合了当地农村的直接需要，实现了建立这些小工业的目标。虽然这些小工业最初免不了存在浪费、低效和失败的现象，但从长远的观点来看，通过公社经营的制造和修理农用工具的小企业、生产化肥和农药的小化肥厂、小规模的发电站以及当地农副产品加工业的发展，中国农业从这些小工业中受益匪浅。无论是农村社会还是国民经济，都从地方煤矿企业、小炼油厂的生产以及地方生产的消费品中，获得了利润，它们正是后毛时代取得巨大成功的"乡镇企业"的前身。(《毛泽东的中国及其后：中华人民共和国史》)

人民公社化运动大致分为三个阶段。首先，新中国成立初的合作化、集体化是其前奏。这个从"互助组"到"初级社"、从"初级社"到"高级社"的进程，既是社会主义意识形态的逻辑发展，也是从小农经济到现代农业的自然选择，更是建设现代化工业国家的不二捷径。新中国成立伊始，毛泽东就指出："没有农业社会化，就没有完全巩固的社会主义。农业社会化的步骤，必须和国有企业为主体的强大的工业的发展相适应。"周立波及其《山乡巨变》（1957）、柳青及其《创业史》（1960）、浩然及其《艳阳天》（1964）等作家作品，都反映了这些沧桑变化及其丰富蕴含。现在，越来越多的学者和当事人也开始对农业合作化和集体化问题进行深入研究和细致考察。解放初期曾任山西省委第一书记的陶鲁笳接受记者采访，详细谈了"山西试办全国首批农业合作社的前前后后"(《党的文献》2008第5期)。行龙教授通过辛苦搜集的大量集体化时代原始档案，从社会史视角揭示了其中广泛的历史意味和内在逻辑，他在《走向田野与社会》（生活·读书·新知三联书店，2007）中写道：

> 土改后以互助组、合作社为中心的农业合作化运动也是集体化时期中国农村社会生产生活实践的重要阶段。也是在新的社会结构和阶级关系的安排下进行的首次社会主义建设。可以说在农业合作化实践

过程中,一幅幅新生的社会主义图景在数亿人民群众的积极参与下不断地展现于世间。生产上的互助合作,由半社会主义性质的初级农业生产合作社转变为社会主义性质的高级生产合作社,土地私有制再次成为集体所有制,大兴水利工程,大范围的农田基本建设,还有以扫盲和传播农业技术为主的文化教育等社会改造工程,以一个宏伟的立体画面凸显出了国家、地方政府、乡村以及中央领导、地方官员、村干部等不同政治空间与行为主体的复杂表象。

其次,出现"左倾"偏差的人民公社是指20世纪50年代末的问题,特别是1958年"大跃进"时期人民公社一哄而起的冒进,借用莫里斯·迈斯纳的描述:

《人民日报》1958年8月27日文章

1958年夏季和秋季,大规模的人民公社化运动彻底改变了中国农村和五亿农民的生活;但是,人民公社并不是某种深思熟虑的计划产物。公社化基本上是自发形成的,在狂热的运动过程中,许多最重要的政策都是仓促制定,或是由当地干部就地决定。运动自发特点在一定程度上使公社化如脱缰之马,势不可当,进一步加剧大跃进的经济混乱状况。

针对这些问题,毛泽东主持了大张旗鼓的调研和调整,特别是1961年起草《农村人民公社工作条例(草案)》(简称《农村工作六十条》),将

"三级所有，队为基础"定为人民公社基本制度。这里的"三级"，包括人民公社（现在的乡镇）、生产大队（现在的行政村）和生产小队（现在的村民小组），而队为基础的队是指大队和小队。也就是说，增加了大队和小队的权力，减少了公社的权力。于是，这套体制一直延续到改革开放后人民公社解体，是为第三阶段。一般说的人民公社，其实主要是指这个阶段。作为一种常态的社会机制和制度安排，这个阶段的人民公社在发展生产、促进增长、开展公益事业、维护社会运转等方面有其历史必然性和必要性，也是行之有效的。据《中国统计年鉴》记载，1949年中国粮食产量1.13亿吨，1976年达到2.87亿吨，27年增长150%；而2003年粮食产量4.3亿吨，27年增长50%。中国人民大学学者辛逸，在其博士论文《农村人民公社分配制度研究》一书里，对人民公社的正面意义做了如下总结：

> 最为明显的积极作用是对我国现代化建设的支持和推动，具体言之，计划体制时期中国工业化建设的主要基金来源于生产队对国家的"奉献"。人民公社期间，我国农业为工业化建设累积提供了约5400多亿元的资金，年均高达210多亿元。……其对国家工业化的贡献，居功至伟。
>
> 人民公社时期的中国农村，经济虽然停滞落后但农村社会生活却相对保持平稳，这与公社分配制度中的公益金、公积金的提留及其合理使用是有一定关系的。"两金"的数额虽然极其有限，但依托政社合一的公社体制，广大农村普遍建立了针对"五保户"、弱势群体的社会保障制度，以赤脚医生为基干的农村三级（大队赤脚医生、公社卫生院和县级人民医院）医疗保健体制，以及比之今日更为低廉与普及的农村基础教育体制等等。

改革开放后，随着农村实行家庭联产承包责任制，人民公社的职能相应发生变化。1983年，中共中央、国务院发出《关于实行政社分开，建立乡政府的通知》，人民公社至此完结。

除了经济建设方面的"自力更生""大干快上"，前30年还在政治思想领域开展了一系列"运动"，如新中国成立初针对知识分子的"思想改造运动"（见杨绛作品《洗澡》）、针对党员干部的"三反"（反贪污、反浪费、反官僚主义)、针对资产阶级的"五反"(反对行贿、反对偷税漏税、反对盗窃国家财产、反对偷工减料和反对盗窃经济情报)、20世纪50年代的"反右"和"庐山会议"、60年代的"社会主义教育运动"(简称"社教")和"无产阶级文化大革命"(简称"文革")、70年代的"批林批孔"和"批邓、反击右倾翻案风"等。频繁的运动既有影响和干扰了经济建设的一面,但又有凝聚亿万各族人民的人心志气,万众一心、众志成城大干社会主义,极大推进了中国式现代化进程的一面,同时教育了、培养了一代社会主义"新人",也使社会主义的意识、中华民族的认同深入千家万户,从而确保了数十年在各种困难和挑战下,亿万各族人民始终相信社会主义并坚定"跟党走"的民心基础。

不言而喻,在一穷二白、人口众多、资源匮乏的大国建设社会主义,是一项前所未有的历史课题,纵然不考虑国际环境的巨大压力和制约,挫折和失误也在所难免,就像任何现代国家经历的挫折和失误一样。就新中国前30年而言,一大挫折和失误是"大跃进"。1959年,毛泽东在一次政治局扩大会议上分析说:

> 去年我们至少有三大错误:第一,计划过大,指标过高,勉强去完成,必然破坏比例关系,经济失调;第二,权力下放过多,结果各自为政,政策也乱了,钱也花多了;第三,公社化过快,没有经过试

1962年2月1日,七千人大会期间,《人民日报》发表《迎春图》

验，一下子推开，大刮共产风，干部也不会当家。现在粮食供应紧张，主要是虚报产量，还有是吃饭不要钱，敞开肚皮，吃多了。

毛主席还主动承担责任，进行自我批评：

> 我们搞社会主义建设没有经验，一定会出现许多新问题，应当有充分的思想准备。我过去只注意人和人的关系，没有注意人和自然的关系。过去搞民主革命忙不过来，打仗占了大部分时间。后来搞社会主义革命，主要精力是搞阶级斗争。去年北戴河会议才开始搞经济建设，特别是抓工业。看来，我第一次抓工业，像我1927年搞秋收起义时那样，第一仗打了败仗。（吴冷西《忆毛主席》）

总之，由于头脑发热，急于求成，政策失误，加上自然灾害以及中苏交恶、苏联撕毁协议撤走专家等，大跃进之后中国的国际国内形势一度陷入困境，颇有黑云压城泰山压顶之势。为此，1962年年初，中共中央在北京召开了一次规模空前的大会，史称"七千人大会"。这次有名的"中央工作会议"，将全国县委书记以上的领导干部悉数汇集北京，开了将近一个月。会议反思、反省了"大跃进"以来的问题，明确了国民经济调整的基本方略。张素华的《变局：七千人大会始末》一书写道："如果说，在这之前中央对国民经济的调整还是想慢慢转弯，一个一个方面来进行，或者说是被动的话，那么，在这之后，用周恩来的话说，是来了一个180度大转弯，是主动调整，是着眼全局从综合平衡来考虑和解决问题。"七千人大会实事求是地开展批评和自我批评，基本实现了毛泽东的预期目标，即"开一次生动活泼的大会"，开一次出气的会、顺气的会、鼓气的会。会上，毛泽东还打趣地说："白天出气，晚上看戏，两干一稀，大家满意。"

"十年文革"与"文革十年"

关于"文革"，1981年建党60周

叶浅予漫画《示范游斗到天津》

年前夕，中共中央十一届六中全会通过的《关于建国以来党的若干历史问题的决议》曾有权威表述。

2011年建党百年之际通过的第三个历史决议，又对党史、新中国史、社会主义史和改革开放史做了全面科学的总结，并把百年历史分为革命、建设、改革和新时代四个时期。习近平代表党中央所做的"决议说明"，谈到包括"文革十年"的第二个时期时说道：

> 第二部分"完成社会主义革命和推进社会主义建设"。阐明这一时期党面临的主要任务是，实现从新民主主义到社会主义的转变，进行社会主义革命，推进社会主义建设，为实现中华民族伟大复兴奠定根本政治前提和制度基础。总结新中国成立后党领导人民战胜一系列严峻挑战、巩固新生政权，成功完成社会主义改造、建立社会主义制度，开展全面的大规模的社会主义建设，打开对外工作新局面的历史进程和创造的伟大成就。总结党加强执政党建设所作的努力和积累的初步经验，在阐述这一时期党取得的独创性理论成果的基础上，对毛泽东思想进行科学评价。强调这一时期党领导人民创造的伟大成就，实现了一穷二白、人口众多的东方大国大步迈进社会主义社会的伟大飞跃；中国共产党和中国人民以英勇顽强的奋斗向世界庄严宣告，中国人民不但善于破坏一个旧世界、也善于建设一个新世界，只有社会主义才能救中国，只有社会主义才能发展中国。

确实，即使"文革十年"，新中国依然在许多关键领域取得突破性进展，包括"两弹一星"的发射成功、袁隆平杂交水稻的试验和推广、屠呦呦与青蒿素实验、中国恢复联合国大会合法席位、与美国密切交往并与其他西方国家相继建立外交关系、以"广交会"为代表的国际贸易和开

《时代》1972年3月6日封面几组图文分割成中文"友"字

放、以"赤脚医生"为标志并得到世界卫生组织高度评价的农村医疗卫生体制、冬春两季大规模兴修水利和农田基本建设等。仅以政治风暴的中心北京市为例，十年间工业总产值也大致呈上升之势：

1966 年　71.5 亿元
1967 年　64 亿元
1968 年　68 亿元
1969 年　97 亿元
1970 年　129 亿元
1971 年　157 亿元（以上按 1957 年不变价格计算）
1972 年　110 亿元（以下按 1970 年不变价格计算）
1973 年　125 亿元
1974 年　137.7 亿元
1975 年　148.7 亿元
1976 年　156.4 亿元

（吴德口述《十年风雨纪事——我在北京工作的一些经历》）

诚然，"十年文革"给文化造成诸多破坏性后果，知识贬值，传统断裂，斯文扫地。不过，社会主义文化又在许多领域得到发扬光大。1967年5月23日，是毛泽东《在延安文艺座谈会上的讲话》发表25周年的日子，现代京剧《智取威虎山》《海港》《红灯记》《沙家浜》《奇袭白虎团》、舞剧《红色娘子军》《白毛女》以及交响音乐《沙家浜》，在北京各大剧场同时上演。《人民日报》发表社论《革命文艺的优秀样板》，第一次提出"样板戏"一词。作为一种新文艺新文化，样板戏一扫长久以来占据舞台的"帝王将相""才子佳人"或"牛鬼蛇神"，使普通人即"工农兵"成为主角，吹来清新、刚健、激昂的新风，既体现了"为人民大众服务、为社会主义服务"的宗旨，也扩大了艺术欣赏的范围，提升了艺术欣赏的水平。出身农家的海外学者高默波在回忆文字里就直言不讳地写道：

> 巴金在《随想录》中曾说，他一听到样板戏就心惊肉跳，成为一种典型的记忆创伤。可是我的记忆恰恰相反，它是我在农村最好的记

忆之一。

　　1969—1972年，为了解决广大群众"看戏难"问题，当时的"文革派"决定普及样板戏。北京电影制片厂、八一电影制片厂和长春电影制片厂等联合，由谢铁骊等执导，将样板戏先后拍成舞台电影片，在全国农村发行、放映。

　　也是由此机缘，我学会了欣赏和演唱京剧，特别是它的唱腔和台词，由此得益于一辈子。

　　所以说，巴金的经历和我们农村人的不一样。巴金的回忆不但写出来了，而且有好多人读，包括外国人；而农村人一般不写回忆录，不会写，写了也没有人看。于是巴金的回忆就不仅仅是个人的经历，还成了历史；而占中国绝大多数的农村人没有记忆，也没有历史。（三联版《七十年代》）

事实上，仅就艺术创作而言，样板戏等作品精益求精，甚至达到炉火纯青的境界。比如，样板戏主创人员之一汪曾祺是沈从文的学生，改革开放后成为文坛名家。他负责改编的现代京剧《沙家浜》，特别是《智斗》一段至今脍炙人口。他在《"样板戏"谈往》中说道，样板戏的经验就是重视质量，千锤百炼。后来，又有现代京剧《龙江颂》《杜鹃山》《磐石湾》等，同样品质上乘，水平一流。尤其是《杜鹃山》，无论台词，还是唱腔，都堪称京剧现代戏的高峰，凝聚了众多艺术家的心血，使革命题材与现代审美达到高度统一。1974年，阿尔及利亚革命委员会主席布迈丁访华，周总理陪他看了《杜鹃山》。布迈丁是游击队队长出身，故邀请剧组去阿尔及利亚访问演出。演出时，为让观众看懂，配了字幕。演到高潮，观众情绪激动。中国驻阿尔及利亚大使馆一等秘书严廷昌记述了演出中的精彩一幕：

　　当党代表柯湘在群众会上大声询问："凡是给地主老财干过活的把手举起来！"台上扮演贫苦农民的演员一个接一个举起手来高声回答："我干过！""我也干过！"这时在台下观众席里，突然有一位阿尔及利亚观众站起来大声说："我也干过！"全场开始愕然，随即鼓掌叫好。（《革命样板戏〈杜鹃山〉出国演出记》）

同时，以"红嫂"为原型改编的舞剧《沂蒙颂》，也是美不胜收，上演后风靡城乡。另外，同时期问世的一批音乐精品，如钢琴协奏曲《黄河》、小提琴协奏曲《帕米尔之春》、管弦乐曲《北京喜讯到边寨》、琵琶曲《草原英雄小姐妹》，以及根据锡伯族民歌改编的《世世代代铭记毛主席的恩情》等众多声乐佳作，通过当时最有影响的媒介——广播而传遍天南海北，深入千家万户，同20世纪50年代的小提琴协奏曲《梁山伯与祝英台》、电影插曲《英雄赞歌》《我的祖国》、管弦乐曲《红旗颂》、歌剧《洪湖赤卫队》、民族管弦乐曲《瑶族舞曲》，60年代的大型音乐舞蹈史诗《东方红》、长征组歌《红军不怕远征难》、歌剧《江姐》、交响诗《嘎达梅林》以及音乐故事片《刘三姐》《阿诗玛》等，一起构成新中国前30年美轮美奂的音乐篇章，迄今仍属人们喜闻乐见的经典。中国艺术研究院研究员祝东力，将其提高到人类文化及其共同价值的高度予以评价：

> 2007年9月25日，国家大剧院建成后首场演出，上演的就是芭蕾舞剧《红色娘子军》。那是1964年的作品。这也就是说，建国近60年，真正能够代表中国现代文化思想和艺术成就的，还是毛时代的作品。
>
> 前几年，2003年，是法国的中国文化年，《红色娘子军》到法国巡回演出一个多月，一共19场。第一站是里昂，演出5场，场场爆满。之后其实也要到巴黎去演出，但巴黎的很多权威舞蹈评论家都想先睹为快，就赶到里昂来看。后来他们写文章，对《红色娘子军》的价值和内涵，给了很高的评价，认为它已经是人类文化遗产的一部分了。法国是芭蕾的故乡，40年前创作的《红色娘子军》在当代能产生这样的影响，不是偶然的。实际上，当年中国革命反抗一切剥削和奴役的理想包含了人类的普适价值，还有它在艺术上取得的成就，都是能够被后世共享的。（玛雅《战略高度：中国思想界访谈录》）

2009年1月，《中国青年报·冰点周刊》发表作家韩少功的文章《怀念那些读书的日子》，以动人的笔墨叙述了那段"动乱"岁月的精神文化生活，也从一个方面展现了丰富多样的社会历史画面：

> 我偶尔去某大学讲课，有一次顺便调查学生读书的情况。我的问

题是这样：谁读过3本以上的法国文学？（约1/4的学生举手）谁读过《红楼梦》？（约1/5的学生举手）然后，我降低门槛，把调查内容改成《红楼梦》的电视剧，这时举手多一些了，但仍只是略过半数。

我不想拍孩子们的马屁，很坦白地告诉他们：即使在30年前，让很多中学生说出10本俄国文学、10本法国文学、10本美国文学，都不是怎么困难的。我这一说法显然让他们惊诧了，怀疑了，困惑了，一双双眼睛瞪得很大。30年前？天哪，那不正是文化的禁锢和荒芜时期？不正是"文革"十年浩劫刚过？……有人露出一丝讪笑，那意思是：老师你别忽悠我们啦。

"灰皮书""黄皮书""白皮书"等统称"皮书"。这是指中国20世纪60年代至80年代的一大批"内部"读物，供中上层干部和知识人在对敌斗争中知己知彼，因此所含两百多种多是非共或反共的作品。如社科类书目里的考茨基、伯恩施坦、托洛茨基、铁托、斯大林的女儿等都是知名异端。哈耶克的《通向奴役之路》也赫然其中。至于文学方面，《麦田里的守望者》（塞林格）、《在路上》（凯鲁亚克）、《厌恶》（萨特）、《局外人》（加缪）、《解冻》（爱伦堡）、《伊凡·杰尼索维奇的一天》（索尔仁尼琴）、《白轮船》（艾特玛托夫）、《白比姆黑耳朵》

"文革"宣传画

（特罗耶波尔斯基）等，即使放到百年以后，恐怕也堪称经典。

经过一段停顿，1972年"皮书"恢复出版，虽限于"内部"，但经各种渠道流散，已无"内部"可言。加上公开上市的《落角》《多雪的冬天》《你到底要什么》一类，还有《摘译》自然版和社科版两种杂志对最新西方文化资料的介绍，爱书人都突然有点应接不暇。春暖的气息在全社会悄悄弥漫，进一步开放看来只是迟早问题。

透过纷繁错综的历史烟云，如今人们越来越清楚地看到，前30年的文化实践一以贯之地隐含着一条主线，那就是作为主体的工农大众在夺取政权之后，如何进一步确立自身在思想文化或意识形态领域的领导权；作为民族国家的新中国在成立之后，如何进一步争取自身对世界文明的话语权。这也是毛泽东写给延安评剧院《逼上梁山》剧组的贺信所揭示的问题："历史是人们创造的，但是在旧戏舞台上（在一切离开人民的旧文学旧艺术上）人民却成了渣滓，由老爷太太少爷小姐们统治着舞台，这种历史的颠倒，现在由你们再颠倒过来，恢复了历史的面目……"就此说来，新中国前30年的一系列文化革命对中国、对世界的意义，并不亚于政治革命、社会革命，虽然其间留下诸多值得反思的经验、教训和缺憾。仅拿"文革"期间毛泽东提出的三个世界理论来说，就为中国赢得何等天下归心的世界格局，并为恢复联合国合法席位创造何等得道多助的时代氛围。可以说20世纪50年代对胡适唯心主义的批判、60年代与"苏修"的思想论战即著名的"九评"——中共中央理论刊物《红旗》杂志刊发的九篇系列文章、70年代对资产阶级法权的理论论争等，无不具有深刻的历史蕴涵。这些看似玄虚的文化激辩归根结底无不针对实在的现实内容，除了所谓政治合法性、文化认同感、社会凝聚力等，其中更重要的还在于一个国家、一个民族或者文明共同体安身立命的根基。如果没有这种坚实的、深厚的、历史与逻辑高度统一的根基，任何貌似强大的共同体都难免灰飞烟灭，土崩瓦解。罗马帝国的浩浩武功，最终不敌耶稣思想的默默浸润，苏联的解体也不是因为经济和军事——美苏本是并驾齐驱的"超级大国"，而是消亡于以文化为核心的"意识形态冲突"。改革开放后，我国经济建设取得举世瞩目的成就，人们生活水平显著提高，但由于放松了、一度放弃了文化领导权——邓小平一再批评的"一手软,一手硬",以至于在国内外舆论上常常陷入"挨骂"的窘境。政治学者强世功以流行的"自由""民主"为例,对此进行了精辟的分析:

> 新中国成立初期,毛泽东和周恩来等新中国第一代领导人曾经以何等的政治自信,将香港作为通向西方世界的跳板,并对西方世界的政治正当性发起了意识形态的挑战。……这一代领导人的自信,不是来源于国家的经济实力,而是来源于政治正当性的正义原则,即共产主义信念所支撑的"民主"原则和"平等"原则,由此不仅能凝聚人心,而且始终掌握着话语主导权。可以说,整个"冷战"话语就是社会主义阵营的民主原则与资本主义阵营的自由原则之间的较量。
>
> 起初,社会主义阵营的民主原则占据了上风,第三世界尤其是殖民地民族解放运动正是在这种"民主"和"平等"原则下展开的,美国因为种族隔离、英国因为殖民统治而丧失了政治正当性。为此,英国步入非殖民化时代,美国为了打赢这场冷战而被迫取消种族隔离,由此六十年代美国兴起的人权运动被称为"冷战人权"(cold war rights)。在这场"民主"与"自由"对抗的冷战背景下,西方思想家一方面在政治哲学上极力诋毁法国大革命、俄国革命和中国革命的民主原则,将民主等同于"多数人暴政"和"极权专制",从而把所谓英美自由主义推向了神坛;另一方面也对民主原则进行技术化处理,将民主原则等同于代议制选举,并将其纳入法制轨道,将"民主"概念变成所谓的"宪政民主",从而重新夺得了民主话语上的主导权。
>
> 改革开放以后,与西方世界努力争夺"民主"话语的主导权不同,我们在政治意识形态上首先采取了"硬着陆",彻底否定了"文化大革命"中的"大民主",并拱手让出了"文化领导权",丧失了对"民主"概念的解释权;接着又以"不争论"的方式处理政治正当性问题,致使中国政治丧失了政治正当性原则的是非辩论,窒息了中国政治思想的生命力和意识形态的活力,陷入了庸俗的市侩主义;而中国的知识精英又迅速地在"告别革命"中拥抱了英美自由主义。社会主义传统所树立起来的集体主义、团结友爱和无私奉献的伦理思想,受到自由

主义和商业社会的冲击。我们由此陷入前所未有的思想迷茫和精神空虚。新兴精英阶层在全球化的经济生活中享受短暂的和平和私人的快乐，以一种非政治化的天真在全球化的空洞许诺中丧失了政治意志、政治独立和文化自主，丧失了对生活意义的界定权和对生活方式的辩护权，只能以尾随者的心态努力追求被西方世界承认。(《读书》2009年第2期)

2016年"文革"发生五十年之际，《人民日报》发表评论员文章《以史为鉴是为了更好前进》，其中引人注目的核心观点是：把"文化大革命"运动同"文化大革命"时期区分开来，把"十年文革"的错误理论与实践同"文革十年"的整个历史区分开来。一句话，"十年文革"不等于"文革十年"，前者作为一种社会政治实践被彻底否定，并不意味着十年间的历史也一无是处。事实上，无论前三十年，包括"文革十年"，还是后三十年，更不用说新时代新征程，都是共产党领导人民走社会主义道路的艰苦奋斗与艰辛探索，都属于中国式现代化的伟大实践，都不离左一脚右一脚、深一脚浅一脚的中国道路。

改革开放

1976年10月，中共中央政治局一举解决了"四人帮"问题，意味着"十年文革"终结。一时间，举国欢欣，奔走相告，仿佛迎来又一次解放，音乐家施光南谱写的一曲《祝酒歌》将漫卷诗书喜欲狂的心情宣泄得淋漓尽致："美酒飘香歌声飞，朋友啊请你干一杯，胜利的十月永难忘，杯中洒满幸福泪……"由此，新中国历史进入"新时期"。新时期的突出特征可谓"改革开放"，其间发展历程及其成就人所熟知，用第三个历史决议即《中共中央关于党的百年奋斗重大成就和历史经验的决议》的概括：

改革开放和社会主义现代化建设的伟大成就举世瞩目，我国实现了从生产力相对落后到经济总量跃居世界第二的历史性突破，实现了人民生活从温饱不足到总体小康、奔向全面小康的历史性跨越，推进了中华民族从站起来到富起来的伟大飞跃。

1982年3月26日，外交部发言人首次新闻发布会

迄今为止，改革开放大致经历了"起承转合"四个阶段。从"胜利的十月"到《关于建国以来党的若干历史问题的决议》(1981)为第一阶段，即所谓"起"。这个阶段着力于"拨乱反正"，包括平反冤假错案、1977年恢复高考、把工作中心从"阶级斗争"转向"经济建设"、思想文化领域解冻等，而最引人注目的当数农村的"大包干"，恰似建国初的"土改"。中国人民大学农业与农村发展学院院长温铁军教授，在回顾30年改革开放历史时曾就此回答记者的提问：

《南风窗》：毋庸置疑，早期的改革是多数人受益的改革。而在叙述早期的改革经验时，人们总要以"统分结合、双层经营的家庭联产承包责任制"这个带有神话色彩的故事开头。在您看来，农村大包干的实质是什么？它所起到的制度变革的意义又在哪里？

温铁军：大包干的结果，是传统的恢复。我曾经多次讲过，大包干所造成的农村经济基础不外乎是"传统的小农经济加村社制"，其财产和分配关系则是"土地均分制加定额租"。至于报刊杂志怎么宣传，我不过一介穷儒，大可不必去考虑，只是应该尽责地把问题的实质讲清楚。

不过，在80年代初期，出于回避意识形态制约的需要，确实不能直白地说这样的大实话。在杜润生老先生90寿辰的座谈会上，陈锡文

（原中央农村工作领导小组办公室主任——引者注）回忆起他 1984 年参加中央一号文件起草时在京西宾馆的电梯里向杜老请教，为什么文件语言非得这么拗口？杜老告诫他，中央文件上这种对于大包干的表述，"少一个字都是要掉脑袋的"。

20 世纪 80 年代属于新时期的第二阶段，即所谓"承"，在"拨乱反正"的基础上，内政外交各个领域全面推行"改革开放"，犹如建国初期，气象为之一新，风貌为之一变。与此同时，随着改革开放的步步深入，一些深层次的矛盾和问题逐渐显露，加上国内外各种思潮的纷纭激荡，最终酿成 1989 年春夏之交的"政治风波"。20 世纪 90 年代是新时期的第三阶段，是为"转"。其间以邓小平 1992 年"南方谈话"为标志，告别计划经济，开启市场经济。从此，发展进一步加速，国力进一步加强，同时各种社会矛盾也进一步加剧。按照汪晖的分析：

> "80 年代"是以社会主义自我改革的形式展开的革命世纪的尾声，它的灵感源泉主要来自它所批判的时代（"实践是检验真理的唯一标准""价值规律与商品经济""人道主义与异化问题"等被视为典型的"80 年代的论题"，其实没有一个不是来自 50、60 和 70 年代的社会主义历史）；而"90 年代"却是以革命世纪的终结为前提展开的新的戏剧，经济、政治、文化以及军事的含义在这个时代发生了根本性转变，若不加以重新界定，甚至政党、国家、群众等等耳熟能详的范畴就不可能用于对这个时代的分析。（《去政治化的政治》序言）

进入 21 世纪，随着大幅度调整和解决经济社会发展不平衡的问题、城乡和地区的矛盾、效率与公平的关系等，新时期又逐渐过渡到第四个阶段，是为"合"，近乎辩证法正反合之"合"。2007 年十七大前夕，政治学家王绍光接受香港《凤凰周刊》采访时，回顾和分析了这个过程和转变：

> 从改革开始到 1990 年代中期，可以说中国只有经济政策，没有社会政策。当时的指导思想是"效率优先、兼顾公平"，但是为了追求效率或整体经济增长速度的最大化，并没有兼顾公平。到 1990 年代中期，中国的总体基尼系数已上升到 0.45 的高度。按照国际通行的标准，已

达到严重不平等的地步。从只有经济政策到开始社会政策，这个起始点在1999年左右。1999年西部大开发，大量转移支付给西部。再一个是社会保障，为下岗工人提供一个不会饿肚子的保障。社会政策真正的转折点在2002—2003年。2002年以前城市低保的人很少。5000多万人下岗了，很多人成为城市贫困人口，形成一个新的贫困群体。2002年中央充分认识到这个问题，给地方下指示，要求做到应保尽保，每个人都有碗饭吃。2002年年末，低保人口达到2 200万人。现在还是这个数字，估计大概就这么多人，但是整个低保的开支大幅上升，低保的水平提高了。有些地方还有医疗救助。

　　直到最近几年胡温上任以后，才开始形成一种新的改革共识：不能以效率优先为惟一目标，不能以GDP为指标，要兼顾公平，兼顾生态环境。现在上层领导、下层老百姓、左中右各派大都接受这种新的共识。甘阳最近在一篇文章中，对新的改革共识有精辟的分析。他说："这种'新的改革共识'就是强烈要求中国的改革要'更加注重社会公平'而不再是片面追求'效率优先'，要求改革的结果是'共同富裕'而不再是'少数人先富'，要求改革更加明确'以人为本'的目标而不再是盲目追求GDP增长。这种'新的改革共识'实际上已经成为当代中国的最强大公共舆论，并且已经促成近年来中国政府和执政党改革方针的重大调整和转向，这就是胡温新政以来'建立社会主义和谐社会'这个基本纲领的提出"。在新的改革共识的背景下，新一届中央领导集体开始调整指导思想，推出一系列新的政策措施，切实解决地区发展失衡、贫富悬殊过大、生态环境恶化、国有资产流失，以及教育、医疗卫生、矿难、房价、社会治安等方面的问题。（《胡温改革——新的共识　新的走向》）

1990年，北京举行皮尔·卡丹时装展

综上所述，截至新时代，新中国历史分为前30年建设时期和后30年改革时期。两个时期既有明显区别，又有内在联系。这种联系主要体现在两个时期均以现代化为诉求，以发展为导向，以中华民族的自立自强为宗旨，也就是毛泽东念兹在兹的"自立于世界民族之林"，以及新时代的"中国梦"和"中国式现代化"。另外，前30年的积累又为后30年的发展奠定了坚实的政治、经济、社会和文化基础。如果没有前30年建立的钢铁、能源、交通、化工、水利等基础，那么改革开放根本无从谈起。换言之，前30年建设的"存量"，是后30年改革"增量"的前提，如下简单数据足以说明问题：

——毛泽东时代，工业总产值增加38倍，重工业增加90倍；从1952年到1977年，工业产量以年均11.3%的速度递增，毛泽东时代结束时，中国已经跻身世界六大工业国之列；

——从1949年到1978年，累计建成大中小型水库86 258座，2008年达到87 085座；灌溉面积从1949年的2.4亿亩增加到1978年的7.3亿亩，2007年年底达到8.67亿亩；

——科技人员从1949年的5万人，增加到1979年的500万人；

——人均寿命增加近一倍，从1949年前的35岁达到1970年的65岁；

……

因此，诚如莫里斯·迈斯纳所言，未来的历史学家"无疑会把人民共和国历史上的毛泽东时代（无论他们对此作出的其他评价是什么）作为世界历史上最宏伟的现代化篇章，作为中国人民获得巨大的社会和个人的利益的历史阶段"。也因此，无论一以贯之的主流意识，还是社会科学的严肃探讨，都将新中国前后两个时期视为统一的、连续的历史进程。习近平更明确指出，两个30年不能相互否定。

当然，新中国前后30年的历史分野也有目共睹。这种分野的根源在于两个时代的国内外形势发生诸多变化，实现现代化的目标、途径和方略也随之调整。如果说前30年的世界格局是"冷战"，那么后30年则趋于"全球化"。与之相应，现代化的重心也由重工业转向轻工业。显然，有了重工业才有飞机、大炮、坦克车，从而应对战争的威胁；有了轻工业才有电视、冰箱、洗衣机等日用消费品，从而使人民生活变得富足。既然不同时代有不同时代的"题目",那么不同时代也有不同时代的"答案"。按照社会学家黄平的说法,毛泽东时代解决了"挨打"问题,邓小平时代解决了"挨饿"问题,而未来30年应该致力解决"挨骂"问题。不管怎么看待这种历史分野,前后30年的根本变化都源于"计划经济"向"市场经济"的转型,尽管中国的计划经济并非苏联式的高度计划经济,而中国的市场经济也非欧美式的单一市场经济。"30年来,中国已经从计划经济体制转向市场社会模式,已经从一个'世界革命'的中心转化为最为活跃的资本活动的中心"(汪晖)。正是经济体制发生如此鼎革,才导致社会生活和人们心理的相应嬗变,正如王绍光所做的分析:

> 毛泽东时代的中国社会建立在公有制和计划经济的基础上。每个人都在一个集体(城市单位和农村生产队)中工作和生活。个人、家庭和基层单位不是独立的主体,而是整个国家大系统上的零部件,必须服从国家统一的计划。那时提倡的是"我为人人、人人为我"的集体主义,强调的是"为人民服务","毫不利己、专门利人","大河不满小河干","一个人的生命是有限的,而为人民服务是无限的,要把有限的生命投入到无限的为人民服务中去"。作为这种价值观的人格化代表,张思德、白求恩、向秀丽、邢燕子、雷锋、焦裕禄、王进喜等英雄人物激励了几代人无私奉献,牺牲个人利益和局部利益来维护全局利益,使"一穷二白"的中国在不长时间里建立起完整的现代经济体系。
>
> 改革开放改变了中国的经济和社会结构。产权结构的多元化、社会流动的加快、物资供应的丰富削弱了工作生活一体化的城乡集体。更重要的是改革开放改变了中国经济和社会运作的内在逻辑:公有制和计划经济强调合作,私有制和市场经济强调竞争。在市场经济中,人的各种复杂的、丰富的内在属性都简化为单一的、明确的利益追求。否则,他便会被市场大潮所吞噬。为了在竞争中求生存,人不得不把自己变成市场经济中追逐自身利益最大化的个体,不得不与他们原来从属的血缘、地域、单位切断感情纽带。结果导致这些原有共同体逐渐分崩离析,包括传统的家族、村落和现代的单位、街道。(《国家能力的重要一环:濡化能力》)

百年历史百年情

数千年未有之变局

我们身处的媒介环境或媒介生态发源于19世纪,形成于20世纪。此前数千年间,社会信息一直循着三条渠道传播,即官方的体制化渠道、文人的书面化渠道和民间的口语化渠道。对这三条渠道及其功能,可用三句古诗来概括:

校尉羽书飞瀚海,单于猎火照狼山——官方渠道

马上相逢无纸笔,凭君传语报平安——文人渠道

借问酒家何处有,牧童遥指杏花村——民间渠道

通过官方渠道传播的信息,除公文、情报、布告以及边关急报如"羽书"(鸡毛信)外,最为人知的还是"邸报"。这是在体制内传布军政动态的重要媒介,《红楼梦》里多次提到。至于文人的书面化渠道,在一个文盲遍野的年代,自然享有非同寻常的传播位势和话语权威,由此形成一个不容忽略的舆论空间或"公共空间"。如春秋战国的百家争鸣、汉代太学生以及党锢事件、建安七子或竹林七贤的魏晋风流、唐宋诗人的酬唱应和及明清士子的"风声、雨声、读书声,声声入耳;家事、国事、天下事,事事关心"等,都像今日"主流媒体",既肩负着家国天下的责任,又传承着社会主流的价值。最后,同样不可忽略的是民间渠道。表面看,它似乎局限于"日出而作,日入而息"的狭小范围与日常生活,但其神秘而细密的传播神经却遍布社会的每个层面和角落。后人虽然难以复原其具体的传播"路线图",但那种牵一发而动全身的潜量却是不容小觑的。古代许多农民起义和农民战争都是通过这条渠道形成"登高一呼,四海云应"的效应。在纪实长篇散文《山南水北》里,韩少功讲述的一个故事也折射了民间传播的神奇莫测,而

叶浅予漫画《叫魂》

最后的一句感叹——"他们似乎有一种通过风声和鸟语来洞察世界每个角落的能力",更是适用于古往今来神出鬼没的民间传播网络:

> 一位后生在镇上做二手车生意,夜里来我家玩玩,说到了电脑上网。我当即拨号上网,搜索了一下桑塔纳二手车的供求信息,打印出来交给他,前后花了十来分钟。他看着那几页纸,大为惊异,说这家伙太神了。
>
> 他骑着摩托没入夜色,回镇上去。第二天早上我妻子去买豆腐,路过熟人家,受邀喝了一杯茶。她身边有一位陌生老汉守着自己的提袋和两捆烟叶,看样子是在等候班车的。他也在喝茶,不知什么时候冷不防问:"你们昨天上了网?"
>
> 我妻子开始没听明白。
>
> "你们家昨晚没有上网么?"老汉又问。
>
> "你是说……"我妻子没想到对方问的是因特网。
>
> "上网呵。在网上找汽车呵。"
>
> 她这才慌慌地说:"是……是……吧?我不大知道。你怎么知道?"
>
> 老汉笑了笑,说他是听秀木匠说的——此木匠是山那边的人,刚才赶着牛从这里路过。
>
> 我妻子不认识秀木匠。更重要的问题是:秀木匠又是听谁说的?

我与妻子后来都大感惊奇。从昨天深夜到今天早上，也就不到六七个钟头，而且是在夜晚，一个陌生老头怎么这样快就得知上网一事？昨夜来访的后生，与这个路边的老汉，与什么秀木匠，与我们可能尚无所知的张三或者李四，并不住在一处。他们分散在山南岭北，桥头坝尾，互相八竿子打不着，怎么刹那间全都成了知情人？从山这边到山那边，又从山那边到山这边，他们组成了怎样的信息链和信息网？

上述媒介环境和媒介生态，适应着中国古代的文明形态。本书关注的现代媒介及其生态，则同"近代中国社会的新陈代谢"（陈旭麓语）相关，尤其同近百年中国社会的风雨沧桑若合一契。正是近代中国的社会巨变，特别是百年中国的沧海桑田，使传播系统与媒介生态发生前所未有的变化，包括新闻传播活动。针对这种变局及其意义，可从不同方面和角度审视、描述及概括：从传统到现代、从专制到共和、从自然经济到商品经济、从农业社会到工业社会、从半殖民地半封建到社会主义等。总之，经过百年的风吹雨打，近代中国的面貌已与"古代"大不一样了。

这种变局，从一件小事上可略见一斑。1875年，张之洞曾为全国的读书人开过一个书单，这就是有名的《书目答问》，其中包括从先秦到清代的2200种各个学科的基本书目。这份书目就相当于"一百年前中国知识分子的'共同知识范畴'"，大家都是在这个共同的范畴内思考问题、讨论问题、表述问题的。过了一百年，到20世纪末的1979年，国学大师钱穆先生又为读书人开了一个基本的国学书单，总共只有7本：《论语》《孟子》《老子》《庄子》《六祖坛经》《近思录》《传习录》。钱先生还特意强调，后面的三本即《六祖坛经》《近思录》《传习录》都是白话文。张之洞的2200本必读书和钱穆的7本必读书一比，就足以显示100年来的天翻地覆，以及"传统"与"现代"的巨大落差。

总之，随着百年风雨，中国的"媒介与社会"已发生有目共睹的沧桑巨变。如何看待这种

马克·布洛赫

变化及其动因，立足不同的史观和认识难免见仁见智。就近代历史及其新闻史而言，可以区分三种总揽全局的范式。一种是革命化的范式，一种是现代化的范式，一种是民族国家的范式。

何谓范式？范式是由美国学者库恩在《科学革命的结构》中提出的概念，本书出自他的博士论文。关于范式，各种解释不一而足，黄宗智的说法通俗易懂："指的是那些为各种模式和理论，包括对立的模式和理论所共同承认的，不言自明的信念""它们往往构成不同理论、模式间发生争议时的共同前提和出发点"。库恩在研究科学发展以及科学家的活动时发现：某个时期，虽然各家各派的观点很不一致，甚至打得头破血流，但大家却都遵从着同一范式，即黄宗智说的"不言自明的信念"。比如，经典物理学中的绝对时间、绝对空间，就是牛顿以来物理学界、科学界所共同认可、不言自明的，大家都认为时间和空间彼此独立，然后在此基础上，各家各派再讨论物理现象，争辩科学问题。在库恩看来，科学的发展很大程度上就取决于这种"不言自明的信念"，它决定着人们对事物的总体认识。而一旦旧的范式消退，新的范式出现，就会导致另一种全新的认识，如爱因斯坦的现代物理学以及相对时间、相对空间等。

按照库恩的范式论，不仅要看到各家各派的学说，而且还应该看到其间起支配作用的基本认识框架即范式。比如，现在经常谈论的现代主义和后现代主义，就是两种不同的理论范式。现代主义尊崇启蒙理性的一整套宏大叙事，诸如人是有理性的，人是自私的，于是任由市场经济"看不见的手"进行自然调节，并由民主政治进行社会管理等。而后现代主义则属于另一套范式及其话语，质疑、颠覆、批判启蒙主义的宏大叙事，包括理性、民主、自由等。

宣传画

总之，所谓"范式"，简单地讲就是一种认识的逻辑、思路与框架，一种对社会的、自然的、心理和精神的现象所赋予的整体观照。在特定范式或框架下，可能存在不同观点，甚至对立观点，但都遵循同样的前提或假设。如"经典物理学"与"现代物理学",就属两种科学范式。借用库恩的范式论,也可对鸦片战争以来中国社会的新陈代谢进行宏观的审视和总体的把握。

迄今为止,近代史研究大致形成三种范式,第一种是革命化范式,第二种是现代化范式,第三种是民族国家范式。

革命化范式,是将近代中国社会的新陈代谢归结为两大基本矛盾的演化,即帝国主义列强和中华民族的矛盾、封建主义和人民大众的矛盾,由此形成革命化范式"不言自明的信念"或"共同前提和出发点"。具体来说,两大基本矛盾构成近代中国社会演变的基本动力,近代中国发生的一切变革都取决于此,正是由于两大矛盾不断激化,才推动近代中国的一次次新陈代谢。用毛泽东《中国革命与中国共产党》一文的经典表述来说:

> 帝国主义和中华民族的矛盾,封建主义和人民大众的矛盾,这些就是近代中国社会的主要的矛盾。当然还有别的矛盾,例如资产阶级和无产阶级的矛盾,反动统治阶级内部的矛盾。而帝国主义和中华民族的矛盾,乃是各种矛盾中的最主要的矛盾。这些矛盾的斗争及其尖锐化,就不能不造成日益发展的革命运动。伟大的近代和现代的中国革命,是在这些基本矛盾的基础之上发生和发展起来的。

按照革命化范式,近代史的叙事就形成三大革命高潮——太平天国、义和团、辛亥革命,这些均属旧民主主义革命,此后的新民主主义革命又包括土地革命、抗日战争、解放战争等。而这一系列天翻地覆的大事变、影响中华民族命运的大关节,都可归结为两大基本矛盾及其演化。尽管在这个范式里,也存在许多不同的观点,但其基本的前提则是一致的,即在两大基本矛盾的框架中书写中国近代史。这种范式既具有历史的坚实依据,又体现逻辑的严密自洽,的确抓住了影响中国近代社会新陈代谢的关键和枢机。当代新儒家冯友兰先生,在回顾自己人生与学术道路的自传《三松堂自序》中,写下一段平和、通达、发自内心的文字:

> 在中国半封建半殖民地的地位中,凡是中国人都受帝国主义的迫害。在上海黄浦滩外滩公园门口,帝国主义者立了一个牌子,上边写着"华人与狗不得入内"。……中国共产党领导中国人民推翻了地主阶

级的统治，赶走了帝国主义者，挡住了他们的侵略，形象地说，就是推翻了"三座大山"。这"三座大山"，不仅压在中国劳动人民头上，也压在所有的中国人的头上。中国共产党解放了全中国，这不仅是对于中国劳动人民的解放，也是对于全中国人民的解放。北大有一位教授，在美国有很好的职业，他听说解放军在解放南京的时候，用江阴炮台的大炮扣留了英国的紫石英号炮舰，他说："好了，中国人站起来了！"他马上辞职，冒着危险回到中国。"中国人站起来了！"这是毛泽东于中华人民共和国成立的时候在天安门城楼上向全世界宣告的。毛泽东是代表全中国人、整个中华民族说这句话的。在1971年中国进入联合国，梁漱溟给我来了一封信，说这是一件大事，要找我谈谈。我请他到家里来。他来了，对我说，中国进入联合国，标志着中华民族和全世界其他民族处于平等的地位了，这是我们在一二十岁的时候就向往的。这说明共产党毛主席确实是领导中国人民，叫人民站起来了，确实推翻了"三座大山"，压在大山下面的都翻身了，整个的中华民族都相信这一点，真是对于共产党毛主席有无限的崇敬和热爱。这并不是个人迷信，这是像孟轲说的"心服"，"如七十子之服孔子也"。

与此同时，革命化范式也不免将错综复杂的历史简化。由于突出"革命是历史的火车头"（马克思），往往忽略历史的细枝末节，特别是社会人生方面的丰富内涵。在这种范式下，人们关注宏大主题，大江东去，大浪淘沙，而大量琐屑的、细碎的、家常的图景难以进入这种历史叙事。

如果说革命化范式是以两大基本矛盾为主线书写中国近代史，那么现代化范式则以走向世界为主题建构中国近代史。显然，这个"世界"是西方，故所谓现代化范式实为西方现代化范式。按照这一范式，近代中国的新陈代谢便成为一个从封闭、传统和落后的社会，一步步走向文明、走向世界、走向现代化的过程。费正清的"冲击—回应"（Impact-Response）理论，就是现代化范式的代表。按照这种范式看待中国近代历史，就形成另外一套叙事。比如，强调洋务运动的作用，因为这是中国最早的现代化运动。再如，维新变法、五四运动等都被赋予政制改革、文化鼎故的历史地位，也就是说开启了政治现代化和思想现代化的先河。这套现代化叙事，随着改革开放日渐成为强势范式，2006年的"冰点事件"，就是现代化范式

《天津条约》(1858年)

对革命化范式的一次强力冲击。

现代化或西方式现代化范式的问题在于往往无视或忽视传统与国情，一切唯西方马首是瞻，因为现代化、现代性、现代文明等貌似源于西方。更有甚者，不惜贬抑或抹杀千百万仁人志士的泪血追寻，因为按照现代化范式，许多事情似乎都好似"逆历史潮流而动"。比如，太平天国、义和团等都带有蒙昧的、野蛮的、非理性的色彩，体现着某种抗拒现代文明的冲动，乃至抗美援朝都被归入反现代化之列。

两个范式既矛盾，又统一。矛盾集中于社会主义道路（革命化）与资本主义道路（现代化）的对立，中国式现代化与西方式现代化的差异。统一则体现于追求现代文明现代化。这一目标对现代化范式自不待言，而对革命化范式也不例外：从康梁的变法维新到孙中山的辛亥革命，从毛泽东的"四个现代化"到邓小平的"发展是硬道理"，进而到二十大提炼的"中国式现代化"。以清华大学历史学家李伯重教授讨论的江南农业现代化问题为例：

> 江南大规模的农业近代化（即现代化——引者）始于1950年代。一个强有力的国家，推行一项雄心勃勃的计划，旨在使江南农业在一个短时期内实现近代化，这在江南的历史上还是头一次。尽管模仿苏联农业发展模式后来被视为一大失败，但是很难说作出这样的决定只是出于政治上的考虑。例如，在接受过近代教育的人中，很少有人会相信像锄头那样的"原始"的手工农具会比拖拉机更有效率，或者一个只拥有10亩（或更少）耕地的家庭农场会比一个拥有几千亩耕地的大农场更有效率。但是如果一个农场的规模只有几亩大，就无法想象

其主人会需要使用拖拉机来耕田。简言之，由于农业近代化主要就是机械化，而地权的高度分散和经营规模的狭小是机械化的主要障碍，因此农业近代化必须依靠农业集体化来达到。这种想法似乎非常符合关于"发展"的共识，后者特别强调技术、规模经济等。出于这样的原因，在1950年代后期和1960年代初期，国家在江南推行了农业集体化和公社化运动，并且大力推广诸如双轮铧犁、大型拖拉机和收割机等近代农业机械。（杨念群等主编《新史学：多学科对话的图景》）

清华大学教授汪晖在回答北京大学中文系师生的采访时，进一步谈及革命与现代性问题：

现代性的那些最基本的价值和问题，是通过中国革命和中国改革才展示出来的。我说的中国革命不仅仅是毛泽东的革命，还包括清末以来进行的历次革命运动。无论是对现代性持基本的信任态度，还是基本的否定态度，你都不可能站在某种理论的立场全盘否定这个进程和传统。如果把这个传统彻底否定了，我们也就没有所谓"现代"可言了。（《别求新声》）

总之，两种范式下的历史都在追求现代意义上的进步或发展，只是进步或发展的路径不同，方略有别。

对于两种范式及其所对应的时代主题，李泽厚先生在1980年代曾提出"救亡"与"启蒙"的二元变奏说，大意是说，自从中国面临"三千年未遇之变局"，一直被两大问题所困扰。一方面，是以现代文明对国人进行启蒙，如民主思想、公民意识、平等观念等。另一方面，由于中国进入现代世界不是自然生成的，而是被列强打入的，于是民族危机空前严重，中华民族一次次陷入生死存亡的境地，从而又使救亡图存的问题刻不容缓地摆在国人面前。从鸦片战争以来，"救亡"与"启蒙"两大主题一直互相缠绕，此起彼伏。既然中国必须融入现代化潮流，即孙中山先生所说的"世界潮流，浩浩荡荡，顺之则昌，逆之则亡"，那么就不得不对大众进行启蒙，不得不对传统"祛魅"，进而不得不走出中世纪的政治、经济与文化氛围。与此同时，随着现实的"救亡"问题日益紧迫、日益严峻，革命与斗争的主题又不得不一再压过启蒙，不得不成为必须应对的现实急务。道理非常简单，国之不存，族之不兴，还侈谈什么现代化呢。于是，救亡与启蒙就构成百年中国的二重变奏，就如革命化与现代化的你追我赶。

民族国家建国之路

随着中华民族伟大复兴的历史潮流在百年未有之大变局下汹涌澎湃，除了革命化范式和现代化范式，把握近代中国的新陈代谢就出现新的民族国家范式。民族国家（nation-state）是有特定含义的概念，而非字面上民族构成的国家。简单来说，它是遵循近代启蒙理性而形成的一种国家形态和政权体制，是近代历史的产物。相比其他国家形态和政权体制，民族国家有三个突出特征：确定的疆域、独立的主权和强烈的民族认同感，即北京大学中文系教授李杨在批评李泽厚的一篇文章里写道："民族国家的一个重要的特点，是要求在固定的疆域内享有至高无上的主权，建立一个可以把政令有效地贯彻至国境内各个角落和社会各个阶层的行政体系，并且要求国民对国家整体必须有忠贞不渝的认同感。"（《"救亡压倒启蒙"？——对八十年代一种历史"元叙事"的解构分析》）

这种不同于既往一切历史的国家形态，是伴随现代历史现代化而出现的。自1492年哥伦布抵达新大陆以来，整个世界历史便都被迫朝着一个方向演进，即所谓现代化或全球化。美国学者斯塔夫里阿诺斯在《全球通史》中，就以哥伦布发现新大陆的时间为界，将人类历史分为1500年以前的世界和1500年以后的世界。1500年以后的世界有何不同呢？用启蒙主义的语言表述，就是现代性、现代化与现代主义的三位一体。而这个三位一体的现实化身，就是民族国家及其发展历史。中共中央政治局有次集体学习的主题就是1500年后的世界历史，由南京大学和首都师范大学研究世界史的钱乘旦教授和齐世荣教授主讲（钱后来调入北京大学）。这段历史的主线可以概括为民族国家的建立与发展，故钱乘旦教授的第一个观点就是："一个国家要想强盛，统一的民族国家是前提。做不到这一点，不要说强盛，连生存都有问题。"

不言而喻,最早的民族国家出现在欧洲。"一部欧洲近代史,可归结为民族国家与民族主义发展的历史。作为现代社会标志的商业活动的扩张与技术工业的发展,都可视为民族国家这一世俗政治建构的后果。"(李杨)亨廷顿在论述"文明的冲突"理论时,谈到现代世界的四种冲突形态。一是最早的君王之间的冲突,这种冲突在"三十年战争"(1618—1648)中达到极致。此后,君王的冲突就演变为民族国家间的冲突,这种冲突以19世纪列强瓜分世界为代表。十月革命的爆发以及苏联社会主义的胜利,又使这种冲突让位于社会主义与资本主义两大阵营的冲突,即亨廷顿所说的意识形态的冲突。到20世纪末苏东解体,意识形态的冲突就变成他所谓的"文明的冲突"。其实,民族国家的冲突一直都是现代世界历史的主线,并贯穿20世纪,所谓意识形态的冲突和文明的冲突,只是使民族国家的冲突更趋复杂化,而并没有取代民族国家的明争暗斗,现代世界的基本格局还是受制于民族国家,诸如联合国等国际组织都是民族国家的联合体。

关于民族国家的起源与发展,B. 安德森在其名著《想象的共同体》一书中做了一个经典论述。作为来华传教士的后代,B. 安德森与小他两岁的弟弟P. 安德森出生于昆明,均为知名学者——后者曾长期担任英国《新左翼评论》(*New Left Review*)杂志的主编。1983年,B. 安德森以《想象的共同体:民族主义的起源与扩散》(*Imagined Communities: Reflections on the Origin and Spread of Nationalism*)而一举成名,这部影响广泛的著作就在探讨民族国家以及民族主义。17世纪的法国哲人帕斯卡尔,在传世名作《思想录》里提出一系列发人深省的命题,如"人只不过是根苇草,是自然界最脆弱的东西;但他是一根能思想的苇草","埃及妖后"Cleopatra 的鼻子如果"生得短一些,那末整个大地的面貌都会改观"等,其中也涉及民族国家:"一个人仅因为他住在河那边,仅因为他的统治者与我的统治者发生

梁漱溟漫画像

争吵（即便这和我毫无关系）就有权杀死我，世上还有什么比这更荒谬的吗？"这样的问题从常识上讲确实荒谬，然而放在民族国家的背景下看又不难理解，因为它所涉及的不是个人之间的问题，而是民族国家之间的关系，这条河流实际上隔开了不同的民族国家。民族国家之民族的关键或不同于历史上任何民族之处在于，它是一种想象的产物。按照《想象的共同体》的说法，现代意义的民族"是一种想象的政治共同体"。为什么说它是一种"想象的"产物呢？因为，"即使是最小的民族的成员，也不可能认识他们大多数的同胞，和他们相遇，或者甚至听说过他们，然而，他们相互连结的意象却活在每一位成员的心中"（安德森）。

那么，这种想象又是如何成为可能的呢？在 B. 安德森看来，印刷媒介的普及与发展，为这种民族国家的想象提供了条件。正是由于报纸、杂志、书籍等印刷媒介，以及随后的广播、电视、网络等电子媒介日益普及与发达，人们才可能将互不相识的人们想象为声气相通的"同胞"。按照黑格尔的形象说法，读报就像现代人的晨祷（或晚祷）。虽然读报（或是听广播、看电视、上网浏览看手机等）是一种个人行为，是默不作声的，但是每个人的内心都明确感到，这个仪式在同一时间正被数以千万计的、素昧平生的人所分享。从现代历史看，民族主义和民族国家的兴起过程，恰同现代媒介的发生发展相同步。

鸦片战争以来的中国现代化历史，也是在这样一种历史趋势与世界格局中展开的，无论革命化还是现代化，也不管启蒙还是救亡，现代中国都离不开民族国家的确立与发展。此前，中国社会历史的"大一统"对维系五千年文明固然厥功至伟，但整个社会与世道人心除了文化传统的一律和认同，实际上处于一盘散沙的状态。冯友兰先生说过："中国一词在古代文化意义最甚，民族意义较少，国体意义尚无。"罗素说得更直白："与其把中国视为政治实体，还不如把它视为文明实体——惟一从古代存留至今的文明。"其间，人们共同认可的最高价值是文化而不是国家，大家都尊崇这种共同的文化，都是华夏文化的子民，如儒家伦理、四书五经、唐诗宋词、琴棋书画，还有日常生活里的三从四德、忠孝节义等。所以，古代中国更其是一种文化国家，更其是以文化立国、以文化传承的共同体。顾炎武有句名言，"天下兴亡，匹夫有责"。大意是说，改朝换代的"亡国"

并不足惜，礼崩乐坏的"亡天下"才是每个人都有责任并挺身而出的。换言之，他看重的是文化意义的中国，而不是国体意义的中国。梁漱溟先生认为："传统中国不像国家，第一可从其缺少国家应有之功能见之。此即从来中国政治上所表现之消极无为。历代相传，'不扰民'是其最大信条，'政简刑清'是其最高理想。"瞿同祖先生对清代的地方政府做过专门研究，发现当时全国的官吏大概只有两万多人，不及现在一个省会的公务员数量。他还具体研究了10个县，最大的一个县也只有50名官吏，其中还包括县太爷出门时举"回避""肃静"牌子的皂隶等，而最小的一个县则只有15名官吏，现在随便一个乡镇的官员也不止这个数字。怨不得费孝通将传统中国的政治，界定为"皇权与绅权"的划分。国家层面的皇权仅仅维持"大一统"局面，大量的、琐细的、具体的社会管理事务，往往是由地方的乡绅、宗族、村社自行处理的。费正清的弟子、哈佛大学汉学家列文森（Joseph R. Levenson），干脆将传统中国界定为"文化国家"。他认为，信奉文化至上的"文化国家"以及相应的"文化主义"是一种自然而然的、对于文化自身优越性的信仰，无须在文化之外寻求合法性和辩护词，而近代中国的时代主题就是从文化主义转向民族主义，并以民族国家为最终目标。

因为，文化国家遭遇现代列强的挑战时是无法有效应战的。想想看，一方是一盘散沙的文化共同体，而一方则是高度组织化的、犹如攥紧拳头的民族国家。冯玉祥在其自传《我的生活》里记述的一段故事颇有代表性：

> 老先生坐下来，头一句就问我："你置了多少地？"
>
> 我说，"咱们的国家如今衰弱已极。……国家危险到这种地步，自己哪有心思去置产业？……"
>
> 他说："你究竟年纪轻，还不知道世上的艰苦。什么外国人占高丽，占这占那，这和我们有什么相干？我劝你最好还是置几顷地，有上三顷五顷的，再好也没有了。说什么也是地好。……你千万不要上人家的当。"
>
> "要是我们的国家亡了，有地也是无用的了。"

"为什么无用？谁来做皇帝，就给谁纳粮好了。"

我当时再也没法往下说。后来我想到，这位老先生的话，很可以代表中国一般老百姓的意识和观念。

祝东力从意识形态的凝聚力角度，揭示了深层的社会心理机制：

> 中国长期实行儒家的家国伦理，它的特点和所有传统社会一样，就是一套讲究上智下愚、尊卑贵贱的意识形态和话语体系，所谓"劳心者治人，劳力者治于人"，等等。这套意识形态在很大程度上排斥了社会上的大多数人，特别是广大底层的劳动者——我不是全盘否定儒家学说，儒家作为古典中国的核心价值观和主流文化，有好多正面价值，到今天也是重要的思想遗产。但是，必须指出，儒家的确包含了强烈的等级观念。所以在中国传统社会，意识形态动员一般也就只能到达士绅阶层，所谓"君子喻以义，小人喻以利"。正因为国家认同、国家意识普及不到劳动阶层，所以老百姓对于国家就只是单方面地承担赋税徭役，所以说，"民可使由之，不可使知之"。
>
> 从晚清到民国，因为意识形态失败导致溃散的例子，可以说比比皆是。比如1944年的豫湘桂战役，已经临近抗战结束了，还出现那样的大溃退。为什么？除了战略战术等方面的原因，最根本的就是缺少有效的意识形态动员。曾经做过国民政府教育部长和北大校长的蒋梦麟，抗战期间是中国红十字会会长。他考察国统区壮丁收容所发现，在一般情况下，壮丁一逃一病一死，"合格入伍者，只四分之一"。因为缺少有效的意识形态动员，所以送到抗战前线的壮丁是用绳子捆去的。这样的士兵能有战斗意志吗？（《天涯》2008年第3期）

按照民族国家范式，鸦片战争后的近代史就成为一部从"文化主义"到"民族主义"、从"文化国家"到"民族国家"的转型史，正如李杨所言："从晚清至1949年以前的中国现代'救亡'史，是从文化主义向民族主义转化、从传统样式的文明向现代样式的民族国家转型的历史。"进一步说，一部中国乃至世界近现代史，都是民族国家与民族主义的发展史。

近代以降，在西方民族国家强力挑战下，传统中国政治制度的种种缺陷暴露无遗。最突出的例证在于这种制度既无法有效地加强国防，动员民众，抗拒外敌的入侵，也没有能力汲取足够财力，将国家导入现代化的轨道，与洋人展开竞争，相反，却在对外战争中一次次惨败，一次次割地赔款。正因如此，许多有远见的知识分子越来越觉得中国的根本问题并不是缺乏个人自由，而是缺乏高度统一的政治认同。孙中山和梁漱溟都曾指出，中国的病根本来在于散沙一般的分散性和过度的离心性，问题不是自由不足，而是自由过剩，因此，必须加强聚集力和向心力。如果提倡与此相悖的个人主义、自由主义等，则是药不对症。胡适的弟子唐德刚，有一次就批评乃师：你的那套自由主义理论，在抽象的学理上无一不对，而在具体的实施上无一不错。在一盘散沙的文化中国鼓吹个人自由，无疑会使情况更为恶化。孙中山晚年，在"三民主义"的著名演讲里就说道："个人不可太过自由，国家要得完全自由。到了国家能够行动自由，中国便是强盛的国家。"

意识到这个问题后，鸦片战争后的一代代仁人志士，为了建立自己的民族国家前仆后继。不管是救亡图存的革命化之路，还是维新变法的现代化之路，其实都强烈意识到历史的宿命就在于必须将传统的文化国家转变为现代的民族国家。

常说西方的强大，得力于科技进步、思想先进、制度创新等。这些说辞似是而非，实则受制于"从现实反推历史"的逻辑，即从欧美国家处于强势地位的现实出发，苦心孤诣地寻找其"兴起之源"，不遗余力地挖掘"欧洲文化的优秀传统"，然后贴上理性、科学、民主、进取精神、宗教伦理等光鲜标签，直至树立为全球的榜样。当代的全球史学者指出，"欧洲兴起"只是人类历史上特定时期的特定产物，从中挖掘"普适性"的"文化特质"只能是制造"西方中心论"神话。如果说现代欧洲确有什么不同于其他文明的成分，那么最核心的内容就在民族国家体制。以美国为例，时贤往往喜欢用"三权分立"、地方政府与联邦政府分立等表象说明所谓"大社会，小政府"，仿佛美国政府笃信黄老之学，清静无为，一切都是由社会自行良性运转，这是天大的错觉。事实上，美国联邦政府是世界上最强大的统治机器，而且随着美国在20世纪的崛起这部统治机器就越来越强大，美国之所以能够度过20世纪30年代席卷资本主义世界的最大经济危

美国国会山

机,也是由于联邦政府的巨大能量与大力介入。现在的美国政府拥有最庞大的雇员、最庞大的开支、最庞大的机构、最庞大的功能,对此美国记者皮特(Saul Pett)以一篇获得普利策新闻奖的作品《联邦机构》(*The Federal Bureaucracy*),做了细致、详尽、令人瞠目结舌的描绘与揭示。留学美国并获得政治学博士学位的北京大学教授潘维也指出:

> 许多人误认为西方社会信奉个人自由至上,这是一些知识精英"食洋不化"的结果。其实,相对于中国社会事实上的个体至上,西方社会自古希腊罗马时代就是群体主义的。中世纪自不待言,进入工业时代后,纪律和规则成为社会纽带,群体严丝合缝的配合劳作成为社会强大的关键。在西方的群体里,等级、纪律、服从、权威、共同意志之类的词汇屡见不鲜,是西方社会的"基因"。Civil Society,无论翻译成市民社会、公民社会,或者文明会社,首先是"会社"。不属于组织起来了的"会"或"社",就成了"私"民,就不是"公民",就不"文明"。正是由于这种群体至上的传统和现实,尊重"个人",分清"群"与"己"的"权界",才成为西方社会永恒的话题。(玛雅《战略高度:中国思想界访谈录》)

再以鸦片战争为例,也不是所谓"落后挨打论"所能解释的。依据国际工合组织的报告分析,1820 年的中国人均产值还占世界首位。至于挑起

鸦片战争时期的英国战舰

宣传画

战端的英国,"仍然是工业革命前的桅帆船,因为当时富尔敦汽船还不能用于实战,英舰队仅有两艘只充通讯工具。从吨位、装备、速率等综合性能看,这时的英舰未必胜过 300 年前郑和指挥的战船。况且当时还没有苏伊士运河,没有无线电技术,没有现代化的补给、医疗等手段……"(朱维铮)出生于鸦片战争那一年的近代闻人马相伯,12 岁进法国人办的徐家汇公学。有一次,外国老师带他们去参观黄浦江上停泊的英国战舰,结果大家吃惊地发现,所谓"船坚炮利"竟是船也旧,炮也差。然而,恰恰就是这样无足称道的军事力量,硬是逼使泱泱上国订立城下之盟,原因何在?就在于英国以及随后蜂拥而来的列强已是民族国家,而中国还处于"文化国家"状态。同这种文化国家及各种文化共同体相比,西方列强不仅"具有其他政治组织方式所不具有的加强国家凝聚力、动员和集中社会资源、提高政治效率的能力"(李杨),能将整个社会的人力、物力和财力充分有效地加以组织和利用,而且,更为重要的是可以形成一种同仇敌忾的民族意志。这种意志在法国大革命年代的《马赛曲》中得到淋漓尽致的表现,这首歌曲后来顺理成章地成为法国国歌,而国歌、国徽、国旗等正是民族国家的鲜明标志。

有个真实的故事,颇能说明文化国家与民族国家的对决。鸦片战争期间,当英军战舰沿珠江顺流而上时,沿岸成千上万的民众云集围观,跟看大戏一般。在围观者看来,这场战争只是朝廷和洋人的冲突,同自己毫不相干。这个故事与鲁迅先生在日本看到同胞被杀而围观看客一脸麻木的情景,真是如出一辙何其相似。这里,我们不能责怪民众麻木不仁,而实在说来当时的国家同他们没有真切的关联,在百姓心里,除了种田纳粮和文化认同，对国家并没有确切概念。于是，一方是铁板一块、武装到牙齿的民族国家，而另一方却是散沙一盘、只知德披天下的文化国家，一方是上下同心，而另一方是天下涣散——鸦片战争以及随后一次次战争的结局就此注定。

面对这样一种根本不可比的阵势，睁眼看世界的国人一直在自觉不自觉地探讨如何使中国走出传统的文化国家，迈向现代的民族国家，如何将散沙一盘的"百姓"整合为同声相应同气相求的"同胞"。不管具体方略如何不同，最终都朝着一个确定方向，即从传统的"文化主义"走向现代的"民族主义"，从过去的"文化认同"走向现代的"国家认同"，从过去的"文化国家"走向现在的"民族国家"——两者差异如下表所示。

	文化国家	民族国家
政治上	皇权	主权
观念上	天下	国家
外交上	朝贡（面子）	利益（里子）
认同上	文化	祖国
文明上	农业/农村	工业/城市
施政上	道德主义	现实主义
思想上	忠君主义	爱国主义

对此，汪晖在皇皇四卷的《现代中国思想的兴起》里做了深入剖析：

> 天朝帝国是一个以农业为主的社会，其内部主权的最为集中的表达即在全国范围内集中的土地所有权。帝国的土地所有权既可能表现为传统国家土地国有制形态（通过屯田、营田、垦田、草田、公田、官田、占田、均田、露田对劳动力进行军事的和政治的编制），也可能表现为豪族或庶族的地主所有制，以及帝国扩张过程中形成的分封性的贵族体制，如蒙旗制和土司制。上述土地占有关系的政治或社会形式是宗法、乡约、保甲制以及边疆区域的分权形式。所有这些权力关系均在礼仪和制度的规划下从属于以皇权为中心的王朝国家，后者以这一对内主权为依托构筑以朝贡网络为其礼仪形式的世界关系格局。

......

现代国家的主权是一种世界政治体系和经济关系的产物。……其标志为：一、以民族－国家的形式主权体系改造原有的帝国体系，在单一主权的概念之下建立人民与国家的统一体系，一方面瓦解原有的多元权力中心的帝国体系，另一方面以单一主权的形式确立民族—国家与其他政治实体的国际关系；二、帝国权力或皇权代表着一种多样文化关系中的群体关系，而民族—国家则将这一多元文化关系的群体关系构想为一个整体的人民主体，从而将主权与一个具有单一意志的人民纳入民族的框架之内。……三、人民的形成需要以法的形式将个人从族群的、地域的和宗法的关系中抽象或分离出来，并建构成为形式平等的国家公民……民族—国家的主权形式与帝国时代法律多元主义不能匹配；以士绅和村社为中心的地方性的社会网络也无法适应国家的和工业的社会组织形式。这两个方面都要求着在自然权利观念或契约论主导下的一种个人的自主性。

在这一国家形态的转型中，政党政治可以视为突出标志。了解中国历史的人都知道，中国传统政治最忌讳"党"，朋比为党、结党营私、党同伐异等意识都源于这种文化传统和心理积淀。而现代政治的核心却恰恰在于"党"字，西方如此，中国亦然。因为，要想建立一个上下一体、全民一心的民族国家，就不得不借助一个强有力的核心组织，这就是政党。意大利共产党领袖、思想家葛兰西说得好，"如果在现代写一部新的《君主论》（意大利文艺复兴思想家马基雅维利代表作——引者注），其主人公不会是一位英雄，而只能是一个政党。具体点说，是在各种不同时期，在各个不同民族的不同内部关系中，致力于建立一个新型国家的那样一个党"（《狱中札记》）。

按照民族国家的范式，从洋务运动到辛亥革命、从民国到中华人民共和国，都属于民族国家的建国历程。其中，辛亥革命结束了三千年的文化天下，开启了民族国家的纪元。形式上看，辛亥革命后的中国已是民族国家，同西方现代国家相比并无二致，诸如民主、宪政、工业化、现代教育体系、思想观念等，已经具有现代文明的形态与表征。然而，众所周知，这一切还停留于表象，领土的完整、主权的独立、人民的认同等实际上并没有落实。随便翻翻现代文学的乡土作品，如鲁迅的《闰生》《祝福》、柔石的《二月》、沈从文的《边城》等，就可知道当时社会状态的大略情形了。从1912年到1949年，中国仍然处于四分五裂之中。新中国成立前，中央政府的权限只达县级，根本无法有效地提取现代化所需的财政税收，蒋介石的幕僚，后来台湾新儒家的代表徐复观，称之为"横向不到边，纵向不到底"，即费正清主编《剑桥中华民国史》概括的：

> 无论是北洋军阀还是随后的南京政权，都主要从经济的城市部分为政府筹措经费。中华民国的中央政府既不从农村部分征收大量税收，对半自治的省和地方上的利益集团的征收和支出也没多大影响。换句话说，在1949年以前，没有一届国民政府能够通过中央政府的国库转用国民经济总收入的大部分。结果，政府的政策虽然对经济不是没有深远的后果，但从来不真正具备推动中国经济走上现代经济增长道路的能力。

更严峻的问题是，清朝灭亡后，西藏发生大规模驱逐汉人的运动，东北、内蒙古、新疆等近一半的中华民国国土都有分裂危险。另外，租界林立，旅顺、大连、青岛等都不在治下。全国各地不是军阀割据，兵连祸接，就是黑帮盛行，土匪如麻，国家法度在大多数地方形同虚设。抗战胜利后，蒋政权在大敌当前之时勉强与各路军阀结成的同盟关系再度濒临瓦解……

这一系列的内政外交困境，最后都由中华人民共和国彻底解决。换言之，有名有实的民族国家是由新中国确立的。新中国不仅彻底消灭了各种地方势力，并且第一次为了国家的利益不惜同世界上最强大的美国交战，60年代初更与社会主义"老大哥"苏联彻底决裂，所有这些体现国家权力的政治运动无不以"中华民族"的利益为基本诉求。这里，最有代表性的就是抗美援朝，这是一场永远值得骄傲的"立国之战"。我们不妨将相隔一百年的鸦片战争和抗美援朝战争作一对比。鸦片战争前，中国综合国力在世界上名列前茅。当时，英国侵略军既没有现代化的通信工具，又没有任何后勤补给，只靠区区几千水兵劳师远征。然而，就在这种实力对比之下，英国打败了几亿人口的大国。再看抗美援朝，当时中国已经经历百年战火，可以说全国一片瓦砾，工业基础、民用设施等早已毁坏殆尽，经济凋敝，民不聊生。而美国作为二战后世界上最强盛的国家，经济、军事、科技等都达到顶峰，可谓独强独霸。然而，小米加步枪的志愿军与飞机大炮坦克的"联合军"交手，最后赢得胜利。这一比，不难看到鸦片战争与抗美援朝的天壤之别：一个是富庶繁盛的天朝上国输给劳师远征的区区几千水兵，一个是积贫积弱、衰破不堪的新生国家把武装到牙齿的世界头号强国打趴在三八线！其间的原因可以说出许多，比如毛主席的英明决策、志愿军的英勇善战、中朝人民的全力支持等，但从更广大的社会历史背景讲，鸦片战争时期的中国是散沙一盘的文化国家，而经过一百多年的发展，新中国已是上下同心、四方同气的民族国家了。看看当时的影像资料也能明显感到，全国上下热情高涨，全体人民同仇敌忾，犹如法国大革命时期高唱《马赛曲》奔赴前线保家卫国的情景。抗美援朝被誉为"立国之战"，也标志着中国作为一个民族国家巍然屹立。

作为名副其实的民族国家，新中国才得以有效地将农业剩余转化为工业积累，强化国家对经济资源的集中和利用，加快推进工业化进程。不言而喻，工业化需要原始资本，在一个工业基础薄弱而又雄心勃勃迈向现代化的农业大国，面对西方的包围与封锁，资本积累不能不主要来源于对农业剩余的提取，这是新中国的基本发展路径，不以个人意志为转移。要说个人影响的话，倒是可以反过来想一下，开国领袖有谁可比呢？毛泽东、刘少奇、周恩来、邓小平、陈云等，难道不清楚应该选择什么样的路径，应该怎么走才更好吗？难道他们不比一些"凡夫俗子""事后诸葛"更清楚吗？他们不仅面临各种现实的条件，而且必须做出未来的抉择。比如，抗美援朝之后，毛泽东充分意识到重工业的重要性，在朝鲜战场上，志愿军再没有像解放战争那样一战吃掉一个师、一个军，更不用说一个集团军群，就像三大战役那样一战歼敌几十万。当时，我军所有的重武器加起来还不如人家一个零头。而飞机大炮、后方

志愿军强渡汉江

资源、铁路运输等，哪个都离不开重工业，离不开工业基础。所以，这一仗下来毛泽东及党中央都充分意识到重工业的重要性和紧迫性。另外，20世纪50年代，新中国所处的国际环境也十分险恶，地缘政治格局对中国极为不利。国家要发展，自然首先得保存自己，而保存自己就得有现代化的国防，现代化国防又需要重工业支撑——钢铁、石油、煤炭、铁路等。于是，优先发展重工业也就成为自然而然的选择。发展重工业得有本钱或资本，而本钱或资本从哪里来呢？中国不可能像殖民帝国那样去海外掠夺、向海外扩张，而只有靠自己的力量，自力更生，艰苦奋斗。同时中国还是一个农业国，农业是国民经济的基本盘。在这种情况下，新中国不得不选择这样一条现代化的道路，即提取剩余的农业所得以发展重工业，实现所谓资本原始积累，这实在也是一种不得已的必然路径。总之，正如北京大学朱苏力教授概括的：

> 建国（state-building）是中国近现代史的一个主题。建立统一的民族国家，是实现现代化的最基本条件。必须指出，这不仅是中国共产党人的追求，也是中国近代自鸦片战争以来一切爱国的志士仁人的共同追求。如果没有统一的民族国家、统一的政治架构和统一的法律，不打破传统经济的封闭性，就不可能实现现代的经济变革，就无法发展现代的工业和商业，无法建立统一的军队和现代官僚体制乃至现代国家。
>
> ……
>
> 从后来的历史发展看，这一思路应该说大致是成功的。就总体而言，过去50多年里，特别是改革开放以来的1/4个世纪里，一方面，中国保持了国家的统一，政权的和平转移，各地经济逐渐形成整体，地域观念和地域经济的独立性大大削弱；另一方面，地方的自主性、积极性也增强了。中国已经形成统一的现代民族国家。尽管目前有地方保护主义，还需要时间和措施来解决，但从总体来说，它已无法对国家统一的政治体制构成重大威胁，不大可能构成政制层面的危机。新中国基本完成了中国人近代以来一直追求的统一、独立、自强的战略目的，确立了促进中国经济、政治、社会发展的最重要的前提

条件。(《当代中国的中央与地方分权——重读毛泽东〈论十大关系〉第五节》)

总而言之,现代的民族国家体系,是到新中国诞生才真正建立起来的。首先,除了台港澳等特殊地区外,中国的领土不仅"金瓯无缺",而且有史以来第一次明确宣示了自己的疆域。其次,随着废除租界以及一系列不平等条约,中国的国家主权第一次实现独立完整,特别是恢复联合国大会席位后,更得到国际社会的一致承认。再次,中国第一次形成统一的国民经济体系,特别是在计划经济时期达到"全国一盘棋"的高度统一状态。一向主张以大历史观审视中国社会的黄仁宇先生就曾指出:"1949年之前,中国有三套不同的经济体系:一是工业化的东北,成为日本帝国的卫星;二是通商港埠的现代经济,但主要是配合西方,而非配合中国的内陆;三是内陆的农业地带,落后前两者数百年。在毛(泽东)的时代,三种体系才开始听命于同一主人。"(《黄河青山》)最后,也最为重要的是中国人越来越具有民族认同感,即数亿同胞休戚与共的意识——"五十六族兄弟姐妹是一家"。1990年代,费孝通在香港中文大学演讲,提出"多元一体,和而不同"的著名观点,从历史与逻辑统一的角度揭示和阐发了中华民族的认同问题,引起广泛反响。

从新中国的国家建设视野中,可以感受一系列相应的历史进程及其习焉不察的潜在意义。解放后,中央政府一直大力推广普通话、简化字等,这些活动不仅有助于提高广大人民的文化教育水平,而且无形之中或无意之间也在不断强化民族国家的认同感。同样,从这一时期的许多歌曲中,随处可见诸如此类的抒情表达:从东海之滨到天山脚下、从银装素裹的北国到花红柳绿的江南等,如1967年《新北大》上刊载的一首《红太阳颂》:

> 从玉龙飞舞的昆仑山下
> 到绿水荡漾的珠江堤畔,
> 从繁花似锦的东海之滨
> 到高楼如林的乌鲁木齐,
> 您无比的光焰啊,
> 照耀着东方辽阔的大地。

这样的意识是以往词曲所罕见的。以往的民间小调也好，创作的艺术歌曲也好，大都以抒发个人情感为主，而新中国出现的一系列"歌唱祖国"的颂歌，则是以整个国家为想象空间的："越过高山，越过平原，跨过奔腾的黄河长江……"

随着"五星红旗迎风飘扬"的歌曲唱遍大江南北，人们自然体验到一种前所未有的民族国家认同感与自豪感（作为对照，美国的国歌《星条旗》也成为美利坚民族的一种图腾）。B. 安德森在论及民族国家的想象时，特别强调时间的所谓"同质性"（homogeneity）及其意义。什么意思呢？举例来说，报刊在同一时间出版，广播电视在同一时间播出，都是这种同质性的具体表现。平时，人们会根据电台或电视的报时对表，这已是司空见惯习以为常的事情了。那么，对的是什么时间呢？当然是北京时间，而北京时间就是一种同质性的标准时间。这个标准时间现在已是全国通用，可"文革"前的新疆却一直沿用当地的标准时间——新疆时间。因为，新疆与北京有两个小时的时差，北京是中午 12 点，新疆才是上午 10 点，北京已经工作半天，新疆才刚刚上班。这个新疆时间在"文革"期间被统一调为北京时间，一开始还不习惯，总是弄错，每逢重要活动或约会，人们忍不住叮问一下"是北京时间，还是新疆时间"。所以，后来又一度改回去，继续沿用新疆时间，直到最后才又完全改为北京时间。这个不起眼的时间问题，看起来好像生活小事，但对整合民族国家却意味深长。

再看一下耐人寻味的例子——人民公社。提到人民公社仿佛已是陈年历史，但从民族国家的角度看，人民公社实属不可或缺的一环，而且不妨说是中国这样一个一穷二白的发展中国家、这样一个农业大国尽快实现现代化的一项制度创新。因为，人民公社这种组织形式，既使国家政权有史以来第一次切实深入社会底层，也使占人口绝大多数的农民第一次在组织上和心理上被整合到民族国家的体系之中。美国普林斯顿大学社会学教授罗兹曼（Gilbert Rozman）在其主编的《中国的现代化》里也指出：

> 人民公社的成立史无前例地把农村人口动员和联合起来，而且也在某种程度上缩小了城乡之间在生活水平上的差距。

我们知道，旧中国是个小农经济的汪洋大海，在这样的条件下怎么提取剩余的农业所得呢？难道让县委书记带着工作队一村一户地去收粮吗？于是，人民公社制度就在这样的历史背景下应运而生。另外，国家的一系列现代化基础设施建设，无论是建水库、修公路还是铺铁路、开矿山都需要征用土地，对此同样不可能让基层干部去同一村一户进行土地交易谈判。如果不是集体化和人民公社，那么新中国的一系列大型建设，如铁路、公路都将难以展开，而这些建设对一个民族国家的统一、完整和巩固又是必不可少的。建立人民公社不仅能够保证政令畅通，尽快地、有效地实现国家现代化的目标，而且使民族国家的意识形态渗透千家万户，使以往散沙一盘、老死不相往来的状况得到彻底改变。"文革"期间，农村千家万户的小喇叭就是一个突出象征。一方面，挂在各家各户厅堂中的简易小喇叭，是工业化、现代化的器物，联系着一整套现代文明的网络，从半导体到电气化，从生产流水线到各种基础设施；另一方面，小喇叭作为现代文明与传播的一个终端，又联系着从中央人民广播电台到省市县各级各类新闻传播部门。清华大学人文讲席教授赵月枝就曾回忆说：

> 我是听着有线广播在中国农村成长的"60后"。我生长的"十八间"大院里，住着爷爷辈七个兄弟所属的七户人家，老老少少总共40多口。那只灵巧好看的小喇叭就安装在院子中堂左前方那个柱子的顶端。除家庭、除了学校，没有什么比有线广播更影响我对世界的想象，更塑造了我的主体性。
>
> 以《东方红》乐曲声开始，以《大海航行靠舵手》乐曲声结束，一天三次，从全球到村庄，从国内到县内，从国际形势到春耕秋种，从普通话广播到缙云话内容，从中央人民广播电台的普通话广播剧到时任缙云县文化馆馆长丁金焕同志的缙云话故事，从世界上一个个国家的名称到本县一个个村庄的名字，有线广播比课本更丰富和生动地给了我政治、经济、社会、历史、地理、语文、农业和日常生产生活知识的滋养。
>
> 虽然我只去过自家周围的村庄和本县有亲戚的几个村庄，虽然我直到15岁那年秋天去上大学，才第一次走出本县，但广播新闻中那些地名，早已构成了我从全球到村庄、从村庄到全球的"想象共同体"。

那种与首都北京"共时"、与全国各地"共时"的主体感觉，是有线广播，尤其是一早一晚的"新闻与报纸摘要"节目和"各地人民广播电台联播"节目赋予的。（潘佼佼《中国农村广播网的历史研究（1949—1978）》书序）

从民族国家的角度审视，我们对新中国的一系列努力就有更深切洞明更通达的认识。概括起来，这些努力分为政治、经济、文化与社会等层面。中国人民大学清史研究所杨念群教授，在论述现代中国医疗卫生体系演化的《再造"病人"》一书里也写道：

> 中国农村虽然是现代共产主义革命的发源地，但在新中国成立初期，尽管经过各种政治运动的洗礼，政治对基层社会进行渗透的动员能力却依然十分有限。其中一个重要原因在于，中国乡村不能被简单地视为一种整齐划一的政治体系，而是所谓"象征的社区"，盘根错节的家族与礼仪组织通过各种象征符号对乡民进行控制。"现代中国"的领导者发现要想确立自身的权威，根本无法绕过这些遍布广大乡村的网络。新中国成立初期，经过一阵摸索，政府最终选择了用"国家"统一设计的体制彻底取代传统地方组织的做法，如用公社体制取代以宗族为核心的社区组织。这是一个长期的实践过程，延续了民国初年国家对地方的渗透逻辑，只是深入得更加彻底。……政府通过借助民族主义的动员手段，使社会管理向乡村的渗透逐步深化和合法化。

经济上，通过计划经济迅速建立起统一的、互相联系的、彼此依托的国民经济体系，从而为民族国家的完整和统一奠定坚实基础。文化上，简化汉字、扫除文盲、推广普通话、普及义务教育、推行以社会主义为标志的现代文化等，都对普通民众的精神、思想、心理意识发生潜移默化的深远影响，甚至"在广大的乡村，人们的择医意识与行为可以通过赤脚医生的红色身份与相对遥远的国家政治实践相连接"（杨念群）。这里特别需要强调的是，这一系列的努力在许多方面、许多领域都是一以贯之的。换句话说，改革前与改革后的发展是一以贯之，而且，之前的努力为之后的发展提供了必要的基础和条件。事实上，没有之前的基础，如统一的政令系统、统一的国民经济体系、统一的国家意识等，那么，改革开放的各种进展都是不可想象的。

总之，新中国一方面在一系列政治制度、经济模式、文化气质、社会风尚上显然有别于既往的旧中国；另一方面在更深层次的历史演化上与旧中国连绵延续，与一两百年以来的社会变迁一脉相承。这种不断延续的历史运动可以概括为上下两条运动线，上面的一条线是现代民族国家及其强大的中央政府一步步扩展，最终形成动员、组织、实施国家现代化的核心力量，下面的一条线则是亿万民众一步步由一盘散沙的状态凝聚成统一的共同体，最后形成心心相印、息息相通的民族意识——同胞。查尔斯·蒂利（Charles Tilly）在研究近代早期欧洲历史时也发现类似进程，即他所区分的两个既有联系又有差别的社会运动——国家建设（state-making）与民族形成（nation-building）。当时，欧洲的国家建设主要体现为政权的官僚化、渗透性以及对基层的逐步控制；而民族形成主要体现为公民对民族国家的认可、参与、承担与忠诚等。不管欧洲，还是中国，近代以来国家权力的扩张都是一个大趋势，其中涉及政权的官僚化与合理化，为军事和民事而扩张财源，乡村社会为抵抗政权下沉和财政提取而不断"博弈"，以及国家为巩固政权而与新的"精英"结盟等。从这个角度看，新中国不仅属于名副其实的民族国家，而且新中国一系列有效无效的努力可以说都旨在巩固和加强这一国家形态和政权体制。如今，在"实现中华民族伟大复兴"的旗号下，现代国家及其命运得到进一步凸显。明确这一历史定数，即现代中国的命运系于民族国家的生成、壮大及发展，亦即墨西哥诗人、诺贝尔文学奖得主帕斯所说的"命定现代化"（condemned modernization），那么再来看百年中国的媒介变迁就会多一层同情与理解了。

现代媒介及其生成

现代意义的传播媒介如报刊虽然可上溯到鸦片战争前后，但直到戊戌变法实际上并未形成社会气候。从戊戌变法到五四运动，20 余年间是现代媒介崭露头角的时期，通常概括为三次办报高潮，即戊戌变法、辛亥革命和五四运动。这种概括凸显的是救亡/启蒙双重变奏的历史背景和时代主题。比如，现代第一份画报即随《申报》赠阅的《点石斋画报》，一面介绍了大量现代文明的器物、知识、日常生活等内容，一面又展现了一系列内忧外患的现实图景。救亡图存与启迪民众的双重急务，既推动着一次次的社会变革，又影响着一波波的媒介浪潮。不管怎么说，经过三次一浪高过一浪的推进，现代媒介终于彻底取代以邸报为核心的传统媒介。"五四"之后，包括报纸、杂志、书籍、广播等现代媒介，已成为社会生活不可或缺的组成部分和基本内容，任何形式的传播活动，即使是国共两党的报刊交锋，也得在这种全新的媒介生态中展开，从而迥异于"传统"的样式而具有"现代"的风貌。

这样一种媒介以及媒介生态意味着什么呢？与三种近代史研究范式相应，也有三套新闻史的话语或范式：革命化范式突出舆论动员；现代化范式强调思想启蒙；民族国家范式讲究国家认同。具体来说，在革命化范式中，新闻史的关键词是舆论、宣传、政治等，突出的是新闻媒体的动员意义、教化功能，把唤起民众、组织运动、推进革命作为衡量新闻事业的关键尺度，不管是早期的维新派还是后来的革命党，不管是国民党还是共产党。也因此，毛泽东反复强调政治家办报，反对书生办报，政治家办报就是多谋善断，而书生办报则是优柔寡断：

> 报纸办得好坏，要看你是政治家办报还是书生办报。我是提倡政治家办报的，但有些同志是书生，最大的缺点是优柔寡断。袁绍、刘备、孙权都有这个缺点，都是优柔寡断，而曹操则是多谋善断。我们做事情不要独断，要多谋，但多谋还要善断，不要多谋寡断，也不要多谋寡要，没有抓住要点，言不及义，这都不好。听了许多意见之后，要一下子抓住要害。曹操批评袁绍，说他志大智少，色厉而内荏，就是说没有头脑。办报也要多谋善断，要一眼看准，立即抓住、抓紧……（吴冷西《忆毛主席》）

为了适应新中国新闻业的发展，培养政治家型的新闻人，1954年马列学院（即中共中央党校）成立新闻班，报刊史被列为教学与研究的重点之一，同时组织专门队伍，按照苏联模式起草教学大纲，以作为进一步编写讲义的依据。1956年年初，《中国报刊史教学大纲（草稿）》完成，送交胡乔木审阅。不久，中宣部召开座谈会，传达胡乔木对大纲草稿和报刊史教学的意见，并讨论大纲修改问题。按照复旦大学新闻史权威丁淦林先生的记述：

> 座谈会由中宣部秘书长熊复主持，参加者有黎澍、廖盖隆、王谟、姜丕之、何辛、江横、丁树奇、李龙牧等。这里出现了几个"第一"：第一个研究中国新闻史的学术团体、第一个讨论中国新闻史教学问题的座谈会，而最重要的还是第一份中国新闻史研究的纲要。（丁淦林《中国新闻史研究需要创新——从1956年的教学大纲草稿说起》）

这份《中国报刊史教学大纲（草稿）》共有四编11章，每章还列有纲目。仅从每编每章的标题，就不难看出"革命化范式"的鲜明烙印：

第一编　中国定期报刊的产生和发展
第1章　中国早期的报刊
第2章　中国近代形式报纸的产生
第二编　旧民主主义革命时期的中国新闻事业
第1章　戊戌维新运动前后的中国新闻事业——进步政论报刊的兴起
第2章　旧民主主义革命运动高涨时期的中国新闻事业
第三编　新民主主义革命时期的新闻事业。中国共产主义报刊的产生与发展
第1章　五四运动和中国共产党成立前的民主主义和社会主义报刊
第2章　第一次国内革命战争时期的共产党报刊和其他进步报刊
第3章　第二次国内革命战争时期的共产党报刊和其他进步报刊
第4章　抗日战争时期的共产党报刊和其他进步报刊
第5章　第三次国内革命战争时期的共产党报刊和其他进步报刊
第四编　中国共产党和人民的报刊为建立社会主义而奋斗
第1章　国民经济恢复时期（1949—1952）党和人民的报刊
第2章　国民经济建设的第一个五年计划开始后的党和人民报刊（1953—　）
（同上）

按照这份教学大纲,新闻史成为党报史、革命报刊史、解放区报刊史等。这种范式一直延续到新时期,随着现代化范式的兴起而告别一枝独秀的局面。

在现代化范式中,受制于西方中心论,强调新闻作为一种所谓独立或民主机制,追求新闻自身的专业价值和内在的发展逻辑,故有新闻专业主义之论,而实际上是以西方为样板、为典范。比如,张育仁的《自由的历险——中国自由主义新闻思想史》,就把中国新闻史建构成一部新闻自由发展史,仿佛中国新闻事业的发展、新闻思想的演变等,

张育仁《自由的历险》

都是基于观念形态的新闻自由的冲动以及相应的追录西方的现代化冲动。按照这种范式,市场经济和民主政治就俨然成为推动新闻事业的两大动力。因为,市场要求信息公开、及时、丰富,所以推崇新闻自由;同时,既然政府是民选的,是代表民意的,那么也需要提供充分的信息,以便公民充分了解各种情况,等等。

革命化和现代化的新闻史范式,如同近代史研究的革命化范式和现代化范式之别。比如,革命化范式的新闻史不免将纷繁历史简化,压缩成、归结为一些浓眉大眼的"道道",这些一目了然的"道道"虽属治乱兴亡的时代命题,但是除此之外,还有丰富而多样的新闻内容或被革命的主流或洪流所压抑、所掩盖,或被推向历史叙事的边缘。而现代化范式的新闻史图景则以某种唯心式想象,将复线的历史单线化,而且不分主次甚或颠倒主次,仿佛革命、宣传、动员等都是多余的、次要的,甚至不必要的,而少数媒体精英的独立不羁、一言九鼎才是新闻的要义,从而在唯西方马首是瞻之际往往忽略多民族、大一统、不平衡等国情,结果陈义甚高而落实甚难。

第三种新闻史研究范式即民族国家范式的核心关切,在于政治共同体的安身立命问题,因此突出认同感,强调经由媒介培育的心理意象和感情皈依。北京大学吴晓东博士的学位论文《〈长河〉中的传媒符码——沈从文的国家想像和现代想像》,就是从这个方面展开论述、从这个角度进行分析

的。如前所述，B.安德森在《想象的共同体》里曾提出一个著名理论，民族国家是一种想象的共同体，没有这种想象，就没有民族国家，而这种想象又是通过现代媒介形成的。正是现代媒介提供了这种想象条件，建构了这种想象图景，由于现代媒介的普及和发展，包括报纸、杂志、书籍以及广播、电视、互联网等兴盛，人们才可能将互不相识的陌路人想象成同胞。比如中央电视台的《新闻联播》，不会有谁以为只是办给自己一人看的，大家无形中都会意识到天南海北正有千家万户也在收看。正是通过这样一种仪式，互不相识的陌生人才共同建构了一种统

《想象的共同体》原版封面

一的民族国家认同感。哈佛大学的人类学博士阎云翔，在其学位论文《私人生活的变革：一个中国村庄里的爱情家庭与亲密关系——1949—1999》里，以农村有线广播喇叭为例也对此做了学术阐发：

> 70年代初期，大队给每家都装了广播喇叭，一般都正好装在炕头上。喇叭没有开关，无论是广播内容还是广播时间都由县广播站来控制，大队的广播系统不过是县广播站的分支。因此，村民自己无法控制听什么和什么时候听。每天他们都被迫听大量的官方新闻、政治宣传、干部讲话、娱乐节目等等。但是时间一长，人们也就习惯并对有线广播产生了依赖。

类似这种全新的媒介及其生态无论传播的具体内容，最终都如蜘蛛结网一般，使普天之下无数个体在日积月累不知不觉中，形成一种天下一家的心理感受或心理认同。这种情形类似于"议程设置"理论所说的，重要的不在于人们怎么看待媒介的内容，而在于人们都在关注媒介的内容。这种关注使媒介及其功能超出具体的信息传布，而具有远为深广的社会蕴涵。比如，抗战时期各种各样的媒介对抗战的态度虽然千差万别，但它们都在不断报道战事，而这些报道在国民心理中自然形成一种意识，那就是这场

战争同自己息息相关，彼此的身家性命息息相关，而这种意识不就是民族国家认同感的基础嘛。

再以新中国前30年建设时期为例，新闻媒介更多是作为凝聚人心鼓舞士气的宣传工具或宣传武器，服从和服务于国家现代化的总目标。

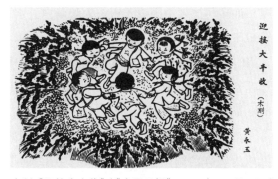

木刻《迎接大丰收》（《人民日报》1958年10月4日）

这个目标的核心是工业化，是尽快把农业国变为工业国，今天被当作"污染"看待的许多景象，如大烟囱乃是那个时代的骄傲。对于一个连铁钉都得进口的国家，这样的景象与心情是再自然不过了，即使"大跃进"都可放在这样的时代氛围与社会心理中审视。设身处地想一想，没有现代化的工业基础，就没有强大的国防力量，没有强大的国防力量，就无法自立于"世界民族之林"——世界民族国家之林。既然必须实现工业化，而当时又是内无基础，外缺援助，那么自力更生、艰苦奋斗就成为必然选择。布罗代尔在20世纪60年代的《文明史纲》中，以客观、平和的笔调，对新中国的诸多作为给予公允的论述，其中提到一点对我们理解这段历史也不无启发。他说，为了在一穷二白的情况下尽快实现现代化，整个社会就不得不将人们的"欲望"减少到最低点，以使人们的物质生活保持在相对较低的水平，同时将有限的财力物力尽可能投入国家建设。于是，那个时代的中国人不得不勒紧裤带过日子。日本经济史家杉原薰（Kaoru Sugihara）将中国经济的成功精辟地概括为"勤劳革命"（Industrious Revolution），从而有别于以英国为代表的"工业革命"（Industrial Revolution）。意大利史学家阿瑞吉也认为，中国的发展不是得益于工业革命，而是得益于勤劳革命。事实上，千百万普通中国人为国家的富强和民族的振兴作出巨大的贡献和牺牲，就像支边青年以及屯垦戍边的兵团战士所说的，"献了青春献终生，献了终生献子孙"。他们以青春、生命与热血，为新中国添砖加瓦，为国民经济培根筑基。没有这个根基，改革开放的经济腾飞从何而来。电影《横空出世》虽是艺术作品，但其中表现的时代精神却是真切实在的，其中有个场景令人难忘：在一间大房子里，许多科技人员啃着干馒头，喝着白开水，闷着头噼里啪啦打着算盘，计算着研制原子弹的有关数据。这个场景是以清华大学为原型的，它集中展现了当时全国人民发奋图强的精神风貌。每当面对这类情景，就让人禁不住想起丘吉尔的名言："我没有什么可奉献的，只有热血、辛劳、眼泪和汗水（I have nothing to offer but blood, toil, tears and sweat）。"

当此时，鼓舞人们的精神、调动人们的干劲、凝聚人们的心气等，自然成为媒介的第一要务。忽视这一点，而以（西方）现代化范式的"新闻专业主义"去评判，所谓只有舆论一律而没有新闻自由（其实当年有社会主义人民大众的新闻自由而没有西方式的新闻自由），只有正面报道而没有舆论监督等，未免圆凿方枘，荒腔走板。实际上，新闻人如同千千万万的建设者和劳动者一样，致力于国家的现代化建设，投身于热火朝天的工业化进程，为之呐喊助威，加油打气。其间既有失误，更有贡献，既有痛苦，更有欢欣，既记录了"改天换地"的历史，更推动了"翻天覆地"的进程，当然也包括不幸铸成的"大跃进的错误也有《人民日报》一半"等失误。当此轰轰烈烈的年代，有不少新闻人以如椽之笔写下一系列感天动地的名篇佳作，如穆青等采写的《县委书记的榜样——焦裕禄》、郭超人的《红旗插上了珠穆朗玛峰》、宋莎荫和范银怀的《大寨之路》、袁木的《大庆精神大庆人》等。他们笔下的新闻人物同记者本人一样，与新中国风雨同舟，与新社会同甘共苦，他们的业绩镌刻在历史的丰碑之上，永远值得"中华民族"和"中国记者"景仰与怀念。

与这种新闻实践相应，当年新闻学自然更强调党性以及指导性、宣传性、斗争性等，以致被人轻佻地揶揄为"性学"。其中，有个统领整个学科的核心论断——"报刊是阶级斗争的工具"。那时对报刊等媒介的通称就是"新闻工具"。20世纪80年代末，国务院总理在政府工作报告中首次用"新闻媒介"而非"新闻工具"时，新闻界还将这种术语变化当作一次突破。当然，对新闻学的泛政治化，不能用今天的尺度苛责，我们倒是不妨问问，自己处在前人的条件下，是否能做得更好。以象棋为例，当时中国的工业农业、交通运输、国防外交、文化教育、新闻传播等就像一盘棋，每个棋子的走法都不得不受制于整个棋局即系统，受制于各种结构性关系。不仅如此，一方的各种走法还时时受制于另一方的走法，与对方的布局形成不

大跃进照片《鼓动》（张其军　摄）

断的交替互动。也就是说，中国媒介的运作也同西方媒介的运作密不可分。当西方国家及其媒介对新中国极尽围攻诋毁之际，如果中国媒介也跟着唱所谓"客观""平衡""新闻自由""专业主义"等高调，岂不头脑发昏，莫名其妙。

原北京大学新闻与传播学院院长、人民日报社社长邵华泽在"北京大学新闻学研究会成立90周年大会"的发言里谈到一个观点，如果承认中国革命、中国建设和中国改革取得了巨大成功，那么，就不能不承认中国的新闻事业、新闻教育和新闻研究所作的巨大贡献，对此我们完全可以理直气壮。当然，其中一些曲折和失误另当别论。

新中国的光荣与梦想

谈到新中国的历史以及新闻史，科学严谨的研究还远远不足，相反，倒是充斥着大量法国思想家罗兰·巴特所说的"神话"（myth），即基于意识形态的话语建构。遇刺身亡的美国总统约翰·F.肯尼迪说得好：真理的最大敌人往往并不是故意编造的谎言，而是长期流传的似是而非的神话。而关于新中国的历史以及新闻史，就存在许多诸如此类的"神话"，仿佛新中国史只是一部"精英"的悲欢离合史，而无视或轻视一系列改天换地社会变革史。就拿新中国第一部《婚姻法》来说，就是世界上最自由的一部婚姻法，当时有多少被禁锢的妇女，仅凭一句"感情不和"就可以被判离婚，脱离苦海。1962年，杨振宁与父母在日内瓦见面，当时杨振宁在美国，很少了解中国情况。杨振宁父亲告诉他，新中国使中国人站起来了，从前我们不会做一根针，而今天可以造汽车和飞机，从前常有水灾旱灾，动辄死亡几百万，而今天已经消失，从前文盲遍野，而今天所有的孩子都能上学。正说得兴高采烈，杨振宁的母亲打断他的话："你不要专讲这些。我摸黑起来去买豆腐，排队站了三个钟头，还只能买到两块不整齐的，有什么好的？"两位老人的说法当然都有道理，而只有将两方面的道理合起来才可能趋向真理。

古元版画《离婚诉》

问题是，坊间流行的多是人云亦云的各种"神话"，包括南渡北归、无问西东等。举例来说，有个神话流传不衰，就像当初太空中看得见长城的神话一样。这个神话说的是马寅初力主节制人口，而毛泽东认为人多力量大，于是"错批一人，误增三亿"。这种说法猛一听仿佛在理，其实纯属想当然。人口的消长同气候的变化一样，是个涉及广泛的漫长过程，受制于一系列长时段因素，哪里是谁一声令下，人就多了，一声令下，人就少了，想想2022年第一次出现人口负增长就不难理解了。人口学家做过大量深入细致、翔实科学的研究。比如：

> 对人口增长直接施加影响的是人口政策，而不是人口理论。1958年，学术理论界批判马寅初先生，提出了许多完全错误的观点，但只局限在理论界范围。当时的人口政策并没有因批判马寅初先生而改，更没有依照批评者的意见，制定鼓励"社会主义人口增长"的政策。成千上万的工人、农民在五六十年代多生多育的行为，主要是当时社会、经济状况决定的，与理论界是否批判马寅初先生无直接关系。坦率地说，当时广大农民既看不到报纸，也没有任何手段可以接收广播

电视，他们只是按照几千年文化传统沉淀形成的观念去生活和生育。人口理论界的是是非非离他们太远了。人口政策是了解人口理论与实际人口行为的环节，如果不考察五六十年代人口政策的发展演变史，仅凭理论界的主流观点，跃过中间环节，断言理论界错批一人，从而误增三亿人口，在逻辑上也是不成立的。（翟振武《"错批一人与误增三亿"质疑》）

历史上看，我国人口直到唐宋时期，一般没有超过5 000万，《资治通鉴》每每提到诸如此类的数字。"到了13世纪，中国的人口可能达到了1亿"（布罗代尔），这主要归因于一年两熟的双季稻及其普及。明清之际人口继续增长，原因之一是引进南美的玉米、土豆、番薯等高产作物。到民国初年，人口已突破4亿。新中国成立后继续攀升："1952年，5.72亿；1953年，5.82亿；1954年，5.94亿；1955年，6.05亿；1956年，6.2亿；1957年，6.35亿；1958年，6.5亿；1959年，6.65亿；1960年，6.8亿；1961年，6.95亿。"（布罗代尔《文明史纲》）"文革"时期有句口号，叫做"七亿人民七亿兵，万里江山万里营"，而从那时到现在，人口差不多又翻一番。仅从以上列举的长时段人口增长趋势上，就知道"错批一人，误增3亿"的荒谬。更何况，如今劳动力短缺以及老龄化等现实困境，更让人体会了毛主席说的人多劲大热气高。

另外，人口的增加除累积的过程和庞大的基数，确实也涉及人为的因素，只是这些因素不在于某人或某些人的能耐，而同样属于一种普遍的历史进程和社会运动，比如人为因素导致的死亡率下降。众所周知，由于新中国在消除贫困、普及医疗卫生事业等方面所做的一系列卓有成效的工作，解放后的人口死亡率大幅度下降。解放初，我国人口的平均预期寿命在三四十岁（所以早婚早育势所必然），而"文革"结束之际翻了至少一倍。根据《中国卫生年鉴》的统计数据，解放前，中国婴儿死亡率是200‰，人们的预期寿命是35岁。而到改革开放前的1975年，婴儿死亡率下降到47‰，预期寿命达到63岁。到2000年，根据全国第五次人口普查，这个数字分别是28.4‰和71.4岁。北京大学研究公共卫生的周雁翎博士指出："新中国成立以来，中国政府将医疗卫生工作的重点放在预防和消除传染病等基本公共卫生服务方面，确保了基本卫生保健服务的广泛可及性和公平性，使广大居民尤其是农村居民无须支付高额费用就能享受到基本卫生保健服务，中国人口的健康状况得到了显著改善。"(《中华读书报》2003年12月10日)

1947年，上海一位收尸人在工作

与人口有关的另一个问题是相对于人口激增的资源减少，即一方面是人口不断增加，另一方面是包括土地、水源、石油矿产等资源的不断减少。中国近代经济史学者黄宗智指出，19世纪以来障碍中国发展的有两个东西，一是帝国主义，一是人多地少。以土地为例，解放初一亩地假定养活一口人，那么现在则需要养活三四口人。人口增加与资源减少的矛盾，构成中国的基本国情。这一国情不是由某个人或某代人造成的，同样属于一种长期的、复杂的演化过程及其结果。新中国的一切政治、经济、社会、文化等制度性安排，包括新闻事业都不得不自觉或不自觉地服从这个基本国情。如果再考虑到不可避免的国际背景这一同样重要的因素，那么我们就不能不对前人所做的一切多一分理解，多一分赞赏，而不是站着说话不腰疼。温家宝总理接受《华盛顿邮报》总编辑唐尼采访时，有段话说得实在："13亿，是一个很大的数字，如果你用乘法来算，一个很小的问题，乘以13亿，都会变成一个很大的问题。如果你用除法来算，一个很大的总量，除以13亿，都会变成一个小的数目。这

赤脚医生宣传画

是许多外国人不容易理解的。"其实，这又何尝不是一些国人也不容易理解的呢？

这里并不是责怪哈哈镜一般的"神话"，而只是借以说明对新中国历史以及新闻史的"解读"如何错综复杂，这个历史性课题如何离实事求是的目标尚远。这里，至少有三方面因素制约着理论认识。第一，对历史的认识既不能太远，又不能太近，太远固然容易变形，如三皇五帝，太近同样难免失真。有一个民间笑话，说是一群村野农妇闲聊，谈起宫中娘娘的饮食，一人说道："你们连这个都不知道，真笨！肯定是早上吃油条，中午吃油条，晚上吃油条呗。"这种失真是因为距离认识对象太远。与此同时，有句俗话说得好："仆人眼里，没有英雄。"不管是项羽、刘邦，还是拿破仑、华盛顿，在他们贴身仆人看来，都只是寻常人罢了。这种失真又是因为距离认识对象太近。第二，历史往往是由得势的一方书写的，失势一方的声音总是被忽略、压抑、淡忘甚至排斥。成王败寇的逻辑同样体现于历史书写，而书写历史也是在创造历史。法国后现代思想家福柯就指出，各种书写其实无不体现着特定的权力意志和权力关系。比如，坊间各种以"反思"名号书写的"文革"文本，包括小说、回忆录、散文、电影、电视剧、纪录片等，追根溯源都是来自一些当年"受迫害者"及其子女，而千千万万普通民众的声音一般难于听到。于是，这样的书写怎么可能完整体现历史的真实与真相呢。美国历史学者贺萧（Gail B.Hershatter）提醒治史者，"学会聆听历史记载中的静默无声"（《危险的愉悦》）。第三，任何历史认识都会遭遇"阐释的循环"，即了解局部必须先把握整体，而把握整体又必先了解局部。比如，解读《红楼梦》，先得了解里面的人物、故事，知道贾宝玉何许人，黛玉葬花怎么回事等，然后才能明白全书的意义。然而，反过来说，如果先前不明白全书的意义，如恋爱自由、反对封建、中国社会的百科全书等，那么又不可能真正懂得《红楼梦》的人物、故事。同样，了解新中国的社会变化与新闻传播，不能不从一个个局部问题入手，但进入局部问题前又不能不对新中国的整体风貌有个把握。于是，这就仿佛面临一种鸡生蛋、蛋生鸡的阐释循环过程。总之，面对新中国的历史或历史文本，各种解读都难免带有现实的利害关系和政治立场。所以，即使态度再真诚、方法再科学、研究再深入，目前也难免盲人摸象，只知其一而难知其二、其三、其四等。但无论怎样，知人论"史"起码应该秉持钱穆先生说的"同情之理解"或"温情与敬意"。

华裔美籍历史学家王国斌，在突破"西方中心论"的《转变的中国：历史变迁与欧洲经验的局限》里提到，认识一个国家、一个时代应考虑三方面的问题，即国家面临的挑战、国家具有的能力和国家承担的义务。从挑战方面看，新中国的地缘政治环境一直面临惊涛骇浪，甚至一度十分险恶，其中既有美国在朝鲜、中国台湾、越南等处的军事威胁，又有苏联陈兵百万于中苏边境的巨

导弹发射

大压力，同时还有周边一些国家的觊觎。另外，新中国成立之初，国力衰竭，百业凋敝，民不聊生。从能力方面看，新中国成立之初可谓一穷二白，连铁钉都得进口，更不用说其他，加之百年来积贫积弱，特别是经过民国二三十年的内外战争，国家几乎沦为一片废墟。从义务方面看，新中国必须担负对外"保家卫国""自立于世界民族之林"的重任，对内尽快实现现代化，或四个现代化的目标——工业现代化、农业现代化、国防现代化、科学技术现代化。否则，用毛泽东的话说，就可能被"开除球籍"。所有这一切，又不能不基于中国的国情民情或现实基础。关于国情民情，最基本、最核心的内容不出如下范围：第一，中国是个发展中大国，而且短时期内不会发生根本改变；第二，人口众多而资源匮乏，特别是土地资源、水利资源、石油矿产等资源十分紧张，而且越来越紧张；第三，中华民族爱好和平，一向讲究中庸与和谐，祖先的尚武精神早已泯灭，列强的黩武意识又不可能学来，无法依靠海外扩张来解决自身发展的矛盾。为此，新中国要实现现代化，只能走"自力更生、艰苦奋斗"的道路，这是任何领导人都无法回避的历史宿命。温铁军说得好，中国的问题基本上是"一个人口膨胀而资源短缺的农民国家追求工业化的发展问题"。胡鞍钢在《中国政治经济史论（1949—1976）》一书也写道：

中国领导人建国初期在经济发展战略、经济体制和对外政策三个主要方面做出的选择,不是个人意愿的主观选择,是响应外部挑战的结果,受到当时国内社会、经济、发展条件和国际环境的客观制约。做出初始选择,就会有"路径依赖"和"路径锁定",除非发生重大危机、重大改革、重大国际形势变化,才能改变原有的路径。

高家村故事

若觉以上新中国的解读抽象笼统,那么,再讲一个实际案例,这就是学者高默波在《书写历史:〈高家村〉序》里,以感同身受的亲身阅历所讲述的家乡故事与世纪沧桑。2013年,他的《高家村——共和国农村生活素描》一书,在香港中文大学出版社印行。

他首先讲到,历史不是纯粹的事实,历史往往也是认识。因此,不同的人写不同的历史。比如,当年政治上受过冲击的一些人写的历史,同普通人经历的历史就不尽相同。高默波想以自己的村庄、自己的经历、自己的感受,书写一种新中国历史。他说:"我是在农村出生长大的,也因为我的父母一辈子是贫困农民,我写《高家村》的时候是站在贫困农民的立场上来写的。这就不同于地主和富农出身的人所写的历史,也不同于出身于知识分子家庭的人的立场和观点。"正如何兆武先生指出的:

"历史有两个特点,第一,所有的历史都是胜利者写的,不是由失败者写的。……第二,历史都是高雅的上层阶级写的,真正下层群众写的历史几乎没有,也不可能流传。"(《上学记(修订版)》)

高默波的《高家村》一书,探讨了他的故里高家村从1949年到1990年代中期的变迁。全书每一章有一个主题,如土地、水域与地方政治、人口与政治、生活水平、农村卫生、农村教育、"大跃进""文化大革命"、改革、移民打工、风俗习惯的变化和延续、高家村与外部世界等。这些主题既描绘高家村的变迁,也涉及变迁的动因。众所周知,20世纪80年代后,农村及整个中国的物质水平发生巨大变化,过去紧缺,后来丰富,过去吃不饱，后来吃不了。怎么解释这种变化呢？最通行的解释就是分田到户解放了生产力。换言之，之前生活水平不高的原因在于人民公社制度挫伤了农民的积极性，所以一旦打破集体化、大锅饭，生产积极性以及生产水平顿时大幅度提高。高默波认为，这种基于经济理性人的理论不能解释高家村的变迁。美籍学者黄宗智教授也指出，"80年代的市场化农业在作物生产上并不比在1350年至1950年的600年间或集体化农业的30年间干得好"（《长江三角洲小农家庭与乡村发展》）。进而言之，这种解释实际上是说以前农民都在偷懒，而高默波说："基于我对农民的了解，我认为农民没有偷懒，所以不认为大锅饭的理论是令人信服的解释。我立足两个问题来解释。一个是资源与人口的关系问题，另一个是国际环境与中国经济发展策略问题。"

先看第一个问题。高家村的资源除了人力之外只有土地和水域，1949年以后这两种资源不但没有扩大反而在逐步缩减，比如生态环境的压力使水资源减少。与此同时，高家村的人口却增加一倍多，也就是说，仅仅保持与1949年同样的生活水平，农业产量就得提高一倍。不言而喻，高家村如此，全中国也是如此，一方面资源在减少，另一方面人口在增加，即中国依靠越来越少的资源供养越来越多的人口。当然，这样解释还不够，因为人们可能提出至少三个问题。

第一，20世纪80年代以后每年有近亿农民出外打工，而农村生产倒比80年代以前好。这么多剩余生产力只能说明大锅饭没有发挥农民的积极性。第二，80年代以后总的来说全国农产品年产量比80年代以前多，如果不是分田到户解放生产力，原因是什么？第三个问题是，全中国的资源与人口的关系并没有在80年代以后变得更好，可物质丰富却是无可争辩的事实。

对此，高默波是这么解释的。关于第一个问题，首先，20世纪80年代以前的剩余劳力并没有现在这么多，因为高峰时期出生的孩子还没有长大。其次，毛泽东时代的大兴水利和农田基本建设，吸收了大量剩余劳力。另外，就高家村的情况来看，现在留在村里的老幼妇"残"对农作物的时间投入，大大多于同类农村居民在公社时期的投入，因为年轻力壮的人都出外打工，他们不得不日夜苦干。所以，80年代前后农村居民对农业的工时和精力投入，并不如一般想象的那么简单。

关于第二个问题即农产品年产量问题，1980年代后产量比前期多是同前期的发展和努力分不开的，主要得益于两个方面，第一个方面是前期的农田水利基本建设为后期的产量提高打下基础。2009年，一场波及全国粮食主产区的大旱牵动了各方的神经，上上下下全力抗旱的同时，人们也开始反思水利基本建设问题。一位来自农村的作者徐开彬发表文章《大旱灾让我们反思水利与农业政策》，其中写道：

罗中立油画《父亲》

> 大旱虽有天灾的原因，但也揭示了近三十年来农村水利建设与"分田单干"政策的不足。
>
> 对比两组数据，就可以说明这个问题。1949—1978年，灌溉面积从1949年的2.4亿亩增加到1978年的7.3亿亩，增加了5亿亩（增幅超过200%）。同时，修建各类水库8.6万多座。在1978—2008年，农田灌溉面积从7.3亿亩增加到8.67亿亩，只增加了1.37亿亩（增幅19%）。同期只建设各类水库800多座（主要用于发电）。毫无疑问，最近30年来，我们在水利建设上疏忽大意了。
>
> 现在的大旱，也让我们客观认识到1960—1978年水利建设上所取得的重大成绩，重新认识到上世纪六七十年代提倡的"水利是农业根本"的正确性。学术界已通过实证研究证实了这一观点，那就是，1965—1978年为我国水利建设的高峰，这些水利设施是确保70年代至80年代中期粮食稳定增长的基本条件。而自1980年后水利建设被忽视，主要是因为在清理"文革"问题时，由于水利建设高峰刚好与"文革"时间一致，所以被简单地作为"文革"附属物被否定了（见中国水利学会水利史研究会徐海亮，2000年，《"三五"至"五五"期间的水利建设经济效益》）。其结果，就是导致80年代中期以后有效灌溉面积不

断减少、成灾率不断上升、抗旱和抗洪能力不断下降，粮食产量也在达到高峰后开始走下坡路。(《中国青年报》2009年2月12日)

第二个方面是20世纪80年代后期产量提高的重要原因之一在于新的技术投入，特别是化肥和农药的广泛使用。直到80年代初，高家村的化肥和农药都是靠国家计划定量供应的，而现在只要有钱，要多少有多少。之所以如此，是因为80年代以前建立的几家大型化肥厂开始投入批量生产，这说明80年代后期其实沾了前期的光，同时也说明公社时期如有足够的化肥农药，农业产量也会大幅度提高。

关于第三个问题，即人口与资源关系并不是更好的80年代为什么物质更加丰富，他认为主要是两个时期不同经济发展策略导致的结果。1949年共和国成立时，中国是个一穷二白的国家，穷到什么程度、白到何种地步呢？举点日常生活的例子就清楚了。当时绝大多数生活日用品都得依赖进口，包括蜡烛、钉子、火柴等，故有"洋蜡""洋钉""洋火"等词汇。冷战时期，中国不但得不到西方援助，而且还受到各种各样的制裁和排斥，与苏联交恶后情形更为严峻。这种形势下，尽快发展工业，尤其是重工业是最容易被选择的策略。发展工业的资金从何而来呢？来自对农村最大限度地提取，而这种提取又得靠一整套措施来保障：如户口制度、商品的定量配给、农产品的统购统销、工农业产品价格的剪刀差等。同时，为了最大限度地利用工人的劳动力而又不需增加工人的工资，国家为城市人口提供了一整套福利措施，包括廉价粮油供应、免费住房、医疗和卫生、终身职业、职工退休金及全部就业等。80年代以后，由于国际环境的改变，更由于国内重工业发展到一定水平，经济策略很容易有新的选择，这就是大规模发展轻工业的同时吸引外国投资和技术。于是，国家为发展工业而对农业的提取就可以得到逐步缓解，同时工农产品价格剪刀差也开始缩小，这表现在80年代初对农产品的几次大幅度提价。这种经济策略的调整马上带来两个明显后果：一是日用商品日渐丰富，一是农民收入迅速提高。在高默波看来，这种调整的经济后果与分田到户这种不伦不类的私有化没有多大关系。而且，事实上，"正因为这样，农村的好景不长。1985年以后，由于其他生产资料产品价格随着上升，农产品提价的好处很快就被抵消了。

黄河第一闸——三盛公水利枢纽（1961）

加上农村基层官员对农民的剥夺和各种类型的苛捐杂税，现在在农村靠种田已经无法生活下去了。那么，高家村的人是靠什么维持着比80年代前好的物质生活水平呢？是靠出外打工的年轻人的血汗钱。在《高家村》一书有关农民外出打工的一章里，我有充分的证据证明，打工农民生活是多么辛酸，他们的汇款对他们老家的经济又是何等关键"。

这里，高默波在对高家村的研究中还发现了一个表面看来很矛盾的现象，这种现象在许多从事田野调查的学者那里都有类似印证。这就是，在农村物质生活水平比毛泽东时代提高很多的情况下，不论是基层干部还是普通百姓都很怀念毛泽东。对这一现象，精英知识分子往往说，那是因为农民封建愚昧，农民不知好歹，不知什么是自由，他们需要皇帝来效忠云云。其实，情况正好相反。高默波的研究及其经验证明：

"文化大革命"中许多过激的愚昧行动既不是农民发明的，农民也没有跟着去做。高家村的人没有跳"忠"字舞，也没有搞早请示晚汇报。打老师也是所谓受教育的人干的，农民是反对的。农民对村里的地主富农也是同情的。他们对阶级斗争要么是不理解，要么是消极抵触。他们对从城里下放去的干部和知识分子非常尊重。另一方面，在毛泽东时代他们也吃了很多苦。比如，农闲时寒冬腊月他们被动员去搞水利建设；他们的风俗习惯被称为封建迷信而受压制；他们的家族宗谱被烧掉；他们的物质生活水平不但没有提高多少，而且在"大跃进"时闹了饥荒。高家村虽然没有死人，但那饥荒却是史无前例的。

那么，农民为什么还要怀念毛泽东呢？高默波认为，毛泽东时代给普通百姓带来了尊严！当时，广大农民的社会地位提高了，妇女的地位提高了——"妇女能顶半边天"，农村教育水平提高

妇女能顶半边天

了，医疗卫生水平提高了，人们的国家意识提高了，文化意识提高了。对高家村来说，"文革"是当地教育的最好时期，这个时期高家村第一次办起一至三年级的小学，第一次全部学龄儿童入学。事实上，"文革"10年间，全国小学生人数从1.16亿增加到1.5亿，初中人数从1500万增加到5800万。此外，"学费、入学考试和对入学学生的年龄限制都取消了……中学和大学的入学标准与课程的改革，给农村青年提供了更多接受高等教育的机会"（莫里斯·迈斯纳）。"文革"也是医疗卫生事业的最好时期之一，因为赤脚医生制度使农民看病既方便且便宜，血吸虫病第一次得到有效控制，婴儿死亡率第一次大大下降，人均寿命大幅度提高。对高家村一带的农民来说，"文革"也是文化上一个史无前例的最好时期。他们用本地的传统曲子和语言改造"样板戏"，并自己登台表演，他们还自编自导自演自己设计服装，以前所未有的热情丰富自己的文化生活，他们还第一次参加有组织的体育活动，村与村的年轻人组织篮球之类的体育比赛。另外，有史以来第一次自由地、不需要媒人介绍谈恋爱，因为集体生活为青年人提供了在一起生活并互相了解的机会。于是，高默波概括道：

> 农民对过去的怀念不是因为他们比精英们愚昧。他们的思想感情是根基于深刻的社会基础的，他们没有受到"文化大革命"对中国知识分子和政治精英那样的打击和迫害，他们的思想感情当然不一样。同样，他们对80年代以后的思想感情也是根基于深刻的社会基础的。的确，80年代以后农民的物质生活水平比以前高，而且农民现在有更

多的行动和宗教自由。但随之而来的也有更多的新问题。比方说，越反越厉害的官员腐败，中央政府三令五申而制止不住的苛捐杂税，令人不安的社会治安问题。农民是这些问题的直接受害者。他们有出去打工的自由，可那是一种没选择的自由。十几岁的孩子远离家门，很多在没有安全和卫生保障的条件下每天工作十几个小时而挣得十几或二十块钱。这是什么样的自由？

最后，高默波特别说明《高家村》不是正宗的历史书（就像目前很多流行的传记和回忆录同样不是正宗历史书一样），只是"草根"历史的一种尝试。他以农民 20 世纪 80 年代前后生活水平对比为出发点，就生活水平差别的原因、人民公社体制、农民生产积极性、农产品产量等问题提出一种不同于主流经济学的解释。尽管他只是解剖了一个小小的麻雀——高家村，但以小见大也展现了新中国的风雨历程。

令人不无欣慰的是，新时代以来，新中国及其新闻史研究颇有一种新气象，不提温铁军的《八次危机：中国的

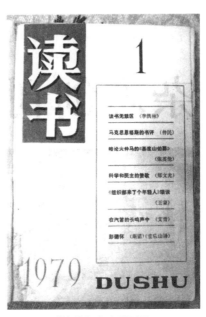

《读书》杂志创刊号

真实经验》(2013)、文一的《伟大的中国工业革命》(2016)、苏力的《大国宪制：历史中国的制度构成》(2018)、王绍光的《中国崛起的世界意义》(2020)、汪晖的《世纪的诞生：中国革命与政治的逻辑》(2020) 等名家之作，仅仅豁然开朗的博士论文就接踵而至，如北京师范大学谢保杰的《主体、想象与表达：1949—1966 年工农兵写作的历史考察》(2015)、北京大学潘佼佼的《中国农村广播网的历史研究（1949—1978）》(2023)、清华大学张晴滟的《样板戏——文化革命及其最新形式》(2021)、盛阳的《"九评"：中苏论战与新闻传播》(2022)、暨南大学郑宇丹的《新中国的民营报纸（1949—1957）》(2021)、香港中文大学王洪喆的《从"赤脚电工"到"电子

包公":中国电子信息产业的技术与劳动政治》(2017)、澳门科技大学傅晓杉的《歌声嘹亮:〈战地新歌〉研究》,等等。随着中国式现代化与民族复兴的进程,相信会有越来越多令人耳目一新的佳作问世。

拓展阅读

1. 黄兴涛:《重塑中华:近代中国"中华民族"观念研究》,北京师范大学出版社。
2. 阎云翔:《私人生活的变革:一个中国乡村里的爱情、家庭与亲密关系:1949—1999》,上海书店出版社。
3. 潘佼佼:《中国农村广播网的历史研究(1949—1978)》,河南大学出版社。
4. 郑宇丹:《新中国的民营报纸(1949—1957)》,河南大学出版社。
5. 谢保杰:《主体、想象与表达:1949—1966年工农兵写作的历史考察》,北京大学出版社。

第八讲

红日初升（中） 新闻社会奏交响（1949—2022）

下面进入新中国的第二部分，通过经典的新闻作品，对数十年来新闻历程做一番扫描，并由此触摸新中国新时代的脉络与脉搏。

平时常说的旧中国与新中国固有简化之嫌，但确实言简意赅地提示了两个不同的社会和时代。这种不同可谓天翻地覆，前所未有，既体现于社会生活的各个领域，也决定着新闻业的现实格局和历史走向，特别是建国初期更是具有决定性意义，新中国的政治、经济、军事、外交、文化教育、社会心理等都在这个时期奠定了根本基础，借用华东师范大学中国当代史研究中心所编《中国当代史研究》第一辑的卷首语：

> 1950年代，是中国大陆新旧政权更替之后的最初时期。此一时期历史的基本特征，可用"改造"一言以蔽之。新政权从政治、经济、文化多方面颠覆原有架构和体系，建立起迥异于以往之政治、经济、文化制度，确立了新意识形态的法定地位，并对社会实施改造，直至干预和渗透社会生活和国民心理。其"改造"范围之广、程度之深，前所未有，可谓"天翻地覆"。（九州出版社 2009）

与此相应，新闻媒体同样经历了这种天翻地覆的变化，经过50年代初的一系列社会主义改造，包括"三反""五反""公私合营"等，最后私营媒体消失殆尽，新闻媒体同其他行业一样都成为"国家单位"，新闻记者则成为"国家干部"。从此，以十里洋行为标志，以广告消费、市民文化为特征的"文化市场"及其一批自由职业者，都被纳入国家体制，"全党办报"取代了"商人办报""文人论政"，党性原则、宣传纪律、"为工人农民服务"取代了"无冕之王"，新闻事业成为党和人民的耳目喉舌以及一种阶级斗争工具。新闻史学者涂鸣华认为，这个"规制和改造"过程包括四项基本内容：一是思想改造，对来自旧社会而受"自由主义新闻观念"影响的新闻从业者进行思想改造，即所谓"割尾巴"，其目的在于确立马克思主义新闻观的权威地位；二是组织改造，对旧有的新闻媒体进行撤销、合并、整改等，从而形成步调一致的新闻宣传体系，同时对旧有的新闻从业人员进行调整，保证舆论工具掌握在党和人民手中；三是对新闻教育界的改造，建国初期全国高校调整和学科划分变更之际，过去的新闻系及其课程被大幅度地裁撤和归并；四是业务改造，对报纸的编排、发行、广告等业务进行去商业化。所有这一切改造，归根结底都服从于人民共和国的立国宗旨，即人民当家做主。具体到新闻领域，就是让马克思说的"人民报刊"占据意识形态主导地位。延安《解放日报》在《本报创刊一千期》的社论里，曾经写道：我们现代报纸的历史，虽较欧美各国为短，亦已百数十年，然而属于人民大众的报纸，仍寥寥可数，人民大众要建立作为自己喉舌的报纸，报导自己的活动，畅谈自己的意见，真是历尽了千辛万苦，求之而不可多得。所以，新中国成立后，就全面确立了社会主义的人民大众新闻事业，就像赵月枝论述无产阶级新闻自由时谈及的：

> 中国共产党本来是有一套新闻自由理论的，就是基于马克思主义阶级理论的新闻自由观。这个理论认为，新闻自由是有阶级性的。中华人民共和国的立国过程包括了共产党领导的中国革命以"人民"的名义剥夺"资产阶级新闻自由"的过程，包括了在宪法序言中所言的"工人阶级领导的、以工农联盟为基础的人民民主专政，实质上即在无产阶级专政"的基础上，建立起"无产阶级新闻自由"的过程。在这一语境中，"无产阶级新闻自由"首先被定义为，新闻机构摆脱国内外私人资本控制的自由。(《被劫持的"新闻自由"与文化领导权》)

以旧中国报业最集中的上海为例，1949年一解放就成立了军管会主任陈毅挂帅的"文化教育管理委员会"，一批来自解放区的"南下干部"成为骨干，如范长江、恽逸群、王中、张春桥等。有一次开新闻座谈会，张春桥谈兴正浓，《大公报》王芸生插话说，那个事情其实如何如何，还习惯性地挥了挥手，张春桥冷冷地说："我是打仗进上海的，原是土包子，不像王先生见过大世面，说错了请指教。"此语一出，顿时冷场。"文化教育管理委员会"下设新闻出版处，负责接管上海的新闻机构和报刊登记，旧报刊面临三种命运。其一，中共中央定性为"有明显而确实的反动政治背景"的《申报》《新闻报》被没收，申报的物业设备等归入1949年5月28日创刊的华东局和上海市委机关报《解放日报》。其二，英商的《字林西报》、美商的《大美晚报》等，由于反华反共的政治立场和中西对抗的国际环境而相继停刊。其三，各种民营报纸进入新社会，越来越陷入"水土不服"

的尴尬境地。比如，民营报纸改称私营报纸，一字之差，含义深刻，按照当时文管会副主任范长江的阐述：

> 在国民党反动统治时期，有些私营的文化出版事业中，是曾在不同程度上代表人民的，是应当称为"民"营，或属于"民间"的，但在人民政权下，政权的本身是代表人民的，这里只有公营和私营之分，不再是"官方"与"民间"的区分。（《文汇报》1949年6月21日）

这种对民营报业性质的重新认定，实际上强化了其资本属性和阶级属性，预示着其唯一出路就是脱离"私营"，加入"公营"。随着新中国、新社会的巨大变革，私营报业的市场、读者、权威性以及信息来源等也日益萎缩。特别是五六十年代，人们对党报高度信赖，党报记者享有崇高地位和采访报道方面的特权，而私营报纸往往遭到冷遇和歧视。据《文汇报史略》记载："党报记者与非党报记者是在很不平等的条件下竞争的。有时各报记者同赴一个单位采访，党报个别记者常常取走所有数据和材料，有次一位女记者为此回报社大哭一场。"所以，当公私合营开始后，许多私营报纸从高层到员工无不主动积极地要求"转制"，成为"国家单位"，希望从体制外的"自由报人"成为体制内的"国家干部"。郑宇丹教授对此做了翔实论述。

这种变革的影响显而易见，直至今天实行社会主义市场经济依然带有其深刻烙印，如党管媒体、党管干部、正面报道——翻开当时的报道，触目所见一片阳光明媚、莺歌燕舞、鸟语花香的情景。对此，可从历史与现实两个方面理解和把握。从历史上看，中国文化总有一种圆融、和谐、通达的气象，哪怕再艰难、再黑暗、再惨淡也依然表现得诗情画意，美丽动人，即使是魏晋南北朝那样的乱世，依然出现中国文化的一个美学高峰。激浊扬清，正大光明，是中国文化以及华夏文明的底色，正如李希光概括的"三教新闻学"：

> 中国新闻学或东方新闻学之所以是"光明新闻学"，而不像美国一路的"耙粪新闻学"，与中国人的三大信仰体系密不可分：从儒家核心价值观看，就是隐恶扬善的仁义新闻学；从佛家观点看，就是摆脱内心贪嗔痴的去烦恼新闻学；从道家的宇宙观看，就是天人合一万物和谐的生态新闻学。

从现实上看，新中国的正面报道之所以占据主流，更是全新的社会主义事业与民族国家所必需的。就像毛泽东说的：国家的统一、民族的团结，国内各民族的团结，这是我们事业胜利的必然保证。为此，新闻媒体也不能不服从于这个大局，不能不服务于国家统一、民族团结以及现代化大业。

下面就来扫描一下新中国的新闻佳作，从中也透视新中国的风雨沧桑。

开国大典的"实况转播"——1949年10月1日凌晨，北平新华广播电台发出预告：全程转播下午3点的开国大典。当时，中央广播事业管理处处长廖承志，委托北平新华广播电台的负责人梅益和温济泽考虑一下，为转播想一个名称。他俩经过商量，决定把这次大规模转播称为"实况转播"，由此为汉语增添一个新词汇。历史上的第一次"实况转播"，由著名播音员齐越和丁一岚共同主持。

当天，在天安门城楼负责报道的《人民日报》记者李庄，后来成为新中国第一大报的总编辑，此前作为报道新政协会议的人民日报首席记者，他以一天一篇特写、一个主题的方式记录了共和国筹建的历史。9月21日，毛泽东在新政协开幕词里宣布："占人类总数四分之一的中国人从此站立起来了！"李庄由此获得灵感，第一篇特写就以"中国人从此站立起来了"为题，发表在翌日报纸的头版，其中写道"这是人民民主新中国开基立业的盛典"。李庄哲嗣李东东是改革开放后，中国社会科学院研究生院新闻系第一届学生，曾任国家新闻出版总署副署长。

开国大典上与李庄一同在现场采写报道的新华社记者李普，后来担任新华社副社长，"开国大典"一词就是在他的报道首先使用的。对这个历史性盛典，名记者杨刚以饱蘸激情的笔调，写下一篇新闻名作《毛主席和我们在一起》，与摄影家侯波的经典照片一同构成新中国的永恒记忆：

> 红旗飘卷，队伍静候。正在这时，城楼上面主席台前忽然发出了有历史意义的庄严声音。山鸣谷应，四处都响起惊天动地的声音。中国人民伟大的领袖，中央人民政府毛泽东主席宣布中华人民共和国中央人民政府成立了！于是广场上的欢呼声立刻翻江倒海地爆发与城楼上互相呼应。这时候，按照预定程序，主席亲自升起了中华人民共和

国的五星红旗!

……

转眼就是阅兵了。4个师的部队全在广场外面东边等候。总司令下令阅兵时，4位野战军的将领分列左右，站在总司令旁边。第一野战军是贺龙将军，第二野战军是刘伯承将军，第三野战军是陈毅将军，第四野战军是罗荣桓将军。阅兵令下，就由原来在广场东端站在指挥车上的聂荣臻将军引导，四个师以连为单位，列成方阵，由东而西，缓缓入场，一个接一个地从主席台下白玉桥边走过去。队伍的服装、颜色、队形、行动完全整齐一致。每一个方阵都像一个人一样行动。甚至于连马队里所有马的腿脚都是一出一进完全一致的。所有成排的坦克、大炮、汽车，都是比齐了一字形地前进，绝无任何参差，使一字显得没有丝毫歪曲。当阅兵进行的时候，整个人山人海、红旗飘扬的广场屏息无声，只有军乐队奏着《人民解放军进行曲》，雄壮的乐声和整齐的步伐配合，在大地上动荡。

前面讲过，杨刚是名记者羊枣（杨潮）的妹妹，抗战时期在重庆曾与女记者彭子冈、浦熙修和戈扬并称"四大名旦"，又与彭子冈、浦熙修号称"三剑客"。1944年，赴美留学，兼任《大公报》驻美记者，采写了40多篇系列通讯，在《大公报》的"美国通信"栏目发表，名震一时。1948年被周恩来招回，负责接管和改组《大公报》。新中国成立后，任周恩来办公室主任秘书、中宣部国际宣传处长，1955年又被总理点将，调任《人民日报》副总编辑，成为《人民日报》第一位女性副总编辑。

杨刚原名杨缤，湖北沔阳人，不仅是一位出色记者，而且还是中共早期党员、左翼作家、翻译家、评论家、国际问题专家等。早年就读于燕京大学英语系，1935年成为《傲慢与偏见》的第一位中文译者，1938年在塔斯社上海分社期间将《论持久战》译成英文，后为《大公报》记者。若说名如其人，那么杨刚确实性格刚烈，热情似火，曾被夏衍称为"浩烈之徒"。1940年，她写下一首800行的奇崛长诗《我站在地球中央》，大声疾呼："我站在地球的中央，竖起了战斗的大纛！我的旗子有鲜明的红光，有青天的荣耀！有白羽金箭美，我的旗子出自地球孕育永恒的娘胎，它流

《人民日报》1949年9月22日头版

着生命的血液,那是五千年不死的血,为了这一柄血的旗帜,我预备另一个五千年!"在她身上,革命的理想近乎虔诚的宗教信仰,她曾经说:"为了党的需要,随时准备牺牲,即使到了悬崖绝壁,要跳,就毫不犹豫地跳下去。"正如论者所言,她身上带有浓重的殉道精神:

> 以牺牲为最大幸福的信念支撑着杨刚经受住了酷刑、流产、失去恋人(其初恋情人被国民党杀害)、丈夫、哥哥(羊枣)等众多磨难,并且为革命四海为家,一生独居,没有再婚。建国后,杨刚的生活极

为简朴,在办公室居住,在食堂吃饭,仅有的一个女儿远在苏联求学。杨刚白天开会,看材料,布置工作,夜深人静时审稿修改社论、文章,签署大样,一直工作到报纸付印。常常到了深夜她的办公室还是灯火通明,烟雾弥漫,她每天要吸四五十支香烟。尤其是在朝鲜战争开城谈判期间,身在国内的杨刚与在朝鲜战场的乔冠华密切配合,在两年多的日子里,夜以继日地协助周总理处理冗长的谈判工作,作为国际问题专家,她与乔冠华被并称为周总理工作班子里的两杆"枪"。工作就是她生命的一切,除了工作,她个人则过着苦行僧般的生活。(杨晶《杨刚之死》,《读书》2009 年第 1 期)

新闻照片《斗地主》——作者齐观山,摄于 1950 年,反映北京郊区土改运动中农民批斗地主的场景。照片上,画面一角是富态的地主侧影,另一侧是干瘦的农民,强烈的对比,表现了作者的爱憎之情。照片的人物神态抓取得恰到好处,地主抄着手,低着头,理屈词穷,神色黯淡,而衣衫褴褛、被生活压得佝偻腰身的农民则是目光炯炯,理直气壮。《人民日报》摄影记者沈延太称赞说:"形象而深刻地反映了中国社会的大转折,是一幅史诗性的作品。"作者齐观山,

新闻照片《斗地主》(齐观山 摄)

1935 年生,14 岁参加革命,1941 年入晋察冀军区政治部第一期摄影训练队,1942 年以后先后在《晋察冀画报》《东北画报》等担任摄影记者,1952 年进入新华社摄影部。据妻子说:"齐观山平时采访很少见他一哄而上,手忙脚乱的情况。但结果他总是能抓住好照片,重要的瞬间都漏不掉。"《斗地主》就是典型。

《新闻和报纸摘要》与《各地人民广播电台联播》——中央人民广播电台延续数十年的龙头节目,深刻影响了几代人的生活与思想。《新闻和报纸摘要》的前身是《首都报纸摘要》,开播于 1950 年,1955 年改为现名,起初晚间播出,后来挪到早晨。《各地人民广播电台联播》节目开播于 1951

年,1993年更名为《全国新闻联播》,每日晚间黄金时间播出。20世纪80年代电视兴起之前,这两个节目一直是全国各地了解时事的主要渠道。与此同时,《广播剧院》《文艺信箱》《科学常识》《星星火炬》《小喇叭》等一批深受人们喜欢的节目,也成为中央人民广播电台的"招牌","广播逐渐成为对中国人民文化生活影响最大的大众传播媒介"(郭镇之)。

通讯《谁是最可爱的人》——在气壮山河的抗美援朝战争中,产生了一批令人难忘的作品,包括电影《英雄儿女》及其插曲《英雄赞歌》《上甘岭》及其插曲《我的祖国》("一条大河波浪宽"),以及《中国人民志愿军战歌》等。1950年,志愿军出征前的一个晚上,时任某连指导员的麻扶摇为指战员们的昂扬斗志所鼓舞,在克制不住的激情和冲动下,就着煤油灯赶写了一首出征诗:

> 雄赳赳,气昂昂,
> 横渡鸭绿江。
> 保和平,卫祖国,
> 就是保家乡。
> 中华好儿女,齐心团结紧,
> 抗美援朝,打败美帝野心狼。

第二天,他把这首诗作为全连出征誓词的导言写在黑板上。恰好,新华社随军记者陈伯坚到麻扶摇所在部队采访,在连队黑板报上发现了这首诗。第一次战役后,陈伯坚把这首诗引用到战地通讯《记中国人民志愿军部队几个战士的谈话》,并作了个别修改:把"横渡鸭绿江"改为"跨过鸭绿江",把"中华好儿女"改为"中国好儿女"。当时陈伯坚不知道这首诗的作者是谁,只说"这是记者在前线的中国人民志愿军部队中听到的广为流传的一首诗"。1950年11月26日,《人民日报》头版刊登了这篇通讯,将这首诗排在标题下面的醒目位置,引起读者的关注和共鸣。时任文化部艺术局副局长的音乐家周巍峙,读到这首诗后赞不绝口,马上为之谱曲。他接受中国音乐家协会主席吕骥的建议,把"美帝野心狼"改为"美国野心狼"。不久,这首歌就以《打败美国野心狼》为题,在《人民日报》上发表,署名为志愿军战士词,周巍峙曲。此后,周巍峙一直觉得歌名不够理

魏巍

想。恰在这时,他看到《民主青年》杂志以《中国人民志愿军部队战歌》为题刊载了这首歌,觉得"战歌"一词用得好,于是就将歌名定为《中国人民志愿军战歌》。从此,这首战歌便回荡在神州大地,成为一首流传不衰的经典名曲。顺便说一句,后来担任文化部副部长的音乐家周巍峙,早年也曾从事新闻工作,抗战时期在太原创建"全民通讯社",并任编辑、前线记者,中国新闻史学的开山鼻祖、《时报》总编辑戈公振先生故居里的"戈公振纪念馆"即由他题写匾额。

同样,在这场新中国的"立国之战"中,也有一批新闻传播的经典之作,包括《谁是最可爱的人》。这篇通讯或报告文学由《人民日报》特约记者、作家魏巍1951年在朝鲜前线采写完成,当年4月11日在《人民日报》头版显著位置发表。31岁的魏巍时任中国人民解放军总政治部宣传部学校教育科科长。在《我怎样写〈谁是最可爱的人〉的》文章里,他谈到自己的采写体会:"要选择最能代表事物的典型例子来说明本质的东西。不仅要写英雄的战斗事迹,而且要写战士的生活,写战士的思想和感情。"下面就是人们耳熟能详的片段:

> 在朝鲜的每一天,我都被一些东西感动着;我的思想感情的潮水,在放纵奔流着;我想把一切东西都告诉给我祖国的朋友们。但我最急于告诉你们的,是我思想感情的一段重要经历,这就是:我越来越深刻地感觉到谁是我们最可爱的人!
>
> 谁是我们最可爱的人呢?我们的战士,我感到他们是最可爱的人。
>
> 也许还有人心里隐隐约约地说:你说的就是那些"兵"吗?他们看来是很平凡、很简单的哩,既看不出他们有什么高深的知识,又看不出他们有什么丰富的感情。可是,我要说,这是由于他跟我们的战士接触太少,还没有了解我们的战士:他们的品质是那样的纯洁和高尚,他们的意志是那样的坚韧和刚强,他们的气质是那样的淳朴和谦

逊，他们的胸怀是那样的美丽和宽广！

亲爱的朋友们，当你坐上早晨第一列电车驰向工厂的时候，当你扛上犁耙走向田野的时候，当你喝完一杯豆浆、提着书包走向学校的时候，当你坐到办公桌前开始这一天工作的时候，当你往孩子口里塞苹果的时候，当你和爱人一起散步的时候……朋友，你是否意识到你是在幸福之中呢？你也许很惊讶地说："这是很平常的呀！"可是，从朝鲜归来的人，会知道你正生活在幸福中。请你意识到这是一种幸福吧，因为只有你意识到这一点，你才能更深刻了解我们的战士在朝鲜奋不顾身的原因。朋友！你是这么爱我们的祖国，爱我们的伟大领袖毛主席，你一定会深深地爱我们的战士，——他们确实是我们最可爱的人！

这篇通讯一问世，便深深感染了、打动了千千万万中国人，"最可爱的人"从此成为中国人民志愿军的代名词。周总理赞扬道："感动了千百万读者，鼓舞了前方的战士。"当时，有位刚从上海圣约翰大学毕业的学生，由于受到这篇报道的影响，抛却中产人家的优裕生活，舍弃上海的繁华锦绣，拒绝名校任教的大好前程，毅然前往白山黑水，投身新闻事业，梦想有朝一日成为魏巍那样的记者，这位年轻人就是改革开放后历任《辽宁日报》副总编辑、《经济日报》总编辑、《人民日报》总编辑、清华大学新闻与传播学院首任院长的范敬宜。

这篇通讯集宣传性、典型性、新闻性和文学性为一体，开启新中国典型报道之先河。作者魏巍（1920—2008），河南郑州人。毕业于延安抗日军政大学，后在晋察冀边区从事部队宣传工作。抗美援朝期间三次赴朝，写下《谁是最可爱的人》等报道，反映抗美援朝战争的长篇小说《东方》（1978），获得首届"茅盾文学奖"。

《正确地使用祖国的语言，为语言的纯洁和健康而斗争！》——1951年6月6日，人民日报社论。1949—1960年，全国城乡开展了3次大规模的扫盲运动，通过一系列简便易行、生动活泼的方式，包括识字班、扫盲班、工农夜校等，一共扫除文盲9940万人，大幅度地提高了亿万人民的文化素质。六七十年代，随着千百万知识青年上山下乡，又进一步推动了教育的普及化。2020年,北京大学光华管理学院副院长周黎安教授的一篇合作论文被《美国经济评论》(*American Economic Review*)正式接受。论文基于大量的微观数据,实证考察了中国"上山下乡"运动期间,知识青年对农村儿童受教育程度的影响,当年不少知青都做过中小学教师,给接近2.5亿的农村小孩带来了潜在的教育机会。仅看《正阳县志》记载:1949年全县有中小学6所,在校学生1579人;1985年,中小学有315所,在校学生14.46万人,适龄儿童入学率达到86%……

新中国成立后,为了实现人民当家做主,让各族人民掌握文化和文字,还大力推广普通话和简化字。其中简化字里除了屈指可数的个别新造字,绝大多数都是历史上出现的、使用的简笔书写,包括许多书法大家的作品,而生造字比例极小。有两个新造字例外。一是邓小平的"邓",本来要把鄧的左边改为"丁",后来考虑到邓小平用草书签名时一直写作邓,就把鄧简化为邓。另一个是国家的"国"。据解放初从北京大学毕业分配到文字改革协会、后担任国家语委副主任的傅永和说:

> 本来有人提议,借鉴日文中的国,里面简化成王字,但提议遭到大部分人否定。一个方框里放个王,从里往外念是"亡国",从外往里念是"国亡",怎么听都不舒服。
>
> 后来根据郭沫若的建议,国字里面用"玉"字。

由于解放初文化水平普遍低下,读书人也大多只有中小学文化程度,包括新闻记者,更不用说广大的工农兵通讯员,语言文字问题很突出,包括语法、逻辑、遣词用语。50年代,语言学家吕叔湘、朱德熙、叶圣陶等纷纷授课,开设讲座,撰写文章,为"正确地使用祖国的语言,为语言的纯洁和健康而斗争"。《人民日报》的这篇社论,即在这种背景下问世,也得到人民领袖、语言大师毛主席的积极推动。

时隔50年,2001年6月6日《人民日报》再次发表社论《为祖国语言的纯洁和健康继续奋斗》。当时,由于社会风气日益浮躁,加之网络用语众声喧哗,语言文字"失范"现象日益突出,就像清华教授格非在茅盾文学奖作品《春尽江南》里,借一位报社主编斥责入职中文系女生的问题:

"我好好喜欢"是他妈的什么意思？嗯？你是从哪里学来这种不伦不类的腔调？还有这里，"谏壁发电厂的这种做法，像极了古语所云的，怎不叫刚刚踏上社会的我们感到纠结？若不限期改正，广大干部群众情何以堪？"你这叫什么他妈的句子，谁能看得懂？你说你是南京大学中文系毕业的，谁能相信呢？嗯？你说古语所云，所云什么呀？我看你是不知所云……

《毛主席的队伍进入拉萨》——新华社消息，拉萨 1951 年 9 月 27 日电，作者赵慎应。1951 年 8 月 1 日，新华社西藏分社在昌都成立，当解放军进驻拉萨时，随军记者赵慎应采写的这篇报道就成为从拉萨发出的第一篇新闻稿。这则消息报道了藏族同胞迎接解放军进城的盛况，由藏族服饰引申到文成公主入藏等点睛之笔，更强调了汉藏人民源远流长的历史情谊：

> 九月九日，暖和的太阳照耀着拉萨平原，布达拉宫上面的金顶，映射出灿烂的光芒。人民解放军入藏部队的先遣部队翻越了千山万水，这一天，在人民的夹道欢迎中，进入了西藏地方政府所在地拉萨城。
>
> 当人民解放军进抵距拉萨城十里的拉萨河边时，拉萨城内的人民都急不可待地成群结队跑到河滩解放军的帐篷前参观。他们认真地观察指挥员和战斗员们的一切举动，仔细端详着战士帽子上的"八一"帽徽，甚至连战士们吃饭洗脸时也都好奇地围着看。他们要看看毛主席的队伍到底是什么样子。
>
> 西藏地方政府在郊区设立了欢迎站，搭起了巨大的白色帐篷。九日清早，穿着红黄色锦袍的噶伦以下几十名官员，以及穿着红色服装的三大喇嘛寺代表已到欢迎站迎候，市内的人民像流水一般从各处拥向城郊。人们都穿上白色服装，打着各色的花伞，妇女们穿上绿袍，袍上面还套上各种彩色的背心，腰中束着精致的带子。这美丽的服装，据说还是唐太宗时文成公主入藏时传来的。

赵慎应（1921—2005），河南孟津人，1939 年入党，1948 年入伍，洛阳解放后参与筹办《新洛阳报》，历任新华社西藏分社社长、新华社国内部主任等，著有《西藏风云》《中央驻藏代表张经武》等。1951 年，以新华社西

天路

南总分社特派记者身份随18军开赴西藏,成为第一位进藏的新闻记者。这篇报道完成后,由于先遣支队仅有一台小功率发报机,并以军事电报为主,结果在电台压了四天。赵慎应心急如焚,情急之下找到中央人民政府代表张经武。张经武马上决定利用他的电台,把这篇重大消息直发中共中央办公厅,然后转交新华社播发。

《压制批评的人是党的死敌》——社论,《人民日报》1953年1月23日。这篇社论是针对"黄逸峰事件"发的,此事轰动一时,甚至惊动毛泽东。黄逸峰,1925年入党,抗战时期曾任地委书记、军分区司令员等,解放后任上海铁路局局长,后任华东军政委员会交通部部长,兼任下属的华东交通专科学校校长。按照张开明的《黄逸峰传》,黄逸峰事件的经过大致如下:

1951年12月3日,《人民日报》在"读者来信"专栏上,发表了《上海华东交通专科学校存在混乱现象》一文,批评学校领导铺张浪费,管理不善。校方认为,"不符合事实,是蓄意破坏学校名誉",向兼任校长的黄逸峰反映。黄逸峰听了汇报后,要求追查文章作者,并组织师生联名写信,希望《人民日报》更正。校方查出文章作者薛承凤后,便逼其退学。面对巨大压力,薛承凤向《人民日报》写信申诉,《人民日报》将来信转给华东局处理。华东局纪律检查委员会组成检查组,黄逸峰采取不予理睬的态度。经过调查,检查组建议给黄逸峰党内警告处分,并要求他在华东局暨上海市委机关报《解放日报》上公开检讨。黄逸峰拒绝检讨，事情由此闹僵。于是，华东局派人向中央汇报，毛泽东听说后批示："压制批评，轻则开除党籍，重则交人民公审。"1953年1月，黄逸峰被开除党籍并撤销一切行政职务。1月19日，《解放日报》发表了《关于开除反党分子黄逸峰的决定》，随后《人民日报》发表了这篇《压制批评的人是党的死敌》的社论。

在国史专家林蕴晖看来，此事处理"未免失之过严"。1956年，毛泽东在《论十大关系》的报告里，曾提到允许黄逸峰重新入党的问题（黄逸峰于1956年12月被重新批准入党）。但当时这种严厉处理犹如对刘青山和张子善执行死刑一样，既体现了建国初期新政权励精图治的决心，也是党报优良传统的延续，今天看来同样不无现实意义。全国解放前夕，毛泽东在七届二中全会上提出"两个务必"："务必使同志们继续地保持谦虚谨慎、不骄不躁的作风，务必使同志们继续地保持艰苦奋斗的作风。"还专门提到："我们有批评和自我批评这个马克思列宁主义的武器。我们能够去掉不良作风，保持优良作风。"1950年4月19日，中共中央发布了《关于在报纸刊物上展开批评和自我批评的决定》，指出："吸引人民群众在报纸刊物上公开地批评我们工作中的缺点和错误，并教育党员，特别是党的干部在报纸刊物上作关于这些缺点和错误的自我批评，在今天是更加突出地重要起来了"，"如果我们对于我们党的人民政府的及所有经济机关和群众团体的缺点和错误，不能公开地及时地在全党和广大人民中展开批评与自我批评，我们就要被严重的官僚主义所毒害，不能完成新中国的建设任务"。另外，决定还包括若干具体要求：凡在报纸刊物上公布的批评，都由记者和编辑负独立的责任；读者来信中的有益批评，凡报纸刊物能判断真实者，都应当发表，读者应将真实姓名地址告知报社，但报社必须按照投书者的要求代为保密；如果批评完全属实，被批评者应在同一报纸刊物上声明接受，并公布改正错误的结果；如有部分失实，被批评者应在同一报纸刊物上做出实事求是的更正，并接受批评的正确部分；如被批评者拒绝表示态度，或对批评者打击报复，应由党的纪律检查委员会予以处理；触犯行政和法律的部分，应由国家监察机关和司法机关予以处理。

黄逸峰的行为显然与这个决定及其精神相抵触，于是受到党纪国法的严肃处理。建国初期的这起事件,也在新闻传播领域体现了党"不论职位高低都必须接受人民群众公开监督的坚定决心"(林蕴晖《国史札记》)。

《和平的敌人原形毕露了》——新华社日内瓦1954年6月15日,作者李慎之。1954年,中华人民共和国代表首次参加日内瓦会议,磋商朝鲜问题和印度支那问题。当时,以美国为首的西方国家反对通过中国等国家提出的和平协议,本文对此做了深入报道,使读者了解美西方如何打着"和平"旗号,拒绝和平解决朝鲜问题的真实面目。李慎之曾在重庆《新华日报》、延安新华社国际部工作,解放后任新华社国际部副主任、中国社会科学院副院长兼美国研究所所长等。

在这次著名的国际会议上,熊向晖奉派担任新闻联络官,负责中国代表团新闻办公室的工作。据他回忆,周恩来总理对接待外国记者提出了五条原则:来者不拒,区别对待;谨慎而不拘谨,保密而不神秘,主动而不盲动;记者提问,不要滥用"无可奉告";对于挑衅,据理反驳,但不疾言厉色;有答有问,有意识地了解情况,有选择有重点地结交朋友。针对一些外国记者希望了解新中国人民生活的情况,总理指示举办一场电影招待会,放映纪录片《1952年国庆节》。放映时,电影院座无虚席,有的记者不得不站着观看,一位瑞士记者在报道里写道:"当全副武装的中国军队和手捧鲜花的姑娘们,迈着矫健的步伐,跨过日内瓦的银幕时,西方和东方的无冕之王们都情不自禁地一起发出轻轻的赞叹声。"事后总理听取汇报,问有没有批评意见。熊向晖说,有个美国记者认为,这部影片说明中国在搞军国主义。总理说,即使个别人的看法,也值得注意,再给他们放一部《梁祝哀史》——根据越剧《梁山伯与祝英台》拍摄的彩色戏曲片。为了取得良好效果,他们先在旅馆试映,一

熊向晖著述

些瑞士人闻讯而来，但不久就一个个走掉了。其实，熊向晖等不看字幕，也听不懂，所以让外宾看更是"对牛弹琴"。但为了完成总理交代的任务，他们还是尽力而为，写了十几页的剧情说明，熊向晖还把剧名译成英文《梁与祝的悲剧》。不料，总理批评他们搞"党八股"，十几页说明书谁看，我是记者就不看。然后，总理说：只要在请柬上写一句"请你欣赏一部彩色歌剧电影——中国的《罗密欧与朱丽叶》"，放映前用三分钟概括一下剧情，用词有点诗意，带些悲剧气氛，这样试试，保证不会失败。总理还同熊向晖打赌，如果失败了，送你一瓶茅台酒，我出钱。果然，按照熊向晖后来的记述：

> 放映过程中，和上次不同，全场肃静。我举目四顾，都在聚精会神地观看。演到"哭坟""化蝶"，我听到啜泣声。放映结束，电灯复明，观众还如醉如痴地坐着，沉默了大约一分钟，才突然爆发出热烈的掌声。他们久久不肯离去，纷纷发表观感。普遍认为：太美了，比莎士比亚的《罗密欧与朱丽叶》更感人。
>
> 我向总理汇报演出获得的巨大成功时，谈了自己的感受。我说：这使我进一步懂得对外宣传的重要。总理说：问题在于宣传什么，怎么宣传。——他告诉服务员，给我一瓶茅台酒，记他的账。(《我的情报与外交生涯（增订新版）》)

广播特写《冰雪除夕夜——汉水公路桥工地特写》——这是1954年除夕夜，湖北人民广播电台从汉水公路桥施工现场采写的报道。作为万里长江第一桥，武汉长江大桥也是新中国修建的第一座长江大桥。清朝政府、国民政府都曾多次计划建桥，而终未实现。1953年，在苏联专家指导下大桥完成设计，开始施工。这篇报道以小见大，通过特定时间——除夕、特定地点——打桩机工地、特定人物——工人萧振宗等，表现了社会主义建设的宏大主题，而且富有现场感。比如，开场交代时间：除夕的晚上，当长江江面上弥漫着朦胧的夜雾时，武汉市灯火通明……钟楼耸立在城市的夜空，时针正缓缓向12点移动，1955年就要来临了。接着引出地点：在汉水公路桥工地上，有的工人直到今天才想起是除夕……照明灯发着灰白的光，照亮了高大的打桩机……然后，由地点引出人物：打桩机工作区旁，萧振宗刚刚接班……他们提出了保证,要在 12 点的时候,打下 1955 年的第一根管桩!报道里的一些细节也增加了这种现场感:穿着胶鞋在冻结着冰雪的铁梯上怎么也把不住脚……工人们用炭火烤化一个个螺丝,以最快的动作接上另一个管桩……稍微迟一点,刚烤化的螺丝就会更结实地冻起来……一只麻雀落到他们脚下,冻得飞不走了。其中的引语带有鲜明的时代特征,也体现了当时劳动者的精神面貌,如"光荣啊,同志们,人民的理想一定要实现的,我们正在做着前人不能做的事……祖国和人民期望着我们……"1956 年初夏,毛泽东主席到武汉,第一次畅游长江,面对即将竣工的大桥,即兴写下有名的《水调歌头·游泳》:

才饮长沙水,又食武昌鱼。万里长江横渡,极目楚天舒。不管风吹浪打,胜似闲庭信步,今日得宽余,子在川上曰:逝者如斯夫!

风樯动,龟蛇静,起宏图。一桥飞架南北,天堑变通途。更立西江石壁,截断巫山云雨,高峡出平湖。神女应无恙,当惊世界殊。

《访上海资本家荣毅仁》——新华社 1956 年 1 月 20 日电,徐中尼采写。徐中尼 1920 年生于上海,1941 年参加新四军,1947 年任《新华日报》华中版副总编辑,建国后历任新华社上海分社财经组组长、新华社国内部工业组组长等。1956 年,随着"三大改造"的展开,人们对资本家在社会主义社会的地位不免心存疑虑。为了回应人们的疑问,当时主持新华社上海分社工作的穆青,主张访问一位有代表性的资本家,并将这个任务交给徐中尼。徐中尼选择了最大的民族资本家荣毅仁,让他进行现身说法。采访前,他仔细研究了上海 40 多位民族资本家解放前后的遭遇和体会,访谈前用书面提出"实现社会主义,对你失去的是什么,得到的是什么?"等比较尖锐的问题供荣毅仁准备,从而获得具有说服力和吸引力的材料,赶在上海工商业全面实现公私合营时完成这篇《访上海资本家荣毅仁》。访问记一发表,立即为国内外许多新闻媒体登载,产生广泛反响,获得总社好稿评选一等奖。全文文笔质朴,除少量描写,绝大多数篇幅都是直接引语,比如:

"是的,我是一个资本家,但是我首先是一个中国人,我想应该先从作为一个中国人谈起。"

"重要的还在于解放以后六年来国家强盛了。这是每一个从旧中国过来的中国人最感到骄傲的。"

"对于我,失去的是我个人的一些剥削所得,它比起国家第一个五年计划的投资总额是多么渺小;得到的却是一个人人富裕、繁荣强盛的社会主义国家。……从物质生活上看,实际上我并没有失去什么,我还是过得很好。"

他指着坐在一起的孩子们笑着说:"他们有的要做音乐家,有的要做工程师,就是没有一个想做资本家。他们的前途,用不到我拿金钱去买。"

《新闻简报》——中央新闻纪录电影制片厂摄制的新闻杂志片,也是当时北京电视台即中央电视台前身的新闻节目来源。中央新闻纪录电影制片厂成立于1953年,前身是抗战初期的延安电影团,早期拍摄的代表性作品有《红旗漫卷西风》《抗美援朝》《大西南凯歌》等,现为中央电视台下属机构。《新闻简报》是中国电视新闻的先声。1958年5月1日,中国第一座电视台——北京电视台开始试验性广播,中国由此迈出电视事业第一步。这个开播日期,也带有特定的时代意味和政治背景。据说,台湾的国民党也将组建电视台,准备在1958年的"双十节"开播,于是北京电视台便抢先亮相。

早期电视新闻的概念仅指电视中的新闻纪录片,依时间的长短和时效的高低分为新闻片和纪录片。这个时期的电视新闻被称为"新闻纪录片时代"。"用电影方式制片,用电视手段传播"(李亦中《中国纪录片跨世纪三大演变》)。据我国第一位电视新闻播音员沈力回忆,她第一次上荧幕的那天晚上,播音室灯火如昼,有很多飞蛾飞来飞去。新闻快要播完时,一只小蛾子突然飞进她的嘴里,她急中生智,便说:"新闻节目到此结束",她被迫"贪污"了最后那条新闻。电视开播之际,全国也就50台黑白电视机,无怪乎中央电视台早期新闻播音员赵忠祥回忆说:"我做了三年新闻播音工作,走在大街上没有人认出我来。我的祖母一直到去世,始终都不明白她的孙子是做什么的。因为我家里那时没有电视机。"

《新闻简报》于1949年创办,每周一期,全年52期。1956年改为每5天一期,全年72期。1960年又恢复为每周一期。1978年,《新闻简报》改为《祖国新貌》。由于电视的迅猛发展,《祖国新貌》不再报道时政新闻。《新闻简报》每期10分钟,真切记录了新中国的面貌与变化,也为历史留下宝贵的资料。尤其是"文革"后期,《新闻简报》差不多成为中国电影的代名词,当时的顺口溜戏称:朝鲜电影哭哭笑笑;越南电影飞机大炮;罗马尼亚电影搂搂抱抱;中国电影"新闻简报"。

《人民日报》改版——1956年7月1日《人民日报》宣布改版,社论《致读者》说明改版的三方面内容:扩大报道范围,多发新闻一倍半;开展自由讨论,阐明社会言论;改进文风,生动活泼。1956年8月1日,中共中央下发文件,批转人民日报改版报告,指出:今后人民日报发表文章,除少数中央负责同志的文章和少数社论以外,一般可以不代表党中央意见,而且允许一些作者在人民日报上发表同我们见解相反的文章。这样做就会使思想界更加活跃,使马克思主义真理愈辩愈明。我们党的各种报纸,都是人民群众的报纸,应该发表党的指示,同时尽量反映人民群众的意见,如果片面强调党的机关报,反而容易在宣传上处于被动地位。

不久,由于一系列国际国内的形势变化而不了了之,遗留下令人深思值得深究的经验教训。当时,全国已有各类报纸1236种,期发总数1500多万份,形成新中国新闻事业的基本格局。

《当你们熟睡的时候》——新华社1956年7月22日电,集体采写。1956年随着《人民日报》改版,全国新闻工作也开始全面改革,于是北京分社的青年记者决定采写从未进入视野的"冰点人物"——夜间工作者。他们挑选十余个岗位——保育员、汽车司机、售票员、医生、护士、投递员、营业员、报社编辑、印刷工人、厨师等,通过他们勾画首都宁静之夜背后的繁忙劳动景象。通讯描述的都是平凡的人物、平凡的事迹,发表后引起轰动和热议。下面是其中的一个片段:

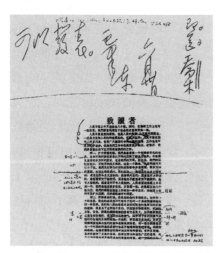

1956年6月30日毛泽东修改的《人民日报》《致读者》小样

为了千百万读者

午夜，在沉寂的王府井大街上，人民日报社大楼的许多房间里依然灯光通明。三楼上夜班编辑组的电话铃不断地响，经常打断了编辑们赶编最后几条重要消息的思考。忽然，驻在云南、安徽等地记者用电报发来了急稿，总编辑室主任看看表已过截稿时间——十二时，只好把这些消息割爱。一点多钟，编辑们带着苦心设计出来的版面样跑到排字车间，和工人们商量拼版。工作的高潮由办公室卷向印刷车间。这里，在紧张拼版的老排字工人都有十多年的工龄，他们正在和时间战斗。他们用十分熟练的技术，根据改稿三番五次地改换排字，争取尽早把版送去打纸型。同时，在检查室和校对科里，一批头脑清醒的人们正在拿着红笔细心核对每篇稿件和每一个字，他们为消灭报纸上的每一个错误而努力。

两点五十九分，四部高速度轮转机转动了。一分多钟后，工人们争先拿起了今天的报纸，检验自己和编辑们彻夜劳动的成果。邮政局的汽车从这里装满了新出的报纸，立即送到火车站和全市去。和这同时，报纸的纸型又赶送到西郊飞机场，由专机和班机送往上海、昆明、重庆、兰州、乌鲁木齐和沈阳等八大城市，让这些地方的千百万读者也能当天看到北京的人民日报。

北京邮递员向订户投送《人民日报》

贴近生活、贴近群众、贴近实际，是这篇报道的特色和获得好评的原因，也成为报道平凡岗位普通劳动者的范例。采写这篇通讯的记者有任志樵、任家骥、赵谦、周定舫、孙世恺、丁宝芳等。

《**参考消息**》——新华社主办的"天下独一无二的报纸"（毛泽东），主要摘登外国及港澳台地区媒体的报道和文章。前身是1931年在江西瑞金创刊的《每日电讯》，送党内领导参考。起初每天印40份，1950年达到2000

份。1956年，随着苏联共产党第二十次代表大会引发的国际政治风波，以及波兰和匈牙利事件的发生，中国领导人觉得"有必要使我们的干部，及时地知道我们的敌人的情况和敌人的观点，以及我们的朋友的那些与我们有所不同的观点"，于是考虑扩大发行《参考消息》。1957年1月27日，毛泽东在省市自治区党委书记会议上说道：

> 现在，我们决定扩大发行《参考消息》，从两千份扩大到四十万份，使党内党外都能看到。这是共产党替帝国主义出版报纸，连那些骂我们的反动言论也登。为什么要这样做呢？目的就是把毒草，把非马克思主义和反马克思主义的东西，摆在我们同志面前，摆在人民群众和民主人士面前，让他们受到锻炼。不要封锁起来，封锁起来反而危险。这一条我们跟苏联的做法不同。为什么要种牛痘？就是人为地把一种病毒放到人体里面去，实行"细菌战"，跟你作斗争，使你的身体里头产生一种免疫力。发行《参考消息》以及出版其他反面教材，就是"种牛痘"，增强干部和群众在政治上的免疫力。

同年3月1日，《参考消息》的订阅范围扩大到"县处级"以上干部。"文革"期间，《参考消息》甚至成为人们了解外界信息的唯一窗口，能够拥有一份《参考消息》也成为地位身份的象征。1985年，中央决定完全开放《参考消息》，使普通人都可以订阅。2004年，世界报业协会公布"全球日报发行量前100名名单"，《参考消息》排名第9位。刊名"参考消息"四个字，摘自鲁迅先生的笔迹。

《向毛主席和周总理提些意见》——1957年"反右"运动前夕著名的"右派"言论。1957年6月1日，时任《光明日报》总编辑的储安平，在中共中央统战部召开的整风座谈会上发言，题为《向毛主席和周总理提些意见》，在《光明日报》《人民日报》等全文刊发。这篇以"党天下"闻名的发言谈道："解放以后，知识分子都热烈地拥护党、接受党的领导。但是这几年来党群关系不好，成为目前我国政治生活中急

需调整的一个问题。这个问题的关键究竟何在？据我看来，关键在'党天下'的这个思想问题上。我认为党领导国家并不等于这个国家即为党所有；大家拥护党，但并没有忘记了自己也还是国家的主人。"其中尤为刺目的，是下面一段出名文字：

储安平

　　最近大家对小和尚提了不少意见。但对老和尚没有人提意见。我现在想举一个例子，向毛主席和周总理提些意见：解放以前，我们听到毛主席倡议能够和党外人士组织联合政府。1949年开国以后，那时中央人民政府六个副主席中有三个党外人士，四个副总理中有两个党外人士，也还像个联合政府的样子。可是后来政府改组，中华人民共和国的副主席只有一位，原来中央人民政府的几个非党副主席，他们的椅子都被搬到人大常委会去了。这且不说，现在国务院的副总理有十二位之多，其中没有一个党外人士，是不是党外人士没有一个可以坐此交椅，或者没有一个人可以被培植来担任这样的职务？从团结党外人士、团结全国的愿望出发，考虑到国内和国际上的观感，这样的安排，是不是还可以研究？

时隔一周的6月8日，《人民日报》即发表社论《这是为什么？》，拉开"反右"大幕。"文革"发生后，储安平自杀未遂，随即出走，从此杳无声息，至今仍属个别未获"平反"的右派。储安平之子储望华毕业于中央音乐学院钢琴系，改编或创作了钢琴作品《翻身的日子》《解放区的天》《新疆随想曲》等，1969年又与殷承宗等一起创作了钢琴协奏曲《黄河》。

《本报内部消息》——特写，作者刘宾雁，1956年发表。这部纪实作品与作者同时发表的另一篇特写《在桥梁工地上》，均为"反右"期间知名的新闻"文本"。如果说时任复旦大学新闻系主任的王中教授属于学界的"右派"代表，那么，时任《中国青年报》记者的刘宾雁就是业界的"右派"典型。《本报内部消息》讽刺了新闻界的弊病，如下面一段编辑部日常工作场景的描写弥漫着灰暗、乏味、无聊之气，针砭了对上不对下的官僚主义问题：

> 十点一刻了。在十点十一点中间，电话铃应该响一次。往常，每一次总是还不等把听筒放在耳边，里面就哇啦哇啦响起震耳的声音。总编辑陈立栋无论在什么场合说话都是一样大的嗓门儿。……这位总编辑每天早晨的这次电话总是一面吃着早饭一面打来的。
>
> 有时不过是指出哪个版上一个什么标题不恰当。有时是紧急传达省党委的一个意见。有时碰上总编辑心情愉快了，还在电话里和自己的助手分享一下对今天报纸的满意，诸如此类，比如："文元，怎么样，你看今天这张报纸？……"一听这声音和口气，马文元总能够大体上猜到总编辑最满意的是什么。果然，没等他回答，那边声音又响了："头版高厅长这篇专文有分量，有分量。收集些反应。……三版这篇经验也还可以，组织部这回该没有意见了。……收集收集反应……"这当然是少有的最好的情形。总编辑是不满意报纸现状的时候多，电话里通常都是指出当天报纸的缺点，提出对下一期报纸的具体要求：从社论到图片，甚至连版面的安排，都作些暗示。在这些指示里，常常不无指责的意思：看，你这个总编室主任，工作得这么做才行啊。

改革开放以后，刘宾雁同王蒙、王中等"右派"一起获得平反，继而成为《人民日报》记者。1979年发表报告文学《人妖之间》，1987年，同上海作家王若望、中国科技大学副校长方励之等一起被开除出党。1989年流寓海外，2005年在美国病逝。王蒙自传第二部《大块文章》，以一节《一位先生与他的大方向》，针对刘宾雁与《人妖之间》不点名地写道：

> 1978年才恢复工作，1979年就发表了《人妖之间》，1980年此篇报告文学的反面传主王守信老太太就被处决了。……我可以公布一系列著名作家的姓名，他们她们都知道此公的精神状态、文章与论点的根本靠不住……这位先生的许多作品都引起麻烦，但是《人妖之间》却是顺风顺水，而且威力足可以使反面传主毙命。这是由于，第一，他批"文革"，也是大方向的正确性，二是他在作品一开始的地方，虚

晃一枪，先写了县委田凤山书记（后为中央委员、黑龙江省省长、国土资源部部长，2005年以受贿罪判处无期徒刑——引者）……此先生后来去了一些省份和地区，每去一个地方，他都要写一些东西，将那里的领导班子划分一下谁谁是改革者，谁谁是冥顽不灵的官僚。这样到处闹得鸡飞狗跳。

《报纸是阶级斗争的锐利武器》——《人民日报》1957年9月16日，作者甘惜分。新中国新闻理论的代表文本之一。

甘惜分（1916—2016），四川人，22岁奔赴延安，入抗日军政大学和中央马列学院学习，曾任八路军120师政治教员，后以新华社记者身份，随第二野战军进军大西南，任新华社西南总分社采编部主任，1954年调北京大学新闻专业任教，后随北京大学新闻专业转入中国人民大学新闻系。作为新中国新闻理论的先驱代表，他创造性地将马列主义的基本原理与新中国的新闻实践有

第一次首都新闻工作座谈会

机结合，开创了有中国特色、中国气派和中国风格的新闻理论体系，培养了一批学术带头人，包括清华大学新闻学院的刘建明教授、中国人民大学新闻学院的郑保卫教授、复旦大学新闻学院的童兵教授等。晚年任中国新闻教育学会第一届理事会副会长，会长温济泽。

1957年夏季，"反右"运动前后，首都新闻界在《北京日报》四楼举行了两次新闻座谈会。第一次会议在"鸣放"期间，记者、编辑和学者对新闻领域的问题展开"大鸣大放"。第二次会议在"反右"运动之后，是对第一次会议的批判，甘惜分称之为"否定之否定"。在这次会上，针对"鸣放"期间的一些思想，特别是复旦大学新闻系系主任、新闻理论学者王中教授的观点，甘惜分进行了反驳及"批判"。会后，发言提纲被收走，《人民日报》社社长兼总编辑邓拓看后批示："送北大，请作者写文见报。"这就是《报纸是阶级斗争的锐利武器》一文。

王中

王中（1914—1994），山东人。1935年在山东大学外文系读书，参加"一二·九"运动。抗战爆发后，从事宣传工作。1940年到山东抗日根据地，曾任《大众日报》、新华社山东总分社等编辑部主任、总编。1949年随军南下，作为军管会代表，接管上海新闻出版机构。1950年任复旦大学党委常委、统战部长，新闻系主任、教授。1957年，撰写《新闻学原理大纲》，发表了一些"振聋发聩"的批评言论，被划为"右派"。1979年，再次出任复旦大学新闻系主任、教授，创办《新闻大学》杂志。1981年，被聘为国务院学位委员会学科评议组成员，为新闻学界第一人，也曾任中国新闻教育学会副会长。

在新中国的新闻理论界，王中与甘惜分并驾齐驱，一时瑜亮。对1957年这场新闻论争的过火问题，后来甘惜分先生多次做过自我批评，并在公开场合向王中先生道歉。王中去世后，他发表文章《满怀凄恻祭王中》：

> 大概是1988年左右吧，西北五省新闻学术讨论会在兰州举行，我与王中同志又见面了，这是1957年以来的重逢。一见面我就道歉："我们之间的新闻观点，是可以争论一辈子的，但是1957年我给你无限上纲，现在向你当面道歉。"我对王中欠了债，我决不赖账，而且是在众目睽睽之下公开认账。
>
> 现在王中同志作古了，我丧失了一个争论的朋友，吵架的对手没有了，我感到孤独。（《新闻记者》1995年第2期）

与此同时，除了特殊的时代环境与个人因素，这场新中国的第一场新闻学论争，归根结底还是涉及学术思想的根本分歧。正如甘惜分先生概括的：

> 我与王中同志的根本分歧是怎样看待新闻与政治的关系。王中竭力想使新闻与政治分离，或者说，在新闻工作中淡化政治。我则认为新闻与政治是分离不了的，新闻与政治紧密相连，虽然不能说报纸上

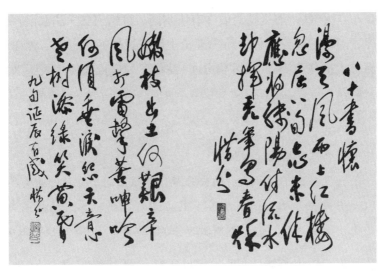

甘惜分书法:《八十书怀》和《九十有感》

每一角落都与政治有关（例如有些娱乐性的版面、关于自然界的版面以及广告之类），但就一张报纸的整体来说，很难说与政治无关。问题是什么样的政治，是资产阶级的政治，还是马克思主义的政治；是先进的政治，还是保守落后的政治，报纸总是与某一政治立场相联系。不为这种政治服务就为另一种政治服务。如果他们说自己只是编辑，不懂政治，那他们不是装蒜，就是傻瓜。(《一个新闻学者的自白》)

其实，这种分歧至今仍在，比如如何看待真实性和政治性的关系。按照当下一种流行的观念，新闻只需满足真实性的要求就足矣，而政治性属于外加的东西，不仅可有可无，而且简直就是不必要的。诸如此类的认识同王中先生当年用新闻的商品性淡化或否定政治性一样，都可以称为一种"去政治化的政治"。也就是说，没有谁真的不讲政治，所谓不讲政治、远离政治，不过是另一种政治，正如时贤貌似疏离社会主义政治，而同时又自觉不自觉地拥抱美西方政治，包括专业主义、四不主义。

当然，王中先生对某些"新闻教条主义"的批评确实一针见血，也是颇有勇气的，特别对破除日益明显的"党八股""洋教条"问题，使新闻成为人民群众喜闻乐见的、生动活泼的精神食粮无疑具有现实意义。当时，如果争论双方能像甘惜分先生所说的，"更冷静些，更客观些，多一点科学分析，少一点火气"，那么结局或许有所不同。可惜历史无法假设，而当时王中先生"对问题缺乏具体分析，理论上缺乏逻辑的严密性，存在不少漏洞，容易被人抓住小辫子"（甘惜分），就像下列言论即使今天听来，也不免刻薄与偏颇：

——我们不能凭党性看报，你们也不要凭党性办报，因为你们不可能办一个"党报阅读训练班"。

——党报成了党和政府的公告牌，党报上的一些社论是臭狗屎。

——办报人心里一有党委，就办不好报纸。你们的报纸办不好，就是吃了党报的亏。……（《解放日报》1957年8月13日摘引王中发言）

无论如何，历史的是是非非，恩恩怨怨，似已烟消云散，21世纪初一位清华新闻学院的研究生，面对架上的《王中文集》，就曾一脸困惑地问道："王中文是谁？"

《早春》——纪录片，中央新闻纪录电影制片厂1958年出品，编导J. 伊文思，解说词何钟辛。影片分三部分，《冬》《早春》《春节》。《冬》表现了内蒙古海拉尔地区的雪景以及牧民的劳作和儿童的嬉戏；《早春》表现了南京近郊的春耕活动以及南京市民的生活场景，包括夫子庙、秦淮河等；《春节》表现了无锡农民准备过年以及春节期间各种欢乐祥和的民俗活动。

尤里斯·伊文思（Joris Ivens, 1898—1989），荷兰左翼电影大师，以纪录片著称于世，作品有表现荷兰人民填海造田的《须德海》，纪录比利时煤矿工人大罢工的《博里纳日》，反映西班牙内战的《西班牙的土地》，记述中国人民抗日战争的《四万万人民》等。战后，在苏联、波兰、中国、法国、意大利、古巴、越南、马里等国拍摄了大量纪录片，有"飞行的荷兰人"之称。1955年获得世界和平奖金，1978年被英国皇家艺术学院授予荣誉博士。

抗战期间，伊文思首次来华，拍摄纪录片《四万万人民》，还通过周恩来、叶剑英等人将自用的"埃姆"摄影机及数千胶片赠予延安（该机现存中国历史博物馆）。1958年再次访问中国，受到周恩来总理、陈毅副总理的接见。其间，在中国一些地区访问，拟以"电影通讯"形式拍摄一系列短片，定名为《中国来信》，后将在内蒙古、南京、无锡等地拍摄的三部短片合编成一部影片，原名《雪》，后采夏衍的建议定为《早春》。《早春》展现了新中国人民的劳动热情与开朗乐观的精神面貌。1979年，伊文思再次应邀访华，为庆祝其81岁生日，中国人民对外文化协会和文化部分别举行招待会，时任副总理的邓小平出席。

《苦聪人有了太阳》——新华社昆明1959年9月19日电，作者黄昌禄。苦聪人原是生活在云南哀牢山一带的少数民族，解放前在反动统治与民族歧视下艰难生存，过着原始的狩猎采集生活。1956年，解放军工作队在原始森林里发现了苦聪人的踪迹，从60年代开始，在人民政府帮助下，苦聪人逐渐走出山林，实行定居定耕，1985年划为拉祜族。新华社记者黄昌禄这篇报道，"用5400多字就简要而生动地写出了苦聪人的历史性巨变"，既对一个鲜为人知的民族及其苦难做了细致生动的报道，又以饱蘸深情富于思索的笔触揭示了重大社会政治命题：

> 翻阅我国的历史，你一定会看到太古时代燧人氏钻木取火，有巢氏构木为巢的传说。几年前在云南哀牢山的密林深处，我们的苦聪兄弟，却还停留在钻木取火、构木为巢的时代里。
>
> 有时，夜里刮起大风，把芭蕉叶的屋顶吹跑了，雨水落下来。全家人就用自己的身子去遮住火，不让雨水把它淋熄，哪怕身上烧起了泡，也不能离开。
>
> 看见白毛女在山洞里过着野人般的生活时，你能不洒下一把同情之泪吗？可是我们的苦聪兄弟，哪一个不是白毛女！
>
> 为了找寻一个被旧时代遗弃了的人口很少很少的兄弟民族，我们的党和人民政府先后花了5年时间，付出了多么大的代价！
>
> 你们一定知道在北美洲的原始森林里，200年前本来住着一种红皮肤的印第安人，英、法、荷的殖民主义者为了掠夺这块土地，残酷地屠杀他们。
>
> 后来美国政府又派了一支人马去找寻他们，但这些人并不是去做好事，而是对印第安人进行穷追猛杀。最后，这个地区的印第安人几乎被消灭了。
>
> 我们的苦聪兄弟，因为生活在社会主义的祖国，他们不仅避免了

印第安人的悲剧，而且正在以社会发展史上找不到的速度，追赶着先进的兄弟民族。

苦聪人已经同那不见天日的野人般的生活永别了，现在他们有了太阳，一个是天上的太阳，它温暖了苦聪兄弟的身体。还有一个是人间的太阳，这太阳就是毛主席的民族政策，它照耀到我们祖国这块最边远的土地，照耀着我们多民族大家庭里的苦聪人⋯⋯

黄昌禄这样的记者举不胜举，包括储安平及其《新疆新观察》，新疆的欧琳还被边疆人民说成是："中国有两个人我们最熟悉，一个是毛泽东，另一个就是欧琳。"（王慧敏《永不凋谢的天山红花》）黄昌禄说过，除了新中国新面貌，"各民族绚丽多彩的文化，独特的历史和风土人情以及边疆地区的壮美山河，都是新闻报道取之不尽的源泉"。为此，他放弃北京的工作机会和条件，长期深入西南地区采访报道，也同当地人民建立了深厚的感情。

通讯《为了六十一个阶级弟兄》——1960年，山西发生了一起六十一人中毒的事件，一时引起广泛关注和媒体报道。《中国青年报》记者王石等人的《为了六十一个阶级弟兄》最为脍炙人口。这篇刊于1960年2月28日《中国青年报》的报道，详细记叙了一起从死亡线上夺回六十一人生命的动人故事。这篇"在中学课本里待了三十多年，几代中国人都读过"的作品还拍成电影。2007年，由于特大山洪，河南三门峡发生一起淹井事件，六十九名矿工被困井下，经过全力抢救，被困76小时的矿工最后全部获救，一时传为美谈，《光明日报》为此刊发报道《为了六十九个矿工兄弟——河南省陕县"七·二九"淹井事件成功救援纪实》。下面是《为了六十一个阶级弟兄》的精彩片段：

在首都王府井大街，车水马龙⋯⋯陡然，办公桌上的电话响起了十分急促的铃声，戴近视眼镜的业务员老胡，一把抓起听筒：
"喂，哪里？"
"长途！我是中共山西平陆县委，我们这里有六十一名民工发生食物中毒，急需一千支'二巯基丙醇'，越快越好，越快越好！"

这篇报道的主笔王石时年27岁，任《中国青年报》文艺部副主任。他

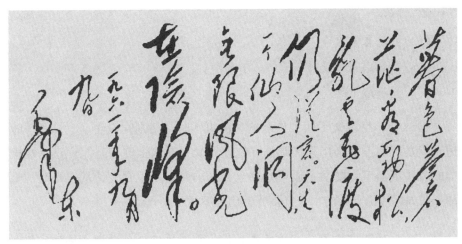

毛泽东诗词手迹

曾梦想当一名剧作家,考电影学院。所以,满脑子都是蒙太奇,并把这种手法用于报道之中。1978年《中国青年报》复刊,"虚度"12年光阴的王石回到报社,1982年成为总编辑。他在任4年,被称为"《中国青年报》的'黄金时代'"。经营上,《中国青年报》创下迄今为止唯一一次320万份的发行量。业务上,1983年发表《生命的支柱——张海迪之歌》,"第一次突破了写先进人物不能写'阴暗面'的旧框框";1985年连载张建伟《大学毕业生成才追踪记》,又取得新闻报道的突破。

"九评"——中苏论战的9篇报刊评论文章。20世纪60年代初,随着国际形势风云变幻,中苏两党两国关系日趋紧张,加之国内三年自然灾害的严峻形势和国际反华势力的甚嚣尘上,一时间大有黑云压城城欲摧之势。面对这种巨大压力,毛泽东以其伟人的胸襟与气魄写下几首诗作:

《卜算子·咏梅》

(1961年12月)

风雨送春归

飞雪迎春到

已是悬崖百丈冰

犹有花枝俏

俏也不争春

只把春来报

待到山花烂漫时

她在丛中笑

1964年，空政文工团创作歌剧《江姐》时，编剧阎肃受《卜算子·咏梅》启发，写下后来广为传唱的《红梅颂》（"红岩上红梅开"）。正是在这样的时代氛围下，爆发了以"九评"为标志的一场报刊大论战。当时，毛泽东对如何评论苏共的《公开信》提出如下意见：

1. 公开信已指名道姓攻击我们，我们的评论也要指名道姓，苏方要公开论战，我们也要公开论战。

2. 豺狼当道，焉问狐狸。评论紧紧抓住《公开信》直接指名苏共领导。对其他兄弟党的反华言论暂不置理。

3. 擒贼先擒王，矛头对准赫鲁晓夫，他是急先锋，讲话也最多，最恶劣。

4. 步骤上先发表苏共的反华言论，特别是赫鲁晓夫最近的两篇讲话，其他的也可以精选发表一些，挂一笔账。

5. 评论有严肃的评论，也有抒情的嘲讽，有中国风格和气派，刚柔相济，软硬结合，可以写得很精彩。

"九评"的具体篇目与发表时间如下：

苏共领导和我们分歧的由来和发展：评苏共中央的公开信（1963）
关于斯大林问题：二评苏共中央的公开信（1963）
南斯拉夫是社会主义国家吗？三评苏共中央的公开信（1963）
新殖民主义的辩护士：四评苏共中央的公开信（1963）
在战争与和平问题上的两条路线：五评苏共中央的公开信（1963）
两种根本对立的和平共处政策：六评苏共中央的公开信（1963）
苏共领导是当代最大的分裂主义者：七评苏共中央的公开信（1964）
无产阶级革命和赫鲁晓夫修正主义：八评苏共中央的公开信（1964）

关于赫鲁晓夫的假共产主义及其在世界历史上的教训：九评苏共中央的公开信（1964）

"九评"的文章气势磅礴，斩钉截铁，既反映了当时的话语风格，也影响了后来的"批判"文体，比如：

> 赫鲁晓夫口口声声说，苏共领导同铁托集团在国际问题上的立场是"吻合"的，"一致"的。好，我们要问：铁托集团所干的一系列反革命的罪恶勾当，同你们的行径究竟吻合不吻合，一致不一致呢？如果你们有勇气，就请回答吧。

1989年，邓小平与苏共中央总书记戈尔巴乔夫会谈时说："这不是指意识形态争论的那些问题，这方面现在我们也不认为自己当时说的都是对的。真正的实质问题是不平等，中国人感到受屈辱。多年来，存在一个对马克思主义、社会主义的理解问题。从1957年第一次莫斯科会谈，到60年代前半期，中苏两党展开了激烈的争论。我算是那场争论当事人之一，扮演了不是无足轻重的角色。"作为总书记，邓小平是"九评"的具体领导者。

《红旗插上了珠穆朗玛峰》——新华社通稿，1960年发表。作者郭超人（1934—2000），新华社原社长，1956年毕业于北京大学中文系新闻专业，志愿去新华社西藏分社工作，参加百万农奴埋葬最后一个农奴制度的斗争，采写了一系列富有感染力的报道，如《血泪的控诉》《拉萨的春雷》等。1960年，他又跟随中国登山队攀登世界最高峰，写下长篇通讯《红旗插上了珠穆朗玛峰》《英雄登上地球之巅》等。人类首次从南坡登顶珠峰的时间是1953年，而首次从北坡成功登顶的纪录是中国人1960年创造的。由于此次报道活动，郭超人也创造了一项纪录，成为第一位登上海拔6600米高度的中国文字记者。他在5月27日的《登山日记》里记述道：

> 北京时间0点30分。
> 在我的这一生中，也许再不会有比这个时刻更加难忘了。
> 日夜坚守在大本营无线电台前的老报务员罗家谦，用颤抖的手抄完了最后一组电码，一边流着眼泪，一边拿着电报向队部跑去……
> 人们急切盼望的好消息终于来了。

海拔 6400 米营地的电报说:"突击队员"王富洲、屈银华、贡布,于 25 日黎明 4 时 20 分胜利登上了顶峰。他们把一面国旗和一尊毛主席石膏像放在了顶峰上,他们是 24 日 9 时 30 分,从 8 500 米营地出发突击顶峰的。

这些文字同"两弹一星""红旗渠""大庆""大寨"等报道一同构成艰苦奋斗、奋发图强的时代象征,极大地鼓舞了一代中国人的精神。当时,《人民日报》配发评论《无高不可攀》,给许多人留下深刻印象,特别是标题更成为"时代精神的象征":

几年前,修筑康藏公路的英雄们提出一个著名的口号:"让高山低头,让河水让路!"我们党把这个英雄豪迈的口号传遍了全国,鼓舞着全国人民战胜一切困难,夺取社会主义建设各项事业的胜利。如今,自古以来最难驯服的黄河被我们节节拦断了,世界上最高的山峰也被我们征服了。对于解放了的中国人民说来,真个是"无深不可测,无高不可攀"。(《人民日报》1960 年 6 月 26 日)

有趣的是,1975 年中国女登山队员首次攀上珠峰,《人民日报》的报道标题同样用《无高不可攀》。2008 年,北京奥运火炬在拉萨传递,第一棒火炬手就是当年的登山英雄、已是 75 岁的贡布。

1974 年,郭超人又完成一篇大手笔的《驯水记》,又名《万里神州驯水记》,以如椽之笔谱写了一曲亿万人民在毛主席、共产党领导下,"与天奋斗、与地奋斗、与人奋斗"的新闻史诗,借用《中国共产党简史》(2021)的文字:

这是新中国建设困难重重、艰苦奋斗的年代,是一个英雄辈出、精神昂扬的年代。为了建设繁荣富强的新中国,翻身做了主人的中国人民与时间赛跑,用生命和鲜血描绘了一幅幅最新最美的图画,用实际行动证明了:同困难作斗争,是物质的角力,也是精神的对垒。

改革开放后,郭超人从分社走上领导岗位,直至新华社社长、中央委员。1982 年年初,七七级毕业生、后来曾任《新华每日电讯》总编辑的解国记刚刚入职新华社,在重庆参加了 3 个月的培训班,其间郭超人的讲课,让他受益良多,终生难忘。根据他的听课笔记,郭超人所讲主要内容分为 5 个部分:

导言：记者，首先不是技巧问题

无产阶级记者的神圣职责和战斗风貌

无产阶级新闻工作的特点和对记者报道的基本要求

无产阶级记者的基本功：调查研究

记者采访写作中需要注意的几个问题

后来，解国记又把郭超人此次讲课内容以及相关资料整理出来，形成5万余言的《记者论》，收入郭超人去世10年付梓的《关于记者：郭超人新闻思考》——"非常好的新闻学教材"。如今，郭超人的一句名言，已经成为新华社记者以及中国记者的座右铭："记者笔下有财产万千，笔下有毁誉忠奸，笔下有是非曲直，笔下有人命关天。"

《"一厘钱"精神》——新闻时评，新华社1963年3月23日电，作者李峰、余辉音。七千人大会后，中共中央制定"调整、巩固、充实、提高"的八字方针，国民经济逐步恢复。这篇新闻作品以"一厘钱""一分钟""一根火柴""一个真理"为题，选取不同角度的生动实例，提醒人们在经济好转的情况下，保持艰苦奋斗、勤俭节约：

> 要实现党的多快好省地建设社会主义的总路线，就要有这种"一厘钱"精神，从节省一厘钱做起，从提高每一分钟的劳动效率做起，从提高每一件产品、每一项工作的质量做起。

"一厘钱"精神显示了一个颠扑不破的真理：伟大的事业要从最小的事情做起。

亲爱的读者，当你抱着雄心壮志要建设好我们伟大的社会主义祖国的时候，你就从自己经管的一厘钱、一个产品和自己的每一分钟做起吧！

《伟大的战士雷锋》——新华社通稿，1963年2月6日沈阳电。1962年，"伟大的战士"雷锋不幸因公殉职，年仅22岁。翌年3月5日，《人民日报》发表毛泽东的题

词:"向雷锋同志学习!"从此,爱憎分明、大公无私、艰苦奋斗、全心全意为人民服务的雷锋以及雷锋精神,便成为新社会的楷模,广泛影响和塑造了新中国的社会风尚。新华社记者撰写的这篇人物通讯,以翔实的材料和饱满的感情,展现了雷锋的成长历程和事迹,塑造了一个平凡而伟大的形象,也展现了"春风杨柳万千条,六亿神州尽舜尧"的时代风貌。1960年,两位加拿大人——新闻人雅克·赫伯特(Jacques Hebert)和政治家皮埃尔·艾略特·特鲁多(Pierre Elliott Trudeau),应邀来中国进行了为期一月的参观考察,完成一部《红色中国的两位天真汉》(*Two Innocents in Red China*),同样从点滴的日常生活中展现了中国人的精神面貌:"他们整洁、干净,精神饱满,最重要的是,他们有理想、有追求,对未来的国家和自己充满信心……他们是单纯、快乐而满足的。"赫伯特后来当选加拿大参议员,而特鲁多则两度出任加拿大总理。

《两个蒙古族小姑娘同暴风雪搏斗一昼夜保护了羊群》——新华社呼和浩特1964年3月11日电,记者赵琦。20世纪六七十年代,两个蒙古族小姑娘为了保护集体羊群而同暴风雪搏斗一昼夜的事迹,几乎人人耳熟能详。伴随新闻报道,她们的故事传遍长城内外、大江南北,11岁的龙梅和9岁的玉荣被誉为"草原英雄小姐妹"。她们的事迹还改编成电影、舞剧等艺术作品,编入小学课本,成为进行集体主义教育的教材,鼓舞和激励了一代少年儿童。由刘德海等创作的琵琶协奏曲《草原英雄小姐妹》,与同时代的管弦乐《红旗颂》(吕其明)、小提琴协奏曲《梁山伯与祝英台》(何占豪、陈刚)、钢琴协奏曲《黄河》(殷承宗)、交响诗《嘎达梅林》(辛沪光)以及音乐会组曲《红色娘子军》(吴祖强等)等,一同构成新中国最美的音乐篇章与红色经典。

《大庆精神 大庆人》——长篇通讯,1964年4月20日刊发于《人民日报》,作者袁木、范荣康。袁木,新华社记者,曾任国务院研究室主任兼发言人,有《袁木文集》10卷问世。范荣康,《人民日报》记者、评论部主任、副总编辑,曾任中共中央政治局委员习仲勋的秘书,新中国成立初期调入《人民日报》,参与写作了许多重要社论和评论员文章,包括前面提到的《无高不可攀》。范荣康原名梁达,夫人为作家谌容,有《人到中年》等作品,他们的次子是喜剧演员梁天。

1964年，中共中央发出号召，在全国开展"工业学大庆"运动。《大庆精神 大庆人》就是配合这一运动而采写的第一篇展现大庆石油会战的新闻，报道了大庆人为把贫油帽子抛到太平洋而创造的非凡业绩，向世人展现了"石油工人一声吼，地球也要抖三抖"的壮志豪情。《人民日报》编后话指出："大庆精神，就是无产阶级的革命精神。大庆人，是特种材料制成的人，就是用无产阶级革命精神武装起来的人。"报道中写的"铁人"王进喜，早已成为家喻户晓的劳动模范：

"铁人"王进喜

王进喜领导的井队在打第二口井的时候，出现了一次井喷事故的迹象。如果发生井喷，就有可能把几十米高的井架通通吞进地层。当时，王进喜的一条腿受了伤，他还拄着双拐，在工地上指挥生产。在那紧急关头，他一面命令工人增加泥浆浓度和比重，采取各种措施压制井喷，一面毫不迟疑地抛掉双拐，扑通一声跳进泥浆池，拼命地用手和脚搅动，调匀泥浆。两个多小时的紧张搏斗过去了，井喷事故避免了，王进喜和另外两个跳进泥浆池的工人，皮肤上都被碱性很大的泥浆烧起了大泡。那时候，王进喜住在工地附近一户老乡家里。房东老大娘提着一筐鸡蛋，到工地慰问钻井工人。她一眼看到王进喜，三脚两步跑上去，激动地说："进喜啊进喜，你可真是个铁人！"

像王"铁人"这样的英雄人物，在大庆油田岂止一人！

后来的大量报道和各类作品，更使大庆精神大庆人成为共和国的一面旗帜，包括"文革"期间一度受到"四人帮"阻挠的电影《创业》，2009年国庆60年献礼影片《铁人》、何建明的鲁迅文学奖作品《部长与国家》（2004年）等。《部长与国家》作为长篇报告文学，以独臂将军余秋里出任石油部长为主线，讲述了大庆石油会战的一系列动人故事，"以挥洒自如的文笔再现了新中国石油工业的峥嵘岁月与不朽精神"。

《我国第一颗原子弹爆炸成功》——消息,《人民日报》1964年10月17日。1955年,面对帝国主义的战争威胁和"核讹诈",毛泽东发出"我们也要造原子弹"的号召,主持研制任务的张爱萍将军留下一句"再穷也要有一根打狗棍"的名言。时隔九年,中国第一颗原子弹在罗布泊爆炸成功,消息传来,举国欢腾。消息全文一共3段,300多字,要言不烦地报道了这一重大新闻及其意义,阐明了中国对核武器的立场:

> 1964年10月16日下午3时,中国在西部地区成功地爆炸了第一颗原子弹,继美国、苏联、英国、法国之后,成为世界第五个拥有核武装的国家。
>
> 毛泽东在1955年发出号召,中国不但要有更多的飞机和大炮,而且还要有原子弹。在今天世界上,我们要不受人欺负,就不能没有这个东西。中央指定陈云、聂荣臻、薄一波等负责筹建核工业。1959年苏联撤走专家后,中国决心完全依靠自己的力量完成这艰巨任务。1962年成立以周恩来为首的专门领导机构,在科技人员和国防建设指战员的共同努力下,核试验终于取得成功。
>
> 中国政府发表声明称,中国发展核武器,完全是为了保卫中国人民免受核战争的威胁。同时郑重宣布,中国在任何时候,任何情况下,都不会首先使用核武器,并建议召开世界各国首脑会议,讨论全面禁止和彻底销毁核武器问题。

当时正值国庆15周年,人民大会堂上演了音乐舞蹈史诗《东方红》。这部大型作品的总策划和总导演是周恩来总理,汇聚了文艺界众多一流的艺术家,悉心创作,精益求精,以一曲曲荡气回肠的歌舞展现了中国革命的壮阔画面,抒发了亿万人民翻身解放的凌云壮志。上演之后,轰动一时。当毛泽东、刘少奇、周恩来等领导人,在人民大会堂接见剧组全体演职人员时,周恩来首次宣布中国第一颗原子弹爆炸成功的消息。宣布前,周恩来特意交代一句,地板的承受力有限,希望大家听到喜讯时,一定保持克制,别把地板跺塌了。可周总理刚一说出这个重大新闻,全场顿时一片山呼海应:剑外忽传收蓟北,初闻涕泪满衣裳!

《县委书记的榜样——焦裕禄》——新中国最著名的一篇人物通讯,新华社原社长、一代名记者穆青的代表作。虽然穆青既不是唯一作者，也不是第一稿作者，但他在采写这篇报道上的作用公认为首屈一指。作为兰考县委书记，焦裕禄对革命忠心耿耿，为人民鞠躬尽瘁，他的事迹感人至深，他的名字流传久远，而这一切也有赖这篇出色通讯。这篇新中国人物通讯的扛鼎之作完成后，穆青曾带着初稿回北京汇报，当时新华社社长兼《人民日报》总编辑吴冷西很忙，对穆青说"没空"。穆青坚持说："只要半个小时。"而半小时后，吴冷西深受感动，连声说："写！

焦裕禄

发！"同时，吴冷西让穆青先在新华社作一场报告。那场报告下来，台上穆青泣不成声，台下听众哭成一片。通讯发表后感动全国，有位省委书记哭着吼道："听了'焦裕禄'，不流泪的不是共产党员！"2005年，新华社记者张严平在《穆青传》里，用"感动中国"作为这节内容的标题，开篇写道：

  1966年2月7日清晨。北京。中央人民广播电台录音室里，气氛凝重。

  长篇通讯《县委书记的榜样——焦裕禄》就要播出，可是录音制作却遇到前所未有的艰难局面，稿子还未念完一半，中国头牌播音员齐越已泣不成声……

  中断。中断。录音不得不一次一次中断。到后来连录音编辑都挺不住了，趴在操作台上长哭不起。闻讯赶来的几十位播音员、电台干部，肃立在录音室外，静静地听，默默地看，悄悄地擦眼泪。

  终于齐越念到了最后一句：

  焦裕禄同志，……你没有死，你将永远活在千万人的心里！

  千千万万人听到了，千千万万颗心震颤了，山河为之动容，泪飞顿作倾盆雨……

  这天上午，一个伟大的名字传遍了中国。

吴晗

《三家村札记》——报刊杂文，作者邓拓、吴晗、廖沫沙。1961年，北京市委的理论刊物《前线》编辑部，约请邓拓（北京市委文教书记）、吴晗（北京市副市长，历史学家）、廖沫沙（北京市委统战部部长）三人以"吴南星"为笔名，在《前线》杂志上开辟《三家村札记》专栏。吴南星是从三人的姓名或笔名中各取一字组成的："吴"是吴晗、"南"取自邓拓的笔名马南邨（这个笔名源自马兰村，邓拓当年办《晋察冀日报》所在的村子），"星"取自廖沫沙的笔名繁星。《三家村札记》从1961年10月到1964年7月，历时近3年，共发表60多篇杂文。

1966年，毛泽东在同康生等人的一次谈话中，点名批评了"三家村札记"和邓拓的《燕山夜话》。5月10日，《解放日报》和《文汇报》发表姚文元的文章《评"三家村"》《"三家村札记"的反动本质》，一时间全国掀起了声势浩大的批判"三家村"的浪潮。不久，"文革"爆发。

《把新闻战线的大革命进行到底——批判中国赫鲁晓夫反革命修正主义的新闻路线》——《人民日报》《红旗》《解放军报》编辑部社论，1968年9月1日。《人民日报》《解放日报》《红旗》杂志曾被称为"两报一刊"。"文革"期间，"两报一刊"社论代表最高权威，一经发表，不仅各报全文

凌空排险

转载，广播电台全文转播，而且全国上下都要"学习贯彻"。《把新闻战线的大革命进行到底——批判中国赫鲁晓夫反革命修正主义的新闻路线》一文，全盘否定新中国成立以来新闻界工作，认为新闻事业"统统是阶级斗争的工具"，对新闻事业带来严重后果。所谓"中国赫鲁晓夫"是指刘少奇，文章见报后一个多月，八届十二中全会在京召开，决定把刘少奇永远开除出党，撤销其一切职务。

《红旗渠》——纪录片，1971年中央新闻

电影制片厂发行。"古有都江堰，今有红旗渠。"20世纪60年代，河南省林县人民在没有任何大型现代化机械的条件下，仅凭双手和简易工具，在太行山的崇山峻岭、悬崖峭壁上开凿了一条人造天河——红旗渠，总长1 500公里，被誉为世界"第八大奇迹"。这项集"引、蓄、提、灌、排、电"为一体的工程，从1960年动工到1969年配套工程全部完成，共削平1 250座山头，架设151座渡槽，开凿211个隧洞，修建12 408座各种建筑物，从山西境内引来漳河水，改变了当地"水贵如油，十年九旱"的恶劣自然环境，粮食亩产量由100公斤增加到1991年的476公斤，同时带动了牧业、工业、乡镇企业及其他事业的发展。

红旗渠历时10余年，纪录片《红旗渠》也跟着拍了10年。当年，新闻纪录电影人用胶片记载了大量新中国建设的历史画面，《红旗渠》就是其中耗时最长、投入最多的一部作品，仅胶片就达1万多尺。与此同时，人民日报、新华社、河南日报等许多媒体和记者也进行了及时报道，《人民日报》两次发表社论，称赞"林县县委是全县人民的马克思列宁主义领导核心"。新华社名记者华山采写的报告文学《劈山太行侧》引起了穆青的浓厚兴趣。以《太阳岛上》《少林寺》《红楼梦》等名曲享誉天下的作曲家王立平，曾经谱写了一曲《太行颂》，也赞美了这段辉煌的人民历史。

时隔40年，2011年在新闻界"走转改"即走基层、转作风、改文风之际，时任新华社社长的李从军带精兵强将，采写了长篇通讯《守望精神家园的太行人——红旗渠精神当代传奇》。

《联大以压倒多数通过恢复我国在联合国合法权利的提案》——消息，新华社1971年10月26日电。中国是联合国创始会员国，也是安全理事会常任理事国之一。中华人民共和国成立后，应由新中国享有的联合国合法席位一直受到西方国家的长期阻挠。1971年，在社会主义国家和广大发展中国家的推动下，中华人民共和国在联合国的合法席位终于得到全面恢复。这是新中国外交史上具有重大意义的成果，大大鼓舞了中国人民和世界上一切爱好和平和主持正义的人民。这篇消息记载了这一历史性时刻：

> 联合国大会10月25日晚结束了"恢复中华人民共和国在联合国组织中的合法权利问题"的辩论并进行表决。大会以76票赞成、35票

反对、17票弃权的压倒多数,通过了阿尔巴尼亚、阿尔及利亚等22个国家提出的要求恢复中华人民共和国在联合国的一切合法权利和立即把蒋介石集团的代表从联合国的一切机构中驱逐出去的提案。在表决上述提案之前,美国和日本佐藤反动政府进行了绝望的挣扎,要求联合国大会首先表决它们联合炮制的所谓"重要问题"提案,即从联合国驱逐蒋介石集团是一个所谓"重要问题",需要三分之二的多数通过。表决的结果,大会以59票反对、55票赞成、15票弃权,否决了这个所谓"重要问题"提案。这两项提案表决的结果,使美、日合谋炮制的另一项提案,即"双重代表权"提案,成了废案。

据西方通讯社报道,"当电子计票牌上出现表决结果,表明美国的建议被击败时,大厅里立即沸腾起来""挤得满满的会议厅中发出了长时间的掌声""热烈掌声持续了两分钟之久",对中国友好的各国代表"高声欢笑、歌唱、欢呼""还有一些人跳起舞来"。

据美国通讯社报道,对于美国在联合国遭到的这样一次"最惨重的失败",美国政府人士"感到吃惊"和"表示极为失望"。布什(即后来成为总统的老布什,时任美国驻联大代表——引者注)在表决结束后发表谈话,对于这一表决结果"感到悲伤"。他懊丧地说,这是一个"丢脸的时刻""我感到极为失望"。但是,连他也不能不承认:"任何人都不能回避这样一个事实——虽然这可能是令人不快的:刚刚投票的结果实际上确实代表着大多数联合国会员国的看法。"

……

《尼克松同周恩来的握手》——1972年,新闻照片。作者杜修贤,陕西米脂人。1944年在八路军政治部电影团学习摄影,1960年走进中南海,先后任毛泽东主席和周恩来总理的专职摄影记者,在中南海工作16年,是在伟人身边从事新闻摄影时间最长、拍摄照片最多的摄影师。原新华社副社长石少华认为:共和国的历史不应该忘记这位摄影师和他的瞬间"世界",他为中华民族和我们的后代积攒了比任何时期都赋有深刻意义的珍贵史料。这幅历史性的照片记录了"穿越太平洋的握手",是中美关系走向正常化的一个里程碑标志。

《中国》——纪录片，1972年拍摄完成，导演安东尼奥尼。米开朗琪罗·安东尼奥尼（Michelangelo Antonioni，1912—2007），意大利人，左翼电影大师。专注于战后资本主义世界底层民众的困境，享有"后马克思主义加存在主义知识分子"的评价。

1972年，安东尼奥尼在周总理安排下，来华拍摄《中国》(Chung Kuo, China)。在拍摄计划书里，他写道："我计划关注人的关系和举止，把人、家庭和群体生活作为记录的目标。"大约同时，1971年至1975年，根据周总理的安排，由中国中央新闻电影制片厂全程配合，同为现实主义左翼电影大师的伊文思拍摄了一部系列纪录片《愚公移山》，包括《大庆油田》《上海第三医药商店》《上海电机厂》《一位妇女，一个家庭》《渔村》《一座军营》《球的故事》《秦教授》《京剧排练》《北京杂技团练功》《手工艺艺人》《对上海的印象》。两部影片均为特定年代的珍贵历史及其影像记录，如果说安东尼奥尼以冷静旁观的姿态，客观再现了现实中的社会风貌与日常生活，那么伊文思则以影响未来的积极姿态，热情表现了中国人民奋发有为的时代气质与创造精神。许多第一次看到《中国》的学生，都不免惊诧：原来当年情况如此，完全不同于自己脑子里流行的脸谱化叙事，亦即"神话"。

《人民的好医生李月华》——通讯，作者方培毅等，新华社1972年12月19日。作品书写和塑造了一位"人民的好医生"——李月华。她是位普通的乡村医生，在安徽泗县工作十多年，学习白求恩"全心全意为人民服务"的精神，刻苦钻研业务，提高医疗水平，不分昼夜，废寝忘食，救死扶伤，尽心竭力，深得群众热爱。一次，冒着41℃高烧，带病抢救一位产妇，术后不幸牺牲，年仅33岁。时任《安徽日报》副总编辑的施培毅，听说后带领记者采写了一篇通讯《白衣红心李月华》，1972年8月3日在《安徽日报》发表，引起热烈反响，也受到新华社重视。随后，新华社介入，同年12月19日又以《人民的好医生李月华》为题向全国发出通稿，各地纷纷转载。从此，人民的好医生李月华如同白求恩大夫，家喻户晓，深入人心。新华社记者徐民和曾发表采写体会：

《人民的好医生李月华》与《白衣红心李月华》两稿相较，说明了新闻需要发现。《安徽日报》等新闻单位的报道，是一重发现；新华社补充改写后向全国报道，是又一重发现。这两重发现都需要一双慧眼，一种文字功夫，才能发现李月华精神的可敬可佩，并将这种精神形诸可读可感的文字，从而生发出广泛的社会影响。

《西沙之战》与《理想之歌》——长诗，1974年，《人民日报》、中央人民广播电台。从20世纪50年代到70年代，30年间中国社会及其心理始终洋溢着浓烈的、诗一般的浪漫主义和理想主义气息，"大跃进"时代的"民歌运动""文革"期间的"小靳庄诗歌"等均处于这种时代氛围。这种精神气质，在长诗《西沙之战》与《理想之歌》中表露得酣畅淋漓。两首作品，同年问世，并以配乐诗朗诵的形式，通过广播电台传向四面八方，在广大城乡产生强烈的心理激荡。

《西沙之战》反映的是1974年的西沙保卫战。西沙与东沙、南沙、中沙称为南海四大群岛，是国际社会公认的中国领土。20世纪50年代，当时的南越政权对中国提出领土要求。1973年，南越军队已侵占中国南沙、西沙群岛的多个岛屿，并将10多个岛屿划入其版图。1974年1月，中国外交部发表声明，重申南沙、西沙、中沙、东沙群岛是中国领土的一部分。南越当局不顾中国政府警告，于1月15日至18日又先后派军舰侵入西沙海域。为此，中国海军南海舰队奉命出击，重创敌军，驱逐敌舰。战后，军旅诗人张永枚和作家浩然在中央军委安排下飞赴西沙。不久，张永枚写出长篇报告诗《西沙之战》，刊登于3月16日《人民日报》。西沙保卫战是惟一没有见诸新闻报道，而通过文艺形式表现的战事。为了完成这部作品，张永枚在北京甘家口用了三天三夜，一气呵成，其中许多片段一经播出即脍炙人口，如：

> 炮声隆，
> 战云飞，
> 南海在咆哮，
> 全世界，
> 齐注目，
> 英雄的西沙群岛。

……
掠过涌的丘峦，
登上浪的山尖，
舰首剪开万朵梨花，
艇尾抛出千条白练……

《理想之歌》是由北京大学中文系七二级创作班工农兵学员集体创作的，反映了"知识青年在上山下乡和教育革命中锻炼成长的精神风貌"（人民日报编者按）。显而易见，作品带有鲜明的时代烙印，朝气蓬勃，激情澎湃，语言也色彩明亮，气势如虹，配上《山丹丹开花红艳艳》的音乐，更有一种清新刚健的气韵，如开篇和结尾两段：

红日、
　　白雪、
　　　　蓝天……
乘东风
　　飞来报春的群雁。
从太阳升起的北京
　　启程，
飞翔到宝塔山头，
落脚在延河两岸。
……

前进，向前进呵！
　　迎着风暴，
　　　　迎着火光，
　　迎着雷霆，
　　　　迎着激浪，
　　迎着共产主义
　　　　鲜红的
　　　　　　太阳！

《唐山大地震》——报告文学,《解放军文艺》1986 年第 3 期首发。1976 年是新中国历史上最不寻常的年份:

1 月 8 日,周恩来总理逝世;

7 月 6 日,朱德委员长逝世;

9 月 9 日,毛泽东主席逝世……

巨星陨落,山河变色。毛主席逝世当天,联合国总部降半旗志哀,联合国秘书长瓦尔德海姆在全体大会上发言:"毛泽东是一位伟大的政治思想家、哲学家和诗人……他实现自己理想的勇气和决心将继续鼓励今后的世世代代。"21 世纪的一部纪录片《走近毛泽东》(2003),更以四句朴素真切而诗意感人的解说词盖棺论定:

他最大的目的是实现中华民族的伟大复兴;

他最大的创造是把马克思主义中国化;

他最艰辛的探索是中国式的社会主义;

他最伟大的作品是中华人民共和国!

也就在这一年的 7 月 28 日,发生了震惊世界的唐山大地震,死伤 40 余万人。

这篇报告文学是在唐山大地震十年后采写完成的,记录了这场新中国历史上空前的劫难。作者钱钢,杭州人,16 岁入伍。1972 年发表作品,1984 年进入解放军艺术学院文学系学习,《唐山大地震》是其毕业论文,一发表即获得全国优秀报告文学奖。毕业后曾任《解放军报》记者,并成为中国作家协会会员。

《人民的悼念》——摄影画册。1976 年"四五"期间,参与悼念周恩来总理的摄影爱好者,用照相机记录了这一历史事件,其中《白花献给周爷爷》(鲍乃镛)、《团结战斗到明天》(吴鹏)、《让我们的血流在一起》(王立平)、《力挽狂澜》(罗小韵)等,获得中国文联和中国摄影家协会颁发的"四五"运动摄影作品一等奖。王立平说:"作为一代热血青年,我们通过画册表达了我们的不羁和反叛,作为一伙自视甚高的业余摄影家和摄影爱好者,我们更为不满的是当年摄影界的说教、粉饰、虚假、平庸、因袭的现状。"

《让我们的血流在一起》（王立平　摄）

《哥德巴赫猜想》——报告文学，1978年。作者徐迟（1914—1996），诗人，解放前就读于东吴大学和燕京大学，解放后任《人民中国》（英文版）编辑、《诗刊》副主编。1960年以后，主要从事报告文学创作，代表作有《祁连山下》《地质之光》《哥德巴赫猜想》等，均为文学史和新闻史的经典篇章。《哥德巴赫猜想》塑造了一位攀登世界科学高峰的数学家陈景润，发表后引起巨大轰动。作品刻画细腻，描写生动，人物形象鲜明，语言充满诗意，如数学是科学的王冠，而哥德巴赫猜想就是王冠上的明珠。

所谓哥德巴赫猜想，是由18世纪德国数学家哥德巴赫提出的一个著名命题，已经困扰世界数学界两百多年，一直未能彻底解决。迄今为止，关于这个命题的最佳论证，是由陈景润在1966年做出的。1975年9月8日，《参考消息》转发美国约翰斯·霍普金斯大学应用物理学研究中心副主任任之恭的文章，对新中国的科技成就作了提纲挈领的分析，其中数学部分提到两个人，一是陈景润，一是华罗庚：

> 青年数学家陈景润，对证明二百多年前德人戈德巴赫（原文如此）的一项推测（一个够大的偶数为两个素数之和），有很大贡献。另一项贡献，就是著名数学家华罗庚的"优选学"及"统筹学"。(《中国科技发展与社会思想的关系》)

《鱼水新篇——沂蒙山纪事》——通讯，新华社济南1978年10月1日电，作者南振中。这篇散文式报道以"水"贯穿全篇,层层紧扣党和人民鱼水关系的主题安排材料,结构疏朗而精致,抒情自然而动人,议论平实而深刻,具有独到的新闻魅力。如开篇一段文字:

> 河里的鱼儿啊,
> 没有水就没有家。
> ——摘自沂蒙山民歌

> 这是我第三次踏上了去沂蒙山的路程。
> 汽车沿盘山公路吃力地爬行着。透过车窗,那奇伟的蒙山群峰,淙淙的沂河流水,一道道绿荫覆盖下的山峪,是那样的熟识,那样的亲切。
> 我头一次到沂蒙山,是十几年前的一个冬天。沂蒙山披上了银装。我背着铺盖卷,从一条山峪到另一条山峪,徒步采访,行程千余里。听到许多过去艰苦岁月里党和人民群众鱼水相依的故事,我的心深深地被打动了。

南振中,新华社原总编辑,1942年生于河南省灵宝县,1964年毕业于郑州大学中文系,分配新华社山东分社任记者,后任分社副社长、社长、总社副总编辑、总编辑,代表作有《南振中文集》(2018)。1991年获首届范长江新闻奖。在四十多年新闻实践中,他总结了三点经验:一、乐于深入基层,和群众谈得拢;二、自觉地学习理论,深入地思考问题,并敢于提出自己的看法;三、运用中国语言文学修养,探索人民群众喜闻乐见的新闻表现形式。2008年,退休后为新华社年轻记者做了一场报告"把'阅读'培养成为一种爱好",系统介绍了读书学习的经验。其中谈道:

> 我的"读书兴趣"是上个世纪60年代初在郑州大学学习时培养起来的。学校教务处把北京大学中文系500种"阅读书目"印发给全校师生。我主动放弃了对"100分"的追求,把考试目标调整为80分。在放松的状态下,阅读不再是一种负担。除了上课,白天我到开架阅

览室读书，晚上把从图书馆借来的图书带到宿舍阅读，星期日到河南省图书馆摘抄有关资料，广泛涉猎中外名著。中文系举办"师生阅读成果展"，把我的读书笔记征集为"展品"；高教部一位副部长到郑州大学搞专题调研，了解学生课外阅读情况，教务处通知我在座谈会上代表中文系学生发言。从大学毕业到现在，44年过去了；我的读书爱好未改、阅读兴趣未减，这是聊以自慰的一件事。（《中国记者》2008年第5期）

中共中央党校内部刊物《理论动态》

《实践是检验真理的惟一标准》——《光明日报》特约评论员，《光明日报》1978年5月11日。全文共有四个小标题：

1. 检验真理的标准只能是社会实践
2. 理论与实践的统一，是马克思主义的一个最基本的原则
3. 革命导师是坚持用实践检验真理的榜样
4. 任何理论都要不断接受实践的检验

这篇历史性文献重申了实事求是的思想路线，成为"文革"后拨乱反正和改革开放的理论先导。正如汪晖所言，"这场讨论绝不是仅仅由某个秀才，或某几个秀才灵机一动或苦思冥想而发起来的。这场讨论是历史的产物。直接参加讨论的，不仅有理论家，而且有政治家"，具有远为深广的历史背景和思想蕴涵，例如：

1975年，在邓小平的主持下，国务院成立了以一批党内理论家为核心的政治研究室集中讨论三个世界的划分、苏联社会性质、战争与和平问题、资本主义世界经济危机、无产阶级专政、资产阶级法权等等问题。而在他们的对立面，张春桥等人根据毛泽东的指示，以"两

报一刊"及《摘译》等刊物为理论阵地,对这些问题做了理论方向截然不同的研究,两者之间的理论争论伴随着政治分歧而日益尖锐化。在这个时期,中国共产党内在中国社会性质、商品、劳动、生产力、价值规律、按劳分配、资产阶级法权等问题上展开的激烈的理论辩论和政治斗争,触及了中国后来的改革面临的基本理论问题;没有这样的理论辩论和政治局势改变后对这场辩论的思想总结和政治清算,很难设想后来的改革会按照这一解放生产力—发展商品经济—市场经济—产权改革的路径发展。显然,1975年的理论辩论已经孕育了后来的社会主义商品经济的概念,提供了社会主义市场经济理论的许多重要的前提。若没有对这场辩论的理论反思和政治清算,邓小平在再次复出后就不可能迅速调整改革方向,而更可能沿着他第一次复出后的方针——即通过整顿重建计划经济的方针——推进现代化计划。(汪晖《去政治化的政治》)

追根溯源,"实践是检验真理的唯一标准"是毛泽东提出来的。1963年11月18日,毛主席在审阅《在战争与和平问题上的两条路线——五评苏共中央公开信》定稿时,加写了"社会实践是检验真理的唯一标准"一句

范敬宜(左二)在农村

（见《毛泽东年谱》）。

《分清主流与支流　莫把"开头"当"过头"》——作者范敬宜，1979年5月13日首发《辽宁日报》，5月16日《人民日报》头版头条全文转载并加编者按，同时新华社发通稿，中央人民广播电台在新闻联播节目中全文广播。《人民日报》"编者按"写道："作为新闻工作者，要像《辽宁日报》记者范敬宜同志那样，多搞一些扎扎实实的调查，用事实来回答那些对三中全会精神有怀疑、有抵触的同志。"当时正在农村采访的范敬宜一听说《人民日报》加编者按刊登此文，"脑袋'嗡'的一下，第一个反应就是：'又闯祸了！'"后来他坦率地说，当时并不存在胆量问题，因为压根儿不知道高层的复杂背景，只是十年基层生活，使我这个从象牙塔里摔出来的知识分子，多少了解了基本国情，懂得农民究竟欢迎什么政策，反对什么政策，"要是知道背景那么错综复杂，说不定我就没有写这篇文章的胆量了"。他还谈到这篇报道的采写心得："整个采访过程给我最深刻的启示是：记者要正确地反映时代，必须努力缩短自己与基层老百姓的距离。离基层越近，离真理也越近。实事求是的'是'，在人民群众之中。"

范敬宜（1931—2010），江苏苏州人，范仲淹二十八世孙。早年求学于国学重镇"无锡国专"，1951年毕业于圣约翰大学中文系，受魏巍《谁是最可爱的人》的感召，奔赴白山黑水，从事新闻工作，任《东北日报》和《辽宁日报》编辑。曾被划为"右派"，竟以"右派"之身入党。1983年，任《辽宁日报》副总编辑。1984年，任中国外文局局长。1986年，任《经济日报》总编辑。1993年，任《人民日报》总编辑。2002年，受聘清华大学新闻与传播学院首任院长、教授，代表作《范敬宜文集》。

他既是痴心不改的新闻人，曾回答学生说"如果有来生，还是作记者"，又是出色的文化人，诗、书、画均称擅场。骨子里深受先祖范仲淹影响，新中国50华诞前夕，他在《人民日报》发文《岳阳楼记　我心中的灯》：

这篇千古名文，就像一盏明灯陪伴我走过了大半生崎岖不平的生活道路。

我 20 岁开始新闻工作生涯，曾经有过一段短暂的"风调雨顺"时间。不久之后，反右的大风暴就降临到自己头上。对于一个初出茅庐的青年来说，打击之沉重可想而知。小说里描写的悲愤、沮丧、绝望、屈辱的滋味，我都尝过。在那段艰难的日子里，默诵《岳阳楼记》便成为一种自我振作的精神力量。"不以物喜，不以己悲，居庙堂之高则忧其民，处江湖之远则忧其君"，在古代政治家博大胸怀的对照下，个人的一点不幸就变得微不足道了。

2008 年，曾任《人民日报》副总编辑的梁衡撰文《饱学与忧思——读范敬宜》，也提到范敬宜与范仲淹之间的精神契合：

> 年前我在刊物上读到他的《重修望海楼记》，大喜。其结尾处的六个排比，气势之宏，忧怀天下之切，令人过目难忘，真正是一个《岳阳楼记》的现代版。当世之人，我还少见可与并驾之笔。现抄于后："望其澎湃奔腾之势，则感世界潮流之变，而思何以应之；望其浩瀚广袤之状，则感孕育万物之德，而思何以敬之；望其吸纳百川之广，则感有容乃大之量，而思何以效之；望其神秘莫测之深，则感宇宙无尽之藏，而思何以宝之；望其波澜不惊之静，则感一碧万顷之美，而思何以致之；望其咆哮震怒之威，则感裂岸决堤之险，而思何以安之。"没有一生坎坷、满腹诗书，一腔忧心，何能有这样的文字？
>
> 《人民日报》十多位总编，自邓拓之后，其才学堪与其比者唯老范一人；范仲淹倡"先忧后乐"已千年，我身边亲历亲见，能躬行其道，又发之为文的新闻高官，唯老范一人。我只有用《岳阳楼记》的最后一句话来说："噫！微斯人，吾谁与归？"

《一辆二十六路无轨电车翻车》——1979 年 8 月 12 日发表于《解放日报》，被评为 1979 年全国好新闻。当时，报道严重事故的社会新闻还属"禁区"，作者冲破禁区，及时报道了这起车祸，回应了社会关切，也给当时的新闻记者以提示——既可报喜，也可报忧：

昨天清晨 6 点 20 分左右，一辆 26 路无轨电车驶经淮海中路近宛平路口时，发生了翻车事故，车上近 60 名乘客内有 26 人受伤，其中 4 人受伤较重，并造成车辆严重损坏。

《新闻联播》——新时期电视新闻的桂冠，中央电视台的新闻金字招牌。1976 年 3 月，全国电视工作会议在京召开，会议决定开办面向全国的电视新闻节目，由中央电视台承办，各地电视台同时转播，并向中央电视台提供片源。当年 7 月 1 日，中央电视台开始试播《全国电视台新闻节目联播》。1978 年元旦，节目定名为《全国电视台新闻联播》，即现在的《新闻联播》。1980 年，增加国际新闻，同时节目从 20 分钟扩展为 30 分钟。早期节目都是拍成胶片，再运到北京加工。由于胶片容易断开，每次播出前都得由专人检查胶片接头。为此，有位编辑承受不了这种压力，要求调离岗位。1980 年 10 月，中央电视台开始用微波干线收录各地电视台的新闻，寄送胶带、检查胶带遂成历史。1996 年元旦，《新闻联播》由录播改为直播，稿件提前 10 分钟才送到播音员手中，因而对播音员的要求更加苛刻。此前，播音语速是一分钟 180 字，直播后变成一分钟 300 字，而且时间限制很严：播音员话音刚落，时间恰好 19 点 30 分。一次，《新闻联播》开播后，一条重大新闻的稿件才送到演播室，要求无间断口播 15 分钟。当天值班的是一对黄金搭档罗京和李瑞英。于是，李瑞英一边从主播台将稿件一张张递给罗京，罗京一边沉着镇定、一如既往地播报新闻。突然，李瑞英发现最后一张稿子怎么也找不到了，急得满头大汗，直到播到前一张最后几句才终于找到。下来后罗京几乎虚脱。

数十年来，伴随《新闻联播》，一批批观众熟悉的播音员也融入岁月记忆——赵忠祥、罗京、李修平、李瑞英……

《王府井停车场见闻》——电视新闻，1979 年 9 月 12 日《新闻联播》播出，9 月 16 日又在《为您服务》节目中重播，应观众要求而重播一条新闻实属罕见。记者张长明、王纪言等在 1979 年劳动节，用长镜头抓拍了一些领导干部子女乘公车来王府井购物、游玩的情景。解说词不多，纪实性很强，由于涉及领导干部的批评报道，一直压了 4 个多月才播出。播出后，舆论反响强烈，几天内就收到观众来信近 3000 封。这则报道首次触及特权思想和不正之风,开电视批评之先声。张长明后任中央电视台副台长,王纪言曾任凤凰卫视中文台台长。

《渤海二号钻井船翻沉事故说明了什么?》——作者陈骥、牛凤和,《工人日报》1980年7月22日刊发。1979年11月25日凌晨,石油部海洋石油勘探局"渤海二号"钻井船在渤海湾迁移井位拖航作业途中翻沉,死亡72人,造成石油系统重大事故。出事后,以《工人日报》为首的各路媒体穷追不舍,最终使国务院分管副总理康世恩记大过、石油部部长宋振明下台。清华校友康世恩、老八路宋振明,同他们的老领导、新中国第一任石油部长独臂将军余秋里都是大庆石油会战的功臣。对于渤海二号事件,"石油部内部坚持认为是不可抗拒的客观原因及环境气候所致才出现的沉船与伤亡事故——后来证明石油部的意见基本是正确的",以此为由,新中国工业战线的旗帜——大庆也黯然失色,同农业的样板大寨一样一度淡出历史和记忆。

《人生的路啊,怎么越走越窄……》——《中国青年》1980年第5期,作者潘晓。这封署名"潘晓"的读者来信发表后,引发一场出人意料的人生观大讨论。其间,《中国青年》共收到六万多封读者来信,受到海内外广泛关注。"潘晓"来信提到的一些想法,如"主观为自己,客观为别人""凡是存在的,就是合理的"等,也显示了整个社会向功利化、世俗化转型的动向与趋势:

社会达尔文主义给了我深刻的启示:人毕竟都是人哪!谁也逃不脱它本身的规律。在利害攸关的时刻,谁都是按照人的本能进行选择,没有一个真正虔诚地服从那平日挂在嘴头上的崇高的道德和信念。人都是自私的,不可能有什么忘我高尚的人。过去那些宣传,要么就是虚伪,要么就是大大夸大了事实本身。如若不然,请问所有堂皇的圣人、博识的学者、尊贵的教师、可敬的宣传家们,要是他们敢于正视自己,我敢说又有几个能逃脱为私欲

潘晓原型之一黄晓菊

而斗争这个规律呢？！过去，我曾那么狂热地相信过"人活着是为了使别人生活得更美好"，"为了人民献出生命也在所不惜"。现在想起来又是多么可笑！

"潘晓"其实是两个人，男的名叫潘祎，是一名大学生，女的名叫黄晓菊，是一名工人。他们在不同场合表达了相似的精神迷茫，于是中国青年杂志社将他们的观点整理成一篇"读者来信"，并将两人名字合为一个笔名"潘晓"。

《生命的支柱——张海迪之歌》——人物通讯，作者郭梅尼、徐家良，原载 1983 年 3 月 1 日《中国青年报》。郭梅尼，生于 1935 年，湖北孝感人，首届范长江新闻奖获得者。1953 年踏上记者之路，历任《中国青年报》记者、记者部主任，《科技日报》编委、记者部主任。长于人物通讯，采写了一批科学家和青年典型。《生命的支柱——张海迪之歌》塑造了身残志坚、自强不息的张海迪，当年获得全国好新闻奖，收到读者来信八万多封，在一代青年中引起强烈反响。邓小平为此题词："学习张海迪，做有理想、有道德、有文化、守纪律的共产主义新人！"郭梅尼在清华大学新闻学院演讲时说过："我不图万贯家财，也不求高官厚禄，只想积累思想、积累生活、积累知识，成为一个富有的记者，去热情歌颂我们时代的新人，这，就是我今生的追求。"郭梅尼的父亲是文学家丽尼（郭安仁），1930 年代与巴金、陈荒煤等从事左翼文化活动，有散文集《鹰之歌》和翻译的俄罗斯作品传世。

1991 年，郭梅尼获首届范长江新闻奖

《话说长江》——电视纪录片，编剧陈汉元，撰稿人任卫新，1983 年至 1984 年的每周日晚上在中央电视台播出。陈汉元，1961 年毕业于华东师范大学中文系，曾任中央电视台副总编辑、副台长。

《话说长江》宣传画

《话说长江》一共25集，采用明晰的空间结构为线索，从长江源头说到入海口，从天文地理说到风土人情，娓娓讲述长江两岸的旖旎风光和古往今来的传奇故事，既有对历史传统的沉思，又有对现实巨变的描绘。全片以如诗如画一咏三叹的笔调，书写了一曲祖国山河与民族历史的新篇章。节目播出，万人空巷，一时间在海内外产生巨大反响，创下空前绝后的40%收视率。虹云和陈铎两位播音艺术家更以优雅从容的姿态和亲切自然的解说，给无数观众留下难忘的印象。

与节目内容相得益彰还有王世光创作的主题曲，作品展现了一江春水向东流的万千气象，饱蘸中华儿女对母亲河的无限眷恋和深长热爱。后来，中央电视台向全国征集歌词，结果收到5000多份来稿，节目组选出20首作品入围，最后以王世光为首的评委一致选定胡宏伟的《长江之歌》：

> 你从雪山走来，
> 春潮是你的丰采；
> 你向东海奔去，
> 惊涛是你的气概。
> ……

从此，《长江之歌》便成为新时期最动人、最优美的歌曲广为传唱。词作者胡宏伟是沈阳军区前进文工团的副团长，时年30岁。由于《话说长江》的巨大成功，2006年，中央电视台又制作播出了《再说长江》。

迄今为止，中央电视台经历过两次重大改革。第一次以1983年为"元年"，第二次以1993年为开端。1983年的3月31日，"第十一届全国广播电视工作会议"召开。这次会议既确立了电视的发展体制，也促进了电视的节目形式，《话说长江》《九州方圆》"春节联欢晚会"等都创办于这一年。第二次改革的标志，是1993年5月1日开播的早间综合节目《东方时空》，以及随后的《焦点访谈》《新闻调查》《实话实说》等，按照时任中央

左起：袁勃、张磐石、李庄、安岗合影（1950年代）

电视台副总编辑孙玉胜的话说，这次改革是"从改变电视的语态开始"的（《十年：从改变电视的语态开始》）。

《来自长征路上的报告》——系列报道，作者罗开富，1984年10月16日至1985年10月19日在《经济日报》逐日刊发。《经济日报》创刊于1983年元旦，邓小平题写报名，安岗出任总编辑。为纪念中国工农红军长征50周年，《经济日报》组织策划这一系列报道活动，由记者罗开富沿着中央红军长征路线徒步行走、采访、报道，而且每天走的路线和里程都与当年相同。比如，他后来回忆道：

> 1935年1月7日夜里两点，红军打开了遵义城门。50年后的1985年1月7日我也必须在同一时辰进城门。在提前到达城门口的1个小时58分的大雨天气中，我脱下雨衣用棍子一撑当帐篷，搬了砖头垒起了"办公桌"，在忽明忽暗的烛光下写完稿子，用明码电报发回北京。

罗开富生于浙江省湖州市，1961年入伍，1964年在部队开始从事新闻工作，改革开放后，任《经济日报》记者、常务副总编辑等。在纪念长征胜利50周年之际，他主动请缨重走长征路，整整368个日日夜夜，白天走路，夜晚写稿，几度战胜疾病和死亡的威胁，用双脚一步一步"丈量"了红军走过的路线。其间，他用300多篇日记体报道真实地记下重走长征路的亲眼所见、亲耳所闻、亲身所感，不仅追述红军长征的感人故事，而且展示沿途人民对红军的深情思念。与美国记者埃德加·斯诺的《西行漫记》、哈里森·索尔兹伯里的《长征：前所未闻的故事》一样，他的《来自长征路上的报告》也成为书写红军长征的新闻名篇。就是在这一不同寻常的采访途中，罗开富发掘了有名的"半条被子"的故事。1934年11月在湖南汝城县沙洲村，3名女红军借宿徐解秀家中，临走时把仅有的一床被子剪下一半给她留下。半个世纪后，徐解秀追忆往事对罗开富说道："什么是共产党？共产党就是自己有一条被子，也要剪下半条给老百姓的人。"2016年在纪念红军长征胜利80周年大会上，习近平总书记讲述了这个动人的故事。

《触目惊心的福建晋江假药案》——通讯，《人民日报》1985年6月16日，作者白筠。"晋江假药案"是新中国第一起波及广泛、触目惊心的制假造假事件，给人民生命健康造成十分严重的恶果。这一事件的来龙去脉如原人民日报总编辑李庄所述：

> 福建省晋江县陈埭镇涵口村是个假药制造中心，三年之间，有五十九家乡镇企业制造假药，产值三千万元，用行贿、欺骗手段销往二十八个省、区的三千多家医药、医疗单位，危害人民健康。中共涵口村党支部几个负责人堕落成为犯罪分子，支部委员会可说完全变质。中共陈埭镇党委纵容、包庇、支持制售假药的犯罪分子，几个主要领导成员参与制售假药，有的在假药厂公开入股。中共晋江县委、县政府对制售假药的犯罪行为既不制止，也不向上级报告，实际上纵容、包庇犯罪分子。中共晋江地委和晋江行署了解这个问题，但不采取措施制止。人民日报揭露以后，地委主要负责人还散布错误言论妨碍查处。晋江县工商、税务、银行、企业管理等部门的一些人也不同程度地参与、支持制售假药的犯罪活动。中共福建省委、省政府一些领导人在相当长一段时间内，对制售假药的危害性认识不足，对发展乡镇企业的指导思想不够端正，把制造假药和乡镇企业中出现的一般问题混为一谈，把违法犯罪与一般不正之风混为一谈，担心过早处理会对搞活经济、发展乡镇企业带来不利影响。(《李庄文集》)

这里提到的"中共福建省委、省政府一些领导人"包括为此离职的项南，项南时任福建省委书记。由于这个案件盘根错节，当事者阻挠，当政者庇护，人民日报、新华社等媒体进行了声势强大的连续报道，"从社会效果看，这次连续报道相当成功。不少问题的性质和政策界线弄清楚了，坏人受到惩处，糊涂人受到教育。"（李庄）

这个案件也可以说是一系列弄虚作假的先声，后来名目繁多的制假造假层出不穷，愈演愈烈，假酒、假烟、假票、假币、假证、假画、假字、假化肥、假农药、假商标、假档案、假文凭、假名牌、假公安、假博士、假劳模、假记者、假新闻等，包括2008年震惊世界的"三鹿奶粉事件"——卫生部统计受害人数近30万。

《今日大寨》——《人民日报》1985年10月5日，作者李克林。"工业学大庆，农业学大寨"六七十年代影响全国，艰苦奋斗、自力更生的"大庆精神"和"大寨精神"成为鼓舞亿万各族人民的榜样。80年代后，当年的许多典型渐渐淡出。1985年，《人民日报》记者李克林重访大寨，通过今昔对比，完成这篇"老树新花"的报道，反映了大寨的新情况、新变化，也体现了新的时代主题。李克林，河南邓县人，抗战时期奔赴延安，参加革命，为《人民日报》早期编辑，后任农村部主任，女儿李银河为性社会学家（随母姓）。报道的开头就引人入胜：

> 金秋时节，我来到大寨。第一个印象是，这里山村静悄悄。虎头山默默无语，大柳树长丝低垂，几条牛在山坡慢悠悠地吃草，小雀在枝头鸣叫……往昔那"红火"的景象，那无尽的人流，都已悄然逝去。那曾经踏上四面八方的参观者的千千万万个脚印的大寨之路，如今已长满荒草，只留下窄窄的山道。夜晚，我住在大寨国际旅行社，偌大一层楼只我一人，静得令人发怵。清晨，我站在虎头山边，遥望蓝天白云，不禁思绪万千：大寨！你为什么这样寂寞？！
>
> 然而，当我深入这个山村内部，却发现另一种景象：到处生机勃勃，热气腾腾；与过去那种表面"红火"、内里僵冷的景况，恰成鲜明的对比。

《阳光·阴影·希望——南游百日记》——1986年刊发于《人民中国》第4期的"外宣"佳作，思想敏锐，材料生动，笔调轻快，描写从容。据不完全统计，有65%的外国读者阅读了这篇《南游百日记》，为本期阅读率

最高的一篇报道。许多读者回信,盛赞这篇作品:

> 我觉得太精彩了,一口气就读完了它。作者将个人的感受和想法原原本本地写进了文内,使我产生了强烈的共鸣。

> 不愧是老练的记者,以敏锐的观察捉住了现代中国的阳光和阴影,坦率地阐述了许多警世教训……消费的早熟会促成社会的腐败;拜金主义会带来精神的空虚,建立精神文明确实重要;在道德水准很高的社会没有实现以前,不实行按劳计酬,会培养懒汉;要发展社会主义,须保持公有制,防止两极分化;心中牢牢地树立革命的理想,实事求是稳步前进,才是希望所在……

作者段连城(1926—1996),云南昆明人,1948年毕业于密苏里大学新闻学院,长期从事对外传播工作,是英文《人民中国》(People' China)和《北京周报》(Beijing Review)的创始人之一,后任外文出版发行事业局局长。20世纪80年代,在北京大学开讲"对外传播学",并在这个基础上完成《对外传播学初探》——既是"对外宣传方面的第一本学术性专著"(沈苏儒),也是这个学科首屈一指的著述。《阳光·阴影·希望——南游百日记》,是他1985年离休后返乡游历昆明、成都、重庆、

段连城与女儿合影

武汉等地的见闻录,爱泼斯坦说:"就其亲切生动而言,堪称对外写作的一个范例。"作者以平实、优美、生动的笔触,记述了新时期以来中国社会发生的一系列变化,在缅怀历史、赞美河山、歌颂人民的同时,也反思经济发展中的一些隐患及其苗头。文章以小见大,举重若轻,实事求是,可亲可信。如写昆明:

> 二次大战后期,美国空军云集昆明,古旧的城区出现了一条较为

现代化的南屏街，号称"小上海"。如今的南屏街已相形见绌，显得又旧又窄。但这"小上海"却可爱多了，再没有强颜欢笑的"吉普女郎"、街角擦鞋的少年儿童、哀哀求告的男女乞丐和坐在人力车上一手执酒瓶、一手向行人扔爆竹取乐的外国醉汉了。……城郊有大观楼，是观赏湖光山色的胜地。白日登临，则见西山横翠，碧波万顷；黄昏眺望，红霞映湖，归帆点点。

但我感到家乡最大的变化，却是闭塞状态的终止和生活节奏的加速。犹忆儿时，在市中心正义路狭窄的石砌路面上，常常看到深深的蹄印，据说是世世代代运货的马帮踏成的。木楼檐下的石阶，也常有寸许深的小孔，那是岁岁年年的雨水滴穿的。上午十来点钟，店铺才徐徐开门，人们常常坐在街边"烤太阳"，很少见到步履匆匆的行人。每天中午，在城门楼上放一响土炮报时，称为"午炮"。省主席坐轿或乘车（汽车极为罕见）上下班时，军警开道，行人止步。我同小学同学背着书包，垂手肃立道旁的情景，记忆犹新。与世隔绝，消息闭塞，城外枪毙"犯人"的"盛况"，往往是小市民阶层经年累月的谈资。

家乡不如意的事还多。在我生长的那个小村，童年熟悉的青山已成秃岭，儿时戏水的清溪已成浊流。据说并非个别情况，这些年生态环境的破坏是严重的。……最恼人的是官商作风和官僚主义。民航办事处前排起购票长队，由于购票制度混乱，纠纷迭起。我目睹两群人对骂，用语不堪入耳，然后挥动拳头，武斗起来。民航办事处的头头却坐在办公室，安之若素。就这件事和另一些见闻，我写了一篇短稿，有批评也有表扬，投寄当地晚报，竟如石沉大海。三次函询稿子收到没有，未获只字答复。

再如写四川：

"峨眉天下秀"，值得登临。千峰挺秀，云雾环绕，幽壑深处，清泉淙淙，而且是佛教四大名山之一，梵宇很多。

"瞿塘险，巫峡秀。"40公里的巫峡两岸，群峦叠嶂，屹立着"巫山十二峰"，其中神女峰最为知名。在一座耸入云霄的山上，有一石柱，遥望恰似一个矫健少女，亭亭玉立。战国（前403—前221）诗人宋玉，写了婉约清丽的《神女赋》，留下了楚襄王梦遇神女的美丽故事，使神女峰更富浪漫色彩。

简言之，我看到大片阳光，也看到不少阴影。令人放心的是现在的领导人善于体察民情，既看成绩，也看问题。譬如"工地遍全国"，蓬勃建设，固然可喜，但也孕育着基建规模过大导致经济紧张的危险。一经发现，就坚决纠正。

《周谷城说，西方资产阶级民主不是一朵花》——新华社1986年12月26日电，作者徐心华。周谷城是复旦大学名教授，与毛主席屡有交往，徐心华后任中宣部新闻局局长、经济日报社社长和中国记协党组书记，可谓高手写高手。这篇报道今天读来依然鲜活，周谷城的智者之见、肺腑之言，穿越历史时空仍觉笃实而切中要害：

> 周谷城说，我一贯的治学态度是：对别人的东西不能囫囵吞枣，不能人云亦云。你说它是一朵花，我要亲自看一看，它是否真的美。一切都要经过仔细调查，认真研究，再做结论。早在"五四"运动时期，有人就曾提出要"全盘西化"，结果证明这种主张是行不通的，因为它不切实际。现在，又有人旧调重弹。时代虽有变化，但未见得就没有问题了。近百年来，中国人民为了推翻压在中国人民头上的三座大山，前赴后继，英勇斗争。只是在中国共产党的领导下，才取得了人民民主革命的胜利。现在，党中央又领导全国人民，坚持改革和开放，为建立高度文明、高度民主的社会主义现代化强国而不懈地努力。如果否定我国人民现在享受到的经过前人英勇奋斗才得来的民主权利，而去效法西方人自己都未必完全满意的东西，那只会使我们已经得到的民主权利重新丧失。

这篇报道的背景是1986年自由化思潮泛滥，多地高校爆发学潮。就在这篇报道发出四天后的12月30日，邓小平同中央负责同志谈话，这就是后来收入《邓小平文选》的《旗帜鲜明地反对资产阶级自由化》，其中还提到周谷城："在这次学生闹事中，民主党派表现是好的，周谷城、费孝通、钱伟长等几位著名的民主人士的态度是好的，不好的倒是我们有些共产党员。"这篇朴素直白的讲话，今天更觉深谋远虑，掷地有声：

> 从中央到地方，在思想理论战线上是软弱的，丧失了阵地，对于资产阶级自由化是个放任的态度，好人得不到支持，坏人猖狂得很。好人没有勇气讲话，好像自己输了理似的。没有什么输理的。
>
> "四项基本原则"必须讲，人民民主专政必须讲。要争取一个安定团结的政治局面，没有人民民主专政不行，不能让那些颠倒是非、混淆黑白、造谣诬蔑的人畅行无阻，煽动群众。
>
> 我们执行对外开放政策，学习外国的技术，利用外资，是为了搞好社会主义建设，而不能离开社会主义道路。我们要发展社会生产力，发展社会主义公有制，增加全民所得。我们允许一些地区、一些人先富起来，是为了最终达到共同富裕，所以要防止两极分化。这就叫社会主义。
>
> 中国没有共产党的领导、不搞社会主义是没有前途的。这个道理已经得到证明，将来还会得到证明。如果我们达到人均国民生产总值四千美元，而且是共同富裕的，到那时就能够更好地显示社会主义制度优于资本主义制度，就为世界四分之三的人口指出了奋斗方向，更加证明了马克思主义的正确性。所以，我们要理直气壮地坚持社会主义道路，坚持"四项基本原则"。

《午间半小时》——中央人民广播电台的新闻名牌节目。开播于1987年，翌年即获得全国广播系统优秀节目一等奖。节目叫好叫座，除了内容的丰富多彩、迅速及时，播音风格的亲切自然、娓娓道来，也得益于一批敢想敢干、生龙活虎的"编辑主持人"——这在20世纪80年代还是非常新鲜的事情。其中，虹云富有亲和力，傅成励毕业于北京大学，当时还是年轻编辑的崔永元后以《实话实说》等节目而知名。与此同时，中央人民广播电台的晚间新闻节目《今晚八点半》，同样获得广泛好评。

"三色报道"——《红色的警告》《黑色的咏叹》《绿色的悲哀》，作者雷收麦、李伟中、叶研、贾永，发表于1987年6月24日至7月4日《中国青年报》。这组深度报道，是关于1987年黑龙江大兴安岭森林火灾的经典之作。这场大火持续燃烧25天，直接经济损失约5亿元，成为新中国成立以

1987年大兴安岭火灾扑救现场

来最严重的森林火灾。其间,《中国青年报》的这组三色报道直面灾难,探究灾难背后的原因,透视全球环境的恶化等。

作者叶研2000年获得第四届范长江新闻奖,贾永2004年获得第六届范长江新闻奖。作为20世纪80年代深度报道的代表作之一,"三色报道"创造了一种全景式报道,对新闻文体的变革产生推动作用。

《我们叩开大陆之门》——作者李永得、徐璐,发表于1987年9月台湾《自立晚报》。1987年,台湾当局宣布开放民众前往大陆探亲旅行。9月15日,两位记者取道日本,来京采访了十几位台湾知名人士,又南下杭州、广州、厦门等地,9月27日经香港返回台湾。期间,他们连续发表《我们叩开大陆之门》系列通讯,在台湾引起轰动,《自立晚报》销售量也随之猛增。李永得原籍广东梅县,生于高雄,台湾政治大学政治系毕业,时年33岁,《自立晚报》政治经济研究室主任。徐璐原籍上海,生于基隆,台湾淡江大学英文系毕业,时年30岁,《自立晚报》政治经济研究室研究员。他们的报道成为一次划时代的破冰之旅。遗憾的是,这家1947年10月10日创刊于台北的台湾第一家晚报,由于经济原因于2001年9月2日出完最后一期黯然"谢幕"。

《我要上学》——新闻照片,作者解海龙。这幅照片深刻影响了当代中国的教育事业,"大眼睛"苏明娟已成为人所熟知的希望工程标志。

1991年4月,《中国青年报》摄影记者解海龙深入大别山区采访"希望工程",在安徽金寨县的一所乡村小学发现这双闪亮的"大眼睛",拍下了《我要上学》这张震撼人心的照片。正如有人评价的:"如果说能有一个人用照相机推动一场撼天动地的运动的话,那就是解海龙与他的'希望工程'摄影纪实。"

《东方风来满眼春》——通讯,作者陈锡添,毕业于中国人民大学新闻系,曾任《深圳特区报》副总编辑。这篇通讯第一次报道了1992年邓小平南行情况,成为新一轮改革开放的舆论先声:

"大眼睛"苏明娟

南国春早。

一月的鹏城,花木葱茏,春意荡漾。

1992年1月19日到23日,小平同志在深圳的这段日子,是极不寻常的日子,它将永远记载在深圳建设的史册上,永远记忆在深圳人民的心坎里。

"东方风来满眼春。"小平同志来到深圳,使深圳进一步涌起改革开放的春潮。小平同志在这里发表的许多重要谈话,对深圳的改革开放和建设,对整个社会主义现代化建设事业,都有着重大而深远的意义。

《东方时空》——中央电视台1993年5月1日开播的早间新闻综合节目,开启了电视新闻改革热潮,这一热潮连绵不断,直至2003年5月1日中央电视台24小时新闻频道的开播。《东方时空》除了新闻,还有四个各有特色的栏目:

《东方之子》是人物专访,号称"浓缩人生精华";《东方时空金曲榜》早期在推广流行音乐和吸引青年观众方面发挥了作用;《生活空间》后来发展为很有纪实特色的纪录片栏目,尤其是一句"讲述老百姓自己的故事",语言凝重,含意深远;《焦点时刻》则在针砭时弊中颇有锋芒,它的成功直接导致了《焦点访谈》的诞生。(郭镇之)

《东方时空》开播前,国人还没有早间收看电视新闻的习惯,一群年轻人在首届"韬奋新闻奖"得主孙玉胜的带领下,打破了这一常规,为新闻界与电视界带来勃勃生机,白岩松、水均益、敬一丹等一批新闻主持人名满天下家喻户晓。不过,最初"吃螃蟹"的时候,他们还默默无闻,或"妾身未分明"。比如,白岩松当时还是中央人民广播电台的记者,背着单位悄悄来中央电视台帮忙,干的是不必抛头露面的策划工作。一天,制片人时间请他出镜,他还颇有顾虑,时间说:"你怕什么,节目早上7点播,谁看你啊?"一

《解放日报》发表"皇甫平"系列评论第一篇

开始采访时,他们总喜欢称呼采访对象为"老师"。这也难怪,毕竟这些新人都还年轻,有时面对新闻人物不免表现谦卑。对此,孙玉胜感觉不舒服,他认为记者出镜采访不是代表个人,而是电视台。于是,从此立下一条规矩:采访时不许使用"老师"称谓,除非采访对象是位老师。十来年后,白岩松谈起此事时还说:"我当主持人是从不许叫'老师'开始的。"2008年,白岩松获得第九届范长江新闻奖。

随着《东方时空》一炮打响,中央电视台又相继推出《焦点访谈》(1994)、《实话实说》(1996)、《新闻调查》(1996)等栏目,产生更加广泛的社会反响,成为新时期电视新闻的里程碑。据时任中央电视台台长杨伟光回忆:

《焦点访谈》是新闻改革的试验品，在以前没人办过。那时丁关根同志（时任中央政治局委员、书记处书记、中宣部部长）很重视这个栏目，在中南海开了一次会把几个主要的人都叫了去。我们就定了几条原则：第一，

中央电视台"焦点访谈"

尊重事实，不要带有个人情感；第二，与人为善，不是为了整人，也不是为了出人家洋相；第三，搞连续报道，有些问题很多地方都有；第四，一个时期内不能过分集中在一个省或一个部门。一个省连播3期，省长受不了；第五，省长、书记都在北京开会的时候，不要指名道姓批评，不然中央领导第二天很可能在会上举这个例子。（《南方人物周刊》2009年第22期）

这些电视新闻节目的幕后策划，是后来出任中央电视台副总编辑的孙玉胜。1984年，他被分配到中央电视台工作时，还不知道"蒙太奇"是什么东西，以为是哪个外国人的名字。《东方时空》开播前，有一次他问音乐电视栏目准备播出的节目，编导告诉他第一天是流行歌手杨钰莹，第二天是一首台湾"郑智化"的歌曲。他吓了一跳，台湾的"政治化"歌曲怎么能在中央电视台播出？编导赶忙解释："你别紧张，'郑智化'是个人名。"孙玉胜在擘画和推进这些影响广泛的电视节目时，始终将新闻置于核心地位。他在2003年出版的《十年：从改变电视语态开始》一书里写道："新闻，只有新闻，才是我们安身立命的根本。"不仅对栏目、节目是这么追求的，而且对主持人也是这么要求的。他说：

《东方时空》和《焦点访谈》从一开始就在贯彻这个理念："记者—名记者—主持人—名主持人。"也就是说，新闻节目主持人必须来自优秀的新闻记者（《十年：从改变电视语态开始》）。

《拜金主义要不得》——中央人民广播电台新闻时评，1994年获得第四

届中国新闻奖一等奖,作者胡占凡。90年代初,针对一部分人先富起来后的一些不良现象,胡占凡接连发表《拜金主义要不得》《再谈拜金主义要不得》等时评,在中央人民广播电台播出,引起热议,也折射了市场经济下拜金、奢靡、醉生梦死、两极分化等苗头:

> 改革开放使人们手里的钱多了,这是好事,可钱怎么花却大有学问。对占人口绝大多数的工农大众来说,从国民经济大局来看,"勤俭是咱们的传家宝"依然是最动听的旋律,可偏偏有人对此不以为然,于是人们看到一些奇怪的现象:
>
> 在杭州,有两个"大款"为了斗富,竟在众目睽睽之下,比赛烧人民币,每人烧掉2000多元而面不改色;
>
> 在长春,一家卡拉OK厅,一个富翁宣布:包下当晚所有的"点歌费",另一位大亨立即声明:买下全市当天所有的鲜花:你不让我点歌,你也别想献花。
>
> 春节时,一个青年富豪仰望着纷纷落下的爆竹纸屑兴奋地流下热泪,因为他刚刚点燃的4个爆竹是用2000元人民币卷成的。
>
> 一位北京"大款"用两万元一桌的宴席招待广东"大款"竟遭到奚落,随后广东"大款"用6万元一桌回请,而北京这位"大款"竟"啪"地打开密码箱,甩出35万元说:今天这桌就照这个数!
>
> 至于某人身上的穿戴价值几十万,某人甩出两万元点一支卡拉OK,30万元一只的哈巴狗"大款"们眼都不眨地率上就走这类事,也时有所闻。
>
> 如果我们把目光从灯红酒绿的宴席移到农舍窑洞,警惕拜金主义的话题会变得更加沉重。改革开放给我们这个十一亿人的大国带来了前所未有的变化,但现在还远非黄金铺地……

胡占凡,毕业于北京广播学院新闻系,曾任中央电视台台长、《光明日报》总编辑。

《冰点·北京最后的粪桶》——作者王伟群。1995年1月创办的《中国青年报》"冰点"栏目,一问世即以其独特的故事和出色的文字而为人青睐。这个每周一期的栏目和一篇约八千字的整版报道,将新闻触角伸到许多不大起眼的社会生活领域，即与热点相对的所谓"冰点"，而"冰点"的一些文章也曾成为热点的话题，包括以"冰点"报道改编的电影《离开雷锋的日子》——取材于第 30 期《乔安山的故事》。这篇"粪桶"报道是"冰点"的开篇作和成名作。

《江泽民同志视察人民日报社时的讲话》——1996 年 9 月 26 日，中共中央总书记、国家主席、中央军委主席江泽民视察人民日报社，发表了这篇讲话，提出了"福祸论"：

> 历史经验反复证明，舆论导向正确与否，对于我们党的成长、壮大，对于人民政权的建立、巩固，对于人民的团结和国家的繁荣富强，具有重要作用。舆论导向正确，是党和人民之福；舆论导向错误，是党和人民之祸。因此，我们党一贯强调，要把新闻舆论的领导权牢牢掌握在忠于马克思主义、忠于党、忠于人民的人手里；新闻舆论单位一定要把坚定正确的政治方向放在一切工作的首位，坚持正确的舆论导向；新闻舆论工作要紧紧围绕经济建设这个中心，服从、服务于全党全国工作的大局。这在任何时候都不能模糊，不能动摇。

显然，"祸福论"同五四年代新闻学先驱徐宝璜，在《新闻学》中谈及的"善用为福""滥用为祸"遥相呼应。

《别了，"不列颠尼亚"》——新华社香港 1997 年 7 月 1 日电，作者周树春、胥晓婷、杨国强、徐兴堂。这篇散文式报道，是香港回归的新闻佳作之一，被收入中学语文课本。1997 年 7 月 1 日，中国全面恢复对香港行使主权，举世瞩目，举国欢腾。在这一重大的新闻报道活动中，新华社的这篇特稿别具一格，通过鲜活的细节和传

英国皇家游轮不列颠尼号

神的文字，生动刻画了这一里程碑的历史事件。新闻标题借鉴了毛泽东的著名时评《别了，司徒雷登》，而最后一段尤其意味深长，耐人寻味：

从 1841 年 1 月 26 日英国远征军第一次将米字旗插上港岛，至 1997 年 7 月 1 日五星红旗在香港升起，一共过去了 156 年 5 个月零 4 天，大英帝国从海上来，又从海上去。

1998 年，《别了，"不列颠尼亚"》获得第 8 届中国新闻奖消息类一等奖。中国新闻奖是中国新闻界年度作品最高奖，由中国记协主办，有高度的政治和业务水准，如一家报社的消息《请过路吧，亲爱的藏羚羊》，仅仅因为印错一个字——误将"迁徙"的"徙"字印成"徒"字，结果定评时由一等奖降为二等奖。

《九江城哭了……》——1998 年的长江洪水，在新中国历史上留下令人难忘的记忆。江西九江在这次洪水中经受了严峻的考验，《工人日报》摄影记者于文国的这篇报道不到 1 000 字，却展现了 10 多个感人场景：

送别子弟兵

9 月 15 日。子弟兵走了。九江城哭了。

整夜未眠的数十万九江市民，天没亮就倾城出动，等在街道两旁，挥泪告别和他们生死与共，与洪魔搏斗了长达 50 多天的子弟兵凯旋。

九江人说：在江堤决口的日子里，是战士们用自己的胸膛挡住滔滔洪水，用自己的生命换来了我们的生命！

就是这些战士，临行前还把九江的街道打扫得干干净净。把节省下来的 31.45 万公斤大米、9 万件衣服悄悄地运到大堤上留给了灾民，又从自己仅有的几十元津贴和并不高的工资中，挤出了 162.96 万元交给了灾区……

为了怕部队夜里开走，市民们自发组织起来，从 9 月 10 日开始就轮流在部队宿营地门口"值班"：不能让子弟兵们悄悄地走了啊！

今天早晨5点,军车出来了。可当车刚出门口,就再也开不动了。一拥而上的上千名九江人急急地将手中的苹果和鸡蛋等礼物掷投到军车上。

此刻,士兵们都把手抬到了帽檐处——敬礼!

此刻,士兵和市民们的胸膛起伏着,眼里含着泪水。

敬礼的士兵们雕像一般。

市民们则仍是忙不迭地往车上掷投礼物。

人群中,一个十几岁的孩子手中举着一条标语。上面写着歪歪扭扭的大字:"长大我要去当兵。"他叫赵框喜,是子弟兵们8月5日深夜江新洲决堤时救出的那群孩子中的一个。

九江师专的一群女学生,这几天早就商量好了。在军车路过时,她们拥出校门举起了她们的标语:"兵哥哥,真的舍不得您走!"一位身穿太阳裙的女青年则鼓足勇气冲到近处,把一条香烟扔到了车上。

到九江交通大厦时,30岁的职工胡民礼情急之下奔回厂里,扛着国旗爬到高处,狂舞起来。

在市民们搭起的凯旋门处,人山人海。鲜花、彩旗、标语,车声、歌声、鞭炮声,汇成一片:"兵哥哥再见!""解放军万岁!"

挥手。握手。含泪的士兵们一遍又一遍地唱着《咱当兵的人》《说句心里话》。

一位20岁姓姚的女青年向车上的两位战士高喊:"大李、大江,以后来九江还认识我吗?"

透过长焦镜头,记者看到,两位战士泪水已挂在腮上。

8时30分,第一辆军车到达九江西站。不足5公里的路,竟走了整整3个半小时!

8时45分,距列车开动还有5分钟。九江水泥厂职工54岁的刘和平和50多位妇女突然挤出沸腾的人群吹起了笛子。人们大声伴唱《送别》和《北京有个金太阳》。

站在一旁与士兵们道别的董万瑞中将哽咽了:"我为有如此受人民爱戴的士兵感到骄傲。"泪水从将军的脸上流下。

8时50分,列车启动。站台上哭声一片。

弱势群体

于文国后任《工人日报》美术摄影部主任,曾获"中国新闻奖"的特别奖、一等奖等,2002年评为全国百佳新闻工作者。

《总有一种力量让我们泪流满面》——《南方周末》1999年新年献词。20世纪90年代后,《南方周末》以舆论监督和弱势关怀为旗,在市场上赢得相当份额和影响力。特别是一年一度的"新年献词",更是颇受关注。这篇文章就是代表,其中也体现着惯用的文青风格:

本世纪最后的日历正在一页页减去,没有什么可以把人轻易打动。除了真实。

没有什么可以轻易把人打动,除了正义的号角。

没有什么可以轻易把人打动,除了内心的爱。没有什么可以轻易把人打动,除了前进的脚步……

我们看着你举起锄头,我们看着你舞动镰刀,我们看着你挥汗如雨,我们看着你谷满粮仓。我们看着你流离失所,我们看着你痛哭流涕,我们看着你中流击水,我们看着你重建家园。我们看着你无奈下岗,我们看着你咬紧牙关,我们看着你风雨度过,我们看着你笑逐颜开……

总有一种力量它让我们泪流满面,总有一种力量它让我们抖擞精神,总有一种力量它驱使我们不断寻求"正义、爱心、良知"。

《北约野蛮轰炸我驻南使馆》——消息,《人民日报》1999年5月9日,作者吕岩松。1999年5月8日,以美国为首的北约部队用导弹袭击了中国驻南斯拉夫联盟共和国大使馆,犯下人类文明史上空前的暴行。根据可靠情报,轰炸是美国总统克林顿亲自批准的,而非所谓"误炸"。当时,作为使馆内惟一幸存的中国记者吕岩松,从烈火熊熊的现场,在事件发生后15分钟,用手机第一个发回了使馆被袭的消息:

本报贝尔格莱德5月8日电　记者吕岩松报道：当地时间7日午夜（北京时间8日早5时45分），以美国为首的北约至少使用3枚导弹悍然袭击我驻南斯拉夫大使馆。到目前为止，至少造成3人死亡，1人失踪，20多人受伤，馆舍严重毁坏。

当时，我大使馆内约有30名使馆工作人员和我驻南记者。新华社女记者邵云环、光明日报记者许杏虎和夫人朱颖不幸遇难。

爆炸发生后，中国驻南联盟大使潘占林一直在现场指挥抢救。许多华侨对使馆给予了极大帮助。潘大使在被炸毁的使馆废墟前，愤怒地指出："这是对中华人民共和国的攻击。"

……

吕岩松2000年获得范长江新闻奖，现任新华社总编辑。

《广西南丹矿区事故扑朔迷离》——人民网2001年7月31日。21世纪以来，各地矿难不断，其中涉及官商勾结、权钱交易等，广西南丹矿难就是典型。2001年7月17日，南丹龙泉矿冶总厂所属拉甲坡锡矿厂发生一起矿井灌水特大事

人民网

故，造成81人死亡。按照有关规定，特大安全事故必须在24小时内报告中央，而南丹矿难却隐瞒了17天。《人民日报》驻广西记者站听说消息后，于7月30日向总社发回第一篇内参《关于广西南丹矿井事故的紧急报告》，翌日人民网发布了这篇公开报道。

为此，朱镕基总理作出批示："必须查个水落石出，严厉打击黑恶势力勾结官府，草菅人命。"

在调查矿难的过程中，《人民日报》的记者冒着巨大的敌意和风险，"一进矿区，迷惑的、张惶的、警惕的、奇怪的目光纷纷从矿区各处射出"。矿工们纷纷躲避，提起事故一律摇头说"不知道""不清楚"。参与调查报道的黄盛丰后来写道：

考虑这一事件极为复杂和充满风险，我们首批4人于铁幕捅破后深入南丹矿区细加挖掘时，为我们担忧的朋友设法约请3名警察分别

与我们的同志同住。

　　事实证明，我们的小心并非多余。我们第一次深入矿区调查时，经常有素不相识的人到旅店打听有无人民日报记者住宿（因我们没有以记者的身份登记住宿）。在我们第二次深入南丹时，甚至就在我们住宿的一家旅店（私人旅店中），就在我们的眼前，发生了血淋淋的午夜凶杀案。（赵凯等《太阳每天都是新的——新世纪中国新闻精品选评》）

由于《人民日报》等新闻媒体不屈不挠的努力，南丹矿难最终真相大白。官商勾结的原南丹县委书记万瑞忠被判处死刑，矿主黎东明被判处有期徒刑20年。朱镕基总理说："如没有记者的揭露，就冤沉水底了。"南丹矿难发生后的第二年6月，《中华人民共和国安全生产法》颁布实施，其中多项条款来自南丹矿难的教训。

《中国十大学者背后的财团》——《瞭望东方周刊》2004年2月12日，作者吴立波。在市场大潮冲击下，越来越多的专家学者受私利驱动，踏上一条与公共利益背道而驰的"表达之路"，从微观经济到宏观经济——房市、股市、车市，教改、医改、垄断……一些经济学家不遗余力地为既得利益集团张目，引起公众越来越强的反感。这篇深度报道以翔实的资料对某些学者背后的资本势力做了梳理和分析：

　　谢教授说，"大部分经济学家是主张正义、有理想的。他们不需要靠谁养！反过来讲，就算被养着又怎么样呢？"

《透过现象看本质——析"公共知识分子"论》——时评，《解放日报》2004年11月15日。2004年，英国《前景》月刊（*Prospect*）为纪念创刊100期，选出100位英国最有影响力的知识分子。随后，国内一些媒体起而效法，掀起一阵评选中国"公共知识分子"的热潮。针对这种现象，《解放日报》评论员吉方平撰写了这篇评论，批驳了所谓"公共知识分子"，即所谓"公知"：

　　历史和现实中，出现过一些貌似"独立"的"公共知识分子"，其实只要认真剖析一下，他们的身后无不隐藏着某些利益集团的背景，其实并不"独立",也无"批判"。这一点奥秘,今天已是路人皆知,不必一一点穿了。

《索玛花儿为什么这样红——记优秀共产党员、木里县马班邮路乡邮员王顺友》——人物通讯,新华社张严平等采写,2005年发表,2006年获得第16届中国新闻奖一等奖。张严平是个充满激情的记者,歌颂美好、向往崇高、赞美人民、感恩生活是她的座右铭。当朋友问她:你做记者这么多年,依然激情满怀,这个职业最让你迷恋的是什么?她的回答同样饱含深情,洋溢诗意:"每个记者都有自己的燃烧点,而对于我,记者这个职业最让我迷恋、让我神往、让我一直停不下脚步的,是它让我有机会走进一个又一个优秀的、高尚的、平凡而伟大的心灵之中。"

正是凭着这样的感情,她不仅完成一部动人心弦的《穆青传》,而且写下一篇篇讴歌美好的新闻作品,《索玛花儿为什么这样红》就是代表作。这篇作品,以真切实在、细腻生动的细节塑造了一位平凡而不凡的汉子,让千千万万的人记住了一个感人的名字——王顺友(1965—2021):

王顺友

眼前这位苗族汉子矮小、苍老,40岁的人看过去有50开外,与人说话时,憨厚的眼神会变得游离而紧张,一副无助的样子,只是当他与那匹驮着邮包的枣红马交流时,才透出一种会心的安宁。

这就是那个一个人、一匹马、一条路,在大山里默默行走了20年的人吗?

这就是那个20年中行程26万公里——相当于21趟二万五千里长征、绕地球赤道6圈的人吗?

这就是那个为了一个简单而又崇高的使命,在大山深谷之中穷尽青春年华的人吗?

我流泪了。

有位记者听了这些故事后,禁不住写下一段话:"王顺友的事迹是可歌可泣的,张严平的工作也是可敬可爱的……如果说王顺友是大山里的索玛花,那么张严平也可说是记者中的索玛花了。"(姜殿军)

《北京城市建设的幕后英雄》——系列报道,美国《华尔街日报》(*The Wall Street Journal*)2006年12月23日,翌年与同一系列的其他9篇中国报道,如《买房难——中国中产阶层的心声》《中国汽车业发展令决策层喜忧参半》《中国赤脚医生打响环境保卫战》等,获得第91届美国普利策新闻奖的最佳国际报道奖,作者方凤美(Mei Fong)由此成为获得普利策新闻奖的第一位华人。上一年度第90届普利策新闻奖的最佳国际报道奖,也曾授予中国报道——《纽约时报》(*The New York Times*)一组有关中国法治化进程的系列报道。

方凤美,马来西亚华人,曾在新加坡国立大学获得心理学和英国文学双学位,又在美国哥伦比亚大学获得国际关系硕士学位。先在新加坡做报刊记者,2001年加入《华尔街日报》,报道了"9·11"事件,2003年派驻中国,报道了SARS疫情等新闻。

这篇获奖报道也体现了"华尔街日报体"的报道风格,用细节、故事、人物、对话等表现新闻主题:

《亚洲华尔街日报》

> 在距离天安门广场大约一英里的地方,一年多后会有一座28层的酒店拔地而起。现时一群建筑工人正在该空地生活和工作,忍受着寒冷天气和阵阵寒风。
>
> 午夜时分,当这座城市正在酣睡的时候,一些建筑工人仍在辛劳工作。
>
> 另有一些工人要在天刚亮的时候起床。他们一周工作七天,每天至少15个小时。他们的房间挤着12个人,没有暖气,每天就筋疲力尽地倒在架式床上。

北京正在经历巨大的建筑潮,这也是全世界规模最庞大的建筑潮之一。散乱的起重机形成独特的地平线。全北京市有一万多个建筑工地,总建筑面积高达17亿平方英尺,占地接近三个纽约曼哈顿那么大。

这巨大的开发规模全赖一群不显眼的人:来自中国各个农村近二百万农民。他们携着铺盖辗转于工地之间,赚取低至每小时五毛钱的工钱。他们的工作十分危险,工地毫无安全措施,只有很少甚或根本没有医疗保障。虽然很多农民工就住在城市的中心,但一般北京市民很少注意他们局促不堪的临时住房,隐私、清洁,甚至是肉食对他们来说都是奢望。

他们经常被拖欠工资,有时甚至根本拿不到钱。中国国务院辖下的调查机构今年发表的一份报告显示,在2004年,北京众多建筑公司拖欠了大约70万名农民工超过3.8亿美元的工资。

……(俞旭等编《追求卓越新闻》,香港商务印书馆)

《赤脚医生——20世纪中国的温暖记忆》——深度报道,作者李砚洪,《北京日报》2008年1月22日。赤脚医生是新中国一项伟大的公共卫生和医疗保健制度,曾经惠及千千万万的农村居民,也得到国际社会的高度评价。1965年6月26日,毛泽东在听取卫生部的汇报时,发表了一通措辞严厉的批评:"告诉卫生部,卫生部的工作只给全国15%的人工作,而且这15%中主要还是老爷,广大农民得不到医疗。一无医,二无药,卫生部不是人民的卫生部,改成城市卫生部或老爷卫生部或城市老爷卫生部好了……"由于这篇以"6·26"闻名的讲话,大规模的农村医疗卫生工作开始推行,其中最有成效的就是"赤脚医生"。这篇报道对此做了深入、系统和全面的反映,既有宏大的背景,又有真切的细节,既有历史的回顾,又有现实的反思,内容翔实,内涵丰厚,情感真挚,叙事生动,报道最后写道:

"赤脚医生"已成为一个历史名词。但是,田间地头那个深棕色的药箱,拉着家常在炕头看病的情景,已成为对于那个年代的一段温暖记忆。

2009年1月19日,《参考消息》转发香港《亚洲时报》的文章《中国农村怀念"赤脚医生"》(作者亚历山大·卡塞拉):

虽然中国的"赤脚医生"制度依靠的是原始的设备和非正式的医生，但正如世界卫生组织所肯定的那样，它是中国农村基本医疗服务事业发展中的一项创举。

中国共产党在1949年上台时，拥有5.4亿人口的中国只有大约4万名医生，意味着平均每1.35万中国人才有一名医生（现在的比例是950：1）。而医生数量极度匮乏的同时，还伴随着另外一个问题。除了一些中医之外，大多数医生集中在城市，农村实际上没有真正的医疗服务，传染病频发和卫生条件恶劣等问题十分普遍。

中国共产党一上台就把农村医疗服务当作一项头等大事。由于缺少专业医生，中央政府于1951年决定，由卫生员而不是正式医生为农村地区提供基本医疗服务。1957年，中国共有20多万名由地方政府管理的"乡村医生"。虽然这些乡村医生只接受过基础培训，治不了疑难杂症，但却发挥了巨大作用，特别是防止小伤小病恶化和完成全国范围的疫苗接种计划。

1968年，乡村医生制度更名为"赤脚医生"制度，这个名字源自经常光着脚在稻田里干活的南方农民。

"赤脚医生"制度对整个农村医疗事业的影响是巨大的。尽管仅限于满足最基本的医疗服务需求，但鉴于当时中国的条件，这项制度可谓瑕不掩瑜。

Anti-CNN——2008年3月14日，正值一年一度的"两会"举行之际，拉萨发生了一起分裂分子策划的打砸抢烧暴力事件，18名平民被残害致死，382人受伤，其中重伤58人，242名民警、武警在值勤中伤亡，其中牺牲1人，重伤23人，各种直接经济损失超过2.44亿元人民币。与此同时，奥运圣火在境外的传递过程中，也遭到"藏独"分子的屡屡破坏和阻挠。此时，以CNN为代表的西方媒体，不顾基本事实，发布了一系列充满偏见的报道，张冠李戴，移花接木，混淆视听，误导舆论。为此，一位年轻人饶谨创办了Anti-CNN网站，一个月内，网站日点击率就达到500万，注册会员10万人。由于国内外网民的同仇敌忾，以及有理有节的抗争，最终迫使CNN为其言论向中国人民道歉，一些西方国家也不得不向中国人民示好。

在此期间，一位中国留法学生发表了一篇精彩演讲。当时，为了反对西方国家及其媒体对"3·14"事件和圣火传递活动的明显不公，以留学生为主体的海外华人自动发起了一场声势浩大而理性克制的"自卫反击战"。4月19日，巴黎共和国广场举行"支持北京奥运反对媒体不公"的集会，来自西安的留法

李洹演讲现场

学生李洹用法文发表演讲，以富有思辨的行文、地道的法语、播音员般的嗓音、连珠炮般的语速，让许多外国人也听得入神：

  在这次对中国的妖魔化的扭曲报道事件中，我们，全世界的中国留学生，我们感觉很痛，我们的感情受到了伤害，但是我们不怪法国人民，因为造成这样结果的责任人不是你们，而是一些不负责任的媒体和职业煽动家。

  比如说，选择性的阐述历史，认为中国的革命对中国不可分割的一部分是"侵略"，而故意不说95%受煎熬的藏人的黑暗的政教合一，把尼泊尔的警察当成是中国警察，用几十年前的照片来说今天的事情，传播根本没有验证的信息，比如根本没有可信度的所谓死亡人数，以及选用一些别有用心的人的口述。

  来中国吧！来看看一个真实的，完整的中国，一个很多西方媒体不会展现给你们的中国。来西藏吧！用你们的眼睛来见证那个所谓的"文化灭绝"，是否这种灭绝真的存在，是否藏语正在"消失"，那些喇嘛们是不是可以自由地信仰他们的宗教，西藏人是不是比在达赖的神权统治下过得更好！

  当有些媒体提到，这次圣火传递失败是给中国的一记耳光。当代表着爱与和平的圣火，受到一些专门抗议者的侮辱行径时，我认为这确实是一记耳光，但不是给中国的，而是给中国人民的，给法国人民的，给全世界所有热爱奥运的人民的。

  让我们北京见吧，亲爱的朋友们！

《中国曙光——1949年10月1日历史一幕再现》：新华社2009年9月15日。这篇国庆60年的大报道，把新时代新闻人的"脚力、眼力、脑力、笔力"发挥得淋漓尽致，也把一幕幕生动有力、活灵活现的细节穿针引线地编织起来，犹如一部"新闻版"的开国史，一些新鲜、新奇的内容无愧名副其实的"新闻"：

> 曾经的南京总统府，留给人民解放军女战士张永春这样的第一印象："相片、文件、书报等杂物扔得满地都是，有的卫生间水龙头还开着，水流了一地……"
>
> 国民党控制下的成都，在平静和压抑中迎来新中国的开国之日。国民党政府要求，这一天每家每户都挂起白纸灯笼，写上反共标语。
>
> 身穿深色旗袍的宋庆龄站在城楼上，看着眼前涌动的人潮，看着广场上矗立的孙中山画像，不禁热泪盈眶。
>
> 就在宋庆龄为中国人民的胜利激动得热泪盈眶的这一刻，比她小四岁的妹妹宋美龄正在万里之遥的美国为挽救国民党政权没落的命运四处奔走。
>
> 离旗杆几十米远的人群中，36岁的北京美术供应社女工赵文瑞，看着五星红旗缓缓升起，泪水模糊了双眼。4天前，政协会议通过新中国国旗为五星红旗。制作第一批五星红旗的任务，落到了这位旧社会靠给人缝补浆洗度日的普通女工身上。
>
> 这是45岁的邓小平第一次来北京。看到全国解放在即，他的心情十分愉快，闲暇之余还带着孩子去了颐和园，在秋水潋滟的昆明湖上泛舟畅游。
>
> 毛泽东把身子向广场深深一探，他对身边人，又像自言自语地说："我们用了28年办了一件大事，把'三座大山'搬掉了，也就是头上的问题解决了。解决脚下的问题任务还很重，建设我们这样的国家要花更大的气力。"
>
> 夜已很深，中南海菊香书屋，灯火依然——
>
> 毫无睡意的毛泽东对着卫士连说两遍："胜利来之不易！"
>
> 东方曙色初显，屋内寂静无声。在繁忙的工作和深远的思考中，

毛泽东迎来新中国开国后的第一个黎明……

暾将出兮东方！

《情到深处——习近平同志与新闻舆论工作》：新华社2019年11月9日，新华社记者李仁虎、刘光牛、张垒。这篇同时刊发在《人民日报》头版头条的新闻，第一次讲述了习近平总书记与新闻、新闻记者、新闻舆论的故事，以细致生动的笔墨描绘了一幅幅鲜活场景：

1966年2月7日，《人民日报》刊登了新华社记者穆青、冯健、周原的长篇通讯《县委书记的榜样——焦裕禄》。那一年，习近平13岁。谈起这段往事，习近平同志曾深情地说："我当时正上初一，政治课张老师念了这篇通讯，几次都泣不成声……"他说："这节课在我的一生中留下深刻印记，对我树立坚定的理想信念也有很重要的影响。"

有一天晚上，在小油灯下，已经被大家推举担任大队党支部书记的习近平同志在翻阅1974年1月8日的《人民日报》时，发现4版上刊登了两篇介绍四川办沼气的文章。放下报纸，他陷入沉思，梁家河64户人家点灯缺油、烧饭缺柴，如能建成沼气就解决大问题了。他向县领导作了汇报并得到支持，前往四川实地取经，率领村民挖土修池，成功修建了28口沼气池，改善了群众生活，打破了"沼气不过秦岭"的断言。

报道末尾以一句"我将无我，不负人民"，为全篇报道画龙点睛。

《50年前的7月，还曾有一次"芭蕾外交"》：《北京日报》2022年7月4日，记者杨丽娟。如果说当年"小球转大球"的乒乓外交，推动了中美之间相向而行的话，那么同时期的一次"芭蕾外交"，则径直促成了中日建交。这篇报道翔实揭示了这一鲜为人知的历史故事，通过日本民间著名的松山芭蕾舞团与上海芭蕾舞团友好交往，栩栩如生地展现了中日邦交正常化的历史进程。记者杨丽娟先后受业于北大和清华新闻学院，已有数篇类似报道被《新华文摘》转发。

这一讲蜻蜓点水地回顾了新中国的新闻历程，其中的每个经典或片段展开都会成为一部社会人生的大书，内容之丰富，牵涉之广泛，蕴含之深刻，都非任何记述与想象所能及。所以，最后就用俄罗斯音乐家斯特拉文斯基1939年在哈佛大学演讲中一段话作结吧：

> 正如所有事物的视觉效果都要遵循近大远小的透视原则，历史的变迁也只允许我们对近期的事物发展有个清楚的了解，随着时间的远去，它们在人们的认识中逐渐变得模糊，成为记忆中似是而非的印象……(《音乐诗学六讲》)

拓展阅读

1. 陈一然编著：《亲历共和国60年——历史进程中的重大事件与决策》，人民出版社。
2. 吴冷西：《忆毛主席》，新华出版社。
3. 袁晞：《社论串起来的历史》，人民出版社。
4. 郭镇之：《中国电视史》，中国人民大学出版社。
5. 孙玉胜：《十年：从改变电视的语态开始》，生活·读书·新知三联书店。

第九讲
红日初升（下） 改革岁月话沧桑
（1978—2012）

下面是新中国的第三讲,谈谈新时期新闻传播与社会发展的背景、脉络及动因,既是对当代的审视,也是对新中国的回望和对新时代的前瞻。

《小平您好》和《我要上学》

清华大学政治学教授景跃进,对中国社会数十年变迁做过如下概括:之前社会生活高度政治化或泛政治化,20世纪80年代一度去政治化或解政治化,而90年代以来又重新政治化或再政治化,类似辩证法的"正反合":

> 用辩证法的语言来说,改革前后数十年中,中国社会经历了一个从高度政治化,到解/去政治化(全能国家的消退,非意识形态化,到商品为核心的消费生活的兴起等),再到重新政治化的过程。(浙江人民出版社"政治与社会译丛"第一辑总序)

改革开放前和改革开放初,中国社会处于高度政治化状态,整个社会生活都以政治为中心,"突出政治""政治挂帅""又红又专",等等。改革开放后,特别是经过20世纪90年代的一系列演变,高度政治化日渐消解,国家政治在许多社会领域渐渐消退,家常生活、消费主义、大众文化等都可以说是去政治化的表现。而90年代中后期,一种新的趋势日渐明显,社会生活又开始重新政治化。按照景跃进教授的说法,所谓"重新政治化"并非指计划经济时期全能政治的回归,而是指越来越多的社会问题被纳入公共领域,或成为媒体的热点话题,或成为需要政府解决的政策议题。如现在普遍关心的房价、教育、医疗等,至于下岗问题、三农问题、贫富差距问题、地区发展不平衡问题等,更是重大的国家政治。

与此相似,新华社高级记者熊蕾反思新时期新闻业的文章,为透视和把握这期间的新闻变迁提供了基本思路:

> 回首30年中国新闻业的变化,一位新闻界前辈描述说,就如江上行舟,舟中人总觉船行甚缓,不耐其慢;但到江中回望出发处,才发觉已走了很远。我们新闻从业人员对中国的新闻体制和媒体管理,对

新闻改革的速度和力度,一直多有不满。但是,同 1978 年相比,中国新闻业从媒体的数量、种类到媒体报道的内容,的确都有了翻天覆地的变化。

当然,一些根本性的原则、观念和制度,看起来是一成不变的。比如,1978 年以来的历代中国领导人和宣传部门负责人,仍然强调以马克思主义新闻观为新闻业的指导思想;强调新闻工作是党的整个事业的一个重要组成部分,必须坚持党性原则;强调为人民服务,为社会主义服务的方针;强调坚持正确的舆论导向等等思想和原则。

然而,在这些看来没有改变的思想原则和指导方针之下,中国新闻业还是经历了巨大的变化。(《报,还是不报?——近 30 年中国媒体新闻价值观的变化》)

从"文革"结束到新时代,常被笼统地称为"新时期"。这期间的新闻传播与社会发展,可举两幅新闻照片为标志。

第一幅是 1984 年的《小平您好》。这是 1984 年国庆 35 周年阅兵时的

《小平您好》

一部名作。当时，北京大学学生在游行行列里突然打出一条横幅——"小平您好"，在场的《人民日报》记者王东，用镜头迅速捕捉了这一历史性画面。这个画面可以作为80年代的一个象征，当时，改革开放深入人心，国家建设欣欣向荣，人们对未来充满希望和信心，一曲《在希望的田野上》唱遍大江南北，这一切都凝聚在这幅照片之中。第二幅新闻照片是1991年的《我要上学》。《中国青年报》记者解海龙抓取的那个"大眼睛"镜头，不仅是希望工程的标志，而且也成为90年代以来社会转型渐趋复杂的一个表征。这一讲粗略勾勒新时期社会与新闻变革的轨迹，正如批评家李陀回顾1980年代时所说的：

> 回顾八十年代，涉及的问题太多了，也太大了，你必须对涉及八十年代的各个历史都作一些批判性的再认识才行——不是一个历史，是许多历史，这带来难度。需要处理的，不光包括四九年建国以后的历史，还有一百多年以来中国革命的历史，改革的历史，思想和观念变迁的历史，经济和文化发展的历史，以及马克思主义思想发展的历史等等，你都要有一个总的观点，你才好回顾。而这点我做不到。（《八十年代访谈录》）

1980年代时尚：跳摇摆舞

80年代新启蒙

关于新时期，有不同的话语表述和理论概括。除了耳熟能详的"改革开放"，还有从计划经济到市场经济，从封闭社会到开放社会，从人治到法治，从农耕文明到工商文明等。这些话语表述和理论概括，都从不同角度揭示了新时期以来的变迁轨迹。比如80年代初，人们的衣着打扮还比较传统，比较单一，甚至连喇叭裤、披肩发都被视为资产阶级自由化或"精神污染"。当时北京一些机关门口还专门预备着头巾，让前来公干的长发同胞把头发包起来，否则不能进门。而现在，再稀奇古怪的发型，再新潮暴露的装饰，也不会引起任何方面的什么反应。再如目前我国有农民工两亿多人，构成一个非常庞大的社会群体。而在改革开放初，农民进城还是很麻烦的事情，看看1980年高晓声小说《陈奂生上城》，就略知一二了。按照社会学家黄平的分析，其间有两项制度上的变化，促使和保障农民工以及其他人员得以自由流动。其一是80年代中后期开始实行的身份证，此前任何人出门办事，不管是公事还是私事都得开具介绍信，否则无人敢接待。其二是90年代初取消粮票制度，之前人们出门如果没有粮票，那么连一块饼干也别想买到。粮票又分地方粮票和全国粮票，如果在本省出差，就用地方粮票，如果到外省市办事，还得兑换全国粮票。

一般来说，新时期以1989年为界，大致分为前后时段，前者简称80年代，后者简称90年代。所谓80年代实际上也涵盖70年代末的社会状况，而90年代同样涵盖21世纪以后至新时代。这两个时段虽然统称新时期，都以"改革开放"为标志，但其间存在不少差异。

改革开放初，深圳蛇口的标语牌

下面就按时间顺序，分别呈现80年代和90年代一些印象扫描。关于80年代，北京大学中文系韩毓海教授有两点提示：

> 讨论1980年代我觉得要注意两点：一、在1970年代中期毛主席，

周总理和邓小平就提出来要对国民经济进行调整,建国以来前二十年,我们走的是高积累低消费,低工资高就业的道路,对消费和工资是有限制的。调整就是放开一些限制,这也是1980年代的基础,离开这个基础,空谈思想解放运动,那不可能造成1980年代的局面……

二、今天我们回首1980年代的所谓"思想解放运动",起码在思维方式上,我觉得并没有超越毛主席所说的:既要避免教条主义,又要避免经验主义这两点。1980年代主要是从反对教条主义这一个方面发展了毛泽东思想,我们所说的思想解放运动,说白了核心也就是反对教条主义,但是,我个人认为:对于避免经验主义,短期效应,对于避免"跟风"、浮躁,乃至于无政府状态,这个或许注意就不够——以至于最后搞到顾准那样的另外一种形而上学——也就是所谓的"从理想主义回到经验主义"。(黄平等《我们的时代——现实中国从哪里来,往哪里去?》)

80年代的一个突出特征是思想启蒙、狂飙突进,常被冠以"新启蒙"。

1978年,卢新华的小说《伤痕》在《文汇报》整版刊出,作者是复旦大学中文系七七级大学生。后来,此类反思和批判"文革"的作品便统称为"伤痕文学"。伤痕文学包括一大批小说、戏剧、诗歌、散文、绘画、电影等,同许多"文革"作品一样,往往也是主题先行,政治意味大于现实生活与艺术审美。一方面,开启了思想解放、文化解冻的先声;另一方面,也成为历史虚无、价值虚无的滥觞。

1979年,首都机场候机大厅落成,请画家袁运生创作了一幅大型壁画,题为《泼水节——生命的赞歌》,表现云南傣族欢庆泼水节的民俗风情。壁画完成后引起一场风波,因为壁画里出现了女人的裸体。现在可能会觉得不可思议,即使路过首都机场候机大厅也可能对这幅依旧赫然在目的壁画视而不见,因为影视、广告、画报等早已充斥暴露

壁画《泼水节——生命的赞歌》

的镜头，视觉已被各种性符号冲击得麻木不仁。2006年，中国新闻奖获奖作品里有篇评论，是《中国妇女报》的《警惕美女经济》，批评当下媒体拿女人的身体、女人的性征做文章愈演愈烈，泛滥成灾。而当年出现女性裸体无异于爆炸一颗原子弹，社会冲击波是今天不可想象的。这场壁画风波沸沸扬扬，最后以邓小平、李先念等亲临参观才算平息收场。诸如此类作品及风尚均属所谓"新启蒙"，也为日渐世俗化时代营造了社会心理与精神氛围。按照社会学家黄平的分析：

> 思想解放是在三个层面展开的：一个是指导思想层面，要不要承认实践是检验真理的惟一标准；一个是政策层面，要不要坚持按劳分配，农村是要不要分田、工厂是要不要搞奖励和扩大企业自主权；第三个层面就是文艺，从把老歌老电影拿出来——"重放的鲜花"，包括老文艺战士重新回到舞台，到新作品，主要是文学作品，多数的是中短篇小说，也有电影、话剧。今天回过头看思想解放至少这三个层面，思想层面、政策层面、文学艺术层面。第一个层面是思想上的拨乱反正，第二个层面是解决政策方面的问题，而今天仍为学者们（当时年轻大学生）记忆犹新、影响较大的，还是文化、文学、艺术这个领域，而不是前两个层面。（《1980年代的思想文化脉象》）

新启蒙在学术界同样热闹红火，一波未平，一波又起，热潮一浪高过一浪。西方几百年的思想路程，中国用不到十年时间重新走一遍，从康德、黑格尔、叔本华、尼采到弗洛伊德、萨特、海德格尔，从古典主义到现代主义、再到后现代主义等，各种主义和思潮你方唱罢我登场，各领风骚三五天。大略说来，当时学术界有三股热潮波及广泛。一是方法论热。其中又分"老三论"与"新三论"，"老三论"包括信息论、控制论、系统论，"新三论"有"耗散结构论""协同论"和"突变论"。所谓方法论其实不过是明修栈道，暗度陈仓，从方法这个看似科学、中立、无伤大雅的角度入手，瓦解"正统的"意识形态即马恩列斯毛。二是美学热。今天，"美女"已如陈词滥调，人造美女也习以为常。然而，对80年代来说，美还是一个羞羞答答的东西，犹抱琵琶半遮面。改革开放初，有部纪录片反映人们对美的渴望，其中一个镜头颇具匠心，抓取的是女士罩衣下的棉袄花边。现

1978年3月全国科学大会会场

在一般不太了解,当年人们穿棉袄,外面常加一件"罩衣",男女皆然。这位女士的棉袄是鲜艳碎花的衣料做成的,而罩衣则是当时流行的统一色彩,或黑或蓝。这部纪录片抓取的就是单色罩衣下面一抹鲜艳的碎花图案,配上一句解说词:"春色满园关不住,一枝红杏出墙来。"三是文化热。这是80年代各种热潮里最热的,在80年代中后期达到沸点。其间又有三套丛书反响巨大,可以作为文化热的标志。

第一套是"走向未来丛书"。丛书主编金观涛是新启蒙的"精神领袖"之一,后与夫人刘青峰一起赴香港中文大学访学,此后一直在港从事研究,刘青峰还主编了《二十一世纪》杂志。"走向未来丛书"既应和着思想启蒙的时代呼唤,又契合着80年代追求知识、学习文化、充满理想和热情的精神状态。当时,人们求知若渴,恨不得把耽误的时间补回来,这种心理状态和情绪被传神地浓缩在1978年全国科学大会的闭幕词里。这篇由中宣部胡平起草、用中国科学院院长郭沫若的名义宣读的闭幕词,以诗人的激情欢呼科学的春天:

> 春分刚刚过去,清明即将到来。"日出江花红胜火,春来江水绿如蓝"。这是革命的春天,这是人民的春天,这是科学的春天。让我们张开双臂,热烈地拥抱这个春天吧!

"走向未来丛书"从1983年开始出版,到1988年共出70余种(计划100种),涉及众多学科与研究领域,犹如法国启蒙时代的"百科全书",有的现在看来依然属于出色著述。丛书编委会成员包括王岐山。

第二套丛书是中国文化书院编辑的"中外比较文化教学丛书",没有公开出版,只作内部参考。相对于"走向未来丛书",这套丛书可以称为"走向传统丛书",主要探讨中国传统文化,涉及思想、宗教、学术等。中国文化书院成立于1984年,由冯友兰、张岱年等发起,是海内外数十位学者共同创建的一个民间学术团体。书院的院务委员会主席是梁漱溟,1988年梁先生去世后,由季羡林继任。

第三套丛书是"文化:中国与世界丛书",包括四个系列,最有影响的是"西方现代学术文库"及其"姊妹篇""新知文库"。这套丛书的主编甘阳及编委会成员,是80年代涌现的一批中青年学人,甘阳当时以一部翻译的卡西尔《人论》闻名,后在芝加哥大学攻读博士学位,如今依然活跃在学术界、思想界。其他像刘小枫、周国平、刘东、李银河、陈平原、钱理群、陈来、阎步克等,也都成为当代中国学术界、知识界的名家。按照甘阳的说法,"走向传统丛书"是一批老年人,"走向未来丛书"是一批中年人,而"文化:中国与世界丛书"是一批青年人。

总体来看,当时学术界的利弊得失也体现着80年代的特点,既有积极面,也有消极面。积极面是具有鲜明的问题意识,用张旭东的话说,"跟中国本身的文化政治问题扣得很紧,它始终是个非常明确的当代中国文化意识的问题"。而消极面里常为人所诟病的,就是一种躁进的心态,恨不得一觉醒来就实现现代化。在这个过程中和这种心态下,对西方、对中国、对现代化等认识失之简单、片面或偏激,全盘西化竟成为普遍倾向。华裔美国学者徐中约,在《中国近代史》一书里对新启蒙评述道:

> 不仅仅是像方励之、刘宾雁和王若望(方是天体物理学家、刘是记者、王是作家,1987年均被开除出党——引者)这样的知识分子表现出西方自由主义的影响,社会上也普遍存在着对西方每一种东西的渴望。时常会有几千人排队等候几小时看一场毕加索的画展,或是一场皇家芭蕾舞团的演出,或是一场米勒(Arthur Miller)的戏剧,但很少有人去参观中国革命军事博物馆。几乎外来的任何事物都有吸引力:政治思想、社会理论、未来学、小说、戏剧、艺术、时装,甚至像可

口可乐、麦氏咖啡和肯德基之类的庸俗事物。当时最受欢迎的结婚礼物是一套中文版的《大英百科全书》。中央编译局局长这样解释公众的热情：

三十多年来，我们把西方的文化当作禁忌对待，抛弃来自西方一切事物。结果，我们对西方的了解一直是空白。弥尔顿、萧伯纳、卢梭、巴尔扎克、薄伽丘和歌德的作品，巴赫和莫扎特的音乐，莎士比亚和易卜生的戏剧，全被当作是"资产阶级"的东西，不准出版，不准上演。不知道圣经故事的人到底有多少呢？

无可否认，西方的影响到处弥漫，而且日益强烈。

80年代的新闻界

辩证地看，80年代的新闻界应和着时代的大背景和社会的大环境，高扬启蒙旗帜，张扬主体价值，在拨乱反正、推进改革、开启新风上成为引领潮流的排头兵；与此同时，受制于时代与自身的局限，也难免产生失误与偏差，从而留下值得反思的问题和命题。

关于新闻变革或改革，20世纪80年代主要围绕三个层面展开：一是新闻观念；二是新闻体制；三是新闻业务。其中，新闻文体的变革又占据前台，因为一切动向莫不直接体现于新闻文体。事实上，新闻文体自80年代以来一步步突破以往过于单一的形态，涌现一批令人耳目一新的报道形式，虽然有些现在看来可能已经习焉不察，甚至有点老套，但在当时却展示着一种新气象。其中，新华社记者郭玲春的会议报道，《经济日报》记者罗开富重走长征路的系列报道，《光明日报》记者樊云芳的散文式报道，《中国青年报》记者张建伟的大学毕业生成才追踪记，以及叶研等人的"三色报道"等深度报道，都是流播人口的名篇。

新闻文体属新闻业务的范畴，与新闻采访、新闻写作、新闻报道等关系密切，既是新闻作品的客观载体，也是新闻记者认识世界和反映世界的主观框架。古人云，"文以载道"，这个"文"既指文章，也指文体。延安整风以及《解放日报》改版的核心内容之一，也是针对这个"文"，即所谓文风、文体等。而新时期以来的一系列新闻变革，也无不首先或直接体现为新闻文体及其演化。1978年，在中国社会科学院首任院长胡乔木直接推动下，中国社会科学院研究生院新闻系开始招收新中国第一批新闻学硕士研究生（"文革"前复旦大学新闻系曾经招收两名研究生，但未授学位），由人民日报和新华社资深记者担任导师，人民日报由安岗挂帅，新华社由戴邦牵头（两人后来分别担任中国社会科学院新闻研究所的所长和副所长）。这里犹如新时期中央媒体的"延安抗大"，造就了一批名记者、名编辑，如经济日报原总编辑艾丰和冯并、人民日报社原社长王晨、新华社原副总编辑刘江和彭树杰、新闻出版总署原副署长李东东等。中国社会科学院新闻研究所原所长孙旭培、中国人民大学新闻学院教授陈力丹、清华大学新闻学院教授李希光等也都毕业于此。其中，第一届的艾丰（艾宝元）在读期间完成了一部新闻业务专著《新闻采访方法论》，1984年由人民日报出版社出版，1987年获得首届吴玉章新闻奖——中国新闻学最高奖（一等奖授予方汉奇先生的代表作《中国近代报刊史》，优秀奖授予艾丰的《新闻采访方法论》）。本书从新闻业务角度，对新闻报道的规律进行了一系列富有新意与独创的解析，既是80年代新闻变革的回声，也为当时新闻业务的改革提供了启迪。

据广西大学新闻系黎明洁教授统计，当时新闻界与此相关的讨论计有：关于新闻散文式的讨论、新闻五要素的讨论、新闻本体与根据的讨论、新闻时效性的讨论、"新闻文学"的讨论、深度报道的讨论、典型报道的讨论、现场短新闻的讨论、新闻写作思维变革的讨论、新闻背景研讨会、消息写作研讨会等。清华大学新闻学院研究生季萌以此为题，完成了学位论文《新时期中国报纸主要新闻文体流变》。按照她的分析，新时期新闻文体的变革主要集中于三个方面：现场短新闻、深度报道和文学式新闻（包括散文式新闻、大特写、体验式新闻等）。三者步步为营，层层推进，使新闻变得日益可近、可亲、可信。

改革开放初，新闻界力图恢复实事求是和鲜活生动的报道风格，将延安整风以来确立的一系列优良传统发扬光大。所以，一方面追求新闻的真实性，一方面探索报道的可读性。比如，80年代新闻界曾讨论"抓活鱼"问题，即新闻报道求新求快，而不能将欢蹦乱跳的新闻活鱼变成臭鱼死鱼。

随着变革的加剧，社会大环境的逐步开放和活跃，包括西方社会思潮及其新闻传播的西风东渐，新闻文体也呈现"乱花渐欲迷人眼"的格局。其间，古与今、中与外的各种元素交相融会，冲击碰撞，既使新闻传播的观念发生潜移默化的演变，也使新闻报道的文体出现落英缤纷的局面。

穆青

比如，新华社社长穆青提出"新闻三论"——散文式新闻、实录性新闻和视觉新闻，在新闻界产生广泛影响。特别是"散文式新闻"，对改进多年一贯制的"新华体"起到推动作用。所谓"新华体"，按照刘建明教授主编的《宣传舆论学大辞典》（1992）的解释：

> 新华通讯社长期报道国内外新闻所形成的一种写作体式。关于新华体的特点说法不一，但这一概念在我国新闻界已流行通用。新华体的公认特点是：消息简洁，文字精练、准确，篇幅短小；善于用事实解释事实，很少空发议论；层次清晰，尽量做到一个事实一段，消息中段落过渡自然；稳健中见权威，该快则快，该慢则慢，注重通稿的信誉；善于抓大问题、关键性问题，重大事件的报道多有令人耳目一新的角度，主题开掘深刻。

这种文体在处理"硬新闻"上具有优势，也是世界各大通讯社的常规文体。然而，年久日深，难免显得程式化，严谨有余，鲜活不足。为此，人们一直希望有所突破，有所创新，穆青也一直为此努力。这位当年延安"鲁艺"毕业的"文学青年"，多年来始终主张借鉴文学的表现方式报道新闻。50年代，他就提出"新闻是一种叙事文"；60年代，又指出"新闻即是散文的一种"、是"散文中的叙事文"；80年代，进一步主张"新闻报道的形式和结构也可以增加自由活泼的散文形式"。按照他的想法，新闻报道可以而且应该借鉴一些散文手法，如谋篇布局、描绘意境、刻画形象、捕捉细节、状物摹形等。换言之，新闻要像散文那样讲究"立意"，创造深邃的"意境"，像散文那样"白描"，结构富于变化，语言生动凝练，记者则像散文作家那样形成自己独特的风格等。其实,他所主张的注重文采,鲜明生动,也是中国古代和近现代优秀新闻报道的共同特征,如梁启超、范长江、萧乾、乔冠华等均为楷模。抗日战争、解放战争时期新华社的报道也多见鲜明生动,而少有八股之气,毛泽东为新华社起草的许多新闻稿更是挥洒自如,别具一格——"长江风平浪静,我军万船齐发"等。

如果说穆青在理论上为"散文式新闻"大声疾呼,并对"新华体"进行反思,那么新华社记者郭玲春则为这一理论提供了实践范本。1982年,她以一篇激情饱满、文采斐然的消息《金山同志追悼会在京举行》,一扫以往此类报道的陈规,一经发表就蜚声新闻界:

金山同志追悼会在京举行

(新华社北京1982年7月16日电)鲜花、翠柏丛中,安放着中国共产党员金山同志的遗像。千余名群众今天默默走进首都剧场,悼念这位人民的艺术家。

"雷电、钢铁、风暴、夜歌,传出九窍丹心,晚春蚕老丝难尽;党业、民功、讲坛、艺苑,染成三千白发,孺子牛亡汗未消",悬挂在追悼大会会场的这副挽联,概括了金山寻求光明与真理,为人民鞠躬尽瘁的一生。人们看着剧场大厅里陈列的几十帧照片,仿佛又重睹他的音容笑貌;他成功地塑造的爱国诗人屈原的形象,他在电影《松花江上》的拍摄现场,他为演《风暴》与"二七"老工人谈心,他在世界名剧中饰演的角色,他在聆听周总理的教导,他与大庆《初升的太阳》剧组在一道……他1911年生于湖南。1932年加入中国共产党,自此献身革命,始终不渝。

……

与金山一起工作、生活过的大庆人,惊闻噩耗后,派代表星夜兼程,来和他的遗体告别。在今天的追悼会上,他们说,金山是人民的艺术家,人民将会怀念他。

文化部长朱穆之主持追悼会。参加追悼会的有习仲勋、王任重、胡愈之、邓力群、周扬、贺敬之、周巍峙、冯文彬、罗青长、唐克、吴冷西、李一氓、傅钟、刘导生、赵寻、荣高棠,以及文艺界人士林默涵、陈荒煤、司徒慧敏、艾青、吴作人、李可染、江丰、吴雪、袁文殊、周而复、张君秋、戴爱莲、陶钝等。

据她自己说，这篇获得1982年全国好新闻一等奖的作品，是受国外一篇报道萧伯纳逝世消息的启发，其中有这样生动感人、过目不忘的描写：

> 伦敦，一个有雾的清晨。萧伯纳的府邸前聚着上百名群众，等候着这位伟人的健康报告。一位身着黑服的老夫人缓慢走下楼来，持着将要燃尽的一支蜡烛。她低下头，在胸前划了一个十字，而后告诉众人："他说，他疲倦了。"人们脱帽肃立，和这位报讯的妇女一起垂下了头……

郭玲春获得首届范长江新闻奖的提名。1991年出版《散文式新闻选萃》，新华社总编辑南振中在序中说道："这些作品从总体上说，真实而自然地再现了作者的所见、所闻、所感，不加雕饰，挥洒自如，织成了一幅五彩缤纷的画卷。读着这些散文式新闻，仿佛觉得阵阵清风扑面而来。"

与此同时，富有真实性与现场感的"现场短新闻"更受青睐，理论界大力提倡，新闻界积极尝试，名篇佳作纷至沓来，如《光明日报》记者樊云芳等采写的一篇体育报道：

金山主演电影《风暴》

"飞天"凌空
——跳水姑娘吕伟夺魁记
樊云芳 夏浩然

她站在 10 米高台的前沿，沉静自若，风度优雅，白云似在她的头顶漂浮，飞鸟掠过她的身旁。这是达卡多拉游泳场的 8000 名观众一齐翘首而望，屏声敛息的一刹那。

轻舒双臂，向上举手，只见吕伟轻轻一蹬，就向空中飞去。有一瞬间，她那修长美妙的身体犹如被空气托住了，衬着蓝天白云，酷似敦煌壁画中凌空翔舞的"飞天"。

紧接着，是向前翻腾一周半，同时伴随着旋风般的空中转体三周，动作疾如流星，又潇洒自如，一秒七的时间对她似乎特别慷慨，让她从容不迫地展示身体优美的线条：从前伸的手指，一直延续到紧绷的足尖。

还没等观众从眼花缭乱中反应过来，她已经又展开了身体，笔直地像轻盈的箭，"哧"地插入碧波之中，几股白色的气泡拥抱了这位自天而降的仙女，四面飞花悄然不惊。

"妙！妙极了！"站在我们旁边的一名外国记者跳了起来，这时，整个游泳场都沸腾了，如梦初醒的观众用震耳欲聋的掌声和欢呼声，来向他们喜爱的运动员表达澎湃的激情。

吕伟精彩的表演，将游泳场的气氛推向了高潮。她的这个动作 5136，从裁判手里得到了 9.5 分。

这位年方 16 的中国姑娘，赢得了金牌。

她的娇小苗条的女伴、17 岁的周继红，以接近的分数赢得了银牌。

当一个印度观众了解到这两个姑娘都是中国跳水集训队中最年轻的新秀时，惊讶不已。他说："了不起，你们中国的人才太多了！"

（1982 年 11 月 25 日《光明日报》第 4 版）

这篇报道里，记者用 532 个字不仅再现了吕伟夺魁的经过，而且在读者面前展开一幅活生生的流动画面。导语部分漂亮的特写镜头，一下子就将读者带入现场"屏声敛息"的氛围。1991 年，樊云芳获得首届范长江新闻奖。这个奖项是中青年记者的最高荣誉奖，每届10人，由于标准太高而难以达标，首届最终空缺一人，只评出9人，包括新华社总编辑南振中、《经济日报》总编辑艾丰、采写了张海迪的《中国青年报》记者郭梅尼等。

到80年代中后期，由于改革的深入，一系列错综复杂的社会矛盾与现象，使单面的、表象的、进行时的报道难以应对，从而催生了所谓"深度报道"。深度报道同解释性报道、预测性报道、调查性报道基本属于同类型，统称为"大报道"。1984年，以《中国青年报》张建伟等采写的系列报道《大学生毕业成才追踪记》为代表，深度报道浮出水面。随后，樊云芳的《一个工程师出走的反思》(《光明日报》)、《中国改革的历史方位——时代的挑战与中青年理论工作者的思考(上)》(《人民日报》)、《"关广梅现象"讨论》(《经济日报》)、《中国青年报》叶研等采写的"三色"报道即《红色的警告》《黑色的咏叹》《绿色的悲哀》等，"向中国新闻文坛发出了一浪高过一浪的冲击波"(樊云芳)。

《中国青年报》

以《大学生毕业成才追踪记》为例，它将报道触角深入新闻的纵深领域，揭示事实背后的深层矛盾，使习惯于"新闻是事实的报道"的读者耳目一新。按照这组报道的当事人李大同后来的叙述：

80年代中期，中国新闻界又一次重大突破是深度报道概念的确立，进行时报道模式的确立。以往中国新闻有两个重大特点，两极，好极和坏极。非黑即白。传统新闻的特点还有一个：完成时。任何新闻都得完成了才能报道。1985年，我和本报驻天津记者张建伟搞出了《大学毕业生成才追踪记》，后来被新闻界公认为新时期深度报道的开山之作。一组八篇报道，去争头条的时候，也有人看不懂，说这是啥呀。我这有八篇，结果第一天就没有争上头条，被放在第二条。第二天中央台广播，根本就没提头条，直接就播第二条，证明我们的同行是识货的，认为这个才是个新东西。出到第四篇的时候，报社编辑已经发现这是一个什么玩意，每天都有人来问，下一篇是什么。到第八篇的时候，整个新闻界都看出这是个什么东西了。（《名记者清华演讲录》）

张建伟在80年代有《大学生毕业成才追踪记》《第五代》《命运备忘录》等名作问世，1991年获首届范长江新闻奖提名，1993年获第二届范长江新闻奖。他是"文革"后中国人民大学新闻系的第一届毕业生，在校期间广泛涉猎历史、文学、哲学、新闻学等。后来，他不仅成为卓有建树的记者，而且还以文学和历史作品见长，曾获鲁迅文学奖，2003年作为电视剧《走向共和》的编剧之一再次扬名文坛。他所在的《中国青年报》80年代涌现了一批有影响的报道、记者、话题，也创下了历史上最高的发行量，当时有人甚至欢呼"中国青年报万岁"。

深度报道的出现和流行，一方面固然是记者主体意识的活跃——"纵观新时期报纸主要新闻文体流变，一个突出的印象就是新闻文体高度突出了其主体性，即深度报道侧重记者的忧思意识，现场短新闻强调记者的'现场'意识，文学式新闻呈现记者的审美意识……"（季萌）；另一方面也同启蒙热潮丝丝相扣，若合一契。当时，包括记者的知识分子群体异常活跃，他们如同"五四"时期新青年，以报刊为思想载体，指点江山，激扬文字。与其说80年代的记者是报道新闻的"记录者"，不如说是以笔为旗的"思想者"。无怪乎，他们大多也成为80年代末政治风波的积极参与者与鼓动者。声称自己的作品"全都是思考"的张建伟说："那真是一个思想的季节。整个中国新闻界被新思想的光辉笼罩着，不仅我一个，一大批记者写出了一大批有思想深度的报道。《红色的警告》《鲁布革冲击》以及政论式报道《中国改革的历史方位》。"这方面，《人民日报》的长篇政论《中国改革的历史方位——时代的挑战与中青年理论工作者的思考（上）》尤为醒目，下面不妨载录几段：

中国改革的历史方位
——时代的挑战与中青年理论工作者的思考（上）
罗荣兴　祝华新　曹焕荣

20世纪80年代，改革的大潮在古老的华夏大地上涌动。

刚刚从十年噩梦中醒来的人们，被迅速卷进变革的浪涛。生活在变，观念在变，人在变，一切都在变。兴奋、惊愕、困惑、期待……袭扰着每一个人。

我们从哪里来？我们向何处去？

最近分别在上海、东京召开的亚洲太平洋地区经济讨论会上传出信息：下一批经济起飞、进入新兴工业国家或地区行列的，很可能是泰国、马来西亚……

中华睡醒的巨龙该惊起了！

奏响中华人民共和国国歌的激昂旋律吧！"中华民族到了最危险的时候……"我们的民族历来有在紧急关头奋起的非凡凝聚力。

加快改革！我们的时间已经不多了。

（1987年10月6日《人民日报》）

在张建伟看来，"深度报道，发展到《中国改革的历史方位》，已经很难再称之为报道（尽管它们写得很精彩），简直就是一种'精英启蒙'了"。这篇报道获得1987年全国好新闻特别奖。显而易见，这些报道实际上同80年代思想文化界的整个节拍相互应和，如出一辙。正如季萌在其学位论文里论述的：

从大量深度报道中不难看出，记者主体意识的高扬和大量主观介入正是深度报道的灵魂所在，但它以精英的姿态君临新闻报道之上，使它的使命再也不是，至少主要不是传达信息，而是对民众进行启蒙——这既构成了深度报道的重要特征，也成为深度报道受人诟病的原因之一。

首先，深度报道与新闻"短、快、活"的本质属性有着不可调和的矛盾。深度报道出现，只能是特定历史条件下的特殊新闻现象，时过境迁之后，举国"深呼吸"（张建伟）的局面不复存在。

其次，深度报道与新闻重事实轻观念的本质属性相违背。深度报道淡化新闻事实，强调启蒙批判，主观色彩浓郁，个人感情厚重。用事实说话是新闻的本质属性，而深度报道的深刻性应该反映在新闻事实的深刻性上，而不是观念的深刻性上。

虽然深度报道在90年代之后风消雨歇，但其精华已经渗透于新闻传播。比如，《新闻周刊》《财经》等新闻杂志的报道；《焦点访谈》《新闻调查》《东方时空》等电视栏目；人民网的《人民视点》新华网的《新华视点》等网络媒体，都不时可见深度报道的身影。

20世纪80年代，与"短平快"的现场短新闻和"深呼吸"的深度报道并驾齐驱的还有所谓文学式新闻，其中涉及报告文学、散文式新闻、大特写等。尤其是报告文学在整个80年代，犹如沟通启蒙知识界的一大媒介，许多作品一问世便"乱石崩云，惊涛裂岸，卷起千堆雪"，可谓"一时多少豪杰"！报告文学是以文学手法处理新闻题材，以真人真事为报道对象的新闻文体或文学体裁。这种文体或体裁集新闻性、文学性、政论性于一身，能够容纳更广泛、更深入、更细致的社会历史内容，从而成为中外杰出新闻人所钟爱的一种报道模式。如美国记者约翰·里德再现十月革命的《震撼世界的十天》、茨威格的"历史特写"《人类的群星闪耀时》、法美两国记者的《巴黎烧了吗？》，以及普利策新闻奖的一系列特稿作品等，都是脍炙人口的名作。以中国为例，解放前的《西行漫记》（斯诺）、《包身工》（夏衍）、《俄乡纪程》（瞿秋白）、《中国的一日》（茅盾主编）、《延安一日》（赵超构）等作品，也无不成为新闻史上的名篇佳作。新中国建设时期，一大批赞美新社会新风尚，讴歌劳动人民，书写社会主义建设的名篇佳作更如山花烂漫。进入80年代，由于启蒙思潮的不断高涨和强

李谷一

力推进，作为新闻与文学联姻的报告文学一时风光无限。以徐迟的《哥德巴赫猜想》为开端，涌现了一批出众的报告文学。《哥德巴赫猜想》报道了数学家陈景润痴迷科学、不懈攀登的事迹，在读者中引起强烈震动，一时间学习科学和文化知识蔚然成风。1981年，《中国体育报》记者鲁光在女排集训地和女排姑娘一起摸爬滚打，深入采访20多天，以一篇《中国姑娘》引起社会强烈反响。《光明日报》记者理由的《李谷一与〈乡恋〉》，由于歌曲《乡恋》风波也颇受关注。《乡恋》是一部电视风光片的插曲，咏唱三峡风物，抒发缠绵心绪。围绕这首歌曲当时引起一番争议和讨论，因为李谷一用了轻声、气声唱法，同字正腔圆的演唱风格颇异其趣，于是被视为靡靡之音、黄色音乐，而李谷一本人也被称为"李丽君"，即大陆的邓丽君。1983年，中央电视台举办第一届春节文艺晚会，时任广播电视部部长的吴冷西坐在观众席上。当服务员把放着观众电话点播条的茶盘端给他时，他一看是《乡恋》，便摇摇头。过了一会儿，服务员又端来一盘，还是《乡恋》，如此这般到第五盘端来时，吴冷西掏出手绢，擦了擦汗，说了声："播！"于是，这首"禁歌"就此解禁。理由的《李谷一与〈乡恋〉》，就是围绕这场风波而展开的。1978年，理由的另一篇报告文学《扬眉剑出鞘》也曾轰动一时，这篇报道使击剑运动员栾菊杰成为时代偶像。2008年，北京奥运会举办前夕，理由和栾菊杰在中央电视台演播室30年后再次重逢。理由夫人是陶铸女儿陶斯亮，因《一封终于发出的信》而知名。另外，钱钢的《唐山大地震》、赵瑜的《强国梦》等也曾风行全国，类似当年梁启超文章"一纸风行，海内视听为之一耸"。

文学式新闻文体的繁盛，既有新闻记者内在创新的冲动，又受到外来新闻传播新观念、新手段的刺激。80年代初，新华社记者李竹润以笔名"黎信"发表了一系列介绍西方新闻学的文章，短小精辟，言之有物，当时我还在大学读新闻专业，看到这些东西感到耳目一新，诸如细节、故事、直接引语、别具一格的导语、生动有趣的场景等现在耳熟能详的西方新闻学要素，都

1983年首届"春晚"节目单

给我留下新奇而难忘的印象。80年代风靡文学界和新闻界的现代西方文学流派，特别是兼容文学和新闻的美国"新新闻主义"，都对中国记者及其新闻文体产生不同程度的冲击。以"体验式新闻"为例，1986年，上海《新民晚报》记者强萤，亲身体验长江漂流的壮举；同年，青岛警备区新闻干事贾鲁生伪装乞丐写出《丐帮漂流记》；1989年，《武汉晚报》记者范春歌，骑单车穿越中国西部采访，行程两万余公里，历时半年多，发表63篇近7万字的新闻作品……范春歌的新闻活动一直引人注目：1992年，她又赴西藏采访近3个月；1994年，只身进行中国陆疆万里行；1998年，参加南极考察团赴长城站采访；2000年，重走郑和路，走访郑和七下西洋经过的21个国家。1993年，获得全国首届百佳新闻工作者称号，1998年，又获得第三届范长江新闻奖，与她同时获奖的有新华社记者何平——后任新华社总编辑。

新新闻主义传入中国后，对文学界也产生影响。以张辛欣、桑烨的《北京人》、冯骥才的《一百个人的十年》、周同宾的《皇天后土》、陈燕妮的《遭遇美国：50个中国人的美国经历》、刘肖等的《100个基层教师的口述》为代表的"口述实录"，就借鉴了新新闻主义的诸多因素。当然，新闻界更明显，正如季萌所论述的："新时期，部分由于'新新闻主义'（New Journalism）的影响，有意识地运用文学手法进行新闻写作成为记者的追求。散文式新闻、大特写、体验式新闻等样式，借鉴了文学优美的文字、动人的细节和灵活的结构，深受读者喜爱。"拉丁美洲魔幻现实主义的代表作家、《百年孤独》作者加西亚·马尔克斯，也是一位著名的新闻记者，他在回答新闻与文学的问题时说道：

> 我认为新闻和文学之间的区别愈来愈小，特别是当我提到新闻而主要是想到报道、提到文学而主要想到故事的时候。两种体裁都从同样的现实中吸取营养，都要求同样的经验和对职业的同样驾驭。我认为两者是同一种才能的结果。现在我认为，过去也一直认为，我想将来我也永远认为自己（在一般意义上说）既是一个作家，更是一个新闻工作者。此外，我还认为，作为小说家，我最美好的东西是来自我对新闻工作的爱好、我作为新闻工作者的修养和我作为新闻工作者的经验。这为我培养了对现实的感受力。没有这种感受力，任何小说家

也不可能成功。当然，我最美好的东西即政治觉悟，也是来自新闻工作。而政治觉悟，众所周知，是对现实的感受能力的最高表现。(《加西亚·马尔克斯谈加西亚·马尔克斯》)

新时期新闻文体的变革也得益于传统的创造性生成。前面讲过，在中国近代报纸发展初期，新闻文体面目模糊，新闻作品有点"四不像"。古典小说、记叙文、传记、游记、古体论说文等，都在不同程度上与新闻报道联姻。随着新闻事业的发展，消息、通讯、特写、评论等独立的新闻文体才渐渐分离出来，形成独立的文体。不过，新闻与其他文体的交融一直不绝如缕，比如，新闻、文学、评论的杂交品种——报告文学，新闻、历史、政论的杂交品种——调查报告，新闻和文学的杂交品种——新闻特写，新闻和评论的杂交品种——新闻述评等。这些杂交品种在五四时期就已显现，新时期以来融合之势进一步加强，从而催生了许多新的杂交品种。如深度报道借鉴了新闻评论的理论思辨，文学式新闻借鉴了文学手法等。按照季萌的总结："报纸新闻文体'混沌—清晰—混沌'的趋势（有人甚至认为"模糊化"是新时期中国报纸新闻文体创新的主要标志），既是报业发展的自觉过程，也是报纸适应社会发展的命定选择。"

总之，经过业界与学界的共同探索，新时期以来的新闻文体与新闻报道发生了一系列变革，从而直接间接地推动了新闻传播的全局变革。

总体来看，80年代的新闻界同思想界、学术界和文艺界互相呼应，彼此配合，既推动了社会变革，也引发了自身一系列深刻变化，包括从新时代回望和反思的隐患与危机。首届范长江新闻奖获得者、曾任《经济日报》总编辑的艾丰，1999年在接受武汉大学新闻学院教授樊凡采访时，将新时期以来的新闻变化概括为十点：

其一，从以阶级斗争为纲转到以经济建设为中心，凸显新闻的信息功能，满足人的信息需要；其二，从回避现实矛盾到面对现实矛盾，推进新闻的舆论监督功能的实现，复活人的主体意识；其三，从灌输式到讨论式，从舆论一律到舆论不一律，尊重受众发表不同意见的权利，体现新闻传播过程中人与人的互动；其四，从终极式报道到动态式、进行时报道，使人参与到事件发展的进程中；其五，从单侧面报道到多侧面报道，重建新闻的客观理性精神；其六，从单纯强调新闻的指导性到注重新闻的服务性，强化了新闻为人而存在的价值；其七，从单向新闻传播到受众参与性的增强，使新闻传播更能体现社会文化意义的建构，更能满足参与传播的人们对文化意义的分享；其八，新闻媒体从单一功能向多种功能的转变，又在多功能的建构中分化出多种新媒体，全面覆盖人的生活领域；其九，从多媒体竞争到多种媒体的优势互补，形成了多样性统一的媒介文化世界；其十，从非市场化转向媒介市场的建构，强化媒介经营管理意识。（单波《20世纪中国新闻学与传播学》）

《河殇》及其反思

说到80年代新闻界问题，最有影响、最具代表性的当属《河殇》。按照中国社会科学院政治学所房宁研究员的分析：

80年代的后期，走在民族思维前端的青年知识分子对国家、民族命运的"内省式"的观照与思考，确实沿着这样一个线索前进的：自省—自卑—自责。1988年春节前后由上海《世界经济导报》发起的关于"球籍"问题的讨论和这年夏天轰动一时的电视政论片《河殇》的热播，正式将80年代反思意识带入意识形态领域，发展为对社会制度选择、社会发展方向、国家发展战略等一系列问题的理论建构。"球籍"讨论事实上成为了一次青年学生和青年知识分子的现实的政治参与意识的思想动员，当时高校里政治化气氛日渐浓厚。而《河殇》在中央电视台的反复播出，更使生发于大学校园和知识界的政治思潮具有了一种官方背景而进一步被推向高潮。自省—自卑—自责的逻辑到这时已发展为一种对于传统与现存秩序的颠覆性的语境，为随之而来的政治冲突准备下了思想舆论氛围。（《当代中国青年国家民族意识的演变》）

这部电视政论片是新启蒙热潮中各种思想，尤其是西化思潮的一次大汇流，并借助电视强大的传播能量而使狂飙突进的新启蒙达到高潮，也使新闻界的启蒙热情达到沸点。《河殇》播出后，既在国内掀起普遍热潮，也在海外引起热烈讨论，在中央电视台反复播出。于是，一时之间，在海内外掀起一阵"河殇热"。

《河殇》一共六集，包括"寻梦""命运""灵光""新纪元""忧患""蔚蓝色"。导演夏骏是20出头的北京广播学院研究生，撰稿人皆为"文化热"的风云人物，如苏晓康、王鲁湘、谢选骏、远志明等。苏晓康时为北京广播学院新闻系教师，之后去了美国。远志明是中国人民大学的博士生，后来也去美国并皈依基督教。王鲁湘是文化学者，"河殇"一名就是他确定的。"殇"是指没有成年而夭亡，按照《河殇》主创人员的看法，"黄河文明恰恰是由于早熟而陷于停顿。停顿便如同死亡。已经衰微而不得更新转化，则是一种更痛苦的，半死不活的'夭亡'"（苏晓康）。作为电视片，《河殇》却以文字取胜，没有多少画面，主要由几个名人在演播室高谈阔论，再配以气势如虹的解说词。《河殇》播音员张家声的播音别具一格，声情并茂，富有强烈的感染力，90年代又在银幕上播过电影《大决战》《巍巍昆仑》《开国大典》等旁白。

《河殇》的核心思想和基调，在于把中国的落后以及现代化等问题归结

九曲黄河

为内陆的传统文化，把黄河、黄土地和黄皮肤都成为落后的符号与象征，认为实现现代化、走向世界就得告别黄色文化，拥抱蔚蓝色的海洋文化即西方文化。这种自卑到极致而又自大到高高在上的"启蒙"口气，就像当年胡适谆谆告诫国人："我们必须承认我们自己百事不如人，不但物质上机械上不如人，不但政治制度不如人，并且道德不如人，知识不如人，文学不如人，音乐不如人，艺术不如人，身体不如人。"今天看来，《河殇》的主旨就是通过对中国历史及其文化传统的全盘否定，而否定中国式

现代化、拥抱西方式现代化。比如,其中以诗化的文字和煽情的解说告诉我们:

> 这片土黄色的大地不能教给我们什么是真正的科学精神。
> 肆虐的黄河不能教给我们什么是真正的民主意识。
> 单靠这片黄土和这条黄河,已经养育不起日益膨胀的人口,已经孕育不了新的文化,它不再有过去的营养和精力。

最后一集"蔚蓝色"的结束语,更以象征性的语言表达了作别黄土、拥抱海洋的热望和激情:

> 黄河命定要穿过黄土高原。
> 黄河最终要汇入蔚蓝色的大海。
> ……
> 黄河来到了伟大而痛苦的入海口。
> 滚滚千里泥沙,将在这里沉积为新大陆。
> 汹涌澎湃的海浪,将在这里同黄河相碰撞。
> 黄河必须消除它对大海的恐惧。
> 黄河必须保持来自高原的百折不挠的意志与冲动。
> 生命之水来自大海,流归大海。
> 千年孤独之后的黄河,终于看到了蔚蓝色的大海。

就在《河殇》热播之际,已经有人提出批评和质疑,包括杨振宁和李政道。杨振宁说:在这个电视片中我最不能接受的是,把这三个传统即"龙、长城和黄河"都批评得一无是处,认为如果不把这三个传统抛弃掉的话中国就没有希望,可我认为这是大错的。李政道说:一个只依赖过去的民族是没有发展的,但是一个抛弃祖先的民族也是不会有前途的,5000年的黄河文化值得我们骄傲,希望我们今后创业也能得到子孙的尊重。港台学

杨振宁

者对《河殇》"宏大叙事"的认识显然更清醒、更理性：

> 首先，它表现出来的政治意味太过浓厚，似乎已先有一个预设的"政治的框架"，也因此让人觉得它的推论显得太过急切，可信度不高……
>
> 其次，它的立论也显得过于简单化。……而且文中提到资本主义、个人主义、工业文明、商品经济时，似乎是带着一种狂热的崇拜。……批判和反省是必要的。但批判并不等于全盘否定。……《河殇》一文中表达的希望中国大陆能再富强的"急切"，虽令人感动，但也令人担心，今日的大陆是在"病急乱投医"。……中国是要现代化，但现代化是否就等于全盘西化？这问题值得深思。（殷允芃《经济开放不是万能药》）

北京大学教授李零对80年代的反思，不失为对《河殇》的一个言简意赅的总结："八十年代，特点是幼稚。表面非常开放，其实是翻烙饼，启蒙压倒一切。大家都是启蒙派，前后（解放前和解放后，'文革'前和'文革'后）没有对比，左右（左翼右翼）没有对比，舆论一边倒。"（《七十年代：我心中的碎片》）

总之，以《河殇》为标志并以其作结的20世纪80年代的"新启蒙"，用查建英的说法是"当代中国历史上一个短暂、脆弱却颇具特质、令人心动的浪漫年代""文化主调也是理想主义、激进的自我批判，以及向西方思想取经"。而祝东力的概括则更体现思想的锐气和批判的锋芒：

> 启蒙主义在中国的产生，有它非常特殊的时代环境，这决定了它严重的时代局限性。这种局限性表现在两个方面：一是，启蒙主义只反对国家、政权和暴力对人的强制，而回避市场、资本和金钱对人的强制。解构专制政治，为资本逻辑开辟道路，这是一切启蒙主义的特点。这种只反政治强制，不反资本强制的观念，在1992年以后深入人心，成为市场经济的思想前提。启蒙主义的第二个局限，是培育了一种殖民地文化心理，根深蒂固。经过80年代的洗礼，在中国人心目中，西方成了文明、富裕、智慧的人间天堂，成了人权、法治、自由的理

想国。500年血腥的殖民主义历史不见了，相反，这500年成了传播文明、科技和贸易的历史。而中国，包括历史上长期处于世界诸文明前列的中国，包括它的山川、风土、人情，都成了专制、黑暗、愚昧的象征。（玛雅《战略高度：中国思想界访谈录》）

90年代市场化

20世纪90年代与80年代在诸多方面判然相别，如经济体制和制度安排、社会生活与公众心理、思想观念与意识形态等。按照房宁的分析：

> 90年代伊始，一篇来自海外署名"闻迪"的长文《只有社会主义才能发展中国》，对80年代政治精英们的思想倾向提出了全面质疑。几乎与此同时，一位国内的年轻学者何新发表一系列文章，全面批判80年代的西化和民族虚无主义倾向。闻迪与何新，一外一内，揭开了对80年代思潮的再反思的帷幕，并在90年代里逐步发展成了中国青年一代的政治意识中的一种新的倾向。
>
> ……
>
> 其基本观点是要在参与全球化的进程中，保持国家的独立自主，自觉抵制西方经济、政治、文化霸权，在与西方的交流与竞争中维护本民族的利益，实现本民族的发展。（《当代中国青年国家民族意识的演变》）

1995年5月到8月，《中国青年报》等机构进行了新中国历史上第一次针对青少年政治观和国际观的大规模调查——《中国青年看世界》，其中最引人注目的是87.1%的青少年认为，美国是对中国"最不友好的国家"，超过57%的人表示自己最反感的国家是美国（《中国青年报》1995年7月14日）。这次著名调查显示："中国政治风向在悄悄地发生变化，透过青年人国际观、美国观的变化，人们清楚地看到：90年代的青年已经改变了80年代的否定性倾向，转而对中国现状持有基本肯定的态度，对国家和社会出现了较高的认同，对中华传统文化、风俗和中华民族的特性、历史也持有基本的肯定态度；对中国的国际地位、国际形象的信心增强，对国际关系持

有现实主义的认知。一句话，中国青年心中久违的民族意识在复苏。"(《当代中国青年国家民族意识的演变》)

如果说80年代的特点是思想启蒙、狂飙突进，那么90年代以来的格局就体现为市场主导、多元分化。在汪晖看来，"这一时代看起来与'漫长的19世纪'有着更多的亲缘关系，而与'20世纪'相距更加遥远。一方面是经济的高速增长，技术的长足进步，全球化过程的深化，中国在全球经济中的地位的迅速攀升，以及美国霸权日益显露的危机；另一方面是帝国主义战争，军事遏制战略，'反恐'军事联盟，农民、农村和农业的普遍危机，传统工人阶级的解体与新工人阶级（以农民工为主体）的形成。在这个巨变的时代，我们见证了市场社会如何将教授、医生、律师、诗人、学者、艺术家、媒体工作者'变成了它出钱招雇的雇佣劳动者'（马克思语），见证了社会主义实践力图压抑的各种社会要素如何破茧而出，成为新秩序的基础——伴随20世纪的大幕落下，那些构成'19世纪'之特征的社会关系重新登场，仿佛从未经历革命时代的冲击与改造一般。""顽主"王朔的"名言"几乎成为这个时代的一个标志："钱不是万能的，但没有钱是万万不能的。"天津作家蒋子龙70年代写过一篇小说《机电局长的一天》，后来被责令修改，理由之一是不要以"机电局长"为核心，而要多写"工人群众"，修改完已到"四人帮"垮台，这就是所谓"改革文学"的代表作《乔厂长上任记》，后来改编为电影《血总是热的》。作品塑造了国企领导乔光朴的形象，展示了一个大型国企通过工人参加民主管理，上下一心，扭亏

1992年，路遥与陕北农民交谈，同年去世

为盈,赞扬了厂长参加生产,工人参与管理的企业关系。而就是这个模范厂长,却在90年代后的一篇《乔光朴堕落记》里被枪毙了,因为他盗窃国有资产,吃喝嫖赌,无恶不作,亲手瓦解了那个大企业,造成工人全部下岗。下面,也从文艺界、学术界和新闻界等方面,对90年代以来的社会变革与新闻发展作一简要回顾和分析。

如果将90年代和80年代进行简单对比,那么可以说80年代更体现着一种浪漫主义的精神化追求,而90年代更显示着一种现实主义的世俗化趋向。打个比喻,80年代犹如诗人,90年代好比商人:诗人耽于幻想,商人工于算计;诗人激情充沛,商人理智刻板;诗人一惊一乍,商人一板一眼;诗人是大江东去,商人是小河流水;诗人向往辽远的天空,商人落脚坚实的土地……这种分野以及世俗化趋向也体现于90年代以来的文艺走势。比如,琼瑶的言情小说、金庸的武侠小说走红,林语堂、梁实秋、张爱玲等闲适作家的流行等,都使精神化的文学作品蜕变为世俗化的文学读物。这些文学读物在80年代不入法眼、不上台面,当时才俊腋下大多夹着尼采、萨特、海德格尔或弗洛伊德的著作,再不济也得是拉美爆炸文学、米兰·昆德拉。而随着90年代社会转型,以及市场化、商业化风起云涌,琼瑶、张爱玲、杜拉斯、村上春树等小资读物也就成为文化消费的时尚。虽然90年代也有一批优秀作家和作品,如史铁生的《我与地坛》、韩少功的《马桥词典》、张承志的《心灵史》等,北京大学中文系教授陈晓明甚至认为:

> 在当代,张承志是一位追求激越情感的作家……他在90年代初期出版的《心灵史》肯定是当代散文写作中的一部奇书……他要写出的是那种奇特的感情——一种战士或男子汉的渴望皈依、渴望被征服、渴望巨大的收容的感情……这是当代散文的伟大奇书,汉语写作因此而有它闪闪发光的那种质地。(《中国当代文学主潮》)

但是,不可回避的现实是严肃文学已经迅速丧失80年代的社会影响力,越来越边缘化。与此同时,大众化、世俗化的文学读物则走向社会文化中心。90年代初的电视剧《渴望》《编辑部的故事》,以及《甲方乙方》《不见不散》《没完没了》等贺岁片,都属于社会文化嬗变的明显表征。至于卫慧的《上海宝贝》等"身体写作",以及大量所谓"口述实录"更使世俗化的潮流波涌浪翻。于是，在金钱、欲望、消费等新的社会风尚冲击下，90年代与80年代彻底作别。德国汉学家顾彬在《二十世纪中国文学史》一书写道的：

> 90年代文学从多方面呈现出一种社会性转向。……市场经济和消费越来越多地决定了生活和私人的思想。知识分子以及作家失去了以往作为警醒者和呼唤者的社会地位。他被排挤到了边缘，在过去的理想丧失之后，一时还找不到新的非物质性的替代品。……"生活就是现在"，这是以消费为导向的"都市新人类"带来的消息。"现在"，这是西方式贪得无厌的中国变种：我们想要一切，而且是"当下"就要。这种"新状态"在90年代末是新一代"流浪文人"的极端……以肮脏为导向的书写尝试可以这样来概括：没有理想，没有历史，没有传统，甚至没有一种他们娱乐于其中的都市的感觉……

进入90年代，知识界、学术界似乎一夜之间便失去了指点江山、激扬文字的魔法和魔力。如果说80年代是"热风吹雨洒江天"，那么90年代则可谓"冷眼向洋看世界"了。比如，针对80年代思想先行而学术滞后的状况，90年代恰恰是以"学术"为标举的，有关学术规范和学术史研究的讨论都是这种趋势，"学者""学人"等术语也开始取代过去的"理论工作者"等称谓。与此同时，陈寅恪、吴宓等学问家成为楷模，而鲁迅等思想家则遭受冷遇，李泽厚将这种现象概括为"思想家淡出，学问家凸显"。与此同时，90年代"新儒家"一度风行，学人的自我意识和独立意识逐渐萌发，正如吴毅博士在学位论文里写到的：

> 我开始感受到，从整体上看，我们这些生活在20世纪的中国知识分子所具有的理论和思维方式是有些西方化了（地域的和文化意义上的，而非意识形态意义上的），它离中国民间社会的所思所想实在是存在着一定距离。日后的研究使我认识到，这里的西方化不是一种借鉴和拿来，而是一种不自觉的被遮蔽和被替代。我们虽然生活在中国的土地上，接触中国的事物，但是，现代化中潜移默化的文化和学术殖民却已经使我们这些人不自觉地以一种西方化的眼光看待、分析和评价中国的经验，乃至于这一经验本身也已经被西方化，然后，这种被

西方化了的"中国经验"又被用来论证实质上也是西方化了的"中国理论"。

费孝通先生将这种日渐强烈的意识，概括为"文化自觉"。

80年代学界的主角是人文知识分子，特别是哲学、史学、文学等学科更是红得发紫，而90年代以后吃香的多为社会学科领域的专家，特别是经济学家、社会学家、法学家、政治学家等，他们的观点不仅在社会上呼风唤雨，而且对实际部门，乃至高层都有举足轻重的影响。对此，陈平原的分析深中肯綮：

> 以前的"文化热"，基本上是人文学者在折腾；人文学者有悠久的传统，其社会关怀与表达方式，比较容易得到认可。而进入九十年代，一度被扼杀的社会科学，比如政治学、法学、社会学、经济学等，重新得到发展，而且发展的势头很猛。这些学科，直接面对社会现状，长袖善舞，发挥得很好，影响越来越大。这跟以前基本上是人文学者包打天下，大不相同。
>
> 社会科学的兴起，使得人文学者那种理想主义的、文人气很浓的、比较空疏的表达，受到了压抑。所以说，八九十年代的变化，包含着人文学者和社会科学家的各领风骚。
>
> 说夸张点，八十年代中国学界的擅长"批判"，与九十年代中国学界的关注"建设"其实是人文、社科的"此起彼伏"所决定的。

（《八十年代访谈录》）

举例来说，社会学家曹锦清告别80年代的"西化"和"空疏"学风，深入中原乡村，进行田野调查，写出一部内容翔实、文字蕴藉的《黄河边的中国》。北京大学法学院朱苏力教授，以深厚的法学功力对中国社会问题做出富有洞见和建设性的论述。至于经济学家温铁军，几十年如一日从事农村调研，以坚实有力的数据和论据对"三农问题"进行剖析，从而有助于国家政策的根本性变化，更是高谈阔论的人文学者望尘莫及的。他的著作《八次危机：中国的真实经验（1949—2009）》（2013），问世10年来，出版社已经印了40多次，创下学术著作发行的新纪录。

曹锦清《黄河边的中国》

在这种时代背景下，90年代出现"国学热"，"新儒家"一度取代80年代"前仆后继"的各路西哲，保守主义逐渐演化为一种新的社会思潮。到90年代中后期，由于国际反华势力的甚嚣尘上，包括"银河号"事件、轰炸南斯拉夫大使馆事件、中美撞机事件等，进而演化为民族主义，《中国可以说"不"》《中国为什么说"不"》等热销就是一例，这同80年代中后期以《河殇》为代表的西化思潮恰成鲜明对照。2009年，学者强世功在反思香港政制的系列文章里，也对此进行了分析：

中国人即使在最为困顿的时代，内心中也从来没有放弃过对文明中心的高贵追求，从来没有放弃过对天下的思考，可在近代以来的实际政治环境中却不得不沦为被支配的边缘地带，难以为自己的生存方式进行辩护，由此产生难以释怀的忧郁。这样一种理想与现实之间的差距，很容易因为过分自尊而产生孤立主义的民粹倾向，也很容易因为过分自卑而产生普适主义的投降倾向，这两种倾向又往往以极左和极右的方式展现出来，二者之间的相互斗争和张力不断考问着中国人的心灵，使得近代以来的整个中国史不断经历着"成长中的阵痛"。（《读书》2009年第2期）

新自由主义与新左派

正当民族主义风生水起之际，更加西化且更加理论化的新自由主义也"浮出水面"，并与"新左派"展开一场声势广泛的思想交锋。

作为市场经济的"附着物"，自由主义一直暗香浮动，不绝如缕，80年代的"风波"其实已是自觉不自觉的先导，只是到90年代中后期，随着国际国内诸多变局，包括苏东解体、美国独霸、新阶级出现等，自由主义才夤缘际会，渐成气候，并成为所谓"新自由主义"。经济学家哈耶克等走红，就是突出的标志。"新自由主义"鼻祖哈耶克的《通往奴役之路》自然被奉为"圣经"，而某些学者也在高校频频露面，发表不当言论。

那么，什么是新自由主义呢？对此，美国思想家和语言学家乔姆斯基在《新自由主义和全球秩序》一书里作过如下界定：

> 新自由主义是在亚当·斯密古典自由主义基础上建立起来的一套理论体系，强调以市场为导向，包含一系列有关全球秩序和主张贸易自由化、价格市场化、私有化观点的理论和思想体系，其完成形态则是所谓"华盛顿共识"。

中国社会科学院新自由主义研究课题组进一步指出：

> 新自由主义是在继承古典自由主义经济理论的基础上，以反对和抵制凯恩斯主义为主要特征，适应国家垄断资本主义向国际垄断资本主义转变要求的理论思潮、思想体系和政策主张。其中，"华盛顿共识"的形成与推行，是新自由主义从学术理论嬗变成为国际垄断资本主义的政治经济学纲领的标志。如果说国家垄断阶段需要的是凯恩斯主义，那么，国际垄断阶段需要的则是新自由主义。(《新自由主义及其本质》)

相比于古典自由主义，新自由主义可以说是一种更加自由放任的意识形态，也被称为"原教旨自由主义"。它在经济上主张彻底的私有化、市场化，在政治上否定公有制，否定社会主义，否定任何形式的国家干预——其实就是为国际垄断的全球扩张清除各种壁垒，在战略上提倡以美国为主导的一体化，即所谓的"全球化""国际接轨"，等等。从世界范围看，新自由主义也是近30年来主导国际政治经济格局的意识形态，其中"华盛顿共识"是新自由主义的标志。它是1990年由美国国际经济研究所牵头，由世界银行、国际货币基金组织、美国财政部等机构联合拉丁美洲国家和地区，在华盛顿达成的一揽子经济与社会纲领，包括十项政策主张，如开放市场、贸易自由化、放松对外资的限制、对国有企业实施私有化、保护私人财产权等。华盛顿共识的出台，标志着新自由主义从学术思想理论嬗变为国际垄断资本主义的政治经济纲领或意识形态。其间，美国的"后院"

拉丁美洲成为新自由主义的典型实验区，美国培养的一批政治家、经济学家推行的政治经济国策大都来自新自由主义，由此导致的政治经济问题触目惊心，发人深省。这些问题被统称为"拉美化"，包括贫富差距、社会动荡、环境污染、金融危机等：

> 巴西、墨西哥、阿根廷、哥伦比亚等国以高通胀、高失业率、高度腐败、严重的收入两极分化和累累外债为代价，虽然换得GNP的高速增长，但由此引发的社会矛盾如贫穷、人口激增、资源短缺、分配恶化、政局不稳等却使这些国家陷入了苦难的深渊。(《现代化的陷阱》)

20世纪80年代以来，新自由主义逐渐成为整个世界的主导意识形态，代表人物有诺贝尔经济学奖获得者哈耶克、弗里德曼、美国前总统里根、英国前首相撒切尔夫人等。这套弱肉强食的政治经济纲领不仅影响西方世界，包括大规模的媒体兼并、国营媒体的私有化、公共媒体的瓦解等，而且对广大发展中国家也造成强烈冲击，中国90年代以来的一些走向，如教育产业化、医疗产业化等，也可放在这个背景下审视。对此，许多学者都进行了反思和批判，如世界银行首席经济学家斯蒂格利茨，如当代中国思想家汪晖：

哈耶克《通往奴役之路》

> "新自由主义"以自由主义为名，但其核心是保守主义的政治理论和市场激进主义。在当代中国语境中，"新自由主义"不仅以专断的方式排斥各种批判理论，而且对于自由主义内部的其他传统如罗尔斯、德沃金等人的平等主义取向、社群主义和共和主义的有关讨论也毫不宽容。
> ……
> 从1998年起，《读书》杂志、《天涯》杂志和其他一些刊物陆续发表了若干有关历史资本主义的理论和历史探讨，从理论、

历史和现实（尤其是金融危机）等方面极为有力地回击了新自由主义的市场神话。(《中国"新自由主义"的历史根源》)

经济学家、原北京大学校长吴树青在一次座谈会上，更是直言不讳地批评新自由主义在中国的危害：

> 深受新自由主义影响的不仅只是青年大学生，更值得警惕和注意的主要是经济工作者和各级领导干部，国有企业私有化的恶浪就是受到新自由主义影响的明证。

当代诗人（王）昌耀，在长诗《一个中国诗人在俄罗斯》（1998）里，则以诗人的敏锐直观揭示了新自由主义的背景与实质：

> 看哪，滴着肮脏的血，"资本"重又意识到了作为"主义"的荣幸，而展开傲慢本性。它睥睨一切。它对人深怀敌意。它制造疯狂。它蛊惑人心。它使几百万儿童失去父母流落街头。它夺走万千青年人的生命……这个世界充斥太多神仙的说教，而我们已经很难听到"英特纳雄耐尔"的歌谣……

那么，何谓"新左派"呢？新左派自然是针对老左派而言的，如果说老左派是指固守正统马克思主义的左翼势力，以坚持阶级斗争、无产阶级专政等为标志，那么新左派则包括一系列"修正的"或"与时俱进"的马克思主义流派或左翼势力，如西方马克思主义或新马克思主义。传播学研究两大分支之一的批判学派，也可放入新左派或新左翼的思想谱系。所以，新自由主义是舶来品，新左派同样是舶来品。按照甘阳的说法，90年代后期发生在中国的这场新左派和新自由主义的交锋，首先在逻辑上无法成立。因为，与新左派对立的应该是新右派。他认为，新左派也好，新自由主义或新右派也罢，其实都属于自由主义，区

昌耀

别仅仅在于一个属于自由左派,一个属于自由右派。在他看来,自由左派继承罗斯福的"新政"传统,并与"第三条道路"相呼应;自由右派则秉持里根、撒切尔的保守主义倾向,并与国际资本相契合。具体来说,一个更注重民主,关注民生,一个更强调自由,倡导竞争;一个更看重社会公平,一个更突出经济效率,即所谓"效率优先,兼顾公平";国际问题上,一个更倾向独立自主,一个更热衷"国际接轨"。总之,新右派认为,中国问题的关键在于看得见的脚踩住看不见的手,所以,需要进一步解开束缚市场的各种政府管制,进而建立西方式的政治制度以及相应的意识形态。而新左派认为,问题的症结在于全球体系中的资本主义秩序,以及资本逻辑对国际社会包括中国社会的支配。显而易见,两者的对立其实正是贯穿中国近代历史的革命化与现代化两条脉络的延伸,也可以说是中国式现代化与西方式现代化的对决。

新加坡国立大学原东亚研究所所长郑永年教授,在分析新自由主义与新左派的对立后得出结论:

> 在很大程度上,新自由派代表了新兴富裕阶级的利益,而新左派则代表了工人、农民的利益。但事实上,新自由派和新左派都不愿把自己与任何社会力量完全结合。然而,急剧的社会经济变革迅速推动着知识分子把自己与相应的社会力量结合起来。一旦这种联系确立下来,不管是新自由派还是新左派,都会成为强大的政治力量。(《全球化与中国国家转型》)

2008年,作家邱华栋出版了一部长篇小说《教授》,塑造了一位"主流经济学家"赵亮,这个农村出来的贫家子弟成名后与资本沆瀣一气的种种行径,以及一系列"发聋振聩"的雷人"高论",使人禁不住联想到现实中的经济学"名流",就连他的嫖娼也不无原型。作品集中列举的荒谬观点,既是新自由主义的主张,也代表了当时一批"主流"经济学家的观点。

与此同时,中国社会科学院社会学所前所长陆学艺与其课题组潜心研究,从而完成一部《当代中国社会阶层研究报告》(2002)。报告将21世纪以来中国社会划分为十个阶层:国家与社会管理者阶层(如公务员)、经理人员阶层（如国企外企的老总）、私营企业主阶层（即老板）、专业技术人员阶层（如教授、工程师、律师、记者等）、办事人员阶层、个体工商户阶层、商业服务业人员阶层、产业工人阶层、农业劳动者阶层、城乡无业失业半失业阶层等。其中，后面几个阶层获得一个新的称谓——弱势群体。

总之，90年代可谓欢歌与悲歌齐飞，汗水共泪水一色：一边是香港与澳门回归、中国入世、"神六"升天、"嫦娥"奔月、三峡工程竣工、青藏铁路通车、经济持续高速增长、农业税彻底免除、县乡两级人民代表直选、成功举办北京奥运会等，哪个不是"惊天地，泣鬼神"；一边是三农问题、下岗问题、矿难问题、住房问题、医疗问题、贫富差距问题、环境污染问题、各类腐败问题等，哪个不是"剪不断，理还乱"。90年代以来，私有化矿山小煤窑以及各种矿难等成为触目惊心的问题。根据刘庆邦的小说《神木》改编的电影《盲井》（2003）就取材于此类案件。

熟悉世界历史，特别是现代性及其历史者当不难理解，这种悖论式的图景其实也正体现着现代化、现代性与现代文明的内在矛盾属性。对此，马克思以来的众多思想家已经多有论证，这里仅以马歇尔·伯曼的一段概括作结吧：

手机新闻

在这幅景象中，出现了蒸汽机、自动化工厂、铁路、巨大的新工业区；出现了雨后春笋般的大批城市，常常伴随着可怕的非人待遇；出现了报纸、电报、电话和其他大众媒介，以前所未有的规模进行着信息的交换；出现了日益强大的民族国家和资本的跨民族集聚；出现了各种大众社会运动，以他们自己的来自下层的现代化模式与那些来自上层的现代化模式进行斗争；出现了一个不断扩展的包容一切的世界市场，既容许最为壮观的成长，也容许骇人的浪费和破坏，除了不容许坚固不变它容许任何事物。

小荷才露新媒体

1989年"政治风波"后，新闻界也开始反思，普遍意识到新闻改革不能脱离中国国情，党性原则是新闻事业的基石。1996年，江泽民在视察人民日报社时发表"祸福论"："舆论导向正确，是党和人民之福；舆论导向错误，是党和人民之祸。"

1992年，邓小平"南方讲话"发表，中国社会全面告别计划时代，迅速迎来市场经济。这一历史性变局自然也对新闻传播产生广泛影响。具体来说，90年代后的新闻传播一直受制于三方面的强力影响，一是以市场经济为主导的社会动因，财经媒体的出现及其盛行就是突出一例，二是以网络、手机等新媒体为核心的技术革命，三是以全球化为标志的国际环境。

新媒体对整个新闻传播领域的冲击有目共睹，以至于联合国教科文组织1998年将网络命名为"第四媒体"——相对于报刊、广播与电视。中国也从90年代中后期进入网络时代，新闻传播领域由此发生明显变化。1998年抗洪抢险期间，《中国青年报》摄影记者贺延光在九江防洪大堤上，用手机发回了一组"现场短新闻"，实时报道了大堤决口的重大消息：

九江段4号闸附近决堤30米

两千余军民奋力抢险

贺延光

本报江西九江8月7日16时5分电（记者贺延光）今天13时左右，长江九江段4号闸与5号闸之间决堤30米左右。洪水滔滔，局面一时无法控制。现在，洪水正向九江市区蔓延。市区内满街都是人。靠近决堤口的市民被迫向楼房转移。

本报江西九江8月7日16时35分电（记者贺延光）现在大水已漫到九瑞公路。据悉，决堤时，一些居民还在睡午觉。现在在堤坝上被洪水围困的抢险人员大约上千人。

本报江西九江8月7日17时5分电（记者贺延光）国家防汛总指挥部的有关专家正在查看缺口。专家们决定用装满煤炭的船沉底的办法堵缺口。

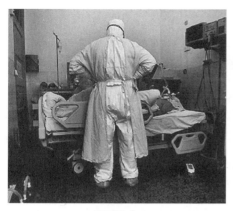
面对生命

长江水患

本报江西九江 8 月 7 日 17 时 15 分电（记者贺延光）记者已赶到缺口处。汹涌的江水正从 30 米宽的缺口涌向市区。南京军区两个团正在国家防总、省防总有关专家的指挥下现场抢险。现在有一条 100 多米长的船无法靠近缺口，抢险队正在想办法。

……

本报江西九江 8 月 8 日零时 45 分电（记者贺延光）记者刚刚得到消息，从昨天下午 4 点开始，万余名解放军战士正在龙开河连夜奋战，构筑一道 10 公里长、5 米宽的拦水坝，作为市区的最后防线。至发稿时止，仍有大批军车赶往此地。

（1998 年 8 月 8 日《中国青年报》）

当时，重大灾难报道有严格限制。这一"独家报道"是冒着风险的"违规操作"，具有戏剧性的是，《中国青年报》为此先受到批评，后又因此获得 1998 年抗洪报道特别奖。这篇手机新闻的作者贺延光，是《中国青年报》的名记者，代表作有《大江决堤》、"非典"时期拍摄的《面对生命》、记录 2005 年胡锦涛与连战历史性会面的《两党一小步　民族一大步》——获得第 16 届中国新闻奖一等奖等。

《两党一小步　民族一大步》（贺延光　摄）

由于网络、手机等新媒体的勃兴，90年代以来不断有人预言，网络将成为唯一的媒体，一切传统媒体都将化为泡沫。而网络媒体咄咄逼人，迅猛扩张，也大有"我花开后百花杀""满城尽带黄金甲"之势。当然，如同报刊、广播和电视相继出现一样，任何"新媒体"既有无可比拟的优势，又有难以避免的"阿喀琉斯脚踵"，各种媒体互相依存，各抱地势，才是自然有机的传播生态，新媒体也不例外。所以，"媒体融合"成为共识。

新媒体的兴起，带来社会与传播两个方面的变化。从社会方面看，"孙志刚案件"以及城市收容遣散制度的改革、"郎咸平旋风"以及国有企业改革的调整等，都是网络传播时代的范例。同时，网络与90年代以来的世俗化潮流应合，也使社会气候越来越家长里短琐细化，"躲避崇高""消解神圣"，尼尔·波兹曼论述的"娱乐至死"成为无可逆转的历史趋势和社会状态。仅从各种搞笑"段子"上，也可窥见一斑：

> 北京人说他风沙多，内蒙人就笑了；
> 内蒙人说他面积大，新疆人就笑了；
> 新疆人说他民族多，云南人就笑了；
> 云南人说他地势高，西藏人就笑了；
> 西藏人说他文物多，陕西人就笑了；
> 陕西人说他革命早，江西人就笑了；
> 江西人说他能吃辣；湖南人就笑了；
> 湖南人说他美女多，四川人就笑了；
> 四川人说他胆子大，东北人就笑了；
> 东北人说他性子直，山东人就笑了；
> 山东人说他经济好，上海人就笑了；
> 上海人说他民工多，广东人就笑了；
> 广东人说他款爷多，香港人就笑了；
> 香港人说他二奶多，台湾人就笑了；
> 台湾人说他想独立，全中国人民都笑了！

如同当初有人预言网络独步天下一样，曾几何时又见人们忙不迭地勾勒所谓"博客新闻"的乌托邦，似乎未来将由"博客新闻"一统天下，正如当下一波未平一波又起的大数据、云计算、区块链、元宇宙等。诸如此类的梦呓，往往将"新闻来源"与"新闻报道"混为一谈了。任何时代都需要新闻来源，所谓"博客新闻"等只是构成网络时代的又一种新闻来源，如同时下人人都可用手机拍下并上传突发事件或一般现场的视频与照片。至于新闻报道则需要一整套专业化的理念、操守、规则以及相应的方式方法等，包括采访核实、调查研究、社会责任。尤为关键的是，新闻报道的公信力得由特定的组织机构，即新闻单位或媒体承担和保障，诸如《人民

中国新闻奖一等奖的"焦点网谈"

日报》、新华社、中央电视台以及 BBC、CNN、TIME、TIMES 等，正所谓跑得了和尚跑不了庙。在全球化、信息化的时代更是需要这种"制度安排"，否则谁有心思，又有精力去一一核实大千世界每日每时的海量信息呢。更何况大量权威性专业性的报道，如"嫦娥奔月"工程、联合国大会议题、中东战争、非洲难民、环境问题等，不是单枪匹马的个人所能处理和驾驭的。一句话，新闻来源充其量只是原材料而不是制成品，将原材料加工为制成品的过程才是新闻报道，而这个过程包含一整套严肃严格的组织化专业化程序，往往非个人所能为。如果径直把所谓"博客新闻"以及类似信息等同于"新闻报道"本身而不是一种"新闻来源"，那么就无异于认可道听途说、齐东野语、甚至信口开河、摇唇鼓舌。

更令人担忧的是，网络、手机等新媒体越来越像英国作家乔治·奥威尔在其名作《1984》里塑造的"老大哥"，对一言一行、一举一动形成无所不在的监视与偷窥。由此还出现一个语义不通的新词——"人肉搜索"。此类情况比起当年阮玲玉的"人言可畏"，真是不可同日而语：

2006 年中国互联网产生的一个新词是"网络暴民"，它主要和当年

二月的"踩猫事件"和"铜须事件"有关。

"踩猫事件"里,仅仅用了短短的五天时间,网民们便从偌大的地球上追查到"犯罪现场"的所在地——黑龙江上的一个小岛,从几十亿人口中排查出三个"嫌疑人"。这三个"嫌疑人"的隐私被暴露无遗——不只是姓名和年龄,其照片、工作部门、电话、手机、邮箱、QQ等,甚至身份证号码和车牌号,也被一并贴到网上。(胡泳《从敞视、单视到全视》)

从都市报到假新闻

如前所述,新时期的新闻变革在三个方面同时推进,即新闻观念、新闻业务和新闻体制。如果说80年代的变革集中在新闻观念和新闻业务,比如新闻文体的一系列创新,那么90年代以来新闻体制则越来越成为关注的焦点,从组建报业集团、广播影视集团、出版集团,到21世纪以来的各种文化体制改革方案等。

90年代的新闻体制变革以及相应的一系列变化,归根结底源于市场经济大变局。以1995年《华西都市报》创刊为标志,都市报在90年代中期登上报业舞台,成为媒体市场的弄潮儿。经过10年发展,截至2004年,全国已有700多家都市报。由于都市报的异军突起,90年代的媒介生态发生巨大变化。首先,媒体在经济上逐渐自立,开始摆脱单纯依赖财政拨款的处境,一些媒体甚至成为财大气粗的"暴发户"。其次,报道方式和风格日趋平民化、大众化,从高高在上转向平起平坐。90年代初问世的中央电视台《东方时空》节目,就以"讲述老百姓自己的故事"赢得青睐,"民生新闻"更将这种趋势推向高潮。其间,媒体一方面贴近生活,贴近百姓;另一方面又不

《华西都市报》

免流于琐屑,甚至庸俗。最后一点,由于大众媒介在当代文化生活和社会领域的突出功能,媒体的平民化和大众化也大大推动了90年代以来的大众文化和消费主义。举例来说:

> 21世纪初的几年,"小资"这个词几乎成了中国绝大多数媒体宠爱的对象和最时髦的词汇。所有的时尚杂志都在说,如果你想成为"小资",那么红酒、星巴克、哈根达斯、宜家、石器时代、原声音乐、史努比漫画、话剧或舞台剧;资生堂、SK-Ⅱ、运动香水、轻薄笔记本、新款手机、分期付款小单元商品房、较便宜的国产小汽车;行走、网球、自驾、旅游、裸睡、泡吧、八人晚餐,以及"像风一样的自由生活"……一个也不能少。(王茜《想象与缺席——当代中国女性杂志的性别呈现与阅读》未刊稿)

至此,80年代新闻传播领域相对单纯的理想色彩和菁英意识风飘云散,市场上的各路媒体"新贵"开始引领风尚,独占鳌头。市场化媒体的兴起既是适应世俗化潮流的趋势,在纷纷攘攘、物欲高涨的时代,也成为引领时尚、左右舆论的"利器":

> 市场主义意识形态机器的更为直接的表达者是媒体、广告、超级市场和各种各样的商业机制——这些机制不仅是商业的,而且也是意识形态的,它的最为有力之处在于诉诸感官和"常识",即诉诸所谓日常性和感官需要将人转化为消费者,并使他们自愿地服从其逻辑。市场主义意识形态和意识形态机器具有强烈的"去政治化"特征,在"去政治化"的社会过程中,它恰好构成了"去政治化的政治意识形态"。(汪晖)

2007年8月15日,由于"内容格调低下",国家广播电影电视总局对重庆电视台的选秀节目《第一次心动》下达了禁播令,一个月之后又要求全国各级电视台停播低俗电视剧《红问号》。王蔚在《"选秀"的终结和"PK"的遗产》一文里,针对各类媒体选秀节目写道:

> 市场经济快速发展,生活节奏日新月异,新鲜事物层出不穷,人

商业招贴

们的神经在连续刺激中日渐麻痹。只有比紧张更紧张、比激烈更激烈的情景才能留住人们挑剔的视线，PK 正是这种情景的鲜明符号。……选秀的娱乐性抹平了艺术与日常生活的界限，成为一种由媒体与平民合力打造的亚文化。其中 PK 环节奉行的全渠道全民投票规则，只取悦于注意力经济，而与艺术标准相去甚远。这样的 PK，恰好迎合了在经济繁荣而话语贫困时代必须释放的解构欲望——解构权威、解构经典、解构主流意识形态。而在大众媒体上，PK 的频繁出场，正是这种解构欲望的延伸。……大众媒体对 PK 认知模式的赞裹，建构了后者可怕的胁迫欲望，敦促人们放弃思索与反省，把身体和灵魂统统交付给狂欢化的日常感官生活。（2008 年第 1 期《读书》）

市场化的滥俗浪潮及解构欲望，在 2007 年一部色迷迷的影片《色·戒》里达到一个高潮。这部被各路媒体捧上天的"情色片"或"色情片"，将 1990 年代以来的滥俗推向高潮之际，也将解构的欲望尽情释放。"2007 年国内新闻媒体对电影《色·戒》几乎是一边倒地赞扬，已经很可以说明近 30 年中国主流新闻媒体价值观的变化倾向，到了怎样的程度。"（熊蕾）

面对市场大潮和以都市报为先锋的"市场化媒体"，各路媒体也不得不起而应对，从而使 90 年代的媒体格局大为改观。比如，党报很长时期恪守对开 4 版的模式，直到 1987 年《广州日报》率先扩为 8 版，随后《文汇报》《北京日报》《北京晚报》等相继扩版或出版周末增刊，扩版之风迅速蔓延，各报纷纷从 4 版变为 8 版、12 版、16 版……全国至少有 150 家报纸分别以周末版、星期刊、月末刊的方式加入扩版行列，中国报纸由此进入"厚报时代"：《深圳商报》日出 40 版；《广州日报》几经调整，将周末版扩至 40

版;《南方都市报》达到 128 版;《计算机世界》更创下 200 余版的纪录。伴随"厚报时代"的来临,稿件不足成为报刊面临的共同难题;而新闻竞争的白热化,也促使许多媒体一味追求公众眼球或市场效应,一时间"四色报道"充斥一些媒体:

> 所谓"四色报道",即红色的秘密(披露领导人的秘闻趣事而真假莫辨),金色的诱惑(对大款、大腕的挥金如土津津乐道),黄色的刺激(淫秽内容的大肆渲染),黑色的恐怖(暴力凶杀的详尽描绘)。
> ……
> 由于其作者多为流浪记者、自由撰稿人,这些写手们出于拜金主义的目的,在撰写过程中,往往"合理想象""剪刀+糨糊"……有的毫无时间、地点,甚至连人名也是以"小 A""小 B""X 先生""Y 小姐"诸如此类虚化名字出现的,新闻要素全无,作为新闻报道的生命线的真实性原则荡然无存……(程天敏)

特别是,扩版之风既来自市场经济对各种信息的需求,也源于市场经济条件下媒体对广告的依赖。时至今日,许多媒体早已不靠发行量以及收视率、收听率、点击率等维持,而主要靠由此吸引来的广告支撑,其收入的绝大部分来自广告。2007 年,南方报业传媒集团新闻研究所副所长尹连根等撰文指出:

> 在中国的报界有个非常时髦的词,叫"有效发行"。有效发行其实就是能给报纸带来广告投放的发行,本质上就是有钱发行。那么在广东,什么地方最有足够的经济实力投放广告?当然是珠三角地区。所以,广州的报纸无一例外地首先压缩在非有效发行地区的发行量,然后压缩在非有效发行地区的版面。在广州,由于地产广告在报纸广告中所占份额很高,所以广州报界向来极少刊登有关地产商的负面新闻。(《论大陆媒体人利益角逐的常规路径——以广州三大报业集团为主要考察对象》)

当此时,为了某些学者鼓吹的所谓"眼球经济""注意力经济",一些媒体甚至不惜牺牲新闻的生命——真实,饮鸩止渴地竞相抛出一个个耸人听闻而荒诞不经的虚假报道。2001 年 7 月 22 日,《北京青年报》刊登了一篇特写《美国医生操刀换人头》，媒体纷纷转载。后经调查，原来是一篇错误百出的虚假新闻，是作者根据怀特医生1999年发表在《科学美国人》月刊上的一篇文章改写而成的。由于翻译原因，改写多处曲解作者原意，作者把原文的科学设想当作现实存在。于是：

> 在这种风气的影响下，一些小报低级趣味泛滥，"知识性变成了性知识，趣味性变成了性趣味，指导性变成了性指导，读者称有些法制报纸为教唆犯，刊登一些作案的手段和细节，甚至有性挑逗的描写"。
>
> 即使不是娱乐性传媒，新闻的娱乐化趋势在90年代以后也有愈演愈烈之势。"'时尚''消费''娱乐'等先后成为报刊的卖点和竞争的主题。传统意义上的新闻在整个报纸中所占分量却不断下降。人们阅读报纸不再仅仅是为了获知新信息、新知识，或接受政治教育，而逐渐是为了消遣、实用。"在新闻娱乐化的影响下，以政治、思想、国内外形势等为报道内容的"硬"新闻的数量逐渐减少，而介绍人物、报道受众感兴趣的事件以及对受众有用的事件的"软"新闻，特别是对一些丑闻、离奇古怪的事件的报道大幅增加；对所谓"热点"猛炒爆炒；对明星、名人穷追不舍；以耸人听闻来博一时的轰动效应。有些电视媒体甚至发展到对矿难、绑架人质等灾难性新闻报道时，也做出会死多少人或人质要多少天获救的"有奖竞猜"，受到了公众的谴责。（熊蕾《报，还是不报——近30年中国媒体新闻价值观的变迁》）

针对虚假新闻日益泛滥的乱局，上海的《新闻记者》杂志2002年组织评选了"2001年十大假新闻"。本来只想做一次，不料得到广泛响应，以至于连续多年，年年评选，下面列举若干"获奖作品"：

2001年的假新闻
最富想象力——上海将建300层摩天大楼（《新闻晨报》）
最匪夷所思——错位夫君夜换娇妻30年（《羊城晚报》）
最伤自尊心——世界10大污染城市中国占8个（《市场报》等）
最耸人听闻——家庭连环悲剧猪吃娃（《百姓生活报》）

最具科幻色彩——美国医生操刀换人头（《北京青年报》）
最具虚荣心——中国少女改写牛津 800 年校史（《生活报》）
最令人作呕——女大学生状告爸爸的吻（《羊城晚报》）
最荒诞不经——一男子因好色两肾被偷（《南方都市报》）
最令人扼腕——广西高考状元沦为劫匪（人民网）
最敢开国际玩笑——汤加出现反华风潮（中新网）

2002 年的假新闻
社会新闻类　女记者与"狼"共穴 61 天（《家庭》）
文化新闻类　诗人汪国真卖字求生（《天府早报》）
政治新闻类　南京大屠杀纪念馆拟改名（《金陵晚报》）
卫生新闻类　微波炉是恐怖杀手（《生活时报》）
国际新闻类　千年木乃伊出土后怀孕（新浪网）

2003 年的假新闻
借尸还魂奖　比尔·盖茨遇刺（中国日报网站）
扑朔迷离奖　卡梅隆要执导《9.11 生死婚礼》（《北京青年报》）
添油加醋奖　"小"百万富翁抱得美人归（《华西都市报》）

2004 年的假新闻
克林顿今秋"追"莱妹到蓉城签售自传(《成都商报》)
北京孔庙将竖历届高考状元碑(《京华时报》)

2005 年的假新闻
女大学生捡剩馒头充饥近两年(《长江日报》)
中科院资深院士陈家镛两度"逝世"(《中华读书报》)
越洋电话采访郎平(《新京报》)
北京人可喝上贝加尔湖纯净水(《竞报》)
布什要卖掉夏威夷(《时代商报》)

2006 年的假新闻
法国导演起诉《吉祥三宝》抄袭(《华商报》)
垃圾场惊现儿童残肢(《兰州晨报》)

2007 年的假新闻
纸箱馅包子(北京电视台)

2008 年的假新闻
"北京房地产商协会会长赞成炸掉故宫盖住宅"(《东方今报》)
……

鉴于虚假新闻层出不穷,《新闻记者》杂志评选 2008 年度假新闻后不由悲叹:"抗战八年,虽然漫长,终获胜利。然而,本刊评选年度假新闻,也已经整整八年,却尚未见到胜利的曙光。可见新闻打假之难!这是八年前我们不曾想到的。原以为只要竖起新闻打假的大旗,呼啦啦立马就会聚集起浩浩荡荡的讨伐大军,不消半个时辰,假新闻便'谈笑间樯橹灰飞烟灭'。如今反思,我们过于善良,高估了媒体人的自律力;我们过于天真,低估了假新闻的生命力。现在方知,因为毒草的孳生,离不开合适的土壤,光拔草而不除根基,必定如春韭,割了一茬又一茬。看来,这场持久战恐怕远无停战之日。"(贾亦凡、陈斌)不过,也应看到,虚假报道是新闻与生俱来的痼疾,只要有新闻,就免不了虚假报道。道魔相伴,此消彼长,古今中外,盖莫如此。其中除了有意造假,也是因为新闻的特性使然,如时效性、实时性、表面性甚至片面性等,都使大量报道不可能百分之百准确无误。所以,马克思报刊有机论认为,新闻的规律就是用今天的报道纠正昨天的错误,再用明天的报道弥补今天的不足。

在经济大潮冲击下,不仅市场化媒体"假冒伪劣"新闻泛滥,主流媒体也无法免俗,频频传出的"封口费"事件且不论,就拿习焉不察的现象来说:

> 虽然中央电视台一再声称 2005 年春晚没有广告,但隐性广告却是有增无减。在小品《祝寿》中,"娃哈哈非常可乐""珍奥核酸"被当成了礼品;在小品《浪漫的事》中,郭达还把蒙牛牛奶举到了身前数次,他的"儿子"还特意端着一大瓶蒙牛牛奶在镜头前晃动;在小品《男子汉大丈夫》中,受众可以明显地看见一排"娃哈哈矿泉水"摆在桌上,演员郭冬临还特意说要喝口水,把镜头引向了"娃哈哈矿泉水",并说"再带上一瓶……";朱军和冯巩表演的小品《谈笑人生》的道具里面有一罐"喜力啤酒";观众席上则是清一色的农夫山泉、农夫果园,时不时地出现在直播现场的摄像镜头里。(徐博《中央电视台春节联欢晚会——新法团主义视角的盛宴》未刊稿)

不妨说,当此时一些新闻人越来越像唯利是图的商人,在经济压力或生存压力下想方设法追逐个人利益,不惜牺牲公众利益。前面提到的诗人与商人的分野，也在这里得到相应体现，就像揭露美国商业媒体弊端的影片《惊曝内幕》(*The Insider*)的台词所言：你是新闻人，还是商人！如下这般"新闻商人"，一度屡见不鲜：

1. 收"红包"，即目前在报界已经"合法化"的所谓"车马费"。这种"红包"一般都是某公司或单位开一个面向所有媒体的新闻发布会，然后给所有与会记者一份通稿和一个红包。

2. 有偿新闻，这在中国报界又有一俗称，即"软稿子"。言外之意是"拿了人家的钱手软"。

3. 佣金。中国的人情社会和非制度化生存的本质，决定了一个人事业的成败和境遇的顺逆很大程度上仰仗于手中社会资源的多寡，而不是遵纪守法程度的高低。正是在这样一个大背景下，那些依靠工作关系而建立起大量人脉的编辑记者便有了可用武之地，即通过牵线搭桥、从中斡旋、为当事人或趋利或避害，从中获取佣金，这类费用又称"打点费""好处费"等。

4. 拉广告。

5. 编辑记者个人开公司。（尹连根等《〈论大陆媒体人利益角逐的常规路径——以广州三大报业集团为主要考察对象〉》）

坊间的顺口溜更生动明快：一流记者炒股票，二流记者拉广告，三流记者拿红包，四流记者写外稿，五流记者写报道……在这种潮流下，新闻难免异化或变异。尤其是一些影响甚大的所谓"新锐"报刊，在貌似前卫与先锋的外衣下，更透着商业的魅影和资本的气息。2006年，有位另类媒体的记者在接受学者访谈时，就坦承自家媒体无非以新锐的包装追求企业的目标：

别人眼里会觉得它是一个比较锐进的媒体，其实我们的报纸并不是这样，只是它的市场需求决定了它必须这样做，因为在一开始打市场的时候，它在读者心中就培养了这样的一种阅读期待。大家期待的是这份报纸给他们一种不同凡响的新闻。所以它如果想继续保持这个市场，就得继续做这方面的新闻……报纸有理想是一回事，但是从企业操作的层面上来讲,这只是它的一种策略。一种企业策略。它只有打这样的路线,才能保住这份市场。(童静蓉《中国语境下的新闻专业主义社会话语》)

2003年,中国人民大学新闻工作者职业道德课题组对55家媒体的1000多名新闻人作了问卷调查,结果显示:将近3/4的受访者对记者拉广告的行为表示赞同或态度暧昧;超过4/5的受访者对自己的栏目拉赞助表示同意或态度暧昧;5/6以上的受访者对接受采访对象的招待表示同意或态度暧昧;将近一半的受访者对接受采访对象的现金馈赠表示同意或态度暧昧。据此,中国人民大学新闻学院教授陈力丹认为:"我国新闻从业人员的职业意识和对于基本职业规范的遵循状况,仍然十分低下。"不仅如此,面对经济压力和诱惑,一些媒体、特别是非主流媒体同形形色色的利益集团和资本势力关系微妙,很难再说是"党和人民的耳目喉舌",而更像是利益集团和资本势力的代言人或喉舌。

诸如此类的乱象固然在于记者与媒体,但更在于新闻体制以及文化体制的变革。虽然变革初衷始终强调"双效",即社会效益与经济效益并重而社会效益优先,也激发了新闻的一定活力,推动了文化的某种繁荣,但更把媒体推向了市场。而作为市场主体,逐利自然成为本能与第一驱动,即使主流媒体也无法免俗。如同"效率优先,兼顾公平"只有效率而难有公平,市场化方向的体制改革也往往只顾"效益"而难及"效果",并隐含了文化领导权危机。这也是新时代以来,党中央全方位、大幅度、系统化调整思想文化与意识形态包括新闻传播工作的背景。2014年,赵月枝在《被劫持的"新闻自由"与文化领导权》一文中,就直言不讳地指出:"任何鼓吹媒体和文化产业不仅能赚大钱,而且还能打赢意识形态战争的说法,如果不是别有用心的意识形态烟幕弹,就是痴人说梦。"(《经济导刊》2014年第7期)

"马新观"与"美新观"

针对市场化浪潮下的新问题,90年代中后期以来,新闻业界与新闻学

《马克思主义新闻观十五讲》

界都在反思,而各种反思归根结底无不体现为两个方向——"马新观"还是"美新观"。具体来说,是坚持马克思主义新闻观以及中国道路及其社会主义方向,还是奉行美西方新闻观如"新闻专业主义"以及西方式现代化及其资本主义方向,正如邓小平在改革开放初就指出的,"某些人所谓的改革,应该换个名字,叫作自由化,即资本主义化。他们'改革'的中心是资本主义化"。业界的马新观集中于世纪之交的"三项教育"活动,即"三个代表"重要思想、马克思主义新闻观以及职业精神与职业道德的学习教育活动,其中核心内容是马克思主义新闻观。2004年,中共中央转发《关于进一步繁荣发展哲学社会科学的意见》,启动马克思主义理论研究和建设工程(简称"马工程"),力求形成一整套以马克思主义为指导的具有中国特色、中国风格、中国气派的哲学社会科学体系,主要涉及九大人文和社会科学学科,包括哲学、经济学、政治学、法学、社会学、新闻学等。2007年,清华大学成立全国首家"马克思主义新闻学研究中心",院长范敬宜出任中心主任,同年清华大学出版社出版范敬宜等主编的《马克思主义新闻观十五讲》。其中,人民日报新闻研究所负责人张首映博士的一讲,将马克思主义新闻观的精髓概括为"十个坚持":

第一条,坚持用马克思主义新闻观指导新闻实践。

第二条,坚持党性原则是马克思主义新闻观的根本原则。

第三条,坚持正确的舆论导向是新闻宣传工作最重要的责任。

第四条,坚持三个服务,即为人民服务、为社会主义服务、为全党全国的大局服务。

第五条,坚持真实性的原则。

第六条,坚持政治家办报办台,加强新闻队伍建设。

第七条,坚持三贴近的原则,努力提高引导水平。

第八条,坚持正面宣传为主,正确实行舆论监督。

第九条,坚持实行群众路线,实行全党办报和群众办报。

第十条,坚持把社会效益放在首位,努力实现社会效益和经济效益的统一。

学界的"马新观"还是"美新观"问题更为突出。自从 80 年代引入以施拉姆为代表的美国冷战传播学,美新观在学界的影响日益扩大,1997 年传播学正式列入学科目录并与新闻学平起平坐,也象征着马新观与美新观的格局。与此同时,新闻专业主义即美新观盛极一时,更是突出迹象。正如这个时期新闻理论界的一场论争,也是 90 年代唯一一次新闻论争,如同 80 年代"党性与人民性"的论争。此次论争的话题是"新闻自由",以复旦大学新闻学院的《新闻大学》杂志为阵

《新闻大学》封面

地,论争双方的代表人物一是孙旭培,一是喻权域,前者是中国社会科学院新闻研究所的前任所长,后者是继任所长。联系 90 年代以及新时期的社会与思潮背景,可以看到这场学术论争不是孤立现象,而具有普遍的社会政治意味,用上海大学教授朱学勤 1998 年耶诞节在《南方周末》发表文章的话说,也是"自由主义浮出水面"。虽然这场小范围的专业讨论与遍及广泛的"新自由主义"与"新左派"的交锋没有直接关系,但是其中的时代背景是一脉相通的。就此而言,汪晖的看法切中要害:

> "自由主义"与"新左派"争论的核心问题之一是如何理解公共领域和媒体,但我认为这个争论绝不应该被归结为要不要公共领域或要不要新闻自由,而应该被归结为承认不承认公共性背后的权力关系,要不要揭示那些宣称公共性背后的利益关系。
>
> 我在这里举两个例子。在美国对伊拉克战争的报道中,美军每有士兵伤亡都会成为事件,而成千上万的伊拉克人的死亡——究竟死了

多少,在哪儿死的,如何死的,由谁打死的——则几乎得不到重视。这个美国媒体在战争报道方面的遮蔽性如今也传染给我们的媒体了。再比如,在我们的媒体中,甚至在我们为争取言论自由的斗争中,问题经常集中在某些精英阶层的发言权上,而工人、农民的发言权问题,其实常常是在人们关注的问题之外的,似乎他们的声音与言论自由问题无关。(《大众传媒的"公共性"与"去政治化的政治"》)

这场争论最后被上面叫停,但这个问题始终并必然伴随当代中国及其新闻传播的进程。2008年,在纪念改革开放30周年之际,赵月枝针对西方媒体在西藏问题及圣火传递上的歪曲报道,在《新闻大学》撰文《为什么今天我们对西方新闻客观性失望?——谨以此文纪念"改革开放"30周年》,谈到自由及新闻自由也凸显了马新观与美新观问题:

> 在西方批判学者反思西方新闻体制和基本原则,希望按照民主和参与的精神"重造媒体"并领导和参与各种方兴未艾的以媒体民主化为目标的"媒体改革"运动的时候,国内的许多学者一边忙于建构以"美国主流"为基本参照的新闻传播学,一边把西方垄断资本媒体的新闻理念当普世理念在中国不加批判、不分社会制度地弘扬,而媒体商业化压力和"做大做强"的产业取向又在客观上引导学生们强化唯西方垄断资本媒体马首是瞻的倾向。
>
> 在把西方新闻客观性当作官方新闻理论的对立加以理想化的时候,我们也把西方新闻自由抽象化和去历史化了。(《新闻大学》2008年第2期)

举例来说,在90年代纷繁错综的国内外变局中,《南方周末》越来越鲜明地体现了新自由主义倾向,北京大学新闻学院一篇博士论文也写道:

> 经常接受这份报纸采访或为其撰写评论的学者也大多是大力提倡美式民主的自由主义和新自由主义知识分子……
>
> 2000年的记者节,《南方周末》推出了一个纪念专刊,其中对历史上中国记者的光荣先驱进行了点评,这份光荣名单中包括黄远生、范长江、邵飘萍、邹韬奋、徐铸成、储安平等等,所有记者无一例外都

成名于民国时期的私营报刊，且大多数为自由主义知识分子，很多人还曾在建国后的思想改造运动中遭受过批判。……一些共产党历史上最著名的新闻工作者，例如邓拓、穆青等都没能入选这份名单。

无独有偶，2006年1月，《冰点周刊》发表中山大学袁伟时的《现代化与历史教科书》，引起轩然大波，受到停刊整顿的处分。有关部门的处理决定指出："中国青年报《冰点周刊》刊发中山大学历史学教授袁伟时的文章《现代化与历史教科书》，极力为帝国主义列强侵略中国罪行翻案，严重违背历史事实，严重违背新闻宣传纪律，严重伤害中国人民的民族感情，严重损害中国青年报的形象，造成了恶劣的社会影响，中央有关部门提出了严肃批评。"为了深入把握"冰点"及其社会背景，清华大学新闻学院研究生赵晶用实证方法，以"冰点"创办12年的所有文章为研究样本，完成一篇学位论文《"冰点"与当下中国的现代性》，其中结论部分写道：

> 首先，"冰点"在选题上偏重社会文化问题，推崇"普世价值"，即一套"现代"社会的价值观，并常常表现出一种"启蒙者"的姿态。
>
> 其次，"冰点"的报道更多地是对当下中国现实的批判，更多呈现的是问题和不足，而对中国社会在现代化进程中取得的成就和进步关注不够。
>
> 最后，"冰点"文章中所呈现的当下中国现代化进程中的问题和不足比较单一，而未能对中国的现代性（亦即"中国式现代化——引者"）进行更加全面、更加深入的探讨。同时，"冰点"在对当下中国现代性进行解读的过程中，主要以西方的"现代性"作为标准，未能对西方的"现代性"进行辩证的历史性反思。
>
> 总之，由于"现代性"本身是一个"未完成的方案"，充满一系列内在的矛盾和悖论，而"冰点"又往往忽略社会历史远为复杂纷繁的具体情景，从而使其呈现、解读和想象的现代性不免带有理想化和浪漫化的色彩。

从更广阔的背景看，类似问题均与新时期以来的社会政治及其思潮息息相关，特别是邓小平80年代三次雷霆行动与讲话：一是1983年在中共十二届二中全会上的讲话，反对"精神污染"；二是1986年同胡耀邦等人的讲话，《旗帜鲜明地反对资产阶级自由化》；三是1989年，政治风波后，《在接见首都戒严部队军以上干部时的讲话》。对此，中国人民大学一级教授周新成总括道：

> 作为一种社会思潮，资产阶级自由化是进入改革开放新时期出现的。可以把资产阶级自由化思潮在我国蔓延、泛滥以及我们与之进行斗争的历史，大体上分为两个阶段，前一阶段是十一届三中全会以后到1992年邓小平视察南方的谈话，后一阶段是上世纪90年代到本世纪初。
>
> 邓小平南方谈话之前，反马克思主义的思潮主要是资产阶级自由化。到20世纪90年代后，随着改革开放的深入，以恢复资本主义制度为目标的资产阶级自由化思潮为适应不同情况，出现了多种变化形式：在经济领域，主要是新自由主义；在政治思想领域，主要是民主社会主义；在价值观领域，主要是所谓的"普世价值"；在历史领域，主要是历史虚无主义。
>
> 这几种思潮，从政治目的来说，都要求我国放弃走中国特色社会主义道路，改走资本主义道路。在政治上，要求取消中国共产党的领导和人民民主专政，实行西方式的多党轮流执政，采用议会民主，三权分立的政治制度。在经济上，要求废除公有制为主体，多种所有制经济共同发展的基本经济制度，实行私有化，建立资本主义市场经济。在思想上，要求取消马克思主义的指导地位，主张指导思想多元化。
>
> 从世界观来说，它们都属于历史唯心主义，抽象的人性论是它们的出发点。它们都把资本主义生产关系基础上产生的思想观念当作人的永恒不变的本性，然后由此得出各种政治结论。从历史观

《大河报》巨幅广告

来看，它们否定中国人民的革命斗争，主张"告别革命"，对中国共产党的领导、马克思主义的指导地位、人民民主专政等一概予以否定。（《中国经济时报》2016年7月22日）

尽管20世纪90年代以来新闻传播问题丛生，但主流媒体的公信力一如既往，北京师范大学发布的2008年北京媒体公信力调查报告显示，党报的公信力高于市场化媒体，《人民日报》和《北京日报》分列前两位。与此同时，中国新闻事业的兴盛与发展也有目共睹，截至2007年年底：

> 已经形成了报纸、期刊、通讯社、广播、电视、互联网等多媒体现代传播体系，拥有1 938种报纸，平均期印数1.97亿份；期刊9468种，平均期印数1.64亿册；拥有电台、电视台2500多座，综合覆盖人口超过12亿；拥有网民1.72亿，位居世界第二（2009年年初最新统计为第一——引者）。伴随新闻事业的发展，新闻从业人员的队伍也不断壮大，中国青年记者协会时期的会员，最多时也不过2000人，今天全国新闻从业人员已达100万，其中采编人员已近30万。（《新闻战线》2007年第12期）

2003年"非典"疫情暴发以来，主流媒体在新闻观念、新闻体制和新闻业务等方面取得长足进步，包括突发公共事件应急预案、信息公开及其反应机制、政府新闻发言人制度等。2008年5月1日，首部政府信息公开法即《中华人民共和国信息公开条例》正式实施，规定"行政机关应当将主动公开的政府信息，通过政府公报、政府网站、新闻发布会以及报刊、广播、电视等便于公众知晓的方式公开"。条例实施不到两周的5月12日，四川汶川地区突发里氏8级特大地震，造成数万人死亡和数十万人受伤的惨剧。中共中央政治局常务委员会召开紧急会议，迅速调集十几万人民子弟兵驰援灾区——"灾情就是命令，时间就是生命"。与此同时，人民日报、新华社、中央人民广播电台、中央电视台等也在第一时间及时发布有关信息，中央电视台各大频道中断所有节目，全天候实时播报灾区情况。一时间，全世界的目光都被吸引到汶川，全世界的华人都默默地守在电视机前，泪飞如雨，举世同悲。"不抛弃，不放弃""四川加油，中国加油""亲爱的

2008年5月15日，新华社记者在汶川县映秀镇简易棚里发稿 （唐师曾　摄）

宝贝，如果你能活着，一定要记住我爱你"等感人话语，随着新闻报道飞向四面八方，传遍天涯海角。多难兴邦，殷忧启智。中国人民又一次众志成城地迸发出中华民族的强大凝聚力，中国媒体又一次可圈可点地展示了中国新闻人的高度责任感。由此，也可对前面阐发的民族国家有一个更突出、更鲜明、更直观的认识。不妨说，在中华民族伟大复兴的时代潮流下，中国人民与中国媒体越来越形成血脉相连的有机网络。正如甘惜分先生盛赞的：

> 中国新闻界在这场灾难中作出的贡献是伟大的，显示了中国新闻工作者在突发事件中的政治责任感和强大威力。你们无愧地行进在世界新闻人的最前列。

拓展阅读

1. 杨继绳：《邓小平时代：中国改革开放二十年纪实》，中央编译出版社。
2. 曹锦清：《黄河边的中国》，上海文艺出版社。
3. 温铁军：《八次危机：中国的真实经验（1949—2009）》，东方出版社。
4. 张严平：《穆青传》，新华出版社。
5. 王维佳：《作为劳动的传播：中国新闻记者劳动状况研究》，中国传媒大学出版社。

余 论

我们的讲述，至此似可告一段落了。当然，历史并未终结，有关话题也不可能完结。数千年来的新闻传播、100多年的新闻事业，波诡云谲，跌宕起伏，层峦叠嶂，气象万千，本书的讲述至多是冰山一角，不啻为浅尝辄止。当然，不管怎么说，任何讲述都不可能穷尽历史，而一切有意义、有价值的历史除了历历展现前人的所作所为、所思所想，更重要的还在于提供独到新颖的"立场、观点与方法"。概括起来，本书一以贯之的"立场、观点与方法"，就是力求以唯物史观将中国新闻传播的演化置于亿万人民的历史实践之中，特别是一百年来在共产党领导下，追求中国式现代化和民族复兴的进程之中，以考察其演变之迹和兴盛之由。在我们看来，这个进程从旧中国到新中国，以新时期到新时代，连绵不断，一脉相传，正如《歌唱祖国》（1950）一曲抒发的：我们勤劳，我们勇敢，独立自由是我们的理想……

结束中国新闻社会史的讲述之际，这里再作一个小结，回望历史，透视现实，瞩望未来。

反思挨骂："有理寸步难行"

当今之世，纷繁错综，人们无法通过亲身经历——感知世界，而往往只能通过间接信息认知世界。100年前，毛泽东主席赞赏的美国记者李普曼就以"拟态世界"对此作了概括，随着信息膨胀、传播发达，拟态环境愈发构成人们日常生活的现实。

新中国70多年的风雨历程虽然"深一脚，浅一脚，左一脚，右一脚"

（王绍光），但成就举世瞩目，人民的满意度、获得感也不断提升。2020年7月，哈佛大学肯尼迪政府学院阿什民主治理与创新中心（Harvard Ash Center for Democratic Governance and Innovation）发布了一项长期跟踪的调查报告《理解中国共产党韧性：中国民意长期调查》（Understanding CCP Resilience Surveying Chinese Public Opinion Through Time）。研究者在2003年至2016年进行了8次独立调查，对中国城乡3万多人进行访谈，以追踪普通民众在不同时期对各级政府的满意度。报告发现，2003年以来，中国民众对政府的满意度全面提高，从宏观国家政策到地方管理方式，普遍认为政府比以往更有能力和效率。2003年，中央政府获得的满意度是86.1%，到2016年上升到93.1%，乡镇政府的满意度从44%升至约70%。当问及地方政府官员的行为特点时，越来越多的民众认为友善、博学、高效。报告最后得出结论："到2016年，中国政府比前20年任何时候都更受欢迎。"该报告也不支持花样翻新的"唱衰中国论"："没有迹象表明中国民众中有不满情绪正在蔓延，中国正面临执政危机的说法并无依据。"事实上，此类实证研究及其结论并不罕见，所在多有，都从总的态势和趋势上不断展现现实中国。尽管现实难免种种不尽如人意——世界上、历史中何时又何曾尽如人意，但中国老百姓的切身感受大抵如此。2020年，一位新华社高级记者为报道"走向我们的小康生活"，前往西部采访，一路见闻也提供了鲜活佐证：

> 沿途见到了牛羊成群、蓝天白云和面带笑容的村民。在农村，现在很少看到愁眉苦脸的老百姓。尤其是在涉藏地区。老百姓和大自然和谐相处。基层的治理体系和治理能力还有提升的空间，但一切都在向好的方向发展。遥想当年范长江走过的中国的西北角，我们的足迹有过交叉。感慨时光交错的同时，更感觉到生活在这个时代的光荣和幸福。一路上遇到好多人，听到好多故事。在日本投降的这个纪念日里，最大的感慨就是，我们的岁月静好，是很多人负重前行换来的。（邢广利）

然而，对中国的批评或抨击又不绝于耳。这里说的批评或抨击，是针对道路、制度、意识形态等根本性问题而非具体工作，后者无论善意还是恶意都无可厚非——"让人说话天塌不下来"。至于前者则让人想到成语"南辕北辙",只不过今者情形就好比中国已经接近"楚地",说三道四者还成天价说,你的方向不对呀,你的马不行啊,你的路费不足吧,你的车夫技术不过关,云云。这里,西方的反华反共势力叽叽喳喳说三道四毫不奇怪,就像公鸡打鸣,母鸡下蛋。"捣乱,失败,再捣乱,再失败,直至灭亡——这就是帝国主义和世界上一切反动派对待人民事业的逻辑,它们决不会违背这个逻辑的。"(《丢掉幻想,准备斗争》)奇怪而值得关注的是一批有头有脸的国人也热衷于此,竞相参与这一"大合唱"并构成重要声部。其间,或直截了当,或曲里拐弯,或含沙射影,或皮里阳秋。芝加哥大学终身教授赵鼎新的一个论断令人豁然开朗:体制内的一些得益者与国家之间只有利益认同,没有价值认同(《社会与政治运动讲义》)。北京大学教授强世功在《中国香港:政治与文化的视野》一书中也写道:

> 我们早期的资产阶级要么忙于废帝制,根本没有意识到由此导致的政治正当性的流失,以及进一步引发的内战;要么忙于镇压工人运动,甘心依附于西方资产阶级,陷中国于半殖民地状态之中。而今天的新兴阶层依然"勇于私斗,怯于公战",对爱国主义和民族主义心怀恐惧,忙于对外与国际接轨,对内剥削压榨同胞大众,而不知道如何把民众引导并团结在自己的周围。其原因一方面如同当年毛泽东批评中国资产阶级由于天生的软弱性和对帝国主义的依附性,无力承担起民族独立解放的政治领导权;另一方面,正如韦伯批评当年德国新兴资产阶级沦为庸俗的市侩主义,政治上鼠目寸光,缺乏政治远见和政治智慧,不明白政治是围绕民族生存展开的永恒斗争,更不明白政治支配权的最高境界是"不战而屈人之兵"的文化领导权。

无论如何,一边不断进步一边不断挨骂——这种二律背反的怪现状,在古今中外的历史中都是罕见的。犹如一个积极进取的孩子,一天到晚遭人数落,挨骂受辱。前面九讲都是历史,最后余论关乎未来。历史已是完成时,无论怎么评说都无法改变既成事实。而未来还在展开,如大戏幕布徐徐拉开。当然,历史与未来并非大路朝天,各走半边,而是相互纠缠,彼此形塑:"人们自己创造自己的历史,但是他们并不是随心所欲地创造,并不是在他们自己所选定的条件下创造,而是在直接碰到的、既定的、从过去继承下来的条件下创造。一切已死的先辈们的传统,像梦魇一样纠缠着活人的头脑。"(《路易·波拿巴的雾月十八日》)

一个国家、一个民族不能没有灵魂

当今中国进入了新时代,面临百年未有之变局。新时代的历史使命凝聚于两个百年中国梦,也就是从毛泽东时代站起来到邓小平时代富起来,再到新时代强起来。近代以来,一批批仁人志士都在追寻富强的梦想,而强起来不仅在于经济繁荣、科技发达、国防强大、人民富裕等,而且也在于精神世界与文化领域的蓬勃生气与旺盛活力,尤其是强大的文化吸引力、精神感召力、价值向心力。随着综合国力日益强大,精神文化强起来的问题势必愈发突出——"当高楼大厦在我国大地上遍地林立时,中华民族精神的大厦也应该巍然耸立"。精神文化强起来固然离不开文化市场的大发展、大繁荣,但更离不开人心所向的价值理想,即习近平总书记屡屡提及的"灵魂"。2019年两会期间,他在看望文化艺术界、社会科学界委员并参加联组会时,曾发表讲话《一个国家、一个民族不能没有灵魂》。

中国历史上的盛世,人类文明中的大国,无不文治武功水乳交融。新时代面临百年未有之变局,也将精神世界的强健、文化创造的兴旺置于首要位置。这既是强起来的动力,又是开展伟大斗争应对一系列危机与挑战的利器。没有精神文化的强大,不仅难以实现两个百年中国梦,而且势必遭遇一浪高过一浪的惊涛骇浪。远的不说,仅看新冠抗疫期间一再声势汹汹的舆情,就是触目惊心的案例,也提醒一切善良的人们:苏联解体,殷鉴不远。所谓软实力,如今就是硬实力。

事实上,改革开放之初就提出物质文明与精神文明两手抓,邓小平也曾反复告诫"一手硬,一手软"的偏差。应该看到,数十年来,在解放思想的时代氛围中,精神文化领域春风荡漾,鸟语花香,不断激活了、拓展了中国人的精神世界。一位见证当代中国沧桑变化的美国汉学家在《人民日报》上发表感言:"几十年的发展,中国人的思想发生了很大的变化,思想更为活跃和开放,视野更加开阔,社会更加包容……"(艾恺)这种天翻地覆除了见诸亿万人的日常生活与心理,在三个领域尤为突出:一是文学艺术,二是人文学术,三是新闻传播。文学艺术领域,各种体裁题材的作品琳琅满目,姹紫嫣红,诗歌、小说、戏曲、音乐舞蹈、绘画雕塑、电影电视等,宛若春江潮水连海平。人文学术或哲学社会科学同样百花齐放,灼灼其华,独树一帜的学者与超越前人的成果层出不穷,一本伴随改革开放数十年,已经超过700期的《新华文摘》可为见证。新闻传播领域数十年来的进展有目共睹,对经济发展、社会进步、国家稳定等无不作出历史性贡献。

与此同时,身处新时代的历史方位,面临百年未有之变局,更应该清醒地意识到精神文化领域的危机与严峻。数十年来,文化固然取得大发展、大繁荣,但这种发展与繁荣正如综合国力一样,往往是富而不强,更多尚属虚胖而非健美。习近平总书记针对文艺所谈的问题何尝不是整个精神文化领域的共同症状:

> 在有些作品中,有的调侃崇高、扭曲经典、颠覆历史,丑化人民群众和英雄人物;有的是非不分、善恶不辨、以丑为美,过度渲染社会阴暗面;有的搜奇猎艳、一味媚俗、低级趣味,把作品当作追逐利益的"摇钱树",当作感官刺激的"摇头丸";有的胡编乱写、粗制滥造、牵强附会,制造了一些文化"垃圾";有的追求奢华、过度包装、炫富摆阔,形式大于内容;还有的热衷于所谓"为艺术而艺术",只写一己悲欢、杯水风波,脱离大众、脱离现实。

精神文化的强大或健美归根结底在于灵魂——价值理想,就像一个人的强大不仅在于孔武有力,更在于"富贵不能淫,贫贱不能移,威武不能屈"的意志与精神,一支军队的强大也不仅在于武器精良而更在于所向披靡的勇气与士气。众所周知,苏联解体并非由于国力衰败、民不聊生,更非由于国内骚乱、外敌入侵,而是在与美国平起平坐,并称超级大国之际,一夕瓦解,风消云逝,一时间连其对手都措手不及而担忧"谁在控制核按钮"。"卫星上天,红旗落地"——苏联不是倒在硬实力上,而恰恰是倒在软实力上,是亡于价值理想的混乱崩溃。秦人不暇自哀,而后人哀之;后人哀之而不鉴之,亦使后人而复哀后人也。诺贝尔文学奖得主阿列克谢耶

维奇的《二手时间》(2013),细致入微地记述了苏联解体前后的世道人心,也有益于清醒认识中国道路的风险所在:

> 一个强大的国家,赢得过最严酷的战争,就这样崩溃了。不是敌人用坦克和导弹干掉的,他们摧毁的是我们最强的一点,我们的精神。
>
> 自由就是金钱,金钱就是自由。自由的人民没有出现,却出现了这些千万富翁和十亿富翁,黑帮!你们去喝自由吧!吃自由吧!把这么一个超级大国都卖了!没有开过一枪……我有一点不明白,为什么就没有人问一声我们?

程巍在博士论文《中产阶级的孩子们》中指出的一点,既令人深思,也让我们觉得似曾相识:由于苏联文宣系统失去了文化领导权,结果他们明明说真话,也被当作谎言,而反对派明明在撒谎,却被当作真理。反思苏联,观照现实,文化领导权不能不引起高度重视。十八大以来,习近平总书记就意识形态与精神文化发表一系列讲话,无不关乎这个问题。他反复强调,人心是最大的政治,而当今世界凝聚世道人心,无不有赖文化政治与文化领导权。《文化纵横》发文《资本逻辑的兴起与当代中国的价值重建》(2016),暮鼓晨钟,振聋发聩:

> 中国传统社会也曾实现过儒家思想的"大一统",但其社会结构是离散的,即每一个个体的决策都服从于自己的内在法度,按照个体的"良心"法则,以"推己及人"的理路来决策,这种社会结构必然是一盘散沙,而毛泽东对社会秩序建构的最终目标是实现中国人精神的统一,也就是不仅要实现国家制度层面上的强制性统一,而且要实现全国人民精神层面上的统一。在一定意义上可以说,毛泽东完成了这个使命,实现了这个宏伟目标,这是其功绩所在。
>
> 改革开放是中国发展的历史必由之路,这种选择是历史的必然。但是,一个意外的后果是……很多人尤其是一大批年轻人,在资本的逻辑中盲目地随波逐流,精神无所皈依。这是一种非常可怕的社会精神状况。

应该看到,邓小平从改革开放之初就反复强调两手抓,两手硬,但

"一手硬，一手软"的问题一直存在。当然，从长时段历史看，不同时代有不同的主题与使命，也有不同的局限。对精神文化或精神文明建设，从毛泽东时代到邓小平时代都做了大量工作，在经济、国防、外交、科技、民生等百废待兴之际同样卓有建树，同时也留下未竟事业。

人文学术：理论与历史

人文学术与新闻传播息息相关，其问题一脉相通，共享一套自由主义、个人主义的"意识形态"。也就是以抽象人性以及个人自由、个人权利等为核心的唯心史观："它的核心主张建立在一系列关于人性的假定之上"（约翰·米尔斯海默《大幻想：自由主义之梦与国际现实》）。中国人民大学一级教授陈先达在《走向历史的深处》中深刻阐述了唯物史观，也对所谓人性论及其唯心史观作了鞭辟入里的剖析：

> 每一个人都可以根据自己对人的本性的理解，设想一种完美的制度，完全排除了对历史的客观研究。至今西方仍然有些人坚持这种看法。他们认为资本主义私有制的进步作用，正在于它符合、承认和肯定人的自私本性，充分发挥了人的自私本性，极大地激发了人们追求私利的激情，从而推进了生产力的发展和科技的进步。这实际上是把人的所谓本性（自私的情欲）看作社会发展的动力。在他们看来，不是所有制产生私有观念，而是私有观念产生所有制；资本主义的历史进步性不在于它符合生产力的发展要求，而是符合人的自私本性；不是由于资本主义的商品生产产生资本主义竞争，而是人的自私情欲激励他们舍命拼搏。其实，竞争是商品生产的规律。资本主义的竞争是资本主义商品生产的规律，是不以人们的意志为转移的经济规律，而不是人性的规律。资本主义私有制及其商品生产支配人们的行为，反映在人们的意识中，表现为对私利的追求。

人文学术的乱象纷披集中在两个方面，一是理论，一是历史。理论方面的焦点在于是否坚持马克思主义及其立场、观点、方法，坚持唯物史观和以人民为中心的"价值导向"（冯契）；历史方面的焦点在于"两个30年"

是辩证统一，还是割裂对立，以及由此延伸的新中国与旧中国、共产党与国民党、"人类解放"与"普世价值"等大是大非。

2013年5月7日，首都一家大报的"思想者"栏目发文，匪夷所思地"篡改"马克思主义的基本理论与核心思想。报纸编辑还生怕读者忽略了他们的良苦用心，特意用突出的字体并加框标出：

> 《共产党宣言》中所说的"消灭私有制"，德文原版用的是Aufhebung（扬弃），而不是Abschaffung（消灭）……中文译本又以俄文本为原本，以讹传讹，误译为"消灭"，从而造成混乱。

如此重大理论，如此儿戏处理，在新中国新闻史上闻所未闻，见所未见。报纸编辑或许没有意识到，这种儿戏之论假若成立，那么，一部世界现代史以及国际共运史都得改写，包括"巴黎公社国际歌""十月革命一声炮响""唤起工农千百万"等。其实，不用费心核查，只需看看中共中央马克思主义理论研究与建设工程首屈一指的成果，2009年发行的10卷本《马克思恩格斯文集》，翻开第2卷第45页上就赫然可见："共产党人可以把自己的理论概括为一句话：消灭私有制。"这部文集不仅汇集国内外最权威、最前沿的研究成果，而且"编辑说明"第四条还特别提到："为了保证译文的准确性，课题组根据最权威、最可靠的外文版本对全部译文重新作了审核和修订。校订所依据的外文版本主要有：《马克思恩格斯全集》历史考证版（MEGA2）、《马克思恩格斯全集》德文版（柏林）和《马克思恩格斯文集》英文版（莫斯科、伦敦、纽约）。"也就是说，这个最新译本参考了世界上所有重要版本，包括英文版、德文版，而不仅仅是俄文版。据原中央编译局副局长、北京大学讲习教授俞可平说，为了保证文集质量，光是校对环节，就比一般图书多加二十几道。

理论混乱，历史亦然，而理论、历史相互交织，恰似史学、史观形同一体。2020年，海外历史学家汪荣祖的文章《海外中国史研究值得警惕的六大问题》，也击中当下人文学术的要害问题：

> 近年来有一批美国学者的研究，号称"新清史"，以新视野解释清朝的历史，两岸都有一些中国学者为之惊艳，以为我们以前把清史都

看错了，清帝国原来不是中华帝国，而是中亚帝国，中国不过是清帝国的一部分，又认为满人汉化的概念是大汉沙文主义的产物，认为满族人不是中国人，满人具有所谓的"族群主权"，不承认中国是多民族的国家，坚持中国人只是汉人，满人、蒙古人、西藏人都不是中国人，这岂不是为分裂中国提供理论基础？如此居心叵测的论述，外国人随便说说也就罢了，中国人也去附和，未免太盲目无知了吧！

西方历史学者对蒋介石早已有定论，多认为是"那个失去中国的家伙"（the man who lost China），深信蒋政权之垮台要因在于其自身之无能与残暴；蒋氏退守台湾之后，在美苏对抗的冷战时期，又建立起令人难堪的右派独裁政权。但是近年来右派势力复起，又故意把蒋介石抬高，于是近年陶涵（Jay Taylor）的英文蒋传《大元帅：蒋介石与近代中国的奋斗》出版，以"坚毅、忠诚、勇敢、廉洁"来溢美蒋介石；说他在台湾为民主与现代化奠定了基础，为中国大陆的现代化提供了典范，等等，都是信口开河，却由著名的哈佛大学出版社出版。

像这样一部颠倒黑白的蒋传，不仅很快译成中文出版，而且我的老友、中国著名的蒋介石专家杨天石，不仅为陶涵之书作序，而且誉之为"颇具功力的蒋介石传记"。杨兄不是重视史料与事实吗？要找真相吗？"谨严遵守学术规范"吗？陶书里的蒋介石难道是真实的蒋介石吗？杨兄还大言不惭说，陶著"大大超过了前此的任何一本同类著作"，在杨兄心目中，中国出版的那么多蒋传居然均大大不如此书？研究蒋介石的话语权难道要交给错误百出的美国人陶涵吗？其实陶涵连专业的历史学者都不是，中文也读不太懂，而我们的专家学者却如此盲从，能无警惕！

此类问题，既关乎史实，又关乎或者说更关乎史观。粗制滥造的抗日神剧固然荒唐，所谓文艺片史实混乱，史观错乱，又何尝不然。简言之，一叶障目，不见泰山，以貌似耸人的桥段，混淆是非，唐突先烈，颠覆历史正义与人间正道。经过此类文本的"洗脑"，黑暗的民国在人们印象里发生了相当程度的变异。比如，抗日战争主要靠蒋介石、国民党的正面战场，与此相应，国共两军形象也发生颠倒。国民党军队将领军容整洁，仪表堂堂，爱听贝多芬，而共产党军队除了一身土气，还不无匪气，满口脏话，骂骂咧咧。俨然一个贵公子，一个破落户。"独夫民贼""蒋家王朝"更是摇身一变，成为蒋公、达令、民国范儿。2020年热映的《八佰》，错乱历史，莫此为甚，抗战的大是大非大背景，被这部"儿戏"之作涂抹得面目全非，以至于影院里爆出"民国万岁"的欢呼。

且不说蒋介石一直积极反共，消极抗日，内战内行，外战外行，全面抗战爆发后，依然通过《大公报》等与日寇暗通款曲，觊觎言和，淞沪抗战以及四行孤守、南京陷落等惨败均与此有关；不说"西安事变"扭转乾坤，"皖南事变"震惊中外；不说抗战期间国民党二号人物汪精卫等一批国民党政要，以及国民党军队数百万、将领上百人纷纷投敌；不说一两千万甚至更多壮丁死于非命，以及蒋介石下令炸开花园口，导致黄河决堤，造成数十万人死亡、数百万人流离失所；不说军统中统法西斯，等等。仅看1944年苏联红军已经取得斯大林格勒保卫战的胜利，转入战略大反攻，英美盟军也已在诺曼底登陆，世界反法西斯战争胜利在望，而当年日本为了打通中国大陆交通线，困兽犹斗发起一号作战，结果国民党军队在豫湘桂一触即溃，一溃千里，蒋介石的"天子门生"汤恩伯指挥的5个集团军，在河南更是溃不成军，"三十七天内连失三十八城"。钱乘旦教授在《光明日报》撰文说，豫湘桂大溃败"是正面战场的最大败笔"。之所以如此不堪一击，除了军事方面的种种痼疾，如派系林立，士气低落，拥兵自保，畏敌如虎，士兵多是绳捆索绑押赴战场的壮丁，根本原因还在于社会政治黑暗腐朽，就像众所周知的杀害吉鸿昌、囚禁叶挺、刺杀史量才、拘押"七君子"，以及"前方吃紧，后方紧吃"，等等。王鼎钧流亡途中的所见所闻，也提供了诸多真切图景。当时，仅河南就有240多种摊派，汤恩伯所部"纪律之坏，比土匪有过之而无不及"，民间甚至流传"宁愿日军烧杀，不愿汤军驻扎"，流行的"水旱蝗汤"说的也是当年国民党反动统治下的天灾人祸。

与王鼎钧阅历相似的黄永玉（1924—2023），"九零后"开始创作自传体的百万言巨作《无愁河的浪荡汉子》，第二卷《八年》为抗战时期。其中写到国民党军队某团，一千五百人多为强拉的壮丁，"囚犯似的押着"，从福建经江西到湖南，出发时真如耶娘妻子走相送，尘埃不见咸阳桥，牵衣顿足拦道哭，哭声直上云霄。一路上，除了"团长、副团长、营长、连长太太们都要坐轿，抬轿的是新兵里头挑选的精装汉子""每个新兵肩膀上都要为姚团长挑一担盐到湖南去""算它一团一千新兵吧，一人四十斤，十人四百斤，百人四千斤，千人四万斤，想想看，湖南株洲市场上突然出现四万斤食盐是什么光景"。背这么多盐干什么？贩卖！兵痞兵匪沿途还不断强拉民人，逃跑的抓住就枪毙，稍不如意，"枪托、扁担一顿好打"，黄永玉借主人公之口写道，"我平生过眼过无数残暴行为，认为其水平比日本侵略者的残暴更令人心碎""这队伍是一支滚动的地狱啊"：

> 我跟这个部队走在一起只是在锻炼不哭。
>
> 这一千多刚从各处抓来的壮丁，还不太分得清前后左右的军事口令，就要他们肩挑着四十斤姚衍团长的私盐，抬着各位太太们的娇子，跨越闽、赣、湘三省去参加伟大的抗日战争。若全国都是这类性质力量的组合，你相信这场抗战会赢吗？

而看看电影《八佰》，不仅不提谢晋元最后在英租界被"八佰"中的汉奸刺杀，更不提"八佰"所属88师的师长孙元良作为蒋介石的"爱将"，为非作歹，恶名远扬，不仅倒卖军火，还贩卖上海市民捐赠物资，甚至强奸劳军女生，南京失守又弃军先逃，躲进相好的妓女家中，诸如此类，不一而足。如此不顾历史的大是大非大背景，津津乐道于一鳞一爪的煽情桥段，恰如列宁所言："如果不是从整体上、不是从联系中去掌握事实，如果事实是零碎的和随意挑出来的，那么它们就只能是一种儿戏，或者连儿戏也不如。"(《统计学与社会学》)

新闻传播：治国理政，定国安邦

最后也是当今之世精神文化领域最不可或缺的环节，是新闻传播。如果说现代人生活在一个信息建构的拟态环境中的话，那么，新闻传播就像马克思精辟指出的"每日每时"都在影响人，都在塑造世道人心。特别是信息时代，网络社会，随着资本、市场、云计算、大数据、算法推送水银泻地，无孔不入，"意识形态操纵"早已习焉不察，哪怕精明如凤姐，也难以分清哪是真，哪是假，何为人，何为鬼。若干年前两会期间，一部名为环保的纪录片《穹顶之下》一石激起千层浪，后来坐实，不出所料，幕后乃是境外反华反共势力的又一次精心操作。

新闻传播并非超然物外，更非如"传播渠道"一语所示空洞无物，所传所播总是一个时代的意识形态或主流话语，传播中人也无不属于特定时代意识形态或主流话语的信奉者、维护者、塑造者，而非自欺欺人的中立者。古今中外，概莫能外。所谓文化领导权，无非是意识形态或主流话语的有机运行而非简单操控，如影响深远的葛兰西文化理论所言。问题是，当下主流话语一分为二，既有显性话语，又有隐性话语。前者自然基于马列主义以及党章、宪法、决议、重要讲话等，源于费正清所言"伟大的中国革命"及其开辟的中国道路。后者则源于自由主义、新自由主义等一整套世界观、价值观、历史观等，归根结底在于社会经济结构发生变化，从而形成"新阶层"，而其自由主义意识形态必然反映到精神文化层面。

为了应对精神文化领域的危机与挑战，从2004年中共中央发出《关于进一步繁荣发展哲学社会科学的意见》，实施马克思主义理论研究和建设工程并编写新闻学等九个重点学科教材以来，方方面面做了不少卓有建树的工作，应该说"一手软"的局面已经有所改观。特别是新时代将新闻舆论工作定位于治国理政、定国安邦的高度，提出培养"政治坚定，业务精湛，作风优良，党和人民放心"的新闻工作者，重点建设新闻学等11门具有支撑作用的学科，上上下下对新闻业与新闻学的关注更是前所未有。同时倡导立足中国大地、为人民著书立说、培养社会主义建设者与接班人等。须注意，讲好中国故事，固然讲究叙事、细节、多媒体等，但首先在于价值理想即灵魂。"老三篇"即《为人民服务》《纪念白求恩》《愚公移山》，虽是三个令人难忘的故事（三篇文献都是先在会议上讲出来的），而更难忘的则是张思德的为人民服务、白求恩的国际主义与共产主义、愚公的生命不息、奋斗不止的精神。"老三篇"的故事之所以深入人心，正在于其中寄寓着令人心悦诚服的价值理想。再如，现在各方十分重视国际新闻人才，但核心关切往往集中在国际视野、外语水平、专业技能、传播技术等方面，这些方面固然必不可少，但关键也在于价值理想，在于灵魂，在于坚定正确的政治方向，正如西方报道中无不蕴含着鲜明的政治导向。

夫唯大雅，卓尔不群

强起来的新时代需要强起来的精神文化，而精神文化的核心在于价值理想——灵魂。为此，当代中国精神文化建设尤需着力于三大有机板块：一是以马克思主义为核心的哲学社会科学，特别是习近平指出的"加快完善对哲学社会科学具有支撑作用的学科，如哲学、历史学、经济学、政治学、法学、社会学、民族学、新闻学、人口学、宗教学、心理学等，打造具有中国特色和普遍意义的学科体系"；二是以中华文明旧中国与中国革命新中国为骨架的历史叙事，即习近平提及的五千年文明史、170多年近代史、中国共产党近百年奋斗史、新中国70年发展史，包括前30年与后40多年的辩证统一关系等；三是古为今用，洋为中用，百花齐放，推陈出新，吸取古今中外精神遗产，熔铸中国人对真善美的向往，无愧于人民共和国以及为人民服务精神境界的人民文学与人民艺术。同时，破除一系列体制机制桎梏，如所谓"国际接轨国际化"，通过切实有效的方式方法倾力培育一批又一批人民艺术家、为人民著书立说的学问家、党和人民放心的新闻工作者。

沉舟侧畔千帆过，病树前头万木春。令人欣慰的是，伴随新世纪、新时代、新青年，文化自觉与日俱增，新的思想解放的春风正在驱散新教条主义的雾霾，"立足中国土，请教马克思"的守正创新渐成主流。

拓展阅读

1. 弗兰克：《白银资本——重视经济全球化中的东方》，中央编译出版社。
2. 黄平、姚洋、韩毓海：《我们的时代——现实中国从哪里来，往哪里去？》，中央编译出版社。
3. 李彬主编：《马克思主义新闻观拓展读本》，清华大学出版社。
4. 贺桂梅：《"新启蒙"知识档案：80年代中国文化研究》（第2版），北京大学出版社。
5. 甘阳：《通三统》，生活·读书·新知三联书店。

第一版后记

2001年,笔者调入清华大学后,师友见面总爱随口问一个问题:"你在清华上什么课?"对此,自己常常觉得口将言而嗫嚅。因为,按照以往的教学科研情况,顺理成章的课程自然应属传播研究领域。然而,由于清华正在筹建新闻与传播学院,师资、课程、教材等都在陆续完善之中,比如新闻传播史的师资就付之阙如,而自己以前又讲过外国新闻史,于是就将中国、外国,本科生、研究生的新闻传播史课程全部承接下来,而传播研究方面的课程反倒日渐稀少。对于这种情况,不仅本人始料未及,估计同道也难以理解。于是,面对"上什么课"之类的问题,只好王顾左右。

特别是中国新闻传播史对自己来说尤属全新领域,虽在中国新闻史学家方汉奇先生门下受业,攻读博士学位,完成一篇习作《唐代文明与新闻传播》,但对近代以来的情况不免生疏。所以,起初开课有点硬着头皮的感觉。当时心想,反正是临时任务,不久即可卸任。没想到,这一上居然上到现在,而且各种层次的中国新闻传播史算下来已讲了近十轮。更出乎意料的是,现在不仅上出"瘾"来,而且学术兴趣与科研方向都发生转向——从理论到历史,从外国到中国。

日前,同复旦大学新闻学院黄旦教授聚谈,发现颇有同感。我们相识有年,而且背景类似,经历相同,如以前都侧重理论,后来又一起攻读博士学位,师从中国新闻史学科的名家等。他去复旦后,一开始也是讲授中国新闻传播史而非以前专攻的新闻理论,不料也是越上越有感觉。我们的共同感受是,中国新闻传播史大有文章可做,而且从新的理论、新的视角和新的方法看,更有大片等待开垦的处女地,疆域辽阔,土壤肥沃。本书就是在这片生机勃勃、生趣盎然的疆域勉力耕耘的成果或"开疆拓土"的战果，也可以说是20余年教学科研的一次小结。专业方面的想法已在书里谈过，这里再对有关事项说明一二。

首先，本书是根据授课内容记录整理的文稿。近年来，此类著述颇为盛行，三联书店出版的一套"名师课堂讲录"就有北京大学洪子诚先生、钱理群先生的现代文学，清华大学徐葆耕先生的电影、葛兆光先生的思想史等精彩讲录。本书也借鉴了这种著述形式。

其次，由于主要面向普通学生和一般读者，本书省略了繁琐的、专业的注释，同时尽可能保持讲述风格。另外，不加注释，既是因为本书吸收、消化、借鉴的东西难以一一注明，同时也是免得将一点粗浅思想诿过于人。美国汉学家费正清在《伟大的中国革命》末尾，写下一段"关于没有注释的话"也适合本书，照录如下：

> 这本书怎么没有注释呢？答案很简单：这里写注释，会引起误解、讨厌和不适当。会引起误解是因为我的话几乎没有一个特定的来源。列出一二部参考书不能反映实际情况，反而会漏掉其他的参考书。开出一个长长的书单，就等于抄一大堆目录，倒是适合于做一篇博士论文。不仅如此，如果遗漏了一种主要著作，那就很令人讨厌，对于没有罗列出来的作者，显得不公道。总之，注释对于专家不适当，对于非专家又没有必要。
>
> 最后，拼凑这篇故事的乐趣是借便做出推测和也许不大适当的比较。我不愿意让这种异想天开的话，叫人看起来似乎是根据一些无辜和认真的单行本作者以注释的形式列举出来的。泛泛而论的著作总是不大精确；讨论的内容越广泛就越不精确……
>
> 这部关于中国长期灾难、斗争和再生的个人记述，是我自己的"家酿"，虽然配料是从几百部别人的著作中提炼出来的。

本书同样是"个人记述"或一家之言，也是著者从几百部相关著作里提炼的"家酿"。

最后，虽然自己一向服膺"一切真的历史都是当代史"的命题，但历史不是任人打扮的小姑娘。不管是历史事实，还是历史叙事，客观与真实、庄严与神圣既不能颠覆，更不容亵渎。因为，归根结底，历史乃属一个民族、一个国家或一个文明共同体安身立命的根基。人们往往喜欢将历史比做滔滔不息的活水,如所谓历史长河,而一代代的人就生活在这条滚滚活水的两岸,仰仗历史长河的滋润与沾溉。英国马克思主义史学家霍布斯鲍姆在《历史与理论》一书里写道:"我们畅游于古代,恰似鱼儿畅游于水中,我们谁也无法逃避历史(We swim in the past like fish in water, and we cannot escape from it)。"换句话说,历史不是僵死的化石,而是生生不息、绵绵不绝的生命之源,是同人们的现实世界息息相关、丝丝相扣的源头活水。所以,一代代的人都必须重新诉说历史,恰似一代代的人都必须引水蓄衍。由此说来,为了"一江春水向东流",为了给后代子孙留下繁衍生息的文化源流,当代史家自然有责任、有义务守护我们的历史长河。本书也是本着这样的心意所做的微薄努力,弱水三千,但取一瓢。

感谢我在清华教过的历届学生,他们的聪敏、睿智及好学上进一直激励自己在马克思所言崎岖的小路上不断攀爬,不敢懈怠,教学相长在此绝非虚言。同时,本书内容也借鉴了他们的一些课业成果,如我指导的六位研究生完成一部近百万言的《百年中国新闻人》,拙著的许多逸闻趣事也出自这部著述(福建人民出版社2007)。感谢清华大学新闻与传播学院2004级的五十余位本科生,由于他们的辛苦记录与悉心整理,本书才形成一个基础样本与雏形。感谢担任助教工作的硕士生姜琳同学,她为我承担了许多烦琐的事务性工作,并随时提供各种反馈意见,从而使本书讲录得以顺畅进行。2006年入学的博士生涂鸣华以及硕士生朱一彬、罗有晗和杨科等同学通读初稿,提出有价值的批评意见和修改建议,在此一并致谢!不言而喻,拙著的一应问题均由作者负责,同时敬请读者不吝指正。

2007年元旦

第二版后记

本书曾由上海大学戴元光教授纳入其主编的"传学跋涉者丛书",上海交通大学出版社编辑郁金豹先生为此多所费心,没有他们的"第一推动",就不可能有这部增补修订的"插图版",在此谨致谢忱!

这部"插图版"除了添加图片及对原有内容进行较大幅度的修订,还增加了最后一讲"文化政治",总计新添内容约占全书一半篇幅。"文化政治"一讲最初是应厦门大学新闻传播学院黄星民教授的邀请,为他们的研究生做的学术报告,后来又在清华大学、中国传媒大学和兰州大学的学术演讲中进一步发挥。所以,也感谢黄星民教授、中国传媒大学丁俊杰教授和兰州大学李文教授的盛情邀请,同时感谢负责记录的硕士生朱一彬、罗有晗与杨科同学的辛苦整理!另外,在修订和完善"新时期"一节时,参考和借鉴了硕士生季萌、徐博、王茜、赵晶和李强同学的有关学位论文,特此说明,并致谢意!

博士生涂鸣华同学为配置图片付出了许多心血,博士生姚遥同学又补充了一些有价值的图片,博士生李漫同学、杨雅琼同学及北京师范大学新闻学硕士生王樊逸同学(现为中国人民大学新闻学院博士生)和清华大学历史学硕士生张德付同学,都对新版文稿做了细致校阅——他们的心血为拙稿增色添彩!

2008 年 5 月

第三版后记

本书第三版杀青时，适逢新中国 60 周年诞辰。经历一个甲子的风雨兼程，如今站在乱云飞渡的全球背景下，更能深切体味"周虽旧邦，其命惟新"的意蕴。

这个版本在进行一系列调整和修订之际，包括删除代序、第六讲和附录，将民国和新中国两讲扩为六讲，还进一步突出前面版本的追求，具体说来：

1. 进一步突出薄古厚今的比重。
2. 进一步突出史论结合的特色。
3. 进一步突出图文并举的面貌。
4. 进一步突出新闻传播与社会变迁的关联。
5. 进一步突出历史叙事和历史哲学的并重。

同时，进一步修订前面版本的各种疏漏或技术性差错。其间，博士生吴风、常江、姚遥和硕士生曾维康、秦珍子、沙垚又分别进行了校订，即将进入清华大学新闻传播学博士后流动站的刘宪阁博士对书稿清样作了最后审阅，指出各种需要修改的舛误，提出一些值得推敲的问题，在此一并致谢！至于一应不当之处，自由作者负责，还望方家不吝赐教。

2009 年 9 月

"文集版"附识

《中国新闻社会史》第三版自 2009 年付梓以来，迄今已有 15 个年头。15 年来，中国与世界都发生了巨变，包括 2021 年始料未及的，美国以 20 年时光、数万亿美元、两千余大兵性命、数十万阿富汗无辜平民伤亡和数百万难民流离失所的"天价"，成功地把塔利班换成塔利班，以及 2022 年突如其来而迄无结果的俄乌战争。

其间，中国进入了新时代，出现一系列天朗气清的新气象，特别是面临百年未有之大变局，中国道路中国梦与中国式现代化日益展现大道之行的愿景。林毅夫以唯物史观谈到的这一丕变颇有启发：八国联军祸害中国时，8 个列强的经济实力在世界上超过一半，而今除了奥匈帝国的同样八国集团（多个加拿大）的经济实力却降至 30% 多，同时，中国的经济总量则已跃居第二。经济基础决定社会历史，也自然构成百年未有之大变局的天时地利人和。

对学术人生来说，15 年也是难以估量的。遗憾的是，由于主客观条件，已经无力对"社会史"做出全面修订。这里，只能借文集出版之机，一方面尽可能地修订删除部分过时冗余的内容，以契合新时代大势所趋；另一方面力所能及地补充一点有新意、有价值的新知。也因此，这个版本不属于第四版，而依然属于第三版及其拾遗补阙，姑且称为"文集版"。

第三版付梓时，笔者适逢知天命之年，而到"文集版"已届退休之时。怅寥廓，越发深切感受杜甫的《登高》意绪：无边落木萧萧下，不尽长江滚滚来，万里悲秋常作客，百年多病独登台……

2023 年秋分时节